LES
GRANDS ÉCRIVAINS
DE LA FRANCE

NOUVELLES ÉDITIONS

PUBLIÉES SOUS LA DIRECTION

DE M. AD. REGNIER

membre de l'Institut

SUR LES MANUSCRITS, LES COPIES LES PLUS AUTHENTIQUES
ET LES PLUS ANCIENNES IMPRESSIONS
AVEC VARIANTES, NOTES, NOTICES, PORTRAITS, ETC.

MOLIÈRE

TOME VIII

PARIS

LIBRAIRIE HACHETTE ET Cie

BOULEVARD SAINT-GERMAIN, 79

M DCCC LXXXIII

LES
GRANDS ÉCRIVAINS
DE LA FRANCE

NOUVELLES ÉDITIONS

PUBLIÉES SOUS LA DIRECTION

DE M. AD. REGNIER

Membre de l'Institut

OEUVRES

DE

MOLIÈRE

TOME VIII

PARIS. — IMPRIMERIE A. LAHURE
Rue de Fleurus, 9

ŒUVRES

DE

MOLIÈRE

NOUVELLE ÉDITION

REVUE SUR LES PLUS ANCIENNES IMPRESSIONS

ET AUGMENTÉE

de variantes, de notices, de notes, d'un lexique des mots et locutions remarquables
d'un portrait, de fac-simile, etc.

PAR MM. EUGÈNE DESPOIS ET PAUL MESNARD

TOME HUITIÈME

PARIS

LIBRAIRIE HACHETTE ET Cie

BOULEVARD SAINT-GERMAIN, 79

1883

LE BOURGEOIS GENTILHOMME

COMÉDIE-BALLET

FAITE A CHAMBORD, POUR LE DIVERTISSEMENT DU ROI,

AU MOIS D'OCTOBRE 1670[1],

ET REPRÉSENTÉE EN PUBLIC, A PARIS, POUR LA PREMIÈRE FOIS,

SUR LE THÉÂTRE DU PALAIS-ROYAL,

LE 23ᵉ NOVEMBRE DE LA MÊME ANNÉE 1670,

PAR

LA TROUPE DU ROI.

---

1. C'est le 14 octobre que *le Bourgeois gentilhomme* fut pour la première fois représenté à Chambord : voyez la *Notice*, p. 5 et 6.

NOTICE.

De même que *Monsieur de Pourceaugnac*, et une année seulement après lui, *le Bourgeois gentilhomme* fut d'abord représenté à Chambord, pour être, avec la chasse et les autres récréations royales, un des passe-temps de la cour. Des critiques ont paru croire que Molière en avait conçu le sujet, apparemment dans quelque autre temps, comme celui d'une grande comédie de mœurs et de caractère, et que ce qu'il exécuta ne fut point ce qu'il avait rêvé. Ne pouvant refuser de travailler par ordre, il se serait trouvé dans la nécessité d'altérer sa belle conception, d'en faire « grimacer les figures ; » et, devenu, à son grand regret sans doute, semblable au peintre dont Horace se moque, il aurait terminé en queue de poisson l'excellent portrait humain commencé par son pinceau. Nous ne croyons pas que les choses se soient ainsi passées et qu'un caprice du Roi ait été coupable d'un tel dommage. Il avait demandé à Molière une petite pièce qui servît de prétexte à des intermèdes bouffons, à la cérémonie turque. Molière pouvait en fabriquer une rapidement, et réserver pour une autre occasion sa peinture projetée d'un des ridicules les plus dignes de son génie d'observateur moraliste. Rien ne le forçait à sacrifier l'idée d'un chef-d'œuvre de haute comédie pour remplir un programme de circonstance. On s'explique plus simplement ce qui lui arriva : il se chargea volontiers de tracer quelques scènes qui deviendraient le motif des airs de Lulli et de la mascarade. En mettant la main à l'ouvrage, il trouva sous sa plume une création de maître qu'il n'avait point préméditée, et ne voulant être qu'amusant, il fut profond : c'était un accident qu'il lui était difficile d'éviter. La grande scène des médecins dans *Monsieur de Pourceaugnac* nous avait déjà fait voir la bonne comédie se glissant à côté de la farce ; dans *le Bourgeois gentilhomme* ce fut mieux, elle prit la grande place. Toutefois elle ne fit jamais perdre la farce de vue. Partout cette pièce, comme celles d'Aristophane, mêle à la vérité la fantaisie et l'exagération, qui, sans la détruire, la rendent plaisante, et en donnent les leçons en riant. Qu'on y fasse attention, point de désaccord dans l'œuvre ; préparée, comme graduellement, par la merveilleuse sottise de M. Jourdain, la bouffonnerie turque elle-même ne semble pas mal cousue aux autres scènes, ni facile à en détacher.

Le titre de la première édition du *Bourgeois gentilhomme* porte que cette comédie fut faite à Chambord pour le divertissement du Roi, au mois d'octobre 1670. On ne saurait être tenté ici, comme pour le titre très-peu différent de *Pourceaugnac*[1], de prendre le mot *faite* dans la rigoureuse exactitude de son sens ordinaire. Monter la pièce, c'est-à-dire en régler la mise en scène, ainsi que celle des intermèdes, en faire les répétitions, jouer cependant d'autres comédies, ce fut certainement assez de travail pour les dix jours dont on put disposer. Il est évident que la comédie était écrite, la musique de Lulli composée, lorsque la Troupe arriva à Chambord : « Vendredi 3ᵉ octobre, dit le *Registre de la Grange*, la Troupe est partie pour Chambord, par ordre du Roi. On y a joué, entre plusieurs comédies, *le Bourgeois gentilhomme*, pièce nouvelle de M. de Molière. Le retour a été le 28ᵉ dudit mois. »

La *Gazette* du 18 octobre 1670[2] annonce ainsi la première représentation (on remarquera que, suivant son habitude, elle parle de la comédie comme si elle n'eût été qu'un petit accessoire de la merveilleuse symphonie et du dialogue en musique) :

« De Chambord, le 14 octobre 1670.

« Le 9 de ce mois, Leurs Majestés, avec lesquelles étoient Monsieur, Mademoiselle d'Orléans[3], et grand nombre de seigneurs et dames de la cour, arrivèrent en ce château sur les cinq heures du soir.... Elles prennent ici leur divertissement

---

1. Voyez tome VII, p. 213. — 2. Pages 1003 et 1004.
3. Voyez tome VII, p. 360, note 5.

ordinaire de la chasse... ; et hier Elles eurent pour la première fois celui d'un ballet de six entrées, accompagné de comédie, dont l'ouverture se fit par une merveilleuse symphonie, suivie d'un dialogue en musique des plus agréables, la décoration du théâtre et le reste ayant toute la magnificence accoutumée dans les divertissements de cette cour. » Il est probable que ces nouvelles de Chambord sont mal datées du 14, et qu'elles furent écrites le 15. Autrement, le mot *hier* indiquerait le lundi 13 octobre, comme le jour de la première représentation du *Bourgeois gentilhomme*. Or il est difficile de croire que Robinet se soit trompé, lorsqu'il nomme expressément le mardi, c'est-à-dire le 14. Voici d'abord comment, dans sa *Lettre en vers à Monsieur*[1], du samedi 27 septembre 1670, il donnait la nouvelle de la prochaine arrivée de la cour à Chambord, puis de celui de la troupe comique :

. . Le Roi va dans Chambor
Joyeusement prendre l'essor
Avec sa cour si florissante.
. . . .
. . . . La comédie aussi
Y pourra charmer son souci
Avec toute sa petite oie[2],
Laquelle inspire pleine joie.
Molière privilégié,
Comme seul des talents doué
Pour y divertir ce cher *Sire*,
En prend, ce vient-on de me dire,
La route sans doute lundi[3],
Le matin ou l'après-midi,
Avec sa ravissante troupe,
Qui si fort a le vent en poupe,
Et même où, par l'ordre royal,

---

1. Madame était morte le 30 juin 1670. Les lettres de Robinet furent dès lors adressées à Monsieur.
2. C'est-à-dire ses menus accessoires, sans doute ses intermèdes, la mascarade : voyez aux *Précieuses ridicules*, tome II, p. 93 et note 4, et ci-après, p. 19.
3. Le *Registre de la Grange* vient de nous apprendre qu'il n'était parti que quatre jours plus tard, le vendredi 3 octobre.

On voit depuis peu la *Beauval*,
Actrice d'un rare mérite.

Une autre *Lettre en vers à Monsieur*, datée du 18 octobre 1670, annonce, comme nous l'avons dit, que la comédie de Molière fut jouée le mardi 14 octobre :

Les deux Majestés à Chambord
Ont reçu tout de plein abord
Harangues, mauvaises ou bonnes....
Et depuis ce jour . . . . .
S'y sont, comme il faut, diverties,
Notamment en plusieurs parties
De chasse. . . . .
Mardi, ballet et comédie[1],
Avec très-bonne mélodie,
Aux autres ébats succéda,
Où tout, dit-on, des mieux alla,
Par les soins des deux grands Baptistes[2],
Originaux et non copistes,
Comme on sait, dans leur noble emploi,
Pour divertir notre grand Roi,
L'un par sa belle comédie,
Et l'autre par son harmonie.

Après la première représentation de notre pièce le 14 octobre, il y en eut encore trois à Chambord dans le même mois, une le 16, les deux autres le 20 et le 21. C'est ce que nous apprend la *Gazette :*

« De Chambord, le 23 octobre 1670.

« Le 15 de ce mois, Leurs Majestés prirent le divertissement de la comédie.... Le lendemain, Elles le prirent, pour la seconde fois, de celle qui est accompagnée d'entrées de ballet. Le 19, elles eurent aussi le divertissement d'une autre petite comédie, et les deux jours suivants celui du même ballet[3]. »

Ces quatre représentations que *le Bourgeois gentilhomme* eut, en huit jours, devant le Roi, démentent, dans quelques-unes de ses circonstances, une anecdote trop souvent répétée sur

---

1. A la marge : « Intitulés *le Bourgeois gentilhomme*. »
2. A la marge : « Les sieurs Molière et Lully. »
3. *Gazette* du 25 octobre 1670, p. 1024.

la foi de Grimarest, si coutumier de recueillir de douteuses légendes ou même d'en imaginer. « Jamais pièce, a-t-il dit[1], n'a été plus malheureusement reçue que celle-là ; et aucune de celles de Molière ne lui a donné tant de déplaisir. Le Roi ne lui en dit pas un mot à son souper; et tous les courtisans la mettaient en morceau. » Grimarest rapporte les propos de deux ducs, qui, indignés de l'*Halaba, balachou*, annonçaient la décadence de Molière, tellement épuisé, qu'il donnait dans la farce italienne. L'auteur mortifié se serait tenu caché dans sa chambre pendant cinq jours ; il s'en serait écoulé tout autant avant une nouvelle représentation de sa pièce. Le témoignage de la *Gazette* nous a fait connaître ce qu'il faut penser de ces cinq jours. Voici, d'après le récit de Grimarest, la fin de l'anecdote (p. 263). Lorsque, après ces cinq jours, la pièce eut été jouée pour la seconde fois, le Roi rompit enfin un silence si décourageant : « En vérité, dit-il à Molière, vous n'avez encore rien fait qui m'ait plus diverti, et votre pièce est excellente. » Là-dessus, courtisans de chanter la palinodie, et l'un des ducs, qui avaient crié à l'extravagance, de proclamer la force comique de tous les ouvrages de Molière. Grimarest devait être fier d'avoir composé cette scène avec une profonde connaissance des cours. Malheureusement les inexactitudes constatées dans son récit ne permettent d'y supposer, tout au plus, qu'un très-petit fond de vérité.

Puisque le Roi s'empressa de revoir *le Bourgeois gentilhomme* dès le surlendemain, il est à croire que son approbation ne se fit pas attendre, et qu'elle entraîna, dès le premier jour, les autres suffrages. Il se pourrait seulement qu'à voix plus ou moins basse quelques critiques aient été faites par des ducs ou des marquis. Plus que les folies de la réception du Mamamouchi, pour lesquelles il aurait fallu s'en prendre aux ordres du Roi lui-même, la hardiesse du rôle de Dorante était faite pour déplaire à plus d'un courtisan. Faire rire de la bourgeoisie qui se travaille, comme la grenouille de la Fable, pour s'enfler jusqu'à la taille de la noblesse, donner, par la satire de ses grotesques prétentions, la mesure de la distance infranchissable qui sépare les deux conditions, c'était à mer-

---

1. *La Vie de M. de Molière* (1705), p. 261.

veille; mais tout dans la pièce n'était pas aussi flatteur pour les gens de qualité. Très-vulgaire et très-sot, M. Jourdain n'en est pas moins un brave homme : il est ridicule plutôt que méprisable. L'homme bien né et de courtoises manières qui lui escroque son argent vaut infiniment moins que lui. Il n'y avait vraiment que Jean-Jacques Rousseau, en veine de paradoxes contre notre théâtre comique, pour avancer que Dorante est l'honnête homme de la pièce et que le public applaudit à ses tours [1]. Les railleries de Molière sur les marquis lui avaient fait beaucoup d'ennemis; ses attaques allaient maintenant bien plus loin. Les gens de cour purent trouver qu'étaler sur la scène leurs bassesses, leurs élégantes friponneries, passait le jeu, et que vraiment le Roi lui donnait trop carte blanche contre sa noblesse. Mais le grand comique avait du courage, et son auguste protecteur n'était probablement pas fâché de lui laisser prendre des libertés avec des grandeurs à qui la royauté avait intérêt à faire sentir qu'elles restaient toujours subalternes. Dès que Molière avait réussi à faire rire Louis XIV, on eût été mal venu à se fâcher, au lieu de rire aussi. Qu'il y ait eu des mécontentements, bien que nul renseignement certain ne l'atteste, c'est assez vraisemblable; mais ils durent vite se taire et se dissimuler, comme par ordre, sous une apparence d'approbation.

Si le Roi fut content de la comédie de Molière, ce ne fut point parce qu'il lui en avait lui-même tracé le sujet. Les faits prouvent que, dans la commande royale, il n'y avait d'indiqué que la cérémonie turque : à Molière de l'amener comme il l'entendrait. Écrire un sonnet sans défaut sur des bouts-rimés qu'on vous propose, ce serait un beau tour de force; autrement grand est le prodige de faire sortir d'une mascarade de turbans une des œuvres les plus originales de la scène comique.

On lit dans les *Mémoires du chevalier d'Arvieux*, publiés par le P. Labat [2] : « Le Roi ayant voulu faire un voyage à Chambord pour y prendre le divertissement de la chasse,

1. Lettre *A M. d'Alembert.... sur son article Genève* (Amsterdam, 1758), p. 52.
2. Tome IV, p. 252, édition de 1735.

voulut donner à sa cour celui d'un ballet; et, comme l'idée des Turcs qu'on venoit de voir à Paris étoit encore toute récente, il crut qu'il seroit bon de les faire paroître sur la scène. »

L'arrivée, le 1ᵉʳ novembre 1669, d'un envoyé de la Porte à la cour de France, y avait été un grand événement. La Fontaine l'annonçait dans une épître adressée, en juillet 1669, à la princesse de Bavière, sœur du duc de Bouillon :

> Nous attendons du Grand Seigneur
> Un bel et bon ambassadeur;
> Il vient avec grande cohorte.

Cet ambassadeur, si l'on veut lui donner ce titre, est nommé, dans les relations françaises, Muta Ferraca, ou Soliman Muta Faraca. C'était, à dire vrai, un très-petit personnage, qui fut reçu avec plus de pompe qu'il n'y avait droit. *Muta Ferraca*, qu'on semble avoir pris pour un de ses noms, était celui de ses fonctions en Turquie, fonctions qui lui donnaient un rang modeste dans la domesticité de cour. Le *mute ferriquat* (on nous a indiqué cette manière plus correcte d'écrire) était un cavalier qui accompagnait le Sultan dans ses voyages[1]. Il n'en eut pas moins l'honneur d'une audience royale des plus solennelles. Elle nous intéresse parce que l'on a prétendu qu'elle avait été l'occasion des scènes turques de notre comédie. Dans la *Vie de l'auteur* attribuée à la Martinière, qui est à la tête de l'édition de 1725 (Amsterdam) des *OEuvres de M. de Molière*, on raconte[2] qu'un homme de la nation

---

[1]. Nous devons ces renseignements à l'obligeance de M. Schefer, de l'Institut de France. Le chevalier d'Arvieux, dans ses *Mémoires*, donne une idée un peu plus relevée de la charge de Soliman en Turquie. Faisant d'ailleurs grand éloge de l'esprit de cet envoyé, il dit (tome IV, p. 125) : « Soliman Aga avoit été *bostangi*, c'est-à-dire jardinier du Sérail. Il étoit passé à l'emploi de mutefaraca. On ne peut guère mieux comparer cet emploi qu'à celui des gentilshommes ordinaires de la Maison du Roi. Les mutefaracas marchent dans les cérémonies à côté des *chaoux*. Ils ont vingt-cinq aspres, qui font quinze sols par jour de notre monnoie. Le mot *mutefaraca* signifie un homme distingué. »

[2]. Page 92.

turque (c'est-à-dire notre Soliman) était venu à la cour avec une commission, et que le Roi, dans l'audience qu'il lui donna, était vêtu d'un habit superbe, tout chargé de pierreries. L'envoyé de la Porte, fidèle à la froide gravité qu'affectent volontiers les Orientaux, ne se montra pas ébloui ; et, comme un courtisan le pressait pour connaître son impression, il dit que lorsque le Grand Seigneur sortait, son cheval était plus richement orné que l'habit qu'il venait de voir. Colbert l'entendit et recommanda à Molière, qui travaillait alors au *Bourgeois gentilhomme*, de faire entrer dans sa pièce le spectacle bouffon par lequel on rabattrait un insolent orgueil et l'on remettrait à leur place les splendeurs barbares. Le biographe assure qu'il tient ce fait d'une personne encore vivante qui était alors à la cour. La réception de l'envoyé à Saint-Germain, dans une galerie du Château-Neuf, fut en effet splendide : « Il y avoit au bout de cette charmante galerie, dit la *Gazette*[1], un trône d'argent, élevé sur une estrade de quatre degrés, et le Roi y paroissoit dans toute sa majesté, revêtu d'un brocart d'or, mais tellement couvert de diamants, qu'il sembloit qu'il fût environné de lumière, en ayant aussi un chapeau tout brillant, avec un bouquet de plumes des plus magnifiques. » Mais l'éclat de cette audience et le peu d'impression que le Turc parut en recevoir[2], voilà sans doute tout ce qu'il y a de vrai dans l'anecdote de la Martinière. Si l'on voulait prendre une revanche des dédains de Soliman, il eût fallu, ce semble, qu'il

---

1. *Gazette* du 19 décembre 1669. *L'audience donnée par Sa Majesté à Soliman Mouta Faraca, envoyé du Grand Seigneur :* voyez à la page 1197. Il y a des détails à peu près semblables dans la *Gazette* du 7 décembre 1669, p. 1165.

2. Sur ce point, le récit de la Martinière est exact : « Tout ce qu'on avoit préparé, dit d'Arvieux (tome IV, p. 164), pour frapper les yeux de l'Ambassadeur ne les frappa point. On remarqua qu'il sortit avec un air chagrin de ce qu'on ne lui avoit pas accordé tout ce qu'il avoit demandé. Il s'étoit mis en tête que tout ce superbe appareil n'avoit été étalé que pour braver en quelque sorte le faste ottoman, et il crut s'en venger en ne jetant pas les yeux dessus. On avoit même observé la même chose dans ses domestiques, à qui on prétendoit qu'il avoit défendu de rien regarder. »

fût encore en France pour y recevoir la piquante leçon. Or il était retourné chez lui depuis quelque temps lorsque fut joué *le Bourgeois gentilhomme*. « Ces jours passés, dit la *Gazette* du 31 mai 1670[1], Muta Ferraca, envoyé extraordinaire du Grand Seigneur, eut son audience de congé du sieur de Lionne. » Quant à la prétendue intervention de Colbert, on aura peine à ne plus nous faire trouver qu'un conseil de ce ministre où paraît si marqué un ordre du Roi lui-même. Sans qu'il soit besoin de supposer une vengeance du Roi-soleil, dont les rayons auraient manqué leur effet, la fantaisie de Louis XIV s'explique très-bien.

La cour était alors en humeur de s'égayer des turqueries. Le même personnage que nous avons cité, ce Laurent d'Arvieux, qui avait fait un long séjour en Orient, et, dans l'audience tout à l'heure décrite, avait servi d'interprète à Soliman, fut, en décembre 1669, reçu à Saint-Germain, pour y faire au Roi une relation de ses voyages. On l'interrogea sur les manières des Turcs. « Comme mes réponses, dit-il[2], étoient fort gaies, ils y prenoient beaucoup de plaisir. Le Roi en rioit modérément, aussi bien que Mme de la Vallière; mais Monsieur (*le frère du Roi*) et Mme de Montespan faisoient des éclats de rire qu'on auroit entendus de deux cents pas. » Mettre en scène ce qui avait tant amusé ces rieurs, c'était le plus agréable spectacle à leur offrir. Il se peut aussi que Lulli n'ait pas été étranger au choix que le Roi fit de ce sujet de divertissement. Il y avait dix ans qu'il avait mis à la mode les Turcs de mascarade et composé pour Louis XIV un ballet qui devait avoir quelque rapport avec les scènes du Mamamouchi, et qui fut dansé à la cour le 15 décembre 1660.

> . . . On dansa le ballet,
> Peu sérieux, mais très-follet,
> Surtout dans un récit turquesque,
> Si singulier et si burlesque,
> Et dont *Baptiste*[3] étoit auteur,

---

1. Page 528. — D'Arvieux (p. 251) dit que Soliman quitta Toulon le 22 août 1670.
2. Tome IV, p. 185.
3. Lulli.

Que sans doute tout spectateur
En eut la rate épanouie
Tant par les yeux que par l'ouïe[1].

Que Lulli, ou Mme de Montespan, ou qui l'on voudra, ait suggéré au Roi l'idée du divertissement de Chambord, elle lui agréa, et cette idée donna naissance au *Bourgeois gentilhomme*, bien plutôt que cette comédie ne fit imaginer à Molière la cérémonie turque comme le dénouement naturel de sa pièce. D'Arvieux étant l'homme le plus au courant des coutumes orientales, et celui que désignait d'ailleurs la gaieté de son récit fait à Saint-Germain, fut appelé pour prêter son concours à l'œuvre burlesque. « Sa Majesté, dit-il[2], m'ordonna de me joindre à MM. Molière et de Lulli pour composer une pièce de théâtre où l'on pût faire entrer quelque chose des habillements et des manières des Turcs. Je me rendis pour cet effet au village d'Auteuil[3], où M. de Molière avoit une maison fort jolie. Ce fut là que nous travaillâmes à cette pièce de théâtre que l'on voit dans les Œuvres de Molière sous le titre de *Bourgeois gentilhomme*, qui se fait Turc pour épouser la fille du Grand Seigneur. Je fus chargé de tout ce qui regardoit les habillements et les manières des Turcs. La pièce achevée, on la présenta au Roi, qui l'agréa, et je demeurai huit jours chez Baraillon[4], maître tailleur, pour faire faire les habits et les turbans à la turque. Tout fut transporté à Chambord, et la pièce fut représentée, dans le mois de septembre[5], avec un succès qui satisfit le Roi et toute la cour. »

Monsieur le drogman a paru à quelques-uns n'avoir eu aucune bonne raison de se faire ainsi de fête, et l'on a trouvé très-impertinente sa prétention de passer pour un des auteurs

---

1. *La Muse historique*, lettre du 18 décembre 1660. — M. Despois avait déjà signalé ce passage de Loret dans *le Théâtre français sous Louis XIV*, p. 323, à la note.

2. Tome IV, p. 252 et 253.

3. Ce fut donc à Auteuil, non à Chambord, ce qui était impossible à supposer, que les trois collaborateurs se mirent à l'ouvrage.

4. La Grange, dans divers passages de son Registre, parle de Baraillon comme du tailleur de la Troupe.

5. Il se trompe sur la date, qui est d'octobre, non de septembre.

du *Bourgeois gentilhomme*. Ne le dépouillons pas cependant de sa petite gloire. On ne peut douter qu'il ait réellement collaboré, ainsi que le tailleur, à ce qu'il croyait sans doute l'essentiel, le sujet proposé par le Roi étant la mascarade turque. Quant aux scènes qui devaient la préparer et y servir de prétexte, loin d'y être pour quelque chose, d'Arvieux ne les connaissait pas même bien et ne les avait pas écoutées attentivement; car il prête à M. Jourdain l'ambition de devenir gendre du Sultan, tandis que, dans la pièce, le crédule bourgeois se flatte de faire épouser à sa fille l'héritier de ce même Grand Seigneur.

Cette partie de l'ouvrage ne regardait ni d'Arvieux ni Lulli : ce ne pouvait être l'affaire que du seul Molière. Celui-ci avait à chercher quel Parisien pourrait être représenté comme assez fou pour se laisser persuader que le fils du Grand Turc avait songé à le choisir pour beau-père et à lui conférer l'extravagante dignité de mamamouchi. Le fou le plus fieffé, le plus parfait sot que l'on connaisse, n'est-ce pas le bourgeois entêté de noblesse? Il y en avait de tels assurément de par le monde, vaniteux à qui la gentilhommerie avait fait tourner la tête. Ils offraient un tout autre type que George Dandin, ce rustre enrichi, que Molière avait montré si bien puni d'avoir fait un mariage au-dessus de sa condition. Celui-ci sait reconnaître, quoique un peu tard, son erreur : il n'a pas été longtemps dupe du « style des nobles, » et ne s'est jamais beaucoup soucié d'être devenu M. de la Dandinière.

Mais, au lieu de ce paysan, qui a gardé son gros bon sens, prenons un bourgeois prétentieux qui, né dans une boutique, s'imagine pouvoir jouer l'homme de qualité, et dont la manie sera flattée par tous ceux qui en veulent à ses écus, voilà bien un imbécile d'une autre pâte. Aucune mystification ne sera trop forte pour lui. Un tel sujet, l'un des plus vraiment comiques, une fois conçu, toute l'admirable peinture est venue, comme d'elle-même, sous le pinceau du maître. La grossièreté incorrigible du lourdaud sans éducation, son épaisse ignorance, le contraste de la vulgarité de son esprit et de ses manières avec ses visées de noblesse et de galanterie, ont fait naître les scènes les plus plaisantes. Que de gens vont traire cette bonne vache à lait! Il faut voir autour de lui, exploitant à l'envi sa sottise, tous les maîtres appelés pour le décrasser, musiciens, danseurs, philosophe, professeur d'escrime, et le tailleur d'habits qui le déguise en homme de cour, et jusqu'aux garçons tailleurs qui le monseigneurisent pour tirer de lui une plus grande étrenne. Il fallait surtout, parmi ces honnêtes sangsues, ne pas oublier le noble besoigneux qui ne se fait pas scrupule d'entrer dans sa folie pour lui extorquer jusqu'à son dernier sou. On sait de quels heureux traits a été dessiné le caractère de chacun des personnages. Mme Jourdain, d'une raison si droite dans sa simplicité, et la bonne servante Nicole, mettent en relief, par un merveilleux contraste, la figure du maniaque qui ne parvient pas, ce dont il enrage, à leur faire admirer sa brillante métamorphose.

Molière a été assez habile pour que la nécessité d'en venir à la farce commandée ne paraisse pas l'avoir autant gêné que souvent on l'a cru. Est-ce parce qu'il nous a fait illusion en se tirant si adroitement d'affaire, que nous ne voyons pas grand inconvénient aux extravagances finales? Nous ne croyons pas cependant être dupe du prestige du talent, quand il nous semble que, sans l'exagération des couleurs, la maladie du bourgeois gentilhomme, comme celle des précieuses ridicules, n'aurait pas été assez gaie à la scène. Et puis, cette exagération ne nous surprend pas dans le dénouement de notre comédie. Dès le début, le personnage, sans que la vérité de l'observation en souffre, s'est présenté à nous comme grotesque. Son entretien avec le maître de philosophie sur la prononciation des lettres, le billet à la belle marquise et autres extravagances semblables ne laissent plus beaucoup de place à l'incrédulité, quand le pauvre homme se montre tout à fait idiot : il était en bon chemin. L'homme à qui l'on met ses beaux habits en cadence pourra bien se laisser coiffer du turban et ne pas trop s'étonner quand on le fera paladin à coups de bâton. Il faut dire aussi que l'imagination des spectateurs se prête volontiers aux invraisemblances nécessaires dans les comédies à intermèdes, où l'on ne doit pas trop chicaner sur les moyens d'introduire ces fantastiques hors-d'œuvre. Aujourd'hui la turquerie du *Bourgeois gentilhomme* peut produire peu d'effet, choquer même quelques délicats. Les chants, les danses, les bouffonneries de tous ces divertissements de la cour de Louis XIV ont vieilli ; mais alors tout cela charmait ; et nous ne croyons pas que Molière eût ces folles gaietés en dédain. Il n'avait sans doute pas le sentiment que son génie fût déshonoré par le mélange qu'il en faisait avec les belles peintures qu'il créait des travers des hommes.

Dans les représentations de Chambord, où la partie immortelle de notre comédie-ballet n'échappa sans doute point à Louis XIV ni aux gens d'esprit de la cour, mais où des Turcs de carnaval avaient évidemment le principal succès de curiosité, on vit, suivant le biographe, déjà cité, de 1725, l'ambassadeur de la Porte rendu témoin d'un spectacle peu fait pour le réjouir.

La piquante historiette est ainsi contée : « Celui que l'on vouloit mortifier par cette extravagante peinture des cérémonies de sa nation en fit une critique fort modérée : il trouva à redire que l'on donnât la bastonnade à M. Jourdain sur le dos, puisqu'on la lui vouloit donner sans aucune raison. Il le falloit, dit-il, frapper sur les pieds soulevés par une corde entortillée autour d'un bâton que deux personnes tiendroient par les deux bouts[1]. » Sinon vrai, bien trouvé. Socrate, assistant à la comédie des *Nuées*, n'avait pas fait meilleure contenance que notre Turc, qui eût été bien en droit de se fâcher d'une impolitesse. Cet homme d'esprit est désigné de telle manière, qu'il faudrait y reconnaître le mute ferriquat. Mais nous avons vu qu'il avait quitté la cour dès le mois de mai précédent. Les plus jolies anecdotes sont souvent celles dont il faut le plus se défier.

Voltaire a aussi la sienne sur la présence d'un envoyé de la Porte au spectacle du *Bourgeois gentilhomme* : tout y diffère de celle de la Martinière, la date, la personne de l'ambassadeur, et les critiques, beaucoup moins modérées, qu'il aurait faites. « L'ambassadeur turc, dit-il[2], Seïd Effendi, voyant représenter *le Bourgeois gentilhomme* et cette cérémonie ridicule dans laquelle on le fait Turc, quand il entendit prononcer le nom sacré *Hou* avec dérision et avec des postures extrava-

[1]. *Vie de l'auteur*, p. 93.
[2]. *Introduction* de l'*Essai sur les mœurs*..., XXII, tome XV, p. 103.

gantes, il regarda ce divertissement comme la profanation la plus abominable. » Il s'agit de Saïd Mehemet, beglier beg (gouverneur) de la Roumélie, ambassadeur extraordinaire du Grand Seigneur, qui arriva à Paris le 16 décembre 1741[1]. Bien différent de l'envoyé de 1669, c'était un personnage considérable, fils du grand trésorier de l'Empire, Mehemet Effendi, lequel avait été lui-même ambassadeur près de notre cour en 1721, et dont Saint-Simon a raconté la pompeuse réception sous la Régence[2]. Saïd avait alors accompagné son père; il connaissait donc bien notre pays, lorsqu'il y revint, chargé à son tour de l'ambassade; il parlait notre langue comme la sienne[3] et passait pour éclairé, savant et magnifique, comme l'avait été son père. Il ne quitta la France qu'après un séjour de six mois, le 30 juin 1742[4]. Le *Mercure de France* de ce même mois de juin[5] dit que Saïd vit à Paris plusieurs spectacles dont il fut très-content; mais, parmi ces représentations, il ne nomme pas *le Bourgeois gentilhomme*. Ce silence n'étant pas entièrement décisif, nous avons consulté le *Registre* du Théâtre-Français. Depuis le 16 décembre 1741 jusqu'au 30 juin 1742, notre pièce n'a pas été représentée. Saïd Mehemet alla deux fois à la Comédie. Le *Registre* n'a pas négligé d'en faire mention. On y lit, à la date du mercredi 24 janvier 1742 : « Ce jourd'hui Son Excellence Zaïd Effendy, ambassadeur extraordinaire de la Porte Ottomane, nous a honorés de sa présence; » même indication de la présence de Saïd, le mercredi 28 février suivant. A la première de ces représentations, on donna *le Fat puni*, *les Trois Cousines* et *l'Oracle*; à la seconde, *Amour pour amour* et *Pourceaugnac*. Nous n'avons pas la ressource de dater l'anecdote de Voltaire de l'année 1721, où, comme nous l'avons dit, Saïd était en France avec l'ambassadeur son père. Pendant les quatre ou

1. *Gazette* du 23 décembre 1741, p. 614.
2. *Mémoires*, tome XVII, p. 215-220.
3. Voyez l'*Avertissement* de la *Relation de l'ambassade de Mehemet Effendi à la cour de France, en 1721, écrite par lui-même et traduite du turc* (par le drogman Julien Galland, neveu du célèbre Antoine Galland), à Constantinople, MDCCLVII.
4. *Gazette* du 7 juillet 1742, p. 310.
5. Pages 980 et 981.

cinq mois de séjour de celui-ci, le *Registre* ne signale sa présence qu'au spectacle du 25 mai, composé du *Grondeur* et de la *Foire Saint-Laurent*. On n'y trouve le *Bourgeois gentilhomme* joué en ce temps-là qu'à la représentation *gratis* donnée le vendredi 8 août 1721, pour célébrer le rétablissement de la santé de Louis XV, et dans laquelle M. Jourdain (c'était le comédien Poisson) but à cette royale santé. Mehemet Effendi avait eu son audience de congé le 12 juillet; mais comme il était ensuite resté un mois encore à Paris[1], supposerons-nous qu'il avait pu assister au spectacle du 8 août? Sa place n'était pas à cette fête populaire; et si, contre toute vraisemblance, il s'y était trouvé, le *Registre* l'aurait dit, aussi bien que le *Mercure*, qui n'a pas été avare de détails sur cette représentation[2]. Au reste, en 1721 comme en 1742, il paraîtrait étrange qu'on eût eu la maladresse de proposer à un ambassadeur turc le divertissement d'une comédie où sa nation faisait si grotesque figure. La conclusion paraît être que Voltaire nous a fait ou s'était laissé faire un conte. Si l'on voulait, malgré tout, que son anecdote ne fût pas absolument dénuée de vérité, on pourrait, à la rigueur, supposer que Saïd Effendi, ayant simplement lu la pièce, avait exprimé son mécontentement, fondé sur les raisons qu'on en rapporte.

Les ambassadeurs du Grand Seigneur nous ont mené un peu loin. Revenons aux premiers temps du *Bourgeois gentilhomme*.

Avant de paraître à la ville, il fut encore joué à Saint-Germain, devant le Roi. Robinet, dans sa *Lettre en vers à Monsieur* du 15 novembre 1670, dit que la cour vient de se bien divertir à Versailles et à Saint-Germain, que les grands acteurs de l'Hôtel ont fait merveille à Versailles,

> Et que ceux du Palais-Royal,
> Chez qui Molière est sans égal,
> Ont fait à Saint-Germain de mêmes,
> Au gré des Porte-diadèmes,

---

1. *Mémoires de Saint-Simon*, même tome XVII, p. 248 et 249. — La *Gazette* du 6 septembre 1721 (p. 448) dit que Mehemet Effendi, qui venait de quitter Paris, était arrivé à Lyon le 20 août.
2. *Mercure* d'août (1721), p. 102-106.

> Dans le régale de Chambor,
> Qui plut alors beaucoup encor,
> Et qu'ici nous aurons en somme,
> Savoir *le Bourgeois gentilhomme.*

Le *Registre de la Grange* se contente de dire : « Le samedi 8⁰ novembre, la Troupe est allée à Saint-Germain par ordre du Roi. Le retour a été le dimanche 16 dudit mois. » Nous regrettons qu'il n'ait pas fait mention de notre comédie ; il nous aurait dit combien de fois elle fut jouée durant le séjour d'une semaine à Saint-Germain. Là-dessus le témoignage de d'Arvieux ne peut entièrement suppléer celui de la Grange : « Le ballet et la comédie, dit-il (p. 253 et 254), furent représentés avec un si grand succès que, quoiqu'on les répétât plusieurs fois de suite, tout le monde le redemandoit encore ; aussi ne pouvoit-on rien ajouter à l'habileté des acteurs. » Il est naturel de supposer qu'en parlant ainsi il ne songeait pas seulement aux quatre représentations données, en octobre, à Chambord ; cependant il ne mentionne pas expressément celles de Saint-Germain. Mais bien qu'aucun renseignement précis ne nous dise si la comédie et ses divertissements furent plusieurs fois répétés à Saint-Germain, il y a tout lieu de le présumer, la magnificence de ces représentations à la cour ayant coûté assez cher pour que l'on tînt à les faire admirer le plus souvent qu'il se pût. Les Archives nationales[1] ont un *Estat de la depence faite pour la comédie-balet intitulée* le Bourgeois gentilhomme, *dancé à Chambord au mois d'octobre dernier* (1670), *et pour la répétition faite à Saint-Germain au mois de novembre ensuivant, auquel estat est joinct la depence de quelques comédies représentées à Versailles pendant ledit mois de novembre* 1670. Le total des frais s'élève à 49 404 livres, 18 sols, somme énorme pour le temps. Dans ce chiffre, il est vrai, sont compris les frais de pièces jouées à Versailles par les

---

1. *Maison du Roi, Menus,* pièces justificatives de 1619 à 1700, O 14083. Ce curieux document, signé *le duc d'Aumont* (février 1671), a été recueilli, en 1864, par Eud. Soulié. M. Jules Claretie l'a publié, d'après la copie de M. Soulié, dans le journal *le Temps* (31 août 1880). M. Moland l'a aussi inséré à la suite de *Molière et la comédie italienne* (2ᵉ édition, 1867), p. 363 et suivantes.

comédiens de l'Hôtel. Mais en examinant les détails donnés par l'*estat*, on voit que la plus grande partie de la dépense s'applique aux représentations du *Bourgeois gentilhomme*.

Lorsque Robinet se promettait, le 15 novembre, de voir bientôt cette pièce à Paris, il était bien informé. Dans une autre *Lettre en vers à Monsieur*, datée du 22 novembre, il en annonçait, pour le mardi suivant 25, la première représentation sur le théâtre du Palais-Royal. Il donnait, en même temps, la nouvelle que ce théâtre se préparait à donner la *Bérénice* de Corneille, ajoutant que les deux pièces seraient jouées alternativement. Il parlait ainsi de celle de Molière :

> Mardi, l'on y donne au public,
> De bout en bout et ric à ric[1],
> Son charmant *Bourgeois gentilhomme*,
> C'est-à-dire presque tout comme
> A Chambor et dans Saint-Germain
> L'a vu notre grand Souverain,
> Mêmes avecques des entrées
> De ballet des mieux préparées,
> D'harmonieux et grands concerts
> Et tous les ornements divers
> Qui firent de ce gai régale
> La petite oie à la royale.

Ainsi, pour contenter la ville, il fallut, malgré la dépense, donner *le Bourgeois gentilhomme* royalement, sans retrancher la musique, ni les intermèdes : c'est une preuve que cette *petite oie* ne passait pas alors pour avoir défiguré l'ouvrage de Molière.

La curiosité des spectateurs de la ville fut satisfaite deux jours plus tôt que Robinet ne l'avait espéré. La représentation eut lieu le 23 novembre, comme en fait foi le *Registre :*

PIÈCE NOUVELLE DE M. DE MOLIÈRE.
Dimanche 23ᵉ [novembre].

BOURGEOIS GENTILHOMME, pour la première fois.   1397 lt
Mardi 25, *Bourgeois gentilhomme*.   1260   10ˢ

Le chiffre des recettes de ces deux premières représentations en atteste le succès. Il fallut cependant céder la place à

1. D'une manière exacte, complète.

Tite et Bérénice, que l'on joua le vendredi 28. Notre comédie ne reparut que huit jours après, le vendredi 5 décembre. Elle fut donnée six fois ce mois-là :

Vendredi 5 décembre,	*Bourgeois gentilhomme.*	. . . .	1634tt 10s
Dimanche 7 —	*Idem.*	. . . .	1081 10s
Mardi 9 —	*Idem.*	. . . .	780 10s
Vendredi 19 —	*Bourgeois gentilhomme.*	. . . .	881 10s
Dimanche 21 —	*Idem.*	. . . .	1018
Mardi 23 —	*Idem.*	. . . .	792

Une lettre en vers de Robinet, écrite le 20 de ce mois de décembre, fait grand éloge du jeu des acteurs de « la digne troupe du Roi » chargés des rôles de la comédie héroïque de Corneille et de la comédie-ballet de Molière. Dans la première, ils « font très-bien leur personnage, »

> Ainsi que tous pareillement
> Font dans *le Bourgeois gentilhomme*,
> Où la Grange, en fort galant homme,
> Fait le rôle qui lui sied mieux,
> Savoir celui d'un amoureux[1].

Dans sa lettre de la semaine suivante (27 décembre), le même nouvelliste parle encore du *Bourgeois gentilhomme* à propos d'un spectateur qui ne dut pas paraître beaucoup moins amusant qu'un Turc. S'il était venu plus tôt chez nous, il aurait pu, à défaut de l'ambassadeur du sultan, donner l'idée d'introduire dans la Cérémonie les figures étranges de sa nation. C'était don Mathéo Lopez, ambassadeur du roi d'Arda en Guinée, qui, le 19 décembre, avait été reçu à l'audience du Roi. Ce nègre y avait paru avec trois de ses fils. La cour s'était sans doute beaucoup réjouie lorsque, arrivé au pied du trône, il en avait monté trois degrés, se prosternant trois fois le ventre contre terre, avait mis les doigts sur ses yeux et s'était tourné de côté, comme indigne de regarder Sa Majesté en face[2]. Robinet nous apprend qu'il fut, avec sa famille, diverti gratis par les comédiens:

> L'ayant, l'autre jour, chez Molière,

---

1. Le rôle de Cléonte.
2. *Gazette* du 27 décembre 1670, p. 1238.

Été de façon singulière
Par son *Gentilhomme bourgeois*,
Demi-Turc et demi-François.

Ce fut sans doute à la représentation du 23, non à celle du 21, jour où il fut conduit à Rambouillet. Sa présence à un spectacle si plein de courtoisie pour les ambassades barbares est assurément moins piquante que ne l'eût été celle de Soliman imaginée par la légende dans les représentations de Chambord. Elle dut cependant amuser, comme une mascarade dans la salle, qui répondait assez bien à celle de la scène.

En 1671, *le Bourgeois gentilhomme* fut joué vingt-huit fois, en 1672 huit fois. Dans l'été et l'automne de la première de ces deux années, les représentations en avaient été interrompues par celles de *Psyché*, dans le ballet de laquelle on aurait eu un moment envie, s'il faut en croire d'Arvieux, de faire entrer la Cérémonie turque. Cette belle idée serait venue en 1670, lorsque l'on préparait ce nouvel ouvrage pour le carnaval suivant. « Mais, après y avoir bien pensé, dit le chevalier d'Arvieux[1], on jugea que ces deux sujets ne pouvoient pas s'allier ensemble. » Il regretta probablement ce *non erat his locus*. A quelque esprit que se soit présentée cette fantaisie, elle est une nouvelle preuve de la vogue de ces scènes turques : on en était charmé au point de vouloir les mettre partout.

Le goût sévère aura beau protester, elles furent le grand attrait de la pièce. Ne nous en étonnons pas trop : il faut reconnaître que leur bouffonnerie est divertissante, bien amenée d'ailleurs, comme nous l'avons déjà dit, par l'adresse de Molière, qui en a fait le couronnement naturel de la folie de M. Jourdain. En général, les divertissements des comédies-ballets, qu'il fallait motiver avec plus ou moins d'invraisemblance, étaient des hors-d'œuvre; mais la Cérémonie turque et la Cérémonie du *Malade imaginaire* sont fort bien liées à l'action, et c'est ce qui contribue le plus à les rendre plaisantes. Quelle que soit donc la part que Lulli et d'Arvieux aient pu avoir à revendiquer, comme collaborateurs, dans la farce du Mamamouchi, ce qu'il y avait de plus malaisé et aussi de plus agréable y appartient à Molière, nous voulons dire la

---

1. Tome IV, p. 254.

façon presque naturelle dont cette farce a été introduite dans sa comédie et le sel que lui donne le caractère de M. Jourdain.

On a pensé que l'idée du bon tour joué à une vanité si follement crédule avait pu être prise dans *la Vraie histoire comique de Francion*, roman satirique de Charles Sorel, qui fut publié d'abord en 1622, n'ayant encore que sept livres. Le livre onzième, qui parut une dizaine d'années plus tard, est celui qui contient l'aventure dont Molière aurait fait son profit. De malicieux amis font croire au pédant Hortensius que la Pologne, séduite par la renommée de sa science, l'a choisi pour roi. Ils déguisent en Polonais quatre Allemands, qui viennent lui offrir la couronne. Nous trouvons là une description des cérémonies comiques de l'ambassade et un certain manteau fourré qui fait penser au turban de M. Jourdain. Peut-être Molière s'est-il souvenu de *Francion*, peut-être n'avons-nous affaire qu'à une rencontre, dont il n'y aurait pas lieu de s'étonner. De telles mystifications ont pu être imaginées plus d'une fois. L'invention n'en est pas d'un mérite assez rare pour donner lieu à une réclamation de droits d'auteur.

Tout le monde ne se résigne pas à prendre simplement pour ce qu'elle est une scène follement gaie de Molière. On pense aux plus irrévérentes hardiesses des bouffonneries de Rabelais et on les cherche dans celles d'un génie qui a toujours paru de la même famille. Et puis *le Tartuffe* et *Dom Juan*, exposés à des interprétations excessives, ont porté à croire que leur auteur était très-capable de pousser bien loin ses attaques. Quelques personnes ont donc soupçonné dans la réception du Mamamouchi une intention secrète que les contemporains n'y avaient certainement pas découverte : elle les eût à bon droit scandalisés ; et les ennemis de Molière n'auraient pas manqué de crier à l'impiété, s'ils avaient eu la pensée que l'on pouvait lui imputer une parodie d'autres cérémonies saintes que celles des Turcs. Si délicat qu'il soit de toucher à une pareille question, et quelque répugnance que nous y ayons, il serait fâcheux de laisser d'autres la soulever, et nous ne voulons pas éviter de dire quelques mots de la blessante ressemblance dont nous avons entendu parler entre les rites musulmans, tels qu'ils sont dans le burlesque tableau qu'en a fait Molière, et la consécration de nos évêques. On a remarqué que, dans cette consécration, le consécrateur interroge sur sa foi celui qui doit être sacré, qu'il lui place tout ouvert le livre des Évangiles sur les deux épaules, lui remet le bâton pastoral, et lui pose la mitre sur la tête ; que, d'autre part, le Mufti demande à M. Jourdain s'il est anabaptiste, zuingliste, etc., ou s'il n'est pas plutôt bon mahométan ; que l'aspirant Mamamouchi, à genoux, reçoit sur son dos l'Alcoran pour servir ainsi de pupitre au Mufti ; que le sabre lui est donné et qu'on le coiffe du turban. Il y aurait peut-être à dire que l'interrogatoire détaillé sur la foi de Jourdain et l'Alcoran mis sur les épaules ne se trouvent pas avant l'édition de 1682, et que par conséquent Molière n'en est pas responsable ; mais il est probable que les éditeurs, camarades de Molière, n'ont fait que reproduire les paroles et les jeux de scène qui étaient de tradition ; et d'ailleurs, dans le livre du Ballet et dans les éditions originales de la pièce, il reste encore quelques-uns des points de comparaison qu'on a signalés. Défendons Molière autrement.

Quand on le croirait, et rien n'y autorise, capable d'une si offensante raillerie de la foi chrétienne, il resterait invraisemblable que, travaillant pour le Roi, il n'eût pas au moins craint sa colère. Des explications assez simples se présentent d'elles-mêmes. On peut se demander d'abord si les renseignements sur les cérémonies religieuses des Turcs ne sont pas imputables au seul d'Arvieux ; puis, d'autre part, si en effet l'on doit refuser absolument une physionomie turque à la réception de M. Jourdain. Nous croyons trouver quelques traits de cette cérémonie dans les épreuves du noviciat chez les derviches appelés *Mewlewys*, telles qu'elles sont décrites par Mouradjea d'Ohsson, dans son *Tableau général de l'Empire Othoman*[1] : « Le chef de cuisine,... l'un des *derwischs* les plus notables, le présente (*le récipiendaire*) au *Scheïkh*, qui, assis dans l'angle du sopha, le reçoit au milieu d'une assemblée générale de tous les *derwischs* du couvent. Le candidat baise la main du chef, et s'assied devant lui sur la natte qui couvre le parquet de la salle. Le chef de cuisine met sa main

---

1. Au tome IV, seconde partie, p. 616-686 de l'édition in-8° (Paris, 1791). — Voyez, à la fin de la comédie, l'annotation de la Cérémonie turque.

droite sur la nuque, et la main gauche sur le front du récipiendaire dans le temps que le *Scheïkh* lui ôte son bonnet et le tient suspendu sur sa tête en récitant [un] distique persan.... Après quoi, le *Scheïkh* couvre la tête du nouveau *derwisch*, qui va se placer, avec l'*Aschdjy-Baschy*, au milieu de la salle, où ils se tiennent tous deux dans la posture la plus humble, les mains croisées sur le sein, le pied gauche sous le pied droit et la tête inclinée vers l'épaule gauche[1].... » Puis vient l'invocation *Hou*, que répètent les assistants. N'est-il pas probable que d'Arvieux avait été témoin de quelque cérémonie semblable, et l'avait racontée, n'oubliant ni les derviches, ni le *Hou*, ni les postures bizarres, ni la natte ou tapis? Le bonnet suspendu sur la tête du récipiendaire, avant d'y être posé, ressemble assez au turban dont on coiffe le Mamamouchi. Ce qui reste de plus inexact (et il n'est pas sûr qu'on doive l'attribuer à Molière), c'est l'Alcoran mis sur le dos de M. Jourdain. Mais, sans parler de l'habitude, si commune autrefois, de tout franciser et ramener à nos coutumes, ne peut-on penser que ce détail aurait été ajouté, non dans une intention sacrilége, impossible à admettre, mais pour répondre à cette opinion répandue, que la religion des Turcs parodiait ridiculement la nôtre? Une réflexion qu'on ne saurait manquer de faire aujourd'hui, mais qui n'aurait pas été, en ce temps-là, plus facilement comprise à la cour qu'à la ville, c'est qu'il y avait grande inconvenance, peut-être danger, à livrer à la risée les cérémonies d'une religion, même fausse, à faire prononcer le nom d'Allah par des farceurs de mascarade, à se jouer de l'Alcoran. Mais on se disait : le culte mahométan n'est qu'une singerie du culte chrétien, et bafouer la singerie ne peut être une profanation de la vérité.

L'auteur de la musique du *Bourgeois gentilhomme*, Lulli, fit, dans la cérémonie, le rôle du Mufti ; une estampe le représente dans le costume qu'il portait[2]. Le livre du Ballet le désigne sous le nom du Seigneur Chiacheron[3]. « Personne, est-il

1. D'Ohsson, p. 635 et 636.
2. *Biographie universelle*, article LULLY.
3. Voyez, tome VII, la *Notice* de *Monsieur de Pourceaugnac*, p. 225.

dit dans la *Vie* de Molière de 1725[1], n'a été capable de l'égaler (*dans ce rôle*) ; » car il « étoit aussi excellent grimacier qu'excellent musicien. » Ce ne peut être qu'à Chambord, et sans doute à Saint-Germain, qu'en 1670 il se mêla aux comédiens. Non pas à la ville, mais à la cour, il pouvait se livrer à ses trivelinades, qui ne l'empêchèrent pas de recevoir des lettres de noblesse. En 1681, il reparut à Saint-Germain sous la figure grotesque du Mufti, et fut si amusant, que le Roi le complimenta. « Mais, Sire, dit Lulli, j'avois dessein d'être secrétaire du Roi : vos secrétaires ne voudront plus me recevoir. — Ils ne voudront point vous recevoir ! s'écria le Roi : ce sera bien de l'honneur pour eux. Allez, voyez Monsieur le Chancelier. » Cependant Louvois reprocha au Florentin sa témérité, que rien ne justifiait, puisqu'il n'avait d'autre recommandation que d'avoir fait rire. « Hé ! têtebleu ! répondit Lulli, vous en feriez autant, si vous le pouviez. » Le chancelier le Tellier lava la tête aux secrétaires récalcitrants, et ils furent obligés de faire bonne mine à leur nouveau confrère[2].

Outre le nom du Seigneur *Chiacheron*, le livret de 1670 donne ceux des chanteurs et des danseurs des intermèdes, mais non des acteurs de la comédie. Ceux-ci sont d'ailleurs presque tous connus. Robinet, nous l'avons vu[3], fait mention de la Grange dans le personnage de Cléonte. Molière s'était naturellement réservé le rôle de M. Jourdain. La description de son costume se trouve dans l'inventaire de 1673[4].

1. Pages 92 et 93.
2. Voyez la *Comparaison de la musique italienne et de la musique françoise* (2de édition, Bruxelles, 1705), seconde partie, p. 206-210, et la *Vie de Philippe Quinault*, au tome Ier du *Théâtre de M. Quinault* (1715), p. 49 et 50. Là ce n'est point de 1682, comme dans le livre de la *Comparaison*, mais de 1681 que sont datées les représentations de Saint-Germain où Lulli reparut; cette dernière année paraît préférable : la Grange, qui en 1682 ne mentionne aucune représentation du *Bourgeois gentilhomme* à la cour, en a relevé quatre pour 1681 : au 22 novembre, aux 6, 10 et 20 décembre. — Voyez aussi le *Bolæana* (1742), p. 64.
3. Voyez ci-dessus, p. 20.
4. *Recherches sur Molière*, p. 275. — On trouvera ci-après cette description dans les notes de la pièce.

Mlle Molière eut le rôle de Lucile. Molière lui-même nous en avertit par le portrait qu'il a fait de la fille de M. Jourdain. La *Lettre sur la vie et les ouvrages de Molière et sur les comédiens de son temps*, insérée au *Mercure de France* de mai 1740, atteste que ce portrait (acte III, scène IX) est fait d'après Mlle Molière, qui avait « de très-petits yeux, une bouche fort grande et fort plate, mais [faisait (?)] tout avec grâce jusqu'aux plus petites choses [1]. » Ainsi expliqué par un commentaire tout à fait vraisemblable, le portrait de Lucile devient très-intéressant. Nous y voyons que Molière, quelque envie qu'il eût souvent, quand les coquetteries de sa femme le désolaient, de dire comme Cléonte : « Je vais la haïr autant que je l'ai aimée, » ne pouvait s'empêcher de trouver « la pimpesouée » tout aimable et de prendre plaisir à le lui dire publiquement. On sait que la lettre du *Mercure* n'est pas indigne de foi. Elle a toujours été attribuée à la fille de du Croisy, Mme Paul Poisson, qui devait parler d'après une tradition certaine [2]. Cizeron Rival a dit : « Il y a grande apparence que cette anecdote (*Lucile représentée sous les traits de la femme de Molière*) est vraie, car ce portrait est très-ressemblant à tous ceux qu'on a faits de cette actrice [3]. »

Le *Mercure galant* d'avril 1685 atteste [4] que Mme Jourdain fut représentée par Hubert, qui n'avait pas d'égal dans les personnages de femmes joués par des hommes.

Mlle Beauval, tout récemment admise dans la troupe de Molière, créa le rôle de Nicole. Le Roi, dit-on, avait demandé à Molière qu'il fût confié à une autre comédienne, parce que Mlle Beauval, qui, avant *le Bourgeois gentilhomme*, avait déjà joué devant lui, à Chambord, n'avait pas eu le bonheur de lui plaire. Molière allégua que le temps manquait pour le changement désiré par Sa Majesté. La Nicole qu'on avait voulu écarter eut tant de succès que, revenu de sa prévention, le Roi dit à Molière : « Je reçois votre actrice [5]. »

1. *Mercure de France*, mai 1740, p. 843.
2. Voyez, dans le tome III, p. 378-380, la note qui précède plusieurs extraits du *Mercure*.
3. *Récréations littéraires* (1765), p. 15. — 4. Pages 291 et 292.
5. *Histoire du théâtre françois*, tome XIV, p. 531. — *Galerie historique des acteurs du théâtre français*, tome II, p. 25 et 26.

Sur le personnage du Maître de philosophie, excellemment joué par du Croisy[1], Grimarest conte une anecdote[2] que M. Soulié ne regarde pas comme vraisemblable[3], mais que nous ne serions pas si disposé à rejeter. Baron n'a peut-être pas fourni autant de renseignements à Grimarest que celui-ci aimait à le faire croire; cependant, comme il est lui-même mêlé à l'histoire du chapeau, il est permis de croire que c'est bien de lui cette fois que le biographe la tenait. Molière cherchait pour du Croisy un vieux chapeau qui n'eût pas son pareil, le plus philosophe des chapeaux qu'on pût trouver. Il pensa à celui de son ami, le physicien Jacques Rohault. Il chargea Baron de l'obtenir. Malheureusement le jeune négociateur eut l'imprudence de ne pas cacher à Rohault ce qu'on en voulait faire, et du Croisy fut obligé de s'en passer. Où Grimarest, qui aimait toujours à en dire plus qu'il n'en savait, n'est pas croyable, c'est lorsqu'il prétend que Rohault avait servi de modèle pour le philosophe de notre comédie. Molière, qui avait à ce savant d'anciennes obligations, eût été ingrat s'il l'avait tourné en ridicule. C'est ce qu'il n'a pu vouloir faire ni dans *le Bourgeois gentilhomme*, ni, quoi qu'on en ait dit aussi, dans *le Mariage forcé*, où l'on a prétendu qu'il l'avait fait paraître sous les traits du docteur Pancrace. Mais emprunter à Rohault sa coiffure, ce n'était pas tout à fait toucher à sa personne, et le badinage n'avait rien de bien méchant.

Sur les autres rôles, à la création, nous ne rencontrons aucun ancien témoignage. Aimé-Martin donne celui de *Dorimène* à Mlle de Brie: on ne peut supposer en effet qu'une autre l'ait rempli; celui du *Maître d'armes* à de Brie, celui de *Dorante* à la Thorillière.

La copie de la partition de Lulli qui appartint à Philidor (voyez à l'*Appendice*) porte, écrite de seconde main, ce semble, une distribution où des souvenirs de date différente ont été sans doute mêlés, et que l'on peut supposer avoir été indiquée, en partie de mémoire, en partie d'après une représentation récente, plusieurs années après la mort de Molière, au

---

1. *Histoire du théâtre françois*, tome XIII, p. 294, à la note.
2. Pages 257 et suivantes.
3. *Recherches sur Molière*, p. 89.

temps probablement des reprises d'octobre 1680 à Guénegaud et de novembre 1681 à la cour; on remarquera en effet que ce n'est qu'après la jonction, en août 1680, des deux troupes de Guénegaud et de l'Hôtel de Bourgogne que la Tuillerie, qui vint de l'Hôtel, put jouer en compagnie des camarades de Molière : si, dans quelque occasion extraordinaire, sur un désir du Roi par exemple, il s'était joint à eux plus tôt, la Grange ou le gazetier rimeur n'aurait pas manqué de le dire; Baron aussi eût été bien jeune encore, au temps de Chambord et du Palais-Royal (il n'avait que dix-sept ans en octobre 1670), pour prendre déjà ce rôle de Dorante, qui plus tard lui convint certainement mieux qu'à personne. Quoi qu'il en soit, la vieille copie, laissant en blanc l'attribution de plusieurs rôles, donne celui de M. Jourdain à *M. de Molier* (sic), celui de Mme Jourdain à *M. Hubert*, celui de Lucile à *Mlle de Molier* (qui en 1677 devint Mlle Guérin), celui de Nicole à *Mlle Bauval*, celui de Cléonte à *M. de la Grange*, celui de Dorante à *M. le Baron* (sic), celui de Dorimène à *Mlle de Brie*, celui de l'Élève du maître de musique à *M. Gaye* (chanteur qui ne paraissait sans doute qu'à la cour), celui du Maître d'armes à *M. de la Tuillerie*, celui du Garçon tailleur enfin à *M. Bauval*.

On trouve la distribution suivante, pour l'année 1685, dans le *Répertoire* de la cour ordinairement cité par nous :

DAMOISELLES.

Lucile	Guerin.
Nicole	Beauval *ou* la Grange.
Dorimène	de Brie.

HOMMES.

Dorante	la Grange.
Cléonte	Dauvilliers.
M. Jourdain	Rosimont.
Mme Jourdain	Hubert.
Covielle	du Croisy.
Maître de musique . . .	Hubert.
Élève de musique . . .	Guerin.
Maître a danser	la Thorillière.
Maître d'armes	Guerin.
Philosophe	du Croisy.
Maître tailleur	Brecourt.
Garçon tailleur . . .	Beauval.

La plupart des rôles, on le voit, étaient encore tenus par ceux qui les avaient créés. Cependant la Grange avait laissé à Dauvilliers, comédien venu du Marais, celui de Cléonte et pris celui de Dorante. Rosimont avait hérité, comme de coutume, du rôle qui avait appartenu à Molière. La Thorillière, qui représentait le maître à danser, était le fils du comédien que l'on croit avoir été le Dorante des représentations de Chambord, et qui était mort en 1680. Plusieurs rôles étaient confiés à un même acteur ; il en avait sans doute été de même du temps de Molière.

Dans la suite, la pièce a été jouée par des comédiens dont quelques-uns méritent de n'être pas oubliés ici. A la fin du dix-septième siècle et dans les premières années du dix-huitième, Paul Poisson, que nous avons déjà nommé à propos du spectacle gratis de 1721, excella dans le rôle de M. Jourdain. Il vivait encore lorsque Pierre la Thorillière, le Maître à danser de 1685, fut chargé du premier rôle de notre comédie dans une belle représentation donnée à Versailles, le 14 mars 1729[1] : c'était une excursion que ce bon comédien faisait hors de son emploi. Il avait probablement fait regretter Poisson ; car, à une seconde représentation, qui eut lieu neuf jours après, sur le même théâtre de Versailles, celui-ci, retiré depuis cinq ans, eut ordre du Roi de reparaître dans le rôle où il était sans rival : la Thorillière reprit, ce jour-là, son rôle du Maître à danser, avec ceux de Covielle et du Mufti, où il était fort goûté. Nous trouvons dans l'*Histoire du théâtre françois*[2] qu'il avait fait ce personnage du Mufti le 30 décembre 1716, dans une représentation sur le théâtre du Palais-Royal, à laquelle on donna un éclat qui n'avait pas eu d'égal depuis celles de Chambord en 1670. Ce fut la première de ces reprises où l'Opéra prêta son concours à la Comédie-Française, pour rendre au *Bourgeois gentilhomme* « tous ses agréments, » comme on disait, par la musique et par les danses. « Jamais spectacle, dit *le Nouveau Mercure* de janvier 1717[3], n'a été plus brillant, mieux exécuté et plus suivi[4]. Il est certain que les

---

1. *Mercure de France* de mars 1729, p. 555.
2. Tome XV, p. 250.
3. Page 250.
4. Il y en eut donc alors plusieurs représentations.

secours que lui a fournis l'Opéra ont orné infiniment cette pièce[1]. »

On la donna encore, avec « tous ses agréments, » en janvier 1736. Le fils de Paul Poisson parut alors dans le rôle de M. Jourdain[2]. Il y plut, mais sans y briller sans doute autant que son père.

Puis vint Préville, le plus célèbre de tous les Jourdain, depuis Molière. Parlant de son jeu merveilleux dans ce rôle, Cailhava dit : « Il y était gauche de corps et d'esprit, d'un bout à l'autre, mais gauche à faire plaisir, et voilà le difficile[3]. » On voulut encore l'y revoir en 1792 (les 4, 10, 19 février[4]), lorsque, retiré depuis plus de cinq ans, il reparut un moment sur le théâtre de la Nation.

Sans atteindre à la perfection et à la vérité de son jeu, son élève Dugazon fut un très-bon Bourgeois gentilhomme. Un historien du théâtre[5] donne quelques détails intéressants sur l'effet qu'il produisait dans la Cérémonie. Il les tenait de Baptiste cadet, qui, s'étant chargé du personnage d'un derviche, était fort aise de remplir ce modeste rôle, pour le plaisir qu'il

1. Les comédiens réparaient ainsi l'échec qu'au mois de janvier de cette même année 1716 leur avait valu un peu trop de complaisance pour leur camarade Quinault (l'aîné, le frère de du Fresne et de la célèbre Mlle Quinault) : « Au commencement de ce mois, lit-on dans *le Nouveau Mercure galant* de janvier 1716, p. 218-220, les comédiens ont remis sur leur théâtre *le Bourgeois gentilhomme*.... Cette pièce a été représentée avec un succès très-médiocre, et les spectateurs ont trouvé fort mauvais que M. Quinaut, qui a de l'esprit, ait voulu en avoir plus que Molière, et qu'il lui ait plu de changer les divertissements que cet illustre auteur avoit mis à propos dans sa comédie, pour leur en substituer de son invention. Item, M. Quinault est musicien; mais la musique de M. de Lully lui déplaît : il en a composé tant qu'il a pu de sa petite façon, et en a farci *le Bourgeois gentilhomme*, ce qui a raisonnablement dégoûté le public de cette comédie. »

2. *Mercure de France* de janvier 1736, p. 140.

3. *Études sur Molière*, p. 261.

4. Voyez *le Moniteur* à ces dates, et au 6 du même mois, où, dans un Avis sur la pièce, il est nommé « l'inimitable. »

5. Charles Maurice, *Histoire anecdotique du théâtre*, Paris, 1856, tome Ier, p. 394.

trouvait à voir jouer Dugazon. Voici le souvenir recueilli de sa bouche : « Au moment où les Turcs, faisant mine de placer le turban sur la tête de M. Jourdain, le retiraient aussitôt pour le lui faire désirer davantage, la figure de Dugazon était des plus curieuses. Elle prenait alternativement l'expression d'un désir si violent, et, quand il se trouvait coiffé de ce turban, celle d'une satisfaction si naturellement rayonnante, que lui, Baptiste cadet, et ses camarades ne pouvaient s'empêcher d'admirer l'éloquente et rapide mobilité de cette plaisante figure. De son côté, le public.... poussait un hourra de joie à l'instant où s'accomplissait le couronnement grotesque. » On reprochait cependant à Dugazon, dans ce rôle, l'exubérance de sa verve, qui était son défaut ordinaire, et l'on trouvait quelque mauvais goût dans ses lazzis. Lorsque Molière se contente de faire dire à M. Jourdain furieux contre sa femme, qui est venue lui faire affront devant ses convives : « Je ne sais qui me tient, maudite, que je ne vous fende la tête avec les pièces du repas que vous êtes venue troubler[1], » le comédien la chassait de la salle à manger à coups de petits pâtés. « Une autre fois, disait le critique Geoffroy[2], il lui jettera tous les plats à la tête. »

Après Thénard, qui avait reçu les leçons de Dugazon et mérite aussi d'être mentionné, Michot prit le rôle en 1812, et avec tant de succès, qu'en moins de deux mois la pièce eut dix représentations. Il n'accablait plus Mme Jourdain de biscuits et d'oranges[3].

Dans la seconde moitié du dix-huitième siècle, Mme Bellecour fut une parfaite Nicole. Elle joignait la vérité la plus naïve à une gaieté entraînante. Les *hi! hi!* de la bonne servante étaient faits pour elle : on l'avait surnommée *la rieuse*. En 1799, quoiqu'elle ne fût plus que l'ombre d'elle-même et qu'on ne rie plus si franchement au grand âge qu'elle avait alors, elle voulut reparaître encore sur la scène dans son rôle favori.

---

1. Acte IV, scène II.
2. Feuilleton du *Journal des Débats*, 21 ventôse an X (12 mars 1802).
3. *L'Opinion du parterre*, dixième année, 1813, p. 113.

Mlle Émilie Contat eut, dans le même personnage de Nicole, quelque chose du naturel et de l'entrain de Mme Bellecour.

Le rôle du Maître de philosophie, créé par du Croisy, fut joué d'une façon très-comique par Grandmesnil[1] dans les premières années de ce siècle.

Mlle Mars représentait alors, avec une grâce exquise, le personnage de Lucile. Ce n'était point sa faute si le signalement de Mlle Molière se trouvait en défaut.

Plus récemment encore, et aujourd'hui même, la comédie du *Bourgeois gentilhomme* a trouvé de dignes interprètes. Comme il est mieux, dans notre rapide revue des acteurs, de ne rapporter que les jugements consacrés par le temps, nous rappellerons seulement que, le 28 octobre 1880, dans la dernière semaine du deuxième centenaire de la fondation officielle de la Comédie-Française en 1680, on a représenté notre comédie sur la scène de la maison de Molière avec la musique de Lulli et le ballet. Des élèves du Conservatoire et des danseurs de l'Opéra ont prêté leur concours dans les intermèdes[2].

Ce n'était pas la première fois, nous le savons déjà, que l'on avait l'idée de replacer l'ouvrage de Molière dans son plus ancien cadre, sans croire cependant qu'il eût besoin de ce curieux rajeunissement pour rester immortel. Nous avons parlé des représentations de décembre 1716 et de janvier 1736. *Le Bourgeois gentilhomme*, avec la musique de Lulli et les danses, fut joué aussi le vendredi 9 janvier 1852, sur le théâtre du Grand Opéra. On se plaignit cependant, cette fois, que tout ne fût pas exactement du même caractère dans le ballet et dans la musique. Les variations de Rode et les hardies vocalises de Mme Laborde causèrent, dit-on, quelque étonnement parmi les morceaux originaux, interprétés d'ailleurs avec une fidélité archaïque[3].

Plus récemment, en 1876, le théâtre de la Gaîté, secondé

---

1. *L'Opinion du parterre*, germinal an XI (avril 1803), p. 37.
2. Pour la distribution des rôles de la comédie et de ses Divertissements, dans cette représentation, on peut voir le *Deuxième centenaire de la fondation de la Comédie-Française* (1 volume in-12, Paris, M DCCC LXXX, librairie des Bibliophiles), p. xx.
3. *Le Moniteur* du 12 janvier 1852.

par la troupe comique de l'Odéon, avait recommencé la tentative. La musique de Lulli fut alors restaurée, avec un grand talent, par M. Weckerlin, qui en retoucha l'orchestre suivant les exigences modernes.

Il y a peu de pièces de Molière qui n'aient donné plus de prise que *le Bourgeois gentilhomme* à ceux qui cherchent quels emprunts on y pourrait lui imputer. A lui seul appartient ce qu'il faut admirer dans sa comédie, la peinture des caractères, le tableau des mœurs. C'est dans quelques détails seulement qu'il a été, comme on disait, à la picorée. Ainsi les premières scènes ont des traits de ressemblance, que le P. Brumoy a signalés[1], avec quelques scènes des *Nuées* d'Aristophane, par exemple avec celles où Strepsiade, le sot et grossier bourgeois, veut se faire instruire par le disciple de Socrate, puis par Socrate lui-même. Ceci particulièrement rappelle quelques naïves âneries de M. Jourdain dans la leçon de philosophie : « SOCRATE. Que veux-tu apprendre d'abord...? Sera-ce la mesure, le rhythme ou les vers? STREPSIADE. La mesure. Car, l'autre jour, un marchand de farine m'a trompé de deux chénices[2]. » Lorsque M. Jourdain veut communiquer à sa femme et à sa servante sa récente érudition grammaticale[3], on reconnaît Strepsiade interrogeant son fils sur les beaux enseignements dont il est frais émoulu[4]. L'imitation ne nous semble pas douteuse. Il ne saurait y en avoir de plus heureuse, de plus naturellement appelée par le sujet : si bien qu'elle paraît laisser entière l'originalité de l'imitateur.

La scène dans laquelle Mme Jourdain, résistant à la folie de son mari, qui ne veut marier leur fille qu'à un gentilhomme, lui remet en mémoire de quelle modeste condition ils sont eux-mêmes et déclare qu'elle ne se soucie pas d'un gendre qui leur reprocherait leur roture, ni de petits-enfants qui auraient honte de l'appeler leur grand'maman[5], cette scène est comparée par

---

1. *Le Théâtre des Grecs*, tome III, p. 70 et 73, édition de 1730.
2. Vers 636-640, traduction d'Artaud.
3. Acte III, scène III, p. 105-107.
4. Vers 814 et suivants.
5. Acte III, scène XII, p. 143-146.

Cailhava[1] avec le chapitre v de la deuxième partie de *Don Quichotte*, intitulée : *De la spirituelle et plaisante conversation qu'eurent ensemble Sancho Panza et sa femme Thérèse Panza.* « Ce serait gentil, dit Thérèse, de marier notre Mari-Sancha à quelque méchant hobereau, à quelque comte à trente-six quartiers qui, à la première fantaisie, lui chanterait pouille en l'appelant vilaine, fille de manant pioche-terre et de paysanne tourne-fuseau[2]. » Et Sancho ne manque pas de s'emporter, comme M. Jourdain, contre une femme si ignorante et stupide. Que Molière se soit souvenu du naïf dialogue de Cervantes, ceci encore est très-vraisemblable.

Il doit aussi quelque chose, assez peu toutefois, à Rotrou. Dans la comédie de ce poëte dont le titre est *la Sœur*[3], il y a, comme dans *le Bourgeois gentilhomme*, des mots d'une prétendue langue turque, ceux qui ont été mis dans la bouche du valet Ergaste. Comme ils ne sont pas plus difficiles à forger que le *Cabricias arci thuram* du *Médecin malgré lui*, il n'est pas très-intéressant d'examiner si Molière en a pris quelques-uns dans Rotrou. Mais, à propos de ces mots turcs, voici une plaisanterie qui a fourni évidemment un emprunt à Molière. M. Jourdain est étonné de la très-longue explication que lui donne Covielle du *Bel men* du fils du Grand Turc : « Tant de choses en deux mots ! — Oui, la langue turque est comme cela, elle dit beaucoup en peu de paroles[4]. » Dans *la Sœur*, Ergaste, faisant, comme Covielle, l'office de truchement, prétend aussi donner un sens qui n'en finit pas à deux mots prononcés par le jeune Horace, lequel, soit dit en passant, ne parle pas un baragouin forgé par Rotrou, mais un vrai turc[5],

1. *De l'Art de la Comédie*, tome II, p. 329-332.
2. Traduction de Damas Hinard.
3. *LA SŒUR, comédie de M. de Rotrou*, à Paris, chez Toussainct Quinet, 1647 (in-4°).
4. Acte IV, scène IV, p. 176.
5. C'est ce que nous tenons du savant professeur de turc à l'école des langues orientales vivantes, M. Barbier de Meynard, membre de l'Institut. — D'après ses indications aussi, les notes de la pièce diront ci-après combien peu de mots à peu près turcs il est possible de reconnaître dans les phrases, le plus souvent dénuées de sens, que débitent Covielle et Cléonte.

qu'il a appris à Constantinople. Le bonhomme Anselme témoigne son étonnement :

> T'en a-t-il pu tant dire en si peu de propos ?
> ERGASTE.
> Oui, le langage turc dit beaucoup en deux mots[1].

On pourrait comparer encore ces exclamations de Mme Jourdain : « Quelle figure ! est-ce un momon que vous allez porter[2] ? » avec celles d'Anselme :

> A quoi ces habits turcs ? Dansez-vous un ballet ?
> Portez-vous un momon[3] ?

Cette ressemblance, moins significative par elle-même, ne paraîtra pas fortuite, s'ajoutant à la première. Mais tout autres sont les situations et les caractères.

L'idée de faire rire d'une ambassade récente, du jargon d'un fourbe et des explications de ses interprètes, c'est tout ce qu'il y a de commun entre notre pièce et *les Faux Moscovites* de Raymond Poisson, joués en 1668.

A en croire Cailhava[4], la cérémonie turque serait prise en entier de ces *Disgrazie d'Arlecchino*, où il voulait trouver aussi des scènes de *Pourceaugnac* copiées par Molière[5]. Molière ne tenait sans doute pas beaucoup à la gloire d'avoir imaginé, sans modèles, la farce de la cérémonie ; il n'en faut pas moins dire que ce sont presque certainement les bouffons italiens qui ont été les plagiaires. Si donc l'on doit penser que l'idée de la mystification qui a rattaché la mascarade du *Bourgeois gentilhomme* à l'action de cette comédie a été prise quelque part, restons-en à ce que nous avons dit de *Francion*.

Le Bourgeois gentilhomme a été imité sur la scène anglaise par le comédien-auteur Samuel Foote, dans une comédie en trois actes (1765) intitulée *le Commissaire* (*the Commissary*). Les emprunts qui y sont faits à Molière dans le rôle de Za-

---

1. *La Sœur*, acte III, scène v.
2. Acte V, scène 1, p. 194.
3. *La Sœur*, acte III, scène 11.
4. *Études sur Molière*, p. 256 et 257.
5. Voyez au tome VII, p. 223 et 224.

chary Fungus, qui fut joué par Foote, ne sont nullement déguisés. Fungus, ayant la prétention de devenir un gentleman, s'entoure de musiciens, de danseurs, de professeurs d'escrime; il prend aussi « un maître pour donner de l'éloquence » (*sic*, en français). Là se borne à peu près la ressemblance. Le reste est parfaitement anglais dans cette pièce très-compliquée, et n'a rien de commun avec la grande peinture de caractère et de mœurs qu'offre notre comédie. Il faut citer aussi, parmi les imitations étrangères, la pièce *Un peu d'ambition* et celle de *Don Ranudo de Colibrados*, deux bouffonneries turques du poëte danois Holberg, au dénouement desquelles la cérémonie du Mamamouchi a servi de modèle. Dans la seconde de ces pièces, on fait savoir à don Ranudo que le neveu du prince d'Abyssinie sollicite la main de sa fille. Ce prétendant abyssinien n'est autre que l'amoureux Gonzalo, qui, par l'artifice de ce déguisement, fait signer le contrat de son mariage. La scène où il feint de parler la langue de l'Abyssinie amène la facétie que nous avons vue imitée de Rotrou par Molière : « Voilà une langue d'un usage fort commode en hiver à cause de sa brièveté…. On pourrait écrire toute une chronique sur une feuille de papier[1]. »

Il n'est pas tout à fait exact de dire, comme quelques-uns l'ont fait, que dans la comédie de *Turcaret* les figures du chevalier, qui a fait ses caravanes au lansquenet, et de la coquette baronne aient été dessinées d'après celles de Dorante et de Dorimène, lesquelles ont pu suggérer seulement l'idée de ces personnages, très-différents d'ailleurs. En apparence, le plus hardi des deux auteurs comiques a été le Sage, qui a donné des couleurs beaucoup plus noires à la corruption de son chevalier et de sa baronne; mais, à y bien regarder, c'est Molière qui a le plus osé, justement parce qu'au lieu d'être de vulgaires aventuriers, son comte est un vrai comte, sa marquise une vraie marquise, l'un et l'autre, sans qu'il reste de doute, gens du monde et gens de cour.

La première édition du *Bourgeois gentilhomme* porte la date

1. Voyez *Holberg considéré comme imitateur de Molière*, par M. A. Legrelle, p. 144 et 145, et p. 255-259.

de 1671; c'est un in-12 de 2 feuillets liminaires et 164 pages, dont voici le titre :

LE
**BOVRGEOIS
GENTILHOMME**
COMEDIE-BALLET,
FAITE A CHAMBORT,
Pour le Divertiffement du Roy,
*Par I. B. P. MOLIERE
Et fe vend pour l'Autheur*
A PARIS
Chez PIERRE LE MONNIER, au Palais, vis-à-vis
la Porte de l'Eglife de la Sainte Chapelle,
à l'Image S. Louis, et au Feu Divin.
M. DC. LXXI.
AVEC PRIVILEGE DV ROY.

Le Privilége est du 31 décembre 1670; l'Achevé d'imprimer pour la première fois, du 18 mars 1671.

Nous avons comparé à l'édition originale le livret du *Bourgeois gentilhomme* de 1670[1], pour tous les intermèdes; et, pour la Cérémonie turque et le Ballet des nations, le *Ballet des ballets*, de 1671.

Parmi les traductions ou imitations, publiées à part, de cette comédie, on en connaît une en espagnol (1810?); une en portugais (1768); une en roumain (1835); deux en anglais (1672, 1874), sans parler de la pièce de Samuel Foote, ci-dessus mentionnée, ni d'une troisième, sous le titre de *Peacock's feathers, les Plumes de paon*, qui a été représentée récemment en Australie; deux en néerlandais (1680, 1866); une en allemand (1788); deux en danois (1725, 1846), sans compter les deux imitations de Holberg; trois en suédois (1768, 1783, 1859); une en russe (1788); une en hongrois (1881); une en serbo-croate (1861); deux en polonais (1782, 1823); une en grec moderne (1867).

---

1. LE BOURGEOIS GENTILHOMME, comédie-ballet, donné par le Roy à toute sa cour, dans le chasteau de Chambort, au mois d'octobre 1670. Paris, Robert Ballard, 1670, in-4° de 26 pages, non compris le titre.

Castil-Blaze, au tome II, page 39, de *Molière musicien*, parle d'un opéra-bouffe de Paër, *la Testa riscaldata*, traduit, dit-il, du *Bourgeois gentilhomme*, et représenté à Parme en 1797[1].

SOMMAIRE

DU *BOURGEOIS GENTILHOMME*, PAR VOLTAIRE.

Le Bourgeois gentilhomme est un des plus heureux sujets de comédie que le ridicule des hommes ait jamais pu fournir. La vanité, attribut de l'espèce humaine, fait que des princes prennent le titre de rois, que les grands seigneurs veulent être princes, et comme dit la Fontaine :

> Tout prince a des ambassadeurs,
> Tout marquis veut avoir des pages[2].

Cette faiblesse est précisément la même que celle d'un bourgeois qui veut être homme de qualité; mais la folie du bourgeois est la seule qui soit comique et qui puisse faire rire au théâtre : ce sont les extrêmes disproportions des manières et du langage d'un homme avec les airs et les discours qu'il veut affecter qui font un ridicule plaisant. Cette espèce de ridicule ne se trouve point dans des princes ou dans des hommes élevés à la cour, qui couvrent toutes leurs sottises du même air et du même langage; mais ce

---

1. C'est peut-être ici le lieu de mentionner aussi la petite pièce intitulée : *le Voyage de Chambord ou la veille de la première représentation du Bourgeois gentilhomme*, comédie en un acte, mêlée de vaudevilles, par Desfontaines et Henri Dupin, représentée, pour la première fois, sur le théâtre du Vaudeville, le 11 juillet 1808.

2. C'est ainsi que ces derniers vers de la fable III du Ier livre, *la Grenouille qui se veut faire aussi grosse que le Bœuf*, sont cités, comme d'égale mesure, dans les deux éditions de Voltaire (1739, 1764); mais on sait que, dans la Fontaine, le premier a dix syllabes :

> Tout petit prince a des ambassadeurs.

ridicule se montre tout entier dans un bourgeois élevé grossièrement et dont le naturel fait à tout moment un contraste avec l'art dont il veut se parer. C'est ce naturel grossier qui fait le plaisant de la comédie, et voilà pourquoi ce n'est jamais que dans la vie commune qu'on prend les personnages comiques. *Le Misanthrope* est admirable, *le Bourgeois gentilhomme* est plaisant.

Les quatre premiers actes de cette pièce peuvent passer pour une comédie; le cinquième est une farce qui est réjouissante, mais trop peu vraisemblable. Molière aurait pu donner moins de prise à la critique, en supposant quelque autre homme que le fils du Grand Turc. Mais il cherchait, par ce divertissement, plutôt à réjouir qu'à faire un ouvrage régulier.

Lulli fit aussi la musique du ballet, et il y joua comme dans *Pourceaugnac*.

ACTEURS[1].

MONSIEUR JOURDAIN, bourgeois[2].
MADAME JOURDAIN, sa femme.

1. Sur la distribution des rôles telle qu'on la connaît pour le temps de Molière et pour un temps encore assez voisin du sien, voyez la *Notice*, p. 24 et suivantes.

2. Les pièces des divers costumes que Molière portait dans ce rôle sont les premières décrites dans l'inventaire publié par M. Eud. Soulié (p. 275). On retira d'une manne : « Un habit pour la représentation du *Bourgeois gentilhomme*, consistant en une robe de chambre rayée, doublée de taffetas aurore[a] et vert, un haut-de-chausses de panne[b] rouge, une camisole de panne bleue[c], un bonnet de nuit et une coiffe[d], des chausses et une écharpe de toile peinte à l'indienne[e], une veste à la turque[f] et un turban, un sabre, des chausses de brocard aussi garnies de rubans vert et aurore[g], et

[a] « On appelle *couleur d'aurore* une espèce de jaune doré. *Taffetas, satin couleur d'aurore.* Et on dit par abrégé *du satin aurore.* » (*Dictionnaire de l'Académie*, 1694.)

[b] La *panne*, d'après le même *Dictionnaire*, était une « sorte d'étoffe velue de soie ou de fil, mais plus ordinairement de soie.... Quand on dit simplement *panne*, on entend celle de soie. »

[c] « Ce doit être une erreur de l'huissier-priseur : dans la II^{de} scène..., M. Jourdain montre.... son haut-de-chausses étroit, de velours rouge, et sa camisole de velours *vert*. » (*Note de M. Soulié.*) Il y a du reste tel bleu et tel vert qui, aux lumières, se distinguent à peine l'un de l'autre.

[d] La coiffe, dit M. Soulié d'après Furetière, est la garniture du bonnet de nuit qu'on change quand elle est sale.

[e] Cette écharpe servait sans doute de ceinture à la robe de chambre, qui était aussi d'indienne, comme cela semble bien résulter du texte de la scène II.

[f] Dans l'habillement oriental, la veste est une sorte de longue tunique qui se met sous la robe ; trois pages portent celle de Cléonte à son entrée en prince turc (scène IV de l'acte IV). L'Académie en 1694 la définit : « Sorte de longue robe qui se met par-dessus les autres habits et se porte par les peuples du Levant. »

[g] Il semble qu'à ces chausses magnifiques manque l'habit assortissant, le grand habit qui doit être apporté par les tailleurs en corps. Le pourpoint trouvé ensuite dans la manne n'était que la veste (le gilet) de ce costume.

LE BOURGEOIS GENTILHOMME.

LUCILE, fille de M. Jourdain.
NICOLE, servante.
CLÉONTE, amoureux de Lucile.
COVIELLE[1], valet de Cléonte.
DORANTE, comte, amant de Dorimène.

deux points de Sedan. Le pourpoint de taffetas garni de dentelle d'argent faux. Le ceinturon, des bas de soie verts, et des gants, avec un chapeau garni de plumes aurore et vert. »

1. Ce nom francisé par la prononciation est celui d'une des variétés, de l'un des masques de ce zanni ou valet indispensable à la comédie italienne. On en peut voir des types anciens dans les *Petits danseurs* de Callot (*Balli di Sfessania*) ou dans les *Masques et Bouffons* de M. Maurice Sand; mais ces types s'étaient modifiés. Au temps du carnaval de 1639, où Salvator Rosa, annoncé dans Rome comme un certain signor Formica, acteur napolitain, divertit la ville sous le masque de *Coviello*, « le costume du bouffon avait été transformé et probablement par *Salvator Rosa* lui-même, » dit M. Maurice Sand (tome II, p. 288); et voici la description que fait du nouveau personnage lady Morgan, dans ses *Mémoires sur la vie et le siècle de Salvator Rosa* (traduction française publiée chez Alexis Eymery, 1824, tome I, p. 196, note 1) : « Coviello, l'un des sept masques de la comédie italienne, est la représentation théâtrale du Calabrois. L'esprit de Coviello doit être aussi subtil que l'air de l'Abruzze. Adroit, souple, vain, véritable Protée dans son caractère, ses manières, son langage, il conserve toujours l'accent et le costume de son pays. Sa veste de velours noir avec les pantalons de la même étoffe, les boutons d'argent et une riche broderie, devaient faire paraître avec avantage une taille élégante, et former un contraste marqué avec le masque à joues cramoisies, au nez et au front noir. » Molière a certainement donné quelque chose de ce caractère à l'inspirateur de Cléonte, à l'ordonnateur de la pièce jouée à M. Jourdain. C'est sur la scène un des précurseurs du grand Scapin des *Fourberies*, un esprit inventif, fertile en *bourles*, et un homme d'exécution plein de ressources, reconnu heureux et infaillible par tous : voyez particulièrement la scène XIII de l'acte III, et le compliment flatteur de Dorante, à la scène v de l'acte IV. Peut-être même quelque réminiscence du costume traditionnel indiquait-elle qu'il s'agissait d'un compatriote, un peu plus dépaysé, il est vrai, du subtil Napolitain attaché à M. de Pourceaugnac.

ACTEURS.

DORIMÈNE, marquise [1].
MAÎTRE DE MUSIQUE.
ÉLÈVE DU MAÎTRE DE MUSIQUE.
MAÎTRE À DANSER.
MAÎTRE D'ARMES.
MAÎTRE DE PHILOSOPHIE.
MAÎTRE TAILLEUR.
GARÇON TAILLEUR.
DEUX LAQUAIS.
PLUSIEURS MUSICIENS, MUSICIENNES, JOUEURS D'INSTRUMENTS, DANSEURS, CUISINIERS, GARÇONS TAILLEURS, ET AUTRES PERSONNAGES DES INTERMÈDES ET DU BALLET.

La scène est à Paris [2].

1. Dorimène avait été au théâtre un simple nom d'amoureuse ; il l'est par exemple dans *les Vendanges de Suresne*, comédie de du Ryer (1635)[a]. Il semble qu'en 1645 il servait à désigner de vraies courtisanes : voyez, dans le ballet de *l'Oracle de la Sibyle de Pansoust* (tome II des *Contemporains de Molière* de M. V. Fournel), les vers destinés à *Trois Dorimènes qui cherchent la bonne fortune chez la Sibyle* et la *Réponse de l'Oracle*, qui suit (XVIe entrée, p. 274). On se rappelle que Molière, dans *le Mariage forcé*, a donné ce même nom à la « coquette achevée » qui mène Sganarelle à ses fins. Il a voulu sans doute, en le choisissant pour la marquise que M. Jourdain a faite et déclaré dame de ses pensées, attacher tout d'abord au personnage une idée de galanterie et d'aventure.

2. Le théâtre, dit le vieux Mémoire de décorations de la Bibliothèque nationale, « est une chambre. Une ferme [b]. Il faut des siéges, une table pour le festin, et une pour le buffet. Les ustensiles pour la cérémonie. »

Voici quelle est la liste des acteurs dans l'édition de 1734 :

---

[a] Réimprimées par Éd. Fournier au tome II de son *Théâtre français au XVI[e] et au XVII[e] siècle*, p. 76 et suivantes.

[b] D'après l'Académie, « *Ferme*, au théâtre, se dit de toute décoration montée sur un châssis qui se détache en avant de la toile de fond, telle qu'une colonnade.... » Il fallait sans doute ouvrir un premier fond d'une large porte, au delà de laquelle s'apercevait un vestibule ou quelque salle d'où pouvaient s'avancer en cadence les cuisiniers portant la table du festin, et plus tard le cortége tout formé du Mouphti.

ACTEURS.

ACTEURS DE LA COMÉDIE.

Monsieur Jourdain, bourgeois.
Madame Jourdain.
Lucile, fille de M. Jourdain.
Cléonte, amant de Lucile.
Dorimène, marquise.
Dorante, comte, amant de Dorimène.
Nicole, servante de M. Jourdain.
Covielle, valet de Cléonte.
Un Maître de musique.
Un Élève du Maître de musique.
Un Maître a danser.
Un Maître d'armes.
Un Maître de philosophie.
Un Maître tailleur.
Deux Laquais.

ACTEURS DU BALLET.

Dans le premier acte :

Une Musicienne.
Deux Musiciens.
Danseurs.

Dans le second acte :

Garçons tailleurs, dansants.

Dans le troisième acte :

Cuisiniers, dansants.

Dans le quatrième acte :

CÉRÉMONIE TURQUE.

Le Muphti.
Turcs, assistants du Muphti, chantants.
Dervis, chantants.
Turcs, dansants.

Dans le cinquième acte :

BALLET DES NATIONS.

Un donneur de livres, dansant.
Importuns, dansants.
Troupe de spectateurs, chantants.
Premier Homme du bel air.
Second Homme du bel air.
Première Femme du bel air.
Seconde Femme du bel air.
Premier Gascon.
Second Gascon.
Un Suisse.
Un vieux Bourgeois babillard.
Une vieille Bourgeoise babillarde.
Espagnols, chantants.
Espagnols, dansants.
Une Italienne.
Un Italien.
Deux Scaramouches.
Deux Trivelins.
Arlequin.
Deux Poitevins, chantants et dansants.
Poitevins et Poitevines, dansants.

La scène est à Paris, dans la maison de M. Jourdain.

LE BOURGEOIS-GENTILHOMME.

COMÉDIE-BALLET.

L'ouverture se fait par un grand assemblage d'instruments[1]; et dans le milieu du théâtre on voit un élève du Maître de musique, qui compose sur une table un air que le Bourgeois a demandé pour une sérénade[2].

[1]. Sur la musique des intermèdes du *Bourgeois gentilhomme*, voyez ci-après à l'*Appendice*. Il est aisé de prendre connaissance de la partition de Lulli dans l'excellente réduction qu'en a publiée M. Weckerlin; le *Ballet des nations* seul y a été abrégé par de nombreux retranchements.

[2]. Pour une sérénade. Les paroles de cet air sont : *Je languis nuit et jour*, etc., comme ci-après. (1682.) — Ce préambule n'est pas dans l'édition de 1734. — Si le lecteur veut comparer avec les paroles de l'air définitif de la sérénade, qui sont données plus loin (p. 53), les syllabes indécises que chantait ou fredonnait l'Élève en essayant pour lui-même cet air, destiné à une cantatrice, il pourra prendre quelque idée du jeu de cette scène d'introduction. Chez le Roi, confiée à un excellent chanteur, Gaye, un baryton qui devait emprunter une voix de femme ou passer tout à coup d'un registre à l'autre, cette imitation comique put fort divertir l'auditoire. Il faut sans doute se représenter le jeune musicien assis au clavecin, tantôt s'accompagnant, ou préludant aux fragments de mélodie, et tantôt notant ses phrases. Plus tard, au Palais-Royal, il put suffire de mettre à une table un figurant en train d'écrire. Voici, d'après la copie Philidor, avec ses signes d'hésitation et ses reprises (les pauses plus ou moins longues que remplissait l'accompagnement marquées par des traits), le texte qui devait servir à montrer le travail de la composition musicale. « Je languis, - je languis nuit et jour, — ou ou ou, et mon mal est extrême, ou ou ou, ou ou oume, La la ta ta la la vos beaux yeux m'ont soumis, — — m'ont soumis. Si vous traitez ainsi, belle Iris, - ainsi, belle Iris, qui vous aime, — ta ta tay qui vous aime, hélas! hélas! que pourriez-vous faire à, faire à - hélas! que pourriez-vous faire à vos ennemis? - ou ou - ou ounemis? ta ta la la la lay, si vous traitez ainsi, belle Iris, qui vous aime, — ou ou ou ou, hélas! hélas! que pourriez-vous faire, que pourriez, hélas! que pourriez-vous faire à vos ennemis, — vos ennemis? »

ACTE I.

SCÈNE PREMIÈRE.

MAITRE DE MUSIQUE, MAITRE A DANSER,
TROIS MUSICIENS, DEUX VIOLONS, QUATRE DANSEURS.

MAÎTRE DE MUSIQUE, parlant à ses Musiciens[1].

Venez, entrez dans cette salle, et vous reposez là, en attendant qu'il vienne.

MAÎTRE A DANSER, parlant aux Danseurs[2].

Et vous aussi, de ce côté.

MAÎTRE DE MUSIQUE, à l'Élève[3].

Est-ce fait?

L'ÉLÈVE.

Oui.

MAÎTRE DE MUSIQUE.

Voyons.... Voilà qui est bien.

MAÎTRE A DANSER.

Est-ce quelque chose de nouveau?

MAÎTRE DE MUSIQUE.

Oui, c'est un air pour une sérénade, que je lui ai fait composer ici, en attendant que notre homme fût éveillé.

---

1. UN MAÎTRE DE MUSIQUE, UN ÉLÈVE du *Maître de musique*, composant *sur une table qui est au milieu du théâtre*, UNE MUSICIENNE, DEUX MUSICIENS, UN MAÎTRE A DANSER, DANSEURS.
LE MAÎTRE DE MUSIQUE, *aux musiciens*. (1734.)

2. LE MAÎTRE A DANSER, *aux danseurs*. (*Ibidem.*)

3. LE MAÎTRE DE MUSIQUE, *à son élève*. (*Ibidem.*) Ici et plus bas ces mots : MAÎTRE DE MUSIQUE, MAÎTRE A DANSER, MAÎTRE D'ARMES, etc., sont toujours précédés de l'article dans l'édition de 1734.

ACTE I, SCÈNE I. 47

MAÎTRE A DANSER.

Peut-on voir ce que c'est?

MAÎTRE DE MUSIQUE.

Vous l'allez entendre, avec le dialogue, quand il viendra. Il ne tardera guère.

MAÎTRE A DANSER.

Nos occupations, à vous, et à moi, ne sont pas petites maintenant.

MAÎTRE DE MUSIQUE.

Il est vrai. Nous avons trouvé ici un homme comme il nous le faut à tous deux; ce nous est une douce rente que ce Monsieur Jourdain, avec les visions de noblesse et de galanterie qu'il est allé se mettre en tête; et votre danse et ma musique auroient à souhaiter que tout le monde lui ressemblât.

MAÎTRE A DANSER.

Non pas entièrement; et je voudrois pour lui qu'il se connût mieux qu'il ne fait aux choses que nous lui donnons.

MAÎTRE DE MUSIQUE.

Il est vrai qu'il[1] les connoît mal, mais il les paye bien; et c'est de quoi maintenant nos arts ont plus besoin que de toute autre chose.

MAÎTRE A DANSER.

Pour moi, je vous l'avoue, je me repais un peu de gloire; les applaudissements me touchent; et je tiens que, dans tous les beaux arts, c'est un supplice assez fâcheux que de se produire à des sots, que d'essuyer sur des compositions la barbarie d'un stupide. Il y a plaisir, ne m'en parlez point[2], à travailler pour des personnes qui

1. *Qui*, dans la seule édition de 1682. C'est une faute d'impression qu'amène de temps en temps la prononciation vicieuse *qui* pour *qu'il*.
2. C'est-à-dire : pas n'est besoin qu'on m'en parle; je l'affirme, sans qu'on me le dise; ou plutôt peut-être : n'allez pas me contredire, avouez-le. « *Parlez-moi de cela* est, dit Auger, une autre expression qui, quoique opposée dans les termes, a un sens tout semblable » (d'affirmation laudative).

soient capables de sentir les délicatesses d'un art, qui sachent faire un doux accueil aux beautés d'un ouvrage, et par de chatouillantes¹ approbations vous régaler² de votre travail. Oui, la récompense la plus agréable qu'on puisse recevoir des choses que l'on fait, c'est de les voir connues, de les voir caressées d'un applaudissement qui vous honore. Il n'y a rien, à mon avis, qui nous paye mieux que cela de toutes nos fatigues; et ce sont des douceurs exquises que des louanges éclairées.

MAÎTRE DE MUSIQUE.

J'en demeure d'accord, et je les goûte comme vous. Il n'y a rien assurément qui chatouille davantage que³ les applaudissements que vous dites. Mais cet encens ne fait pas vivre; des louanges toutes pures ne mettent point un homme à son aise : il y faut mêler du solide; et la meilleure façon de louer, c'est de louer avec les mains⁴. C'est un homme, à la vérité, dont les lumières sont petites, qui parle à tort et à travers de toutes choses, et n'applaudit qu'à contre-sens; mais son argent redresse les jugements de son esprit; il a du discernement dans sa bourse; ses louanges sont monnoyées⁵; et ce bourgeois ignorant nous vaut mieux, comme vous voyez, que le grand seigneur éclairé qui nous a introduits ici.

MAÎTRE A DANSER.

Il y a quelque chose de vrai dans ce que vous dites;

---

1. *Chatouiller*, avec ce sens figuré, se rencontre bien souvent au dix-septième siècle, même dans le style noble : voyez les exemples de Littré. Molière l'a encore employé absolument au couplet suivant.

2. Au sens de *récompenser* : voyez au vers 1250 de *l'Étourdi*, tome I, p. 190.

3. Sur l'emploi, très-autorisé alors, de *davantage que*, voyez la Remarque du *Dictionnaire de Littré*. Ici, comme au vers 315 de *l'Étourdi*, *plus que* serait bien maigre de son et, ce nous semble, moins expressif.

4. *Louer avec les mains* pourrait s'entendre aussi bien des applaudissements que du payement; mais ce qui précède ne permet pas qu'on s'y trompe. (*Note d'Auger.*)

5. Prennent corps en monnaie, sont converties, frappées en monnaie.

mais je trouve que vous appuyez un peu trop sur l'argent; et l'intérêt est quelque chose de si bas, qu'il ne faut jamais qu'un honnête homme montre pour lui de l'attachement.

MAÎTRE DE MUSIQUE.

Vous recevez fort bien pourtant l'argent que notre homme vous donne.

MAÎTRE A DANSER.

Assurément; mais je n'en fais pas tout mon bonheur, et je voudrois qu'avec son bien, il eût encore quelque bon goût des choses.

MAÎTRE DE MUSIQUE.

Je le voudrois aussi, et c'est à quoi nous travaillons tous deux autant que nous pouvons. Mais, en tout cas, il nous donne moyen de nous faire connoître dans le monde; et il payera pour les autres[1] ce que les autres loueront pour lui.

MAÎTRE A DANSER.

Le voilà qui vient.

SCÈNE II.

MONSIEUR JOURDAIN, DEUX LAQUAIS, MAITRE DE MUSIQUE, MAITRE A DANSER, VIOLONS, MUSICIENS ET DANSEURS[2].

MONSIEUR JOURDAIN.

Hé bien, Messieurs? qu'est-ce? me ferez-vous voir votre petite drôlerie?

1. Pour tous les autres. (1730, 33, 34.)
2.   SCÈNE II.
M. JOURDAIN, *en robe de chambre et en bonnet de nuit*, LE MAÎTRE DE MUSIQUE, LE MAÎTRE A DANSER, L'ÉLÈVE *du Maître de musique*, UNE MUSICIENNE, DEUX MUSICIENS, DANSEURS, DEUX LAQUAIS. (1734.)

MAÎTRE A DANSER.

Comment? quelle petite drôlerie[1]?

MONSIEUR JOURDAIN.

Eh la.... comment appelez-vous cela? votre prologue ou dialogue de chansons et de danse.

MAÎTRE A DANSER.

Ah, ah!

MAÎTRE DE MUSIQUE.

Vous nous y voyez préparés.

MONSIEUR JOURDAIN.

Je vous ai fait un peu attendre, mais c'est que je me fais habiller aujourd'hui comme les gens de qualité; et mon tailleur m'a envoyé des bas de soie[2] que j'ai pensé ne mettre jamais.

MAÎTRE DE MUSIQUE.

Nous ne sommes ici que pour attendre votre loisir.

MONSIEUR JOURDAIN.

Je vous prie tous deux de ne vous point en aller, qu'on ne m'ait apporté mon habit, afin que vous me puissiez voir.

MAÎTRE A DANSER.

Tout ce qu'il vous plaira.

MONSIEUR JOURDAIN.

Vous me verrez équipé comme il faut, depuis les pieds jusqu'à la tête.

MAÎTRE DE MUSIQUE.

Nous n'en doutons point.

MONSIEUR JOURDAIN.

Je me suis fait faire cette indienne-ci[3].

1. Quelque *barbarie d'un stupide* qu'ait déjà essuyée le Maître à danser, une expression si peu respectueuse de l'art et des artistes l'étonne. M. Jourdain veut dire votre petit divertissement ou simplement votre petite affaire : le chorégraphe se fût encore résigné à ce dernier mot, que lui-même applique (p. 64) à sa propre composition. Molière a déjà plaisamment employé le mot *drôlerie* dans *le Médecin malgré lui*, tome VI, p. 100.

2. Voyez ci-après, p. 92.

3. M. Jourdain, comme l'indique l'énumération de ses habits qu'on a vue

ACTE I, SCÈNE II.

MAÎTRE A DANSER.

Elle est fort belle.

MONSIEUR JOURDAIN.

Mon tailleur m'a dit que les gens de qualité étoient comme cela le matin.

MAÎTRE DE MUSIQUE.

Cela vous sied à merveille.

MONSIEUR JOURDAIN.

Laquais! holà, mes deux laquais!

PREMIER LAQUAIS.

Que voulez-vous, Monsieur?

MONSIEUR JOURDAIN.

Rien. C'est pour voir si vous m'entendez bien. (Aux deux Maîtres[1].) Que dites-vous de mes livrées?

MAÎTRE A DANSER.

Elles sont magnifiques.

MONSIEUR JOURDAIN.

(Il entr'ouvre sa robe, et fait voir un haut-de-chausses étroit de velours rouge, et une camisole de velours vert, dont il est vêtu[2].)

Voici encore un petit déshabillé pour faire le matin mes exercices.

MAÎTRE DE MUSIQUE.

Il est galant.

MONSIEUR JOURDAIN.

Laquais!

---

plus haut (p. 41, note 2), doit arriver en robe de chambre et bonnet de nuit. C'est de sa robe de chambre, qu'on va lui voir entr'ouvrir, ôter, puis remettre, qu'il parle ici. « Les *indiennes*, c'est-à-dire les toiles peintes venues de l'Inde, dit Auger (1824), étaient alors un grand luxe. Celles qu'on a faites en Europe à l'imitation des véritables, et qu'on a appelées du même nom, ont dû mettre ce nom en discrédit. L'étoffe elle-même a passé de mode, et a été remplacée par la perse, que nous avons vue disparaître à son tour. Les comédiens qui jouent aujourd'hui le rôle de M. Jourdain ne portent ni perse ni indienne, mais quelque riche étoffe de soie, dont ils substituent le nom au mot employé par Molière. »

1. *Au Maître de musique et au Maître à danser.* (1734.)
2. M. JOURDAIN, *entr'ouvrant sa robe, et faisant voir son haut-de-chausses étroit de velours rouge, et sa camisole de velours vert.* (*Ibidem.*)

PREMIER[1] LAQUAIS.

Monsieur.

MONSIEUR JOURDAIN.

L'autre laquais!

SECOND LAQUAIS.

Monsieur.

MONSIEUR JOURDAIN.

Tenez ma robe. Me trouvez-vous[2] bien comme cela?

MAÎTRE A DANSER.

Fort bien. On ne peut pas mieux.

MONSIEUR JOURDAIN.

Voyons un peu votre affaire.

MAÎTRE DE MUSIQUE.

Je voudrois bien auparavant vous faire entendre un air[3] qu'il vient de composer pour la sérénade que vous m'avez demandée. C'est un de mes écoliers[4], qui a pour ces sortes de choses un talent admirable.

MONSIEUR JOURDAIN.

Oui; mais il ne falloit pas faire faire cela par un écolier; et vous n'étiez pas trop bon vous-même pour cette besogne-là.

MAÎTRE DE MUSIQUE.

Il ne faut pas, Monsieur, que le nom d'écolier vous abuse. Ces sortes d'écoliers en savent autant que les plus grands maîtres, et l'air est aussi beau qu'il s'en puisse faire. Écoutez seulement.

---

1. Les noms de nombre : *premier* et *second* ou *deuxième*, sont rendus dans nos anciens textes par les chiffres 1, 2 suivis d'un point.

2. M. JOURDAIN, *ôtant sa robe de chambre*. Tenez ma robe. (*Au Maître de musique et au Maître à danser.*) Me trouvez-vous.... (1734.)

3. *Montrant son élève.* (*Ibidem.*)

4. *Écolier*, au sens « d'élève, » comme dit la liste des Acteurs, et comme va l'expliquer le Maître de musique. C'est par son autre et premier sens de « qui va, qui est à l'école, » que le mot choque M. Jourdain.

MONSIEUR JOURDAIN[1].

Donnez-moi ma robe pour mieux entendre.... Attendez, je crois que je serai mieux sans robe.... Non; redonnez-la-moi, cela ira mieux.

MUSICIEN, chantant[2].

Je languis nuit et jour, et mon mal est extrême,
Depuis qu'à vos rigueurs vos beaux yeux m'ont soumis:
Si vous traitez ainsi, belle Iris, qui vous aime,
Hélas! que pourriez-vous[3] faire à vos ennemis?

MONSIEUR JOURDAIN.

Cette chanson me semble un peu lugubre, elle endort, et je voudrois[4] que vous la pussiez un peu ragaillardir par-ci, par-là.

MAÎTRE DE MUSIQUE.

Il faut, Monsieur, que l'air soit accommodé aux paroles.

MONSIEUR JOURDAIN.

On m'en apprit un tout à fait joli, il y a quelque temps. Attendez.... La[5].... comment est-ce qu'il dit?

MAÎTRE A DANSER.

Par ma foi! je ne sais.

MONSIEUR JOURDAIN.

Il y a du mouton dedans.

MAÎTRE A DANSER.

Du mouton?

1. M. JOURDAIN, *à ses laquais*. (1734.)
2. LA MUSICIENNE. (*Ibidem.*) On sait par le livre des intermèdes et on voit par la partition que cette sérénade fut composée pour être chantée à la cour, non par un musicien, mais par une musicienne, Mlle Hilaire, qui paraissait probablement en jeune musicien. — La première partie de l'air se chante sur les deux premiers vers; la seconde sur les deux derniers employés deux fois de suite, et cette seconde partie est, comme l'autre, à redire tout entière; on conçoit qu'à la troisième et à la quatrième fois que M. Jourdain entend les mêmes paroles, il trouve la chanson un peu languissante. — *Hélas* se répète.
3. *Que pourrez-vous.* (Livret de 1670.)
4. Elle endort; je voudrois. (1682, 97, 1710, 18, 30, 33, 34.)
5. Là. (1674, 82, 1734.)

MONSIEUR JOURDAIN.

Oui. Ah!

(Monsieur Jourdain chante[1].)

Je croyois Janneton
Aussi douce que belle,
Je croyois Janneton
Plus douce qu'un mouton :
Hélas! hélas! elle est cent fois,
Mille fois plus cruelle[2]*,*
Que n'est le tigre aux bois[3]*.*

N'est-il pas joli?

1. *Il chante.* (1734.) — Voyez à l'*Appendice* la musique de la chanson.
2. Dans tous nos textes, la coupe est, sans égard à la rime
Hélas! hélas!
Elle est cent fois, mille fois plus cruelle.

Hélas, au cinquième vers, est répété dans le chant, mais il n'était sans doute pas écrit deux fois dans les paroles primitives. — M. Paulin Paris a eu la bonne fortune, comme il le dit, de retrouver « dans un vieux recueil de chansons » (est-il antérieur à 1670?) trois autres couplets de celle-ci, et nous les transcrivons d'après le texte qu'il en a publié dans son commentaire des *Historiettes de Tallemant des Réaux* (tome III, p. 458); mais ils n'ont plus le même ton ironiquement populaire, et pourraient n'être qu'une parodie faite sur l'air de *Je croyois Janneton*.

Ah! ne consultez pas
Son visage infidèle,
Ah! ne consultez pas
Ses beaux yeux pleins d'appas :
Hélas! *etc.*

Elle dit chaque jour
Qu'elle n'est point rebelle,
Elle dit chaque jour
Qu'elle est tendre à l'amour :
Hélas! *etc.*

Quand je veux seulement
Lui parler de tendresse,
Quand je veux seulement
Lui dire mon tourment,
Hélas! elle est cent fois,
Mille fois plus cruelle [a]
Que n'est le tigre aux bois.

3. Dans *la Comédie des Proverbes* (1633) d'Adrien de Montluc (scène III

[a] Au lieu de *cruelle*, la rime n'appellerait-elle pas plutôt *tigresse?* mais ce féminin ne va guère avec *tigre* au vers suivant.

ACTE I, SCÈNE II.

MAÎTRE DE MUSIQUE.

Le plus joli du monde.

MAÎTRE A DANSER.

Et vous le chantez bien.

MONSIEUR JOURDAIN.

C'est sans avoir appris la musique.

MAÎTRE DE MUSIQUE.

Vous devriez l'apprendre, Monsieur, comme vous faites la danse. Ce sont deux arts qui ont une étroite liaison ensemble.

MAÎTRE A DANSER.

Et qui ouvrent l'esprit d'un homme aux belles choses.

MONSIEUR JOURDAIN.

Est-ce que les gens de qualité apprennent aussi la musique ?

MAÎTRE DE MUSIQUE.

Oui, Monsieur.

MONSIEUR JOURDAIN.

Je l'apprendrai donc. Mais je ne sais quel temps je pourrai prendre ; car, outre le Maître d'armes qui me montre, j'ai arrêté encore un Maître de philosophie[1], qui doit commencer ce matin.

MAÎTRE DE MUSIQUE.

La philosophie est quelque chose ; mais la musique, Monsieur, la musique....

MAÎTRE A DANSER.

La musique et la danse.... La musique et la danse, c'est là tout ce qu'il faut.

MAÎTRE DE MUSIQUE.

Il n'y a rien qui soit si utile dans un État que la musique.

---

de l'acte III), on lit ce dicton, qui probablement rappelle quelque vieux refrain plus franc et plus naturel que celui qui plaît à M. Jourdain : « Tu es plus farouche que n'est la biche au bois. »

1. On sent combien l'expression doit sembler juste à M. Jourdain : « *Arrê-*

MAÎTRE A DANSER.

Il n'y a rien qui soit si nécessaire aux hommes que la danse.

MAÎTRE DE MUSIQUE.

Sans la musique, un État ne peut subsister[1].

MAÎTRE A DANSER.

Sans la danse, un homme ne sauroit rien faire.

MAÎTRE DE MUSIQUE.

Tous les désordres, toutes les guerres qu'on voit dans le monde, n'arrivent que pour n'apprendre pas la musique.

MAÎTRE A DANSER.

Tous les malheurs des hommes, tous les revers funestes dont les histoires sont remplies, les bévues des politiques, et les manquements[2] des grands capitaines, tout cela n'est venu que faute de savoir danser.

MONSIEUR JOURDAIN.

Comment cela ?

MAÎTRE DE MUSIQUE.

La guerre ne vient-elle pas d'un manque d'union entre les hommes.

---

ter.... se dit aussi d'un domestique qu'on retient à son service. *Arrêter un laquais, une servante. Arrêter un valet de chambre. Arrêter un cuisinier, une cuisinière.* » (*Dictionnaire de l'Académie.*)

1. Castil-Blaze rappelle ici ce passage de *la République* de Platon (livre IV, tome IX, p. 202, de la traduction Cousin) : « Qu'on y prenne garde, dit Socrate : innover en musique, c'est tout compromettre ; car, comme dit Damon, et je suis en cela de son avis, on ne sauroit toucher aux règles de la musique sans ébranler en même temps les lois fondamentales de l'État.... Il faut donc faire de la musique, à ce qu'il semble, comme la citadelle de l'État. » Voyez, dans la note 2 de la page 58, les considérants des lettres patentes de Charles IX.

2. Les bévues des politiques, les manquements. (1730, 34.) — Le mot *manquement*, qui revient un peu plus loin avec ce sens absolu, est défini par l'Académie (1694) : « Faute légère, faute d'omission que commet quelqu'un en manquant de faire ce qu'il doit. » Nous avons vu, au vers 1243 de *l'École des femmes* (tome III, p. 246), l'expression *manquement de foi*, que donne aussi l'Académie, et, à la 1re scène de *l'Impromptu de Versailles* (tome III, p. 390), *manquement de mémoire*.

ACTE I, SCÈNE II.

MONSIEUR JOURDAIN.

Cela est vrai.

MAÎTRE DE MUSIQUE.

Et si tous les hommes apprenoient la musique, ne seroit-ce pas le moyen de s'accorder ensemble, et de voir dans le monde la paix universelle?

MONSIEUR JOURDAIN.

Vous avez raison.

MAÎTRE A DANSER.

Lorsqu'un homme a commis un manquement dans sa conduite, soit aux affaires de sa famille, ou au gouvernement d'un État, ou au commandement d'une armée, ne dit-on pas toujours : « Un tel a fait un mauvais pas[1] dans une telle affaire »?

MONSIEUR JOURDAIN.

Oui, on dit cela.

MAÎTRE A DANSER.

Et faire un mauvais pas peut-il procéder d'autre chose que de ne savoir pas danser[2]?

---

1. D'ordinaire aujourd'hui on emploie *faux pas* dans ce sens figuré, et par *mauvais pas* on entend un endroit, un passage difficile ou dangereux. Mais, pour le Maître à danser, *mauvais* semble ici plus juste que ne serait *faux*: ce sont, non des faux pas, mais de mauvais pas, des pas irréguliers ou manqués, dont il a sans cesse à reprendre ses écoliers. Le Sage, cité par Littré, a dit avec la même intention que Molière : « Le troisième (*prisonnier est*) un maître à danser qui.... a fait faire un mauvais pas à une de ses écolières. » (*Le Diable boiteux*, chapitre VII, édition de 1726, tome I, p. 166.)

2. On pourrait être tenté de croire que l'idée de ce dialogue si gai a pu venir à Molière à la lecture de certains intitulés de chapitre insérés dans le dernier traité, *de l'Utilité de l'Harmonie*, qui sert de conclusion à l'immense ouvrage du P. Mersenne sur la musique, appelé du titre général d'*Harmonie universelle* (1636); voici les plus curieux : « Ire *proposition*. Il n'y a quasi nul art, nulle science ou profession, à qui l'harmonie et les livres précédents ne puissent servir. — *Proposition II*. Montrer les utilités que les prédicateurs et les autres orateurs peuvent tirer des Traités de l'harmonie et des mathématiques. — *Proposition IV*. Expliquer en quoi l'harmonie peut servir à la vie spirituelle, à l'oraison et à la contemplation. — *Proposition VI*. Expliquer les utilités de l'harmonie pour les ingénieurs, pour la milice, pour les canons et pour les gens de guerre.... — *Proposition IX*. Démontrer que

MONSIEUR JOURDAIN.
Cela est vrai, vous avez[1] raison tous deux.
MAÎTRE A DANSER.
C'est pour vous faire voir l'excellence et l'utilité de la danse et de la musique[2].

les rois et toutes les plus grandes puissances de la terre peuvent tirer de l'utilité de nos traités harmoniques, où l'on voit plusieurs remarques des sons et des échos (*celles-ci aboutissent, en effet, à un projet vraiment politique de télégraphe sonore*). — *Proposition X.* Expliquer l'utilité de l'harmonie dans la morale et dans la politique. — Corollaire en faveur des juges et des avocats. » — Agrippa d'Aubigné, dans *les Aventures du baron de Fæneste*, a tracé comme une esquisse, et assez vive déjà, de cette partie de la scène ; c'est aux chapitres xxi et xxii du livre III (édition Mérimée, p. 199-204), où l'on voit que le baron de Calopse « mit en peine la compagnie de dire leur avis.... pourquoi l'État alloit mal et du remède qui s'y pourroit trouver.... Un baladin nommé Faucheri, qui n'étoit pas assis avec les autres, vint dire par-dessus les épaules comme il avoit lu en Bodin que les royaumes se ruinoient faute de la danse, et pour cela il ne vouloit plus montrer qu'à pistole (*qu'au prix d'une pistole par leçon*), et qu'enfin la France le perdroit (*si elle ne l'honoroit et payoit à sa valeur*). Ce propos fut rejeté pource qu'il n'y avoit là personne pour les caprioles. » Quand vint le tour de Maître Gervais, « ce bonhomme *maintint* que l'univers se détruisoit à faute de grammaire ; car cette grammaire[a], qui vient de *grandis mater*, tiendroit tous ses enfants en paix, s'ils faisoient d'elle l'état qu'ils doivent. C'est par elle que nous nous entendons les uns les autres. Faute de grammaire fait que nous ne nous entendons pas ; faute de s'entendre amène les dissensions, les guerres, la ruine du pays : *ergo* faute de grammaire ruine le pays. »

1. Cela est vrai, et vous avez. (1730, 33, 34.)

2. Comme Castil-Blaze en fait la remarque en citant (tome II, p. 11-13) les pièces dont nous allons donner quelques extraits, les deux maîtres doivent être d'autant plus pénétrés de l'excellence et de l'utilité de leur art, que des actes royaux les avaient hautement proclamées. Un siècle auparavant, en novembre 1570, Charles IX disait dans ses lettres patentes établissant une Académie de musique[b] : « Comme nous avons toujours eu en singulière recommandation, à l'exemple.... *du* roi François, notre aïeul..., de voir par tout.... notre royaume les lettres et la science florir..., et que l'opinion de plusieurs grands personnages, tant législateurs que philosophes anciens ne soit à mépriser, à savoir qu'il importe grandement pour les mœurs des citoyens d'une ville que la musique courante et usitée au pays soit retenue sous certaines lois, d'autant que la plupart des esprits des hommes se conforment et comportent selon qu'elle est, de façon que où la musique est désordonnée, là volontiers les mœurs sont dépravés (*sic*), et où elle est bien ordonnée, là sont

[a] Il prononçait sans doute, comme Martine, *granmaire*.
[b] Reproduites au tome VI (1673), p. 714 et 715 de l'*Histoire de l'Université de Paris*, par du Boulay (histoire rédigée en latin).

ACTE I, SCÈNE II.

MONSIEUR JOURDAIN.

Je comprends cela à cette heure.

MAÎTRE DE MUSIQUE.

Voulez-vous voir nos deux affaires?

MONSIEUR JOURDAIN.

Oui.

les hommes bien morigénés;... ayant vu la requête.... présentée par.... Jean-Antoine de Baïf et Joachim Thibault de Courville,... *desirants l'établissement d'une* Académie ou compagnie, composée tant de compositeurs, de chantres et joueurs d'instruments de la musique que des honnêtes auditeurs d'icelle, *qui* non-seulement seroit une école pour servir de pépinière d'où se tireront un jour poëtes et musiciens, par bon art instruits et dressés pour nous donner plaisir, mais entièrement profiteroit au public,... permettons et accordons, etc. » Et assez récemment, en mars 1661 le roi Louis XIV avait tenu un langage bien flatteur aussi en établissant l'*Académie royale de danse* dont il a été parlé au vers 198 des *Fâcheux* (tome III, p. 49, à la note). Elle « était instituée, dit M. Despois[a], par lettres patentes; les considérants que le Roi exprime dans cet acte mémorable sont curieux.... Après avoir parlé de l'utilité de la danse[b], il remarque que « il s'est, pendant les désordres « et la confusion des dernières guerres, introduit dans ledit art, comme en « tous les autres, un.... grand nombre d'abus capables de les porter à leur « ruine irréparable, » et c'est pour arrêter les progrès de cette décadence attribuée par lui au « nombre infini des ignorants » qui se mêlent d'enseigner l'art.... et qui le « défigurent, » qu'il ordonne que *les* treize académiciens se réunissent une fois le mois.... Cette Académie jouira des mêmes priviléges que l'Académie de peinture et de sculpture instituée sous Mazarin en 1648. On se plaît à croire que le maître à danser du *Bourgeois gentilhomme* devait être de cette Académie; à en juger par l'importance qu'il attache, lui aussi, à son art, et par les considérations politiques et sociales qu'il expose pour le faire valoir, nul ne devait être plus capable, après les agitations de la Fronde, de contribuer à cette restauration. » Ce n'est, observe un peu plus loin (p. 331) M. Despois, qu'en 1670, dans l'année où le Roi, âgé de trente-trois ans, cesse de prendre personnellement part aux ballets, que Molière « risque, au sujet de l'importance attribuée à la danse, des plaisanteries qu'en 1661 le fondateur de l'*Académie*.... aurait bien pu prendre pour lui même. »

[a] Dans son *Théâtre français sous Louis XIV*, p. 330.

[b] « Bien que l'art de la danse ait toujours été reconnu l'un des plus honnêtes et plus nécessaires à former le corps et lui donner les premières et plus naturelles dispositions à toute sorte d'exercices, et entre autres à ceux des armes, et par conséquent l'un des plus avantageux et plus utiles à notre noblesse et autres qui ont l'honneur de nous approcher, non-seulement en temps de guerre dans nos armées, mais encore en temps de paix dans le divertissement de nos ballets.... » (Nous citons d'après le texte de ces lettres patentes publié en brochure en 1730, chez la veuve Saugrain et Pierre Prault, avec quelques autres pièces concernant l'Académie.)

MAÎTRE DE MUSIQUE.

Je vous l'ai déjà dit, c'est un petit essai que j'ai fait autrefois des diverses passions que peut exprimer la musique.

MONSIEUR JOURDAIN.

Fort bien.

MAÎTRE DE MUSIQUE.

Allons, avancez. Il faut[1] vous figurer qu'ils sont habillés en bergers.

MONSIEUR JOURDAIN.

Pourquoi toujours des bergers? On ne voit que cela partout[2].

MAÎTRE A DANSER.

Lorsqu'on a des personnes à faire parler en musique, il faut bien que, pour la vraisemblance, on donne dans la bergerie. Le chant a été de tout temps affecté aux bergers; et il n'est guère naturel en dialogue que des princes ou des bourgeois[3] chantent leurs passions[4].

---

1. LE MAÎTRE DE MUSIQUE, *aux musiciens.* Allons, avancez. (*A M. Jourdain.*) Il faut. (1734.)

2. Depuis le succès du *Pastor fido* en Italie, et de *l'Astrée* en France[a], on ne voyait plus en effet que des bergers sur le théâtre, dans les romans, dans les tableaux, dans les tapisseries.... (*Note d'Auger.*) Ce n'était sans doute pas non plus sans quelque ennui que Molière se voyait forcé d'en faire tant paraître dans les ballets et intermèdes de ses comédies.

3. Des princes, ou bourgeois. (1682, 97, 1710, 18, 30, 33, 34.)

4. Si la musique peut faire parler les personnes, pourquoi son langage ne traduirait-il pas aussi bien que les passions des bergers celles des princes et des bourgeois? M. Jourdain ne s'embarrasse assurément pas de la question : il doit se piquer de comprendre vite, il vient de se montrer facile à convaincre, et, soupçonnant encore une opinion reçue, un arrêt rendu par les gens de qualité, il n'insistera pas. Mais on peut se demander si le spectateur reconnaissait ici quelque théorie particulière, une légère allusion aux disputes déjà longues[b] sur le pouvoir expressif de la musique, son association avec

---

[a] D'Urfé publia le premier volume de *l'Astrée* en 1610. — Racan, qu'il est également à propos de rappeler ici, « ne fit imprimer ses *Bergeries* qu'en 1625, disent les frères Parfaict (tome IV, p. 288, note), mais sûrement elles parurent au théâtre en 1618 » (sous le titre d'*Arténice*).

[b] La Fontaine, dans son épître à Niert (1677), les fait remonter à 1647, au temps des représentations de l'*Orfeo e Euridice* de Rossi.

ACTE I, SCÈNE II. 61

MONSIEUR JOURDAIN.

Passe, passe[1]. Voyons.

le drame, le plus ou moins de vraisemblance des fictions de l'opéra. Y avait-il là un trait de satire contre les pastorales, ce genre alors en si grande faveur, de si grande ressource pour les divertissements obligés des comédies, auquel successivement les deux premiers directeurs de l'Académie royale de musique allaient demander l'heureuse inauguration de leur théâtre[a]? Ou bien Molière aurait-il au contraire voulu railler les grands projets d'opéra héroïque qu'avait certainement déjà bien mûris son collaborateur actuel, le compositeur de *Psyché*, de *Cadmus*, d'*Alceste*, de *Thésée*? Aurait-il en même temps voulu, en excluant de la scène lyrique les personnages bourgeois après les princes, marquer peu de goût pour la musique gaie, aurait-il méconnu la verve comique qui plus d'une fois s'était unie à la sienne, qui (sans parler de la fantasque *Cérémonie turque* où elle s'est si heureusement déployée tout entière), dans le hors-d'œuvre du *Ballet des nations* même, animait une vraie scène d'opéra tout moderne et bourgeois, scène dont le long succès n'allait être égalé que par celui du *divertissement comique*, de l'opérette bouffe de *Pourceaugnac* (voyez tome VII, p. 346)? Rien de tout cela ne semble probable. Molière a dû plutôt se proposer de montrer simplement dans ce compositeur de ballets le défenseur naturel et convaincu des bergeries à la mode, auxquelles sans doute il doit le plus de cette gloire dont il est si friand, par suite l'amateur enthousiaste et exclusif d'un art qui seconde le sien, uniquement sensible à la musique douce et tendre, ayant pour le bruit de toute autre la même horreur que la Fontaine, et prêt à applaudir à la déclaration passionnée du poëte, à se faire l'écho de ses plaintes (voyez l'épître à Niert) :

   La voix veut le téorbe et non pas la trompette,
   Et la viole propre aux plus tendres amours
   N'a jamais jusqu'ici pu se joindre aux tambours.

Mais

   Il faut vingt clavecins, cent violons pour plaire....
   On ne veut plus qu'*Alceste*, ou *Thésée*, ou *Cadmus*.

Ce caractère du Maître à danser ne ressort peut-être pas entièrement du texte de Molière, mais nous croyons qu'à la représentation le jeu, le ton de voix, la nature même de l'acteur achevaient de le mettre en relief. Car une chose qu'il faut remarquer, c'est, comme on va le voir, que Molière pour ce personnage a pris un chanteur, ou un de ses camarades musiciens, et que, d'après la partition, à l'origine, c'était d'une voix flûtée de ténor, sinon de soprano (voyez à l'*Appendice*), que l'artiste de la danse, pour soutenir le menuet de M. Jourdain, avait à chanter un des airs les plus gracieux de Lulli. Il faut donc voir en lui un chanteur amateur, et c'était un bon trait de caractère à lui donner que cette prédilection pour la seule musique qui convienne à sa voix.

1. Sorte d'interjection elliptique : soit, je l'accorde, que cela passe, pas-

[a] Nous voulons rappeler la pastorale de *Pomone*, donnée par Cambert en mars 1671, et celle des *Fêtes de l'Amour et de Bacchus*, donnée par Lulli en 1672.

DIALOGUE EN MUSIQUE.

UNE MUSICIENNE ET DEUX MUSICIENS[1].

Un cœur, dans l'amoureux empire,
De mille soins est toujours agité[2] *:*
On dit qu'avec plaisir on languit, on soupire;
Mais, quoi qu'on puisse dire,
Il n'est rien de si doux que notre liberté.

PREMIER MUSICIEN.

Il n'est rien de si doux que les tendres ardeurs
Qui font vivre deux cœurs
Dans une même envie[3].
On ne peut être heureux sans amoureux desirs :
Otez l'amour de la vie,
Vous en ôtez les plaisirs.

SECOND MUSICIEN.

Il seroit doux d'entrer sous l'amoureuse loi,
Si l'on trouvoit en amour[4] *de la foi ;*
Mais, hélas! ô rigueur cruelle[5] *!*
On ne voit point de bergère fidèle[6],

sons outre. Adressé comme ici à un interlocuteur, le tour a quelque analogie, ce semble, avec l'impératif latin *age*, le grec φέρε, devenus invariables et servant pour tout nombre et toute personne.

1. LA MUSICIENNE. (1734.) — C'est à « une Musicienne » seule en effet que le chant du premier couplet est donné dans la partition.
2. Ces deux premiers vers forment, dans le chant, une première reprise, qui est à redire, ainsi que la seconde, formée des trois vers suivants, auxquels s'ajoutent encore le quatrième et le cinquième.
3. Ici finit, dans ce couplet, une première reprise ; elle est, comme la seconde, à redire ; celle-ci est formée d'abord des trois vers suivants, avec répétition du dernier, puis du retour des deux derniers, et dans la troisième reprise du vers final il y a encore répétition particulière de « vous ôtez ».
4. *En l'amour.* (1674 et partition Philidor.)
5. *Mais, ô rigueur cruelle!* (Livret de 1670.) — Le mot *hélas* n'a pas non plus été employé par le musicien.
6. Le chanteur redit ce vers, puis il dit deux fois de suite les deux suivants.

ACTE I, SCÈNE II.

*Et ce sexe inconstant, trop indigne du jour,
Doit faire pour jamais renoncer à l'amour.*

PREMIER MUSICIEN.

Aimable ardeur,

MUSICIENNE[1].

Franchise heureuse[2],

SECOND MUSICIEN.

Sexe[3] *trompeur,*

PREMIER MUSICIEN.

Que tu m'es précieuse!

MUSICIENNE.

Que tu plais à mon cœur!

SECOND MUSICIEN.

Que tu me fais d'horreur[4]*!*

PREMIER MUSICIEN.

Ah! quitte pour aimer cette haine mortelle.

MUSICIENNE.

*On peut, on peut te montrer
Une bergère fidèle*[5].

SECOND MUSICIEN.

Hélas! où la rencontrer[6]*?*

MUSICIENNE.

*Pour défendre notre gloire,
Je te veux offrir mon cœur*[7].

---

1. LA MUSICIENNE. (1734; ici et constamment plus bas.)
2. *Franchise*, au sens de « liberté ». — 3. Ce mot « sexe » est répété.
4. Ces trois derniers vers sont dits une seconde fois de suite par le premier Musicien, la Musicienne et le second Musicien.
5. La Musicienne ajoute encore ici : « On peut te montrer une bergère fidèle. »
6. Ce vers est à marquer *bis*.
7. *Je te veux donner mon cœur.* (Livret de 1670.) Le vers est ainsi, et à redire avec cette variante, dans la partition.

SECOND MUSICIEN.

Mais, Bergère, puis-je croire[1]
Qu'il ne sera point trompeur ?

MUSICIENNE.

Voyons[2] *par expérience*
Qui des deux aimera mieux.

SECOND MUSICIEN.

Qui manquera de constance[3],
Le puissent perdre les Dieux !

TOUS TROIS[4].

A des ardeurs si belles
Laissons-nous enflammer :
Ah! qu'il est doux d'aimer,
Quand deux cœurs sont fidèles[5] *!*

MONSIEUR JOURDAIN.

Est-ce tout?

MAÎTRE DE MUSIQUE.

Oui.

MONSIEUR JOURDAIN.

Je trouve cela bien troussé[6], et il y a là dedans de petits dictons assez jolis.

MAÎTRE A DANSER.

Voici, pour mon affaire, un petit essai des plus beaux

---

1. « Comment croire », dans la partition.
2. *Voyez*. (1682, 97, 1710, 18, 30, 33, 34.)
3. Le second Musicien chante ce vers deux fois.
4. TOUS TROIS ENSEMBLE. (1734.)
5. Les deux premiers vers du quatrain sont d'abord chantés en duo, avec répétition du second, par la Musicienne et le premier Musicien. Puis le second Musicien chante seul les deux derniers vers; ceux-ci sont ensuite repris en trio quatre fois, et avec plusieurs répétitions particulières. Ce quatrain se disait ainsi deux fois.
6. M. de Pourceaugnac, à la scène IV de l'acte I (tome VII, p. 258), s'exprime avec la même élégance, en faisant du terme figuré une autre application : « C'étoit un repas bien troussé. »

mouvements et des plus belles attitudes[1] dont une danse puisse être variée.

MONSIEUR JOURDAIN.

Sont-ce encore des bergers?

MAÎTRE A DANSER.

C'est ce qu'il vous plaira. Allons[2].

Quatre Danseurs exécutent tous les mouvements différents et toutes les sortes de pas que le Maître à danser leur commande; et cette danse fait le premier intermède[3].

1. Aptitudes. (1674.) — L'orthographe des textes de 1671, 1682, 1730 est *atitudes* (voyez *le Sicilien*, tome VI, p. 263, note 2); dans les trois éditions étrangères, on lit *actitudes*.
2. *Aux danseurs*. Allons. ENTRÉE DE BALLET. (1734.)
3. Les derniers mots : « et cette danse », etc., ne sont pas dans l'édition de 1734. — On lit dans la copie Philidor, au début des divers airs, les commandements suivants, recueillis et notés, d'une main rapide et peu faite à l'orthographe, au cours peut-être d'une représentation : « Alon Mes^{rs} grauement. — Alon Mes^{rs} plu uitte sesy. — grauement se mouuement de Sarabande. — alons prené bien ceste bourée. — la entrés bien ceste galliarde. — Alon, ce canarie. »

FIN DU PREMIER ACTE.

ACTE II.

SCÈNE PREMIÈRE.
MONSIEUR JOURDAIN, MAITRE DE MUSIQUE, MAITRE A DANSER, Laquais[1].

MONSIEUR JOURDAIN.

Voilà qui n'est point sot, et ces gens-là se trémoussent bien.

MAÎTRE DE MUSIQUE.

Lorsque la danse sera mêlée avec la musique, cela fera plus d'effet encore, et vous verrez quelque chose de galant dans le petit ballet que nous avons ajusté pour vous.

MONSIEUR JOURDAIN.

C'est pour tantôt au moins[2]; et la personne pour qui j'ai fait faire tout cela, me doit faire l'honneur de venir dîner céans.

MAÎTRE A DANSER.

Tout est prêt.

MAÎTRE DE MUSIQUE.

Au reste, Monsieur, ce n'est pas assez: il faut qu'une personne comme vous, qui êtes magnifique, et qui avez de l'inclination pour les belles choses, ait un concert

---

1. L'édition de 1734 omet ici le mot Laquais.
2. *Au moins*, c'est-à-dire sans faute, tenez-vous pour bien averti, ne l'oubliez pas. Pour cette locution, qui revient un peu plus bas, au même sens, dans cette scène (p. 69), voyez d'autres exemples chez *Littré*, à Moins, 15°.

de musique chez soi tous les mercredis ou tous les jeudis.

MONSIEUR JOURDAIN.

Est-ce que les gens de qualité en ont?

MAÎTRE DE MUSIQUE.

Oui, Monsieur.

MONSIEUR JOURDAIN.

J'en aurai donc. Cela sera-t-il beau[1]?

MAÎTRE DE MUSIQUE.

Sans doute. Il vous faudra trois voix : un dessus, une haute-contre, et une basse, qui seront accompagnées d'une basse de viole[2], d'un théorbe[3], et d'un clavecin pour les basses continues[4], avec deux dessus de violon pour jouer les ritornelles[5].

1. Cela est-il beau? (1734.)
2. La basse de viole tenait entre la viole proprement dite (la viole alto ou quinte de violon) et le *violone* (contre-basse de viole) la place qu'a le violoncelle dans le quatuor moderne des instruments à archet. Elle était généralement montée, comme les autres violes, de six cordes. C'était, dit Fétis[a], un « instrument difficile à jouer et dont les sons étaient un peu sourds; il a disparu pour faire place au violoncelle, moins séduisant peut-être dans les solos, mais plus énergique et plus propre aux effets d'orchestre. »
3. Le théorbe est une sorte de grande guitare à dos bombé, « un instrument de la famille des luths, dit Fétis (p. 425).... Il est plus grand que le luth et a deux têtes (*ou chevillers, dont l'un surmonte l'autre*), l'une pour les cordes qui se doigtent sur le manche, l'autre pour les grosses cordes qui servent pour les basses et qui se pincent à vide (*et en dehors du manche*). » Le nombre des cordes était considérable, mais variable, ce semble (de 19 à 28); plusieurs étaient doubles, accordées à l'unisson.
4. La viole basse accentuant, prolongeant les notes de la basse continue propre à accompagner la mélodie; le théorbe et le clavecin l'aidant à réaliser l'harmonie qui était indiquée par cette basse, le plus souvent écrite, et toute chiffrée, sous le chant. A cette époque, dit Castil-Blaze (tome II de *Molière musicien*, p. 25), « on livrait les airs de chant aux amateurs avec une partie de basse continue, ainsi nommée parce qu'elle ne s'arrêtait jamais.... Des chiffres (*ordinairement*) posés sur cette basse continue indiquaient aux accompagnateurs les accords qu'ils devaient harpéger ou plaquer sous le chant. Les parties de violon, notées tout au long pour les préludes et les ritournelles, figuraient seulement en tête comme à la fin de chaque morceau. »
5. Les ritournelles. (1692, 1718, 34.) Le mot n'est que sous cette dernière

[a] *La Musique mise à la portée de tout le monde*, 3ᵉ édition, p. 166.

MONSIEUR JOURDAIN.

Il y faudra mettre aussi une trompette marine. La trompette marine est un instrument qui me plaît, et qui est harmonieux[1].

MAÎTRE DE MUSIQUE.

Laissez-nous gouverner les choses.

forme dans la 1re édition du *Dictionnaire de l'Académie* (1694, Additions au tome II, p. 671); mais Furetière (1690) et Richelet (1679) ont *ritornelle*, comme notre texte.

1. Sur cet instrument antique et grotesque, qui n'était guère tolérable qu'en plein air, dont, à ce qu'il paraît, les mendiants jouaient parfois dans les rues, mais qui se faisait aussi entendre chez le Roi, avec les cromornes, les hautbois, les cornemuses, les cornets et saquebutes (trombones[a]), aux concerts donnés par la bande de la Grande-Écurie, on trouvera des renseignements très-complets et des dessins représentant des virtuoses en action (l'un tiré d'un manuscrit de Froissart), au tome Ier, p. 33-40, du savant et beau livre de M. Vidal sur *les Instruments à archet* (1876-1879)[b]. Le ronflement qu'il produisait était comparé au son qu'on imaginait devoir sortir des conques embouchées par les dieux marins, et de là son nom; mais il ne s'agit point d'un instrument à vent. Il consistait en une longue et grosse corde de boyau tendue sur une étroite caisse sonore, de forme triangulaire, parfois percée à sa table de quelques trous, large de vingt centimètres à sa base et montant, en se rétrécissant toujours, jusqu'au manche qui la continuait : caisse et manche mesuraient en hauteur deux mètres et davantage; vers le bas, la corde passait sur un chevalet, qui, n'étant bien fixé à la table que par un de ses pieds, frottait de l'autre sur un petit carré de verre glissé dessous. La machine une fois appuyée sur le sol et inclinée à l'épaule droite du joueur, un vigoureux maniement de l'archet obtenait, par la combinaison de la corde vibrante, du chevalet branlant et du verre grinçant sur le bois, la sonorité caractéristique dont M. Jourdain se montre si satisfait. Outre ce grand jeu de la corde attaquée à vide, ou raccourcie par des doigts d'une force plus qu'ordinaire, il y avait moyen, en effleurant du pouce de la main gauche et promenant l'archet au-dessus, entre la main et le haut du manche, d'en tirer quelques sons harmoniques. Jusqu'à trois autres cordes vibrant par sympathie étaient quelquefois ajoutées sous la grosse ou même dans l'intérieur de la caisse. L'instrument était répandu par toute l'Europe. En 1674, dans une taverne de Londres, des auditions, annoncées avec entrée payante, de quatuor pour trompette marine se renouvelaient d'heure en heure. — On peut encore voir plusieurs trompettes marines, ainsi que de très-beaux modèles des instruments anciens dont il vient d'être question, au Musée du Conservatoire national de musique.

a Ce dernier instrument est nommé vers la fin du divertissement final de *Psyché* : voyez, plus loin dans ce volume, l'*Appendice à Psyché*.

b Parmi les musiciens brevetés et entretenus par le Roi en 1679 pour jouer, suivant l'occasion, du cromorne ou de la trompette marine, M. Vidal a rencontré le nom d'un Alexandre Danicamp du Philidor.

ACTE II, SCÈNE I.

MONSIEUR JOURDAIN.

Au moins n'oubliez pas tantôt de m'envoyer des musiciens, pour chanter à table.

MAÎTRE DE MUSIQUE.

Vous aurez tout ce qu'il vous faut.

MONSIEUR JOURDAIN.

Mais surtout, que le ballet soit beau.

MAÎTRE DE MUSIQUE.

Vous en serez content, et, entre autres choses, de certains menuets que vous y verrez.

MONSIEUR JOURDAIN.

Ah! les menuets sont ma danse, et je veux que vous me les voyiez[1] danser[2]. Allons, mon maître.

MAÎTRE A DANSER.

Un chapeau, Monsieur, s'il vous plaît.[3] La, la, la ; La, la, la, la, la ; La, la, la, la, *bis*[4] ; La, la, la ; La, la. En

1. Dans nos plus anciens textes, *voyez*; et de même ci-après, à la fin de cette scène (p. 71).
2. Le menuet a été ainsi appelé, d'après Littré, des *pas menus* qu'on y exécutait. On s'explique bien par cette étymologie que M. Jourdain dise et qu'on ait dit longtemps, comme l'assure Auger, *danser les menuets*[a]; c'est-à-dire, *les petits pas*, la danse des petits pas. — On se rappelle le mot du danseur Marcel[b] : « Que de choses dans un menuet! » Le *Dictionnaire de Littré* décrit tout au long cette danse grave et noble, originaire, dit-il, du Poitou. Aucune autre n'attirait davantage sur les couples qui en donnaient le long spectacle l'attention de l'assistance, aucune peut-être n'eût demandé à M. Jourdain plus de précision et d'élégance, une démarche plus aisée, des gestes mieux soutenus. Un détail du cérémonial est ici à relever, pour justifier l'indication de jeu de scène que donne l'édition de 1734, à l'endroit où le Maître à danser va demander un chapeau : « Pour finir, dit Littré, le cavalier tenant la dame ôtait son chapeau, et faisait, toujours sur des pas de menuet, les mêmes révérences et salutations qu'il avait faites en commençant. »
3. Le Maître à danser chante en donnant la leçon à Monsieur Jourdain. (*Partition Philidor.*) — *M. Jourdain va prendre le chapeau de son laquais et le met par-dessus son bonnet de nuit. Son maître lui prend les mains, et le fait danser sur un air de menuet qu'il chante.* (1734.)
4. Ce *bis* indique la répétition de toute la suite des *la* qui précèdent.

a L'expression se trouve encore dans notre texte, ci-après, p. 228, fin de la ve entrée; nous ne doutons pas que, bien qu'il s'agisse là de deux menuets à danser, elle n'ait en cet endroit le même sens qu'Auger lui donne ici.
b Mort en 1759.

cadence, s'il vous plaît. La, la, la, la. La jambe droite. La, la, la. Ne remuez point tant les épaules. La, la, la, la, la; La, la, la, la, la. Vos deux bras sont estropiés. La, la, la, la, la. Haussez la tête. Tournez la pointe du pied en dehors. La, la, la. Dressez votre corps[1].

MONSIEUR JOURDAIN.

Euh[2]?

MAÎTRE DE MUSIQUE.

Voilà qui est le mieux du monde.

MONSIEUR JOURDAIN.

A propos. Apprenez-moi comme il faut faire une révérence pour saluer une marquise : j'en aurai besoin tantôt.

MAÎTRE A DANSER.

Une révérence pour saluer une marquise?

MONSIEUR JOURDAIN.

Oui : une marquise qui s'appelle Dorimène.

MAÎTRE A DANSER.

Donnez-moi la main.

---

1. Sur la manière dont ce couplet était chantonné par le Maître à danser, d'une voix très-haute, sur un air de menuet, voyez ci-après à l'*Appendice*: la transcription des notes donnée là nous dispense de rien changer ici à la ponctuation de l'original; on verra que celle-ci n'est pas trop conforme aux coupes de la musique; aussi bien n'y avait-il pas grand intérêt à ce qu'elle le fût.

2.   La, la, la, la, la, la,
       La, la, la, la, la, la, la;
       La, la, la, la, la, la,
       La, la, la, la, la, la, la;
       La, la, la, la, la. En
cadence, s'il vous plaît.
       La, la, la, la. La jambe
       droite, la, la, la.
Ne remuez point tant les épaules.
       La, la, la, la, la, la, la, la, la.
Vos deux bras sont estropiés.
       La, la, la, la, la. Haussez la tête.
Tournez la pointe du pied en dehors.
       La, la, la. Dressez votre corps.
                M. JOURDAIN.
Hé? (1734.)

ACTE II, SCÈNE I.

MONSIEUR JOURDAIN.

Non. Vous n'avez qu'à faire : je le retiendrai bien.

MAÎTRE A DANSER.

Si vous voulez la saluer avec beaucoup de respect, il faut faire d'abord une révérence en arrière, puis marcher vers elle avec trois révérences en avant, et à la dernière vous baisser jusqu'à ses genoux.

MONSIEUR JOURDAIN.

Faites un peu.[1] Bon.

PREMIER LAQUAIS.

Monsieur[2], voilà votre maître d'armes qui est là.

MONSIEUR JOURDAIN.

Dis-lui qu'il entre ici pour me donner leçon.[3] Je veux que vous me voyiez faire.

---

1. *Après que le Maître à danser a fait les trois révérences.* (1734.) — *A fait trois révérences.* (1773.) — Il en a quatre à faire ; mais, dans cette indication, il n'est tenu compte que des dernières, des trois en avant. — Faure, danseur au vieil Opéra d'avant la Révolution, puis venu à la Comédie-Française et, de 1808 à 1838, resté en possession de ce rôle du Maître à danser (qui était son triomphe, dit-on), avait fini par en développer trop peu discrètement, ce semble, tous les jeux de scène ; il en accompagnait l'exécution de paroles qui ont été recueillies et insérées à la fin du volume intitulé *Deuxième centenaire de la fondation de la Comédie-Française* (1880) ; nous y renvoyons le lecteur : quoiqu'il fût besoin de quelque patience pour les entendre réciter au milieu d'un texte de Molière, elles sont curieuses comme une sorte de traduction ou commentaire des attitudes, gestes et grâces traditionnels qu'enseignaient les maîtres en l'art du menuet et des révérences.

2.   SCÈNE II.
M. JOURDAIN, LE MAÎTRE DE MUSIQUE, LE MAÎTRE
A DANSER, UN LAQUAIS.
LE LAQUAIS.
Monsieur. (1734.)

3. *Au Maître de musique et au Maître à danser.* (*Ibidem.*)

SCÈNE II.

MAÎTRE D'ARMES, MAÎTRE DE MUSIQUE, MAÎTRE A DANSER, MONSIEUR JOURDAIN, DEUX LAQUAIS.

MAÎTRE D'ARMES, *après lui avoir mis le fleuret à la main*[1].
Allons, Monsieur, la révérence. Votre corps droit. Un peu penché sur la cuisse gauche. Les jambes point tant écartées. Vos pieds sur une même ligne. Votre poignet à l'opposite de votre hanche[2]. La pointe de votre épée vis-à-vis de votre épaule. Le bras pas tout à fait si étendu. La main gauche à la hauteur de l'œil. L'épaule gauche plus quartée[3]. La tête droite. Le regard assuré. Avancez. Le corps ferme. Touchez-moi l'épée de quarte[4], et achevez de même[5]. Une, deux.

---

1.   SCÈNE III.
M. JOURDAIN, UN MAÎTRE D'ARMES, LE MAÎTRE DE MUSIQUE, LE MAÎTRE A DANSER, UN LAQUAIS, *tenant deux fleurets*.
LE MAÎTRE D'ARMES, *après avoir pris les deux fleurets de la main du Laquais et en avoir présenté un à M. Jourdain*. (1734.) — La copie Philidor a la vieille forme *floret* : voyez ci-après, p. 107, note 6.

2. Vis-à-vis de votre hanche, à sa hauteur, sans en dévier ni à gauche ni à droite.

3. A ce mot rare *quartée*, tous nos textes ont, sauf l'original e 1675 A, 1718, substitué *quarrée*. — *Quarter l'épaule*, c'est la mettre en quarte, d'après le *Supplément* du *Dictionnaire de Littré* ; « c'est, dit Auger, la tourner à gauche, la plier un peu en dedans, lorsqu'on porte une botte en quarte. » Le mot (une fois avec c au lieu de qu) est dans *le Pédant joué* de Cyrano Bergerac (scène II de l'acte II) : « Depuis le temps, dit le capitan Chasteaufort,... j'aurois quarté du pied gauche,... j'aurois.... engagé, volté, porté, paré, riposté, carté, passé, désarmé et tué trente hommes. »

4. *Quarte* (*c'est-à-dire quatrième position* ou *garde*), en termes d'escrime, la manière de porter un coup d'épée ou de fleuret en tournant le poignet en dehors. *Porter une botte en quarte*. On dit absolument *porter de quarte, pousser de quarte*. (*Dictionnaire de l'Académie*, 1878.)

5. C'est-à-dire *et poussez de même*, en quarte.

ACTE II, SCÈNE II.

Remettez-vous. Redoublez de pied ferme[1]. Un saut en arrière. Quand vous portez la botte, Monsieur, il faut que l'épée parte la première, et que le corps soit bien effacé. Une, deux. Allons, touchez-moi l'épée de tierce[2], et achevez de même. Avancez. Le corps ferme. Avancez. Partez de là. Une, deux. Remettez-vous. Redoublez[3]. Un saut en arrière. En garde, Monsieur, en garde.

(Le Maître d'armes lui pousse deux ou trois bottes, en lui disant :
« En garde. »)

MONSIEUR JOURDAIN.

Euh[4] ?

MAÎTRE DE MUSIQUE.

Vous faites des merveilles.

MAÎTRE D'ARMES.

Je vous l'ai déjà dit, tout le secret des armes ne consiste qu'en deux choses, à donner, et à ne point recevoir ; et comme je vous fis voir l'autre jour par raison démonstrative, il est impossible que vous receviez, si vous savez détourner l'épée de votre ennemi de la ligne de votre corps : ce qui ne dépend seulement que d'un petit mouvement du poignet ou en dedans, ou en dehors.

MONSIEUR JOURDAIN.

De cette façon donc, un homme, sans avoir du cœur, est sûr de tuer son homme, et de n'être point tué[5].

---

1. De pied ferme. Une, deux. (1682, 1734.)

2. *Tierce (troisième position)*, en termes d'escrime, la position du poignet tourné en dedans, dans une situation horizontale et au-dessus du bras de l'adversaire, en laissant son épée à droite.... *Porter une tierce, une botte en tierce...*, porter une botte dans cette position. (*Dictionnaire de l'Académie*, 1878.)

3. Redoublez. Une, deux. (1682, 1734.) — 4. Hé? (1734.)

5. « C'est un tour d'art et de science, et qui peut tomber en une personne lâche et de néant, d'être suffisant à l'escrime, » avait dit Montaigne (livre I, chapitre xxx, tome I, p. 302); et ailleurs (livre II, chapitre xxvii, tome III, p. 42 et 43) : « C'est un art..., comme j'ai connu par expérience, duquel la connoissance a grossi le cœur à aucuns outre leur mesure naturelle. » Voilà bien ce que le Maître d'armes a démontré à M. Jourdain, qui, ou le

MAÎTRE D'ARMES.

Sans doute. N'en vîtes-vous pas la démonstration?

MONSIEUR JOURDAIN.

Oui.

MAÎTRE D'ARMES.

Et c'est en quoi l'on voit de quelle considération nous autres nous devons être dans un État[1], et combien la science des armes l'emporte hautement sur toutes les autres sciences inutiles, comme la danse, la musique, la....

MAÎTRE A DANSER.

Tout beau, Monsieur le tireur d'armes : ne parlez de la danse qu'avec respect.

MAÎTRE DE MUSIQUE.

Apprenez, je vous prie, à mieux traiter l'excellence de la musique.

MAÎTRE D'ARMES.

Vous êtes de plaisantes gens, de vouloir comparer vos sciences à la mienne!

MAÎTRE DE MUSIQUE.

Voyez un peu l'homme d'importance!

voit, s'en est bien souvenu et ne pouvait trouver là un motif d'abstention, qu'au reste aucune personne de qualité n'alléguait plus; car si Montaigne avait à cet égard entendu exprimer quelque scrupule, c'était déjà du plus loin qu'il lui souvînt : « En mon enfance, la noblesse fuyoit la réputation de bien escrimer comme injurieuse, et se déroboit pour l'apprendre, comme un métier de subtilité dérogeant à la vraie et naïve vertu » (même page 43 du tome III).

1. Cette considération, les maîtres d'armes avaient aussi toute raison de croire qu'elle leur était assurée. « Avant la Révolution, dit Posselier Gomard dans la *Préface* de sa *Théorie de l'escrime* (1845, p. 7 et 8), les maîtres d'armes, à Paris, formaient une corporation qui portait le nom d'Académie, et dont les membres, au nombre de vingt (*ce nombre, suivant les temps, avait varié*), avaient seuls le droit de tenir salle ouverte. Pour en faire partie, il fallait un noviciat de six années.... Ces entraves..., ces garanties..., et les récompenses concédées à une longue pratique, prouvent l'importance qu'on attachait à l'art des armes. — Louis XIV, par lettres patentes de 1656, accordait aux six plus anciens maîtres, après vingt années d'exercice, la noblesse transmissible à leurs descendants. » Voyez ces lettres, datées de mai

ACTE II, SCÈNE II.   75

MAÎTRE A DANSER.

Voilà un plaisant animal, avec son plastron!

MAÎTRE D'ARMES.

Mon petit maître à danser, je vous ferois danser comme il faut. Et vous, mon petit musicien, je vous ferois[1] chanter de la belle manière.

MAÎTRE A DANSER.

Monsieur le batteur de fer[2], je vous apprendrai votre métier.

MONSIEUR JOURDAIN, au Maître à danser.

Êtes-vous fou de l'aller quereller, lui qui entend la tierce et la quarte, et qui sait tuer un homme par raison démonstrative?

MAÎTRE A DANSER.

Je me moque de sa raison démonstrative, et de sa tierce et de sa quarte.

MONSIEUR JOURDAIN[3].

Tout doux, vous dis-je.

MAÎTRE D'ARMES[4].

Comment? petit impertinent.

1656, enregistrées au Parlement le 3 septembre 1664; elles ont été publiées, d'après une copie authentique, en 1759, dans une plaquette in-4°, qui a pour titre : *Statuts et règlements faits par les Maîtres en faits-d'armes de la ville et faubourgs de Paris pour le maintien de leurs priviléges octroyés par les Rois.* M. Vigeant nous apprend en outre, dans une des *Notes biographiques et historiques* qu'il a jointes à sa toute récente *Bibliographie de l'Escrime ancienne et moderne* (1882, p. 149 et 150), que le Roi, la même année 1656, « conféra le cordon de l'ordre de Saint-Michel à plusieurs des maîtres. » Mais, ajoute-t-il, « je n'ai pu, à l'exception de Saint-Ange et de Rousseau Pascal, découvrir les noms de ceux qui bénéficièrent aussi de cette distinction. »

1. Conditionnels impliquant ellipse : « Je vous ferais danser..., chanter, si je voulais, s'il en valait la peine. » — *Ferai*, les deux fois. (1792.)

2. Exemple à ajouter à l'article BATTEUR de Littré. A l'article BATTRE, il explique par « tirer souvent des armes, fréquenter les salles d'armes, » le sens primitif de la locution *battre le fer*, qui a pris, en outre, l'acception figurée d'étudier une profession quelconque, s'y exercer.

3. M. JOURDAIN, *au Maître à danser.* (1734.)

4. LE MAÎTRE D'ARMES, *au Maître à danser.* (*Ibidem.*)

MONSIEUR JOURDAIN.

Eh ! mon Maître d'armes.

MAÎTRE A DANSER[1].

Comment ? grand cheval de carrosse.

MONSIEUR JOURDAIN.

Eh ! mon Maître à danser.

MAÎTRE D'ARMES.

Si je me jette sur vous....

MONSIEUR JOURDAIN[2].

Doucement.

MAÎTRE A DANSER.

Si je mets sur vous la main....

MONSIEUR JOURDAIN[3].

Tout beau.

MAÎTRE D'ARMES.

Je vous étrillerai d'un air[4]....

MONSIEUR JOURDAIN[5].

De grâce !

MAÎTRE A DANSER.

Je vous rosserai d'une manière....

MONSIEUR JOURDAIN[6].

Je vous prie.

MAÎTRE DE MUSIQUE.

Laissez-nous un peu lui apprendre à parler.

MONSIEUR JOURDAIN[7].

Mon Dieu ! arrêtez-vous.

---

1. LE MAÎTRE A DANSER, *au Maître d'armes.* (1734.)
2. M. JOURDAIN, *au Maître d'armes. (Ibidem.)*
3. M. JOURDAIN, *au Maître à danser. (Ibidem.)*
4. D'une façon : voyez au vers 48 du *Misanthrope* (tome V, p. 446).
5. M. JOURDAIN, *au Maître d'armes.* (1734.)
6. M. JOURDAIN, *au Maître à danser. (Ibidem.)*
7. M. JOURDAIN, *au Maître de musique. (Ibidem.)*

SCÈNE III.

MAITRE DE PHILOSOPHIE, MAITRE DE MUSIQUE, MAITRE A DANSER, MAITRE D'ARMES, MONSIEUR JOURDAIN, LAQUAIS[1].

MONSIEUR JOURDAIN.

Holà, Monsieur le Philosophe, vous arrivez tout à propos avec votre philosophie. Venez un peu mettre la paix entre ces personnes-ci.

MAÎTRE DE PHILOSOPHIE.

Qu'est-ce donc ? qu'y a-t-il, Messieurs ?

MONSIEUR JOURDAIN.

Ils se sont mis en colère pour la préférence de leurs professions, jusqu'à se dire des injures, et vouloir en venir[2] aux mains.

MAÎTRE DE PHILOSOPHIE.

Hé quoi ? Messieurs, faut-il s'emporter de la sorte ? et n'avez-vous point lu le docte traité que Sénèque a composé de la colère[3] ? Y a-t-il rien de plus bas et de plus honteux que cette passion, qui fait d'un homme une bête féroce ? et la raison ne doit-elle pas être maîtresse de tous nos mouvements ?

MAÎTRE A DANSER.

Comment, Monsieur, il vient nous dire des injures à tous deux, en méprisant la danse que j'exerce, et la musique dont il fait profession ?

MAÎTRE DE PHILOSOPHIE.

Un homme sage est au-dessus de toutes les injures

---

1. SCÈNE IV.
UN MAÎTRE DE PHILOSOPHIE, M. JOURDAIN, LE MAÎTRE DE MUSIQUE, LE MAÎTRE A DANSER, LE MAÎTRE D'ARMES, UN LAQUAIS. (1734.)

2. Et en vouloir venir. (1674, 82, 1734.) — 3. En trois grands livres.

qu'on lui peut dire ; et la grande réponse qu'on doit faire aux outrages, c'est la modération et la patience.

MAÎTRE D'ARMES.

Ils ont tous deux l'audace de vouloir comparer leurs professions à la mienne.

MAÎTRE DE PHILOSOPHIE.

Faut-il que cela vous émeuve ? Ce n'est pas de vaine gloire et de condition[1] que les hommes doivent disputer entre eux ; et ce qui nous distingue parfaitement les uns des autres, c'est la sagesse et la vertu.

MAÎTRE A DANSER.

Je lui soutiens que la danse est une science à laquelle on ne peut faire assez d'honneur.

MAÎTRE DE MUSIQUE.

Et moi, que la musique en est une que tous les siècles ont révérée.

MAÎTRE D'ARMES.

Et moi, je leur soutiens à tous deux que la science de tirer des armes est la plus belle et la plus nécessaire de toutes les sciences.

MAÎTRE DE PHILOSOPHIE.

Et que sera donc la philosophie ? Je vous trouve tous trois bien impertinents de parler devant moi avec cette arrogance, et de donner impudemment le nom de science à des choses que l'on ne doit pas même honorer du nom d'art, et qui ne peuvent être comprises que sous le nom de métier misérable de gladiateur, de chanteur, et de baladin !

MAÎTRE D'ARMES.

Allez, philosophe de chien[2].

MAÎTRE DE MUSIQUE.

Allez, belître de pédant.

1. Rang qu'on tient dans le monde et, comme ici, entre les gens d'état et profession analogue.
2. Sur les deux locutions inverses, de sens analogue, *de chien* et *chien de*,

MAÎTRE A DANSER.

Allez, cuistre fieffé.

MAÎTRE DE PHILOSOPHIE.

Comment ? marauds que vous êtes....

(Le Philosophe se jette sur eux, et tous trois le chargent de coups[1], et sortent en se battant.)

MONSIEUR JOURDAIN.

Monsieur le Philosophe.

MAÎTRE DE PHILOSOPHIE.

Infâmes ! coquins ! insolents !

MONSIEUR JOURDAIN.

Monsieur le Philosophe.

MAÎTRE D'ARMES.

La peste l'animal[2] !

MONSIEUR JOURDAIN.

Messieurs.

MAÎTRE DE PHILOSOPHIE.

Impudents !

MONSIEUR JOURDAIN.

Monsieur le Philosophe.

MAÎTRE A DANSER[3].

Diantre soit de l'âne bâté !

MONSIEUR JOURDAIN.

Messieurs.

---

voyez *Littré*, à l'article CHIEN, 5°. — Pour *belître* qui suit, nous avons déjà (tome VI, p. 41, note 1) renvoyé au même *Dictionnaire* et à son *Supplément*.

1. L'édition de 1734 s'arrête ici au mot *coups*, et place plus bas la suite de ce jeu de scène : voyez p. 80, note 1.

2. La peste de l'animal! (1682, 1734.) L'édition de 1734 a corrigé, par une addition non moins inutile et inopportune de la préposition *de*, le tour, analogue et propre à expliquer celui-ci, du vers 1081 de *l'École des femmes* (tome III, p. 236) : « La peste soit fait l'homme ! » Comparez en outre *Sganarelle*, vers 439 (tome II, p. 200) : « Peste soit qui...! » et *Dom Juan* (acte III, vers la fin, tome V, p. 162) : « La peste le coquin ! » Génin, à ce dernier passage, explique ainsi le tour : *que l'animal soit la peste, soit fait la peste, soit empesté !*

3. Dans l'édition originale et dans les trois étrangères, par erreur sans doute : « MAÎTRE DE PHILOSOPHIE. »

MAÎTRE DE PHILOSOPHIE.

Scélérats !

MONSIEUR JOURDAIN.

Monsieur le Philosophe.

MAÎTRE DE MUSIQUE.

Au diable l'impertinent !

MONSIEUR JOURDAIN.

Messieurs.

MAÎTRE DE PHILOSOPHIE.

Fripons ! gueux ! traîtres ! imposteurs !

(Ils sortent.)

MONSIEUR JOURDAIN.

Monsieur le Philosophe, Messieurs, Monsieur le Philosophe, Messieurs, Monsieur le Philosophe. Oh[1] ! battez-vous tant qu'il vous plaira : je n'y saurois que faire, et je n'irai pas gâter ma robe[2] pour vous séparer. Je serois bien fou de m'aller fourrer parmi eux, pour recevoir quelque coup qui me feroit mal.

SCÈNE IV.

MAITRE DE PHILOSOPHIE, MONSIEUR JOURDAIN.

MAÎTRE DE PHILOSOPHIE, en raccommodant son collet[3].

Venons à notre leçon.

---

1. *Ils sortent en se battant.*

SCÈNE V.
M. JOURDAIN, UN LAQUAIS.
M. JOURDAIN.

Oh! (1734.)

2. Sa robe de chambre, qu'il a remise par-dessus le déshabillé de ses exercices.

3. SCÈNE VI.
LE MAÎTRE DE PHILOSOPHIE, M. JOURDAIN, UN LAQUAIS.
LE MAÎTRE DE PHILOSOPHIE, *raccommodant son collet.* (1734.)

— *Collet* au sens de rabat.

ACTE II, SCÈNE IV.

MONSIEUR JOURDAIN.

Ah! Monsieur, je suis fâché des coups qu'ils vous ont donnés[1].

MAÎTRE DE PHILOSOPHIE.

Cela n'est rien. Un philosophe sait recevoir comme il faut les choses, et je vais composer contre eux une satire du style de Juvénal, qui les déchirera de la belle façon. Laissons cela. Que voulez-vous apprendre[2]?

MONSIEUR JOURDAIN.

Tout ce que je pourrai, car j'ai toutes les envies du monde d'être savant; et j'enrage que mon père et ma mère ne m'aient pas fait bien étudier dans toutes les sciences, quand j'étois jeune.

MAÎTRE DE PHILOSOPHIE.

Ce sentiment est raisonnable : *Nam sine doctrina vita est quasi mortis imago*[3]. Vous entendez cela, et vous savez le latin sans doute.

MONSIEUR JOURDAIN.

Oui, mais faites comme si je ne le savois pas : expliquez-moi ce que cela veut dire.

MAÎTRE DE PHILOSOPHIE.

Cela veut dire que *Sans la science, la vie est presque une image de la mort*.

MONSIEUR JOURDAIN.

Ce latin-là a raison.

1. *Donné*, sans accord, dans nos anciens textes, jusqu'à 1730 exclusivement.
2. Un même désir d'apprendre, inspiré par d'autres motifs que ceux qui poussent M. Jourdain, mais aussi tardif, met en présence, dans les *Nuées* d'Aristophane, le vieux Strepsiade, le plus borné des bourgeois d'Athènes, d'abord avec un apprenti sophiste, puis avec celui dont le poëte a voulu faire le représentant même de la science subtile; il résulte de là une ressemblance générale. qui a été signalée à la *Notice* (p. 33), entre certaines des premières scènes des deux comédies : c'est un peu plus particulièrement le troisième des entretiens de Socrate et de Strepsiade (vers 627 et suivants) et la leçon de purisme grammatical qu'il amène qui peuvent être, malgré la différence des intentions satiriques, comparés avec cette scène du *Bourgeois gentilhomme*.
3. Ce n'est probablement là qu'une traduction en vers de cette maxime

MAÎTRE DE PHILOSOPHIE.

N'avez-vous point quelques principes, quelques commencements des sciences ?

MONSIEUR JOURDAIN.

Oh! oui, je sais lire et écrire.

MAÎTRE DE PHILOSOPHIE.

Par où vous plaît-il que nous commencions ? Voulez-vous que je vous apprenne la logique ?

MONSIEUR JOURDAIN.

Qu'est-ce que c'est que cette logique ?

MAÎTRE DE PHILOSOPHIE.

C'est elle qui enseigne les trois opérations de l'esprit.

MONSIEUR JOURDAIN.

Qui sont-elles, ces trois opérations de l'esprit ?

MAÎTRE DE PHILOSOPHIE.

La première, la seconde, et la troisième. La première est de bien concevoir par le moyen des universaux. La seconde, de bien juger par le moyen des catégories ; et la troisième, de bien tirer une conséquence par le moyen des figures *Barbara, Celarent, Darii, Ferio, Baralipton*, etc.[1].

dans laquelle Érasme résume un dit mémorable de Diogène : *Vita sine litteris mors* (*Apophthegmes*, livre III, édition de 1541, p. 205, n° 83, notule *a*): Molière a sans doute pris le vers dans *le Fidèle* de Larivey, de 1611, ou dans l'original italien de L. Pasqualigo, de 1579 (acte II, scène XIV).

1. Le docteur Pancrace parle aussi à Sganarelle (scène IV du *Mariage forcé*, tome IV, p. 41) des trois opérations de l'esprit et des dix catégories. — On reconnaissait en logique, dit Auger, « trois opérations de l'esprit : la conception ou perception, le jugement et le raisonnement.... On comptait cinq *universaux :* le genre, l'espèce, la différence, le propre et l'accident. Les *catégories*, suivant Aristote, étaient au nombre de dix, savoir : la substance, la quantité, la qualité, la relation (*et le lieu, le temps, la situation, la possession, l'action et la passion*).

Barbara, Celarent, Darii, Ferio, Baralipton

est le premier de quatre vers techniques, composés de mots purement artificiels et inventés comme un moyen de désigner les dix-neuf modes de syllogismes réguliers. Chaque mot est formé de trois syllabes, représentant les

MONSIEUR JOURDAIN.

Voilà des mots qui sont trop rébarbatifs. Cette logique-là ne me revient point. Apprenons autre chose qui soit plus joli.

MAÎTRE DE PHILOSOPHIE.

Voulez-vous apprendre la morale ?

MONSIEUR JOURDAIN.

La morale ?

MAÎTRE DE PHILOSOPHIE.

Oui.

MONSIEUR JOURDAIN.

Qu'est-ce qu'elle dit cette morale ?

MAÎTRE DE PHILOSOPHIE.

Elle traite de la félicité, enseigne aux hommes à modérer leurs passions, et....

MONSIEUR JOURDAIN.

Non, laissons cela. Je suis bilieux comme tous les diables ; et il n'y a morale qui tienne, je me veux mettre en colère tout mon soûl [1], quand il m'en prend envie.

MAÎTRE DE PHILOSOPHIE.

Est-ce la physique que vous voulez apprendre ?

MONSIEUR JOURDAIN.

Qu'est-ce qu'elle chante cette physique ?

---

trois propositions d'un syllogisme, et la voyelle de chaque syllabe indique la nature de chaque proposition. » Voyez au *Mariage forcé*, tome IV, p. 32, la note 4 : une citation d'Auger y explique plus complètement, à propos d'une plaisanterie de Molière, l'emploi de ces mots factices, étiquettes et mémentos des diverses formes du syllogisme. Ils ont fourni à la moquerie de Montaigne et de Pascal des noms pour la fausse science et l'argumentation creuse. « La plus expresse marque de la sagesse, c'est une éjouissance constante...; c'est *Baroco* et *Baralipton* qui rendent leurs suppôts ainsi crottés et enfumés, ce n'est pas elle : ils ne la connoissent que par ouï-dire. » (*Essais*, livre I, chapitre XXV, tome I, p. 212 et 213.) « Pour découvrir tous les sophismes et toutes les équivoques des raisonnements captieux, ils ont inventé des noms barbares, qui étonnent ceux qui les entendent.... Ce n'est pas *Barbara* et *Baralipton* qui forment le raisonnement. » (*De l'Esprit géométrique*, à la suite des *Pensées* de Pascal, édition de M. Havet, 1852, p. 471 et 472.)

1. Voyez ci-après, p. 101, note 1.

MAÎTRE DE PHILOSOPHIE.

La physique est celle qui explique les principes des choses naturelles, et les propriétés du corps[1]; qui discourt de la nature des éléments, des métaux, des minéraux, des pierres, des plantes et des animaux, et nous enseigne les causes de tous les météores, l'arc-en-ciel, les feux volants[2], les comètes, les éclairs, le tonnerre, la foudre, la pluie, la neige, la grêle, les vents et les tourbillons.

MONSIEUR JOURDAIN.

Il y a trop de tintamarre là dedans, trop de brouillamini.

MAÎTRE DE PHILOSOPHIE.

Que voulez-vous donc que je vous apprenne?

MONSIEUR JOURDAIN.

Apprenez-moi l'orthographe.

MAÎTRE DE PHILOSOPHIE.

Très-volontiers.

MONSIEUR JOURDAIN.

Après vous m'apprendrez l'almanach, pour savoir quand il y a de la lune et quand il n'y en a point.

MAÎTRE DE PHILOSOPHIE.

Soit. Pour bien suivre votre pensée et traiter cette matière en philosophe, il faut commencer selon l'ordre des choses, par une exacte connoissance de la nature des lettres, et de la différente manière de les prononcer toutes. Et là-dessus j'ai à vous dire que les lettres sont divisées en voyelles, ainsi dites voyelles parce qu'elles expriment les voix; et en consonnes, ainsi appelées

---

1. De la matière. « Du corps » dans tous nos textes. Faut-il : « des corps »?
2. Il faut surtout entendre par là les feux follets et le feu Saint-Elme des marins. « On appelle.... *feux-volants* des météores, de certains feux qui s'élèvent et se dissipent un peu après, comme les ardents. » Et *ardent* « est un certain météore ou feu follet. » — « On appelle sur la mer *le feu Saint-Elme* certains feux volants autour des mâts et des manœuvres et de la cage. » (*Dictionnaire de Furetière*, 1690, aux mots VOLANT, ARDENT et FEU.)

consonnes parce qu'elles sonnent avec les voyelles, et ne font que marquer les diverses articulations des voix. Il y a cinq voyelles ou voix : A, E, I, O, U.

MONSIEUR JOURDAIN.

J'entends tout cela.

MAÎTRE DE PHILOSOPHIE.

La voix A se forme en ouvrant fort la bouche : A.

MONSIEUR JOURDAIN.

A, A. Oui.

MAÎTRE DE PHILOSOPHIE.

La voix E se forme en rapprochant la mâchoire d'en bas de celle d'en haut[1] : A, E.

MONSIEUR JOURDAIN.

A, E, A, E. Ma foi! oui. Ah! que cela est beau!

MAÎTRE DE PHILOSOPHIE.

Et la voix I en rapprochant encore davantage les mâchoires l'une de l'autre, et écartant les deux coins de la bouche vers les oreilles : A, E, I.

MONSIEUR JOURDAIN.

A, E, I, I, I, I. Cela est vrai. Vive la science!

MAÎTRE DE PHILOSOPHIE.

La voix O se forme en rouvrant les mâchoires, et rapprochant les lèvres par les deux coins, le haut et le bas : O.

MONSIEUR JOURDAIN.

O, O. Il n'y a rien de plus juste. A, E, I, O, I, O. Cela est admirable! I, O, I, O.

MAÎTRE DE PHILOSOPHIE.

L'ouverture de la bouche fait justement comme un petit rond qui représente un O[2].

1. Ici et p. 93 et 107, *enbas*, *enhaut*, en un mot, dans toutes nos éditions; dans celle de 1718, il y a union encore plus étroite, *embas*, comme dans la citation de Cordemoy (note de la page 88, ligne 6).

2. Aimé-Martin a relevé dans un vieux livre, publié dès la fin du quinzième siècle, et où il est aussi parlé de la formation des voix et articulations, une remarque toute semblable à celle que fait ici le Maître de philosophie : *O rotundiore spiritu comparatur, forma.... per se patet nec declavatione indi-*

MONSIEUR JOURDAIN.

O, O, O. Vous avez raison, O. Ah! la belle chose, que de savoir quelque chose !

MAÎTRE DE PHILOSOPHIE.

La voix U se forme en rapprochant les dents sans les joindre entièrement, et allongeant les deux lèvres en dehors, les approchant aussi l'une de l'autre sans les joindre [1] tout à fait : U.

MONSIEUR JOURDAIN.

U, U. Il n'y a rien de plus véritable : U.

MAÎTRE DE PHILOSOPHIE.

Vos deux lèvres s'allongent comme si vous faisiez la moue : d'où vient que si vous la voulez faire à quelqu'un, et vous moquer de lui, vous ne sauriez lui dire que : U[2].

MONSIEUR JOURDAIN.

U, U. Cela est vrai. Ah ! que n'ai-je étudié plus tôt, pour savoir tout cela ?

get. « Le son de l'*o* est produit par un mouvement arrondi de la bouche : on le lit sur les lèvres qui le prononcent » (traduction d'Aimé-Martin, fort libre, mais rendant ingénieusement le dernier membre). Voyez au livre II du traité *de Homine exteriore et interiore* de Galeotus (Marzio Galeotti, professeur à Bologne, qui mourut à Lyon en 1494), édition de Turin, 1517, f° XXXIII v°.

1. Sans les rejoindre. (1682, 97, 1710, 18, 30, 33, 34.)

2. Sur ce mouvement des lèvres, que l'*u* nous fait cependant beaucoup moins allonger qu'à ceux, quand ils veulent le prononcer, qui, comme les Italiens, n'ont point ce son dans leur langue, Aimé-Martin cite une amusante boutade d'Alfieri : « Je n'avais pas laissé de purger ma prononciation de notre horrible *u* lombard ou français, qui m'avait toujours grandement déplu pour sa maigre articulation et pour cette petite moue [a] que font les lèvres en le prononçant, ce qui les fait terriblement ressembler alors à la grimace ridicule des singes lorsqu'ils veulent parler. Et maintenant encore, quoique, depuis cinq ou six ans que je suis en France, j'aie les oreilles assez remplies et rebattues de cet *u*, il ne manque jamais de me faire rire chaque fois que j'y prends garde, surtout lorsqu'au théâtre, où l'on déclame, et même dans les salons, où l'on ne déclame guère moins, ces petites lèvres contractées, qui ont toujours l'air de souffler sur un potage bouillant, laissent entre autres échapper le mot *Nature*. » (*Mémoires*, chapitre 1ᵉʳ de la IIIᵉ époque, 1766, p. 91 et 92 de la traduction d'Antoine de Latour.)

[a] *Boccuccia*, « petite bouche ».

MAÎTRE DE PHILOSOPHIE.

Demain, nous verrons les autres lettres, qui sont les consonnes.

MONSIEUR JOURDAIN.

Est-ce qu'il y a des choses aussi curieuses qu'à celles-ci ?

MAÎTRE DE PHILOSOPHIE.

Sans doute. La consonne D, par exemple, se prononce en donnant du bout de la langue au-dessus des dents d'en haut : DA.

MONSIEUR JOURDAIN.

DA, DA. Oui. Ah ! les belles choses ! les belles choses !

MAÎTRE DE PHILOSOPHIE.

L'F en appuyant les dents d'en haut sur la lèvre de dessous : FA.

MONSIEUR JOURDAIN.

FA, FA. C'est la vérité. Ah ! mon père et ma mère, que je vous veux de mal !

MAÎTRE DE PHILOSOPHIE.

Et l'R, en portant le bout de la langue jusqu'au haut du palais, de sorte qu'étant frôlée par l'air qui sort avec force, elle lui cède, et revient toujours au même endroit, faisant une manière de tremblement : RRA.

MONSIEUR JOURDAIN.

R, R, RA ; R, R, R, R, R, RA. Cela est vrai. Ah ! l'habile homme que vous êtes ! et que j'ai perdu de temps ! R, R, R, RA.

MAÎTRE DE PHILOSOPHIE.

Je vous expliquerai à fond toutes ces curiosités[1].

---

1. Cette partie de la leçon du Philosophe paraît tirée d'un petit livre ayant pour titre : *Discours physique de la parole*[a], qu'avait publié deux ans auparavant, en 1668, et dédié au Roi, le cartésien de Cordemoy, qui fut lecteur du

a Le titre est anonyme, mais non l'épître qui le suit.

MONSIEUR JOURDAIN.

Je vous en prie. Au reste, il faut que je vous fasse une confidence. Je suis amoureux d'une personne de grande qualité, et je souhaiterois que vous m'aidassiez à lui écrire quelque chose dans un petit billet que je veux laisser tomber à ses pieds.

Dauphin, choisi par Bossuet, et membre de l'Académie française. Les passages suivants, des pages 70-77, que nous citons après Auger, prouvent bien, ce semble, que le *Discours* avait été feuilleté par Molière. « Si.... on ouvre la bouche autant qu'on la peut ouvrir en criant, on ne sauroit former qu'une voix en A.... Que si l'on ouvre un peu moins la bouche, en avançant la mâchoire d'embas vers celle d'enhaut, on formera une autre voix terminée en E. Et si l'on approche encore un peu davantage les mâchoires l'une de l'autre, sans toutefois que les dents se touchent, on formera une troisième voix en I. Mais si au contraire on vient à ouvrir les mâchoires et à rapprocher en même temps les lèvres par les deux coins, le haut et le bas, sans néanmoins les fermer tout à fait, on formera une voix en O. Enfin si on rapproche les dents sans les joindre entièrement, et si, en même temps, on allonge les deux lèvres, sans les joindre tout à fait, on formera une voix en U.... La lettre F se prononce quand on joint la lèvre de dessous aux dents de dessus.... Le D se prononce en approchant le bout de la langue au-dessus des dents d'en haut.... Et la lettre R en portant le bout de la langue jusqu'au haut du palais, de manière qu'étant frôlée par l'air qui sort avec force, elle lui cède et revient souvent au même endroit, tandis (*aussi longtemps*) que l'on veut que cette prononciation dure. » — On voit que les remarques sur l'*i*, sur l'*o*, sur l'*u*, qui égayent le plus l'enseignement du Philosophe, sont des additions appartenant en propre à l'exagération comique. Et maintenant il est bien permis de trouver qu'une explication scientifique du mécanisme de la parole était chez Cordemoy parfaitement à sa place; aussi n'est-il rien moins que certain, quoi qu'en disent les commentateurs, que Molière ait voulu ridiculiser celui qui l'avait récemment donnée, non pas en tête d'une grammaire élémentaire, mais dans un traité spécial, un *Discours physique de la parole*. Ce qui rend cette scène si amusante, c'est la sottise de ce maître qui, se chargeant de dégrossir une ignorance aussi endurcie, débute par ces minuties et engage un écolier qui sait si peu et a tant à apprendre, dans toutes les lenteurs de sa méthode; c'est surtout la niaiserie du Bourgeois, sa joie de se sentir tant d'ouverture d'esprit pour des commencements si éloignés du but, son désenchantement de l'orthographe et sa rébellion prochaine que l'on pressent. M. Jourdain n'est encore que d'âge très-mûr; mais il y a un mot de Montaigne, à propos rappelé par Aimé-Martin, dont sans doute Molière se souvenait, et qui indique bien l'effet comique qu'il a voulu produire ici : « On peut continuer à tout temps l'étude, non pas l'écolage : la sotte chose qu'un vieillard abécédaire ! » (*Essais*, livre II, chapitre XXVIII, *Toutes choses en leur saison*, tome III, p. 53; Montaigne traduit Sénèque, dit V. le Clerc; on lit dans l'*épître* XXXVI : *Turpis et ridicula res est elementarius senex.*)

ACTE II, SCÈNE IV.

MAÎTRE DE PHILOSOPHIE.

Fort bien.

MONSIEUR JOURDAIN.

Cela sera galant, oui.

MAÎTRE DE PHILOSOPHIE.

Sans doute. Sont-ce des vers que vous lui voulez écrire ?

MONSIEUR JOURDAIN.

Non, non, point de vers.

MAÎTRE DE PHILOSOPHIE.

Vous ne voulez que de la prose ?

MONSIEUR JOURDAIN.

Non, je ne veux ni prose ni vers.

MAÎTRE DE PHILOSOPHIE.

Il faut bien que ce soit l'un, ou l'autre.

MONSIEUR JOURDAIN.

Pourquoi ?

MAÎTRE DE PHILOSOPHIE.

Par la raison, Monsieur, qu'il n'y a pour s'exprimer que la prose, ou les vers.

MONSIEUR JOURDAIN.

Il n'y a que la prose ou les vers ?

MAÎTRE DE PHILOSOPHIE.

Non, Monsieur : tout ce qui n'est point prose est vers ; et tout ce qui n'est point vers est prose.

MONSIEUR JOURDAIN.

Et comme l'on parle qu'est-ce que c'est donc que cela ?

MAÎTRE DE PHILOSOPHIE.

De la prose.

MONSIEUR JOURDAIN.

Quoi ? quand je dis : « Nicole, apportez-moi mes pantoufles, et me donnez mon bonnet de nuit, » c'est de la prose ?

MAÎTRE DE PHILOSOPHIE.

Oui, Monsieur.

MONSIEUR JOURDAIN.

Par ma foi! il y a plus de quarante ans que je dis de la prose sans que j'en susse rien[1], et je vous suis le plus obligé du monde de m'avoir appris cela. Je voudrois donc lui mettre dans un billet : *Belle Marquise, vos beaux yeux me font mourir d'amour;* mais je voudrois que cela fût mis d'une manière galante, que cela fût tourné gentiment.

MAÎTRE DE PHILOSOPHIE.

Mettre que les feux de ses yeux réduisent votre cœur en cendres; que vous souffrez nuit et jour pour elle les violences d'un....

MONSIEUR JOURDAIN.

Non, non, non, je ne veux point tout cela; je ne veux que ce que je vous ai dit : *Belle Marquise, vos beaux yeux me font mourir d'amour.*

MAÎTRE DE PHILOSOPHIE.

Il faut bien étendre un peu la chose.

MONSIEUR JOURDAIN.

Non, vous dis-je, je ne veux que ces seules paroles-là dans le billet; mais tournées à la mode, bien arran-

---

1. Il faut croire, d'après un passage d'une lettre de Mme de Sévigné (tome VI, p. 449, 12 juin 1680), que quelque naïveté semblable était échappée au comte de Soissons, ou du moins lui était prêtée dans le monde : « Comment, ma fille? j'ai donc fait un sermon sans y penser? J'en suis aussi étonnée que M. le comte de Soissons, quand on lui découvrit qu'il faisoit de la prose. » Le comte ne mourut que trois ans après les premières représentations du *Bourgeois gentilhomme*. Il était, comme on sait, de la maison de Savoie, mari d'Olympe Mancini, père de l'illustre prince Eugène qui servit l'Autriche. — C'est peut-être cette circonstance, que ce comte était vivant, qui a fait croire à Auger que le trait s'appliquait au précédent titulaire (de la maison de Bourbon Condé, celui qui avait péri en 1641 à la Marfée dans les rangs des Espagnols). Cela est assurément possible. Mais il semble bien que Mme de Sévigné a voulu plutôt désigner, en 1680, le dernier connu des comtes de Soissons; et la raillerie de Molière, après tout, n'était pas si cruelle.

gées comme il faut. Je vous prie de me dire un peu, pour voir, les diverses manières dont on les peut mettre.

MAÎTRE DE PHILOSOPHIE.

On les peut mettre premièrement comme vous avez dit : *Belle Marquise, vos beaux yeux me font mourir d'amour.* Ou bien : *D'amour mourir me font, belle Marquise, vos beaux yeux.* Ou bien : *Vos yeux beaux d'amour me font, belle Marquise, mourir.* Ou bien : *Mourir vos beaux yeux, belle Marquise, d'amour me font.* Ou bien : *Me font vos yeux beaux mourir, belle Marquise, d'amour.*

MONSIEUR JOURDAIN.

Mais de toutes ces façons-là, laquelle est la meilleure?

MAÎTRE DE PHILOSOPHIE.

Celle que vous avez dite : *Belle Marquise, vos beaux yeux me font mourir d'amour.*

MONSIEUR JOURDAIN.

Cependant je n'ai point étudié, et j'ai fait cela tout du premier coup[1]. Je vous remercie de tout mon cœur, et vous prie de venir demain de bonne heure.

MAÎTRE DE PHILOSOPHIE.

Je n'y manquerai pas.

MONSIEUR JOURDAIN[2].

Comment? mon habit n'est point encore arrivé?

---

1. « La langue française, dit Rivarol[a], a souverainement besoin de clarté; aussi est-elle de toutes les langues celle qui a le plus de constructions fixes, et quand il se présente deux manières correctes et élégantes à la fois de dire la même chose avec les mêmes mots, il faut le remarquer, d'autant que le cas est rare. C'est sur cette vérité (ajoute-t-il en note) qu'est fondée l'excellente scène du *Bourgeois gentilhomme*, qui est si étonné de ne pouvoir (*avec les mots auxquels il tient*) exprimer son amour à la Marquise que d'une seule manière, et précisément de celle qui s'est d'abord offerte à son esprit. »

2. SCÈNE VII.
M. JOURDAIN, UN LAQUAIS.
M. JOURDAIN, *à son laquais.* (1734.)

[a] *Prospectus d'un nouveau dictionnaire de la langue française,* au tome Ier de ses *OEuvres complètes* publiées en 1808, p. xxxvi.

SECOND LAQUAIS.

Non, Monsieur.

MONSIEUR JOURDAIN.

Ce maudit tailleur me fait bien attendre pour un jour où j'ai tant d'affaires. J'enrage. Que la fièvre quartaine puisse serrer bien fort le bourreau de tailleur! Au diable le tailleur! La peste étouffe le tailleur! Si je le tenois maintenant, ce tailleur détestable, ce chien de tailleur-là, ce traître de tailleur, je....

SCÈNE V.

MAITRE TAILLEUR, Garçon tailleur, portant l'habit de M. Jourdain, MONSIEUR JOURDAIN, Laquais[1].

MONSIEUR JOURDAIN.

Ah vous voilà! je m'allois mettre en colère contre vous.

MAÎTRE TAILLEUR.

Je n'ai pas pu venir plus tôt, et j'ai mis vingt garçons après votre habit.

MONSIEUR JOURDAIN.

Vous m'avez envoyé des bas de soie si étroits, que j'ai eu toutes les peines du monde à les mettre, et il y a déjà deux mailles[2] de rompues.

MAÎTRE TAILLEUR.

Ils ne s'élargiront que trop.

MONSIEUR JOURDAIN.

Oui, si je romps toujours des mailles. Vous m'avez

---

1. SCÈNE VIII.
M. JOURDAIN, UN MAÎTRE TAILLEUR, UN GARÇON TAILLEUR, *portant l'habit de M. Jourdain*, UN LAQUAIS. (1734.)

2. Et il y a deux mailles. (1674, 82, 1734.) — Et il y a eu deux mailles. (1718.)

aussi fait faire des souliers qui me blessent furieusement.

MAÎTRE TAILLEUR.

Point du tout, Monsieur.

MONSIEUR JOURDAIN.

Comment, point du tout?

MAÎTRE TAILLEUR.

Non, ils ne vous blessent point.

MONSIEUR JOURDAIN.

Je vous dis qu'ils me blessent, moi.

MAÎTRE TAILLEUR.

Vous vous imaginez cela.

MONSIEUR JOURDAIN.

Je me l'imagine, parce que je le sens. Voyez la belle raison !

MAÎTRE TAILLEUR.

Tenez, voilà le plus bel habit de la cour, et le mieux assorti. C'est un chef-d'œuvre que d'avoir inventé un habit sérieux qui ne fût pas noir; et je le donne en six coups aux tailleurs les plus éclairés.

MONSIEUR JOURDAIN.

Qu'est-ce que c'est que ceci? vous avez mis les fleurs en enbas[1].

---

[1]. C'est-à-dire, sans doute, vous les avez mises à rebours, le sommet, la corolle, en bas, la tige en haut. Le comique est peut-être que le maître va nier impudemment une bévue de l'ouvrier et que M. Jourdain, dans son ignorance de l'usage, s'en accommodera, croyant ce qu'on lui dit d'une prétendue mode des personnes de qualité. Il se peut aussi que le dessin, plus ou moins de fantaisie, mais de bon goût ou accepté par le goût du jour, comportât des fleurs pendantes ou capricieusement renversées : tout d'abord, l'œil bourgeois de M. Jourdain s'en inquiète; et c'est ce qui n'est pas moins plaisant, surtout quand le Tailleur, insistant par malice et moquerie, propose de tout retourner. — Pour *enbas*, *enhaut*, en un seul mot, orthographe qui explique et rend naturel l'emploi d'un autre *en*, devant ces adverbes composés, voyez ci-dessus, p. 85, note 1, et ci-après, p. 107. — Les fleurs en bas. (1697, 1710, 18, 33.) On va voir que, sauf 1733, ces éditions, non plus que nos trois étrangères, ne se piquent pas d'une orthographe bien conséquente.

MAÎTRE TAILLEUR.

Vous ne m'aviez pas dit que vous les vouliez en enhaut[1].

MONSIEUR JOURDAIN.

Est-ce qu'il faut dire cela?

MAÎTRE TAILLEUR.

Oui, vraiment. Toutes les personnes de qualité les portent de la sorte.

MONSIEUR JOURDAIN.

Les personnes de qualité portent les fleurs en enbas[2]?

MAÎTRE TAILLEUR.

Oui, Monsieur.

MONSIEUR JOURDAIN.

Oh! voilà qui est donc bien.

MAÎTRE TAILLEUR.

Si vous voulez, je les mettrai en enhaut[3].

MONSIEUR JOURDAIN.

Non, non.

MAÎTRE TAILLEUR.

Vous n'avez qu'à dire.

MONSIEUR JOURDAIN.

Non, vous dis-je; vous avez bien fait. Croyez-vous que l'habit[4] m'aille bien?

MAÎTRE TAILLEUR.

Belle demande! Je défie un peintre, avec son pinceau, de vous faire rien de plus juste. J'ai chez moi un garçon qui, pour monter une rhingrave[5], est le plus grand génie du monde; et un autre qui, pour assembler un pourpoint, est le héros de notre temps.

1. Que vous les vouliez enhaut. (1697, 1710, 18, 33.)
2. Les fleurs enbas? (1694 B, 1733.)
3. Je les mettrai enhaut. (1675 A, 84 A, 94 B, 1710, 18, 33.)
4. Que mon habit. (1682, 94 B, 97, 1710, 18, 30, 33, 34.)
5. Sur ce genre de haut-de-chausse et l'origine du nom qu'on lui donnait, voyez au vers 485 du *Misanthrope* (tome V, p. 474, note 2).

ACTE II, SCÈNE V.

MONSIEUR JOURDAIN.

La perruque, et les plumes sont-elles comme il faut?

MAÎTRE TAILLEUR.

Tout est bien[1].

MONSIEUR JOURDAIN, en regardant[2] l'habit du tailleur.

Ah, ah! Monsieur le tailleur, voilà de mon étoffe du dernier habit que vous m'avez fait. Je la reconnois bien.

MAÎTRE TAILLEUR.

C'est que l'étoffe me sembla si belle, que j'en ai voulu lever un habit[3] pour moi.

MONSIEUR JOURDAIN.

Oui, mais il ne falloit pas le lever avec le mien[4].

MAÎTRE TAILLEUR.

Voulez-vous mettre votre habit?

MONSIEUR JOURDAIN.

Oui, donnez-moi[5].

MAÎTRE TAILLEUR.

Attendez. Cela ne va pas comme cela. J'ai amené

---

1. « Ainsi, dit Génin [a], voilà le maître tailleur qui fournit, outre les habits d'étoffe, les bas, les souliers, la perruque et le chapeau à plumes. Il cumule quatre différentes professions d'aujourd'hui. En revanche, le tailleur de 1670 n'était point marchand de drap. » Ce cumul de professions semble douteux : Dorante (voyez ci-après, p. 115) a des comptes particuliers chez son plumassier, chez son tailleur, chez son marchand de drap. Seulement ce tailleur attitré des gens de cour a tout à fait capté M. Jourdain, il est fort ménagé par lui (on en a deux fois la preuve dans cette scène), il doit être à ses yeux un arbitre du goût, et c'est à lui probablement que le Bourgeois s'en est remis de toutes ses élégances; il le choisit pour intermédiaire auprès des divers fournisseurs, lui ayant entendu dire qu'il fallait une certaine harmonie dans tout le costume.

2. M. JOURDAIN, regardant, etc. (1734.)

3. Lever était depuis longtemps le mot propre des gens du métier. Il est nombre de fois employé au chapitre VIII du livre I de Rabelais. « Pour son pourpoint furent levées huit cent treize aunes de satin blanc, » etc.

4. Nous ne croyons pas que M. Jourdain ait voulu, par ménagement, laisser quelque équivoque dans le sens. Avec le mien peut sans doute signifier simplement « en même temps que le mien, » mais il faut bien entendre ici : « en le prenant sur ce que vous avez eu et que j'ai payé d'étoffe pour le mien. »

5. Oui : donnez-le-moi. (1674, 82, 94 B, 1734.)

[a] Récréations philologiques (1858), tome I, p. 407.

des gens pour vous habiller en cadence, et ces sortes d'habits se mettent avec cérémonie. Holà! entrez, vous autres. Mettez[1] cet habit à Monsieur, de la manière que vous faites aux personnes de qualité.

(Quatre Garçons tailleurs entrent, dont deux lui arrachent le haut-de-chausses de ses exercices, et deux autres la camisole; puis ils lui mettent son habit neuf; et M. Jourdain se promène entre eux, et leur montre son habit, pour voir s'il est bien. Le tout à la cadence de toute la symphonie[2].)

GARÇON TAILLEUR.

Mon gentilhomme, donnez, s'il vous plaît, aux garçons quelque chose pour boire.

MONSIEUR JOURDAIN.

Comment m'appelez-vous?

GARÇON TAILLEUR.

Mon gentilhomme.

MONSIEUR JOURDAIN.

« Mon gentilhomme! » Voilà ce que c'est de se mettre[3] en personne de qualité. Allez-vous-en demeurer toujours habillé en bourgeois, on ne vous dira point : « Mon gentilhomme. »[4] Tenez, voilà pour « Mon gentilhomme. »

---

1. SCÈNE IX.
M. JOURDAIN, LE MAÎTRE TAILLEUR, LE GARÇON TAILLEUR, GARÇONS TAILLEURS, *dansants*, UN LAQUAIS.
LE MAÎTRE TAILLEUR, *à ses garçons.*
Mettez. (1734.)

2. PREMIÈRE ENTRÉE DE BALLET.
Les quatre garçons tailleurs dansants s'approchent de M. Jourdain. Deux lui arrachent le haut-de-chausses de ses exercices; les deux autres lui ôtent la camisole; après quoi, toujours en cadence, ils lui mettent son habit neuf. M. Jourdain se promène au milieu d'eux, et leur montre son habit, pour voir s'il est bien. (*Ibidem.*) — *De toute la symphonie*, de tout l'orchestre : voyez Littré, à l'article SYMPHONIE, 3°.—Il y a dans la Partition, pour cette scène, deux airs de danse aux cinq parties ordinaires.

3. Ce que c'est que de se mettre. (1734.) — Mais Molière préférait la tournure plus courte. « Voilà ce que c'est de s'amuser. » (*l'Impromptu de Versailles*, scène v, tome III, p. 430); et ci-après (p. 106) : « Voilà ce que c'est d'étudier. »

4. *Donnant de l'argent.* (1734.)

ACTE II, SCÈNE V.

GARÇON TAILLEUR.

Monseigneur, nous vous sommes bien obligés.

MONSIEUR JOURDAIN.

« Monseigneur, » oh, oh! « Monseigneur! » Attendez, mon ami : « Monseigneur » mérite quelque chose, et ce n'est pas une petite parole que « Monseigneur. » Tenez, voilà ce que Monseigneur vous donne.

GARÇON TAILLEUR.

Monseigneur, nous allons boire tous à la santé de Votre Grandeur.

MONSIEUR JOURDAIN.

« Votre Grandeur! » Oh, oh, oh! Attendez, ne vous en allez pas. A moi « Votre Grandeur! »[1] Ma foi, s'il va jusqu'à l'Altesse, il aura toute la bourse.[2] Tenez, voilà pour Ma Grandeur.

GARÇON TAILLEUR.

Monseigneur, nous la remercions très-humblement de ses libéralités.

MONSIEUR JOURDAIN.

Il a bien fait : je lui allois tout donner.

(Les quatre Garçons tailleurs se réjouissent par une danse, qui fait le second intermède[3].)

---

1. *Bas, à part.* (1734.)
2. *Haut. (Ibidem.)*
3. SCÈNE X.
DEUXIÈME ENTRÉE DE BALLET.
Les quatre garçons tailleurs se réjouissent, en dansant, de la libéralité de M. Jourdain. (Ibidem.)

FIN DU SECOND ACTE.

ACTE III.

SCÈNE PREMIÈRE.

MONSIEUR JOURDAIN, Laquais[1].

MONSIEUR JOURDAIN.

Suivez-moi, que j'aille un peu montrer mon habit par la ville ; et surtout ayez soin tous deux de marcher immédiatement sur mes pas, afin qu'on voye bien que vous êtes à moi.

LAQUAIS.

Oui, Monsieur.

MONSIEUR JOURDAIN.

Appelez-moi Nicole, que je lui donne quelques ordres. Ne bougez, la voilà.

SCÈNE II.

NICOLE, MONSIEUR JOURDAIN, Laquais[2].

MONSIEUR JOURDAIN.

Nicole !

NICOLE.

Plaît-il ?

---

1. M. JOURDAIN *et ses deux* LAQUAIS. (1682.) — M. JOURDAIN, DEUX LAQUAIS. (1734.)

2. M. JOURDAIN, NICOLE, DEUX LAQUAIS. (*Ibidem.*)

ACTE III, SCÈNE II.

MONSIEUR JOURDAIN.

Écoutez.

NICOLE [1].

Hi, hi, hi, hi, hi.

MONSIEUR JOURDAIN.

Qu'as-tu à rire ?

NICOLE.

Hi, hi, hi, hi, hi, hi.

MONSIEUR JOURDAIN.

Que veut dire cette coquine-là ?

NICOLE.

Hi, hi, hi. Comme vous voilà bâti ! Hi, hi, hi.

MONSIEUR JOURDAIN.

Comment donc ?

NICOLE.

Ah, ah ! mon Dieu ! Hi, hi, hi, hi, hi.

MONSIEUR JOURDAIN.

Quelle friponne est-ce là ! Te moques-tu de moi ?

NICOLE.

Nenni, Monsieur, j'en serois bien fâchée. Hi, hi, hi, hi, hi, hi.

MONSIEUR JOURDAIN.

Je te baillerai sur le nez, si tu ris davantage.

NICOLE.

Monsieur, je ne puis pas m'en empêcher. Hi, hi, hi, hi, hi, hi.

MONSIEUR JOURDAIN.

Tu ne t'arrêteras pas ?

NICOLE.

Monsieur, je vous demande pardon ; mais vous êtes si plaisant, que je ne saurois me tenir[2] de rire. Hi, hi, hi.

---

1. NICOLE *rit.* (1682.) — NICOLE, *riant.* (1734.)
2. Que je ne me saurois tenir. (*Ibidem.*)

MONSIEUR JOURDAIN.

Mais voyez quelle insolence.

NICOLE.

Vous êtes tout à fait drôle comme cela. Hi, hi.

MONSIEUR JOURDAIN.

Je te....

NICOLE.

Je vous prie de m'excuser. Hi, hi, hi, hi.

MONSIEUR JOURDAIN.

Tiens, si tu ris encore le moins du monde, je te jure que je t'appliquerai sur la joue le plus grand soufflet qui se soit jamais donné.

NICOLE.

Hé bien, Monsieur, voilà qui est fait, je ne rirai plus.

MONSIEUR JOURDAIN.

Prends-y bien garde. Il faut que pour tantôt tu nettoyes....

NICOLE.

Hi, hi.

MONSIEUR JOURDAIN.

Que tu nettoyes comme il faut....

NICOLE.

Hi, hi.

MONSIEUR JOURDAIN.

Il faut, dis-je, que tu nettoyes la salle, et....

NICOLE.

Hi, hi.

MONSIEUR JOURDAIN.

Encore !

NICOLE[1].

Tenez, Monsieur, battez-moi plutôt et me laissez

---

1. NICOLE, *tombant à force de rire.* (1734.) Ce jeu de scène devait être de tradition.

rire tout mon soûl¹, cela me fera plus de bien. Hi, hi, hi, hi, hi².

MONSIEUR JOURDAIN.

J'enrage.

NICOLE.

De grâce, Monsieur, je vous prie de me laisser rire. Hi, hi, hi.

MONSIEUR JOURDAIN.

Si je te prends....

NICOLE.

Monsieur, eur, je crèverai³, ai, si je ne ris. Hi, hi, hi.

MONSIEUR JOURDAIN.

Mais a-t-on jamais vu une pendarde comme celle-là? qui me vient rire insolemment au nez, au lieu de recevoir mes ordres?

NICOLE.

Que voulez-vous que je fasse, Monsieur?

MONSIEUR JOURDAIN.

Que tu songes, coquine, à préparer ma maison pour la compagnie qui doit venir tantôt.

NICOLE⁴.

Ah, par ma foi! je n'ai plus envie de rire; et toutes vos compagnies font tant de désordre céans, que ce mot est assez pour me mettre en mauvaise humeur.

MONSIEUR JOURDAIN.

Ne dois-je point pour toi fermer ma porte à tout le monde?

NICOLE.

Vous devriez au moins la fermer à certaines gens.

---

1. Notre original a ici (et de même plus haut, p. 83) *saoul*; mais on a vu, à plusieurs rimes, et même dans un passage de prose (Ier intermède de *la Princesse d'Élide*, tome IV, p. 137), que la prononciation du mot était, comme aujourd'hui, *sou*.
2. Hi, hi, hi, hi. (1734.) — 3. Monsieur, je crèverai. (*Ibidem.*)
4. NICOLE, *se relevant*. (*Ibidem.*)

SCÈNE III.

MADAME JOURDAIN, MONSIEUR JOURDAIN, NICOLE, Laquais[1].

MADAME JOURDAIN.

Ah, ah! voici une nouvelle histoire. Qu'est-ce que c'est donc, mon mari, que cet équipage-là? Vous moquez-vous du monde, de vous être fait enharnacher de la sorte? et avez-vous envie qu'on se raille partout de vous?

MONSIEUR JOURDAIN.

Il n'y a que des sots et des sottes, ma femme, qui se railleront de moi.

MADAME JOURDAIN.

Vraiment on n'a pas attendu jusqu'à cette heure, et il y a longtemps que vos façons de faire donnent à rire à tout le monde.

MONSIEUR JOURDAIN.

Qui est donc tout ce monde-là, s'il vous plaît?

MADAME JOURDAIN.

Tout ce monde-là est un monde qui a raison, et qui est plus sage que vous. Pour moi, je suis scandalisée de la vie que vous menez. Je ne sais plus ce que c'est que notre maison : on diroit qu'il est céans carême-prenant[2] tous les jours; et dès le matin, de peur d'y manquer, on y entend des vacarmes de violons et de chanteurs, dont tout le voisinage se trouve incommodé.

---

1. DEUX LAQUAIS. (1734.)

2. Le mot, qui est employé ici au sens le plus ordinaire, de *carême prenant* (*prenant corps* ou *naissance?*), *approchant*, c'est-à-dire de *jours gras*, et surtout *mardi gras*, prend, par une extension naturelle, celui de *masque de carnaval*, *masque de mardi gras*, ci-après, à la dernière scène, p. 204.

ACTE III, SCÈNE III.

NICOLE.

Madame parle bien. Je ne saurois plus voir mon ménage propre, avec cet attirail de gens que vous faites venir chez vous. Ils ont des pieds qui vont chercher de la boue dans tous les quartiers de la ville, pour l'apporter ici ; et la pauvre Françoise est presque sur les dents, à frotter les planchers que vos biaux maîtres viennent crotter régulièrement tous les jours.

MONSIEUR JOURDAIN.

Ouais, notre servante Nicole, vous avez le caquet bien affilé pour une paysanne.

MADAME JOURDAIN.

Nicole a raison, et son sens est meilleur que le vôtre. Je voudrois bien savoir ce que vous pensez faire d'un maître à danser à l'âge que vous avez.

NICOLE.

Et d'un grand maître tireur d'armes, qui vient, avec ses battements de pied, ébranler toute la maison, et nous déraciner tous les carriaux de notre salle?

MONSIEUR JOURDAIN.

Taisez-vous, ma servante, et ma femme.

MADAME JOURDAIN.

Est-ce que vous voulez apprendre à danser pour quand vous n'aurez plus de jambes?

NICOLE.

Est-ce que vous avez envie de tuer quelqu'un?

MONSIEUR JOURDAIN.

Taisez-vous, vous dis-je : vous êtes des ignorantes l'une et l'autre, et vous ne savez pas les prérogatives[1] de tout cela.

---

1. Il ne paraît pas que le mot *prérogative* fût d'un commun usage, employé comme il l'est ici, dans le sens d'*avantage, qualité* ou *valeur* prééminente, et il est probable que M. Jourdain le choisit ridiculement comme plus relevé.

MADAME JOURDAIN.

Vous devriez bien plutôt songer à marier votre fille, qui est en âge d'être pourvue.

MONSIEUR JOURDAIN.

Je songerai à marier ma fille quand il se présentera un parti pour elle; mais je veux songer aussi à apprendre les belles choses.

NICOLE.

J'ai encore ouï dire, Madame, qu'il a pris aujourd'hui, pour renfort de potage[1], un maître de philosophie.

MONSIEUR JOURDAIN.

Fort bien : je veux avoir de l'esprit, et savoir raisonner des choses parmi les honnêtes gens.

MADAME JOURDAIN.

N'irez-vous point l'un de ces jours au collége vous faire donner le fouet, à votre âge?

MONSIEUR JOURDAIN.

Pourquoi non? Plût à Dieu l'avoir tout à l'heure, le fouet, devant tout le monde, et savoir[2] ce qu'on apprend au collége!

NICOLE.

Oui, ma foi! cela vous rendroit la jambe bien mieux faite.

MONSIEUR JOURDAIN.

Sans doute.

1. C'est-à-dire, comme diraient d'autres que la servante cuisinière, *pour surcroît*, ou, si l'on veut, par une tout autre figure proverbiale, *pour nous achever de peindre*. Il semble que *renfort de potage* pourrait s'appliquer à tout ce qui en rend le bouillon plus substantiel ou plus appétissant. Littré l'entend, tout aussi naturellement au moins, d'un supplément, d'un relevé de potage, de tout plat dont le potage peut être flanqué sur la table. Quoi qu'il en soit, l'expression employée par Nicole rappelle l'à-propos de celle que Valère adresse à Maître Jacques dans la scène II de l'acte III de *l'Avare*, tome VII, p. 138 : « Savez-vous.... que vous n'êtes, pour tout potage, qu'un faquin de cuisinier? »

2. Heureux équivalent du tour ordinaire, *Plût à Dieu que je l'eusse.... et que je susse*, ou du tour sans *que* qu'on a vu au vers 447 d'*Amphitryon* (tome VI, p. 382) et à la scène v de l'acte III de *George Dandin* (*ibidem*, p. 576),

MADAME JOURDAIN.

Tout cela est fort nécessaire pour conduire votre maison.

MONSIEUR JOURDAIN.

Assurément. Vous parlez toutes deux comme des bêtes, et j'ai honte de votre ignorance.[1] Par exemple, savez-vous, vous, ce que c'est que vous dites à cette heure?

MADAME JOURDAIN.

Oui, je sais que ce que je dis est fort bien dit, et que vous devriez songer à vivre d'autre sorte.

MONSIEUR JOURDAIN.

Je ne parle pas de cela. Je vous demande ce que c'est que les paroles que vous dites ici?

MADAME JOURDAIN.

Ce sont des paroles bien sensées, et votre conduite ne l'est guère.

MONSIEUR JOURDAIN.

Je ne parle pas de cela, vous dis-je. Je vous demande: ce que je parle avec vous[2], ce que je vous dis à cette heure, qu'est-ce que c'est?

MADAME JOURDAIN.

Des chansons.

MONSIEUR JOURDAIN.

Hé non! ce n'est pas cela. Ce que nous disons tous deux, le langage que nous parlons à cette heure?

MADAME JOURDAIN.

Hé bien?

MONSIEUR JOURDAIN.

Comment est-ce que cela s'appelle?

Plût à Dieu l'eussé-je. On trouvera trois exemples du tour par l'infinitif au *Lexique de la langue de Mme de Sévigné*, et dans le *Dictionnaire de Littré* un qui est d'Hamilton.

1. *A Madame Jourdain.* (1734.)
2. En d'autres termes, comme il va dire à l'instant, pour être mieux compris, « le langage que nous parlons. »

MADAME JOURDAIN.
Cela s'appelle comme on veut l'appeler.
MONSIEUR JOURDAIN.
C'est de la prose, ignorante.
MADAME JOURDAIN.
De la prose?
MONSIEUR JOURDAIN.
Oui, de la prose. Tout ce qui est prose, n'est point vers ; et tout ce qui n'est point vers, n'est point prose[1]. Heu[2], voilà ce que c'est d'étudier[3]. Et toi[4], sais-tu bien comme il faut faire pour dire un U?

NICOLE.
Comment?
MONSIEUR JOURDAIN.
Oui. Qu'est-ce que tu fais quand tu dis un U?
NICOLE.
Quoi?
MONSIEUR JOURDAIN.
Dis un peu, U, pour voir?
NICOLE.
Hé bien, U.
MONSIEUR JOURDAIN.
Qu'est-ce que tu fais?
NICOLE.
Je dis, U.
MONSIEUR JOURDAIN.
Oui; mais quand tu dis, U, qu'est-ce que tu fais?
NICOLE.
Je fais ce que vous me dites.

---

1. N'est point vers, est prose. (1674, 82, 94 B, 1734.) Y a-t-il une faute dans l'original? Est-ce Molière qui a voulu que M. Jourdain s'embrouillât ici tout à fait?
2. Hé. (1734.)
3. Voilà ce que c'est que d'étudier. (1684 A, 94 B, 1730, 33, 34.) Comparez ci-dessus, p. 96, note 3.
4. *A Nicole.* Et toi. (1734.)

ACTE III, SCÈNE III.

MONSIEUR JOURDAIN.

Ô l'étrange chose que d'avoir affaire à des bêtes ! Tu allonges les lèvres en dehors, et approches la mâchoire d'en haut[1] de celle d'en bas : U, vois-tu ? U. Je fais[2] la moue : U.

NICOLE.

Oui, cela est biau.

MADAME JOURDAIN.

Voilà qui est admirable.

MONSIEUR JOURDAIN.

C'est bien autre chose, si vous aviez vu O, et DA, DA, et FA, FA.

MADAME JOURDAIN.

Qu'est-ce que c'est donc que tout ce galimatias-là?

NICOLE.

De quoi est-ce que tout cela guérit?

MONSIEUR JOURDAIN.

J'enrage quand je vois des femmes ignorantes[3].

MADAME JOURDAIN.

Allez, vous devriez envoyer promener tous ces gens-là, avec leurs fariboles.

NICOLE.

Et surtout ce grand escogriffe de maître d'armes, qui remplit de poudre[4] tout mon ménage.

MONSIEUR JOURDAIN.

Ouais, ce maître d'armes vous tient fort au cœur[5]. Je te veux faire voir ton impertinence tout à l'heure. (Il fait apporter les fleurets, et en donne un à Nicole[6].) Tiens. Raison

1. Voyez ci-dessus, p. 85. — 2. Vois-tu? Je fais. (1674, 82, 1734.)
3. Voyez ci-dessus, à la *Notice* (p. 33), l'indication d'une scène des *Nuées* d'Aristophane, entre Strepsiade et son fils, que rappelle ce passage de la scène de Molière.
4. Voyez *Littré*, à l'article POUDRE, 2°.
5. Vous tient au cœur. (1674.) — Vous tient bien au cœur. (1682, 1734.)
6. *Après avoir fait apporter les fleurets, et en avoir donné un à Nicole.* (1734.) — Dans la copie Philidor, *florets* : voyez p. 72, fin de la note 1.

démonstrative, la ligne du corps. Quand on pousse en quarte, on n'a qu'à faire cela, et quand on pousse en tierce, on n'a qu'à faire cela. Voilà le moyen de n'être jamais tué; et cela n'est-il pas beau, d'être assuré de son fait, quand on se bat contre quelqu'un? Là, pousse-moi un peu pour voir.

NICOLE.

Hé bien, quoi?

(Nicole lui pousse plusieurs coups[1].)

MONSIEUR JOURDAIN.

Tout beau, holà, oh! doucement. Diantre soit la coquine!

NICOLE.

Vous me dites de pousser.

MONSIEUR JOURDAIN.

Oui; mais tu me pousses en tierce, avant que de pousser en quarte, et tu n'as pas la patience que[2] je pare.

MADAME JOURDAIN.

Vous êtes fou, mon mari, avec toutes vos fantaisies, et cela vous est venu depuis que vous vous mêlez de hanter la noblesse.

MONSIEUR JOURDAIN.

Lorsque je hante la noblesse, je fais paroître mon jugement, et cela est plus beau que de hanter votre bourgeoisie.

MADAME JOURDAIN.

Çamon[3] vraiment! il y a fort à gagner à fréquenter vos nobles, et vous avez bien opéré[4] avec ce beau

---

1. *Nicole pousse plusieurs bottes à M. Jourdain.* (1734.)
2. *Tu n'as pas la patience d'attendre que, tu n'attends pas que....*
3. *Camon*, sans cédille. (1671, 82, 92, 97, 1733, par faute ou ignorance des imprimeurs.) — Sur cette expression que Montaigne et Corneille écrivaient *c'est mon*, l'entendant sans doute comme Furetière, qui l'explique par l'ellipse d'*avis*, voyez le *Lexique de Corneille*, à Mon : nous y avons déjà renvoyé, à propos d'un exemple cité tome VI, p. 99, vers la fin de la note 2.
4. Vous avez fait de belle besogne ou de bonnes affaires : le mot est déjà avec ce sens ironique au vers 1554 de l'*École des femmes* (tome III, p. 264).

Monsieur le comte dont vous vous êtes embéguiné¹.

MONSIEUR JOURDAIN.

Paix! Songez à ce que vous dites. Savez-vous bien, ma femme, que vous ne savez pas de qui vous parlez, quand vous parlez de lui? C'est une personne d'importance plus que vous ne pensez, un seigneur que l'on considère à la cour, et qui parle au Roi tout comme je vous parle. N'est-ce pas une chose qui m'est tout à fait honorable, que l'on voye venir chez moi si souvent une personne de cette qualité, qui m'appelle son cher ami, et me traite comme si j'étois son égal? Il a pour moi des bontés qu'on ne devineroit jamais; et, devant tout le monde, il me fait des caresses dont je suis moi-même confus.

MADAME JOURDAIN.

Oui, il a des bontés pour vous, et vous fait des caresses; mais il vous emprunte votre argent.

MONSIEUR JOURDAIN.

Hé bien! ne m'est-ce pas de l'honneur, de prêter de l'argent à un homme de cette condition-là? et puis-je faire moins pour un seigneur qui m'appelle son cher ami?

MADAME JOURDAIN.

Et ce seigneur que fait-il pour vous?

MONSIEUR JOURDAIN.

Des choses dont on seroit étonné, si on les savoit.

MADAME JOURDAIN.

Et quoi?

MONSIEUR JOURDAIN.

Baste², je ne puis pas m'expliquer. Il suffit que si je

---

1. Ce synonyme d'*entêté*, de *coiffé* se retrouve à la scène III de l'acte III du *Malade imaginaire* : « Est-il possible, dit Béralde à Argan, que vous serez toujours embéguiné de vos apothicaires et de vos médecins? »

2. On voit, rien que par les emplois qu'en fait Molière, que cette interjection, qui rappelle bien ici son étymologie italienne, *basta*, « (il) suffit, » était

lui ai prêté de l'argent, il me le rendra bien, et avant qu'il soit peu.

MADAME JOURDAIN.

Oui, attendez-vous à cela.

MONSIEUR JOURDAIN.

Assurément : ne me l'a-t-il pas dit?

MADAME JOURDAIN.

Oui, oui : il ne manquera pas d'y faillir[1].

MONSIEUR JOURDAIN.

Il m'a juré sa foi de gentilhomme.

MADAME JOURDAIN.

Chansons.

MONSIEUR JOURDAIN.

Ouais, vous êtes bien obstinée, ma femme. Je vous dis qu'il me tiendra parole[2], j'en suis sûr.

MADAME JOURDAIN.

Et moi, je suis sûre que non, et que toutes les caresses qu'il vous fait ne sont que pour vous enjôler.

MONSIEUR JOURDAIN.

Taisez-vous : le voici.

MADAME JOURDAIN.

Il ne nous faut plus que cela. Il vient peut-être encore vous faire quelque emprunt ; et il me semble que j'ai dîné quand je le vois[3].

---

devenue d'usage courant : le Fagoteux du *Médecin malgré lui* s'en sert dans le langage familier qu'il parle avec sa femme (tome VI, p. 37); voyez aussi *l'Étourdi*, vers 213 et 1262 (tome I, p. 119 et 191).

1. Il ne manquera pas de n'en rien faire. *Faillir à* s'est dit longtemps pour *manquer à...* : « Le roi d'Angleterre, faillant à sa parole..., ne se peut excuser. » (Montaigne, livre I, chapitre VII, tome I, p. 42.) Voyez l'*historique* du mot dans le *Dictionnaire de Littré*. La phrase de Mme Jourdain paraît toute proverbiale, comme beaucoup d'autres qu'elle emploie. D'après le *Dictionnaire comique* de le Roux (Amsterdam, 1750), « on dit *Je ne manquerai pas d'y faillir*, pour dire *Je ne ferai rien de ce que vous desirez.* »
2. Qu'il me tiendra sa parole. (1674, 82, 94 B, 1734.)
3. Sa vue seule m'écœure. Cette phrase populaire, comme la nomme l'Académie, se dit en parlant d'un homme fort ennuyeux et fort incommode.

MONSIEUR JOURDAIN.

Taisez-vous, vous dis-je.

SCÈNE IV.

DORANTE, MONSIEUR JOURDAIN, MADAME JOURDAIN, NICOLE.

DORANTE.

Mon cher ami, Monsieur Jourdain[1], comment vous portez-vous?

MONSIEUR JOURDAIN.

Fort bien, Monsieur, pour vous rendre mes petits services.

DORANTE.

Et Madame Jourdain que voilà, comment se porte-t-elle?

MADAME JOURDAIN.

Madame Jourdain se porte comme elle peut.

DORANTE.

Comment, Monsieur Jourdain? vous voilà le plus propre[2] du monde!

MONSIEUR JOURDAIN.

Vous voyez.

DORANTE.

Vous avez tout à fait bon air avec cet habit, et nous

---

1. Sans que Monsieur Jourdain s'en doute, Dorante, en l'appelant ainsi par son nom, se donne la satisfaction intérieure de bien marquer de quel *bas aloi*[a] il le tient : voyez, à la scène IV de l'acte Iᵉʳ de *George Dandin* (tome VI, p. 517-518), la leçon que M. de Sotenville donne à son gendre, et les autorités citées là en note.
2. Nous avons déjà plus d'une fois relevé ce mot dans son sens de *comme il faut, élégant* : voyez tome VII, p. 112, note 1, et p. 252, note 5.

[a] Nous trouvons cette expression dans les *Lois de la galanterie* (édition Lud. L., p. 28) : « Quelqu'un qui vous semble être de trop bas aloi pour avoir de l'affinité avec vous. »

112 LE BOURGEOIS GENTILHOMME.

n'avons point de jeunes gens à la cour qui soient mieux faits que vous.
MONSIEUR JOURDAIN.
Hay, hay.
MADAME JOURDAIN[1].
Il le grat e par où il se démange[2].
DORANTE.
Tournez-vous. Cela est tout à fait galant.
MADAME JOURDAIN[3].
Oui, aussi sot par derrière que par devant.
DORANTE.
Ma foi! Monsieur Jourdain, j'avois une impatience étrange de vous voir. Vous êtes l'homme du monde que j'estime le plus, et je parlois de vous encore[4] ce matin dans la chambre du Roi.
MONSIEUR JOURDAIN.
Vous me faites beaucoup d'honneur, Monsieur. (A Madame Jourdain.) Dans la chambre du Roi!
DORANTE.
Allons, mettez[5]....
MONSIEUR JOURDAIN.
Monsieur, je sais le respect que je vous dois.
DORANTE.
Mon Dieu! mettez : point de cérémonie entre nous, je vous prie.

1. MME JOURDAIN, à part. (1734.)
2. « Vous les grattez bien où il leur démange. » (Montluc, *Comédie des proverbes*, 1633, acte II, scène III.) « On dit.... proverbialement que *l'on gratte un homme où il lui démange*, pour dire qu'on fait ou qu'on dit quelque chose qui lui plaît et à quoi il est extrêmement sensible. » (*Dictionnaire de l'Académie*, 1694.) Mme Jourdain cite le proverbe sous une forme plus ancienne et sans doute un peu plus triviale encore : au seizième siècle, comme le prouve un exemple du VIIIe sonnet de la Boëtie, rapporté par Littré, on faisait quelquefois de *démanger* un verbe réfléchi.
3. MME JOURDAIN, à part. (1734.)
4. Encore de vous. (*Ibidem.*)
5. Allons, mettez votre chapeau, couvrez-vous : voyez tome III, p. 221 et

ACTE III, SCÈNE IV.

MONSIEUR JOURDAIN.

Monsieur....

DORANTE.

Mettez, vous dis-je, Monsieur Jourdain : vous êtes mon ami.

MONSIEUR JOURDAIN.

Monsieur, je suis votre serviteur.

DORANTE.

Je ne me couvrirai point, si vous ne vous couvrez.

MONSIEUR JOURDAIN[1].

J'aime mieux être incivil qu'importun[2].

DORANTE.

Je suis votre débiteur, comme vous le savez.

MADAME JOURDAIN[3].

Oui, nous ne le savons que trop.

DORANTE.

Vous m'avez généreusement prêté de l'argent en plu-

---

note 2; on disait aussi, mais non à la cour probablement, *mettez dessus* (tome IV, p. 18), et populairement *boutez dessus* (tome VI, p. 59).

1. M. JOURDAIN, *se couvrant*. (1734.)

2. M. Jourdain use d'une formule traditionnelle, d'une excuse toute faite de l'antique civilité bourgeoise; nous la voyons employée, et là recommandée par son emploi même, dans le IXe des dialogues du *Bourgeois poli* (1631, Chartres, réimprimés par Éd. Fournier au tome IX de ses *Variétés historiques et littéraires*); le Bourgeois « qui traite ses amis, » s'étant suffisamment fait prier de passer le premier, leur dit : « Messieurs, ce sera donc pour vous obéir : j'aime mieux faire l'incivil que l'importun (p. 209). » Éd. Fournier nous apprend que Callières a condamné ce compliment banal (p. 114 du *Bon et du mauvais usage dans les manières de s'exprimer. Des façons de parler bourgeoises et en quoi elles sont différentes de celles de la cour*, 1693) : « Il faut.... éviter surtout certains dictons qui font l'ornement des discours de la bourgeoisie, et dont M. Thibault[a] nous a donné un exemple, lorsqu'il a dit à Madame *qu'il vaut mieux être incivil qu'importun.* » Du reste, ajoute Fournier, « il y avait longtemps que ce lieu commun poli circulait dans la bourgeoisie française et anglaise. Écoutez Slender dans *les Joyeuses commères de Windsor;* après un assaut de politesses (*amené par les mêmes circonstances que dans* le Bourgeois poli), il dit à mistress Page la même chose (*acte I, fin de la Ire scène*) : *I'll rather be unmannerly than troublesome.* »

3. MME JOURDAIN, *à part*. (1734.)

[a] Un des interlocuteurs du dialogue de Callières.

sieurs occasions, et vous m'avez[1] obligé de la meilleure grâce du monde, assurément.

MONSIEUR JOURDAIN.

Monsieur, vous vous moquez.

DORANTE.

Mais je sais rendre ce qu'on me prête, et reconnoître les plaisirs qu'on me fait.

MONSIEUR JOURDAIN.

Je n'en doute point, Monsieur.

DORANTE.

Je veux sortir d'affaire avec vous, et je viens ici pour faire nos comptes ensemble.

MONSIEUR JOURDAIN[2].

Hé bien! vous voyez votre impertinence, ma femme.

DORANTE.

Je suis homme qui aime à m'acquitter le plus tôt que je puis.

MONSIEUR JOURDAIN[3].

Je vous le disois bien.

DORANTE.

Voyons un peu ce que je vous dois.

MONSIEUR JOURDAIN[4].

Vous voilà, avec vos soupçons ridicules.

DORANTE.

Vous souvenez-vous bien de tout l'argent que vous m'avez prêté?

MONSIEUR JOURDAIN.

Je crois que oui[5]. J'en ai fait un petit mémoire. Le voici. Donné à vous une fois deux cents louis.

---

1. Et m'avez. (1674, 82, 1734, mais non 1773.)
2. M. JOURDAIN, *bas, à Mme Jourdain*. (1734.)
3. M. JOURDAIN, *bas, à Mme Jourdain*. (*Ibidem.*)
4. M. JOURDAIN, *bas, à Mme Jourdain*. (*Ibidem.*)
5. Sur la demi-aspiration de l'*o* initial du mot *oui*, devant lequel on peut, à volonté, élider ou non l'*e* muet, voyez le commencement de l'article de Littré.

DORANTE.

Cela est vrai.

MONSIEUR JOURDAIN.

Une autre fois, six-vingts.

DORANTE.

Oui.

MONSIEUR JOURDAIN.

Et une autre fois, cent quarante.

DORANTE.

Vous avez raison.

MONSIEUR JOURDAIN.

Ces trois articles font quatre cent soixante louis, qui valent cinq mille soixante livres[1].

DORANTE.

Le compte est fort bon. Cinq mille soixante livres.

MONSIEUR JOURDAIN.

Mille huit cent trente-deux livres à votre plumassier.

DORANTE.

Justement.

MONSIEUR JOURDAIN.

Deux mille sept cent quatre-vingts livres à votre tailleur.

DORANTE.

Il est vrai.

MONSIEUR JOURDAIN.

Quatre mille trois cent septante-neuf livres douze sols huit deniers à votre marchand[2].

DORANTE.

Fort bien. Douze sols huit deniers : le compte est juste.

MONSIEUR JOURDAIN.

Et mille sept cent quarante-huit livres sept sols quatre deniers à votre sellier.

---

1. Le louis étant alors compté pour onze livres : voyez p. 116, note 2.
2. Il s'agit très-probablement d'un marchand d'étoffes, de draps : voyez ci-après, p. 144, 146, et 169.

LE BOURGEOIS GENTILHOMME.

DORANTE.

Tout cela est véritable. Qu'est-ce que cela fait?

MONSIEUR JOURDAIN.

Somme totale, quinze mille huit cents livres.

DORANTE.

Somme totale est juste[1] : quinze mille huit cents livres. Mettez encore deux cents pistoles[2] que vous m'allez donner, cela fera justement dix-huit mille francs, que je vous payerai au premier jour.

MADAME JOURDAIN[3].

Hé bien! ne l'avois-je pas bien deviné?

MONSIEUR JOURDAIN[4].

Paix!

DORANTE.

Cela vous incommodera-t-il, de me donner ce que je vous dis?

MONSIEUR JOURDAIN.

Eh non!

MADAME JOURDAIN.

Cet homme-là fait de vous une vache à lait.

MONSIEUR JOURDAIN.

Taisez-vous.

---

1. Somme totale et juste. (1674, 82.)

2. La pistole a été exactement évaluée, dans la scène IV de l'acte I de *l'Avare* (voyez tome VII, p. 75 et note 5), au même chiffre de onze livres que dans ce compte-ci. Onze livres est la valeur aussi que M. Jourdain vient de donner au louis, et sur cette demande de deux cents pistoles, c'est deux cents louis qu'il va apporter à sa rentrée de la scène v : ces deux sortes d'espèces, les pistoles frappées à un coin étranger, d'Italie ou d'Espagne, les louis au coin de France, circuluient donc au même taux, et les premières, ce semble, en assez bon nombre : comparez le vers 178 de *la Suite du Menteur* et la note (tome IV du *Corneille*, p. 297). — Remarquons ici que le mot *franc*, que va employer Dorante, était préféré pour les comptes ronds, et le mot *livre* pour les comptes rompus : voyez le *Dictionnaire de Littré*, Remarque au mot FRANC.

3. MME JOURDAIN, *bas, à M. Jourdain* (1734), ici et à tout ce qu'elle dit jusqu'à la fin de la scène.

4. M. JOURDAIN, *bas, à Mme Jourdain* (1734), ici et à tout ce qu'il dit à sa femme jusqu'à la fin de la scène.

DORANTE.

Si cela vous incommode, j'en irai chercher ailleurs.

MONSIEUR JOURDAIN.

Non, Monsieur.

MADAME JOURDAIN.

Il ne sera pas content, qu'il ne vous ait ruiné.

MONSIEUR JOURDAIN.

Taisez-vous, vous dis-je.

DORANTE.

Vous n'avez qu'à me dire si cela vous embarrasse.

MONSIEUR JOURDAIN.

Point, Monsieur.

MADAME JOURDAIN.

C'est un vrai enjôleux[1].

MONSIEUR JOURDAIN.

Taisez-vous donc.

MADAME JOURDAIN.

Il vous sucera jusqu'au dernier sou.

MONSIEUR JOURDAIN.

Vous tairez-vous?

DORANTE.

J'ai force gens qui m'en prêteroient avec joie; mais comme vous êtes mon meilleur ami, j'ai cru que je vous ferois tort si j'en demandois à quelque autre.

MONSIEUR JOURDAIN.

C'est trop d'honneur, Monsieur, que vous me faites[2]. Je vais quérir votre affaire.

MADAME JOURDAIN.

Quoi? vous allez encore lui donner cela?

---

1. C'est un vrai enjôleur. (1675 A, 84 A, 94 B, 1733, 34.) — Sur cette terminaison EUX, équivalente à EUR, qui était « fréquente au moyen âge, » voyez le *Dictionnaire de Littré*, à l'article .... EUX, FUSE.

2. M. Jourdain, remarque ici M. Despois dans une des notes que nous avons de lui, reste respectueux avec le gentilhomme qui lui emprunte de l'argent; ce n'est point comme en usait le financier Montauron, une espèce de

MONSIEUR JOURDAIN.

Que faire? voulez-vous que je refuse un homme de cette condition-là, qui a parlé de moi ce matin dans la chambre du Roi?

MADAME JOURDAIN.

Allez, vous êtes une vraie dupe.

SCÈNE V.

DORANTE, MADAME JOURDAIN, NICOLE.

DORANTE.

Vous me semblez toute mélancolique : qu'avez-vous, Madame Jourdain?

MADAME JOURDAIN.

J'ai la tête plus grosse que le poing, et si[1] elle n'est pas enflée[2].

---

bourgeois gentilhomme aussi, mais de tout autre humeur et qui sentait son prix : « Sa plus grande joie étoit de tutoyer les grands seigneurs, qui lui souffroient toutes ces familiarités à cause qu'il leur faisoit bonne chère et leur prêtoit de l'argent. » (Tallemant des Réaux, tome VI, p. 228.)

1. *Et pourtant*, comme à la scène xi de *la Jalousie du Barbouillé*, tome I, p. 40.

2. Ce quolibet, dans lequel Mme Jourdain concentre tant de colère, semble avoir été d'assez grand usage populaire; il servait soit, comme ici, à repousser d'impertinentes avances faites pour entrer en propos, soit simplement à se moquer de son interlocuteur; on le lit dans la LXXXIIIe nouvelle de B. des Périers (abrégé là de la fin : « et si, etc. »), dans la *Comédie des proverbes* d'Adrien de Montluc (1633, acte I, scène v), et l'Académie l'a recueilli en 1694, à l'article TESTE : « Proverbialement et bassement, explique-t-elle, lorsqu'un homme qui paroît rêveur, et à qui on demande ce qu'il a, ne veut pas répondre précisément, il dit qu'*il a la tête plus grosse que le poing*, et ajoute ordinairement : *et si elle n'est pas enflée.* » On peut voir quelques autres réponses bourrues de cette espèce, ou de l'espèce de celles que va encore faire Mme Jourdain, dans la même nouvelle de des Périers, et au début de la scène ii de l'acte II du *Pédant joué* de Cyrano Bergerac. Nous nous bornerons à celle-ci, donnée et expliquée par Oudin dans ses *Curiosités françoises* (1640, p. 1) : « *Il a l'âge des poulains, mardi onze ans.* Le vulgaire répond ainsi à qui s'enquiert mal à propos de l'âge d'une personne. »

####### DORANTE.

Mademoiselle votre fille, où est-elle, que je ne la vois point[1] ?

####### MADAME JOURDAIN.

Mademoiselle ma fille est bien où elle est.

####### DORANTE.

Comment se porte-t-elle ?

####### MADAME JOURDAIN.

Elle se porte sur ses deux jambes[2].

####### DORANTE.

Ne voulez-vous point un de ces jours[3] venir voir, avec elle, le ballet et la comédie que l'on fait chez le Roi ?

####### MADAME JOURDAIN.

Oui vraiment, nous avons fort envie de rire, fort envie de rire nous avons[4].

####### DORANTE.

Je pense, Madame Jourdain, que vous avez eu bien des amants dans votre jeune âge, belle et d'agréable humeur comme vous étiez.

---

1. Puisque je ne la vois point, car je ne la vois point. Autrefois, comme on peut le voir dans les *Lexiques* de la Collection, les tours abondaient où la conjonction *que* suffisait à elle seule à rendre le sens que nous exprimons par diverses locutions conjonctives qu'elle termine : ainsi, p. 98, *afin que* (deux fois) ; p. 50, 117, 152, *avant que, sans que;* p. 168, *alors que,* etc.

2. Cette réponse renchérit encore sur la première qu'une pareille question a attirée à Dorante (p. 111) ; Auger rappelle ici le bon emploi qu'en a fait Lemonnier pour traduire une des brusques répliques de l'esclave Parménon au parasite Gnathon, dans la scène III de l'acte II (vers 271) de *l'Eunuque ;* le texte même de Térence peut être rapproché de celui de Molière.

> GNATHO.
> *Plurima salute Parmenonem*
> *Summum suum impertit Gnatho. Quid agitur?*
> PARMENO.
> *Statur.*

« Gnathon salue.... son intime ami Parménon. Comment se porte-t-il ? — Sur ses jambes. »

3. Un de ses jours. (1674, 82, 1710, 18; faute évidente.)

4. Mme Jourdain ne trouvant rien de mieux à ajouter à sa phrase, la redit

MADAME JOURDAIN.

Tredame[1], Monsieur, est-ce que Madame Jourdain est décrépite, et la tête lui grouille-t-elle[2] déjà ?

DORANTE.

Ah, ma foi! Madame Jourdain, je vous demande pardon. Je ne songeois pas que vous êtes jeune, et je rêve[3] le plus souvent. Je vous prie d'excuser mon impertinence.

SCÈNE VI.

MONSIEUR JOURDAIN, MADAME JOURDAIN, DORANTE, NICOLE.

MONSIEUR JOURDAIN[4].

Voilà deux cents louis bien comptés.

DORANTE.

Je vous assure, Monsieur Jourdain, que je suis tout à vous, et que je brûle de vous rendre un service à la cour.

MONSIEUR JOURDAIN.

Je vous suis trop obligé.

DORANTE.

Si Madame Jourdain veut voir le divertissement royal,

et se donne le plaisir de l'accentuer d'un ton encore plus sec et ironique : comparez la joyeuse répétition mêlée au long bavardage de Pierrot, dans la scène 1 du II^d acte de *Dom Juan* (tome V, p. 103).

1. Le *Dictionnaire de Littré* ne cite pas d'autre exemple de cette abréviation énergique de Notre-Dame : c'est ainsi que le Gareau du *Pédant joué* abrège en *tre-dinse* le *notre-dinse* qu'emploie la Charlotte de *Dom Juan* : voyez tome V, p. 101, et p. 102, note *b*.

2. La tête lui branle-t-elle? On peut se rappeler que Molière a mis le mot dans la bouche de Célimène (au vers 616 du *Misanthrope* : voyez tome V, p. 483, la note 2).

3. *Rêver*, comme souvent alors, être rêveur, distrait.

4. M. JOURDAIN, à Dorante. (1734.)

ACTE III, SCÈNE VI.

je lui ferai donner les meilleures places de la salle¹.

MADAME JOURDAIN.

Madame Jourdain vous baise les mains².

DORANTE, bas, à M. Jourdain.

Notre belle marquise, comme je vous ai mandé par mon billet, viendra tantôt ici pour le ballet³ et le repas, et je l'ai fait⁴ consentir enfin au cadeau⁵ que vous lui voulez donner.

MONSIEUR JOURDAIN.

Tirons-nous un peu plus loin⁶, pour cause.

DORANTE.

Il y a huit jours que je ne vous ai vu, et je ne vous ai point mandé de nouvelles du diamant que vous me mîtes entre les mains pour lui en faire présent de votre part; mais c'est que j'ai eu toutes les peines du monde à vaincre son scrupule, et ce n'est que d'aujourd'hui qu'elle s'est résolue à l'accepter.

MONSIEUR JOURDAIN.

Comment l'a-t-elle trouvé?

1. Cette promesse en l'air devait particulièrement amuser les spectateurs de la première représentation du *Bourgeois gentilhomme*, les rares privilégiés admis à voir le divertissement royal de Chambord.

2. Vous rend grâce; c'était une formule soit de pure civilité, soit de remerciement ou de refus, dont on a vu le double emploi tome VI, p. 537 et 581; elle était analogue à celle de *je suis votre valet, je suis votre servante*, que nous avons plusieurs fois rencontrée (voyez tome VI, p. 548, note 4, et p. 584).

3. Le *Ballet des Nations*, de l'invention de Dorante et pour l'exécution duquel tout est déjà préparé : voyez ci-après, p. 124 et p. 197.

4. Et le repas; je l'ai fait. (1682, 97, 1710, 18, 30, 33.)

5. Au régale. (1682.) — Au régal. (1692, 97, 1710, 18, 30, 33.) Comparez la variante donnée ci-après, p. 123, note 2. L'emploi qu'on faisait de *régaler* (voyez p. 160 et note 6) explique bien cette substitution de *régal* ou *régale* à *cadeau*, et *régale* est plus loin dans notre texte même (p. 166).
— Le *cadeau*, ici comme un peu plus bas, c'est le repas, le concert, tout le divertissement enfin, toute la fête offerte à la Marquise (voyez tome VII, p. 388 et note 4); ci-après (scène XV, p. 151), une phrase de Dorimène est à noter, pour la manière dont y sont rapprochés les mots *sérénades* et *cadeaux*, et dont *cadeaux* est distingué de *présents* : « .... les sérénades et les cadeaux, que les présents ont suivis. »

6. Voyez plus loin, p. 177, la même expression.

DORANTE.

Merveilleux; et je me trompe fort, ou la beauté de ce diamant fera pour vous sur son esprit un effet admirable.

MONSIEUR JOURDAIN.

Plût au Ciel!

MADAME JOURDAIN[1].

Quand il est une fois avec lui, il ne peut le quitter.

DORANTE.

Je lui ai fait valoir comme il faut la richesse de ce présent et la grandeur de votre amour.

MONSIEUR JOURDAIN.

Ce sont, Monsieur, des bontés qui m'accablent; et je suis dans une confusion la plus grande du monde, de voir une personne de votre qualité s'abaisser[2] pour moi à ce que vous faites.

DORANTE.

Vous moquez-vous? est-ce qu'entre amis on s'arrête à ces sortes de scrupules? et ne feriez-vous pas pour moi la même chose, si l'occasion s'en offroit?

MONSIEUR JOURDAIN.

Ho! assurément, et de très-grand cœur.

MADAME JOURDAIN[3].

Que sa présence me pèse sur les épaules!

DORANTE.

Pour moi, je ne regarde rien[4], quand il faut servir un ami; et lorsque vous me fîtes confidence de l'ardeur que vous aviez prise pour cette marquise agréable chez qui j'avois commerce, vous vîtes que d'abord je m'offris de moi-même à servir votre amour.

1. MME JOURDAIN, à Nicole. (1734.)
2. Dorante, sans nul doute, trouve le mot juste, et croit faire honneur au bourgeois vaniteux en l'exploitant comme il fait, et être quitte envers lui en s'abaissant, pour le duper, à ces apparences d'intimité et de honteuse entremise.
3. MME JOURDAIN, bas, à Nicole. (1734.)
4. Je ne considère rien, je ne me laisse arrêter par rien.

ACTE III, SCÈNE VI.

MONSIEUR JOURDAIN.

Il est vrai, ce sont des bontés qui me confondent.

MADAME JOURDAIN[1].

Est-ce qu'il ne s'en ira point ?

NICOLE.

Ils se trouvent bien ensemble.

DORANTE.

Vous avez pris le bon biais pour toucher son cœur : les femmes aiment surtout les dépenses qu'on fait pour elles ; et vos fréquentes sérénades, et vos bouquets continuels, ce superbe feu d'artifice qu'elle trouva sur l'eau, le diamant qu'elle a reçu de votre part, et le cadeau[2] que vous lui préparez, tout cela lui parle bien mieux en faveur de votre amour que toutes les paroles que vous auriez pu lui dire vous-même.

MONSIEUR JOURDAIN.

Il n'y a point de dépenses[3] que je ne fisse, si par là je pouvois trouver le chemin de son cœur. Une femme de qualité a pour moi des charmes ravissants, et c'est un honneur que j'achèterois au prix de toute chose[4].

MADAME JOURDAIN[5].

Que peuvent-ils tant dire ensemble ? Va-t'en un peu tout doucement prêter l'oreille.

DORANTE.

Ce sera tantôt que vous jouirez à votre aise du plaisir de sa vue, et vos yeux auront tout le temps de se satisfaire.

MONSIEUR JOURDAIN.

Pour être en pleine liberté, j'ai fait en sorte que ma

---

1. Mme Jourdain, *à Nicole.* (1734.)
2. Et le régale. (1682, 97, 1710, 18, 30.) — Et le régal. (1733.) — Comparez ci-dessus, p. 121, note 5.
3. De dépense. (1694 B, 1710, 18, 34.)
4. De toutes choses. (1694 B, 1730, 33, 34.)
5. Mme Jourdain, *bas, à Nicole.* (1734.)

femme ira dîner chez ma sœur, où elle passera toute l'après-dînée.

DORANTE.

Vous avez fait prudemment, et votre femme auroit pu nous embarrasser. J'ai donné pour vous l'ordre qu'il faut au cuisinier, et à toutes les choses[1] qui sont nécessaires pour le ballet. Il est de mon invention; et pourvu que l'exécution puisse répondre à l'idée, je suis sûr qu'il sera trouvé....

MONSIEUR JOURDAIN *s'aperçoit que Nicole écoute, et lui donne un soufflet*[2].

Ouais, vous êtes bien impertinente.[3] Sortons, s'il vous plaît.

SCÈNE VII.

MADAME JOURDAIN, NICOLE.

NICOLE.

Ma foi! Madame, la curiosité m'a coûté quelque chose; mais je crois qu'il y a quelque anguille sous roche, et ils parlent de quelque affaire où ils ne veulent pas que vous soyez.

MADAME JOURDAIN.

Ce n'est pas d'aujourd'hui, Nicole, que j'ai conçu des soupçons de mon mari. Je suis la plus trompée du monde, ou il y a quelque amour en campagne, et je travaille à découvrir ce que ce peut être. Mais songeons

---

1. C'est-à-dire j'ai, à votre place, ordonné ce qu'il faut au cuisinier et pourvu à toutes les choses, etc. — Il y a ellipse, devant le second régime, plutôt de *donner ordre* que de la locution précédente : *donner l'ordre*.

2. M. JOURDAIN, *s'apercevant que Nicole écoute, et lui donnant un soufflet* (1734.)

3. *A Dorante.* (*Ibidem.*)

à ma fille. Tu sais l'amour que Cléonte a pour elle. C'est un homme qui me revient, et je veux aider sa recherche, et lui donner Lucile, si je puis.

NICOLE.

En vérité, Madame, je suis la plus ravie du monde de vous voir dans ces sentiments; car, si le maître vous revient, le valet ne me revient pas moins, et je souhaiterois que notre mariage se pût faire à l'ombre du leur.

MADAME JOURDAIN.

Va-t'en lui parler[1] de ma part, et lui dire que tout à l'heure il me vienne trouver, pour faire ensemble à mon mari la demande de ma fille.

NICOLE.

J'y cours, Madame, avec joie, et je ne pouvois recevoir une commission plus agréable.[2] Je vais, je pense, bien réjouir les gens.

SCÈNE VIII.

CLÉONTE, COVIELLE, NICOLE.

NICOLE[3].

Ah! vous voilà tout à propos. Je suis une ambassadrice de joie[4], et je viens....

CLÉONTE.

Retire-toi, perfide, et ne me viens point amuser avec tes traîtresses paroles.

1. Va-t'en lui en parler. (1682, 97, 1710, 18, 30, 33, 34.)
2. *Seule.* (1734.)
3. NICOLE, *à Cléonte.* (*Ibidem.*)
4. *Ambassadrice de joie*, comme on dit, dans un sens contraire, *messager de malheur*, est un peu trop relevé, trop élégant pour Nicole, qui dit *vos biaux maîtres* et *les carriaux de notre salle* (Note d'Auger). Mais Nicole n'est pas une paysanne restée dans son village; elle a pu retenir une expression qu'elle a entendue et qui l'a frappée.

NICOLE.

Est-ce ainsi que vous recevez...?

CLÉONTE.

Retire-toi, te dis-je, et va-t'en dire de ce pas[1] à ton infidèle maîtresse qu'elle n'abusera de sa vie le trop simple Cléonte.

NICOLE.

Quel vertigo[2] est-ce donc là? Mon pauvre Covielle, dis-moi un peu ce que cela veut dire.

COVIELLE.

Ton pauvre Covielle, petite scélérate! Allons vite, ôte-toi de mes yeux, vilaine, et me laisse en repos.

NICOLE.

Quoi? tu me viens aussi....

COVIELLE.

Ôte-toi de mes yeux, te dis-je, et ne me parle de ta vie.

NICOLE[3].

Ouais! Quelle mouche les a piqués tous deux? Allons de cette belle histoire informer ma maîtresse[4].

1. Va-t'en, de ce pas, dire. (1734.)
2. C'est la seconde fois que Molière emploie ce mot; il est imprimé ici, dans l'original, en caractère ordinaire : voyez à la scène VI de l'acte II de *Pourceaugnac*, où il est en italique (tome VII, p. 302 et note 2).
3. NICOLE, *à part.* (1734.)
4. Ici, Molière se prépare à traiter, pour la troisième fois, une situation qu'on a déjà vue dans le *Dépit amoureux* et dans *le Tartuffe*, celle de la brouillerie et du raccommodement de deux amants. La scène du *Dépit amoureux* est annoncée, amenée exactement comme celle-ci. Marinette, chargée d'un doux message pour Éraste, est reçue de même par le maître et par le valet, et elle dit de même dans son étonnement[a] : « Quelle mouche le pique? » (*Note d'Auger.*)

[a] Acte I, scène v, vers 329 (tome I, p. 424).

SCÈNE IX.

CLÉONTE, COVIELLE.

CLÉONTE.

Quoi? traiter un amant de la sorte, et un amant le plus fidèle et le plus passionné de tous les amants?

COVIELLE.

C'est une chose épouvantable, que ce qu'on nous fait à tous deux.

CLÉONTE.

Je fais voir pour une personne toute l'ardeur et toute la tendresse qu'on peut imaginer; je n'aime rien au monde qu'elle, et je n'ai qu'elle dans l'esprit; elle fait tous mes soins, tous mes desirs, toute ma joie; je ne parle que d'elle, je ne pense qu'à elle, je ne fais des songes que d'elle, je ne respire que par elle, mon cœur vit tout en elle : et voilà de tant d'amitié la digne récompense[1]! Je suis deux jours sans la voir, qui sont pour moi deux siècles effroyables : je la rencontre par hasard; mon cœur, à cette vue, se sent tout transporté, ma joie éclate sur mon visage, je vole avec ravissement vers elle; et l'infidèle détourne de moi ses regards, et passe brusquement, comme si de sa vie elle ne m'avoit vu!

COVIELLE.

Je dis les mêmes choses que vous.

---

1. « Cette inversion, dans la bouche de Cléonte, remarque Auger, est un peu moins surprenante que celle qu'on vient d'entendre sortir de la bouche de Nicole, » et qui lui a fait terminer sa phrase, à la fin de la scène précédente, en mesure d'alexandrin : « Allons
De cette belle histoire informer ma maîtresse. »
Voyez la *Notice* du *Sicilien*, tome VI, p. 213-216.

CLÉONTE.

Peut-on rien voir d'égal, Covielle, à cette perfidie de l'ingrate Lucile?

COVIELLE.

Et à celle, Monsieur, de la pendarde de Nicole?

CLÉONTE.

Après tant de sacrifices ardents, de soupirs, et de vœux que j'ai faits à ses charmes!

COVIELLE.

Après tant d'assidus hommages, de soins et de services que je lui ai rendus dans sa cuisine[1]!

CLÉONTE.

Tant de larmes que j'ai versées à ses genoux!

COVIELLE.

Tant de seaux d'eau que j'ai tirés au puits pour elle!

CLÉONTE.

Tant d'ardeur que j'ai fait paroître à la chérir plus que moi-même!

COVIELLE.

Tant de chaleur que j'ai soufferte à tourner la broche à sa place!

CLÉONTE.

Elle me fuit avec mépris!

COVIELLE.

Elle me tourne le dos avec effronterie!

CLÉONTE.

C'est une perfidie digne des plus grands châtiments.

COVIELLE.

C'est une trahison à mériter mille soufflets[2].

1. Dans la cuisine. (1674.)
2. Aristophane avait donné à Molière l'exemple de ce contraste d'expressions dans la traduction d'un même sentiment : voyez, presque au début du *Plutus*, le dialogue du Dieu, de Chrémyle et de l'esclave Carion, particulièrement les vers 186 et suivants. Au lieu de ce choc de couplets qui alternent rapidement, l'opposition, dans le *Dépit amoureux*, a été établie entre deux scènes entières qui se succèdent : voyez la IIIe et la IVe de l'acte IV (tome I, p. 484-499).

CLÉONTE.

Ne t'avise point, je te prie, de me parler jamais pour elle[1].

COVIELLE.

Moi, Monsieur! Dieu m'en garde!

CLÉONTE.

Ne viens point m'excuser l'action de cette infidèle.

COVIELLE.

N'ayez pas peur.

CLÉONTE.

Non, vois-tu, tous tes discours pour la défendre ne serviront de rien.

COVIELLE.

Qui songe à cela?

CLÉONTE.

Je veux contre elle conserver mon ressentiment, et rompre ensemble tout commerce.

COVIELLE.

J'y consens.

CLÉONTE.

Ce Monsieur le Comte qui va chez elle lui donne peut-être dans la vue; et son esprit, je le vois bien, se laisse éblouir à la qualité. Mais il me faut, pour mon honneur, prévenir l'éclat de son inconstance. Je veux faire autant de pas qu'elle au changement où je la vois courir[2], et ne lui laisser pas toute la gloire de me quitter.

COVIELLE.

C'est fort bien dit, et j'entre pour mon compte dans tous vos sentiments.

---

1. Dans le *Dépit amoureux*, Lucile dit de même à Marinette (*acte II, scène IV*, vers 638, tome I, p. 442) :

Je te défends surtout de me parler pour lui.

(*Note d'Auger.*)

2. Mon cœur court-il au change?

dit Clitandre à Armande, dans la scène II de l'acte IV des *Femmes savantes*.

CLÉONTE.

Donne la main à mon dépit[1], et soutiens ma résolution contre tous les restes d'amour qui me pourroient parler pour elle. Dis-m'en, je t'en conjure, tout le mal que tu pourras; fais-moi de sa personne une peinture qui me la rende méprisable; et marque-moi bien, pour m'en dégoûter, tous les défauts que tu peux voir en elle.

COVIELLE.

Elle, Monsieur! voilà une belle mijaurée, une pimpesouée[2] bien bâtie, pour vous donner tant d'amour! Je ne lui vois rien que de très-médiocre, et vous trouverez cent personnes qui seront plus dignes de vous[3]. Premièrement, elle a les yeux petits.

CLÉONTE.

Cela est vrai, elle a les yeux petits; mais elle les a pleins de feux, les plus brillants, les plus perçants du monde, les plus touchants qu'on puisse voir.

---

1. Seconde mon dépit : voyez tome II, p. 98, fin de la note 1, ce qui est dit de l'expression, ayant un sens peu différent et devenue plus usitée, de *donner les mains*.

2. *Mijaurée*, femme qui fait la délicate et la précieuse[a]. — *Pimpesouée*, femme qui montre des prétentions, avec de petites manières affectées et ridicules. *Pimpesouée* vient probablement du vieux verbe *pimper*, qui signifie parer, attifer, et dont il nous reste (*le participe de sens neutre*) *pimpant*, et du vieil adjectif *souef*, *souefve*, qui vouloit dire doux, agréable[b]. (*Note d'Auger*.) — A la place du second de ces mots, les éditions de 1682, 92, 94 B, 97, 1710, 30, 33 donnent, par une faute d'impression sans doute : « pimpe-fouée ».

3. D'après plusieurs témoignages, le vrai original du portrait de Lucile, le modèle dont Covielle va donner un signalement sans illusion, malveillant même, et que Cléonte saura interpréter en artiste et en amoureux, était la femme même de Molière : voyez ci-dessus, à la *Notice*, p. 26.

[a] Mme de Sévigné a employé le mot (tome III, 1672, p. 3); Littré l'a trouvé dans un dictionnaire du seizième siècle. L'Académie, en 1694, sans autrement le définir, l'appelle un « terme d'injure et de mépris, qui se dit d'une fille ou d'une femme. *C'est une plaisante mijaurée. Voyez un peu cette mijaurée.* Il est bas. »

[b] Littré cite de *pimpesoué* aussi un exemple du seizième siècle. Le *Dictionnaire de l'Académie* l'omet en 1694, mais le donne à partir de sa seconde édition (1718).

COVIELLE.

Elle a la bouche grande.

CLÉONTE.

Oui; mais on y voit des grâces qu'on ne voit point aux autres bouches; et cette bouche, en la voyant, inspire des desirs, est la plus attrayante, la plus amoureuse du monde.

COVIELLE.

Pour sa taille, elle n'est pas grande.

CLÉONTE.

Non; mais elle est aisée et bien prise.

COVIELLE.

Elle affecte une nonchalance[1] dans son parler, et dans ses actions.

CLÉONTE.

Il est vrai; mais elle a grâce à tout cela, et ses manières sont engageantes, ont je ne sais quel charme à s'insinuer dans les cœurs.

COVIELLE.

Pour de l'esprit....

CLÉONTE.

Ah! elle en a, Covielle, du plus fin, du plus délicat.

COVIELLE.

Sa conversation....

CLÉONTE.

Sa conversation est charmante.

COVIELLE.

Elle est toujours sérieuse.

CLÉONTE.

Veux-tu de ces enjouements épanouis, de ces joies toujours ouvertes? et vois-tu rien de plus impertinent que des femmes qui rient à tout propos?

---

1. Une certaine nonchalance, un air de nonchalance : la phrase se termine sans points suspensifs dans l'édition originale.

COVIELLE.

Mais enfin elle est capricieuse autant que personne du monde.

CLÉONTE.

Oui, elle est capricieuse, j'en demeure d'accord ; mais tout sied bien aux belles, on souffre tout des belles[1].

COVIELLE.

Puisque cela va comme cela, je vois bien que vous avez envie de l'aimer toujours.

CLÉONTE.

Moi, j'aimerois mieux mourir; et je vais la haïr autant que je l'ai aimée.

COVIELLE.

Le moyen, si vous la trouvez si parfaite?

CLÉONTE.

C'est en quoi ma vengeance sera plus éclatante, en quoi je veux faire mieux voir la force de mon cœur : à la haïr, à la quitter, toute belle, toute pleine d'attraits, toute aimable que je la trouve. La voici.

SCÈNE X.

CLÉONTE, LUCILE[2], COVIELLE, NICOLE.

NICOLE[3].

Pour moi, j'en ai été toute scandalisée.

LUCILE.

Ce ne peut être, Nicole, que ce que je te dis[4]. Mais le voilà.

---

1. Tout ce passage fait penser au charmant couplet d'Éliante, imité de Lucrèce, dans la scène IV de l'acte II du *Misanthrope* (vers 711 à 730, tome V, p. 488).

2. LUCILE, CLÉONTE. (1734.) — 3. NICOLE, à Lucile. (*Ibidem.*)

4. Que ce que je dis. (1682, 97, 1710, 18, 30, 33, 34.)

CLÉONTE[1].

Je ne veux pas seulement lui parler.

COVIELLE.

Je veux vous imiter.

LUCILE.

Qu'est-ce donc, Cléonte ? qu'avez-vous ?

NICOLE.

Qu'as-tu donc, Covielle ?

LUCILE.

Quel chagrin vous possède ?

NICOLE.

Quelle mauvaise humeur te tient ?

LUCILE.

Êtes-vous muet, Cléonte ?

NICOLE.

As-tu perdu la parole, Covielle ?

CLÉONTE.

Que voilà qui est scélérat !

COVIELLE.

Que cela est Judas[2] !

LUCILE.

Je vois bien que la rencontre de tantôt a troublé votre esprit.

CLÉONTE[3].

Ah, ah ! on voit ce qu'on a fait.

NICOLE.

Notre accueil de ce matin t'a fait prendre la chèvre[4].

---

1. CLÉONTE, *à Covielle*. (1734.)
2. A remarquer ce tour où le substantif prend valeur de qualificatif : que cela est digne de Judas, plein d'hypocrisie et de traîtrise!
3. CLÉONTE, *à Covielle*. (1734.)
4. Prendre la chèvre c'est, par allusion au brusque mouvement de la chèvre contrariée, se piquer, se fâcher, se monter la tête tout à coup, pour peu de chose : voyez, au vers 312 de *Sganarelle* (tome II, p. 189), l'explication de Furetière.

COVIELLE[1].

On a deviné l'enclouure[2].

LUCILE.

N'est-il pas vrai, Cléonte, que c'est là le sujet de votre dépit?

CLÉONTE.

Oui, perfide, ce l'est, puisqu'il faut parler; et j'ai à vous dire que vous ne triompherez pas comme vous pensez de votre infidélité, que je veux être le premier à rompre avec vous, et que vous n'aurez pas l'avantage de me chasser. J'aurai de la peine, sans doute, à vaincre l'amour que j'ai pour vous, cela me causera des chagrins, je souffrirai un temps; mais j'en viendrai à bout, et je me percerai plutôt le cœur, que d'avoir la foiblesse de retourner à vous.

COVIELLE[3].

Queussi, queumi[4].

LUCILE.

Voilà bien du bruit pour un rien. Je veux vous dire, Cléonte, le sujet qui m'a fait ce matin éviter votre abord.

CLÉONTE[5].

Non, je ne veux rien écouter.

NICOLE[6].

Je te veux apprendre la cause qui nous a fait passer si vite.

1. COVIELLE, à Cléonte. (1734.)
2. Dans nos éditions *encloueure*. Le sens figuré de ce mot a déjà été expliqué au vers 623 de *l'Étourdi*, tome I, p. 146, où il est écrit de même, dans les anciens textes, *encloucure*, tout en rimant avec *aventure*.
3. COVIELLE, à Nicole. (1734.)
4. (Je suis, je pense, je dis) tout à fait de même; prends que j'en ai dit autant : nous avons eu déjà l'occasion de traduire cette locution dans le *Médecin malgré lui*, acte II, scène I : voyez au tome VI, p. 69, note 4.
5. CLÉONTE *fait semblant de s'en aller et tourne autour du théâtre*. (1682.) — CLÉONTE, *voulant s'en aller pour éviter Lucile*. (1734.)
6. NICOLE, à Covielle. (1734.)

ACTE III, SCÈNE X.

COVIELLE[1].

Je ne veux rien entendre.

LUCILE[2].

Sachez que ce matin....

CLÉONTE[3].

Non, vous dis-je.

NICOLE[4].

Apprends que....

COVIELLE[5].

Non, traîtresse.

LUCILE.

Écoutez.

CLÉONTE.

Point d'affaire.

NICOLE.

Laisse-moi dire.

COVIELLE.

Je suis sourd.

LUCILE.

Cléonte.

CLÉONTE.

Non.

NICOLE.

Covielle.

COVIELLE.

Point.

LUCILE.

Arrêtez.

---

1. COVIELLE *suit Lucile.* (1682.) — COVIELLE, *voulant aussi s'en aller pour éviter Nicole.* (1734.)
2. LUCILE *suit Cléonte.* (1682.) — LUCILE, *suivant Cléonte.* (1734.)
3. CLÉONTE, *marchant toujours sans regarder Lucile.* (1734.)
4. NICOLE *suit Covielle.* (1682.) — NICOLE, *suivant Covielle.* (1734.)
5. COVIELLE, *marchant aussi sans regarder Nicole.* (1734.)

CLÉONTE.

Chansons.

NICOLE.

Entends-moi.

COVIELLE.

Bagatelles¹.

LUCILE.

Un moment.

CLÉONTE.

Point du tout.

NICOLE.

Un peu de patience.

COVIELLE.

Tarare².

LUCILE.

Deux paroles.

CLÉONTE.

Non, c'en est fait.

NICOLE.

Un mot.

COVIELLE.

Plus de commerce.

LUCILE³.

Hé bien ! puisque vous ne voulez pas m'écouter, demeurez dans votre pensée, et faites ce qu'il vous plaira.

NICOLE⁴.

Puisque tu fais comme cela, prends-le tout comme tu voudras.

---

1. Bagatelle. (1682, 97, 1710, 18, 30, 33, 34.)
2. Ce mot se trouve déjà dans la scène VIII de l'acte III de *l'Étourdi*, vers 1241 (tome I, p. 190), et dans la scène V de l'acte II de *George Dandin*: voyez, au tome VI, p. 556, la note qui se rapporte à cette seconde rencontre du mot.
3. LUCILE, *s'arrêtant*. (1734.)
4. NICOLE, *s'arrêtant aussi*. (*Ibidem*.)

ACTE III, SCÈNE X.

CLÉONTE[1].

Sachons donc le sujet d'un si bel accueil.

LUCILE[2].

Il ne me plaît plus de le dire.

COVIELLE[3].

Apprends-nous un peu cette histoire.

NICOLE[4].

Je ne veux plus, moi, te l'apprendre.

CLÉONTE[5].

Dites-moi....

LUCILE[6].

Non, je ne veux rien dire.

COVIELLE[7].

Conte-moi....

NICOLE[8].

Non, je ne conte rien.

CLÉONTE.

De grâce.

LUCILE.

Non, vous dis-je.

COVIELLE[9].

Par charité.

NICOLE.

Point d'affaire.

---

1. CLÉONTE, *se retournant vers Lucile.* (1734.)
2. LUCILE *fait semblant de s'en aller à son tour, et fait le même chemin qu'a fait Cléonte.* (1682.) — LUCILE, *s'en allant à son tour pour éviter Cléonte.* (1734.)
3. COVIELLE, *se retournant vers Nicole.* (1734.)
4. NICOLE, *s'en allant aussi à son tour pour* (*s'en allant aussi pour,* 1773) *éviter Covielle.* (1734.)
5. CLÉONTE *suit Lucile.* (1682.) — CLÉONTE, *suivant Lucile.* (1734.)
6. LUCILE, *marchant toujours sans regarder Cléonte.* (1734.)
7. COVIELLE, *suivant Nicole.* (*Ibidem.*)
8. NICOLE *suit Cléonte.* (1682.) — NICOLE, *marchant aussi sans regarder Covielle.* (1734.)
9. COVIELLE *suit Nicole.* (1682.)

CLÉONTE.

Je vous en prie.

LUCILE.

Laissez-moi.

COVIELLE.

Je t'en conjure.

NICOLE.

Ôte-toi de là.

CLÉONTE.

Lucile.

LUCILE.

Non.

COVIELLE.

Nicole.

NICOLE.

Point.

CLÉONTE.

Au nom des Dieux[1] !

LUCILE.

Je ne veux pas.

COVIELLE.

Parle-moi.

NICOLE.

Point du tout.

CLÉONTE.

Éclaircissez mes doutes.

LUCILE.

Non, je n'en ferai rien.

COVIELLE.

Guéris-moi l'esprit.

---

1. Sur l'emploi de cette formule et sur quelques autres anachronismes semblables, qui étaient de tradition au théâtre, voyez tome I, p. 142, note 2, et p. 157, note 1; tome IV, p. 223, note 2.

ACTE III, SCÈNE X.

NICOLE.

Non, il ne me plaît pas.

CLÉONTE.

Hé bien! puisque vous vous souciez si peu de me tirer de peine, et de vous justifier du traitement indigne que vous avez fait à ma flamme, vous me voyez, ingrate, pour la dernière fois, et je vais loin de vous mourir de douleur et d'amour.

COVIELLE[1].

Et moi, je vais suivre ses pas.

LUCILE.

Cléonte.

NICOLE.

Covielle.

CLÉONTE.

Eh?

COVIELLE[2].

Plaît-il?

LUCILE.

Où allez-vous?

CLÉONTE.

Où je vous ai dit.

COVIELLE.

Nous allons mourir.

LUCILE.

Vous allez mourir, Cléonte?

CLÉONTE.

Oui, cruelle, puisque vous le voulez.

LUCILE.

Moi, je veux que vous mouriez?

---

1. COVIELLE, à Nicole. (1734.)
2. LUCILE, à Cléonte qui veut sortir. Cléonte. — NICOLE, à Covielle qui suit son maître. Covielle. — CLÉONTE, s'arrêtant. Hé? — COVIELLE, s'arrêtant aussi. (Ibidem.)

CLÉONTE.

Oui, vous le voulez.

LUCILE.

Qui vous le dit?

CLÉONTE[1].

N'est-ce pas le vouloir, que de ne vouloir pas éclaircir mes soupçons?

LUCILE.

Est-ce ma faute? et si vous aviez voulu m'écouter, ne vous aurois-je pas dit que l'aventure dont vous vous plaignez a été causée ce matin par la présence d'une vieille tante, qui veut à toute force que la seule approche d'un homme déshonore une fille, qui perpétuellement nous sermonne sur ce chapitre, et nous figure tous les hommes comme des diables[2] qu'il faut fuir.

NICOLE[3].

Voilà le secret de l'affaire.

CLÉONTE.

Ne me trompez-vous point, Lucile?

COVIELLE.

Ne m'en donnes-tu point à garder?

LUCILE.

Il n'est rien de plus vrai.

NICOLE.

C'est la chose comme elle est.

COVIELLE[4].

Nous rendrons-nous à cela?

CLÉONTE.

Ah! Lucile, qu'avec un mot de votre bouche vous

---

1. CLÉONTE, *s'approchant de Lucile*. (1734.)
2. Nous fait voir tous les hommes sous la figure de diables, nous peint tous les hommes comme des diables : on a vu *figuré* au vers 1435 du *Misanthrope* (tome V, p. 528) avec le sens de ayant pris (plaisante) figure ou apparence.
3. NICOLE, *à Covielle*. (1734.)
4. COVIELLE, *à Nicole*. Ne, etc. — LUCILE, *à Cléonte*. Il n'est, etc. — NICOLE, *à Covielle*. C'est, etc. — COVIELLE, *à Cléonte*. (*Ibidem.*)

savez apaiser de choses dans mon cœur! et que facilement on se laisse persuader aux personnes qu'on aime !

COVIELLE.

Qu'on est aisément amadoué par ces diantres d'animaux-là[1] !

SCÈNE XI.

MADAME JOURDAIN, CLÉONTE, LUCILE, COVIELLE, NICOLE.

MADAME JOURDAIN.

Je suis bien aise de vous voir, Cléonte, et vous voilà tout à propos. Mon mari vient; prenez vite votre temps pour lui demander Lucile en mariage.

CLÉONTE.

Ah! Madame, que cette parole m'est douce, et qu'elle flatte mes desirs! Pouvois-je recevoir un ordre plus charmant? une faveur plus précieuse ?

1. Encore, dans toute cette scène, la symétrie et l'opposition que j'ai déjà remarquées[a], symétrie dans le sens des discours, opposition dans le ton des expressions. Mais ici le *duo* (qu'on me passe le terme) devient un *quatuor*, où, Nicole répétant ce qu'a dit Lucile, comme Covielle ce qu'a dit Cléonte, leurs paroles s'entrelacent exactement à la manière des morceaux lyriques dans lesquels quatre personnes dialoguent entre elles. Ajoutons à cela que les mouvements, les changements d'humeur et de résolution des deux hommes sont répétés par les deux femmes, et réciproquement, c'est-à-dire que l'un de ces deux couples tient rigueur quand l'autre supplie, et que ce dernier tient rigueur à son tour lorsque le premier s'adoucit : d'où résultent, sur le théâtre même, plusieurs marches et contre-marches qu'on croirait avoir été dessinées par un maître de ballets.... Cette scène, quoique fort jolie, est peut-être la plus faible des trois où Molière a peint la brouillerie et la réconciliation de deux amants. Celle du *Dépit amoureux* est la seule qui tienne à l'action, qui soit effet et cause dans la chaîne des événements dont se compose la pièce; et celle du *Bourgeois gentilhomme* est encore moins inhérente au sujet que celle du *Tartuffe*, qui l'est fort peu Ces deux dernières sont purement épisodiques.... (*Note d'Auger*.)

a A la fin de la première partie de la scène précédente.

SCÈNE XII.

MONSIEUR JOURDAIN, MADAME JOURDAIN, CLÉONTE, LUCILE, COVIELLE, NICOLE.

CLÉONTE.

Monsieur, je n'ai voulu prendre personne pour vous faire une demande que je médite il y a longtemps. Elle me touche assez pour m'en charger moi-même ; et, sans autre détour, je vous dirai que l'honneur d'être votre gendre est une faveur glorieuse que je vous prie de m'accorder.

MONSIEUR JOURDAIN.

Avant que de vous rendre réponse, Monsieur, je vous prie de me dire si vous êtes gentilhomme.

CLÉONTE.

Monsieur, la plupart des gens sur cette question n'hésitent pas beaucoup. On tranche le mot aisément. Ce nom ne fait aucun scrupule à prendre, et l'usage aujourd'hui semble en autoriser le vol. Pour moi, je vous l'avoue, j'ai les sentiments sur cette matière un peu plus délicats : je trouve que toute imposture est indigne d'un honnête homme, et qu'il y a de la lâcheté à déguiser ce que le Ciel nous a fait naître, à se parer aux yeux du monde d'un titre dérobé, à se vouloir donner pour ce qu'on n'est pas. Je suis né de parents, sans doute, qui ont tenu des charges honorables. Je me suis acquis dans les armes l'honneur de six ans de services[1], et je me trouve assez de bien pour tenir dans le monde un rang assez passable. Mais, avec tout cela, je ne veux point me

---

1. De service. (1674, 82, 94 B, 1734)

donner un nom où d'autres en ma place croiroient pouvoir prétendre, et je vous dirai franchement que je ne suis point gentilhomme.

MONSIEUR JOURDAIN.

Touchez là, Monsieur : ma fille n'est pas pour vous[1].

CLÉONTE.

Comment?

MONSIEUR JOURDAIN.

Vous n'êtes point gentilhomme, vous n'aurez pas ma fille[2].

MADAME JOURDAIN.

Que voulez-vous donc dire avec votre gentilhomme[3]?

---

1. « Cette phrase, dit Auger, est devenue proverbe; on dit souvent, pour exprimer gaiement un refus : *Touchez là, vous n'aurez pas ma fille.* » — Ce trait plaisant ne doit peut-être pas être attribué seulement à la bizarrerie de M. Jourdain. Cette manière de signifier immédiatement et irrévocablement un refus avec le geste et le mot même qui d'ordinaire assurent et solennisent un accord pourrait bien avoir été un des procédés traditionnels de la civilité, sinon de la malice, populaire; les circonstances, l'air et le ton l'expliquaient, permettaient à l'interlocuteur, entre deux intentions différentes et possibles, de choisir, de démêler la vraie : celle de ne pas rompre amitié et de montrer quelque regret de ne pas accorder, ou celle de railler par un court semblant de promesse, presque aussitôt changé en un refus bien en forme. Quoi qu'il en soit, l'effet n'en était pas absolument nouveau au théâtre. Nous devons à une note manuscrite de M. Eudore Soulié d'en connaître un exemple antérieur de huit ans au *Bourgeois gentilhomme.* Voici le passage que l'infatigable et heureux chercheur a extrait de l'une des plus méchantes farces du comédien auteur Chevalier, à savoir *les Galants ridicules* ou *les Amours de Guillot et de Ragotin*, en un acte, en vers de huit syllabes, jouée au Marais, imprimée en 1662 et devenue fort rare[a] (fin de la scène VI) :

GUILLOT.
J'aime votre fille Angélique.
LE DOCTEUR.
Quoi ? c'est l'objet de vos souhaits ?
Touchez, vous ne l'aurez jamais.

2. Vous n'aurez point ma fille. (1734.)

3. Tel est bien le texte, très-naturel ici, et c'est par erreur que nous avons

[a] Les frères Parfaict en ont donné une analyse, tome IX, p. 109 et 110. Sur l'auteur, mort avant 1674, voyez *les Contemporains de Molière*, par M. V. Fournel, tome III, p. 169-176; il a déjà été question de lui à la *Notice de l'École des femmes* (tome III, p. 131), à la 1re scène du *Médecin malgré lui* (tome VI, p. 38, note a), aux *Notices* de *l'Avare* et de *Monsieur de Pourceaugnac* (tome VII, p. 25 et 26, p. 221).

est-ce que nous sommes, nous autres, de la côte de saint Louis[1]?

MONSIEUR JOURDAIN.

Taisez-vous, ma femme : je vous vois venir.

MADAME JOURDAIN.

Descendons-nous tous deux que de bonne bourgeoisie[2]?

MONSIEUR JOURDAIN.

Voilà pas le coup de langue?

MADAME JOURDAIN.

Et votre père n'étoit-il pas marchand aussi bien que le mien?

MONSIEUR JOURDAIN.

Peste soit de la femme ! Elle n'y a jamais manqué. Si votre père a été marchand, tant pis pour lui ; mais pour le mien, ce sont des malavisés qui disent cela[3].

---

cité (tome VI, p. 515, note 4) un exemple du mot *gentilhommerie*, comme se trouvant dans cette scène du *Bourgeois gentilhomme*. Nous nous en étions rapporté à Littré, qui là peut-être a été trompé par le texte fautif de quelque édition moderne. Toutes nos anciennes portent *gentilhomme*.

1. Scarron a aussi employé cette expression, qui sans doute était commune alors : « Il fait l'entendu comme s'il étoit sorti de la côte de saint Louis. » (*Le Roman comique*, chapitre v de la Iʳᵉ partie, 1651.)

2. C'est-à-dire d'ailleurs, d'autre part que de bonne bourgeoisie. Nous avons, plus d'une fois, dans les tomes précédents, rencontré, devant *que*, de semblables ellipses de l'idée d'*autre*.

3. Auger pensait que « ce trait est d'une force qui excède les bornes mêmes de l'exagération théâtrale, » et que « Molière semble se presser ici de renforcer la dose de folie et de bêtise dont il a doué le personnage, afin que la farce dont il va être tout à l'heure le héros et la dupe paraisse un peu moins invraisemblable. » Il résulte bien de cette scène que M. Jourdain, lui, n'a jamais été marchand, et il est, ce semble, assez naturel de supposer qu'il n'a jamais vu non plus dans une boutique, ne l'ayant connu qu'après le temps des affaires, le gros drapier auteur de sa fortune, ou, si l'on veut, le gentilhomme que lui peindra Covielle dans la scène iii de l'acte IV ; cela admis, il n'est plus si absolument invraisemblable, avec la manie qui le possède, qu'il ait réussi à se persuader que son père n'avait jamais été que le bourgeois opulent, de loisir, considéré, peut-être déjà glorieux, dont il a gardé le souvenir. Au reste, quand bien même on ne voudrait pas admettre ces explications, quelle exagération, passant toutes les bornes, y aurait-il donc dans ce trait, dont il y a tant d'exemples, de sotte vanité?

Tout ce que j'ai à vous dire, moi, c'est que je veux avoir un gendre gentilhomme.

MADAME JOURDAIN.

Il faut à votre fille un mari qui lui soit propre, et il vaut mieux pour elle un honnête homme riche et bien fait, qu'un gentilhomme gueux et mal bâti.

NICOLE.

Cela est vrai. Nous avons le fils du gentilhomme de notre village, qui est le plus grand malitorne[1] et le plus sot dadais[2] que j'aie jamais vu.

MONSIEUR JOURDAIN[3].

Taisez-vous, impertinente. Vous vous fourrez toujours dans la conversation. J'ai du bien assez pour ma fille, je n'ai besoin que d'honneur, et je la veux faire marquise.

MADAME JOURDAIN.

Marquise ?

MONSIEUR JOURDAIN.

Oui, marquise.

MADAME JOURDAIN.

Hélas ! Dieu m'en garde !

MONSIEUR JOURDAIN.

C'est une chose que j'ai résolue.

MADAME JOURDAIN.

C'est une chose, moi, où je ne consentirai point. Les

1. Ce mot, qui, au quatorzième siècle, d'après Ducange cité par Littré, mais sous la forme *maritorne*, était synonyme de (la) *maltôte*, est expliqué, dans les *Curiosités françoises* d'Oudin (1640), par : *personne de mauvaise grâce, mal bâtie* (*mal faite*, dans l'édition de 1656). Furetière, en 1690, le donne comme un adjectif des deux genres ; il le définit par « qui est maladroit, qui ne peut rien faire de bien ni à propos. *On ne sauroit rien commander à ce valet, c'est un vrai malitorne.* » L'Académie ne l'a pas dans ses trois premières éditions ; dans la quatrième (1762), elle l'explique par « maladroit, inepte. »
2. *Dadais*, que Littré a trouvé dans un dictionnaire du seizième siècle, n'est encore ni dans Richelet (1680), ni dans Furetière (1690) ; l'Académie le donne dans sa seconde édition (1718), et le traduit par « un niais, un nigaud, un homme décontenancé. »
3. M. JOURDAIN, *à Nicole*. (1734.)

alliances avec plus grand que soi sont sujettes toujours à de fâcheux inconvénients. Je ne veux point qu'un gendre puisse à ma fille reprocher ses parents, et qu'elle ait des enfants qui aient honte de m'appeler leur grand-maman[1]. S'il falloit qu'elle me vînt visiter en équipage de grand-Dame, et qu'elle manquât par mégarde à saluer quelqu'un du quartier, on ne manqueroit pas aussitôt de dire cent sottises. « Voyez-vous, diroit-on, cette Madame la Marquise qui fait tant la glorieuse ? c'est la fille de Monsieur Jourdain, qui étoit trop heureuse, étant petite, de jouer à la Madame avec nous. Elle n'a pas toujours été si relevée que la voilà, et ses deux grands-pères vendoient du drap auprès de la porte Saint-Innocent[2]. Ils ont amassé du bien à leurs enfants, qu'ils payent maintenant peut-être bien cher en l'autre monde, et l'on ne devient guère si riches à être honnêtes gens. » Je ne veux point tous ces caquets, et je veux un homme, en un mot, qui m'ait obligation de ma fille, et à qui je puisse dire : « Mettez-vous là, mon gendre, et dînez avec moi. »

MONSIEUR JOURDAIN.

Voilà bien les sentiments d'un petit esprit, de vouloir

1. Ici, dans tous nos textes, *grand-maman*, et, à la ligne suivante, *grand-Dame*; un peu plus bas, dans la plupart, *grand-pères*; dans la suite, plusieurs fois, *grand'Dame* ou *grande Dame*.

2. Il ne paraît pas qu'il y ait jamais eu une porte de la ville appelée de ce nom. Désignait-on parfois ainsi la porte du cimetière des Saints-Innocents? Ce qui est certain, c'est que le plus souvent on disait alors, par abréviation ou par erreur, l'église, le cimetière, la fontaine de Saint-Innocent[a] : voyez la *Nouvelle description de la ville de Paris* par Germain Brice (1725), tome I, p. 482 et suivantes, et le volume publié par P.-L. Jacob bibliophile, sous le titre de *Paris ridicule et burlesque au dix-septième siècle*, p. 361 et 362 (*Noms des portes, fontaines*). Réelle ou imaginaire, *la porte*

[a] On lit dans une farce reproduite par les frères Parfaict (tome IV, p. 257) une désignation plus courte encore du cimetière sans doute : « Elle voudroit, dit Turlupin, qu'il lui en eût coûté la tête de son père et que le reste du corps fût à Saint-Innocent. »

ACTE III, SCÈNE XII.

demeurer toujours dans la bassesse. Ne me répliquez pas davantage : ma fille sera marquise en dépit de tout le monde ; et si vous me mettez en colère, je la ferai duchesse¹.

MADAME JOURDAIN.

Cléonte, ne perdez point courage encore.² Suivez-moi, ma fille, et venez dire résolument à votre père, que si vous ne l'avez, vous ne voulez épouser personne.

SCÈNE XIII³.

CLÉONTE, COVIELLE.

COVIELLE.

Vous avez fait de belles affaires avec vos beaux sentiments.

CLÉONTE.

Que veux-tu ? j'ai un scrupule là-dessus, que l'exemple ne sauroit vaincre.

COVIELLE.

Vous moquez-vous, de le prendre sérieusement avec un homme comme cela ? Ne voyez-vous pas qu'il est fou ? et vous coûtoit-il quelque chose de vous accommoder à ses chimères ?

CLÉONTE.

Tu as raison ; mais je ne croyois pas qu'il fallût faire

Saint-Innocent faisait tout de suite songer au quartier marchand des Halles et de la rue Saint-Denis, et c'est tout ce qu'il fallait.
1. Voyez à la *Notice*, p. 33 et 34, le rapprochement qui a été fait de cette scène avec une conversation de Sancho Pança et de sa femme. — L'édition de 1734 fait de la suite, après la sortie de M. Jourdain, une

SCÈNE XIII.
Mᵐᵉ JOURDAIN, LUCILE, CLÉONTE, NICOLE, COVIELLE.

2. *A Lucile.* (1734.)
3. SCÈNE XIV. (*Ibidem.*)

ses preuves de noblesse pour être gendre de Monsieur Jourdain.

COVIELLE[1].

Ah, ah, ah.

CLÉONTE.

De quoi ris-tu ?

COVIELLE.

D'une pensée qui me vient pour jouer notre homme, et vous faire obtenir ce que vous souhaitez.

CLÉONTE.

Comment ?

COVIELLE.

L'idée est tout à fait plaisante.

CLÉONTE.

Quoi donc ?

COVIELLE.

Il s'est fait depuis peu une certaine mascarade qui vient le mieux du monde ici, et que je prétends faire entrer dans une bourle[2] que je veux faire à notre ridicule[3]. Tout cela sent un peu sa comédie; mais avec lui on peut hasarder toute chose, il n'y faut point chercher tant de façons, et il est homme à y jouer son rôle à

---

1. COVIELLE, *riant.* (1734.)
2. Une bourde. (1674, 82, 94 B, 1734.) Mais, dit Auger, la leçon de l'édition originale, *bourle*, est « le vrai mot; il vient de l'italien *burla*, qui signifie plaisanterie, niche, et dont *burlesque* est un des dérivés. Bourde.... signifie mensonge, défaite : sens qui ne peut convenir à la phrase de Covielle. D'ailleurs on ne *fait* point, on *donne des bourdes*, au lieu qu'on *fait une bourle*. » Saint-Simon employait le mot. Le duc d'Orléans, le Régent, dit-il à la date de 1722 (tome XIX, p. 20, édition de 1873), « se plaisoit assez souvent à mêler quelques plaisanteries dans les affaires les plus sérieuses, surtout avec moi, à placer quelques bourles et quelques disparates pour m'impatienter et s'éclater de rire de la colère où cela me mettoit toujours. »
3. Pour *ridicule* pris substantivement pour désigner une personne, voyez au tome V, p. 450, note 1. Dans l'opéra de *Daphné*, de la Fontaine (acte V, scène VI), le mot est ainsi employé au sens de personnage ridicule de comédie : « Cinq Ridicules entrent en scène. »

merveille¹, à donner² aisément dans toutes les fariboles qu'on s'avisera de lui dire. J'ai les acteurs, j'ai les habits tout³ prêts : laissez-moi faire seulement.

CLÉONTE.

Mais apprends-moi....

COVIELLE.

Je vais vous instruire de tout. Retirons-nous, le voilà qui revient.

SCÈNE XIV.

MONSIEUR JOURDAIN, LAQUAIS.

MONSIEUR JOURDAIN⁴.

Que diable est-ce là! ils n'ont rien que les grands seigneurs à me reprocher⁵ ; et moi, je ne vois rien de si beau que de hanter les grands seigneurs : il n'y a qu'honneur et que civilité avec eux, et je voudrois qu'il m'eût coûté deux doigts de la main, et être né comte ou marquis.

LAQUAIS⁶.

Monsieur, voici Monsieur le Comte, et une dame qu'il mène par la main.

1. Il y a ainsi le singulier dans tous nos textes, sauf celui de 1692, où le nom est au pluriel. L'Académie, en 1694, donne « à merveilles, » et « à merveille, » mais d'abord le premier comme plus usité. Ce n'est que dans sa sixième édition (1835) qu'elle ne cite plus que le singulier. Richelet (1679) a aussi les deux nombres, le singulier d'abord ; Furetière (1690) n'a que le pluriel.

2. Tant de façons ; il est homme à y jouer son rôle à merveille, et à donner. (1674, 82, 94 B, 1734.)

3. Il y a bien ici, dans l'édition originale et dans toutes celles que nous y comparons, *tout* et non *tous*.

4.   SCÈNE XV.
    M. JOURDAIN, *seul*. (1734.)

5. Ils ne font que me reprocher les grands seigneurs, ils ont toujours les grands seigneurs à me reprocher.

6.   SCÈNE XVI.
    M. JOURDAIN, UN LAQUAIS.
    LE LAQUAIS. (1734.)

LE BOURGEOIS GENTILHOMME.

MONSIEUR JOURDAIN.

Hé mon Dieu ! j'ai quelques ordres à donner. Dis-leur que je vais venir ici tout à l'heure[1].

SCÈNE XV.

DORIMÈNE, DORANTE, Laquais.

LAQUAIS.

Monsieur dit comme cela qu'il va venir ici tout à l'heure.

DORANTE.

Voilà qui est bien[2].

DORIMÈNE.

Je ne sais pas, Dorante, je fais encore ici une étrange démarche, de me laisser amener par vous dans une maison où je ne connois personne.

DORANTE.

Quel lieu voulez-vous donc, Madame, que mon amour choisisse pour vous régaler[3], puisque, pour fuir l'éclat, vous ne voulez ni votre maison, ni la mienne ?

DORIMÈNE.

Mais vous ne dites pas que je m'engage insensible-

---

1. Venir tout à l'heure. (1730, 33, 34.)

2.   SCÈNE XVII.
DORIMÈNE, DORANTE, LE LAQUAIS.
LE LAQUAIS.
Monsieur dit, etc.
   SCÈNE XVIII.
DORIMÈNE, DORANTE.
Voilà qui est bien. (1734.)

3. *Régaler* ne fait pas plus particulièrement allusion au festin qu'à toute la fête qui a été préparée dans la maison de M. Jourdain, le concert, le ballet : comparez ci-après, p. 160, et tome VII, p. 380 et p. 388 ; c'est dans une acception aussi générale que Dorante emploie certainement le mot de *régale* (plus loin, p. 166).

ment, chaque jour, à recevoir de trop grands témoignages de votre passion? J'ai beau me défendre des choses, vous fatiguez ma résistance¹, et vous avez une civile opiniâtreté qui me fait venir doucement à tout ce qu'il vous plaît. Les visites fréquentes ont commencé; les déclarations sont venues ensuite, qui après elles ont traîné les sérénades et les cadeaux², que les présents ont suivis³. Je me suis opposée à tout cela, mais vous ne vous rebutez point, et, pied à pied, vous gagnez mes résolutions⁴. Pour moi, je ne puis plus répondre de rien, et je crois qu'à la fin vous me ferez venir au mariage, dont je me suis tant éloignée.

DORANTE.

Ma foi! Madame, vous y devriez déjà être. Vous êtes veuve, et ne dépendez que de vous. Je suis maître de moi, et vous aime plus que ma vie. A quoi tient-il que dès aujourd'hui vous ne fassiez tout mon bonheur?

DORIMÈNE.

Mon Dieu! Dorante, il faut des deux parts bien des qualités pour vivre heureusement ensemble; et les deux plus raisonnables personnes du monde ont souvent peine à composer une union dont ils soient satisfaits.

DORANTE.

Vous vous moquez, Madame, de vous y figurer tant de difficultés; et l'expérience que vous avez faite ne conclut rien pour tous les autres.

DORIMÈNE.

Enfin j'en reviens toujours là : les dépenses que je

1. « Ne fatiguez point mon devoir, » dit Julie à Éraste, à la scène II de l'acte I de *Pourceaugnac* (tome VII, p. 246).
2. L'emploi du mot dans ce passage a été relevé ci-dessus, p. 121, note 5.
3. *Suivi*, sans accord, dans nos plus anciennes éditions.
4. Vous avez prise sur mes résolutions, vous les faites céder, vous les emportez les unes après les autres. « Cette phrase métaphorique, dit Auger, semble prise de certaines choses qui font des progrès, qui s'emparent successivement de ce qui se trouve devant elles, comme l'eau, le feu. » Comparez les diverses

vous vois faire pour moi m'inquiètent par deux raisons : l'une, qu'elles m'engagent plus que je ne voudrois ; et l'autre, que je suis sûre, sans vous déplaire, que vous ne les faites point que vous ne vous incommodiez ; et je ne veux point cela.

DORANTE.

Ah ! Madame, ce sont des bagatelles ; et ce n'est pas par là....

DORIMÈNE.

Je sais ce que je dis ; et, entre autres, le diamant que vous m'avez forcée à prendre est d'un prix....

DORANTE.

Eh ! Madame, de grâce, ne faites point tant valoir une chose que mon amour trouve indigne de vous ; et souffrez.... Voici le maître du logis.

SCÈNE XVI.

MONSIEUR JOURDAIN, DORIMÈNE, DORANTE,
Laquais [1].

MONSIEUR JOURDAIN, *après avoir fait deux révérences, se trouvant trop près de Dorimène.*

Un peu plus loin, Madame.

DORIMÈNE.

Comment ?

MONSIEUR JOURDAIN.

Un pas, s'il vous plaît.

DORIMÈNE.

Quoi donc ?

---

acceptions figurées de ce verbe : « acquérir, attirer à soi, se rendre favorable » (par exemple *gagner les cœurs*), et en mauvaise part, « corrompre ».

1. SCÈNE XIX.
M. JOURDAIN, DORIMÈNE, DORANTE. (1734.)

ACTE III, SCÈNE XVI.

MONSIEUR JOURDAIN.
Reculez un peu, pour la troisième.
DORANTE.
Madame, Monsieur Jourdain sait son monde.
MONSIEUR JOURDAIN.
Madame, ce m'est une gloire bien grande de me voir assez fortuné pour être si heureux que d'avoir le bonheur que vous ayez eu la bonté de m'accorder la grâce de me faire l'honneur de m'honorer de la faveur de votre présence ; et si j'avois aussi le mérite pour mériter un mérite comme le vôtre, et que le Ciel.... envieux de mon bien.... m'eût accordé.... l'avantage de me voir digne.... des...[1].
DORANTE.
Monsieur Jourdain, en voilà assez : Madame n'aime pas les grands compliments, et elle sait que vous êtes homme d'esprit. (Bas, à Dorimène.) C'est un bon bourgeois assez ridicule, comme vous voyez, dans toutes ses manières[2].

1. Digne.... de.... (Une partie du tirage de 1734, mais non 1773.)
2. « Certains rôles, dit Remond de Sainte-Albine[a], exigent des nuances encore plus délicates (*que le rôle d'Isabelle de l'École des maris*) : ce sont ceux dans lesquels, tandis que le personnage est occupé de deux intérêts différents, l'acteur doit remplir vis-à-vis des spectateurs un objet contraire à celui qu'il doit remplir vis-à-vis des personnages mis avec lui en action. Le rôle du courtisan dans *le Bourgeois gentilhomme* est de ce nombre. Il importe à Dorante de cacher à la Marquise que M. Jourdain fait la dépense de la fête qu'elle a consenti d'accepter. Il n'importe pas moins à notre homme de cour de faire ignorer à M. Jourdain que la Marquise ne le regarde que comme un complaisant qui veut bien prêter sa maison. Le courtisan le plus délié n'emploierait que difficilement, en cette occasion, tout l'air de vérité dont il faudrait qu'il usât pour ne point se trahir. Le comédien doit non-seulement emprunter cet air de vérité, mais remplir deux objets en apparence contradictoires. D'un côté, il est essentiel qu'il ne lui échappe rien qui puisse

[a] II[de] partie, chapitre II, du *Comédien* (1747, 1749), p. 145 de l'édition de 1749; p. 198 du volume où il est inséré, à la suite des *Mémoires* de Molé, dans la *Collection des Mémoires sur l'art dramatique*. L'auteur, qui travailla à la *Gazette* et au *Mercure*, dont il fut quelque temps rédacteur en chef, mourut en 1778.

DORIMÈNE[1].
Il n'est pas malaisé de s'en apercevoir.
DORANTE.
Madame, voilà le meilleur de mes amis.
MONSIEUR JOURDAIN.
C'est trop d'honneur que vous me faites.
DORANTE.
Galant homme tout à fait.
DORIMÈNE.
J'ai beaucoup d'estime pour lui.
MONSIEUR JOURDAIN.
Je n'ai rien fait encore, Madame, pour mériter cette grâce.
DORANTE, bas, à M. Jourdain.
Prenez bien garde au moins à ne lui point parler du diamant que vous lui avez donné.
MONSIEUR JOURDAIN[2].
Ne pourrois-je[3] pas seulement lui demander comment elle le trouve?
DORANTE[4].
Comment? gardez-vous-en bien : cela seroit vilain à vous[5]; et pour agir en galant homme, il faut que vous

déceler à la Marquise et à M. Jourdain la tromperie qu'on leur fait; de l'autre, il faut que les spectateurs découvrent chez lui l'embarras que Dorante éprouve dans une situation si critique. »

1. DORIMÈNE, *bas, à Dorante.* (1734.)
2. M. JOURDAIN, *bas, à Dorante.* (*Ibidem.*)
3. Ne pourrai-je. (1773.)
4. DORANTE, *bas, à M. Jourdain.* (1734.)
5. Cette situation, ce petit jeu de scène, se trouvaient, même redoublés, et, comme il était naturel, poussés jusqu'au bout, dans une farce, « que Gros-Guillaume et ses camarades représentèrent à l'Hôtel de Bourgogne » en 1617, et que quelques-uns des auditeurs de Molière n'avaient peut-être pas oubliée. Les frères Parfaict ont transcrit (ils ne disent pas *réimprimé*) tout le canevas des scènes (tome IV, p. 254-264). Les quelques passages abrégés que nous en extrayons peuvent être intéressants à rapporter ici. FLORENTINE (*l'Amoureuse*). Je porte une affection particulière au seigneur Horace. Je voudrois que vous lui eussiez porté cette bague. TURLUPIN (*le Valet*). Je ne manquerai point

fassiez comme si ce n'étoit pas vous qui lui eussiez fait ce présent.[1] Monsieur Jourdain, Madame, dit qu'il est ravi de vous voir chez lui.

DORIMÈNE.

Il m'honore beaucoup.

MONSIEUR JOURDAIN.

Que je vous suis obligé, Monsieur, de lui parler ainsi pour moi!

DORANTE.

J'ai eu une peine effroyable à la faire venir ici.

MONSIEUR JOURDAIN[2].

Je ne sais quelles grâces vous en rendre.

DORANTE.

Il dit, Madame, qu'il vous trouve la plus belle personne du monde.

de la lui donner.... » Arrive l'Amoureux. « HORACE. Quelles nouvelles as-tu de ma maîtresse, Turlupin? TURLUPIN. Bien tristes, Monsieur : la pauvre fille avoit une chaîne comme la vôtre; en allant près de la rivière, elle l'a laissée tomber dedans. HORACE. Je lui veux faire un présent de la mienne. Donne-lui de ma part. TURLUPIN. Je n'y manquerai pas; mais je vous avertis d'une chose, de ne lui en point parler, car elle ne veut pas qu'on lui reproche ce qu'on lui donne. HORACE. Je ne lui en dirai jamais mot. TURLUPIN. Venez donc ici à demi-heure. — FLORENTINE. Eh bien! Turlupin, as-tu parlé au seigneur Horace? lui as-tu donné l'anneau? TURLUPIN. Oui, Madame; mais comme vous savez que les hommes généreux ne veulent pas qu'on leur reproche rien, aussi ne faut-il pas que vous lui en parliez. FLORENTINE. Vraiment, je n'ai garde. TURLUPIN. A propos, le voici. HORACE. Ma chère âme.... TURLUPIN, *bas à Horace*. Ne lui parlez pas de la chaîne. HORACE. .... Tu m'empêches en mes discours. FLORENTINE. Monsieur, ce n'est pas peu d'honneur que vous me faites.... TURLUPIN, *bas à Florentine*. Gardez-vous surtout de lui parler de la bague! HORACE. Madame, vos yeux.... TURLUPIN, *bas à Horace*. Ne soyez pas si indiscret que de lui parler de la chaîne. FLORENTINE. Monsieur, je vous ai déjà témoigné, en vous envoyant ma bague, combien je vous affectionnois. TURLUPIN, *à part*. Tête, non pas de ma vie! me voilà découvert. HORACE. Madame, je n'ai pas ouï parler de bague; mais il est bien vrai que je vous ai envoyé une chaîne d'or par Turlupin. TURLUPIN, *à part*. Ô le diable!... il faut tout rendre. »

1. *Haut.* (1734.)
2. M. JOURDAIN, *bas, à Dorante.* Que je, etc. — DORANTE, *bas, à M. Jourdain.* J'ai eu, etc. — M. JOURDAIN, *bas, à Dorante.* (*Ibidem.*)

156 LE BOURGEOIS GENTILHOMME.

DORIMÈNE.

C'est bien de la grâce qu'il me fait.

MONSIEUR JOURDAIN.

Madame, c'est vous qui faites les grâces ; et....

DORANTE.

Songeons à manger.

LAQUAIS[1].

Tout est prêt, Monsieur.

DORANTE.

Allons donc nous mettre à table, et qu'on fasse venir les musiciens.

(Six cuisiniers, qui ont préparé le festin, dansent ensemble, et font le troisième intermède ; après quoi[2], ils apportent une table couverte de plusieurs mets.)

SCÈNE XX.
M. JOURDAIN, DORIMÈNE, DORANTE, UN LAQUAIS.
LE LAQUAIS, à M. Jourdain. (1734.)

SCÈNE XXI.
ENTRÉE DE BALLET.

[1]. *Six cuisiniers, qui ont préparé le festin, dansent ensemble ; après quoi*, etc. (*Ibidem.*) — « Ces cuisiniers, dit Auger, qui apportent une table en dansant ne sont guère plus naturels que les garçons tailleurs qui habillent un homme en cadence ; mais l'excuse est la même pour les deux intermèdes : il fallait des entrées de ballet, et alors la vérité de la comédie a dû disparaître, pour faire place aux absurdités convenues de la chorégraphie. » — Cette entrée, par les figures et la musique de danse, pouvait être rendue fort divertissante ; si elle le fut, les invités du Roi portèrent sans doute sur l'art même de la chorégraphie un jugement moins maussade que celui de l'annotateur ; comme il ne reste rien du ballet, nous n'en pouvons rien dire ; même les airs qui l'accompagnaient, un passe-pied et deux rigaudons, ont disparu. Mais une fois que l'invention en était venue à l'esprit de notre auteur ou de l'ordonnateur du divertissement royal, peu d'intermèdes, ce semble, ont été mieux amenés. On peut admettre que c'est là une fantaisie de Dorante, qui, ayant sous la main les danseurs commandés pour l'exécution de son grand ballet, celui dont le spectacle doit succéder au festin, leur a proposé ce sujet d'entrées comme un petit prélude original. Les convives en ont la surprise au moment de passer, sur l'invitation de Dorante, dans une salle voisine. Ils restent, et, après avoir vu faire les danseurs, vont se mettre à la table qui a été apportée. Il n'est nullement besoin de baisser la toile.

FIN DU TROISIÈME ACTE.

ACTE IV.

SCÈNE PREMIÈRE.

DORANTE, DORIMÈNE, MONSIEUR JOURDAIN,
DEUX MUSICIENS, UNE MUSICIENNE[1], LAQUAIS[2].

DORIMÈNE.
Comment, Dorante? voilà un repas tout à fait magnifique!

MONSIEUR JOURDAIN.
Vous vous moquez, Madame, et je voudrois qu'il fût plus digne de vous être offert.

(Tous se mettent à table[3].)

DORANTE.
Monsieur Jourdain a raison, Madame, de parler de la sorte, et il m'oblige de vous faire si bien les honneurs de chez lui[4]. Je demeure d'accord avec lui que le repas n'est pas digne de vous. Comme c'est moi qui l'ai ordonné, et que je n'ai pas sur cette matière les lumières de nos amis, vous n'avez pas ici un repas fort savant, et vous y trouverez des incongruités de bonne chère, et des barbarismes de bon goût. Si Damis s'en

---

1. Voyez ci-après, p. 161, note 3.
2. DORIMÈNE, M. JOURDAIN, DORANTE, TROIS MUSICIENS, LAQUAIS. (1734.)
3. *Dorimène, M. Jourdain, Dorante, et les trois musiciens se mettent à table. (Ibidem.)*
4. Et il ne me désoblige nullement, je lui ai obligation, je lui sais gré d'oublier la part que j'ai à tout ceci, et de ne songer en vous faisant les honneurs de sa maison qu'à ce qui vous y est dû.

étoit mêlé¹, tout seroit dans les règles ; il y auroit partout de l'élégance et de l'érudition, et il ne manqueroit pas de vous exagérer lui-même toutes les pièces du repas qu'il vous donneroit, et de vous faire tomber d'accord de sa haute capacité dans la science des bons morceaux, de vous parler d'un pain de rive², à biseau doré, relevé de croûte partout, croquant tendrement sous la dent ; d'un vin à séve veloutée, armé d'un vert qui n'est point trop commandant³ ; d'un carré de mouton gourmandé de persil⁴ ; d'une longe de veau de rivière⁵, longue

1. Si Damis, notre ami, s'en étoit mêlé. (1682, 94 B.) — Damis fait songer à ces *profès dans l'ordre des Coteaux* dont Boileau avait parlé en 1665, dans sa III*e* satire, et au Cliton dont la Bruyère fit le portrait vingt ans plus tard, dans son chapitre *de l'Homme*, n° 122 (1690, tome II, p. 56).

2. *Un pain de rive* est un pain qui, ayant été placé au bord du four*ᵃ*, et par conséquent n'ayant pas été en contact avec les autres pains, est bien cuit sur les bords et a un *biseau doré*, au lieu de cette *baisure* qui ressemble à de la mie. (*Note d'Auger.*)

3. D'un vin où sous la force adoucie se fait encore sentir, mais sans trop commander l'attention du palais, un piquant, un bouquet de jeunesse.

4. « *Gourmandé* veut dire ici *lardé*, » assure Auger, et l'Académie (en 1835 et en 1878) confirme cette explication. Mais qu'entendait-on proprement par le mot ? Que l'herbe odorante rendait le morceau plus digne d'un gourmand, plus friand ? ou bien qu'elle en pouvait, sinon dominer, *commander*, du moins corriger le fumet ? Voyez le *Supplément* du *Dictionnaire de Littré*. Le Dictionnaire même a un exemple de l'*Histoire universelle* d'Agrippa d'Aubigné (livre V, chapitre XXIII, tome I, p. 326, éd. de 1616) qui peut suggérer une explication meilleure : « Celle-là (*cette galère*) seule, gourmandée d'arquebusades, fut prise. » *Gourmandée* là semble bien signifier, non pas *inquiétée* seulement par de nombreux coups d'arquebuse, mais en gardant la trace, *criblée* d'arquebusades ; et ici ce doit être *criblé*, *semé* de persil. — En fait, l'opération culinaire qu'indique Auger se pratiquait ; de la Varenne l'approuve dans son *Cuisinier françois*, dont le Dorante de *la Critique* nous a fait connaître l'autorité*ᵇ*, et il sait pour ce précepte user d'un terme, ce semble, plus congruent à la chose (p. 87 de l'édition de 1670 même). Il parle d'un *haut-côté de mouton* : « Vous pouvez le faire rôtir *piqué* de persil, et étant cuit, servez-le tout sec. »

5. *Veau de rivière*, veau élevé en Normandie, dans des prairies voisines de la Seine. (*Note d'Auger.*) Voyez tome VII, p. 128, note *a*.

ᵃ L'Académie constate qu'on dit encore « par extension *la rive d'un bois*, le bord, la lisière d'un bois. »

ᵇ Voyez à la scène VI de *la Critique de l'École des femmes*, tome III, p. 359 et note 3.

comme cela, blanche, délicate, et qui sous les dents est une vraie pâte d'amande; de perdrix relevées d'un fumet surprenant; et pour son opéra[1], d'une soupe à bouillon perlé[2], soutenue d'un jeune gros dindon[3] cantonné[4] de pigeonneaux, et couronnée d'oignons blancs, mariés avec la chicorée. Mais pour moi, je vous avoue mon ignorance; et comme Monsieur Jourdain a fort bien dit, je voudrois que le repas fût plus digne de vous être offert.

DORIMÈNE.

Je ne réponds à ce compliment, qu'en mangeant comme je fais.

MONSIEUR JOURDAIN.

Ah! que voilà de belles mains!

DORIMÈNE.

Les mains sont médiocres, Monsieur Jourdain; mais vous voulez parler du diamant, qui est fort beau.

---

1. Pour son chef-d'œuvre. « Vous vous souvenez bien, écrit Bussy Rabutin à Mme de Grignan[a] en 1676, de la lettre que vous m'avez promise, dès que vous auriez appris que je serois grand-père. Je m'attends à un opéra. » C'est aussi le mot de la Fontaine félicitant Turenne de sa victoire de Sintzheim (juin 1674)[b] :
    Vous avez fait, Seigneur, un opéra.

Voyez dans le *Dictionnaire de Littré* d'autres exemples où *opéra* est à traduire par œuvre difficile.

2. Où, explique Auger, il y a « de petits yeux qui ressemblent à de la semence de perles. »

3. Non pas, sans doute, accompagnée d'un dindon pour plat de relevé, mais renforcée d'un dindon dans le bassin même qui la contient et que couronne en haut, sur le bord, un cercle d'oignons blancs.

4. D'un jeune gros dindon, cantonnée. (1674, 82, 94 B, 1734.) — *Cantonné*, qui n'est ici qu'un synonyme recherché de *flanqué*, se rapporte évidemment mieux à la principale pièce de volaille. C'est un terme de blason. Il se dit, d'après l'Académie, « des pièces accompagnées, dans les cantons de l'écu, de quelques autres figures. » *Canton* se dit « des parties dans lesquelles un écu est partagé par les pièces dont il est chargé. » Les exemples qu'elle donne

---

[a] Dans une lettre insérée parmi celles de Mme de Sévigné, tome IV, p. 317 : voyez là (note 2) un extrait des *Nouvelles remarques* du P. Bouhours (2de édition, 1676, p. 174).
[b] Tome V de l'édition de M. Marty-Laveaux, p. 98.

MONSIEUR JOURDAIN.

Moi, Madame! Dieu me garde d'en vouloir parler; ce ne seroit pas agir en galant homme, et le diamant est fort peu de chose.

DORIMÈNE.

Vous êtes bien dégoûté.

MONSIEUR JOURDAIN.

Vous avez trop de bonté....

DORANTE[1].

Allons, qu'on donne du vin à Monsieur Jourdain, et à ces Messieurs, qui[2] nous feront la grâce de nous chanter un air[3] à boire[4].

DORIMÈNE.

C'est merveilleusement assaisonner la bonne chère, que d'y mêler la musique[5], et je me vois ici admirablement régalée[6].

MONSIEUR JOURDAIN.

Madame, ce n'est pas....

sont : *Croix cantonnée de quatre étoiles. Il porte une croix d'or et une étoile à chaque canton.*

1. DORANTE, *après avoir fait signe à M. Jourdain.* (1682, 1734.)
2. Et à ces Messieurs et à ces Dames, qui. (1682.) Voyez ci-après, p. 161, note 3.
3. Quelque air. (1682.)
4. Voyez ci-après, p. 161, note 4. — Les chanteurs, comme il est dit au début de la scène (ci-dessus, p. 157), ont été tout d'abord admis à la table en convives; ils se lèvent à ce moment.
5. La cour avait dû mettre ce goût de musique de table à la mode. C'était chez le Roi un usage établi qu'aux dîners publics, et quelquefois aux soupers, l'une des deux bandes de violons ou la musique même de la Chapelle se fissent entendre. Aux plus grands jours d'inquiétude, le jour même, ce semble, du retour définitif du Roi à Paris, à la fin de la Fronde (21 octobre 1652), et de l'exil de Gaston, Mademoiselle laissait encore par habitude ses violons faire leur service. Castil-Blaze a relevé ce passage curieux de ses *Mémoires* (tome II, p. 195) : « Monsieur avoit eu ordre de s'en aller.... Mme de Châtillon entra comme je dînois; mes violons jouoient. Elle me dit : « Avez-« vous le cœur d'entendre des violons? Nous serons tous chassés. » Je lui répondis : « Il faut s'attendre à tout et s'y résoudre. »
6. Non pas seulement *traitée*, mais divertie, fêtée : voyez plus haut, p. 150, note 3.

ACTE IV, SCÈNE I.

DORANTE.

Monsieur Jourdain, prêtons silence à ces Messieurs[1] ; ce qu'ils nous diront[2] vaudra mieux que tout ce que nous pourrions dire.

(Les Musiciens et la Musicienne[3] prennent des verres, chantent deux chansons à boire[4], et sont soutenus de toute la symphonie.)

1. A ces Messieurs et à ces Dames. (1682.)
2. Ce qu'ils nous feront entendre. (*Ibidem.*)
3. *Et les Musiciennes.* (*Ibidem.*) — La partition porte, comme le texte original, « les Musiciens et la Musicienne ». Cette indication et celle qu'on a vue au-devant de la scène ont probablement été rédigées pour l'impression de la comédie, quatre mois environ après la première représentation à la ville, cinq mois après la première à la cour ; elles semblent constater que, pour l'exécution des airs, on avait eu recours à une chanteuse. D'un autre côté, Dorante, dans l'original, ne parle que de « Messieurs », et au livret ne figurent pour cet intermède (ci-après, p. 233) que des noms de chanteurs. La contradiction n'est sans doute qu'apparente. A la vérité, aucunes des paroles bachiques qu'on va lire ne conviennent à une femme ; mais musicalement la partie la plus élevée du premier et du troisième morceau (non du second, écrit pour ténor et basse) ne revenait pas de toute nécessité à un homme. Les paroles de la première chanson en particulier sont faites pour être très-naturellement dites par un chanteur seul ; Lulli cependant les a mises en duo toutes sans y rien changer ; il n'y a donc là nul jeu, nul dialogue d'un buveur et d'une Philis : ce sont, si l'on veut, deux buveurs s'adressant chacun à sa belle. Aussi le livret nous apprend-il qu'à la cour la seconde partie, de basse, fut donnée à Morel, le seul des trois virtuoses nommés qui la pût chanter, et que la première partie, de haute-contre, fut donnée à de la Grille, qui avait, croyons-nous, ce genre de voix ; et c'est ce dernier musicien dont, parfois à la cour même, toujours au Palais-Royal, une musicienne travestie[a] put très-bien prendre la place. — Avait-on, au Palais-Royal, non-seulement substitué une voix de femme à celle de haute-contre, mais encore, pour les refrains, doublé les parties ? Les variantes de l'édition de 1682 qui ont été relevées le donnent à penser.
4. Dans les dialogues de la *Comparaison de la musique italienne et de la musique françoise*, par Fresneuse (1705), un des interlocuteurs s'écrie (II^{de} partie, p. 119-123) : « Entre les choses en quoi notre musique l'emporte sur l'italienne, il (*celui qui vient de tenir le dé dans le dialogue*) a oublié les petits airs en vaudeville et les airs à boire. Oublier les airs à boire !... qui (*avec les vaudevilles*) sont des biens propres à la France et que les Italiens ne connoissent point.... Ces vaudevilles, les airs à boire et les brunettes, les airs champêtres sont trois articles considérables et singuliers pour nous.... On a fait en France d'excellents airs bachiques avant que Lulli y fût venu. Ç'a été un des talents de nos premiers musiciens que Lulli prit, en prenant

---

[a] Elle put à la rigueur paraître sans travestissement, puisqu'il ne s'agit que d'un concert de table.

PREMIÈRE CHANSON A BOIRE[1].

Un petit doigt, Philis, pour commencer le tour.
Ah! qu'un verre en vos mains a d'agréables charmes!
 Vous et le vin, vous vous prêtez des armes[2],
Et je sens pour tous deux redoubler mon amour[3] :
Entre lui, vous et moi, jurons, jurons, ma belle,
  Une ardeur éternelle.

Qu'en mouillant votre bouche il en reçoit d'attraits,
Et que l'on voit par lui votre bouche embellie!
 Ah! l'un de l'autre ils me donnent envie,
Et de vous et de lui je m'enivre à longs traits :
Entre lui, vous et moi, jurons, jurons, ma belle,
  Une ardeur éternelle.

SECONDE CHANSON A BOIRE[4].

Buvons, chers amis, buvons :
Le temps qui fuit nous y convie[5];

une inclination à boire, non pas tout à fait allemande, mais beaucoup plus qu'italienne. »

1. Ier et IIe MUSICIENS *ensemble, un verre à la main.* (1734.)

2. *Ah! qu'un verre en vos mains sont d'agréables armes!*
 Vous et le vin, vous vous prêtez des charmes.

(Livret de 1670 et Partition Philidor.)

3. Ici, dans le chant, finit une première reprise qui se répétait, ainsi que la seconde formant refrain. Dans celle-ci, le dessus et la basse disent d'abord *bis*, mais non toujours ensemble, le premier hémistiche du premier vers; puis, les deux vers achevés (au second, la basse répète « Une ardeur »), ils les redisent, la basse ajoutant seule une fois de plus « vous et moi » et « Une ardeur ».

4. IIe et IIIe MUSICIENS *ensemble.* (1734.)

5. Il paraît que Lulli avait une prédilection pour cette seconde des chansons mises en musique par lui. Fresneuse (*ibidem*, p. 122) nous fournit, à cet égard, d'intéressants détails : « Quant.... aux airs à boire, *Lulli* en a peu fait. Cependant il en a fait quelques-uns.... Outre les airs bachiques, les récits de Bacchus de ses opéra, nous en avons plusieurs de lui dans ses ballets. Au quatrième acte du *Bourgeois gentilhomme*, il y en a deux de deux couplets chacun. Le second

  Buvons, chers amis, buvons :
  Le temps qui fuit nous y convie, etc.

ACTE IV, SCÈNE I.

Profitons de la vie
Autant que nous pouvons[1].
Quand on a passé l'onde noire,
Adieu le bon vin, nos amours ;
Dépêchons-nous de boire,
On ne boit pas toujours.

Laissons raisonner les sots
Sur le vrai bonheur de la vie ;
Notre philosophie
Le met parmi les pots.
Les biens, le savoir et la gloire
N'ôtent point les soucis fâcheux,
Et ce n'est qu'à bien boire
Que l'on peut être heureux[2].

Sus[3], sus, du vin partout, versez, garçons[4], versez,
Versez, versez toujours, tant qu'on vous dise assez[5].

étoit un des airs du monde que Lulli a toute sa vie le plus aimé. J'ai ouï dire à Brunet qu'ils le chantoient souvent ensemble : Brunet chantoit le dessus ; Lulli chantoit la basse (c'étoit une basse que le peu de voix qu'avoit celui-ci) et accompagnoit de son clavecin. » Ce Brunet avait été page de la Musique du Roi : voyez ci-après, p. 223, note 6.

1. Le premier quatrain forme une première reprise qui se répète, ainsi que la seconde, formée du second quatrain. Dans le premier quatrain, la basse dit « buvons » une fois de plus que le ténor ; dans le second, les deux redisent le vers « Dépêchons-nous de boire, » le ténor y répétant chaque fois, la basse, qui part plus tard, n'y répétant que la première fois « Dépêchons-nous ». Il y a naturellement de semblables répétitions aux deux quatrains du second couplet.

2. Ce second quatrain du second couplet de la chanson manque dans les éditions de 1682, 97, 1710, 18, 30, 33, et y est remplacé par le quatrain correspondant, formant refrain, du premier couplet : « *Quand on a passé l'onde noire,* » etc.

3. Tous trois ensemble. *Sus.* (1734.)
4. Garçon. (1674, Partition, 1682, 92, 97, 1730, 34.)
5. Jusqu'à tant que, jusqu'à ce qu'on vous dise... : voyez le *Dictionnaire* de Littré, à Tant, 16°. — Dans le chant de ce trio, *le Dessus* dit ainsi le premier hémistiche du premier vers : « Sus, sus, du vin, du vin partout, du vin partout ; » *le Ténor :* Sus, sus, du vin partout, du vin partout ; *la Basse :*

DORIMÈNE.

Je ne crois pas qu'on puisse mieux chanter, et cela est tout à fait beau.

MONSIEUR JOURDAIN.

Je vois encore ici, Madame, quelque chose de plus beau.

DORIMÈNE.

Ouais! Monsieur Jourdain est galant plus que je ne pensois.

DORANTE.

Comment, Madame? pour qui prenez-vous Monsieur Jourdain?

MONSIEUR JOURDAIN.

Je voudrois bien qu'elle me prît pour ce que je dirois.

DORIMÈNE.

Encore!

DORANTE[1].

Vous ne le connoissez pas.

MONSIEUR JOURDAIN.

Elle me connoîtra[2] quand il lui plaira.

DORIMÈNE.

Oh! je le quitte[3].

« Sus, sus, du vin, du vin partout. » — Le dernier vers, après avoir été dit une première fois, est repris de façon à revenir, avec des répétitions particulières, deux fois dans le chant du Dessus, trois fois dans celui du Ténor et de la Basse. Voici pour chaque voix l'emploi des paroles reprises. *Le Dessus :* « Versez (*ter*) toujours, versez (*bis*) toujours, versez toujours, tant qu'on vous dise assez, Versez toujours (*ter* ces deux mots), tant, etc. » *Le Ténor :* « Versez (*ter*) toujours, tant, etc. Versez (*ter*) toujours, tant, etc. Versez toujours, tant, etc. » *La Basse :* « Versez (*ter*) toujours, versez toujours, tant, etc. Versez (*bis*) toujours, tant, etc. Versez (*bis*) toujours, tant, etc. »

1. DORANTE, *à Dorimène.* (1734.)

2. Plus encore que les grosses sottises qu'il risque, cet *elle* familier indique à quel point M. Jourdain s'est monté la tête et s'abandonne, et cela sans doute déjà sous l'œil de Mme Jourdain, prête à entrer.

3. J'y renonce ; je renonce à faire assaut : comparez tome III, p. 349 et note 1, scène VI de *la Critique de l'École des femmes*, et tome VI, p. 594, dernière scène de *George Dandin*.

DORANTE.

Il est homme qui a toujours la riposte en main. Mais vous ne voyez pas que Monsieur Jourdain, Madame, mange tous les morceaux que vous touchez[1].

DORIMÈNE.

Monsieur Jourdain est un homme qui me ravit.

MONSIEUR JOURDAIN.

Si je pouvois ravir votre cœur, je serois....

SCÈNE II.

MADAME JOURDAIN, MONSIEUR JOURDAIN, DORIMÈNE, DORANTE, Musiciens, Musicienne, Laquais[2].

MADAME JOURDAIN.

Ah, ah! je trouve ici bonne compagnie, et je vois bien qu'on ne m'y attendoit pas. C'est donc pour cette belle affaire-ci, Monsieur mon mari, que vous avez eu tant d'empressement à m'envoyer dîner chez ma sœur? Je viens de voir un théâtre là-bas, et je vois ici un banquet à faire noces. Voilà comme vous dépensez votre bien, et c'est ainsi que vous festinez[3] les dames en mon absence, et que vous leur donnez la musique et la comédie, tandis que vous m'envoyez promener?

---

1. Que vous avez touchés. (1682, 94 B, 1734.)
2. MUSICIENS, LAQUAIS. (1734.) — Il y a dans l'*Asinaire* de Plaute (*seconde partie de la scène II de l'acte V, vers 886 et suivants*) une situation presque semblable : Artémone surprend son mari Déménète à table, chez la courtisane Philénie; elle apostrophe vertement la courtisane, et, comme de raison, traite encore plus mal le galant suranné. (*Note d'Auger.*)
3. Ce verbe *festiner*, qui se prend soit activement, comme ici, soit neutralement, est noté « vieux » dans les trois premières éditions du *Dictionnaire de l'Académie;* dans les suivantes, comme familier seulement ou n'ayant d'emploi qu'en plaisantant.

DORANTE.

Que voulez-vous dire, Madame Jourdain? et quelles fantaisies sont les vôtres, de vous aller mettre en tête que votre mari dépense son bien, et que c'est lui qui donne ce régale[1] à Madame? Apprenez que c'est moi, je vous prie; qu'il ne fait seulement que me prêter sa maison, et que vous devriez un peu mieux regarder aux choses que vous dites.

MONSIEUR JOURDAIN.

Oui, impertinente, c'est Monsieur le Comte qui donne tout ceci à Madame, qui est une personne de qualité. Il me fait l'honneur de prendre ma maison, et de vouloir que je sois avec lui.

MADAME JOURDAIN.

Ce sont des chansons que cela : je sais ce que je sais[2].

DORANTE.

Prenez, Madame Jourdain, prenez de meilleures lunettes.

MADAME JOURDAIN.

Je n'ai que faire de lunettes, Monsieur, et je vois[3] assez clair; il y a longtemps que je sens les choses, et je ne suis pas une bête. Cela est fort vilain à vous, pour un grand seigneur, de prêter la main comme vous faites aux sottises de mon mari. Et vous, Madame, pour une grand' Dame[4], cela n'est ni beau ni honnête à vous,

1. Ce régal. (1710, 18, 30, 33, 34.) — Sur ce mot, ici tout à fait synonyme de *cadeau* (qui se trouve ci-dessus, p. 121), et bien expliqué par le verbe *régaler*, tel qu'il a été employé p. 150 et 160, voyez aux *Amants magnifiques*, tome VII, p. 410, note 1. Nous avons dit, même tome, p. 111, note 1, que cette orthographe de l'original (*régale*) était alors très-ordinaire, et qu'elle ne fut changée par l'Académie que postérieurement à sa première édition de 1694.

2. Je m'entends, je sais qu'en penser : nous avons déjà vu deux fois ce dicton (au *Médecin malgré lui*, tome VI, p. 37 et p. 61).

3. Il y a *voi* (*voy*) ici dans l'original et dans presque tous nos anciens textes, bien qu'ils aient *vois* plus haut (p. 160, 164 et 165), devant d'autres voyelles qu'*a*.

4. Telle est ici l'orthographe des éditions de 1671, 74, 75 A, 84 A; *grande Dame*, dans celles de 1682, 94 B et 1734. Voyez ci-dessus, p. 146, note 1.

de mettre de la dissension dans un ménage, et de souffrir que mon mari soit amoureux de vous.

DORIMÈNE.

Que veut donc dire tout ceci? Allez, Dorante, vous vous moquez, de m'exposer aux sottes visions de cette extravagante.

DORANTE[1].

Madame, holà! Madame, où courez-vous?

MONSIEUR JOURDAIN.

Madame! Monsieur le Comte, faites-lui excuses[2], et tâchez de la ramener.[3] Ah! impertinente que vous êtes! voilà de vos beaux faits; vous me venez faire des affronts devant tout le monde, et vous chassez de chez moi des personnes de qualité.

MADAME JOURDAIN.

Je me moque de leur qualité.

MONSIEUR JOURDAIN.

Je ne sais qui me tient[4], maudite, que je ne vous fende la tête avec les pièces du repas que vous êtes venue troubler.   (On ôte la table[5].)

MADAME JOURDAIN, sortant.

Je me moque de cela. Ce sont mes droits que je défends, et j'aurai pour moi toutes les femmes.

MONSIEUR JOURDAIN.

Vous faites bien d'éviter ma colère.[6] Elle est arrivée

---

1. DORANTE, *suivant Dorimène qui sort.* (1734.)
2. C'est-à-dire faites-lui des excuses pour moi. — Faites-lui mes excuses. (1692, 1730, 33, 34.) — Faites-lui excuse. (1718.)
3.   SCÈNE III.
    Mme JOURDAIN, M. JOURDAIN, LAQUAIS.
           M. JOURDAIN. (1734.)
4. Ce qui me tient : voyez au *Lexique de la langue de Corneille*, tome II, p. 256.
5. *Les laquais emportent la table.* (1734.)
6.   SCÈNE IV.
    M. JOURDAIN, *seul.* (*Ibidem.*)

là bien malheureusement. J'étois en humeur de dire de jolies choses, et jamais je ne m'étois senti tant d'esprit. Qu'est-ce que c'est que cela?

SCÈNE III.

COVIELLE, déguisé[1], MONSIEUR JOURDAIN[2], LAQUAIS.

COVIELLE.

Monsieur, je ne sais pas si j'ai l'honneur d'être connu de vous.

MONSIEUR JOURDAIN.

Non, Monsieur.

COVIELLE[3].

Je vous ai vu que vous n'étiez pas plus grand que cela[4].

MONSIEUR JOURDAIN.

Moi!

COVIELLE.

Oui, vous étiez le plus bel enfant du monde, et toutes les dames vous prenoient dans leurs bras pour vous baiser.

MONSIEUR JOURDAIN.

Pour me baiser!

---

1. COVIELLE, *déguisé en voyageur.* (1682.) — En voyageur portant sans doute encore longue barbe et affublé de quelque pièce du costume oriental.

2.   SCÈNE V.

    M. JOURDAIN, COVIELLE, *déguisé.* (1734.)

— Sur toute la fin bouffonne de la comédie, voyez ci-dessus la *Notice*, p. 14 et 15.

3. COVIELLE, *étendant la main à un pied de terre.* (1734.)

4. Arnolphe dit d'Horace, aux vers 257 et 258 de *l'École des femmes* (tome III, p. 181) :

        J'admire de le voir au point où le voilà,
        Après que je l'ai vu pas plus grand que cela.

COVIELLE.
Oui. J'étois grand ami de feu Monsieur votre père.
MONSIEUR JOURDAIN.
De feu Monsieur mon père !
COVIELLE.
Oui. C'étoit un fort honnête gentilhomme.
MONSIEUR JOURDAIN.
Comment dites-vous ?
COVIELLE.
Je dis que c'étoit un fort honnête gentilhomme.
MONSIEUR JOURDAIN.
Mon père !
COVIELLE.
Oui.
MONSIEUR JOURDAIN.
Vous l'avez fort connu ?
COVIELLE.
Assurément.
MONSIEUR JOURDAIN.
Et vous l'avez connu pour gentilhomme ?
COVIELLE.
Sans doute.
MONSIEUR JOURDAIN.
Je ne sais donc pas comment le monde est fait.
COVIELLE.
Comment ?
MONSIEUR JOURDAIN.
Il y a de sottes gens qui me veulent dire qu'il a été marchand.
COVIELLE.
Lui marchand ! C'est pure médisance, il ne l'a jamais été. Tout ce qu'il faisoit, c'est qu'il étoit fort obligeant, fort officieux ; et comme il se connoissoit fort bien en étoffes, il en alloit choisir de tous les côtés, les faisoit

apporter chez lui, et en donnoit à ses amis pour de l'argent.

MONSIEUR JOURDAIN.

Je suis ravi de vous connoître, afin que vous rendiez ce témoignage-là, que mon père étoit gentilhomme.

COVIELLE.

Je le soutiendrai devant tout le monde.

MONSIEUR JOURDAIN.

Vous m'obligerez. Quel sujet vous amène?

COVIELLE.

Depuis avoir connu[1] feu Monsieur votre père, honnête gentilhomme, comme je vous ai dit, j'ai voyagé par tout le monde.

MONSIEUR JOURDAIN.

Par tout le monde!

COVIELLE.

Oui.

MONSIEUR JOURDAIN.

Je pense qu'il y a bien loin en ce pays-là[2].

COVIELLE.

Assurément. Je ne suis revenu de tous mes longs voyages que depuis quatre jours; et par l'intérêt que je prends à tout ce qui vous touche, je viens vous annoncer la meilleure nouvelle du monde.

MONSIEUR JOURDAIN.

Quelle?

COVIELLE.

Vous savez que le fils du Grand Turc est ici[3]?

---

1. Littré cite de ce tour de *depuis* employé avec un infinitif passé un exemple de Calvin et un de Saint-Simon; on en trouvera d'autres dans les divers *Lexiques* de la Collection.

2. C'est-à-dire : qu'il y a de longs voyages à faire en ce pays-là, par ce pays que vous nommez « tout le monde. »

3. Il y a un point, au lieu d'un point d'interrogation, après *ici*, dans les éditions de 1674, 82, 1734 (mais non 1773).

ACTE IV, SCÈNE III.

MONSIEUR JOURDAIN.

Moi? Non.

COVIELLE.

Comment? il a un train tout à fait magnifique; tout le monde le va voir, et il a été reçu en ce pays comme un seigneur d'importance.

MONSIEUR JOURDAIN.

Par ma foi! je ne savois pas cela.

COVIELLE.

Ce qu'il y a d'avantageux pour vous, c'est qu'il est amoureux de votre fille.

MONSIEUR JOURDAIN.

Le fils du Grand Turc?

COVIELLE.

Oui; et il veut être votre gendre.

MONSIEUR JOURDAIN.

Mon gendre, le fils du Grand Turc!

COVIELLE.

Le fils du Grand Turc votre gendre. Comme je le fus voir, et que j'entends parfaitement sa langue, il s'entretint avec moi; et, après quelques autres discours, il me dit : *Acciam croc soler ouch alla*[1] *moustaph gidelum amanahem varahini oussere carbulath*[2], c'est-à-dire :

---

1. *Onch alla.* (1674, 82, 94 B, 1734.) Ces syllabes *ouch alla* terminent le premier vers du faux refrain qu'Hali ajoute à sa chanson, dans la scène VIII du *Sicilien* : voyez tome VI, p. 253 et 254; la fin, *challa*, fait penser, nous dit M. Barbier de Meynard, au mot arabe-turc si usité *mâchallah*, « bravo! merveilleux! » Pour le reste, voyez la note suivante.

2. Le prétendu turc que bredouillent Covielle et Cléonte dans cette scène et la suivante, ainsi que dans la scène IV de l'acte V, n'est, suivant une note qu'a bien voulu nous remettre M. Barbier de Meynard, qu' « un composé de sons burlesques dénué de sens, tout comme le mot *mamamouchi*. Dans ce galimatias on reconnaît cependant quelques mots formés à l'orientale, comme la salutation arabe *salamaléqui*[a], pour *salam aleïk*, « le salut sur toi! », *yoc*, pour *yok*, « non », *Sadoc*, nom propre hébreu, à prononcer en turc

[a] Au début de la scène suivante. Même scène, p. 175 et 176, les deux mots qui vont être immédiatement relevés.

« N'as-tu point vu une jeune belle personne, qui est la fille de Monsieur Jourdain, gentilhomme parisien ? »

MONSIEUR JOURDAIN.

Le fils du Grand Turc dit cela de moi ?

COVIELLE.

Oui. Comme je lui eus répondu que je vous connoissois particulièrement, et que j'avois vu votre fille : « Ah ! me dit-il, *marababa sahem;* » c'est-à-dire « Ah ! que je suis amoureux d'elle ! »

MONSIEUR JOURDAIN.

Marababa sahem veut dire « Ah ! que je suis amoureux d'elle » ?

Sadeuc, puis d'autres termes qui se retrouvent dans les scènes turques de *la Sœur* de Rotrou. » — Indiquons ici le petit nombre de mots que Molière a empruntés aux scènes v et vi de l'acte III de Rotrou. Ce sont : 1° les tout premiers qu'on vient de lire, *Acciam croc soler,* et le septième *gidelum;* ils sont pris de la fin de la scène vi de Rotrou : « GÉRONTE. *Acciam...?* HORACE. *Acciam bien croch soler, sen belmen, sen croch soler....* GÉRONTE. *Ghidelum,* etc. HORACE. *Ghidelum Baba :* » il est dans le rôle de ce Géronte aussi bien que dans celui de son fils Horace de parler le vrai turc, et ils le parlent en effet[a], sauf, dit M. Barbier de Meynard, « quelques incorrections dues soit à Rotrou lui-même, soit aux premiers éditeurs; les sept premiers mots de Covielle peuvent être rétablis ainsi : *Akhcham khoch*[b] *seuïler (sîn) machalla moustafa guidelum;* et en voici la traduction : « Ce soir, tu « parles bien, bravo ! Moustapha, partons; » — 2° *carbulath,* qui est à la fin de cette première phrase et qui, sous la forme très-approchante de *carbulach,* termine aussi une des phrases de Géronte dans la même scène vi de Rotrou; il n'a cependant aucun sens; — 3° vers la fin de la scène suivante (p. 176), *bel-men :* ce mot qui est pour *bilmen,* « je ne sais pas, » est plusieurs fois employé par l'Horace de Rotrou; — 4° à la scène suivante, premier couplet de Cléonte et second de Covielle, *oqui boraf* et *Carigar camboto,* qui diffèrent peu de quatre des mots forgés au hasard par l'impudent valet Ergaste dans la scène v de Rotrou : « *Cabrisciam*[c] *ogni Boraf,* dit-il, et un peu après : *Carigar camboco.* »

[a] Voyez la *Notice,* p. 34 et 35.
[b] Le changement d'*h* en *r* dans le *croc* du texte de Molière pourrait s'expliquer par la manière dont beaucoup inclinent à faire sentir, étant malhabiles ou peu exercés à la bien rendre, la forte aspiration turque ou arabe que marque ici l'*h* après le *k.*
[c] De là le *Cabricias* du Sganarelle Fagotier; Molière avait déjà mis à profit le baragouin d'Ergaste : voyez tome VI, p. 86 et p. 88, note 1. Le rôle de cet Ergaste rappelle un peu celui de l'esclave Milphion dans une des scènes du *Carthaginois* de Plaute (la n[de] du V[e] acte).

COVIELLE.

Oui.

MONSIEUR JOURDAIN.

Par ma foi! vous faites bien de me le dire, car pour moi je n'aurois jamais cru que *marababa sahem* eût voulu dire: « Ah! que je suis amoureux d'elle! » Voilà une langue admirable que ce turc!

COVIELLE.

Plus admirable qu'on ne peut croire. Savez-vous bien ce que veut dire *cacaracamouchen?*

MONSIEUR JOURDAIN.

Cacaracamouchen? Non.

COVIELLE.

C'est-à-dire « Ma chère âme. »

MONSIEUR JOURDAIN.

Cacaracamouchen veut dire « Ma chère âme »?

COVIELLE.

Oui.

MONSIEUR JOURDAIN.

Voilà qui est merveilleux! *Cacaracamouchen,* « Ma chère âme. » Diroit-on jamais cela? Voilà qui me confond.

COVIELLE.

Enfin, pour achever mon ambassade, il vient vous demander votre fille en mariage; et pour avoir un beau-père qui soit digne de lui, il veut vous faire *Mamamouchi,* qui est une certaine grande dignité de son pays.

MONSIEUR JOURDAIN.

Mamamouchi?

COVIELLE.

Oui, *Mamamouchi;* c'est-à-dire, en notre langue, Paladin. Paladin, ce sont de ces anciens.... Paladin enfin. Il n'y a rien de plus noble que cela dans le monde, et vous irez de pair avec les plus grands Seigneurs de la terre.

MONSIEUR JOURDAIN.

Le fils du Grand Turc m'honore beaucoup, et je vous prie de me mener chez lui pour lui en faire[1] mes remercîments.

COVIELLE.

Comment ? le voilà qui va venir ici.

MONSIEUR JOURDAIN.

Il va venir ici?

COVIELLE.

Oui ; et il amène toutes choses pour la cérémonie de votre dignité.

MONSIEUR JOURDAIN.

Voilà qui est bien prompt.

COVIELLE.

Son amour ne peut souffrir aucun retardement.

MONSIEUR JOURDAIN.

Tout ce qui m'embarrasse ici, c'est que ma fille est une opiniâtre, qui s'est allée[2] mettre dans la tête[3] un certain Cléonte, et elle jure de n'épouser personne que celui-là.

COVIELLE.

Elle changera de sentiment quand elle verra le fils du Grand Turc ; et puis il se rencontre ici une aventure merveilleuse, c'est que le fils du Grand Turc ressemble à ce Cléonte, à peu de chose près[4]. Je viens de le voir, on me l'a montré ; et l'amour qu'elle a pour l'un, pourra passer aisément à l'autre, et.... Je l'entends venir : le voilà.

1. Pour lui faire. (1682, 97, 1710, 18, 30, 33, 34.)
2. *Allé*, sans accord devant l'infinitif, dans tous nos textes, sauf les trois éditions étrangères et 1773.
3. En la tête. (1718.) — En tête. (1734.)
4. A peu de choses près. (1730, 33, 34, mais non 1773.)

SCÈNE IV.

CLÉONTE, en Turc, avec trois pages portants[1] sa veste[2]; MONSIEUR JOURDAIN, COVIELLE, déguisé[3].

CLÉONTE.
Ambousahim oqui boraf, Iordina[4] *salamalequi.*
COVIELLE[5].
C'est-à-dire : « Monsieur Jourdain, votre cœur soit toute l'année comme un rosier fleuri. » Ce sont façons de parler obligeantes de ces pays-là.
MONSIEUR JOURDAIN.
Je suis très-humble serviteur de son Altesse Turque.
COVIELLE.
Carigar camboto oustin moraf.
CLÉONTE.
Oustin yoc[6] *catamalequi basum base alla moran.*
COVIELLE.
Il dit « que le Ciel vous donne la force des lions et la prudence des serpents ! »
MONSIEUR JOURDAIN.
Son Altesse Turque m'honore trop, et je lui souhaite toutes sortes de prospérités.

---

1. Ce participe suivi d'un complément direct est ainsi au pluriel dans l'édition originale et dans celle de 1792.
2. C'est-à-dire sans doute, tenant relevé par derrière le bas de sa veste : sur ce long vêtement oriental, voyez ci-dessus aux *Acteurs*, p. 41, note *f*.
3.   SCÈNE VI.
   CLÉONTE, *en Turc*, TROIS PAGES, *portant la veste de Cléonte*,
      M. JOURDAIN, COVIELLE. (1734.)
4. *Giourdina*. (*Ibidem.*)
5. COVIELLE, *à M. Jourdain.* (*Ibidem.*)
6. Sur ce mot, voyez ci-après, p. 183, 6ᵉ alinéa.

LE BOURGEOIS GENTILHOMME.

COVIELLE.

Ossa binamen sadoc[1] *babally oracaf ouram.*

CLÉONTE.

Bel-men[2].

COVIELLE.

Il dit que vous alliez vite avec lui vous préparer pour la cérémonie, afin de voir ensuite votre fille, et de conclure le mariage.

MONSIEUR JOURDAIN.

Tant de choses en deux mots?

COVIELLE.

Oui, la langue turque est comme cela, elle dit beaucoup en peu de paroles[3]. Allez vite où il souhaite.

SCÈNE V.

DORANTE, COVIELLE.

COVIELLE[4].

Ha, ha, ha. Ma foi! cela est tout à fait drôle. Quelle dupe! Quand il auroit appris son rôle par cœur, il ne pourroit pas le mieux jouer. Ah, ah.[5] Je vous prie, Monsieur, de nous vouloir aider céans, dans une affaire qui s'y passe.

DORANTE.

Ah, ah, Covielle, qui t'auroit reconnu? Comme te voilà ajusté!

---

1. Ce mot, nous l'avons dit en note (p. 171 et 172), est un nom propre oriental.
2. Voyez vers la fin de la note 2 de la page 171.
3. Ce passage en rappelle un de *la Sœur* de Rotrou : voyez ci-dessus la *Notice*, p. 34 et 35.
4.   SCÈNE VII.
      COVIELLE, *seul.* (1734.)
5.   SCÈNE VIII.
    DORANTE, COVIELLE.
    COVIELLE. (*Ibidem.*)

COVIELLE.

Vous voyez. Ah, ah.

DORANTE.

De quoi ris-tu?

COVIELLE.

D'une chose, Monsieur, qui le mérite[1] bien.

DORANTE.

Comment?

COVIELLE.

Je vous le donnerois en bien des fois, Monsieur, à deviner, le stratagème dont nous nous servons auprès de Monsieur Jourdain, pour porter son esprit à donner sa fille à mon maître.

DORANTE.

Je ne devine point le stratagème; mais je devine qu'il ne manquera pas de faire son effet, puisque tu l'entreprends.

COVIELLE.

Je sais, Monsieur, que la bête vous est connue.

DORANTE.

Apprends-moi ce que c'est.

COVIELLE.

Prenez la peine de vous tirer[2] un peu plus loin, pour faire place à ce que j'aperçois venir. Vous pourrez voir

---

1. Dans l'édition originale et dans celles de 1675 A, 84 A, « qui la mérite »; faute évidente.
2. De vous retirer : « Tirons-nous un peu plus loin, » a dit aussi M. Jourdain à Dorante, ci-dessus, p. 121. C'est plus ordinairement *tirer* qui s'emploie neutralement dans ce sens d'*aller*, *se diriger*, comme au vers 822 du *Tartuffe* (tome IV, p. 456):

Tirez de cette part; et vous, tirez de l'autre;

ou absolument dans le sens de *s'en aller*, comme au vers 1588 de *l'Étourdi* (tome I, p. 211):

Tirez, tirez, vous dis-je, ou bien je vous assomme.

une partie de l'histoire, tandis que je vous conterai le reste.

La Cérémonie turque pour ennoblir[1] le Bourgeois se fait en danse et en musique, et compose le quatrième intermède[2].

Le Mufti[3], quatre Dervis, six Turcs dansants, six Turcs musi-

1. Annoblir. (1682, 94 B.) Cette écriture du mot avec deux *n* indique sans doute qu'une même prononciation nasale achevait de confondre *annoblir* et *ennoblir* : voyez le *Dictionnaire de Littré*. D'autres, par exemple Richelet en 1680, écrivaient *anoblir* et prononçaient probablement cette forme comme nous, mais sans en restreindre, comme nous, le sens. La distinction entre *anoblir* et *ennoblir*, faite en 1690 par Furetière, et en 1694 par l'Académie (dans sa première édition, d'après une décision prise, il est vrai, bien antérieurement)[a], était loin d'être établie en 1670 et en 1682 : voyez dans le *Lexique de la langue de Corneille*, tome I, p. 367 et 368, la note instructive de M. Marty-Laveaux.

2. Voyez, sur la Cérémonie turque, la *Notice*, ci-dessus, p. 21 et suivantes; et voyez ci-après, p. 184-193, comment cet intermède a été complété, très-vraisemblablement d'après des copies primitives, dans l'édition de 1682, que reproduit, à quelques modifications près, l'éditeur de 1734. On peut voir à l'*Appendice* (p. 230 et suivantes) en quoi, pour la prose, le livret de 1670 et le *Ballet des ballets* de 1671, ici tout semblables entre eux, diffèrent de l'édition originale, que nous suivons dans la Cérémonie comme dans tout le reste de la pièce; pour les vers, ces trois textes n'ont que d'insignifiantes différences.

3. Il a été dit à la *Notice* (p. 24) que c'est Lulli qui se chargea de représenter, à la cour, le personnage du Mufti; sans compter sa musique, qui dut tant contribuer au succès, il avait eu sans doute plus de part encore qu'à l'ordinaire aux inventions chorégraphiques et autres, aux lazzi de ce divertissement turquesque, lui qui en 1660 (on l'a également vu à la *Notice*, p. 11) en avait imaginé et fait réussir un analogue. Quant à son jeu, voici ce que nous en apprend un auteur fort bien au courant de tout ce qui concerne Lulli, Fresneuse (II[de] partie, p. 207, dans un passage déjà indiqué, p. 25, note 2, de la *Notice*) : « Il chanta lui-même le personnage du Mufti, qu'il exécutoit à merveilles. Toute sa vivacité, tout le talent naturel qu'il avoit pour déclamer se déployèrent là; et, quoiqu'il n'eût qu'un filet de voix[b] et que ce rôle paroisse fort et pénible, il venoit à bout de le remplir au gré de tout le monde. Le Roi, qu'il divertit extrêmement, lui en fit des compliments. » Il sut dans cette occasion sans doute soutenir et animer les danseurs non moins que les chanteurs. « Lulli, dit encore Fresneuse (p. 228), se mêloit de la danse presque autant que du reste.... *Il* eut presque autant de part aux ballets des opéra.... que Beauchamp. Il réformoit les entrées, imaginoit des pas d'expression et qui convinssent au sujet; et, quand il en étoit besoin, il se

[a] *Anoblir*, dit l'Académie, c'est « faire un homme noble. » *Ennoblir*, c'est « rendre plus considérable, plus noble, plus illustre. »

[b] Fresneuse a constaté plus haut que ce peu de voix était une basse : voyez ci-dessus, la fin de la note 5 de la page 162.

ACTE IV. — CÉRÉMONIE TURQUE.

ciens[1], et autres joueurs d'instruments à la turque[2], sont les acteurs de cette cérémonie.

Le Mufti invoque Mahomet avec les douze Turcs et les quatre Dervis; après on lui amène le Bourgeois, vêtu à la turque, sans turban et sans sabre, auquel il chante ces paroles :

LE MUFTI.

Se ti sabir[3],
Ti respondir;

mettoit à danser devant ses danseurs, pour leur faire comprendre plus tôt ses idées. Il n'avoit pourtant point appris, et il ne dansoit qu'ainsi de caprice et par hasard; mais l'habitude de voir des danses et un talent extraordinaire pour tout ce qui appartient aux spectacles le faisoient danser, sinon avec une grande politesse, au moins avec une vivacité très-agréable. » — On voit dans le compte des dépenses réglées à la cour, après les représentations de la comédie-ballet données en octobre et novembre 1670, que Lulli partagea avec Mlle Hilaire (elle était tante de sa femme et il lui donnait un rôle principal dans presque tous les ballets) la somme de 900 livres qui fut allouée « pour leurs habits. » (Page 363 de *Molière et la Comédie italienne* de M. Moland.)

1. « Douze Turcs musiciens, » dans la partition Philidor. Ce premier alinéa du sommaire de la Cérémonie est d'ailleurs le seul qu'elle reproduise. Le copiste n'a accompagné les paroles de cet intermède, qui chez lui sont, en général, les mêmes que celles de l'édition de 1682, que des quelques indications relevées plus loin, p. 184, note 5, p. 185, note 4, et p. 190, note 2.

2. La Partition n'indique pas ces instruments; la *banda* (grosse caisse, cymbales, triangle) en était certainement.

3. La langue grotesque qu'on parle dans cette Cérémonie, dit M. Jules Guillemot (à la fin de la Revue dramatique publiée par le *Journal de Paris*, le 30 juin 1873), n'est pas moins vraie que les patois de nos provinces employés par Molière dans quelques-unes de ses pièces : « Pour s'en convaincre, il suffit de faire le voyage, aujourd'hui très-facile, de Marseille à Alger. Dans ce coin de l'Orient, comme sur tout le littoral de la Méditerranée, on parle une langue qui n'est que le turc de Molière. La première fois qu'on entend les Arabes vous apostropher dans ce langage pittoresque : *Si ti sabir, ti respondir !* on se tâte pour voir si l'on n'est pas sur le plancher du Théâtre-Français. J'avoue qu'avant une pareille épreuve, j'avais cru le turc du *Bourgeois gentilhomme* une pure fantaisie du maître comique [a]. Point du tout. Ce piquant baragouin, composé d'arabe, de turc, de maltais, de français, d'italien, d'espagnol, est le langage de transaction adopté dans les rapports entre Orientaux et Occidentaux. Molière.... en a su faire son profit [b]. »

[a] Nous indiquons, d'après M. Barbier de Meynard, où ce turc n'est pas de pure fantaisie (ci-dessus, p. 171, notes 1 et 2, et ci-après, p. 183 et 184).

[b] M. J. Guillemot ajoute et Littré a constaté dans le *Supplément* de son *Dictionnaire* que le verbe invariable, l'infinitif *sabir*, placé ici au début de la Cérémonie, est d'un emploi si fréquent dans ce parler composite, que *le sabir,*

Se non sabir,
Tazir, tazir.
Mi star Mufti :
Ti qui star ti?
Non intendir :
Tazir, tazir[1].

Le Mufti demande, en même langue, aux Turcs assistants de quelle religion est le Bourgeois, et ils l'assurent qu'il est mahométan. Le Mufti invoque Mahomet en langue franque[2], et chante les paroles qui suivent :

LE MUFTI.

Mahametta[3] *per Giourdina*
Mi pregar sera é mattina :
Voler far un Paladina
Dé Giourdina, dé Giourdina.
Dar turbanta, é dar[4] *scarcina*[5]*,*
Con galera é brigantina,
Per deffender Palestina[6]*.*
Mahametta, etc.[7]

1. Voici la traduction, peut-être un peu superflue, de ces paroles franques. « Si toi savoir, toi répondre ; si non savoir, te taire, te taire. Moi être Mufti : toi, qui être, toi? (Toi) pas entendre (comprendre) : te taire, te taire. »
2. Dans la partie de prose non répétée ci-dessous, à l'*Appendice*, le livret de 1670 et *le Ballet des ballets* n'ont que cette seule variante : *franche*, pour *franque*.
3. *Mahameta*. (1674, 82, 1734.)
4. Nous corrigeons, avec les éditions de 1682, 84 A, 94 B, 1734, *é edar* en *é dar*.
5. C'est l'italien *squarcina*, cimeterre ; l'édition de 1682 a, ici et plus bas, la leçon fautive *scarrina* : voyez p. 188, note 6.
6. « Mahomet, pour Jourdain, moi prier soir et matin : vouloir faire un Paladin de Jourdain, de Jourdain. Donner turban et donner cimeterre, avec galère et brigantine, pour défendre Palestine. »
7. Cet *etc.* indique la reprise des deux premiers vers du couplet : voyez plus loin, p. 188, notes 4 et 8.

la langue sabir, désigne précisément, dans le Levant et en Algérie, le jargon qu'on nomme aussi *la langue franque*. « *Sabir* est le verbe *savoir*, dit Littré ; à beaucoup de questions les Levantins.... répondaient : *Mi no sabir*, « je ne sais pas; » on en a fait la langue *sabir*. »

ACTE IV. — CÉRÉMONIE TURQUE.

Le Mufti demande aux Turcs si le Bourgeois sera ferme dans la religion mahométane, et leur chante ces paroles :

LE MUFTI.

Star bon Turca Giourdina[1]*?*

LES TURCS.

Hi valla[2].

LE MUFTI danse et chante ces mots :

Hu la ba ba la chou ba la ba ba la da[3].

Les Turcs répondent les mêmes vers.

Le Mufti propose de donner le turban au Bourgeois, et chante les paroles qui suivent :

LE MUFTI.

Ti non star furba?

LES TURCS.

No, no, no.

LE MUFTI.

Non star furfanta?

LES TURCS.

No, no, no.

LE MUFTI.

Donar turbanta, donar turbanta[4].

Les Turcs répètent tout ce qu'a dit le Mufti pour donner le turban au Bourgeois. Le Mufti et les Dervis se coiffent avec des turbans de cérémonies[5], et l'on présente au Mufti l'Alcoran, qui fait une seconde invocation avec tout le reste des Turcs assistants ;

1. « Être bon Turc Jourdain? »
2. « Je l'affirme par Dieu. » Ces derniers mots sont turcs et se prononcent *eïvallah :* voyez au-devant du texte plus complet de 1682, ci-après, p. 183, la note de M. Barbier de Meynard.
3. Auger, en « rectifiant » un peu ces syllabes, croyait pouvoir en former les mots « véritablement turcs » d'*Allah, baba, hou*, « Dieu, mon père, Lui (Dieu) ». Il nous paraît évident qu'il n'y a d'autre intention ici que d'amuser par les sons les plus bizarres, le plus à l'avenant possible du chant, de la danse, des contorsions et grimaces de toutes ces caricatures turques.
4. « Toi pas être fourbe? — Non, non, non. — Pas être fripon? — Non, non, non. — Donner turban, donner turban. »
5. De cérémonie. (1674.)

après son invocation, il donne au Bourgeois l'épée, et chante ces paroles :

LE MUFTI.

Ti star nobilé, é non star fabbola.
Pigliar schiabbola[1].

Les Turcs répètent les mêmes vers, mettant[2] tous le sabre à la main, et six d'entre eux dansent autour du Bourgeois, auquel ils feignent de donner plusieurs coups de sabre.

Le Mufti commande aux Turcs de bâtonner le Bourgeois, et chante les paroles qui suivent :

LE MUFTI.

Dara, dara[3],
Bastonnara, bastonnara[4].

Les Turcs répètent les mêmes vers, et lui donnent plusieurs coups de bâton en cadence.

Le Mufti, après l'avoir fait bâtonner, lui dit en chantant :

LE MUFTI.

Non tener honta :
Questa star ultima[5] *affronta*[6].

Les Turcs répètent les mêmes vers.

Le Mufti recommence une invocation, et se retire après la cérémonie avec tous les Turcs, en dansant et chantant avec plusieurs instruments à la turquesque.

1. « Toi être noble, et (cela) pas être fable. Prendre sabre. »
2. Les éditions de 1682, 97, 1710 ont seules l'accord : *mettans*.
3. Nous ajoutons ici une virgule que donne l'édition de 1682. Un geste expliquait l'ellipse.
4. « Donner, donner..., bâtonner, bâtonner. »
5. *Ultima* est ainsi sans article dans l'édition originale, dans celle de 1674, dans les trois éditions étrangères, et toujours, sauf une fois, dans la Partition ; nos autres textes ont *l'ultima* : voyez plus loin, p. 192 et note 4 ; comparez aussi la page 196, où l'original, l'édition de 1682 et la copie Philidor donnent également *l'ultima*.
6. « Ne pas avoir honte : celui-ci être (le) dernier affront (en italien *affronto*). »

FIN DU QUATRIÈME ACTE.

VARIANTE DE LA CÉRÉMONIE TURQUE.

La Cérémonie turque est plus étendue, et offre des modifications nombreuses dans l'édition de 1682 et, d'après elle, dans les suivantes : nous donnons ici, en appendice, le texte de l'édition de 1682, avec les variantes de 1734. Il nous paraît être un remaniement dû à notre auteur ou du moins approuvé et accepté par lui : aussi l'imprimons-nous en même caractère que la version, qui précède, de l'édition originale. On ne peut guère douter en effet que les éditeurs de 1682 n'aient donné un programme fidèle des représentations de l'intermède telles que Molière les avait réglées ; et, quant aux paroles, elles sont évidemment authentiques, prises d'une copie primitive, puisque ce sont celles mêmes que Lulli a, la plupart, mises en musique et qui se lisent dans le vieux manuscrit de la Partition transmis par Philidor.

Nous nous félicitons de pouvoir mettre sous les yeux du lecteur, au-devant du texte le plus complet de cette scène d'intermède, la note suivante, dont nous sommes redevables à M. Barbier de Meynard.

« Quiconque a visité l'Orient musulman reconnaîtra dans la Cérémonie burlesque du *Bourgeois gentilhomme* une certaine ressemblance avec le cérémonial usité, surtout autrefois, dans les communautés de derviches (dervis) pour la réception des novices. C'est vraisemblablement de ce souvenir que s'est inspiré le chevalier d'Arvieux ou le voyageur, quel qu'il soit, qui a tracé le scénario de cette bouffonnerie. On pourra s'en convaincre en consultant l'intéressante notice sur les ordres de derviches insérée par Mouradjea d'Ohsson dans son *Tableau général de l'Empire Othoman*[1]. Ainsi s'expliquent la scène du tapis et du turban (le *tadj* des derviches), et l'emploi du nom d'*Alli* (Ali le cousin de Mahomet et troisième khalife) alternant avec *Alla* (Allah, « Dieu »).

« Les mots vraiment turcs de la Cérémonie sont en très-petit nombre. Voici l'explication de ceux qu'il est possible de reconnaître :

« Page 184, dernière ligne : *Alla ekber*, pour *Allah ekber*, « Dieu est très-grand ». Cette invocation en langue arabe se répète quatre fois au début de la prière dominicale : c'est ce qu'on nomme le *tekbîr*.

« Pages 186 et 187 : *Ioc*, pour *yok*, « non ». C'est la véritable négation turque-tartare, considérée aujourd'hui comme un peu brutale et remplacée par *kheïr*.

« Page 187, avant-dernière ligne : *Hi valla* ou *Heivallah*, pour *eïvallah*, « oui certainement » (littéralement, « je l'affirme par Dieu »). Ce mot signifie aussi *merci*.

1. Voyez la *Notice*, p. 23 et 24.

184 LE BOURGEOIS GENTILHOMME.

« Page 190 : l'exclamation *Hou!* (en arabe, « Lui, l'être par excellence, Dieu ») est un cri consacré des derviches hurleurs, qui le répètent à perte d'haleine dans leurs rondes, jusqu'à ce que l'extase et le vertige s'emparent d'eux. On s'expliqueroit donc la protestation indignée d'un ambassadeur turc du dix-huitième siècle assistant à cette parodie, sacrilége pour tout musulman[1].

« Tout le reste appartient à la prétendue langue franque comme : *Se ti sabir, ti respondir*, ou est un composé de sons burlesques dénués de sens. »

Nous avons dit, tome VII, p. 344, note 1, que de la *Cérémonie turque* Lulli composa en 1675 la vi[e] entrée de sa mascarade du *Carnaval*. La Cérémonie fut aussi introduite, en 1671, dans *le Ballet des ballets* : voyez ci-après, p. 230, en tête de l'*Appendice*.

Six Turcs dansants entre eux gravement[2] deux à deux, au son de tous les instruments[3]. Ils portent trois tapis fort longs, dont ils font plusieurs figures, et, à la fin de cette première cérémonie, ils les lèvent fort haut; les Turcs musiciens, et autres joueurs d'instruments, passent par-dessous; quatre Derviches, qui accompagnent le Muphty, ferment cette marche.
Alors les Turcs étendent les tapis par terre, et se mettent dessus à genoux; le Muphty est debout au milieu, qui fait une invocation avec des contorsions et des grimaces, levant le menton, et remuant les mains contre sa tête, comme si c'étoit des ailes. Les Turcs se prosternent jusqu'à terre, chantants *Alli*, puis se relèvent, chantants *Alla*, et continuant[4] alternativement jusqu'à la fin de l'invocation; puis ils se lèvent tous, chantants *Alla ekber*[5].

1. Mais voyez la *Notice*, p. 15 et 16.
2. Il est bien probable que le texte de 1682 est ici fautif, et qu'il fallait imprimer : « Six Turcs dansants entrent gravement... ». L'édition de 1734 porte : « Six Turcs entrent gravement... ». Les éditions de 1692, 1710, 18, 33 : « Six Turcs dansent entre eux gravement.... »
3. Exécutant deux fois une marche d'introduction.
4. Sans accord, ainsi que, plus loin, *chantant*. — Et continuent. (1692.)
5. Suivant la partition Philidor, le Chœur, après la marche d'introduction, ne chante qu'*Alla* (dix fois), suivi (une fois) d'*Alla ekber*[a] : ils chantent

[a] Aux quatre parties du chœur, la copie Philidor porte *alegue vert;* à la première seulement, une main autre sans doute a corrigé une fois en surchargeant l'écriture *alla ek bert* : en général nous n'avons vu, on le conçoit, nul intérêt à relever les variantes de ce genre que nous avons pu remarquer dans la Partition.

Alors les Derviches amènent devant le Muphty le Bourgeois vêtu à la turque, rasé, sans turban, sans sabre, auquel il chante gravement ces paroles[1] :

LE MUPHTY [2].

Se ti sabir,
Ti[3] *respondir;*
Se non sabir,
Tazir, tazir[4].

Mi star[5] *Muphty:*

« Tous à genoux ». Mais, comme le dit le texte, ils se levaient sans doute aux derniers mots *Alla ekber*, où le rhythme change : comparez ci-après, note 4.

1. Les paroles franques non traduites ici l'ont été ci-dessus, au bas du texte de l'édition originale ; tous les mots turcs sont expliqués (p. 183 et 184) dans la note de M. Barbier de Meynard que nous avons donnée en tête de ce second texte de la Cérémonie.

2. SCÈNE IX.

CÉRÉMONIE TURQUE.

Le Muphti, Dervis, Turcs assistants du Muphti, chantants et dansants.

PREMIÈRE ENTRÉE DE BALLET.

Six Turcs entrent gravement deux à deux, au son des instruments. Ils portent trois tapis, qu'ils lèvent fort haut, après en avoir fait, en dansant, plusieurs figures. Les Turcs chantants passent par-dessous ces tapis, pour s'aller ranger aux deux côtés du théâtre. Le Muphti, accompagné des Dervis, ferme cette marche.

Alors les Turcs étendent les tapis par terre, et se mettent dessus à genoux. Le Muphti et les Dervis restent debout au milieu d'eux ; et, pendant que le Muphti invoque Mahomet, en faisant beaucoup de contorsions et de grimaces, sans proférer une seule parole, les Turcs assistants se prosternent jusqu'à terre, chantant *Alli*, lèvent les bras au ciel, en chantant *Alla*; ce qu'ils continuent jusqu'à la fin de l'invocation, après laquelle ils se lèvent tous, chantant *Alla ekber*; et deux Dervis vont chercher M. Jourdain.

SCÈNE X.

LE MUPHTI, DERVIS, TURCS *chantants et dansants*, M. JOURDAIN, *vêtu à la turque, la tête rasée, sans turban et sans sabre.*

LE MUPHTI, à M. Jourdain. (1734.)

3. *Te*, au lieu de *Ti*, dans l'édition de 1682 et sa série, sauf 1718, 30, 33.

4. Au-devant de ce couplet, la Partition indique que « Tous sont levés. » Elle prescrit de dire le passage deux fois, la seconde fois sans doute avec les paroles du couplet suivant, dont elle ne donne que le premier vers. Après que les deux premiers vers ont été répétés de suite, le second s'y ajoute. Les deux derniers vers sont aussi à répéter de suite, puis le tout dernier revient encore.

5. *Stor.* (1682, 97.)

Ti qui star ti ?
Non intendir :
Tazir, tazir.

Deux Derviches font retirer le Bourgeois. Le Muphty demande[1] aux Turcs de quelle religion est le Bourgeois, et chante[2] :

Dice[3], *Turque, qui star quista.*
Anabatista, anabatista[4] *?*

LES TURCS répondent.

Ioc.

LE MUPHTY.

Zuinglista[5] *?*

LES TURCS.

Ioc.

LE MUPHTY.

Coffita[6] *?*

1. Font retirer le Bourgeois, que le Muphty demande, etc. (1682.) Faut-il, comme nous l'avons fait d'après quelques éditions, retrancher le *que*, ou supposer, avec d'autres, que *pendant* a été sauté devant ce mot? — Puis le Muphty. (1692, 97, 1710, 18.) — Pendant que le Muphty. (1730, 33.)

2. Il parle ces demandes, d'après la Partition, et cela jusqu'au couplet *Mahameta per Giourdina* (p. 188). Les Turcs chantent leurs réponses.

3. LE MUFTI, parlant aux Turcs de sa suite. *Dice mi.* (*Partition de Philidor.*) — Deux Dervis font retirer M. Jourdain.

SCÈNE XI.
LE MUPHTI, DERVIS, TURCS *chantants et dansants.*
LE MUPHTI.
Dice. (1734.)

4. « Dis, Turc, qui être celui-là. Anabaptiste, anabaptiste? — Les *Ioc* qui suivent signifient, on l'a vu, *non.*

5. « Zwingliste ou Zwinglien, » de la secte de Zwingle ou Zwingli de Saint-Gall.

6. Philidor paraît avoir lu ou entendu *Cofista.* — Auger explique *Coffita* par « cophtite ou cophte », chrétien d'Égypte, de la secte des jacobites; » et, pour les mots qui vont suivre, il trouve dans *Hussita*, ce qui va sans dire, le nom d'hérétique « Hussite ; » dans *Morista*, ce qui paraît moins sûr, « More » (on peut comparer aussi *Morisque*, nom donné aux Mores d'Espagne après la chute de leur empire); dans *Fronista*, « phrontiste » ou contemplatif. Cette dernière conjecture, qu'il se borne à donner pour probable, nous semble bien difficile à admettre ; et nous avouons, quant à nous, ne pas savoir quel nom de religion ou de secte ce

VARIANTE DE LA CÉRÉMONIE TURQUE.

LES TURCS.

Ioc.

LE MUPHTY.

Hussita[1] *? Morista? Fronista?*

LES TURCS.

Ioc. Ioc. Ioc.

LE MUPHTY répète.

Ioc. Ioc. Ioc.
Star pagana[2] *?*

LES TURCS.

Ioc.

LE MUPHTY.

Luterana[3] *?*

LES TURCS.

Ioc.

LE MUPHTY.

Puritana[4] *?*

LES TURCS.

Ioc.

LE MUPHTY.

Bramina[5] *? Moffina? Zurina?*

LES TURCS.

Ioc. Ioc. Ioc.

LE MUPHTY répète[6].

Ioc. Ioc. Ioc.
Mahametana, Mahametana?

LES TURCS.

Hey valla. Hey valla[7]*.*

LE MUPHTY.

Como chamara? Como chamara[8] *?*

mot caché; si ce n'est pas, comme déjà peut-être *Morista* et plus loin *Moffina, Zurina*, un nom d'invention.

1. *Ussita*, dans l'édition de 1682 et dans la Partition.
2. « Être païen? » — 3. « Luthérien. » — 4. « Puritain. »
5. *Bramina*, « bramine, brahmane. » — 6. LE MUPHTI. (1734.)
7. Les Turcs chantent trois fois *Hey valla*, puis deux fois *valla*, et reprennent ainsi le tout. — Dans l'édition de 1734, on lit ici et plus bas, comme dans la Cérémonie de l'édition originale (ci-dessus, p. 181) : *Hi valla, Hi valla*. Voyez la note de M. Barbier de Meynard, p. 183.
8. *Chiamara* dans la Partition. « Comment (vous l') appeler? » ou « Com-

LES TURCS.

Giourdina, Giourdina.

LE MUPHTY.

Giourdina.[1]

LE MUPHTY, sautant et regardant de côté et d'autre.

Giourdina ? Giourdina ? Giourdina ?

LES TURCS répètent.

Giourdina ! Giourdina ! Giourdina ![2]

LE MUPHTY[3].

Mahameta per Giourdina
Mi pregar sera e matina[4] *:*
Voler far un Paladina[5]
De Giourdina, de Giourdina.
Dar turbanta, e dar scarcina[6]
Con galera e brigantina
Per deffender Palestina[7]*.*
Mahameta per Giourdina, etc.[8]*.*

Après quoi, le Muphty demande aux Turcs si le Bourgeois est ferme dans la religion mahométane, et leur chante ces paroles :

ment (moi, falloir moi l') appeler ? » On reconnaît l'italien *chiamare*, le latin *clamare*.

1. Ici, dans la Partition, les Turcs, répondant au Mufti, chantent une fois de plus *Giourdina*.

2. Nous modifions ici la ponctuation de l'original, qui a trois points d'interrogation.

3. LE MUPHTI, *sautant. Giourdina, Giourdina.* LES TURCS. *Giourdina, Giourdina.* LE MUPHTI. *Mahameta,* etc. (1734.)

4. Le Mufti, chantant désormais toutes ses paroles, reprend tout d'abord ces deux premiers vers, et il les reprend aussi à la fin du couplet.

5. Notre texte de 1682 a, sans doute par faute, *va Paladina.* Nous corrigeons d'après l'édition originale, d'après celles de 1674, 75 A, 84 A, 92, 94 B, 1718, 30, 34, et même d'après le texte de 1682, qui redonne plus loin (p. 195) ce même vers tel qu'il est ici : .... *un Paladina.*

6. Dans l'édition de 1682, comme nous l'avons dit (p. 180, note 5), on lit *scarrina,* que nous corrigeons.

7. Les trois vers, depuis *Dar turbanta...,* sont répétés dans le chant.

8. Les deux premiers vers, dits deux fois, terminent le couplet : voyez ci-dessus la note 4.

VARIANTE DE LA CÉRÉMONIE TURQUE.   189

LE MUPHTY.

Star bon Turca Giourdina[1]*?* Bis.

LES TURCS.

Hey valla. Hey valla. Bis[2].

LE MUPHTY chante et danse.

Hu[3] *la ba ba la chou ba la ba ba la da*[4].

Après que le Muphty s'est retiré, les Turcs dansent, et répètent ces mêmes paroles :

Hu[5] *la ba ba la chou ba la ba ba la da.*

Le Muphty revient, avec son turban de cérémonie, qui est d'une grosseur démesurée, garni de bougies allumées, à quatre ou cinq rangs.

Deux Derviches l'accompagnent, avec des bonnets pointus, garnis aussi de bougies allumées, portant l'Alcoran : les deux autres Derviches amènent le Bourgeois, qui est tout épouvanté de cette cérémonie, et le font mettre à genoux le dos tourné au Muphty, puis, le faisant incliner jusques à mettre ses mains par terre, ils lui mettent l'Alcoran sur le dos, et le font servir de pulpitre[6] au

---

1. Ici l'orthographe de 1682, 92, 97 est *Iourdina*. Dans l'édition de 1734, qui omet les six lignes, déjà données plus haut (p. 180), qui suivent *matina* :

« (*Aux Turcs :*)

Star bon Turca Giourdina? »

2. Cette indication : *Bis*, n'est ni ici ni plus haut dans l'édition de 1734. Mise au bout de chacun des deux vers, elle est fausse d'après la Partition. La demande du Mufti et la réponse des Turcs sont à redire, non une à une, non isolément, mais de suite. La seconde fois, le Mufti, insistant, répète le nom *Giourdina*.

3. *Ha.* (1730, 33.)

4. Ces folles syllabes, que le rhythme groupe par trois et qu'on peut réunir par vers, comme celui-ci, de quatre pieds de trois syllabes chacun, reviennent assez de fois, dans le chant, pour former, dans celui du Mufti, trois vers, et huit dans celui des Turcs et Derviches. Le second de ces vers chantés par le Mufti est ainsi, dans la Partition :

Balaba balada balaba balada;

et le huitième des Turcs ainsi :

Hulaba balada balachou balada.

5. *Ha.* (1682, 1730, 33.)

6. Telle était encore, vers la fin du dix-septième siècle, l'orthographe assez commune, sinon la prononciation, de ce dérivé du latin *pulpitum*. C'est celle de tous nos anciens textes, sauf 1692. L'Académie la donne aussi en 1694, mais en renvoyant à PUPITRE.

Muphty, qui fait une invocation burlesque, fronçant le sourcil, et ouvrant la bouche, sans dire mot; puis parlant avec véhémence, tantôt radoucissant sa voix, tantôt la poussant d'un enthousiasme[1] à faire trembler, en se poussant les côtes avec les mains, comme pour faire sortir ses paroles, frappant quelquefois les mains sur l'Alcoran, et tournant les feuillets avec précipitation, et finit enfin en levant les bras, et criant à haute voix : *Hou.*

Pendant cette invocation, les Turcs assistants chantent *Hou, hou, hou,* inclinants à trois reprises, puis se relèvent de même à trois reprises, en chantant *Hou, hou, hou,* et continuant alternativement pendant toute l'invocation du Muphty[2].

Après que l'invocation est finie, les Derviches ôtent l'Alcoran de dessus le dos du Bourgeois, qui crie, *Ouf,* parce qu'il est las d'avoir été longtemps en cette posture, puis ils le relèvent.

LE MUPHTY, s'adressant au Bourgeois[3].

Ti non star furba ?

1. Dans les textes de 1682 et de 1730 : « d'une enthousiasme ».
2. Suivant la Partition, après le chœur des *Hulaba balachou* et un second air de ballet, à exécuter une fois (la marche du début semble avoir compté comme premier air accompagnant la première entrée), vient « la prière [a], qui est l'endroit où il y a *ou ou ou...*[b]. » Les Turcs et Derviches, qui « doivent être à genoux, » chantent trois fois ces trois syllabes, puis ajoutent encore *Alla eckber.*

3. LE MUPHTI, chantant et dansant.
Ha la ba, etc.
LES TURCS.
Ha la ba, etc.

SCÈNE XII.
TURCS chantants et dansants.
DEUXIÈME ENTRÉE DE BALLET.
SCÈNE XIII.
LE MUPHTI, DERVIS, M. JOURDAIN, TURCS chantants et dansants.

Le Muphti revient coiffé avec son turban de cérémonie, qui est d'une grosseur démesurée, et garni de bougies allumées à quatre ou cinq rangs; il est accompagné de deux Dervis qui portent l'Alcoran, et qui ont des bonnets pointus, garnis aussi de bougies allumées.

Les deux autres Dervis amènent M. Jourdain, et le font mettre à genoux,

[a] Voici en quels termes et quelle particulière orthographe est marquée dans le manuscrit de la Partition (p. 125) l'interversion qui a été faite de cette prière et du dialogue *Ti non star furba*, mis avant par erreur : « Cest musique est bonne à la page 121 Et ne vos rien a ceste Endroit. »

[b] Cette écriture, qui est constante dans la Partition, indique probablement qu'on n'aspirait pas les *hou*.

VARIANTE DE LA CÉRÉMONIE TURQUE. 191

LES TURCS.
No, no, no.
LE MUPHTY.
Non star forfanta[1] *?*
LES TURCS.
No, no, no[2].
LE MUPHTY, aux Turcs.
Donar turbanta. Donar turbanta[3].

Et s'en va.
Les Turcs répètent tout ce que dit le Muphty[4], et donnent, en dansant et en chantant[5], le turban au Bourgeois.

LE MUPHTY revient et donne le sabre au Bourgeois.
Ti star nobile, non star fabola[6].
Pigliar schiabola.

Puis il se retire.

les mains par terre, de façon que son dos, sur lequel est mis l'Alcoran, sert de pupitre au Muphti, qui fait une seconde invocation burlesque, fronçant le sourcil, frappant de temps en temps sur l'Alcoran, et tournant les feuillets avec précipitation ; après quoi, en levant le bras au ciel, le Muphti crie à haute voix *Hou*.

Pendant cette seconde invocation, les Turcs assistants, s'inclinant et se relevant alternativement, chantent aussi *Hou, hou, hou*.

M. JOURDAIN, après qu'on lui a ôté l'Alcoran de dessus le dos.
Ouf.
LE MUPHTI, à M. Jourdain. (1734.)

1. Dans la Partition, *furfanta*, comme, plus haut (p. 181), dans l'original de 1671.
2. La dernière question du Mufti et la réponse sont répétées de suite.
3. Ce vers est à marquer *bis*.
4. En y joignant leurs propres réponses : seulement, dans leur répétition des paroles du Mufti, c'est sa première question qu'ils redisent, au lieu de la seconde ; ils disent, à la fin, une fois de plus *Donar turbanta*; et au lieu de *Ti non star furba ?* ils disent *Sti non star furba*, « Celui-ci n'être pas fourbe, » ce qui peut paraître plus naturel, qu'on y voie une question ou une affirmation qu'ils s'adressent entre eux (la Partition ici n'est pas ponctuée). — *Sti* se trouve plus loin, d'après l'original (p. 213 et p. 217), dans la bouche du Suisse :

Que veul dir sti façon de fifre ?
Ah ! que ly faire saif dans sti sal de cians !

5. Un troisième air de ballet succède à leur chœur *Sti non star furba*.
6. Le second hémistiche de ce vers se chante trois fois, et le vers suivant

Les Turcs répètent les mêmes mots, mettants tous le sabre à la main; et six d'entre eux dansent autour du Bourgeois[1], auquel ils feignent de donner plusieurs coups de sabre.

LE MUPHTY revient, et commande aux Turcs de bâtonner le Bourgeois, et chante ces paroles :

Dara[2], *dara, bastonara, bastonara, bastonara.*

Puis il se retire.

Les Turcs répètent les mêmes paroles, et donnent au Bourgeois plusieurs coups de bâton en cadence[3].

LE MUPHTY revient et chante.

Non tener honta[4] *:*
Questa star l'ultima affronta.

Les Turcs répètent les mêmes vers[5].

LE MUPHTY,

Au son de tous les instruments, recommence une invocation, appuyé[6] sur ses Derviches : après toutes les fatigues de cette

---

cinq fois. Dans la répétition que font les Turcs et Derviches et que va indiquer le texte de 1682, le premier vers entier vient deux fois et le second dix fois. Partout, sauf à une place, le second hémistiche est précédé de *é*, « et », comme dans l'original, *e* que la prononciation italienne unit aisément avec le dernier de *nobile*. — Dans la Partition, le copiste, par faute évidemment, a, le plus grand nombre de fois, substitué *Pigliar fabbola* à *Pigliar schiabola*.

1. Sur un quatrième air de ballet probablement, qui vient à la suite du chœur *Ti star nobile*.

2. Nous changeons ici *dare* de 1682 en *dara*, que donnent tous les autres textes, sauf 1697 et 1710, et même celui de 1682, ci-après, p. 196.

3. Sur une reprise, ce semble, que fait entendre l'orchestre du troisième air de ballet. La Partition porte à ce moment de la scène : « On recommence ce 3ᵉ air » de ballet (dont deux mesures sont là récrites).

4. Il répète ce vers. — Au vers suivant, la Partition n'a l'article devant *ultima* que par une addition faite, croyons-nous, d'une autre main et d'une autre encre; elle ne l'a pas aux trois répétitions des Turcs indiquées dans la note qui suit : voyez ci-dessus, p. 182, note 5.

5. Un peu différemment : ils disent d'abord deux fois le premier et deux fois le second, puis deux fois encore le premier et une seule le second; après quoi, suivant une indication expresse de la Partition, le Mufti et les Turcs reprennent le *Star bon Turca...? — Hei valla*, suivi des *Hulaba balachou*, puis l'orchestre recommence le second air de ballet, et termine enfin par la marche qui a ouvert la Cérémonie.

6. Dans les textes de 1682 et de 1697, *appuyée*, faute évidente.

cérémonie, les Derviches le soutiennent par-dessous les bras avec respect, et tous les Turcs, sautants, dansants et chantants autour du Muphty, se retirent au son de plusieurs instruments à la turque [1].

[1]. Voici comment la Cérémonie turque se termine dans l'édition de 1734, à partir de *Donar turbanta* (p. 191) :

    Le Muphti, aux Turcs.
Donar turbanta.
    Les Turcs.
Ti non star furba?
No, no, no.
Non star forfanta?
No, no, no.
Donar turbanta.

   TROISIÈME ENTRÉE DE BALLET.

Les Turcs dansants mettent le turban sur la tête de M. Jourdain au son des instruments.
    Le Muphti, donnant le sabre à M. Jourdain.
Ti star nobile, non star fabbola.
Pigliar schiabbola.
    Les Turcs, mettant le sabre à la main.
Ti star, etc.

   QUATRIÈME ENTRÉE DE BALLET.

Les Turcs dansants donnent en cadence plusieurs coups de sabre à M. Jourdain.
    Le Muphti.
Dara, dara
Bastonnara.
    Les Turcs.
Dara, dara
Bastonnara.

   CINQUIÈME ENTRÉE DE BALLET.

Les Turcs dansants donnent à M. Jourdain des coups de bâton en cadence.
    Le Muphti.
Non tener honta :
Questa star l'ultima affronta.

Le Muphti commence une troisième invocation. Les Dervis le soutiennent par-dessous les bras avec respect ; après quoi, les Turcs chantants et dansants, sautant autour du Muphti, se retirent avec lui et emmènent M. Jourdain.

   FIN DE LA CÉRÉMONIE TURQUE.

ACTE V.

SCÈNE PREMIÈRE.
MADAME JOURDAIN, MONSIEUR JOURDAIN.

MADAME JOURDAIN.

Ah mon Dieu! miséricorde! Qu'est-ce que c'est donc que cela? Quelle figure! Est-ce un momon que vous allez porter[1]; et est-il temps d'aller en masque? Parlez donc, qu'est-ce que c'est que ceci[2]? Qui vous a fagoté comme cela?

MONSIEUR JOURDAIN.

Voyez l'impertinente, de parler de la sorte à un *Mamamouchi!*

MADAME JOURDAIN.

Comment donc?

MONSIEUR JOURDAIN.

Oui, il me faut porter du respect maintenant, et l'on vient de me faire *Mamamouchi.*

MADAME JOURDAIN.

Que voulez-vous dire avec votre *Mamamouchi?*

MONSIEUR JOURDAIN.

Mamamouchi, vous dis-je. Je suis *Mamamouchi.*

---

1. La situation amène presque nécessairement cette question ou une question analogue; elle la suggérait de la façon la plus naturelle dans les termes mêmes où elle est faite; car l'usage était général alors (il l'avait certainement été du moins au temps de la jeunesse de Molière et de Mme Jourdain) de porter des momons en temps de carnaval. On n'en peut pas moins, d'après le rapprochement fait dans la *Notice* (ci-dessus, p. 35), voir ici une réminiscence de Rotrou. — Sur les momons, voyez au vers 1221 de *l'Étourdi*, tome I, p. 188, note 4.

2. Parlez donc, et qu'est-ce que c'est que ceci? (1730, 34.)

MADAME JOURDAIN.

Quelle bête est-ce là?

MONSIEUR JOURDAIN.

Mamamouchi, c'est-à-dire, en notre langue, Paladin.

MADAME JOURDAIN.

Baladin! Êtes-vous en âge de danser des ballets?

MONSIEUR JOURDAIN.

Quelle ignorante! Je dis Paladin : c'est une dignité dont on vient de me faire la cérémonie.

MADAME JOURDAIN.

Quelle cérémonie donc?

MONSIEUR JOURDAIN.

Mahameta per Iordina[1].

MADAME JOURDAIN.

Qu'est-ce que cela veut dire?

MONSIEUR JOURDAIN.

Iordina, c'est-à-dire Jourdain.

MADAME JOURDAIN.

Hé bien! quoi, Jourdain?

MONSIEUR JOURDAIN.

Voler far un Paladina de Iordina.

MADAME JOURDAIN.

Comment?

MONSIEUR JOURDAIN.

Dar turbanta con galera.

MADAME JOURDAIN.

Qu'est-ce à dire cela?

MONSIEUR JOURDAIN.

Per deffender Palestina.

MADAME JOURDAIN.

Que voulez-vous donc dire?

---

1. *Giourdina*, ici et plus bas dans l'édition de 1734. — M. Jourdain naturellement chante, de la voix du Mufti et avec sa mimique d'officiant, toutes ces phrases dont la musique bourdonne encore à son oreille; il revient ravi, mais l'esprit frappé, et sa rentrée rappelle un peu celle de M. de Pourceaugnac après la scène et l'intermède de la consultation. Molière dut fort intéresser son auditoire de la cour par cette courte et toute vive imitation du jeu et du chant de

MONSIEUR JOURDAIN.
Dara dara bastonara.
MADAME JOURDAIN.
Qu'est-ce donc que ce jargon-là?
MONSIEUR JOURDAIN.
Non tener honta : questa star l'ultima affronta.
MADAME JOURDAIN.
Qu'est-ce que c'est donc que tout cela?
MONSIEUR JOURDAIN danse et chante [1].
Hou la ba ba la chou ba la ba ba la da [2].
MADAME JOURDAIN.
Hélas, mon Dieu! mon mari est devenu fou.
MONSIEUR JOURDAIN, sortant [3].
Paix! insolente, portez respect à Monsieur le *Mamamouchi.*
MADAME JOURDAIN [4].
Où est-ce qu'il a donc perdu [5] l'esprit? Courons l'empêcher de sortir. [6] Ah, ah! voici justement le reste de notre écu [7]. Je ne vois que chagrin de tous les côtés [8]. (Elle sort [9].)

l'illustre signor Chiaccheron. L'indication : *danse et chante,* donnée un peu plus loin, quand M. Jourdain s'exalte jusqu'à la danse tournante, ne marque sans doute que le dernier et plus fort moment de son accès de joyeuse frénésie.

1. M. JOURDAIN, *chantant et dansant.* (1734.)
2. .... *ba la da, et tombe par terre.* (1682.) — *Il tombe par terre.* (1734.)
3. M. JOURDAIN, *se relevant et s'en allant.* (1682, 1734.)
4. Mme JOURDAIN, *seule.* (1734.)
5. Où est-ce donc qu'il a perdu? (Une partie du tirage de 1734 et 1773.)
6. *Apercevant Dorimène et Dorante.* (1734.)
7. Nous voici au complet. « On dit proverbialement et par raillerie, quand on voit arriver quelqu'un dans une compagnie : *Voici le reste de notre écu.* » (*Dictionnaire de l'Académie,* 1694.) Avant d'être pris, comme ici et comme d'ordinaire, ironiquement, dans le sens de : *Il ne nous manquait plus que cela, voilà pour nous achever de peindre,* c'était sans doute un dicton de marchand, se félicitant d'un compte définitivement réglé, d'une rentrée longtemps attendue. Scarron, au vi^e chapitre du *Roman comique,* l'a mis dans la bouche d'une hôtelière voyant arriver un étranger qu'elle suppose être peu dépensier ou mauvais payeur : « Voici le reste de notre écu, dit l'hôtesse; si nous n'avions point d'autre pratique que celle-là, notre louage seroit mal payé. »
8. De tous côtés. (1674, 82, 1734.)
9. Cette indication n'est pas dans l'édition de 1734.

SCÈNE II.

DORANTE, DORIMÈNE.

DORANTE.

Oui, Madame, vous verrez la plus plaisante chose qu'on puisse voir; et je ne crois pas que dans tout le monde il soit possible de trouver encore un homme aussi fou que celui-là. Et puis, Madame, il faut tâcher de servir l'amour de Cléonte, et d'appuyer toute sa mascarade : c'est un fort galant homme, et qui mérite que l'on s'intéresse pour lui[1].

DORIMÈNE.

J'en fais beaucoup de cas, et il est digne d'une bonne fortune.

DORANTE.

Outre cela, nous avons ici, Madame, un ballet qui nous revient, que nous ne devons pas laisser perdre, et il faut bien voir si mon idée pourra réussir[2].

DORIMÈNE.

J'ai vu là des apprêts magnifiques, et ce sont des choses, Dorante, que je ne puis plus souffrir. Oui, je veux enfin vous empêcher vos profusions[3]; et, pour rompre le

---

1. Voyez ci-après, p. 205, note 3.
2. On a quelque sujet d'être surpris en voyant Dorimène revenir dans cette maison, après l'affront qu'elle y a reçu et qui l'a forcée d'en sortir. Mais Molière avait besoin de ramener et de rendre présents au dénouement deux personnages qui avaient eu autant de part dans l'action que Dorimène et Dorante. Il a bien senti que ce retour était peu naturel : aussi a-t-il pris grand soin de l'expliquer. Dorante en donne trois raisons l'une après l'autre : le désir de s'amuser de la pièce jouée à M. Jourdain, celui de servir l'amour de Cléonte, et enfin l'envie de ne pas perdre un ballet dont il a donné l'idée, s'il n'en a pas fait les frais. Ces motifs, suffisants pour lui-même, ont pu déterminer aussi sa maîtresse. (*Note d'Auger.*)
3. Malherbe, Racan, Corneille avaient donné à Molière l'exemple de cette construction, encore employée par Bossuet et Saint-Simon : voyez la Ire Re-

cours à toutes les dépenses¹ que je vous vois faire pour moi, j'ai résolu de me marier promptement avec vous : c'en est le vrai secret², et toutes ces choses finissent avec le mariage³.

DORANTE.

Ah! Madame, est-il possible que vous ayez pu prendre pour moi une si douce résolution?

DORIMÈNE.

Ce n'est que pour vous empêcher de vous ruiner; et, sans cela, je vois bien qu'avant qu'il fût peu, vous n'auriez pas un sou.

DORANTE.

Que j'ai d'obligation, Madame, aux soins que vous avez de conserver mon bien! Il est entièrement à vous, aussi bien que mon cœur, et vous en userez de la façon qu'il vous plaira.

DORIMÈNE.

J'userai bien de tous les deux. Mais voici votre homme; la figure en est admirable.

---

marque du *Dictionnaire de Littré* à l'article EMPÊCHER et les *Lexiques de la langue de Racine* et *de Mme de Sévigné*.

1. Et pour arrêter le cours de toutes vos dépenses. *Rompre* se trouve déjà avec un double régime au vers 886 de *l'École des femmes* (tome III, p. 223) :

    Cet homme me rompt tout;

et *rompre cours à...*, dans le sens d'*arrêter, empêcher*, au vers 342 de *l'Étourdi* (tome I, p. 129) :

    Il faut, dis-je, pour rompre à toute chose cours....

2. *Secret*, moyen infaillible de parvenir ou réussir à quelque chose : voyez Littré, 9°.

3. Avec le mariage, comme vous savez. (1682.)

SCÈNE III.

MONSIEUR JOURDAIN, DORANTE, DORIMÈNE.

DORANTE.

Monsieur, nous venons rendre hommage, Madame et moi, à votre nouvelle dignité, et nous réjouir avec vous du mariage que vous faites de votre fille avec le fils du Grand Turc.

MONSIEUR JOURDAIN, après avoir fait les révérences à la turque[1].

Monsieur, je vous souhaite la force des serpents et la prudence des lions.

DORIMÈNE.

J'ai été bien aise d'être des premières, Monsieur, à venir vous féliciter du haut degré de gloire où vous êtes monté.

MONSIEUR JOURDAIN.

Madame, je vous souhaite toute l'année votre rosier fleuri; je vous suis infiniment obligé de prendre part aux honneurs qui m'arrivent, et j'ai beaucoup de joie de vous voir revenue ici pour vous faire les très-humbles excuses de l'extravagance de ma femme.

DORIMÈNE.

Cela n'est rien, j'excuse en elle un pareil mouvement; votre cœur lui doit être précieux, et il n'est pas étrange que la possession d'un homme comme vous puisse inspirer quelques alarmes.

---

1. En Turquie, « on salue son égal en portant la main sur le sein ou sur le cœur, et son supérieur en la dirigeant d'abord vers la bouche, ensuite vers le front. Lorsqu'on se présente chez les grands, on fait une profonde inclination, en portant la main droite vers la terre et la ramenant ensuite vers la bouche et sur la tête. » (Mouradjea d'Ohsson, *Tableau général de l'empire othoman*, 1791, in-8°, tome IV, p. 355.)

MONSIEUR JOURDAIN.

La possession de mon cœur est une chose qui vous est toute acquise.

DORANTE.

Vous voyez, Madame, que Monsieur Jourdain n'est pas de ces gens que les prospérités aveuglent, et qu'il sait, dans sa gloire¹, connoître encore ses amis.

DORIMÈNE.

C'est la marque d'une âme tout à fait généreuse.

DORANTE.

Où est donc Son Altesse Turque? Nous voudrions bien, comme vos amis, lui rendre nos devoirs.

MONSIEUR JOURDAIN.

Le² voilà qui vient, et j'ai envoyé querir ma fille pour lui donner la main³.

SCÈNE IV.

CLÉONTE⁴, COVIELLE, MONSIEUR JOURDAIN, etc.

DORANTE⁵.

Monsieur, nous venons faire la révérence à Votre Altesse, comme amis de Monsieur votre beau-père, et l'assurer avec respect de nos très-humbles services⁶.

MONSIEUR JOURDAIN.

Où est le truchement, pour lui dire qui vous êtes, et lui faire entendre ce que vous dites? Vous verrez

---

1. Dans sa grandeur. (1682, 94 B, 1734.)
2. *Le*, et non *la*, dans tous nos textes; c'est l'accord, si commun, avec l'idée.
3. En signe d'accord : comparez ci-après, au début de la scène v, p. 202, et un peu plus loin, dans la même scène, deux autres passages.
4. CLÉONTE, *habillé en Turc*. (1682.)
5. M. JOURDAIN, DORIMÈNE, DORANTE, CLÉONTE, *habillé en Turc*. — DORANTE, *à Cléonte*. (1734.)
6. Cette formule de civilité était d'assez grand usage : voyez le *Lexique de la langue de Mme de Sévigné*, tome II, p. 389.

ACTE V, SCÈNE IV.

qu'il vous répondra, et il parle turc à merveille. Holà! où diantre est-il allé? (A Cléonte.) *Strouf, strif, strof, straf.* Monsieur est un *grande Segnore, grande Segnore, grande Segnore;* et Madame une *granda Dama, granda Dama. Ahi,* lui, Monsieur, lui *Mamamouchi* françois[1], et Madame *Mamamouchie* françoise : je ne puis pas parler plus clairement. Bon, voici l'interprète. Où allez-vous donc[2]? nous ne saurions rien dire sans vous.[3] Dites-lui un peu que Monsieur et Madame sont des personnes de grande qualité, qui lui viennent faire la révérence, comme mes amis, et l'assurer de leurs services.[4] Vous allez voir comme il va répondre.

COVIELLE.

Alabala crociam acci boram alabamen.

CLÉONTE.

Catalequi tubal ourin soter[5] *amalouchan.*

MONSIEUR JOURDAIN[6].

Voyez-vous?

COVIELLE.

Il dit que la pluie des prospérités arrouse[7] en tout temps le jardin de votre famille!

MONSIEUR JOURDAIN.

Je vous l'avois bien dit, qu'il parle turc.

DORANTE.

Cela est admirable.

---

1. *Ahi,* Monsieur, lui *Mamamouchi* françois. (1674, 82, 94 B.) — *Voyant qu'il ne se fait point entendre.* Ah! *A Cléonte.* Monsieur, lui *Mamamouchi* françois. (1734.)
2. SCÈNE V.
M. JOURDAIN, DORIMÈNE, DORANTE, CLÉONTE, *habillé en Turc,*
COVIELLE, *déguisé.*
M. JOURDAIN.
Où allez-vous donc? (1734.)
3. *Montrant Cléonte.* (Ibidem.) — 4. *A Dorimène et à Dorante.* (Ibidem.)
5. *Sotor.* (1682, 92, 94 B, 97, 1710, 30, 33.)
6. M. JOURDAIN, *à Dorimène et à Dorante.* (1734.)
7. Arrose. (1692, 94 B, 97, 1710, 18, 33, 34.) — La forme *arrouser,* déjà

SCÈNE V.

LUCILE, MONSIEUR JOURDAIN, DORANTE, DORIMÈNE, etc.[1].

MONSIEUR JOURDAIN.

Venez, ma fille, approchez-vous, et venez donner votre main à Monsieur, qui vous fait l'honneur de vous demander en mariage.

LUCILE.

Comment, mon père, comme vous voilà fait! est-ce une comédie que vous jouez?

MONSIEUR JOURDAIN.

Non, non, ce n'est pas une comédie, c'est une affaire fort sérieuse, et la plus pleine d'honneur pour vous qui se peut[2] souhaiter.[3] Voilà le mari que je vous donne.

LUCILE.

A moi, mon père!

MONSIEUR JOURDAIN.

Oui, à vous : allons, touchez-lui dans la main[4], et rendez grâce au Ciel de votre bonheur.

---

surannée au temps de Vaugelas, était peut-être devenue ridicule : voyez la Remarque de Littré, et celle de Vaugelas à PORTRAIT, POURTRAIT.

1.   SCÈNE VI.
    CLÉONTE, M. JOURDAIN, LUCILE, DORIMÈNE, DORANTE,
                COVIELLE. (1734.)

2. « Il serait plus conforme à la règle, ou du moins à l'usage, remarque Auger, de dire *qui se puisse souhaiter.* » Mais l'indicatif, le mode de l'affirmation, qui d'ailleurs n'a ici rien d'incorrect, exprime mieux entière conviction, pleine certitude.

3. *Montrant Cléonte.* (1734.)

4. « Allons, ma fille..., » dit Chrysale à Henriette, au début de la scène VI de l'acte III des *Femmes savantes,*

> Otez ce gant, touchez à Monsieur dans la main,
> Et le considérez désormais dans votre âme
> En homme dont je veux que vous soyez la femme.

LUCILE.

Je ne veux point me marier.

MONSIEUR JOURDAIN.

Je le veux, moi qui suis votre père.

LUCILE.

Je n'en ferai rien.

MONSIEUR JOURDAIN.

Ah! que de bruit! Allons, vous dis-je. Çà votre main.

LUCILE.

Non, mon père, je vous l'ai dit, il n'est point de pouvoir qui me puisse obliger à prendre un autre mari que Cléonte; et je me résoudrai plutôt à toutes les extrémités, que de.... (Reconnoissant Cléonte.) Il est vrai que vous êtes mon père, je vous dois entière obéissance[1], et c'est à vous à disposer de moi selon vos volontés.

MONSIEUR JOURDAIN.

Ah! je suis ravi[2] de vous voir si promptement revenue dans votre devoir, et voilà qui me plaît, d'avoir une fille obéissante.

SCÈNE DERNIÈRE.

MADAME JOURDAIN, MONSIEUR JOURDAIN, CLÉONTE, etc.[3]

MADAME JOURDAIN.

Comment donc? qu'est-ce que c'est que ceci? On dit que vous voulez donner votre fille en mariage à un carême-prenant[4].

---

1. Je vous dois entièrement obéissance. (1734.)
2. *Ravie*, pour *ravi*, faute de l'édition originale et de 1674 et 1682.
3. CLÉONTE, Mme JOURDAIN, M. JOURDAIN, LUCILE, DORIMÈNE, DORANTE, COVIELLE. (1734.)
4. « On appelle ordinairement *des carême-prenants* ceux qui courent en

MONSIEUR JOURDAIN.

Voulez-vous vous taire, impertinente? Vous venez toujours mêler vos extravagances à toutes choses, et il n'y a pas moyen de vous apprendre à être raisonnable.

MADAME JOURDAIN.

C'est vous qu'il n'y a pas moyen de rendre sage, et vous allez de folie en folie. Quel est votre dessein, et que voulez-vous faire avec cet assemblage[1]?

MONSIEUR JOURDAIN.

Je veux marier notre fille avec le fils du Grand Turc.

MADAME JOURDAIN.

Avec le fils du Grand Turc!

MONSIEUR JOURDAIN.

Oui,[2] faites-lui faire vos compliments par le truchement que voilà.

MADAME JOURDAIN.

Je n'ai que faire du truchement, et je lui dirai bien moi-même à son nez qu'il n'aura point ma fille.

MONSIEUR JOURDAIN.

Voulez-vous vous taire, encore une fois?

DORANTE.

Comment, Madame Jourdain, vous vous opposez à un

---

masque malhabillés dans les rues pendant les jours gras. On dit encore d'une personne vêtue d'une manière extravagante que *c'est un vrai carême-prenant.* » (*Dictionnaire de l'Académie*, 1694.) Le sens propre du mot est autre, comme on l'a vu ci-dessus, p. 102 et note 2.

1. On sent bien ici que c'est par colère et mépris que ce mot vient sur la langue de Mme Jourdain, à la place d'*union*, d'*alliance :* « avec cette étrange, cette ridicule union; » il est employé dans cette acception, bien précisée par des compléments, à la scène v de l'acte III de *George Dandin* (tome VI, p. 576); il est pris dans un sens favorable (pour *réunion*, avec un régime), au vers 1695 d'*Amphitryon* (voyez même tome, p. 456, note 3), et (pour *alliance*, sans régime) à la scène II de l'acte II du *Médecin malgré lui* (même tome, p. 78); enfin nous l'avons vu presque synonyme de *groupe* dans un argument (xive entrée) du *Ballet des Muses* (même tome VI, p. 294).

2. *Montrant Covielle.* (1734.)

bonheur¹ comme celui-là? Vous refusez Son Altesse Turque pour gendre?

MADAME JOURDAIN.

Mon Dieu, Monsieur, mêlez-vous de vos affaires.

DORIMÈNE.

C'est une grande gloire, qui n'est pas à rejeter.

MADAME JOURDAIN.

Madame, je vous prie aussi de ne vous point embarrasser de ce qui ne vous touche pas.

DORANTE.

C'est l'amitié que nous avons pour vous qui nous fait intéresser² dans vos avantages³.

MADAME JOURDAIN.

Je me passerai bien de votre amitié.

DORANTE.

Voilà votre fille qui consent aux volontés de son père.

MADAME JOURDAIN.

Ma fille consent à épouser un Turc?

DORANTE.

Sans doute.

MADAME JOURDAIN.

Elle peut oublier Cléonte?

DORANTE.

Que ne fait-on pas pour être grand'Dame⁴?

---

1. A un honneur. (1734.)
2. Qui nous fait nous intéresser; c'est l'ellipse, autrefois très-ordinaire, du pronom personnel régime devant un infinitif de verbe réfléchi dépendant du verbe *faire*. — Voyez les nombreux exemples cités dans les divers *Lexiques* de la Collection, à l'*Introduction grammaticale*, article PRONOM.
3. On a déjà vu *s'intéresser* avec *dans* et un nom de chose, au vers 857 de *l'École des femmes* (tome III, p. 221). Plus haut, à la scène II de cet acte, p. 197 (premier couplet de Dorante), le verbe réfléchi est construit avec *pour* et un nom de personne : voyez le *Dictionnaire de Littré*, à INTÉRESSER, 9°.
4. Ici *grand'Dame* dans tous nos textes, sauf les trois éditions étrangères et celle de 1773, qui ont *grande Dame* : voyez ci-dessus, p. 146, note 1.

MADAME JOURDAIN.

Je l'étranglerois de mes mains, si elle avoit fait un coup comme celui-là.

MONSIEUR JOURDAIN.

Voilà bien du caquet. Je vous dis que ce mariage-là se fera.

MADAME JOURDAIN.

Je vous dis, moi, qu'il ne se fera point.

MONSIEUR JOURDAIN.

Ah! que de bruit!

LUCILE.

Ma mère.

MADAME JOURDAIN.

Allez, vous êtes une coquine.

MONSIEUR JOURDAIN[1].

Quoi? vous la querellez de ce qu'elle m'obéit?

MADAME JOURDAIN.

Oui : elle est à moi, aussi bien qu'à vous.

COVIELLE[2].

Madame.

MADAME JOURDAIN.

Que me voulez-vous conter, vous?

COVIELLE.

Un mot.

MADAME JOURDAIN.

Je n'ai que faire de votre mot.

COVIELLE, à M. Jourdain.

Monsieur, si elle veut écouter une parole en particulier, je vous promets de la faire consentir à ce que vous voulez.

MADAME JOURDAIN.

Je n'y consentirai point.

---

1. M. JOURDAIN, à Mme Jourdain. (1734.)
2. COVIELLE, à Mme Jourdain. (Ibidem.)

COVIELLE.

Écoutez-moi seulement.

MADAME JOURDAIN.

Non.

MONSIEUR JOURDAIN[1].

Écoutez-le.

MADAME JOURDAIN.

Non, je ne veux pas écouter[2].

MONSIEUR JOURDAIN.

Il vous dira....

MADAME JOURDAIN.

Je ne veux point qu'il me dise rien.

MONSIEUR JOURDAIN.

Voilà une grande obstination de femme! Cela vous fera-t-il mal[3], de l'entendre ?

COVIELLE.

Ne faites que m'écouter ; vous ferez après ce qu'il vous plaira.

MADAME JOURDAIN.

Hé bien ! quoi ?

COVIELLE, à part[4].

Il y a une heure, Madame, que nous vous faisons signe. Ne voyez-vous pas bien que tout ceci n'est fait que pour nous ajuster aux visions de votre mari, que nous l'abusons sous ce déguisement, et que c'est Cléonte lui-même qui est le fils du Grand Turc ?

MADAME JOURDAIN.

Ah, ah.

COVIELLE[5].

Et moi Covielle qui suis le truchement ?

1. M. JOURDAIN, à Mme Jourdain. (1734.)
2. Non, je ne veux pas l'écouter. (1682, 94 B, 1734.)
3. Cela vous feroit-il mal. (1734.)
4. COVIELLE, bas, à Mme Jourdain. (Ibidem.)
5. Mme JOURDAIN, bas, à Covielle. Ah, ah. — COVIELLE, bas, à Mme Jourdain. (Ibidem.)

MADAME JOURDAIN.

Ah ! comme cela, je me rends.

COVIELLE.

Ne faites pas semblant de rien [1].

MADAME JOURDAIN [2].

Oui, voilà qui est fait, je consens au mariage.

MONSIEUR JOURDAIN.

Ah ! voilà tout le monde raisonnable. [3] Vous ne vouliez pas l'écouter. Je savois bien qu'il vous expliqueroit ce que c'est que le fils du Grand Turc.

MADAME JOURDAIN.

Il me l'a expliqué comme il faut, et j'en suis satisfaite. Envoyons querir un notaire.

DORANTE.

C'est fort bien dit. Et afin, Madame Jourdain, que vous puissiez avoir l'esprit tout à fait content, et que vous perdiez aujourd'hui toute la jalousie que vous pourriez avoir conçue de Monsieur votre mari, c'est que [4] nous nous servirons du même notaire pour nous marier, Madame et moi.

MADAME JOURDAIN.

Je consens aussi à cela.

MONSIEUR JOURDAIN.

C'est pour lui faire accroire.

DORANTE.

Il faut bien l'amuser avec cette feinte.

1. Nous avons déjà fait remarquer (tome VI, p. 561, note 1) que ce pléonasme négatif de *pas*, après *ne*, devant *rien*, conserve mieux à ce dernier mot son sens originaire de (*quelque*) *chose, quoi que ce soit*, sens que Mme Jourdain vient, quelques lignes plus haut, de lui donner si nettement : « Je ne veux point qu'il me dise rien. »

2. MME JOURDAIN, *bas, à Covielle*. Ah ! etc. — COVIELLE, *bas, à Mme Jourdain*. Ne faites, etc. — MME JOURDAIN, *haut*. (1734.)

3. *A Mme Jourdain*. (*Ibidem*.)

4. Je n'ai qu'une chose à vous dire, c'est que...; je vous dirai que.... La phrase s'achève comme s'il y avait auparavant : « Et ce qui fera que vous pourrez avoir l'esprit content.... »

MONSIEUR JOURDAIN.

Bon, bon. Qu'on aille¹ vite querir le notaire².

DORANTE.

Tandis qu'il viendra, et qu'il dressera les contrats, voyons notre ballet, et donnons-en le divertissement à Son Altesse Turque.

MONSIEUR JOURDAIN.

C'est fort bien avisé : allons prendre nos places.

MADAME JOURDAIN.

Et Nicole ?

MONSIEUR JOURDAIN.

Je la donne au truchement ; et ma femme à qui la voudra.

COVIELLE.

Monsieur, je vous remercie.³ Si l'on en peut voir un plus fou, je l'irai dire à Rome⁴.

(La comédie finit par un petit ballet qui avoit été préparé⁵.)

1. M. JOURDAIN, *bas, à Dorante.* C'est pour, etc. — DORANTE, *bas, à M. Jourdain.* Il faut bien, etc. — M. JOURDAIN. Bon, bon. (*Haut.*) Qu'on aille. (1734.)
2. Qu'on aille querir le notaire. (1674, 82, 1734.)
3. *A part.* (1734.)
4. Vers la fin « de *la Folle gageure*ᵃ, comédie de Boisrobert dont le dénouement, dit Auger, couronne les fourberies d'un valet,... un personnage s'écrie :
   Si quelqu'un fourbe mieux, je l'irai dire à Rome. »
5. *Qui avoit été préparé par Cléonte.* (1682.) — Il y a dans cette variante un nom pour un autre : il s'agit du ballet imaginé et ordonné par Dorante, et dont il a été plusieurs fois question, notamment p. 124 et 197.

ᵃ Ou *les Divertissements de la comtesse de Pembroc* ; jouée à l'Hôtel de Bourgogne en 1651, imprimée en 1653.

PREMIÈRE ENTRÉE[1].

Un homme vient[2] donner les livres du ballet, qui d'abord est fatigué par une multitude de gens de provinces différentes, qui crient en musique pour en avoir, et par trois Importuns, qu'il trouve toujours sur ses pas[3].

1. L'édition originale ne fait précéder ces mots d'aucun titre. Mais, comme on le verra à l'*Appendice*, et ci-dessous, note 3, le hors-d'œuvre, tout composé de chant et de danse, qui termina le spectacle du *Bourgeois gentilhomme* à la cour, porte dans le livret de 1670 (imprimé pour le Roi et ses invités), et, d'après ce livret, dans la Partition Philidor, ainsi que dans l'édition de 1734, le nom de

BALLET DES NATIONS.

2. En dansant; c'est Dolivet qui fit ce personnage : voyez l'*Appendice*, p. 233.
3. La musique que Lulli composa pour les deux premières entrées du Ballet-concert des Nations[a], qui en sont comme le prologue, dut ajouter beaucoup à leur agrément; leur succès fut grand sans doute; Lulli, non content de les avoir introduites dans le *Ballet des ballets* de 1671, fit encore, l'année suivante, de cette Distribution des livres un prologue pour son premier opéra des *Fêtes de l'Amour et de Bacchus*[b]. Il peut être assez intéressant d'en faire connaître la mise en scène dans la salle de la rue de Vaugirard. La voici, d'après le livret de ces *Fêtes*, vendu en septembre 1672 « à l'entrée de la porte de l'Académie royale de musique, près Luxembourg, vis-à-vis Bel-Air. » « Prologue. La scène représente une grande salle, où l'on voit les plus superbes ornements que l'architecture et la peinture puissent former. Elle est disposée pour un spectacle magnifique, et l'on y voit, dans l'enfoncement, un grand vestibule percé, qui laisse paroître un superbe palais au milieu d'un jardin. On y découvre une multitude de gens de provinces différentes, qui sont placés dans des balcons aux deux côtés du théâtre. Un homme qui doit donner des livres aux acteurs (*aux personnages des balcons*) commence à danser dès que la toile est levée; toute la multitude qui est dans les balcons s'écrie en musique pour lui demander des livres; mais il est détourné d'en donner par quatre Importuns qui le suivent et qui l'environnent. » Quelques dispositions, sur ce théâtre infiniment plus vaste que celui qui pouvait être supposé contenu dans la maison de M. Jourdain, étaient sans doute nouvelles. A l'origine, une partie des acteurs au moins étaient répandus sur la scène et non enfermés dans

[a] On eût pu l'appeler *Ballet des Trois nations* (Espagnols, Italiens, Français) : voyez, ci-après, p. 228, la dernière indication, qui suit l'intitulé VIᵉ ENTRÉE; mais peut-être songeait-on en outre au Suisse, aux deux Gascons et à la multitude des autres provinciaux qui remplit d'abord le théâtre.
[b] Voyez tome VII, p. 471, note *b*.

BALLET DES NATIONS.

DIALOGUE DES GENS
QUI EN MUSIQUE DEMANDENT DES LIVRES.

TOUS.

A moi[1], *Monsieur, à moi de grâce, à moi, Monsieur :*
Un livre, s'il vous plaît, à votre serviteur[2].

HOMME DU BEL AIR[3].

Monsieur, distinguez-nous parmi les gens qui crient.
Quelques livres ici, les Dames vous en prient.

des balcons : cela semble bien résulter des paroles mêmes. C'est, on peut presque l'affirmer, non du bord d'une galerie haute, mais en traversant la salle, d'où on le voyait sortir avec sa femme et sa fille, que le vieux Babillard chantait un des airs les plus spirituels, les plus comiquement dramatiques que Lulli ait écrits : « Allons, ma mie, Suivez mes pas » (p. 217 et 218).

1. Je l'irai dire à Rome.

FIN DU CINQUIÈME ACTE.

BALLET DES NATIONS.
PREMIÈRE ENTRÉE.

UN DONNEUR DE LIVRES *dansant*, IMPORTUNS *dansants*, DEUX HOMMES DU BEL AIR, DEUX FEMMES DU BEL AIR, DEUX GASCONS, UN SUISSE, UN VIEUX BOURGEOIS *babillard*, UNE VIEILLE BOURGEOISE *babillarde*, TROUPE DE SPECTATEURS *chantants*.

CHOEUR DE SPECTATEURS, *au donneur de livres*.

A moi. (1734.)

2. On peut dire, sans entrer dans trop de détail, que les paroles de ce premier chœur, plus ou moins mêlées par les quatre parties, et avec plus de répétitions encore d'*A moi* qu'on n'en lit au premier vers, reviennent cinq fois sous les notes du chant.

3. « On dit *les gens du bel air, les gens du grand air*; et cela ne se dit ordinairement qu'en raillerie, en parlant de ceux qu'on prétend qui se veulent distinguer des autres par des manières plus recherchées, plus polies, ou même plus libres, dans leurs habits et dans leurs façons de faire. On dit dans le même sens *Messieurs du bel air, Messieurs du grand air.* » (*Dictionnaire de l'Académie*, 1718[a].) — Ce n'est pas sans quelque intention de moquerie que Molière a déjà employé l'expression, en la mettant (à la scène II de l'acte III de *Pourceaugnac*, tome VII, p. 322) dans la bouche de son Limousin : « SBRIGANI. Étudiez-vous.... à.... prendre le langage et toutes les manières d'une personne de qualité. M. DE POURCEAUGNAC. Laissez-moi faire, j'ai vu les personnes du bel air. »

[a] Dès sa 1re édition (1694), l'Académie cite ces locutions, sans y attacher, comme dans la 2de, que nous citons, une idée de raillerie.

AUTRE HOMME DU BEL AIR.
*Holà! Monsieur, Monsieur, ayez la charité
D'en jeter de notre côté.*
FEMME DU BEL AIR.
*Mon Dieu! qu'aux personnes bien faites
On sait peu rendre honneur céans.*
AUTRE FEMME DU BEL AIR.
*Ils n'ont des livres et des bancs
Que pour Mesdames les grisettes*[1].
GASCON[2].
Aho[3]*! l'homme aux libres, qu'on m'en vaille*[4]*!
J'ai déjà lé poumon usé.
Bous boyez qué chacun mé raille;
Et jé*[5] *suis escandalisé*

---

1. *Grisette*, nom d'abord d'une petite étoffe grise dont s'habillaient des personnes d'humble condition, puis, par extension, de ces personnes mêmes : voyez *le Roman comique* de Scarron, chapitre 1ᵉʳ (tome I de l'édition de M. V. Fournel, p. 9 et note 1). L'Académie, en 1694, constate qu'il ne se disait plus que « par mépris d'une jeune fille ou d'une jeune femme de basse condition. » Au mois de mai qui suivit les premières représentations du *Bourgeois gentilhomme*, Champmeslé mit au théâtre, à l'Hôtel de Bourgogne, comme personnages principaux, caractérisés par le titre même de la comédie : *les Grisettes*, deux filles de procureur dont l'esprit est romanesque et l'humeur fort galante : voyez l'analyse de la pièce, d'abord en trois actes, puis refondue en un, au tome XI, p. 145 et suivantes des frères Parfaict, et la pièce en un acte au tome II, p. 65 et suivantes des *Contemporains de Molière*. Cette Femme du bel air désigne certainement ainsi, en les montrant du geste au milieu d'un groupe de galants empressés, les *quatre Filles coquettes*, que mentionne le *Livret*, ci-après (p. 234), comme devant être représentées par des pages de la Chapelle.

2. « C'est par centaines, dit M. Victor Fournel, qu'on pourrait indiquer les rôles de Gascons dans la vieille comédie, sans parler des romans comiques et satiriques : » voyez au début de son commentaire sur *le Poëte basque* de Poisson (1668), tome II des *Contemporains de Molière*, p. 436, note 2.

3. *Ahe!* (1697, 1710, 18.) — *Ah!* (1734.) *Aho* doit former diphthongue et ne compter que pour une syllabe.

4. Hé! l'homme aux livres, qu'on m'en baille, qu'on m'en donne. — Dans ces petits rôles des deux Gascons, dit M. Adelphe Espagne (p. 7), Molière s'amuse « à parodier.... spécialement les changements réciproques du *v* en *b* qui.... sont particuliers » à cette prononciation provinciale.

5. Nous ne relèverons pas toutes les omissions d'accents que nous remar-

Dé boir és[1] *mains dé la canaille*
Cé qui m'est par bous refusé.
AUTRE GASCON [2].
Eh cadédis! Monseu, boyez qui l'on pût estre :
Un libret, je bous prie, au varon d'Asbarat[3].
Jé pense, mordy, qué lé fat
N'a pas l'honnur[4] *dé mé connoistre*[5].
LE SUISSE.
Mon'-sieur[6] *le donneur de papieir*[7],
Que veul[8] *dir*[9] *sty façon de fifre*[10] *?*
Moy l'écorchair tout mon gosieir
    A crieir,
Sans que je pouvre afoir ein lifre :
Pardy, mon foy! Mon'-sieur[11], *je pense fous l'estre ifre*[12].

quons, comme ici et aux deux vers précédents, dans le langage gascon, en maint endroit de nos divers textes.

1. L'Académie, dès sa première édition (1694), dit que ce mot fait par contraction de la préposition « *en* et de l'article pluriel *les*.... n'a plus.... d'usage » que dans le titre universitaire de *Maître ès Arts*, « et en quelques autres phrases qui sont purement du style de Pratique. »

2.   PREMIER HOMME DU BEL AIR.
Monsieur, etc.
    DEUXIÈME HOMME, etc.
    PREMIÈRE FEMME, etc.
    DEUXIÈME FEMME, etc.
    PREMIER GASCON, etc.
    DEUXIÈME GASCON. (1734.)

3. Il semble que la baronnie soit un des attributs de ce type, à commencer par son plus parfait exemplaire le Baron de Fæneste.

4. *L'honneur.* (1674, 75 A, 82, 84 A, 92, 94 B, 97, 1710, 18, 33.)

5. Le Gascon reprend les deux derniers vers, en disant, la seconde fois, ter « Je pense, *mordy.* »

6. *Mon'-sier.* (1684 A.)

7. UN SUISSE. Montsir le donnair de papieir. (1734.)

8. *Que vuel.* (1674, 82, 1734.)

9. Nous suivons, pour cette leçon que paraît demander la mesure, le livret de 1670 et l'édition de 1734. Nos autres textes ont *dire*.

10. Cette façon de vivre, ce procédé.

11. *Mon'-siur.* (1671.) — *Mon'-sier* (1684 A.) — *Montsir.* (1734.)

12. Le Suisse chante deux fois ses quatre derniers vers, et ensuite répète encore le tout dernier.

VIEUX[1] BOURGEOIS BABILLARD.
De tout ceci, franc et net,
Je suis mal satisfait;
Et cela sans doute est laid,
 Que notre fille,
Si bien faite et si gentille,
De tant d'amoureux l'objet,
 N'ait pas à son souhait
 Un livre de ballet,
 Pour lire le sujet
Du divertissement qu'on fait,
Et que toute notre famille
 Si proprement s'habille,
Pour être placée au sommet
De la salle, où l'on met
Les gens de Lantriguet[2] :

---

1. *Le Donneur de Livres, fatigué par les importuns qu'il trouve toujours sur ses pas, se retire en colère.* UN VIEUX, etc. (1734.)

2. De Lintriguet. (*Partition.*) *De l'intriguet.* (1773.) Partout ailleurs, dans nos anciens textes, *de l'entriguet.* Il faut lire *de Lantriguet*. Ce Parisien « du quartier du Palais-Royal (p. 216) » se plaint qu'on l'ait voulu confondre avec les gens de province dont parle l'introduction du ballet (p. 210), avec les plus ridicules, les moins avisés; il ne veut pas se laisser reléguer au plus haut de la salle [a], en compagnie de bas Bretons. *Lantriguet* est en effet le nom breton de Tréguier [b] : il nous suffira de dire ici que la ville est marquée sous cette double forme de « Lantriguet ou Treguier » sur la carte de la province qui a été intercalée dans *la France sous Louis XIV* par P. du Val, géographe de Sa Majesté, Ire partie, 1667 (entre les pages 108 et 109 [c]). Ce nom, comme celui d'autres petites villes reculées au fin fond des provinces, avait sans doute passé dans quelques proverbes moqueurs. C'est peut-être bien dans le passage suivant

---

[a] Voyez sur la composition de la dernière galerie du Palais-Royal, au premier temps de l'Opéra, quatre mois seulement après la mort de Molière, l'*Histoire universelle du Théâtre* par M. Alphonse Royer, tome III, p. 271 : « C'était le rendez-vous des pages et des *filles du monde*, comme s'exprime un Mémoire du temps. »

[b] Le mot *Lan*, qui se trouve au-devant de nombre de noms de lieu en Bretagne, signifie, nous dit-on, *église, moûtier* : Tréguier s'est formé autour d'un antique monastère.

[c] Ce nom d'ailleurs avait ses variantes : on en trouvera une dans les vers cités de Boisrobert; du Val même, dans son texte, p. 116, mentionne l'évêché de « Lantriguier ou Treguier ». L'Arioste en connaissait une autre, ou

De tout ceci, franc et net,
Je suis mal satisfait,
Et cela sans doute est laid.

de *la Belle plaideuse* de Boisrobert (acte II, scène III) que Molière l'avait particulièrement remarqué : on se rappelle que dans *l'Avare* il avait fait plus d'un emprunt à cette comédie, qui est de 1654[a].

LISE (*suivante*).
Où le comté de Grègue ?
BROCALIN (*valet*).
Il est vers Lantriquet,
Entre Kertronquedic et Kerlovidaquet.
LISE.
Proférant ces grands mots qui sentent le grimoire,
Comment ne t'es-tu pas démanché la mâchoire ?
Pour les bien prononcer faut-il être savant !
BROCALIN.
Il faut être Breton, mais Breton bretonnant.

Citant ces vers, on ne saurait omettre de rappeler qu'Édouard Fournier, dans une note qu'il y a jointe[b], et dès 1868, dans une autre note citée plus loin, a le premier eu le mérite d'expliquer comme il fallait cet endroit du *Ballet des nations* que la plupart des lecteurs n'entendaient plus guère, que n'avaient pas même compris les premiers imprimeurs. — Le même chercheur curieux, dans une des notes qui accompagnent sa comédie de *la Valise de Molière* (1868, p. 52 et 53), avait encore suggéré une autre explication, mais à laquelle sans doute il avait fini par tenir moins et que, pensons-nous, on ne préférera point à l'autre. Mentionnons-la néanmoins. Pages 69-71 d'un volume in-12, publié en 1715 (avec une approbation de Fontenelle du 17 septembre 1713) et intitulé *Heures perdues du chevalier de Rior...*, sont contés, après d'autres histoires analogues, tous les détails d'un défi que se portèrent un jour deux voleurs parvenus l'un et l'autre, ce semble, à une grande illustration populaire, Intriguet et Beccorbin; c'est même Intriguet qui triomphe et couronne sa carrière par un dernier tour, et le plus surprenant, de son métier : y aurait-il ici une allusion à ce fameux virtuose, s'agirait-il des compagnons enrôlés dans sa bande ou dans celle de quelque continuateur de son grand nom ? Ce renseignement n'était assurément pas pour être dédaigné par ceux qui étaient réduits à voir dans le mot, ailleurs introuvable, *d'entriguet* ou *d'intriguet*, un diminutif *d'intrigue*, et dans *les gens de l'intriguet* une désignation familière d'adroits valets ou de subtils filous, s'assurant leurs entrées ou se faufilant parmi les spectateurs du dernier étage.

altérait un peu cette dernière (*Lantriguier*) dans une des stances du *Roland furieux* (la XVI° du chant IX) : *Orlando*

Breaco et Landriglier lascia a man manca,
E va radendo il gran lito britone.

[a] Voyez la *Notice* de *l'Avare*, tome VII, p. 20 et 21.
[b] Au tome II, p. 610, de son *Théâtre français au XVI° et au XVII° siècle* (1871 : il y a réimprimé *la Belle plaideuse*).

VIEILLE[1] BOURGEOISE BABILLARDE.

Il est vrai que c'est une honte,
Le sang au visage me monte,
Et ce jeteur de vers qui manque au capital[2]
L'entend fort mal;
C'est un brutal,
Un vrai cheval,
Franc animal,
De faire si peu de compte
D'une fille qui fait l'ornement principal
Du quartier du Palais-Royal,
Et que ces jours passés un comte
Fut prendre la première au bal.
Il l'entend mal;
C'est un brutal,
Un vrai cheval,
Franc animal[3].

HOMMES ET FEMMES DU BEL AIR.

Ah! quel bruit!
Quel fracas!
Quel chaos[4] *!*
Quel mélange!
Quelle confusion!
Quelle cohue étrange!
Quel désordre!
Quel embarras!
On y sèche.
L'on n'y tient pas[5].

---

1. UNE VIEILLE, etc. (1734.)
2. A l'essentiel; qui montre si peu du discernement nécessaire à son office.
3. Ce petit quatrain est ici, à la fin, chanté deux fois.
4. Dans tous nos textes, sauf 1773, *cahos*.
5. Chacune des dix courtes phrases qui précèdent sont à dire rapidement par une voix différente (ténor, mezzo-soprano, soprano, haute-contre, ténor, puis ténor, haute-contre, ténor, soprano, mezzo-soprano).

GASCON.

Bentré! jé suis à vout[1].

AUTRE GASCON.

J'enrage, Diou[2] *mé damne!*

SUISSE.

Ah que ly faire saif dans sty sal de cians[3]*!*

GASCON.

Jé murs.

AUTRE GASCON.

Jé perds la tramontane.

SUISSE.

Mon foy! moy le foudrois estre hors de dedans.

VIEUX[4] BOURGEOIS BABILLARD.

Allons, ma mie,
Suivez mes pas,
Je vous en prie,

---

1. Ventre! je suis à bout.
2. *Dieu.* (Livret de 1670, 1694 B, 97, 1710, 18, 30, 33, 34.)
3. Ah! qu'il fait soif dans cette salle de céans, cette salle-ci.
4.   HOMMES DU BEL AIR.
Ah! quel bruit!
              FEMMES DU BEL AIR.
        Quel, etc.
              HOMMES DU BEL AIR.
Quelle, etc.
              PREMIÈRE FEMME DU BEL AIR.
     On y sèche.
              DEUXIÈME FEMME DU BEL AIR.
    L'on n'y tient pas.
              PREMIER GASCON.
Bentre! etc.
              DEUXIÈME GASCON.
    J'enrage, etc.
              LE SUISSE.
Ah! que, etc.
              PREMIER GASCON.
    Jé murs.
              DEUXIÈME GASCON.
    Jé perds, etc.
              LE SUISSE.
Mon foy! etc.
              LE VIEUX, etc. (1734.)

Et ne me quittez pas :
On fait de nous trop peu de cas,
Et je suis las
De ce tracas :
Tout ce fratras[1]*,*
Cet embarras
Me pèse par trop sur les bras.
S'il me prend jamais envie
De retourner de ma vie
A ballet ni comédie,
Je veux bien qu'on m'estropie.
Allons, ma mie,
Suivez mes pas,
Je vous en prie,
Et ne me quittez pas :
On fait de nous trop peu de cas[2].

VIEILLE[3] BOURGEOISE BABILLARDE.

Allons, mon mignon, mon fils[4]*,*
Regagnons notre logis,
Et sortons de ce taudis,
Où l'on ne peut être assis :
Ils seront bien ébaubis[5]
Quand ils nous verront partis.
Trop de confusion règne dans cette salle,
Et j'aimerois mieux être au milieu de la Halle.
Si jamais je reviens à semblable régale[6]*,*
Je veux bien recevoir des soufflets plus de six.

1. *Tout ce fatras.* (Livret de 1670, livret des *Fêtes de l'Amour et de Bacchus*, 1672, Partition Philidor, et les trois éditions étrangères.) — *Tout ce fracas.* (1682, 1734 : c'est probablement la meilleure leçon.)
2. Pour finir, le Vieux babillard ajoute encore : « Allons (*bis*); Allons, ma mie, Suivez mes pas, Je vous en prie, Et ne me quittez pas. »
3. LA VIEILLE, etc. (1734.)
4. C'est à son mari qu'elle répond : voyez tome VI, p. 524, note 3.
5. Dans tous nos textes, sauf 1734 et 1773, *ébobis*.
6. Voyez ci-dessus, p. 166, note 1.

Allons, mon mignon, mon fils[1],
Regagnons notre logis,
Et sortons de ce taudis,
Où l'on ne peut être assis.

TOUS[2].

A moi[3], *Monsieur, à moi de grâce, à moi, Monsieur :*
Un livre, s'il vous plaît, à votre serviteur.

SECONDE ENTRÉE.

Les trois Importuns dansent[4].

---

1. A ce vers le chant ajoute encore : « mon mignon, mon mignon, mon mignon, mignon mon fils. »

2. On redit le chœur : « A moi, Monsieur. » (*Partition Philidor.*) Voyez ci-dessus, p. 211, note 2.

3. Le Donneur de Livres revient avec les quatre Importuns qui l'ont suivi, ce qui oblige encore ceux qui sont placés dans les balcons de s'écrier : *A moi.* (*Livret des Fêtes de l'Amour et de Bacchus,* 1672.)

4. Les quatre Importuns ayant pris des livres des mains de celui qui les donne, les distribuent aux acteurs qui en demandent; cependant le Donneur de Livres danse, et les quatre Importuns se joignent à lui et forment ensemble la première entrée. (*Ibidem.*) — Cette première entrée est la seconde de notre texte, où le Dialogue en musique, que précédait un pas du Donneur de Livres, compte aussi pour entrée. — Ces indications du livret de 1672 (données dans cette note et dans la note précédente) ont passé dans l'édition de 1734; elles y sont seulement un peu abrégées. Après les mots « être assis », (du 4ᵉ vers de cette page) cette édition continue ainsi :

Le Donneur de Livres revient avec les Importuns qui l'ont suivi.

CHOEUR DE SPECTATEURS.

A moi, etc.

Les Importuns ayant pris des livres des mains de celui qui les donne, les distribuent aux spectateurs, pendant que le Donneur de Livres danse; après quoi ils se joignent à lui, et forment la première entrée.

DEUXIÈME ENTRÉE [a].

ESPAGNOLS.

TROIS ESPAGNOLS *chantants*, ESPAGNOLS *dansants*.

PREMIER ESPAGNOL.

[a] Voyez, à la page suivante, la TROISIÈME ENTRÉE.

TROISIÈME ENTRÉE[1].

TROIS ESPAGNOLS chantent[2].

Sé que me muero de amor,
Y solicito el dolor[3].

Aun muriendo de querer,
De tan buen ayre adolezco,
Que es mas de lo que padezco
Lo que quiero padecer,
Y no pudiendo exceder
A mi deseo el rigor[4].

Sé que me muero de amor,
Y solicito el dolor.

Lisonxeame la suerte
Con piedad tan advertida,
Que me assegura la vida
En el riesgo de la muerte.
Vivir de su golpe fuerte[5]
Es de mi salud primor.

Sé que, etc.[6].

(Six Espagnols dansent.)

1. Cette troisième entrée devint en 1675 la première de la mascarade du *Carnaval* que Lulli arrangea cette année pour l'Opéra, et où il trouva encore place, nous l'avons dit, pour la Cérémonie turque et pour l'entrée des Italiens qui va suivre celle des Espagnols : voyez tome VII, p. 344, note 1.

2. Cette indication qui paraît se rapporter au premier air espagnol est démentie par la Partition : le premier air, ainsi que le constatent le livret et l'édition de 1734, est donné à une voix seule.

3. Ces deux vers, ici et lorsqu'ils reviennent, sont employés deux fois de suite dans le chant, avec répétition des mots *me muero*. — Nous gardons la vieille orthographe de cet espagnol, et plus loin de l'italien ; ils sont, l'un et l'autre, pleins de fautes dans certains de nos textes.

4. Les deux derniers vers du couplet sont dits trois fois ; il en est naturellement de même pour les vers correspondants du second couplet du rondeau.

5.   *Vivir del golpe fuerte.* (1734.)

6. « Ces paroles espagnoles, dit Auger, et celles qui suivent, sentent ce qu'on appelle le *gongorisme*, c'est-à-dire le style précieux, obscur et guindé

TROIS MUSICIENS ESPAGNOLS[1].

Ay! que locura, con tanto rigor[2]
   Quexarse de Amor,
   Del niño bonito[3]
   Que todo es dulçura[4]*!*
   Ay! que locura!
   Ay! que locura[5]*!*
     ESPAGNOL chantant.
El dolor solicita

que mit en crédit Gongora, poëte dont les succès signalèrent ridiculement la fin du seizième siècle et le commencement du siècle suivant. L'original est à peine intelligible...[a]. » Nous en donnerons la traduction « presque littérale » d'Auger. Voici d'abord celle de ce rondeau. « Je sais que je me meurs d'amour, et je recherche la douleur. — Quoique mourant de désir, je dépéris de si bon air, que ce que je désire souffrir est plus que ce que je souffre, et la rigueur de mon mal ne peut excéder mon désir. Je sais, etc. — Le sort me flatte avec une pitié si attentive, qu'il m'assure la vie dans le danger de la mort. Vivre d'un coup si fort est le prodige de mon salut. Je sais, » etc.

1. TROIS ESPAGNOLS MUSICIENS. (1682, 92, 97, 1710, 18, 30.) — *Danse de six Espagnols, après laquelle deux autres Espagnols dansent ensemble.* PREMIER ESPAGNOL. (1734.) — Un seul chantait encore le couplet suivant, mais ce n'était pas, comme pourrait le faire croire l'édition de 1734, le chanteur du premier couplet.

2. Ce vers se dit une seconde fois avec répétition particulière de *Ay! que locura.*

3. Vers à marquer *bis* la première fois, mais non à la répétition qui va être indiquée.

4. Ces trois derniers vers sont répétés dans le chant.

5. Le dernier vers vient, non pas deux, mais trois fois, et la troisième avec un triple emploi de *Ay* ; puis cette espèce de refrain se reprend. Une note : « Deux fois entière[ment], » indique que cet air se redisait ou pouvait se redire : il faut bien présumer que ces perpétuels recommencements, non de membres de phrase, mais de reprises ou du tout, n'étaient pas obligatoires et qu'on faisait aux auditeurs grâce de quelques-uns. — « Ah! quelle folie de se plaindre de l'Amour avec tant de rigueur, de l'enfant gentil qui est la douceur même! Ah! quelle folie! ah! quelle folie! »

[a] Édouard Fournier, à la fin de son article sur *l'Espagne et ses comédiens en France au dix-septième siècle* (dans la *Revue des provinces*, de septembre 1864), cite (p. 502) une note ainsi conçue des vieux manuscrits de Trallage, note qu'il croyait se rapporter aux *Fêtes de l'Amour et de Bacchus*, où cependant ni les vers espagnols ni les vers italiens ne se rencontrent, mais qui peut bien concerner *le Carnaval* de 1675, où, comme nous venons de le rappeler, tous ces vers se chantaient : « Les vers (*de l'opéra composite*) sont de M. Quinault et de Molière, la musique de M. Lulli. Les vers espagnols sont de Molière ; les vers italiens sont de Molière et de Lulli. »

El que al dolor se da[1];
Y nadie de amor muere,
Sino quien no save amar[2].

DEUX ESPAGNOLS.

Dulce muerte es el amor
Con correspondencia ygual[3];
Y si esta gozamos o[4],
Porque la quieres turbar[5]?

UN ESPAGNOL.

Alegrese[6] *enamorado,*
Y tome mi parecer[7];
Que en esto de querer,
Todo es hallar[8] *el vado*[9].

TOUS TROIS ensemble.

Vaya, vaya de fiestas!
Vaya de vayle!

1. Ici est marquée la fin d'une reprise, qui pouvait se répéter, comme sans doute aussi la suivante.

2. *Save amar*, reprend le chanteur, puis, avec cette addition, les deux derniers vers. — « La douleur tourmente celui qui s'abandonne à la douleur; et personne ne meurt d'amour, si ce n'est celui qui ne sait pas aimer. »

3. Ces deux vers dits deux fois de suite forment une première partie de l'air.

4. *Gozamos oy.* (1682, 94 B, 97, 1710, 18, 30, 33, 34.)

5. *La quieres turbar* est répété, puis trois fois tout le dernier vers; il est indiqué qu'on reprenait ensuite à *Y si esta*. — « L'amour est une douce mort, quand on est payé de retour; et si nous en jouissons aujourd'hui, pourquoi la veux-tu troubler? »

6. DEUXIÈME ESPAGNOL.
El dolor, etc.
PREMIER ET DEUXIÈME ESPAGNOLS.
Dulce muerte, etc.
TROISIÈME ESPAGNOL.
Alegrese, etc. (1734.)

— Ces désignations de PREMIER, DEUXIÈME, TROISIÈME ESPAGNOL ont été mises au hasard : voyez ci-après le Livret, p. 235.

7. Ces deux vers sont redits, puis *mi parecer* s'y ajoute encore; les deux vers suivants sont aussi employés deux fois de suite, puis encore une fois le dernier vers.

8. *Allar.* (1674, 82, 1734.)

9. « Que l'amant se réjouisse et adopte mon avis; car, lorsqu'on désire, tout est de trouver le moyen. »

Alegria, alegria, alegria!
Que esto de dolor es fantasia[1].

QUATRIÈME ENTRÉE.

ITALIENS[2].

UNE MUSICIENNE ITALIENNE fait le premier récit,
dont voici les paroles :

Di rigori armata il seno,
Contro amor mi ribellai;
Ma fui vinta in un baleno
In[3] *mirar duo vaghi rai*[4];
Ahi! che resiste puoco
Cor di gelo a stral di fuoco[5]*!*

Ma[6] *sì caro è'l mio tormento,*

---

1. Dans le chant de ce couplet à trois, le second vers vient deux fois; au troisième, *alegria* s'ajoute encore deux fois; puis vient deux fois le dernier vers, puis quatre fois le mot joyeux d'*alegria*, puis le dernier vers pour finir. Cet ensemble probablement se répétait. — « Allons, allons, des fêtes! allons, de la danse! Gai, gai, gai! la douleur n'est qu'une fantaisie. »

2. Ce concert italien fait la première partie de la cinquième entrée du *Carnaval* mentionné ci-dessus, p. 220, note 1.

TROISIÈME ENTRÉE.
ITALIENS.
UNE ITALIENNE *chantante*, UN ITALIEN *chantant*, ARLEQUIN, TRIVELINS
et SCARAMOUCHES *dansants*.
L'ITALIENNE. (1734.)

3. Au-dessus de cet *In* est écrit, dans la Partition, *nel*, qui semble valoir mieux.

4. Dans cette première reprise, qui finit ici et que Mlle Hilaire ne manquait sans doute pas de redire comme la seconde, l'avant-dernier vers se répète deux fois après le dernier, pour être encore suivi de ce dernier.

5. Ici s'ajoute encore la reprise : *Ahi* (ter) *che resiste puoco, ahi!* (bis) *che resiste puoco,* puis le dernier vers, et, pour finir, les deux derniers.

6. Le second couplet est écrit sous une variation de l'air; mais il paraît que ce *double* n'était pas de Lulli, qui les détestait. C'est encore Fresneuse qui nous l'apprend (II^{de} partie, p. 198-201), rapportant d'abord le récit de Brunet, d'un ancien page de la Musique du Roi (qu'on a déjà vu cité à la note 5

*Dolce è sì la piaga mia,
Ch'il penare è'l mio contento,
E'l sanarmi è tirannia.
Ahi! che più giova e piace,
Quanto amor è più vivace*[1] *!*

(Après l'air que la Musicienne a chanté, deux Scaramouches, deux Trivelins, et un Arlequin[2] représentent une nuit à la manière des comédiens italiens, en cadence.)

de la page 162) : Lulli, dit-il, aimait à se faire chanter par ces pages certains airs de Lambert (dont il était gendre) ; « mais lorsqu'ils vouloient ajouter le double au simple, suivant l'usage de ce temps, où il sembloit que le double fît partie de l'air,... Lulli arrêtoit d'un signe de main et de tête... : « Cela est bien, leur « disoit-il,... gardez le double pour mon beau-père. »... Lulli étoit ennemi des doubles, des passages, des roulements et de toutes ces précieuses gentillesses dont les Italiens sont infatués.... Lulli composant pour lui-même rejetoit la moindre apparence d'agréments et de roulades.... Lulli composant pour le Roi n'en souffroit pas davantage.... Mais Lulli composant pour le peuple se relâcha, non pas jusqu'à faire des doubles, mais jusqu'à permettre que Lambert lui doublât quelque air une fois en deux ans, si bien que.... le double de l'air du *Bourgeois gentilhomme*[a], *Di rigori armata il seno*,... et tous les autres qui peuvent être dans les ouvrages de Lulli, sont de Lambert très-constamment et sans exception. »

1. « Ayant armé mon sein de rigueurs, je me révoltai contre l'amour ; mais je fus vaincue avec la promptitude de l'éclair, en regardant deux beaux yeux. Ah! qu'un cœur de glace résiste peu à une flèche de feu ! — Cependant mon tourment m'est si cher, et ma plaie m'est si douce, que ma peine fait mon bonheur, et que me guérir serait une tyrannie. Ah! plus l'amour est vif, plus il a de charmes, et cause de plaisir. » (*Traduction d'Auger*, comme pour les vers italiens qui suivent.)

2. Sur ces personnages, voyez au second entr'acte de *l'Amour médecin*, tome V, p. 335, note 1. Le type d'Arlequin, le valet bergamasque, peut-être de tous les *zanni* italiens le plus connu chez nous, a été étudié par M. Maurice Sand, tome I (1860), p. 67 et suivantes, de son curieux et agréable livre, *les Masques et Bouffons*[b]; il y est représenté dans deux dessins, datés de 1570 et de 1671, et un dessin moderne ; voici comment, pour le second, sont indiquées (p. 353) les couleurs du costume : « Veste et pantalon (*celui-ci assez peu serré et descendant un peu plus bas qu'à mi-jambes*) à fond jaune clair. Triangles d'étoffes rouges et vertes. Boutons de cuivre. Bas blancs. Souliers de peau blanche à rubans rouges. Ceinture de cuir jaune à boucles de cuivre. Masque noir. Serre-tête noir. Mentonnière noire. Chapeau gris à queue de lièvre. Batte. Collerette de mousseline. » A Chambord, comme nous l'apprend le Livret, ce rôle fut mimé et dansé par le célèbre Dominique en personne[c],

[a] Le texte de Fresneuse a, par faute, ici : « du *Malade imaginaire*. »
[b] Voyez aussi le *Dictionnaire* de Jal aux articles ARLEQUIN, HARLEQUIN (orthographe de la plupart de nos anciens textes) et BIANCOLELLI.
[c] On l'a déjà vu paraître au *Ballet des Muses*, tome VI, p. 292 et note 2.

(Un Musicien italien se joint à la Musicienne italienne, et chante avec elle les paroles qui suivent :)

LE MUSICIEN ITALIEN.

Bel tempo che vola
Rapisce il contento ;
D'Amor nella scola
Si coglie il momento[1].

LA MUSICIENNE.

Insin che florida

et ce fut même, à ce qu'il semble d'après le Livret (p. 234 et 235), le seul étranger appelé, cette fois, dans les deux entrées d'Espagnols et d'Italiens, à figurer parmi les chanteurs et danseurs français. Dominique Biancolelli (né à Bologne en 1640) était déjà, depuis une dizaine d'années, bien plus remarqué, pour son extraordinaire agilité de corps et sa verve, que ne l'avait été le vieil Arlequin dont Malherbe parle à Peiresc en 1613[a] ; il tint vingt-sept ans cet emploi à Paris, depuis 1661 jusqu'à sa mort en 1688[b]. Au temps de son arrivée en France, dit M. Sand (p. 77), « Locatelli jouait.... les Trivelin, espèce d'Arlequin ; mais cela n'empêcha pas Biancolelli de jouer les Arlequins comme second comique, à côté de Trivelin, jusqu'à ce que ce dernier mourut ; ce fut en 1671. A partir de ce moment, toute la scène appartint à Dominique, car c'est sous ce nom qu'il acquit la réputation du plus grand acteur de son siècle et rendit populaire le nom d'*Arlechino*. » Il s'était fait une réputation d'honnête homme et peut-être d'homme d'esprit, et paraît avoir été en faveur auprès du Roi[c]. A la *Notice* du *Médecin volant* (tome I, p. 48-50) il a été parlé du recueil des canevas, des dessins de scène dressés par lui et qui lui servaient à préparer ou repasser les différents rôles de ce personnage d'Arlequin qu'il avait en partie transformé. — Qu'était-ce que cette nuit que les cinq masques italiens avaient, comme il est dit à la suite du mot « Arlequin, » à représenter sur un air de ballet? Ils rappelaient sans doute, ils figuraient par leurs attitudes, leurs gestes, leurs lazzi, leurs groupes, quelques situations et événements ordinaires de la nuit : observation du ciel, rêves, attaques, escalades, sérénades....

1. « Le beau temps qui s'envole emporte le plaisir ; à l'école d'Amour on apprend à profiter du moment. » — Les deux derniers vers sont repris dans le chant, et, à la reprise, le dernier se dit deux fois.

[a] Tome III des *Œuvres*, p. 337 : c'est celui sans doute que nomme M. Moland et dont il caractérise le rôle, p. 54 et 55 de *Molière et la Comédie italienne*.
[b] Voyez au 2 août 1688 du *Journal* de Dangeau une note de Saint-Simon.
[c] Le Roi, représenté par Pierre de Nieit, avait été, en 1666, parrain de son premier fils. A la fin de 1669, il avait obtenu qu'une de ses filles fût tenue sur les fonts par l'archevêque de Thèbes, nonce du Pape en France, et par la duchesse d'Enghien : voyez Jal à BIANCOLELLI. Lui et sa femme reçurent, en avril 1680, des lettres de naturalité : voyez *les Comédiens.... de la troupe italienne* par M. É. Campardon, tome I, p. 63 et 68-69. — Les anecdotes qui ont été mises en quelque crédit sur son compte sont rapportées dans l'*Histoire de Molière* de Taschereau (3ᵉ édition, note 20 du livre I), et dans les ouvrages de M. Sand et de M. Moland.

Ride l'età,
Che pur tropp' orrida
Da noi sen và[1],

TOUS DEUX.

Sù cantiamo,
Sù godiamo
Ne' bei dì di gioventù[2] :
Perduto ben non si racquista più [3].

MUSICIEN.

Pupilla[4] *che vaga*
Mill' alme incatena
Fà dolce la piaga,
Felice la pena[5].

MUSICIENNE.

Ma poiche frigida
Langue l'età,
Più l'alma rigida
Fiamme non ha.

TOUS DEUX.

Sù cantiamo [6], etc.

1. Ces deux derniers vers sont aussi répétés.
2. Après que le Musicien a dit *Sù cantiamo*, et la Musicienne *Sù godiamo*, ils disent ensemble ce troisième vers : *Ne' bei dì...*, puis tous les trois vers. — La Musicienne chante ensuite seule le dernier vers du couplet : *Perduto ben...*, avant qu'il soit repris, à deux, nombre de fois, avec divers arrangements des paroles et des *non* (ou sans doute plutôt des *no*) redoublés.
3. « Tant que l'âge en fleur nous rit, l'âge qui trop promptement, hélas! s'éloigne de nous, — Chantons, jouissons dans les beaux jours de la jeunesse : un bien perdu ne se recouvre plus. »
4. Ces secondes paroles du duo sont écrites sous les premières dans la Partition : aux mêmes places, mêmes répétitions.
5. « Un bel œil enchaîne mille cœurs; ses blessures sont douces; le mal qu'il cause est un bonheur. » — Auger imprime : *Pupilla ch'è vaga Mill'alme incatena, Fà*, etc. La correction paraît inutile; notre texte s'entend aussi bien : « Un œil qui, beau, enchaîne, dont la beauté enchaîne mille cœurs, fait douce la plaie.... »
6. « Mais quand languit l'âge glacé, l'âme engourdie n'a plus de feux. — Chantons, » etc.

(Après le dialogue italien, les Scaramouches et Trivelins dansent
une réjouissance¹.)

CINQUIÈME ENTRÉE².

FRANÇOIS³.

*PREMIER MENUET*⁴.

DEUX MUSICIENS POITEVINS dansent, et chantent les paroles
qui suivent⁵.

Ah! qu'il fait beau dans ces bocages!
Ah! que le Ciel donne un beau jour!

AUTRE MUSICIEN.

Le rossignol, sous ces tendres feuillages,
*Chante aux échos son doux retour*⁶ :

Ce beau séjour,
Ces doux ramages,

---

1. *Deux Scaramouches et deux Trivelins représentent avec Arlequin une nuit à la manière des comédiens italiens.* — L'ITALIEN. *Bel tempo,* etc. L'ITALIENNE. *Insin,* etc. TOUS DEUX ENSEMBLE. *Sù,* etc. L'ITALIEN. *Pupilla,* etc. L'ITALIENNE. *Ma poiche,* etc. TOUS DEUX ENSEMBLE. *Sù,* etc. — *Les Scaramouches et les Trivelins finissent l'entrée par une danse.* (1734.)

2. Les deux dernières entrées ne sont point dans le *Ballet des ballets*.

3. Ces Français donnant leur nom à l'entrée sont, comme on va le voir, deux Musiciens poitevins, qui peut-être dansaient et chantaient tout à la fois les paroles sur des airs de menuet, ou bien (ce que semble indiquer la ponctuation de l'original) dansaient avant de chanter; puis six Poitevins et Poitevines qui dansaient seulement.

4. L'orchestre jouait d'abord ce menuet (à six parties) ; il accompagnait sans doute les violons d'un corps de ménétriers vu sur la scène, et auquel se joignaient peut-être déjà, dans le lointain du théâtre, les maîtres sonneurs poitevins qui vont faire leur entrée, suivis de trois nouveaux couples dansants.

5. C'est-à-dire les paroles de cette scène. Voyez ci-dessous, note 6, et aux notes 2, 3 et 4 de la page suivante, comment les deux Musiciens ont à les chanter. Il manque ici dans l'original l'indication UN OU PREMIER MUSICIEN, qui devrait précéder immédiatement les deux premiers vers.

6. *Leur doux retour.* (Livret de 1670 et Partition; faute probable.) — Après avoir deux fois, en alternant, chanté le quatrain qui précède, les deux Musiciens chantent aussi deux fois, mais ensemble, le petit quatrain qui suit.

*Ce beau séjour
Nous invite à l'amour.*

SECOND MENUET[1].

TOUS DEUX ensemble.

Vois, ma Climène[2]*,
Vois sous ce chêne
S'entre-baiser ces oiseaux amoureux*[3] *;
Ils n'ont rien dans leurs vœux
Qui les gêne ;
De leurs doux feux
Leur âme est pleine.
Qu'ils sont heureux !
Nous pouvons tous deux,
Si tu le veux,
Être comme eux*[4].

(Six autres François viennent après, vêtus galamment à la poitevine, trois en hommes et trois en femmes, accompagnés de huit flûtes et de hautbois[5], et dansent les menuets.)

SIXIÈME ENTRÉE.

(Tout cela finit par le mélange des trois nations, et les applaudissements en

---

1. D'abord joué par une bande champêtre de flûtes, hautbois et bassons, rappelant les sonneurs de cornemuse.
2. C'est encore, comme, plus haut, la première chanson à boire de l'acte IV [a], un duo purement musical, nullement dramatique : les deux Musiciens chantent toutes les mêmes paroles et ne s'adressent point l'un à l'autre. Il serait pourtant possible que, dansant les menuets, ils parussent l'un en Poitevin et l'autre en Poitevine.
3. La première reprise du menuet, qui finit ici, se répétait certainement comme la seconde.
4. Ce dernier vers est repris dans le chant.
5. Le Livret (ci-après, p. 236) dit « accompagnés de huit flûtes et hautbois, » et, comme il ne nomme, pour cette entrée, en tout que huit instrumentistes, on en peut sans doute conclure que, de ces huit, les uns jouaient de la flûte et les autres du hautbois ; il est même probable qu'un ou deux jouaient du basson : voyez ci-après, p. 236, les notes 1 et 3.

[a] Page 162 ; voyez aussi p. 161, note 3.

danse et en musique de toute l'assistance, qui chante[1] les deux vers qui suivent[2] :)

Quels spectacles charmants, quels plaisirs goûtons-nous!
Les Dieux mêmes, les Dieux n'en ont point de plus doux[3].

1. Qui chantent. (1682, 97, 1730.)
2. Voici comment le Chœur chante les paroles de ce finale : 1° le premier vers suivi deux fois du premier hémistiche du second vers, puis de « n'en ont point, n'en ont point de plus doux » ; 2° le premier vers, suivi de la reprise : « quels plaisirs, quels plaisirs goûtons-nous! »; 3° les deux vers entiers; 4° deux fois le second vers disposé ainsi : « Les Dieux mêmes, les Dieux (*bis* cet hémistiche) n'en ont point, n'en ont point de plus doux. »
3.

QUATRIÈME ENTRÉE.

FRANÇOIS.

DEUX POITEVINS *chantants et dansants*, POITEVINS ET POITEVINES, *dansants*.

PREMIER POITEVIN.

Ah! etc.

DEUXIÈME POITEVIN.

Le rossignol, etc.

TOUS DEUX ENSEMBLE.

Vois, etc.

Trois Poitevins et trois Poitevines dansent ensemble.

CINQUIÈME ET DERNIÈRE ENTRÉE.

Les Espagnols, les Italiens et les François se mêlent ensemble, et forment la dernière entrée.

CHOEUR DES SPECTATEURS.

Quels spectacles, etc.

FIN DU BALLET DES NATIONS. (1734.)

— L'édition de 1734 donne ensuite les NOMS DES PERSONNES *qui ont chanté et dansé dans* LE BOURGEOIS GENTILHOMME, d'après le livret imprimé chez R. Ballard en 1670. Voyez ci-après l'*Appendice*, p. 230 et suivantes.

FIN DU BOURGEOIS GENTILHOMME.

APPENDICE

AU *BOURGEOIS GENTILHOMME*.

Nous donnons ici le Livre (ou, comme nous disons, le livret) des intermèdes de cette comédie, imprimé à Paris, en l'année 1670, pour le Roi, qui le fit distribuer aux spectateurs de Chambord et de Saint-Germain[1]. Les intermèdes sont, dans ce livret, adaptés à une division de la pièce en trois actes. Les derniers, à partir de la *Cérémonie turque*, ont été reproduits, moins les deux entrées v et vi (les François et le finale), dans le *Ballet des ballets*, de 1671. Ce Livre complet du *Ballet des ballets* fut réimprimé au moins deux fois, à l'occasion de reprises données à la cour, peut-être des divertissements seuls, en 1689 et en 1691; lors de la reprise de 1689, Madame la Duchesse, la princesse de Conty, la marquise de Seignelay et le comte de Brionne dansèrent à deux entrées du *Ballet des Nations*, la IIIe, des Espagnols, et la Ve, des Poitevins (*Dictionnaire des théâtres* des frères Parfaict, tome I, p. 481 et 482). Nous avons vu la réimpression de 1691 : elle ne diffère guère du texte premier que par une distribution nouvelle des rôles dansants et chantants; le titre en est : « *Le Bourgeois gentilhomme*, comédie-ballet. Dansé devant le Roi par l'Académie royale de musique, le 21° février 1691. »

LE BOURGEOIS GENTILHOMME,

COMÉDIE-BALLET,

donné par le Roi à toute sa cour dans le château de Chambord,
au mois d'octobre 1670.

L'ouverture se fait par un grand assemblage d'instruments.
Dans le PREMIER ACTE, un Élève du Maître de musique compose sur une table un air que le Bourgeois a demandé pour une sérénade.

L'Élève de musique : M. GAYE[2].

Une Musicienne est priée de chanter l'air qu'a composé l'Élève.

---

1. Il lui en coûta une somme assez forte (qu'il faut multiplier environ par cinq pour en trouver la valeur actuelle) : « A Balard, imprimeur, pour les livres, 1022 *livres*, » porte l'état de dépense dont il a été question à la *Notice* (p. 18-19), et qui est reproduit dans *Molière et la Comédie italienne* de M. Moland (p. 364).

2. Sur ce chanteur, baryton, voyez tome VI, p. 192, note 3; tome VII, p. 339, note 1.

La Musicienne : Mlle Hilaire[1],

laquelle chante les paroles qui suivent :

Je languis nuit et jour et mon mal est extrême, etc.

Après avoir fait chanter cet air au Bourgeois, on lui fait entendre, dans un dialogue, un petit essai des diverses passions que peut exprimer la musique. Il entre pour cela un Musicien et deux Violons.

Le Musicien : M. Langez.

Les deux Violons : les sieurs Laquaisse, et Marchand.

Dialogue en musique : Mlle Hilaire.
Un cœur, dans l'amoureux empire, etc.

M. Langez.
Il n'est rien de si doux que les tendres ardeurs, etc.

. . . .

M. Gaye.
Il seroit doux d'entrer sous l'amoureuse loi, etc.

. . . .

Le puissent perdre les Dieux!
M. Langez.
A des ardeurs si belles, etc.

Tous trois.
Ah! qu'il est doux d'aimer, etc.

En suite de ce dialogue, le Maître à danser lui fait voir aussi un petit essai des plus beaux mouvements et des plus belles attitudes dont une danse puisse être variée.

Quatre danseurs : MM. la Pierre, Favier, Saint-André, et Magny.

Un Maître tailleur lui vient apporter un habit, qu'il[2] lui fait vêtir en cadence par six garçons tailleurs.

Les six garçons tailleurs : MM. Dolivet[3], le Chantre, Bonnart, Isaac, Magny, et Saint-André.

Le Bourgeois, étant habillé, leur donne de quoi boire, et les garçons tailleurs s'en réjouissent par une danse.

1. La célèbre Mlle Hilaire était, on se le rappelle, tante par alliance de Lulli : voyez tome IV, p. 72, note 5, et p. 131, note 3; tome VI, p. 291, note 2; tome VII, p. 420, note 2, et ci-dessus, p. 179, fin d'une note de la page précédente.
2. *Qui,* pour *qu'il,* dans le texte original de 1670.
3. Voyez tome III, p. 6. Dolivet ou d'Olivet représenta encore, au *Ballet des Nations,* le Donneur de livres. Loret l'a appelé « le jovial » : voyez une citation de M. Fournel, tome II des *Contemporains de Molière,* p. 513.

232 APPENDICE AU BOURGEOIS GENTILHOMME.

Dans le SECOND ACTE[1], une femme de qualité vient dîner chez le Bourgeois, qui, pour la mieux régaler, lui fait ouïr à table quelques chansons à boire, qui sont chantées par trois musiciens qu'il a fait venir.

Les trois musiciens : MM. BLONDEL[2], DE LA GRILLE, et MOREL.
PREMIÈRE CHANSON A BOIRE : MM. DE LA GRILLE, et MOREL.
Un petit doigt, Philis, pour commencer le tour, etc.
SECONDE CHANSON A BOIRE : MM. BLONDEL, et MOREL.
Buvons, chers amis, buvons, etc.
TOUS TROIS ensemble.
Sus, sus, du vin partout : versez, garçons, versez, etc.

Dans le TROISIÈME ACTE, le Bourgeois, qui veut donner sa fille au fils du Grand Turc, est anobli[3] auparavant par une Cérémonie turque, qui se fait en danse et en musique[4].

Les acteurs de la Cérémonie sont : UN MUFTI, représenté par le Seigneur CHIACHERON[5] ;
Douze Turcs musiciens assistants à la Cérémonie : MM. LE GROS[6], ESTIVAL[7], BLONDEL, GINGANT l'aîné, HÉDOUIN, REBEL, GILLET, FERNON cadet, BERNARD, DESCHAMPS, LANGEZ, et GAYE ;

1. La réimpression de 1691 donne une indication qui manque ici au texte primitif : « Six Cuisiniers viennent mettre le couvert en dansant. »
2. Blondel, le ténor qui, vers la fin du IIIe intermède des *Amants magnifiques*, avait chanté, avec Mlle de Saint-Christophe, le dialogue du *Dépit amoureux*; un des arguments de *la Princesse d'Élide*, au Ier intermède, tome IV, p. 133, parle de sa voix admirable.
3. *Annobli*, dans les deux livrets.
4. « Un bourgeois voulant donner sa fille en mariage au fils du Grand Turc, est anobli auparavant par une cérémonie turque, qui se fait en dansant et en chantant. Il se voit une petite décoration dans le fond du théâtre, avec un portique au milieu d'un jardin, et au travers on voit un autre jardin en éloignement. » (Le *Ballet des ballets*, 1671.) Cette décoration du *Ballet des ballets* n'était sans doute plus celle qu'on avait vue dans le divertissement du *Bourgeois gentilhomme* : c'est, ce semble, dans la salle du festin que là s'accomplit la Cérémonie. Comparez ci-dessus, p. 210, note 3. — Pour tout le reste de la Cérémonie, le *Ballet des ballets* ne diffère du livret de 1670 que par le changement de quelques noms d'acteurs, et l'omission des deux petits alinéas qui suivent les mots : « avec plusieurs instruments à la turquesque. »
5. Lulli, on l'a vu, n'avait pas voulu être nommé autrement parmi les acteurs. C'était la seconde fois qu'il se dissimulait ainsi : voyez tome VII, p. 340, note 1. Sur son jeu, voyez ci-dessus, p. 178, note 3. Il reprit ce rôle à Saint-Germain, en décembre 1671, pour le *Ballet des ballets*.
6. Sur le Gros, plus loin Homme du bel air, voyez tome VI, p. 192, note 1.
7. Estival ou d'Estival, dont la voix de basse était sans nul doute très-re-

LIVRE DES INTERMÈDES. 233

Quatre Dervis : MM. Morel, Gingant cadet, Noblet, et Philbert;
Six Turcs dansants : MM. Beauchamp [1], Dolivet, la Pierre,
Favier, Mayeu, Chicanneau.

Le Mufti invoque Mahomet avec les douze Turcs, et les quatre Dervis. Après, on lui amène le Bourgeois, auquel il chante ces paroles :

LE MUPHTI.
Se ti'sabir, etc.
. . . . . .
. . . . . .
- *Pigliar schiabbola*[2].
les turcs répètent les mêmes vers.

Le Mufti, etc.... et chante les paroles qui suivent :

Dara, dara
Bastonnara, bastonnara.
les turcs répètent les mêmes vers.

Le Mufti, après l'avoir fait bâtonner, lui dit, etc.... avec plusieurs instruments à la turquesque.
Toute la Cérémonie est mêlée, en plusieurs endroits, tant du Mufti que des six Turcs dansants.
Le Bourgeois, étant anobli, donne sa fille en mariage au fils du Grand Turc, et toute la comédie finit par un petit ballet qui avoit été préparé.

BALLET DES NATIONS.

PREMIÈRE ENTRÉE.

Un homme vient donner les livres du Ballet, etc.... qu'il trouve toujours sous ses pas.

Le Donneur de livres : M. Dolivet.

Spectateurs musiciens : MM. le Gros, homme du bel air, Estival, Hédouin, Gaye, Gascon, Morel, Gingant l'aîné, Gingant ca-

marquable, et Mlle Hilaire sont les deux qui, dans ces livrets, ont été le plus souvent nommés : voyez, sur le premier, tome VI, p. 189 (où il est appelé d'*Estival*), note 1.

1. Beauchamp, nommé ici le premier, était le plus illustre des chorégraphes musiciens : voyez tome IV, p. 74, note 4, et p. 229, note 5.
2. Dans tout ce que nous omettons de prose entre *Se ti sabir* et *Pigliar schiabbola*, il n'y a, dans les deux livrets, qu'une seule variante, indiquée ci-dessus, p. 180, note 2.

234 APPENDICE AU BOURGEOIS GENTILHOMME.

det, Gascon, Blondel, vieux babillard, Langez, vieille babillarde, Fernon, homme du bel air, Deschamps, Gillet, Philbert, Suisse, Bernard, Noblet, Rebel, homme du bel air.

Quatre Pages de la Musique, Filles coquettes : Jeannot, Pierrot, Renier, un Page de la Chapelle.

DIALOGUE DES GENS, etc.

TOUS.

A moi, Monsieur, à moi, de grâce à moi, Monsieur, etc.
. . . .

HOMME DU BEL AIR, etc.
. . . .

TOUS.
. . . .

Un livre, s'il vous plaît, à votre serviteur.

SECONDE ENTRÉE.

Les trois Importuns : MM. Saint-André, la Pierre, et Favier.

TROISIÈME ENTRÉE.

ESPAGNOLS CHANTANTS.

MM. Martin[1], Morel, et Gillet.

M. Morel[2].

Sé que me muero de amor, etc.

Six Espagnols dansants : MM. Dolivet, le Chantre, Bonnart, Lestang, Isaac, et Joubert.

Deux Espagnols dansants ensemble : MM. Beauchamp, et Chicanneau.

Trois Musiciens espagnols.

M. Morel, Espagnol chantant.

Ay! que locura, con tanto rigor, etc.
. . . .

M. Gillet, Espagnol chantant.

El dolor solicita, etc.

---

1. M. Fournel dit (tome II, p. 455, note 3), à propos d'un Martin cité, en 1657, parmi les plus habiles musiciens, qu'il y en eut trois de ce nom employés dans les ballets de cour, deux frères et sans doute leur père.

2. Morel doit être ici nommé par erreur : il va être indiqué deux fois comme ayant chanté des airs notés, dans la Partition, à la clef des basses, tandis que cet air *Sé que me muero de amor* l'a été à la clef des hautes-contre. Il fallait sans doute nommer Martin, à qui aucun des airs n'est donné sur le programme, ou peut-être (car Martin pouvait ne pas avoir une voix à briller dans un solo) Gillet, qui eut un autre solo à chanter : au trio de cette entrée, il y a même clef pour les deux parties hautes.

MM. Morel et Gillet, Espagnols.
Dulce muerte es el amor, etc.
. . . .
M. Morel, seul.
Alegrese enamorado, etc.
. . . .
Tous trois, ensemble.
Vaya, vaya de fiestas ! etc.
. . . .

QUATRIÈME ENTRÉE.

ITALIENS.

Une Musicienne italienne.... dont voici les paroles.

La Musicienne italienne : Mlle Hilaire.
Di rigori armata il seno, etc.

Après l'air.... deux Scaramouches[1],... à la manière des comédiens italiens, en cadence.

Les deux Scaramouches : MM. Beauchamp, et Mayeu.

Les deux Trivelins : MM. Magny, et Foignard cadet.

Harlequin : Le Seigneur Dominique[2].

Un Musicien italien se joint, etc.

Le Musicien italien : M. Gaye.
Bel tempo che vola, etc.

Mlle Hilaire.
Insin che florida, etc.

CINQUIÈME ENTRÉE.

FRANÇOIS.

Deux Musiciens poitevins dansent et chantent les paroles qui suivent.

MM. la Grille, et Noblet.

MENUETS.

PREMIER MENUET.
Chanté par M. Noblet[3].
Ah ! qu'il fait beau dans ces bocages, etc.

M. la Grille chantant :
Le rossignol sous ces tendres feuillages, etc.

---

1. En 1691, trois Scaramouchettes furent mêlées à cette entrée.
2. Voyez ci-dessus, p. 224, note 2.
3. Très-probablement celui qui avait chanté et dansé à la fin du *Sicilien* (voyez tome VI, p. 201-203), et dont Fresneuse vante le chant agréable et, ce semble, la belle prononciation (p. 77 de la II^{de} partie de ses *Dialogues*).

SECOND MENUET.

TOUS DEUX ensemble.
Vois, ma Climène, etc.

Six autres François..., vêtus galamment à la poitevine, trois en hommes et trois en femmes, accompagnés de huit flûtes et hautbois.

Les trois Hommes : MM. LA PIERRE, FAVIER, et SAINT-ANDRÉ.

Les trois Femmes : MM. FAURE, FOIGNARD, et FAVIER le jeune.

Les huit Flûtes[1] : Les sieurs DESCOUTEAUX[2], PIÉCHE le fils, PHILIDOR[3], BOUTET, DU CLOS, PLUMET, FOSSART, et NICOLAS HOTTERRE[4].

SIXIÈME ENTRÉE.

Tout cela finit par le mélange des trois Nations, etc.

. . . .
Les Dieux mêmes, les Dieux n'en ont point de plus doux.

1. C'est-à-dire sans doute les huit musiciens composant, dans ce concert, le corps des flûtes, hautbois et bassons : voyez plus haut, p. 228, note 5, et, ci-dessous, la note 3.

2. Voyez tome IV, p. 86, note 3, et tome VI, p. 282, note 4.

3. Nous croyons bien que Philidor tout court est cet André Danican Philidor l'aîné dont nous avons si souvent cité la collection, et à qui est due, en particulier, la meilleure copie de la partition du *Bourgeois gentilhomme ;* car c'est très-vraisemblablement lui qui, par excellence, a dû être ainsi nommé, parmi les bassons, dans le livret de *Psyché*, au dernier intermède (plus loin, ENTRÉE DE LA SUITE DE BACCHUS, p. 380), en même temps que, parmi les hautbois, l'est son frère cadet (Jacques Danican Philidor, qui prit, dans un acte de 1674, la qualification de « hautbois du Roi ») : voyez tome IV, p. 11 et note 1, et le *Dictionnaire de Jal*, p. 965. Pour les menuets poitevins, une partie de basse est écrite sous deux parties hautes, et c'est Philidor l'aîné sans doute qui l'exécutait sur le basson, seul ou avec quelque autre des concertants, par exemple avec Nicolas Hotterre : celui-ci (il va venir le dernier dans cette liste) est expressément désigné comme jouant de cet instrument, plus loin, ENTRÉE DE LA SUITE DE MOME, p. 382, au même intermède de *Psyché*.

4. Voyez tome VI, p. 283, note 1.

NOTE

SUR LES INTERMÈDES DU *BOURGEOIS GENTILHOMME*.

Le volume dans lequel nous a été transmise la plus précieuse copie de la très-intéressante partition composée par Lulli pour les intermèdes du *Bourgeois gentilhomme* ne paraît pas avoir été jamais destiné au Roi ; avec quelque dorure ajoutée sur la tranche et un écusson sur les plats, il eût été tout à fait digne cependant de lui être offert. Mais Philidor n'y a pas joint la dédicace qu'il a mise au-devant de presque toutes les copies de sa main que nous avons eu à consulter; ils s'est contenté de constater, par une note manuscrite, qu'il faisait partie de sa propre bibliothèque[1]. Il ne l'acheva que vers la fin du siècle; cela paraît prouvé par une note, que ni l'écriture ni l'encre ne distinguent du reste et qui se lit (p. 95) au haut de la première *Chanson à boire* de l'acte IV : « L'air de M. Destouches à la place de celui-ci : » le compositeur d'*Issé* (1697) n'était pas né encore lors des premières représentations du *Bourgeois gentilhomme*, et ce ne fut sans doute qu'après le succès de son premier opéra, ou lorsque plus tard il fut devenu surintendant de la musique du Roi, qu'on put avoir l'idée de varier ainsi l'exécution de la musique de Lulli. — Parvenu dans la bibliothèque du Conservatoire plus tard sans doute que d'autres volumes de même origine, le bel in-folio dont nous parlons n'a pas encore été incorporé, par sa marque et son numéro d'ordre du moins, dans la collection Philidor proprement dite. Il se compose de 185 pages[2], que précède le titre suivant ; on y remarquera l'espèce de prééminence accordée par le musicien copiste au compositeur : « *Le Bourgeois gentilhomme*, comédie-ballet; donné par le Roi à toute sa cour dans le château de Chambort au mois d'octobre 1670 ; fait par M. de Lully, surintendant de la musique du Roi, et par le sieur Molliere[3]. » Il contient, outre la transcription (très-particulièrement conforme à l'édition de 1674) de tout le texte de Molière, les morceaux de musique suivants, qui ont été insérés à la place que leur assignait la représentation de la comédie-ballet[4].

---

1. « Ce Liure APartiende A Mr Philidor Lainé ord^{re} de La Musique du Roy. » Cette note se lit telle en tête de deux feuillets préliminaires de musique, pouvant être étrangers au *Bourgeois gentilhomme*.
2. La dernière est, par erreur, chiffrée 183 ; il y a deux 166 et 167.
3. Au verso du titre, est la distribution donnée ci-dessus, p. 27 et 28.
4. Rappelons de nouveau ici que M. Weckerlin a publié une excellente réduction de la partition reconstituée par lui en 1876.

Avant le Ier acte, une *Ouverture* à six parties. — A la première scène, d'introduction, l'air que compose et essaye *l'Élève du maître de musique* : « Je languis nuit et jour » ; il est comme l'air véritable mis à la clef des seconds sopranos ; » une basse non chiffrée est écrite pour l'accompagnement[1] (voyez ci-dessus, p. 45, note 2). — A la scène II de l'acte I : 1° la Sérénade précédente, mais définitivement écrite et arrêtée, pour une *Musicienne chantante* ; 2° la chanson de Janneton, chantée, sans accompagnement, par M. Jourdain-Molière (nous la donnons ci-après, p. 242) ; 4° le Dialogue en musique ; il se compose d'abord de trois airs : d'un premier, précédé d'une *Ritournelle* (donnée à deux violons et une basse) pour *une Musicienne*, « Un cœur, dans l'amoureux empire » ; d'une semblable ritournelle et d'un air pour *un Musicien* (haute-contre), « Il n'est rien de si doux » ; d'une *Ritournelle* et d'un air encore pour le *Deuxième musicien* (ténor), « Il serait doux d'entrer sous l'amoureuse loi » ; puis viennent les phrases du vrai dialogue, « Aimable ardeur, » que suit, après une dernière *Ritournelle*, le chant à deux et à trois, accompagné par deux violons et une basse, du quatrain « A des ardeurs si belles » (ci-dessus, p. 64 et note 5). — A la fin de l'acte, les divers airs de danse exécutés aux commandements du Maître (p. 65 et note 3) : 1° un de mouvement d'abord grave puis plus vite, 2° une *Sarabande*, 3° une *Bourrée*, 4° une *Gaillarde*, 5° une *Canarie*.

A la scène 1re du II^d acte, le *Menuet* chantonné, sans accompagnement, par le Maître à danser (on le trouvera ci-après, p. 243 : voyez aussi ci-dessus, p. 69-70, et, p. 61, la fin de la note 4 de la page 60). — A la scène V du même acte : 1° un *Premier air des garçons tailleurs* ; 2° un *Deuxième air*, une *Gavotte*, pour ces Tailleurs se réjouissant à la fin de la scène et de l'acte.

A la fin de l'acte III, Philidor a omis la musique du troisième intermède, où dansaient les Cuisiniers (ci-dessus, p. 156) ; la copie mentionne seulement (p. 92) *le Passe-pied* qu'ils exécutaient (était-ce dès l'origine ?) deux fois, un *Premier rigodon* (une fois) et un *Deuxième rigodon* (une ou deux fois), et au milieu de la page 93, restée blanche, est écrit : « Il faut deux airs ici, » de danse évidemment, d'après l'indication du texte de Molière.

---

[1]. Il en est généralement ainsi, dans cette copie, pour les morceaux de chant ; nous relèverons les exceptions. Mais il faut se souvenir de ce que nous a bien appris le Maître de musique (ci-dessus, p. 67), que cette basse continue était seulement une indication donnée à la viole basse, au théorbe et au clavecin, toujours chargés de réaliser les accompagnements ordinaires. — Les morceaux qu'exécutait l'orchestre, les airs de ballet, sont d'ordinaire à cinq parties de violons : dessus (*violini*), quintes, basses de viole, et *violoni*.

NOTE SUR LES INTERMÈDES.

A la 1re scène de l'ACTE IV : 1° une *Chanson à boire* en duo, pour contralto ou haute-contre et basse (ci-dessus, p. 161, note 3), « Un petit doigt.... »; le second couplet, « Qu'en mouillant votre bouche », est écrit sous le premier; 2° une autre *Chanson à boire*, à deux couplets, pour ténor et basse, « Buvons » (ci-dessus, p. 162 et note 5); 3° le trio bachique, « Sus, sus, du vin partout ».

A la fin de ce même ACTE IV : 1° une *Marche pour la Cérémonie des Turcs*, à jouer deux fois, et accompagnant leur première entrée; 2° le chœur des *Alla* (ci-dessus, p. 184 et note 5), sans accompagnement; les clefs indiquent constamment, pour les chœurs de cet intermède, une partie de hautes-contre, deux de ténors et une de basses; 3° l'air du Mufti-Lulli (basse), à répéter sur un second couplet, et adressé à M. Jourdain : *Se ti sabir;* il est d'un bout à l'autre accompagné par deux parties hautes (de violon sans doute) et une simple basse; 4° l'interrogatoire, le dialogue, où le Mufti parle, et où les Turcs chantent, sans accompagnement, leurs réponses *ioc* et *hey valla;* 5° le chant du Mufti, *Mahameta per Giourdina*[1], encore accompagné par deux violons et basse; 6° le second et court interrogatoire chanté par le Mufti et le Chœur (accompagnés, ainsi que dans la suite, d'une simple basse), *Star bon Turca;* 7° le chœur des *Hulaba balachou*, d'abord entonné et dansé par le Mufti; 8° un *Deuxième air* de danse (la Marche qui ouvre la cérémonie étant regardée comme premier); 9° la *Prière*, les *Hou*, sans accompagnement; 10° le nouvel interrogatoire *Ti non star furba?* longuement continué par le Chœur (ci-dessus, p. 191 et note 4); 11° un *Troisième air* de danse; 12° le chant du Mufti et le chœur *Ti star nobile;* 13° un *Quatrième air* de danse; 14° la phrase du Mufti et du Chœur, *Dara, bastonnara*, à laquelle succède une reprise du *Troisième air* de ballet; 15° la phrase du Mufti revenant pour clore la réception et le dernier chœur, *Non tener honta*. Mais là ne se terminait pas encore l'intermède; les chanteurs et l'orchestre recommençaient : 1° la demande du Mufti et la réponse du Chœur *Star bon Turca? — Hei valla* (n° 6); 2° le chant et la danse folle des *Hulala halachou;* 3° le *Deuxième air* de ballet qui y fait suite; 4° comme finale et sortie, la marche solennelle entendue à l'ouverture de la Cérémonie.

Après le V° ACTE, à la 1re entrée du *Ballet des Nations* : 1° un air de danse intitulé *le Donneur de livres;* 2° un chœur, « A moi, Monsieur, à moi » (ci-dessus, p. 211 et note 2); 3° le long récitatif, vivement dialogué, des gens qui demandent des livres, auquel sont mêlés des phrases plus mélodiques ou des airs, pour les Gascons

1. Molière, à la scène 1 de l'acte V, chantait, en imitation de Lulli, plusieurs passages du rôle du Mufti : voyez ci-dessus, p. 195 et 196.

et le Suisse baragouinant, entre autres, pour le Vieux bourgeois babillard, pour la Vieille bourgeoise babillarde (il y a deux airs pour chacun de ces deux derniers; et le second du Vieux babillard, « Allons, ma mie », dut particulièrement charmer l'auditoire); le chœur agité du début sert de conclusion à ce prologue, qui eut pour interprètes à la cour tous les premiers chanteurs du Roi (aucune femme ne figure, ci-dessus, p. 233 et 234 sur la liste du Livret ; les voix de quelques pages de la Chapelle complétaient le chœur mixte). — A la II^{do} entrée, un air de danse, intitulé *Entrée de trois Importuns*. — A la IIIe entrée, celle du ballet-concert des *Espagnols* : 1° un Rondeau (pour haute-contre) précédé d'une *Ritournelle des Espagnols*, que les violons, accompagnés d'une basse, faisaient une seconde fois entendre tout à la fin de l'air; une plus courte *Ritournelle* sépare la première reprise *Sé que me muero* de celles des couplets *Aun muriendo* et *Lisonxeame*; 2° un air de basse, *Ay! que locura*, pour l'accompagnement duquel deux parties hautes (de violon sans doute) sont jointes à la basse; 3° un *Premier air des Espagnols*, danse pour laquelle l'original de Molière (p. 220) semble indiquer une autre place; 4° un air de haute-contre, *El dolor solicita*; 5° un *Deuxième air des Espagnols* accompagnant encore une danse; 6° un duo, *Dulce muerte*, pour l'une des deux voix hautes (ci-dessus, p. 234, note 2) et la basse; 7° un second air de basse, *Alegrese enamorado*, de nouveau accompagné par deux violons et basse ; 8° un trio, *Vaya, vaya de fiestas!* après lequel est repris le *Premier air* de danse *des Espagnols*. — A la IVe entrée, des *Italiens* : 1° une *Ritournelle italienne* (à l'ordinaire de deux violons et basse), suivie de l'air chanté par Mlle Hilaire, *Di Rigori armata il seno;* la même ritournelle ramène le second couplet en double, *Ma si caro* (ci-dessus, p. 223 et note 6); 2° un air de danse pour l'*Entrée des Scaramouches, Trivelins et Arlequin représentant une nuit;* 3° le Dialogue du *Musicien italien* (ténor) et de la *Musicienne italienne, Bel tempo che vola* et *Insin che florida*, terminé par le duo *Sù cantiamo :* le tout était repris avec les secondes paroles écrites sous les premières, *Pupilla che vaga* et *Poiche frigida;* 4° une longue *Chaconne*, terminant l'entrée, pour la réjouissance *des Scaramouches, Trivelins et Arlequin*. — A la Ve entrée, des *François* : 1° un *Menuet* écrit pour six parties instrumentales; 2° ce *Menuet* chanté par les deux Musiciens poitevins (haute-contre et ténor); les deux premières reprises en sont successivement chantées par eux, et la troisième en duo; 3° un autre *Menuet pour les hautbois en poitevin* et exécuté par deux parties hautes (de flûtes et hautbois sans nul doute) et un accompagnement (de bassons); 4° ce même *Menuet* repris par les deux chanteurs poitevins. — A la VIe entrée, le chœur final des trois Nations, « Quels spectacles charmants ! » où les chanteurs n'étaient soutenus que par l'accompagnement ordinaire des violes basses, théorbes et clavecins, mais où toutes les pauses des voix sont remplies par un grand orchestre, ne pouvant manquer de comprendre, avec toute la symphonie des violons, les flûtes, hautbois et bassons des sonneurs poitevins.

L'œuvre de Molière a été le plus souvent représentée sans aucun de ces divertissements de musique et de danse, et on ne peut pas dire qu'elle y ait perdu, sauf cependant au retranchement de la Cérémonie turque, qui paraît presque nécessaire au dénouement de l'action, dont le scenario a si heureusement excité la verve comique de Lulli et à laquelle, quand l'exécution a été suffisante, le public a toujours pris plaisir. Mais c'est toute la musique du *Bourgeois gentilhomme* qui semble avoir particulièrement plu aux contemporains du compositeur. Après les représentations du Palais-Royal, le grand public eut encore l'occasion d'en applaudir les principales scènes à l'Académie royale dans les opéras des *Fêtes de l'Amour et de Bacchus* (1672) et du *Carnaval* (1675), et plus tard (1702) dans le ballet à tiroir des *Fragments de Lulli*[1]. Un suffrage qui en assurait beaucoup d'autres ne lui avait pas manqué à l'origine et lui fut à plusieurs reprises confirmé (voyez ci-dessus, p. 230, la notice sur le Livret). On voit dans le *Journal de Dangeau* que, longtemps après la mort de Lulli (1687), le vieux Roi, dans ses toutes dernières années, voulut encore entendre quelques parties, puis l'ensemble de la composition de son maître favori. « Le soir, chez Mme de Maintenon (*à Versailles*), il y eut grande musique, et le Roi fit jouer par quelques-uns de ses musiciens des scènes du *Bourgeois gentilhomme*. Ils étoient même vêtus en habits de théâtre comme des comédiens, et le Roi trouva qu'ils jouoient fort bien » (21 décembre 1712). — « Le soir, chez Mme de Maintenon (*à Marly*), *le Roi* fit jouer par ses musiciens toute la comédie du *Bourgeois gentilhomme*, et il trouva qu'ils l'avoient fort bien jouée; il s'y divertit fort » (13 janvier 1713). Ces musiciens étaient-ils réellement en état d'interpréter la comédie de Molière ? On serait plutôt tenté de croire qu'ils n'exécutèrent que les concerts et scènes de la partition, et ce serait un fait curieux que l'opéra du *Bourgeois gentilhomme* ait pu aussi se soutenir seul, sans l'aide de la comédie.

---

1. Voyez tome VII, p. 471, note *b*, et p. 344, note 1. Ces opéras ont été imprimés, le premier en 1717, le second en 1720. Quant aux *Fragments de Lulli*, ils l'ont été en 1702 même; ils contiennent du *Bourgeois gentilhomme* : 1° (dans les scènes I et II de leur Ire entrée) le long Dialogue de la scène II *de* l'acte I (n° 4); 2° (dans la scène v de leur IIIe entrée) les deux Menuets et le chœur final, composant, au *Ballet des Nations*, les entrées V et VI.

242 APPENDICE AU BOURGEOIS GENTILHOMME.

1. Copie Philidor, p. 11; ci-dessus, p. 54, où, à la fin, se lit *aux bois*. — Cette chanson est mise fort haut, à la clef des hautes-contre, et sort de ce diapason de la voix de Molière qu'a fait connaître au lecteur (tome IV, p. 264 et 265) l'air de Moron (également noté dans une partition par Philidor), et qu'indiquent bien encore, dans les copies du même musicien, quelques passages de la scène III de la *Pastorale comique*, où Molière parodiait la voix profonde de d'Estival (voyez tome VI, p. 195 et note 4; p. 196), ainsi que l'imitation qu'il faisait entendre de la basse élevée de Gaye, à la scène VIII du *Sicilien* (voyez tome VI, p. 252, note 1 et p. 296; p. 255; si nous ne rappelons pas la jolie chanson du *Fagotier* à sa bouteille, celle de toutes que Molière chantait certainement de sa voix la plus naturelle, c'est que nous n'avons par malheur aucune notation authentique de son chant à lui : voyez tome VI, p. 121 et 122). Molière transposait-il donc cet air de M. Jourdain? On peut toujours le supposer. Pourquoi cependant Philidor, qui avait sans nul doute entendu Molière, aurait-il commis une inexactitude au milieu d'une partition régulièrement disposée? Nous inclinons plutôt à croire que Molière chantait la plainte amoureuse telle qu'elle est ici écrite et achevait ainsi de la rendre niaise et ridicule dans la bouche de M. Jourdain; il employait un effet comique analogue à celui dont une note de Lulli, qui l'a prescrit expressément pour un autre de ses airs, donnera tout à fait l'idée. « Forestan, lit-on à l'acte II des *Fêtes de l'Amour et de Bacchus*, affecte de faire l'agréable, et quitte son ton naturel de basse pour chanter en fausset. » (Page 32 du livret de 1672.) On remarquera la manière bouffonne dont il est indiqué que se prolongeait, sur deux notes, comme avec un sanglot, la syllabe finale à *e* muet de *cruelle*.

MUSIQUE DE LULLI. 243

Le Maître à danser chante *en donnant la leçon à M. Jourdain*[1].

[musical notation]
La, la, la, la, la, la, la, la, la, la, la, la, la,

[musical notation]
la, la, la, la, la, la, la, la, la, la, la, la,

[musical notation]
la, la, la, la, la, en ca-den-ce, s'il vous plaît,

[musical notation]
la, la, la, la, la jambe droi-te la, la, la,

[musical notation]
ne re-muez point tant les é-pau-les la, la, la, la, la,

[musical notation]
la, la, la, la, la, vos deux bras sont es-tro-piés,

[musical notation]
la, la, la, la, la, haussez la tê-te, tournez la

[musical notation]
pointe du pied en de-hors la, la, la, dressez votre corps.

1. Copie Philidor, p. 35 ; ci-dessus (scène 1 de l'acte II), p. 69 et 70. — Cet engageant menuet que Lulli donna à chanter au Maître de danse se trouve intimement lié au texte de Molière, qu'il peut seul expliquer et animer, et nous en paraît aussi inséparable que l'air de Janneton. Il était emprunté par le compositeur à sa partition récente des *Amants magnifiques* ou plutôt du *Divertissement royal;* au carnaval précédent, devant les mêmes spectateurs, il avait été dansé deux fois par la troupe de Faunes qui assiste au duo du *Dépit amoureux* (voyez le IIIe intermède du *Divertissement*, tome VII, p. 430, et p. 472, n°s 11 et 14). Il se lit, tel qu'à la page suivante, noté pour les dessus de violon, avec quelques petits traits de plus, de bien légères va-

Les Faunes.

riantes, et accompagné de quatre autres parties, au feuillet 23 v° de la copie du Conservatoire dont nous avons eu à parler à la fin du tome VII. — Comme on le voit, dans cet arrangement des mots sous les notes du menuet, le compositeur aurait plus d'une fois pu mieux observer la prosodie, et cela lui était bien aisé. Mais les paroles saccadées entre les *la la la* du Maître à danser ne peuvent être que tout à fait improvisées et au hasard adaptées à la mélodie; leur emploi semble très-spirituellement répondre à l'imprévu des faux mouvements de M. Jourdain, et le prosaïsme en est marqué d'une façon plaisante sur les deux dernières syllabes de *remuez* et d'*estropiés*, qu'il faut sans doute prononcer en diphthongues à l'aide d'une très-brève petite note. — Le Livret ne nous apprend point qui fit à la cour le personnage du Maître à danser; mais la notation de cet air à la clef employée alors pour les plus hauts dessus permet presque d'affirmer que ce fut un page ou une femme travestie qui le chanta en montant de son mieux à la voix des violons; sans doute il pouvait être baissé, transposé (à l'octave par exemple, pour un ténor élevé), et la clef, s'il s'agissait d'un morceau détaché, imprimé à l'usage du public, ne prouverait pas grand'chose; mais les portées qu'on a sous les yeux sont transcrites d'une copie régulière de partition, copie destinée à un chef d'orchestre ou à des musiciens qui la savaient lire et réduire au clavecin, modifier au besoin; il n'y avait aucun motif de jamais changer pour eux la vraie clef, celle qui répondait à la voix choisie par le compositeur et entendue à l'origine. Philidor avait assisté aux répétitions et aux représentations dirigées par le maître qu'il admirait, et, on peut le croire, il n'eût voulu en rien altérer ses souvenirs. Cette circonstance de l'organe tout féminin du petit Maître à danser n'est pas absolument indifférente; elle était assurément faite pour donner plus de piquant à la scène où il tient si fièrement tête au terrible Maître d'armes (voyez la fin de la note 4 de la page 60). Maintenant il est assez probable que Molière avait dans sa troupe même l'acteur qui convenait à ce caractère ou qui peut-être en avait donné l'idée. S'il fallait désigner quelqu'un par conjecture, on pourrait songer, non pas à Baron, qui avec ses dix-sept ans était, pour la voix, à l'âge le plus ingrat, mais à Mlle de Brie, que son rôle peu fatigant de Dorimène faisait paraître seulement à la fin du troisième acte.

PSYCHÉ

TRAGÉDIE-BALLET

REPRÉSENTÉE POUR LE ROI

DANS LA GRANDE SALLE DES MACHINES DU PALAIS DES TUILERIES

EN JANVIER [1] ET DURANT TOUT LE CARNAVAL DE L'ANNÉE 1671 [2]

PAR LA TROUPE DU ROI

ET DONNÉE AU PUBLIC

SUR LE THÉÂTRE DE LA SALLE DU PALAIS-ROYAL

LE 24ᵉ JUILLET 1671

---

1. A partir du 17 : voyez la *Notice*, p. 248.
2. On a, par erreur, substitué 1670 à ce premier chiffre 1671, dans les anciennes éditions qui donnent ce titre avec dates.

NOTICE.

Quelque part que Corneille ait à revendiquer dans la tragédie-ballet de *Psyché*, dont le plus grand nombre des vers sont de lui, elle n'a pas été, de son vivant, imprimée dans son théâtre; mais depuis elle y a pris place, comme c'était justice. Nous n'aurions donc, pour la *Notice* de la pièce, qu'à renvoyer les lecteurs au tome VII, pages 279-287, des *OEuvres de P. Corneille*, dans la collection des *Grands Écrivains de la France*, si M. Marty-Laveaux n'avait averti là (p. 284) qu'il avait dû négliger des détails « qui ne se rattachent en rien à la part que Corneille prit à l'ouvrage, » et les réserver aux éditeurs des *OEuvres de Molière*. Il n'en a pas moins abrégé notre tâche. Après lui, nous n'avons plus à dire comment le sujet proposé à Molière, ou choisi par lui, avait été mis à la mode par le *Ballet royal de Psyché*, ouvrage de Bensserade, dansé le 17 janvier 1656, et surtout par le très-agréable roman de la Fontaine [1]; ni à emprunter la description de la magnifique salle, où la pièce fut d'abord représentée, à l'*Idée des spectacles anciens et nouveaux* de l'abbé de Pure. Quant au livret publié par Ballard, et qui contient aussi une descrip-

1. On pourra toujours expliquer ainsi le choix du sujet, même en admettant que le désir de trouver l'emploi d'un beau décor ait fait chercher quelle fable permettrait de le placer. C'est ce que ferait croire la tradition que voici : « *Psyché*…. fut, dit-on, commandée à Molière, afin d'utiliser un enfer célèbre que le Garde-meuble du Roi…. avait en magasin. » (M. L. Celler, *les Décors…. au XVIIe siècle*, p. 75 et 76.) Il avait servi pour *Ercole amante*, en 1662 (*ibidem*, p. 127). — Une toile, dont on ne veut pas perdre la dépense, obligeant deux hommes de génie à s'associer pour une œuvre charmante! ce serait un trait singulier de l'histoire des petites causes qui ont amené de mémorables effets.

tion citée par M. Marty, nous le donnerons en *Appendice*[1].

Sur le théâtre des Tuileries, digne d'un spectacle qu'avait préparé la collaboration de deux maîtres de la scène, *Psyché* fut jouée, pour la première fois, le samedi 17 janvier 1671, comme le dit la *Gazette* du 24 janvier. On s'est demandé s'il ne fallait pas lire le 16, au lieu du 17, la même *Gazette* ajoutant que « ce pompeux divertissement fut continué le 17. » Mais la faute d'impression à corriger est dans cette dernière date, qui doit être lue : « le 19. » La *Lettre en vers à Monsieur*, écrite par Robinet le 24 janvier 1671, lève tous les doutes :

> Le dix-sept de ce mois, tout juste,
> Ce ballet, pompeux, grand, auguste,...
> Fut, pour le premier coup, dansé
> En ce vaste salon, dressé
> Dans le palais des Tuileries,
> Pour les royales momeries,
> Avec tant de grands ornements,
> Si merveilleux et si charmants,
> Tant de colonnes, de pilastres,
> Valants plusieurs mille piastres,
> Tant de niches, tant de balcons,
> Et, depuis son brillant plat-fons
> Jusques en bas, tant de peintures,
> D'enrichissements et dorures,
> Que l'on croit, sur la foi des yeux,
> Être en quelque canton des Cieux.

Dans la même lettre, Robinet constate, en témoin oculaire, que le divertissement fut de nouveau donné le surlendemain lundi (c'était le 19 janvier, et voilà corrigé le chiffre mal imprimé dans la *Gazette*) :

> Mais il faut qu'ici je vous dise
> Que lundi je vis ce ballet,
> Grâce à Monsieur Carnavalet.

Molière, qui a certainement rédigé l'avertissement, imprimé sous ce titre : *Le libraire au lecteur* (ci-après, p. 268), nous apprend lui-même qu'il avait dressé le plan de la pièce, écrit

---

[1]. Robinet, dans sa Lettre en vers du 24 janvier 1671, renvoie, dès cette date, au livre du ballet, qui, dit-il, se délivre
Chez Balard, imprimeur du Roi.

les vers du *Prologue*, ceux de tout le premier acte, de la première scène du second, de la première aussi du troisième, et que, n'ayant pas le loisir d'achever l'ouvrage aussi promptement que le prescrivaient les ordres du Roi, il se trouva « dans la nécessité de souffrir un peu de secours. » Il demanda ce secours à Corneille, qui, en une quinzaine de jours, fit les vers des scènes que le poëte comique n'avait pas encore écrites, mais seulement disposées. Molière savait travailler assez vite pour employer lui-même aussi bien cette quinzaine, s'il n'avait eu beaucoup d'autres occupations, comme chef de troupe, pour préparer le grand spectacle.

Voici quelques assertions de Grimarest, dont nous avons à examiner l'exactitude sans nous inquiéter de la barbarie du style, qui n'est pas ici notre affaire : « Lorsque le Roi lui demanda un divertissement, et qu'il donna *Psyché*,... il ne désabusa point le public que ce qui étoit de lui, dans cette pièce, ne fût fait en suite des ordres du Roi; mais je sais qu'il étoit travaillé un an et demi auparavant; et ne pouvant pas se résoudre d'achever la pièce en aussi peu de temps qu'il en avoit, il eut recours à M. de Corneille pour lui aider[1]. » Il se pourrait que le Roi, comme Grimarest le donne à entendre, eût simplement commandé un divertissement et laissé le sujet au libre choix de Molière; mais comment croire qu'il n'ait pas suffi à celui-ci d'un travail de dix-huit mois pour terminer son ouvrage? Quelque témoignage, par exemple celui de Baron, avait peut-être fait connaître à Grimarest que Molière s'était mis à l'œuvre dans les derniers mois de 1670, date que semble, au reste, confirmer celle du Privilége : 31 décembre 1670 (voyez ci-après, p. 265). Et comme, d'autre part, Grimarest a donné, avec sa négligence ordinaire, la date de janvier 1672 à la première représentation de *Psyché*, on s'explique son calcul des dix-huit mois. C'est tout simplement un an de trop.

Avec quelque hâte que Molière et Corneille aient dû écrire leur pièce, et si loin qu'elle les menât de leur véritable voie, c'est un fait littéraire des plus intéressants que cette accidentelle association de leurs muses. Nous avons seulement à nous occuper de ce qui, dans l'œuvre commune, appartient à

1. *La Vie de M. de Molière*, p. 281 et 282.

l'un des deux collaborateurs ; nous ne devons point cependant passer entièrement sous silence ce que nous pensons du concours qui s'établit entre eux. L'unité de composition n'était pas en péril, le plan ayant été tracé par une seule main ; l'unité de style semblait plus difficile à obtenir ; car la manière d'écrire des deux poëtes est peu comparable.

Mais Corneille savait varier la sienne : il avait, malgré la forte originalité de son génie, une souplesse dont il a donné bien des preuves. Il a mis la grâce la plus charmante en beaucoup de passages, par exemple dans l'aveu, tant de fois et si justement admiré, que Psyché fait à l'Amour, des invincibles mouvements de son cœur, et dans l'expression quintessenciée, mais singulièrement poétique, de la jalousie du divin amant.

Dans son *Avertissement sur Psyché*, un éditeur de Molière[1], après avoir loué quelques-uns des beaux vers écrits par le poëte tragique, a dit : « Le principal honneur de cette tragédie-ballet dut appartenir à Corneille ; et Molière était assez grand pour n'en être pas jaloux. Nous trouverons peu de traits dans ce qui appartient à notre auteur, qu'on puisse mettre à côté de ceux qu'on vient de citer. » Peu, l'on aurait même pu dire point de traits du même grand style, ce n'est pas douteux ; mais il y en a de tout différents qui ne permettent pas un partage si inégal de l'honneur entre les deux collaborateurs :

Et vitula tu dignus et hic[2].

Chacun des deux a écrit des scènes, dignes du prix, où il a mis sa touche particulière, et, sans qu'on puisse remarquer de trop visibles disparates, est demeuré lui-même.

Le *Prologue*, dont les vers sont de Molière, est un agréable modèle de cette mythologie, très-éloignée de la parodie burlesque, mais spirituellement comique, où déjà un autre prologue, celui d'*Amphitryon*, aussi bien que toute la pièce dont il est comme le prélude, avaient montré qu'il était passé maître. Le premier acte de *Psyché*, dû, comme le *Prologue*, à sa plume, abonde en jolis traits de comédie, qui, ne s'en fût-il pas nommé le seul auteur, l'auraient fait reconnaître. Il n'y

---

1. Bret, au tome VI, p. 130 et 131 des *OEuvres de Molière*, Paris, 1773.

2. Virgile, *églogue* III, vers 109.

avait que lui pour rendre si plaisants le dialogue des deux
ridicules sœurs, dans la première scène, et celui de la scène
suivante entre ces chercheuses de maris et les deux princes
amants de Psyché. Le commencement de l'acte II, qui est
aussi de lui, fait exception; il y pouvait beaucoup moins imprimer sa marque, l'entretien de Psyché et de son père ne
comportant que l'héroïque, presque le tragique; mais c'est
bien notre Molière que nous retrouvons dans la première scène
de l'acte III, dont il est naturel qu'il ait voulu faire lui-même
les vers, s'étant réservé le rôle du Zéphire. Dans les discours
de ce serviteur de l'Amour reparaît l'amusant badinage de
l'auteur comique. Ce qui distingue encore des scènes de Corneille celles de Molière, c'est un emploi, dont seul il a eu
tout le secret, du vers libre dans le dialogue. Là aussi, malgré
quelques traces de plus de hâte, quelques tours moins clairs,
moins naturels, on pense à l'*Amphitryon*; la même main se révèle par la merveilleuse facilité de la facture et par la parfaite
appropriation de ce genre de vers aux conditions particulières
de la scène. Non que Corneille, qui a dû et su se mettre d'accord, ait, dans ses vers libres, manqué d'aisance. Chez lui
toutefois la période a quelque chose de plus lyrique. Plus lyrique aussi est son style. Il est vrai qu'où il a pris la pièce, le
sujet des scènes le voulait : si bien qu'on peut se demander si
le hasard seul et la nécessité d'achever promptement ont décidé de la part qui lui a été laissée. A supposer qu'il en ait été
ainsi, tout s'est rencontré pour le mieux.

Comme l'ouvrage pressait, un autre poëte encore y mit la
main. L'avertissement du *Libraire au lecteur* n'a pas négligé
de nommer Quinault; mais sa coopération a peu d'importance.
Il a écrit dans la pièce « les paroles qui se chantent en musique, » c'est-à-dire le début du *Prologue* et les intermèdes, où,
quoiqu'il fût très-capable de mieux, il n'a cherché d'autre mérite que celui de satisfaire aux exigences du musicien. Celui-ci
(c'était Lulli), mis aussi, lui quatrième, à contribution comme
poëte, écrivit la plainte italienne du premier intermède.

On trouvera à l'*Appendice*[1], dans le Livre du ballet publié
chez Ballard, la liste des acteurs de *Psyché*, à sa naissance, et

1. Voyez ci-après, p. 367.

celle des chanteurs et danseurs. Robinet en nomme aussi quelques-uns dans sa *Lettre en vers* du 24 janvier 1671, dont nous avons déjà cité le commencement. Comme il ne se borne pas à une sèche mention des noms, qui nous sont connus par d'autres témoignages, nous lui empruntons quelques citations.

Voici Flore d'abord, pas tout à fait jeune, il le fait assez entendre :

> En des atours fort gracieux,
> . . . .
> Cette Flore, qui fait florès,
> Est représentée (à peu près)
> Par l'illustre Sirène Hilaire,
> Qui toujours a le don de plaire
> Avec son angélique voix,
> Ainsi que la première fois.

Puis c'est Vénus [1],

> En conche [2] tout à fait divine,
> Dans une superbe machine,
> Ayant auprès d'elle son fils [3],
> Qui se plaît fort parmi les lys,
> Avec six autres petits drôles,
> Qui savent là très-bien leurs rôles.
> Les Grâces la suivent aussi [4].

Il n'oublie pas de dire que le rôle de Psyché était joué par Mlle Molière. Dans plusieurs autres de ses lettres, ne se contentant pas de nommer l'actrice principale, il lui donne de grandes louanges. Voici particulièrement des vers de la lettre du 1er août 1671 :

> Pour Psyché, la belle Psyché,
> Par qui maint cœur est alléché,
> C'est Mademoiselle Mollière,
> Dont l'air, la grâce, la manière,
> L'esprit et maints autres attraits
> Sont de vrais céphaliques [5] traits,

1. Robinet nomme, à la marge, *Mlle de Brie*.
2. En parure et appareil : le mot est italien (*concio*).
3. En marge : *M. le Baron* (sic).
4. En marge : *Mlles du Croisi et de la Torillière*.
5. Des traits semblables au javelot de Céphale, auquel nulle proie ne pouvait échapper.

Et qui d'ailleurs, je vous l'avoue,
Divinement son rôle joue.

Ce rôle, où elle eut tant de succès, a donné lieu à une légende, qui a été trop facilement acceptée, sur la foi du libelle de la *Fameuse comédienne*.

L'auteur de ce ramassis des commérages les moins dignes de créance prétend que les représentations de la tragédie-ballet, où Baron, dans le personnage de l'Amour, « enlevoit les cœurs, » furent l'occasion d'une liaison étroite entre la Molière (comme il l'appelle) et le jeune comédien que, jusqu'alors, elle haïssait, jalouse de l'amitié qu'avait pour lui son mari. Elle commença à le regarder d'un œil qui n'était plus celui de la haine. Baron fut prompt à s'en apercevoir, et ne laissa pas échapper la bonne fortune qui s'offrait. Le pamphlétaire, comme s'il avait été là, écoutant dans la coulisse, a noté jusqu'aux paroles par lesquelles le fat et la coquette s'engagèrent dans leur intrigue. Elle eut, dit-il, peu de durée. Ils en vinrent à se dire des choses outrageantes, se boudèrent, se raccommodèrent, mais pour ne pas tarder à devenir irréconciliables[1]. On a très-justement, croyons-nous, fait remarquer l'absence de toute preuve à l'appui de ce médisant propos[2], que pas un autre témoignage du temps ne confirme, et où il est permis de trouver de l'invraisemblance. Baron, que l'on représente comme se vantant déjà de ses nombreuses conquêtes, était alors bien jeune pour faire ce personnage d'un Moncade. Il pouvait sans doute s'enflammer pour une femme beaucoup plus âgée que lui; et nous n'assurerions pas qu'il fût incapable de trahir son bienfaiteur; mais un cœur si vaniteux oublie moins vite les injures que les devoirs de la reconnaissance; et le soufflet donné, il y avait quatre ans, par Mlle Molière[3] lui avait laissé un long ressentiment. Après avoir consenti à jouer le rôle de Myrtil dans *Mélicerte*, il avait voulu rentrer dans la troupe de la Raisin; et le boudeur ne s'était prêté à son rappel dans celle de Molière qu'à Pâques 1670, quelques mois avant les répétitions de *Psyché*. Sa ran-

1. *Les Intrigues de Molière et celles de sa femme* ou *la Fameuse comédienne*, édition de M. Livet, p. 22-24.
2. *Ibidem*, note de M. Livet, aux pages 167 et 168.
3. Voyez la *Notice* de *Mélicerte*, au tome VI, p. 144.

cune alors était probablement mal désarmée. Si l'on veut cependant que les beaux yeux de Mlle Molière lui aient fait oublier une haine qui avait été si persistante, il faudrait encore admettre l'aveuglement extraordinaire de Molière qui n'aurait eu aucun soupçon de la plus perfide des ingratitudes, puisque son attachement, presque paternel, pour le jeune comédien ne paraît pas s'être démenti.

Il était imprudent, sans nul doute, de faire faire à sa femme de si brûlantes déclarations par un acteur qui représentait le plus séduisant des Dieux ; mais le moyen d'avoir, dans la vie de théâtre, de si grandes délicatesses ? Molière ne pouvait pourtant pas se charger lui-même du personnage de l'Amour ; et à qui l'aurait-il confié avec plus de sécurité qu'à un comédien qu'il s'était habitué à regarder comme son enfant, et qui n'avait jamais inspiré à Mlle Molière que de l'antipathie ?

Cette pièce de *Psyché* a fait beaucoup parler sur la femme de Molière, et sur les cœurs, comme dit Robinet, par elle alléchés. Parmi ces cœurs dont on veut qu'elle ait fait alors la conquête, on ne compte pas seulement celui de l'adolescent qui lui récitait de si tendres vers, mais aussi celui du poëte sexagénaire qui les avait écrits et y avait mis toute la flamme de la passion. S'il l'y avait mise, ce serait, à en croire Aimé-Martin[1], qu'il était fort amoureux de la comédienne ; et cet éditeur de Molière, cherchant une preuve de l'amour qu'elle inspira, selon lui, à Corneille, la trouve dans *Pulchérie* qui, représentée en 1672, prête une touchante éloquence à une passion de vieillard. Corneille « s'est dépeint lui-même, dit Fontenelle[2], avec bien de la force, dans Martian, qui est un vieillard amoureux. » Mais quelle était la Pulchérie, dont alors Corneille s'était épris un peu tard ? Son neveu ne le dit pas. Aimé-Martin croit que Robinet l'a dit dans les vers suivants sur la première représentation de la comédie héroïque du grand poëte :

.... L'auteur a fait ce poëme
Par l'effet d'une estime extrême
Pour la merveilleuse Psyché,

---

1. Œuvres de Molière (édition de 1845), tome V, p. 503 et 504.
2. Œuvres (édition de 1742), tome III, *Vie de M. Corneille*, p. 117.

Par qui chacun est alléché,
Ou Mademoiselle Molière,
Qui de façon si singulière,
Et bref avecque tant d'appas,
Qui font courir les gens à tas,
Encor maintenant représente
Ladite Psyché si charmante[1].

Nous reconnaissons que ce passage de la lettre de Robinet, rapproché de la révélation, plus ou moins digne de confiance, que Fontenelle nous a faite, ne laisse pas de donner à penser. Une extrême estime cependant peut s'entendre tout simplement d'un jugement très-favorable porté sur le talent de l'actrice ; et lorsque Robinet prétend savoir que Corneille avait écrit *Pulchérie* pour elle, a-t-il voulu dire qu'il l'a représentée elle-même sous les traits de celle dont le vieux Martian est amoureux, ou seulement que, charmé de son habile interprétation du rôle de Psyché, il lui destinait celui de sa nouvelle héroïne ? Mais alors pourquoi ne le joua-t-elle pas, et la pièce fut-elle donnée aux comédiens du Marais ? Voltaire a dit que ceux de la troupe royale l'avaient refusée. Tout cela est difficile à bien éclaircir. A ne pas s'embarrasser de doutes on pourrait gagner d'être plus piquant ; ce qui nous paraît toutefois le plus sage, c'est de ne pas atteler, avec tant d'assurance, Corneille, non plus que Baron, au char de Mlle Molière.

Nous savons, par l'inventaire de 1673, quels étaient les quatre costumes de la comédienne dans les différentes scènes de *Psyché* : « Les habits (*de ladite damoiselle veuve*) pour la représentation de *Psyché*, consistant en une jupe de toile d'or, garnie de trois dentelles d'argent, avec un corps en broderie et garni d'un tonnelet et manches d'or et d'argent fin ; une autre jupe de toile d'argent, dont le devant garni de plusieurs dentelles d'argent fin, avec une mante de crêpe garnie de pareille dentelle, et une autre jupe de moire vert et argent, garnie de dentelle fausse, avec le corps en broderie ; le tonnelet et les manches garnis d'or et d'argent fin ; une autre jupe de taffetas d'Angleterre bleu, garnie de quatre dentelles d'argent fin :

---

1. *Lettre en vers à Monsieur*, du 26 novembre 1672, écrite le lendemain de la première représentation de *Pulchérie*.

prisé le tout ensemble deux cent cinquante livres¹. » Et plus loin² : « Trois bouquets de plumes, l'un noir et les deux autres de différentes couleurs, servant aux habits de *Psyché*, prisés vingt livres. » Le même inventaire note encore³ : « Un petit habit d'enfant pour la même pièce, consistant en une jupe couleur de rose et un corps de taffetas vert, garni de dentelle fausse, prisé six livres. » M. Soulié croit, avec toute vraisemblance, que ce costume se trouve là, parce qu'il était celui de la fille de Molière⁴ (Esprit-Madeleine Poquelin, mariée depuis au sieur de Montalant), laquelle, née en 1665, figura sans doute, en 1671 ou en 1672, parmi les petits Amours du Prologue.

La grande renommée à laquelle Baron était destiné comme acteur, commença pour lui dans *Psyché*. « Un des premiers rôles marqués et qui lui a donné le plus de réputation, dit Titon du Tillet dans *le Parnasse françois*⁵, est celui de l'Amour. » Robinet cite Baron avec éloge dans les lettres où il rend compte des représentations données sur la scène du Palais-Royal.

Celles-ci commencèrent six mois après que la cour avait vu la première, dont elle fut loin de se contenter, puisqu'elle fit représenter la tragédie-ballet durant tout le carnaval de 1671. C'est à la date du vendredi 24 juillet de cette même année que le *Registre de la Grange* marque *Psyché* comme *pièce nouvelle de M. de Molière*, c'est-à-dire nouvelle pour la ville. Il fallait que l'on comptât sur un fructueux succès; car les dépenses furent grandes. Ç'a été une époque de transformation pour le théâtre où la troupe de Molière jouait alternativement avec celle des Italiens. Ceux-ci furent chargés de la moitié des frais des nouvelles constructions; les frais de la pièce elle-même ne pouvaient les regarder. « Le dimanche 15 mars de la présente année 1671, dit la Grange,... la Troupe a résolu de faire rétablir les dedans de la salle..., et.... il a été conclu de refaire tout le théâtre.... et le rendre propre pour des machines.... Plus, d'avoir dorénavant, à toutes sortes de représentations, tant simples que de machines, un concert de douze violons, ce qui n'a été exécuté qu'après la représentation de *Psyché*....

« .... On a commencé à travailler auxdits ouvrages,... le

---

1. *Recherches sur Molière*, par Eud. Soulié, p. 278 et 279.
2. *Ibidem*, p. 281. — 3. *Ibidem*, p. 279.
4. *Ibidem*, p. 89. — 5. Page 639, dans l'article Michel Baron.

18ᵉ mars, qui étoit un mercredi, et on a fini un mercredi 15 avril....
La dépense générale s'est montée.... à.... 1989 livres 10 sols....
« Ledit jour, mercredi 15 avril, après une délibération de la Compagnie de représenter *Psyché*, qui avoit été faite pour le Roi, l'hiver dernier, et représentée sur le grand théâtre du palais des Tuileries, on commença [à] faire travailler tant aux machines, décorations, musique, ballet, et généralement tous les ornements nécessaires pour ce grand spectacle.

« Jusques ici les musiciens et musiciennes n'avoient point voulu paroître en public; ils chantoient à la Comédie dans des loges grillées et treillissées; mais on surmonta cet obstacle; et, avec quelque légère dépense, on trouva des personnes qui chantèrent sur le théâtre à visage découvert, habillés comme les comédiens, savoir :

Mlle de Rieux.   MM. Ribon.
MM. Forestier.   Poussin.
Mosnier.
Champenois.

Mlle Turpin.
Grandpré, etc.

« Tous lesdits frais et dépenses pour la préparation de *Psyché*.... se sont montés à la somme de.... 4359ᵗᵗ 1ˢ. »

Ce que nous goûtons aujourd'hui dans *Psyché*, c'est le charme des vers; mais, dans la nouveauté de la pièce, si elle eût paru devant les spectateurs du Palais-Royal entièrement dépouillée de la magnificence du spectacle qui avait émerveillé la cour, leur curiosité n'aurait pas été satisfaite. Robinet, dans sa *Lettre à Monsieur* écrite le 25 juillet 1671, le lendemain du jour où la tragédie-ballet fut représentée sur le théâtre de la ville, parlait ainsi :

> *Psyché*, l'admirable *Psyché*....
> Paroît, la chose est bien certaine,
> Présentement dessus la scène,
> Avec tout le pompeux arroi
> Qu'elle parut aux yeux du Roi.

Que ce fût cependant le même « pompeux arroi » qu'aux Tuileries, c'est, on le pense bien, ce qu'il ne faut point prendre à la lettre. Il suffira de comparer les indications que la pièce imprimée donne sur les décors et la mise en scène, avec celles du livre de ballet, écrit pour les représentations de la cour : on reconnaîtra que le Palais-Royal fut un peu plus modeste; il n'avait d'ailleurs rien épargné pour se rapprocher, autant qu'il était permis, de ces splendeurs que l'or du Roi pouvait seul payer.

Robinet, le 1er août suivant, donnait plus de développements à sa comparaison du spectacle de la ville avec celui de la cour :

> Illec, ainsi qu'aux Tuileries,
> Il a les mêmes ornements,
> Même éclat, mêmes agréments;...
> Les divers changements de scène,...
> Les mers, les jardins, les déserts,
> Les palais, les Cieux, les Enfers,
> Les mêmes Dieux, mêmes Déesses....
>   On y voit aussi tous les vols,
> Les aériens caracols,
> Les machines et les entrées,
> Qui furent là tant admirées....
> On y voit, je m'en remémore,
> Tous les mêmes habits encore :
> De sorte que je ne mens point
> En vous répétant sur ce point
> Qu'il est vrai que ce grand spectacle,
> Qui faisoit là crier : « Miracle! »
> Ce beau spectacle tout royal
> Est encore ici sans égal.

La même lettre vante, avec une complaisance sans doute un peu banale, les acteurs, qui étaient à peu près les mêmes qu'aux Tuileries. Psyché était toujours Mlle Molière. Le rôle de l'Amour continuait d'être joué

> Par ce jeune acteur tant aimé,
> Qui partout le Baron se nomme.

L'auteur avait gardé la petite part qu'il s'était réservée dans l'interprétation de sa pièce :

> Un Zéphire fort goguenard,
> Et qui d'aimer sait très-bien l'art,
> Aide à l'Amour; et c'est, pour rire,
> Molière qui fait ce Zéphire.

La Thorillière restait chargé du personnage du Roi :

> Le grand acteur la Torillière
> Fait un roi, de Psyché le père,
> Et montre tout l'air d'un héros.

C'étaient les mêmes acteurs qui représentaient les deux princes amants de Psyché :

> .... Les sieurs Hubert et la Grange
> Tiennent leur place avec louange.

Du Croisy n'avait pas été remplacé dans le rôle de Jupiter, ni Mlle de Brie dans celui de Vénus.

Il n'y avait donc que de très-petits changements. Flore, dans le Prologue, était maintenant Mlle de Rieux,

> Une assez grande damoiselle,
> Blondine, gracieuse et belle,

au lieu de Mlle Hilaire, une des chanteuses qui ne voulaient se faire entendre que derrière la grille d'une loge. Parmi les nouvelles divinités chantantes, il en cite une autre, qu'il n'a nommée que plus tard :

> .... La jeunette Turpin
> Qui chante d'un air si poupin [1];

nous avons trouvé tout à l'heure son nom dans le *Registre de la Grange*. Les deux Grâces avaient été Mlles la Thorillière et du Croisy. Celle-ci conservait son rôle ; mais la première était remplacée par la jeune Beauval. Ces deux petites divinités étaient, suivant Robinet,

> Deux très-ravissantes mignonnes,
> Au plus de six et de dix ans [2].

Il rajeunissait beaucoup, non pas la petite Louise Beauval, née en 1665 [3], mais, comme nous le verrons tout à l'heure [4], l'aînée des deux Grâces, Mlle du Croisy.

1. *Lettre en vers à Monsieur*, du 26 novembre 1672. — Robinet avait déjà parlé d'elle, cette fois avec de grands éloges, dans sa *Lettre* du 3 octobre 1671. Mlle Turpin avait charmé *Monsieur*.
2. *Lettre en vers à Monsieur*, du 1er août 1671.
3. Voyez Jal, *Dictionnaire critique de Biographie et d'Histoire*, p. 156.
4. Ci-après, p. 261, et à la note de cette même page.

Dans les rôles des sœurs de Psyché, la même lettre en vers nomme Mlle Beauval, la mère de la petite Grâce, et Mlle Létang :

> Mademoiselle de Beauval,
> Cette actrice de choix royal,
> Avec beaucoup de réussite,
> De l'un de ces rôles s'acquitte,
> Et Mademoiselle Létang
> En l'autre rend chacun content.

Mlle Beauval avait été déjà l'une des sœurs dans les représentations des Tuileries. L'autre sœur, d'après le livre de Ballard, était alors Mlle Marotte. Celle-ci avait-elle été remplacée par une autre actrice ? Le changement de nom le ferait supposer d'abord ; mais nous ne pouvons douter que Mlle Létang ne fût la même que cette Marotte, qui, en 1672, épousa Varlet de la Grange. Elle se nommait Marie Ragueneau de l'Estang ; et, avant son mariage, on changeait habituellement son prénom de Marie en son diminutif *Marotte*[1].

Dans la distribution de la pièce un peu plus tard, voici qui est moins insignifiant, puisqu'il s'agit des rôles de Molière et de sa femme. Robinet a noté des représentations où l'on vit, pour un moment, un nouveau Zéphire, et, ce qui ne s'expliquait que par une nécessité plus impérieuse, une nouvelle Psyché. La *Lettre à Monsieur* du 26 septembre 1671 parle ainsi d'une maladie de Mlle Molière :

> La belle Psyché, qui tout charme,
> Justes Dieux ! quel sujet d'alarme !
> A presque passé, tout de bon,
> Dans la nacelle de Caron,
> Où par feinte on voit qu'elle passe
> Au ballet, sans qu'elle trépasse.
> Mais son mal, d'abord véhément,
> Se modère présentement ;
> Et bientôt, étant drue et saine,
> Icelle reprendra son rôle sur la scène.

Il paraît qu'il avait fallu un alexandrin pour célébrer l'espoir de ce prochain retour. Tant que dura la maladie, ce fut Mlle Beauval qui joua le rôle de Psyché. Celui d'une des deux

---

1. Voyez au tome II, la fin de la note 3 de la page 53.

sœurs, qu'elle avait joué jusque-là, fut rempli par la petite du Croisy, âgée de quatorze ans[1]. Mlle Molière avait repris son rôle vers la fin du mois suivant, comme le constate Robinet dans sa lettre du 24 octobre 1671 :

> Au Palais-Royal, la Psyché....
> Ravit toujours, en conscience,
> Une très-nombreuse assistance,
> Laquelle aussi se sent saisir
> Sans doute d'un nouveau plaisir
> De la revoir représentée
> Par cette actrice tant vantée
> Laquelle de Molière a nom,...
> .... Qui, triomphant du trépas,
> Plus que jamais montre d'appas.

La très-jeune du Croisy, que l'on disait toute charmante, fut dédommagée d'avoir perdu, par la rentrée de Mlle Molière, le rôle d'une des deux sœurs. Molière, pour quelque temps, lui céda le sien, celui du Zéphire, au commencement de 1672. Elle le joua sans doute depuis le vendredi 15 janvier, où la tragédie-ballet, après une interruption de près de trois mois, avait été reprise. Robinet l'y vit dans la représentation du mardi suivant, 19 :

> Encor mardi *Psyché* je vis,
> Et mes yeux y furent ravis....
> Mais j'y fus charmé notamment
> Par un jeune et galant Zéphire,
> Plus beau que pas un qui soupire

---

1. *Lettre à Monsieur* du 3 octobre 1671. — La lettre du 1er août 1671 (voyez ci-dessus, p. 259) n'avait donné que dix ans tout au plus à Mlle du Croisy. Ce n'est pas évidemment dans la lettre du 3 octobre qu'est l'erreur. Comment la petite comédienne n'aurait-elle eu que dix ans en 1671, puisque nous la voyons chargée, cette année-là, du rôle d'une des sœurs de Psyché, et, en janvier 1672, de celui de Zéphire ? Elle était, sans nul doute, cette Marie-Angélique, fille du comédien Gassot du Croisy, laquelle plus tard épousa Paul Poisson. L'acte de société du 3 mai 1673 fut signé par elle ; et l'on y apprend qu'elle ne fut alors reçue dans la troupe que sous l'autorité et responsabilité de son père, étant fille mineure, âgée de quinze ans. Voyez *la Comédie française*, par M. Jules Bonassies, p. 23-25.

Auprès de la Reine des fleurs.
C'étoit, bénévoles lecteurs,
Du Croisy, si jeune pucelle,
Et pourtant si spirituelle,
Qui de Molière ce jour-là
Faisoit le rôle qu'il fait là,
L'ayant établie en sa place
Pour quelques jours qu'il se délasse[1].

Le nombre des représentations de *Psyché*, du vivant de Molière, et les belles recettes qu'elles donnèrent, attestent un grand succès. L'éclat extraordinaire du spectacle y fut assurément pour beaucoup. A ce succès néanmoins, sur lequel ne laisse pas de doute une allusion de Molière lui-même, dans *la Comtesse d'Escarbagnas*[2], assez d'intérêt s'attache pour que nous en cherchions les preuves positives dans le *Registre de la Grange*; mais il suffira de résumer les chiffres que ce registre nous fournit.

En 1671, du 24 juillet au 25 octobre, la pièce eut trente-huit représentations; le total des recettes s'éleva à 33 011 ⋕ 15ˢ. Quelles qu'eussent été les dépenses, l'affaire était bonne pour la Troupe.

L'année suivante ne commença pas moins favorablement : du 15 janvier 1672 au 6 mars, le *Registre* fait connaître treize représentations, et, pour les recettes, un total de 13 867⋕ 15ˢ.

Psyché ayant dû faire place à de nouvelles pièces, ne fut reprise, cette année, que huit mois après, le 11 novembre 1672. « Les frais extraordinaires, dit le *Registre*, à cette date, se sont montés à cent louis d'or pour remettre toutes choses en état, et remettre des musiciens, musiciennes et danseurs, à la place de ceux qui avoient pris parti ailleurs. » Jusqu'à la fin de l'année on donna vingt et une fois *Psyché*; le total des recettes fut de 20 259 ⋕ 15ˢ.

Dans le mois de janvier 1673, on compte dix représentations, et 9979 ⋕ 15ˢ de recettes.

Au résumé, du temps de Molière, il y eut à la ville quatre-vingt-deux représentations de *Psyché*, qui rapportèrent 77 119⋕.

Après la mort de Molière, elle continua d'être souvent jouée, sous le règne de Louis XIV. Dans son *Tableau des représen-*

---

1. *Lettre en vers à Monsieur*, du 23 janvier 1672. — 2. Scène II.

tations[1] du théâtre de notre auteur, M. Despois en a compté vingt-trois de *Psyché*, de 1680 à 1700, quatre-vingt-quatre de 1700 à 1715[2]. Puis, il n'en a plus trouvé à relever sur les Registres qu'à partir de 1851 jusqu'en 1870; il donne pour cette dernière période le chiffre de vingt-cinq représentations, en faisant remarquer qu'en 1864 et en 1866 un acte seulement fut joué. On pourrait donc ne compter parmi ces représentations que les vingt-deux de l'année 1862, du mardi 19 août, premier jour de l'intéressante reprise, au vendredi 17 octobre.

Cette résurrection de *Psyché* fit honneur à l'administration de M. Édouard Thierry. La tragédie-ballet reparut dans son éclat, avec les ouvertures et entr'actes tirés des intermèdes qu'avait composés Lulli, des chœurs nouveaux de M. Jules Cohen, chantés par les élèves du Conservatoire de musique, et le concours des danseuses de l'Opéra. Revit-on alors, après deux siècles, le spectacle des Tuileries, ou encore celui du Palais-Royal? On ne le pouvait pas tout à fait. Quelques personnes, exigeantes peut-être, auraient voulu qu'on essayât du moins de nous en donner une idée plus fidèle. On avait mieux aimé tenir compte du goût d'aujourd'hui. Nous ne saurions décider si, avec moins de complaisance pour ce goût, le succès, qui fut grand, eût été plus grand encore. La mise en scène était fort belle, mais très-différente de celle du temps de Molière. Par les décorations et les costumes, qui étaient d'un grand caractère, on avait cherché à rappeler les temps héroïques de la Grèce. On n'y retrouvait donc plus ces anachronismes de la scène qui plaisaient il y a deux siècles. Par exemple, plus de jardin « superbe et charmant » avec ses vases d'orangers et ses termes d'or, en un mot plus de jardin

---

1. Voyez à la fin de notre tome I.
2. Parmi les représentations de cette dernière période, il y a surtout à citer les vingt-neuf qui furent données en 1703, du 1ᵉʳ juin au 1ᵉʳ août. De grandes dépenses avaient été faites pour les décorations, les machines et les ballets de cette mémorable reprise de *Psyché*. Les rôles de l'Amour et de Psyché furent alors joués par Baron, fils du célèbre acteur, et par Mlle Desmares. On disait d'eux ce que l'on avait dit de Baron père et de Mlle Molière, qu'ils étaient épris l'un de l'autre. — Voyez la *Notice* de M. Marty-Laveaux, au tome VII des *OEuvres de Corneille*, p. 286.

de Versailles. L'objection assez plausible qui fut faite, c'est qu'avec tant de soin d'une vérité plus savante, on ne se trouvait plus d'accord avec la mythologie à la française des vers de nos deux grands poëtes, et que l'on risquait ainsi de faire ressortir, au détriment de leur œuvre, ce qu'elle peut avoir aujourd'hui d'un peu passé de mode. De même encore, les chœurs de M. Cohen, qui furent jugés supérieurs à ceux de Lulli, avaient cependant le désavantage de marquer une autre date que celle du poëme[1]. Les rôles de Psyché et de l'Amour furent joués, avec beaucoup de charme, l'un par Mlle Favart, l'autre par Mlle Fix. Quand on ne trouve plus de jeune Baron, l'Amour ne saurait être représenté que par une femme; s'il en avait toujours été ainsi, une médisance eût été épargnée à Mlle Molière. Le personnage aussi dont Molière s'était chargé, et qu'il avait un moment cédé à Mlle du Croisy, fut fait, et très-gentiment, par une femme, Mlle Rosa Didier.

En 1871, le 6 juin, pour l'anniversaire de la naissance de Corneille, la Comédie-Française donna le troisième acte de *Psyché*, qui eut, la même année, plusieurs représentations. Mlle Croizette y jouait le rôle de l'Amour, Mlle Reichemberg celui de Psyché. Mais dans le souvenir de cette reprise partielle Corneille est beaucoup plus intéressé que Molière.

Par ses chants, par ses danses, par ses décors, par le sujet lui-même, si lyrique, *Psyché* convenait à la scène de l'Opéra. Mais là, c'est la musique qui règne; la poésie

.... est une esclave et ne doit qu'obéir.

Lulli, qui avait toujours été d'humeur à se l'assujettir, avait sans doute regretté que, dans notre tragédie-ballet, elle eût la part de beaucoup la plus grande. Lorsque Corneille vivait encore, mais que Molière n'était plus, le musicien fit écrire une *Psyché* à peu près nouvelle, ne conservant de l'ancienne que les vers du Prologue, ceux des intermèdes, sans oublier, bien entendu, la plainte italienne, dont les paroles étaient de lui, les chants et récits de la fin. Thomas Corneille se chargea[2] de

---

1. Voyez, dans *le Moniteur universel* du 25 août 1862, le feuilleton de Théophile Gautier.

2. Voyez *le Parnasse françois* de Tillon du Tillet, p. 381; *l'Éloge de Fontenelle* au tome XXVII, p. 264, de *l'Histoire de l'Académie*

l'œuvre substituée à celle de son illustre frère; et il faut reconnaître que, pour des vers subordonnés à la musique, ceux qu'il écrivit ne sont pas sans mérite. Le jeune Fontenelle, neveu des Corneille, revendiqua l'honneur d'y avoir collaboré; on lui a attribué à tort la traduction en vers français de la Plainte italienne, imprimée, dès 1671, dans le *Ballet des ballets*[1].

Cette tragédie de *Psyché* fut représentée pour la première fois à l'Académie royale de musique, le 19 avril 1678.

Une *Psyché*, opéra-comique en trois actes, dont la musique est de M. Ambroise Thomas, fut jouée sur le théâtre de l'Opéra-Comique, le 26 janvier 1857. Les auteurs du très-agréable livret, MM. Jules Barbier et Michel Carré, se sont, en plusieurs endroits, inspirés de Molière, quelquefois de la Fontaine.

L'édition originale de *Psyché* porte la date de 1671; c'est un in-12 de 2 feuillets liminaires, 90 pages, et 1 feuillet pour l'extrait du Privilége. Voici le titre :

PSICHÉ,

TRAGEDIE-BALLET.

Par I. B. P. MOLIERE.

Et se vend pour l'Autheur,

A PARIS,

Chez PIERRE LE MONNIER, au Palais,
vis-à-vis la Porte de l'Eglise de la S. Chapelle,
à l'Image S. Louis, et au Feu Divin.

M. DC. LXXI.

Avec Privilege du Roy.

Les deux feuillets liminaires contiennent le titre, un avis du *Libraire au lecteur*, et la liste des Acteurs.

Le Privilége est accordé pour dix ans à Jean-Baptiste Pocquelin de Molière, « l'un des comédiens de Sa Majesté, » et daté du 31 décembre 1670. L'Achevé d'imprimer est du 6 octobre 1671.

Nous avons comparé à cette édition une réimpression de 1673 (Paris, Claude Barbin), dont l'Achevé d'imprimer est du 12 avril; elle offre un petit nombre de variantes.

des inscriptions et belles-lettres; et le *Mercure* d'avril 1728, p. 794. *Le Parnasse* et l'*Éloge* disent que Fontenelle eut part à l'opéra.

1. Voyez plus loin, à l'*Appendice de Psyché*, p. 370 et 371.

Le programme de *Psyché* parut d'abord sous ce titre : « *Psiché*, tragi-comédie et ballet, dansé devant Sa Majesté au mois de janvier 1671. *Paris, Robert Ballard,* 1671, in-4° de 43 pages. » « Robert Ballard avait un privilége général et spécial pour l'impression de toutes les pièces en musique ; mais Molière ayant eu soin de se munir d'un privilége avant la représentation de *Psyché*, Robert Ballard ne put imprimer que le programme[1]. »

Nous avons collationné les vers des intermèdes sur ce livret, dont nous donnons l'ensemble dans l'*Appendice*, en en rapprochant le *Ballet des ballets* de 1671, pour les parties que celui-ci reproduit.

Nous ne connaissons de *Psyché* que deux traductions séparées, l'une en suédois (1689), l'autre en anglais (1714) par Jean Ozell.

SOMMAIRE
DE *PSYCHÉ*, PAR VOLTAIRE.

PSYCHÉ, tragédie-ballet en vers libres et en cinq actes, représentée devant le Roi dans la salle des machines du palais des Tuileries, en janvier et durant le carnaval de 1670[2], et donnée au public sur le théâtre du Palais-Royal en 1671.

Le spectacle de l'opéra, connu en France sous le ministère du cardinal Mazarin, était tombé par sa mort. Il commençait à se relever. Perrin, introducteur des ambassadeurs chez Monsieur, frère de Louis XIV, Cambert, intendant de la musique de la Reine mère, et le marquis de Sourdiac, homme de goût, qui avait du génie pour les machines, avaient obtenu, en 1669, le privilége de l'Opéra ; mais ils ne donnèrent rien au public qu'en 1671. On ne croyait pas alors que les Français pussent jamais soutenir trois heures de musique, et qu'une tragédie toute chantée pût réussir. On pensait que le comble de la perfection est une tragédie déclamée, avec des chants et des danses dans les intermèdes. On ne songeait pas que si une tragédie est belle et intéressante, les entr'actes de musique doivent en devenir froids ; et que si les intermèdes sont

---

1. *Bibliographie moliéresque* de M. Paul Lacroix, p. 19.
2. Il faut lire 1671, et ci-après, p. 267, « l'hiver de 1670-1671 » : ce sont les titres des anciennes éditions qui ont induit Voltaire en erreur ; voyez ci-dessus, p. 245, note 2.

brillants, l'oreille a peine à revenir tout d'un coup du charme de la musique à la simple déclamation. Un ballet peut délasser dans les entr'actes d'une pièce ennuyeuse ; mais une bonne pièce n'en a pas besoin, et l'on joue *Athalie* sans les chœurs et sans la musique. Ce ne fut que quelques années après que Lulli et Quinault nous apprirent qu'on pouvait chanter toute une tragédie, comme on faisait en Italie, et qu'on la pouvait même rendre intéressante : perfection que l'Italie ne connaissait pas.

Depuis la mort du cardinal Mazarin, on n'avait donc donné que des pièces à machines avec des divertissements en musique, telles qu'*Andromède* et *la Toison d'or*. On voulut donner au Roi et à la cour, pour l'hiver de 1670, un divertissement dans ce goût et y ajouter des danses. Molière fut chargé du sujet de la fable le plus ingénieux et le plus galant, et qui était alors en vogue par le roman aimable, quoique[1] beaucoup trop allongé, que la Fontaine venait de donner en 1669.

Il ne put faire que le premier acte, la première scène du second et la première du troisième : le temps pressait. Pierre Corneille se chargea du reste de la pièce ; il voulut bien s'assujettir au plan d'un autre, et ce génie mâle, que l'âge rendait sec et sévère, s'amollit pour plaire à Louis XIV. L'auteur de *Cinna* fit, à l'âge de soixante-sept ans[2], cette déclaration de Psyché à l'Amour qui passe encore pour un des morceaux les plus tendres et les plus naturels qui soient au théâtre.

Toutes les paroles qui se chantent sont de Quinault. Lulli composa les airs. Il ne manquait à cette société de grands hommes que le seul Racine, afin que tout ce qu'il y eut jamais de plus excellent au théâtre se fût réuni pour servir un roi qui méritait d'être servi par de tels hommes.

Psyché n'est pas une excellente pièce, et les derniers actes en sont très-languissants ; mais la beauté du sujet, les ornements dont elle fut embellie, et la dépense royale qu'on fit pour ce spectacle firent pardonner ses défauts.

1. Ces deux derniers mots, *aimable* et *quoique*, ont été omis dans l'édition de 1764 : est-ce du fait de Voltaire lui-même ou seulement de son imprimeur que le premier jugement, celui de 1739, a été si gravement modifié ?
2. Il fallait dire « dans sa soixante-cinquième année, » Corneille étant né le 6 juin 1606.

LE LIBRAIRE AU LECTEUR.

Cet ouvrage n'est pas tout d'une main. M. Quinault a fait les paroles qui s'y chantent en musique, à la réserve de la plainte italienne. M. de Molière[1] a dressé le plan de la pièce, et réglé la disposition, où il s'est plus attaché aux beautés et à la pompe du spectacle qu'à l'exacte régularité. Quant à la versification, il n'a pas eu le loisir de la faire entière. Le carnaval approchoit, et les ordres pressants du Roi, qui se vouloit donner ce magnifique divertissement plusieurs fois avant le carême, l'ont mis dans la nécessité de souffrir un peu de secours. Ainsi il n'y a que le Prologue[2], le premier acte, la première scène du second, et la première du troisième dont les vers soient de lui. M. Corneille[3] a employé une quinzaine au reste[4]; et par ce moyen Sa Majesté s'est trouvée servie dans le temps qu'elle l'avoit ordonné[5].

---

1. M. Molière. (1673, 74, 82.)
2. Moins les paroles destinées au musicien, les 56 premiers vers, lesquels sont de Quinault, comme il est dit dans le *Sommaire* de Voltaire et à la fin de l'avertissement de 1734 contenu, ci-dessous, dans la note 5.
3. M. Corneille l'aîné. (1682.)
4. Nous distinguerons par l'impression en plus petit texte les parties de la pièce dont les vers sont de Corneille.
5. Cet avertissement, qu'il est bien naturel de croire de la main de Molière, a néanmoins été modifié ainsi dans l'édition de 1734 : « Cet ouvrage n'est pas tout d'une même main. Le carnaval approchoit, et les ordres pressants du Roi, qui vouloit en voir plusieurs représentations avant le carême, obligèrent Molière à avoir recours à d'autres personnes. Il n'y a de lui que le plan et la disposition du sujet, les vers qui se récitent dans le Prologue, le premier acte, la première scène du second acte, et la première scène du troisième. Le reste de la pièce est de Pierre Corneille, qui y a employé une quinzaine de jours. Les paroles qui se chantent en musique sont de Quinault, à la réserve de la plainte italienne. »

ACTEURS[1].

JUPITER.
VÉNUS.
L'AMOUR.
ÆGIALE, }
PHAÈNE, } Grâces[2].
PSYCHÉ[3].
LE ROI, père de Psyché.

AGLAURE, } sœurs de Psyché.
CIDIPPE, }
CLÉOMÈNE, } princes amants
AGÉNOR, } de Psyché.
LE ZÉPHIRE.
LYCAS[4].
LE DIEU D'UN FLEUVE[5].

1. La distribution des rôles est donnée tout entière au livret, que nous reproduisons ci-après (p. 367); voyez aussi la *Notice*, p. 251 et suivantes, 258 et suivantes.
2. M. Fritsche observe que Molière avait probablement lu ces deux noms grecs dans un livre écrit en latin et fort répandu au commencement du dix-septième siècle, la *Mythologie de Natalis Comes* (Noël Conti : voyez livre IV, chap. xv, édit. de Francfort, 1584, p. 415). Le premier n'a jamais désigné aucune des Grâces chez les auteurs anciens, qui pourtant leur ont donné plusieurs noms différents; il a sans doute, par suite de quelque confusion ou altération, été substitué à celui d'*Aglaia*, l'une des trois Grâces d'Hésiode. Le second au contraire rappelle tout à fait celui de *Phaenna*, l'une des deux qu'on honorait à Sparte; il se trouve deux fois, dans la *Description de la Grèce* de Pausanias au livre III (*Laconiques*), chap. xviii, 6, et au livre IX (*Béotiques*), chap. xxxv, 1).
3. L'inventaire, daté de mars 1673 et publié par M. Eud. Soulié, contient la description des costumes que porta la femme de Molière dans ce rôle; il peut donner à croire que la petite fille de Molière, âgée en 1671 de cinq à six ans, eut le plaisir de paraître, costumée sans doute en Amour, dans la brillante tragédie-ballet : voyez la *Notice* ci-dessus, p. 255 et 256.
4. Ce personnage est évidemment le même que celui qui au livret (ci-après, p. 367) est désigné par son titre de *Capitaine des gardes* du roi père de Psyché.
5. Voici comment la liste des acteurs de la pièce et des intermèdes est divisée dans l'édition de 1734 :

ACTEURS.

ACTEURS DU PROLOGUE.

FLORE. — VERTUMNE, dieu des jardins; — PALÉMON, dieu des

eaux. — Vénus. — L'Amour. — Églale, Phaène, Grâces. — Nymphes de la suite de Flore, chantantes. — Dryades et Sylvains de la suite de Vertumne, dansants. — Sylvains, chantants. — Dieux des fleuves de la suite de Palémon, dansants. — Dieux des fleuves, chantants. — Nayades. — Amours de la suite de Vénus, dansants.

ACTEURS DE LA TRAGI-COMÉDIE.

Jupiter. — Vénus. — L'Amour. — Zéphyre. — Églale, Phaène, Grâces. — Le Roi, père de Psyché. — Psyché. — Aglaure, Cidippe, sœurs de Psyché. — Cléomène, Agénor, princes, amants de Psyché. — Lycas, capitaine des gardes. — Deux amours. — Le dieu d'un fleuve. — Suite du Roi.

ACTEURS DES INTERMÈDES.

Premier intermède.

Femme désolée, chantante. — Deux hommes affligés, chantants. — Hommes affligés, Femmes désolées, dansants.

Second intermède.

Vulcain. — Cyclopes, dansants. — Fées, dansantes.

Troisième intermède.

Un zéphyre, chantant. — Deux amours, chantants. — Zéphyrs, dansants. — Amours, dansants.

Quatrième intermède.

Furies, dansantes. — Lutins, faisant des sauts périlleux.

Cinquième intermède.

NOCES DE L'AMOUR ET DE PSYCHÉ.

APOLLON.

Les Muses chantantes. — Arts travestis en bergers galants, dansants.

BACCHUS.

Silène. — Deux satyres, chantants. — Deux satyres, voltigeants. — Égypans, dansants. — Ménades, dansantes.

MOME.

Polichinelles, dansants. — Matassins, dansants.

MARS.

Guerriers portant des enseignes. — Guerriers portant des piques. — Guerriers portant des masses et des boucliers.

CHOEUR des Divinités célestes.

PSYCHÉ.

TRAGÉDIE-BALLET[1].

PROLOGUE.

La scène représente sur le devant un lieu champêtre, et dans l'enfoncement un rocher percé à jour, à travers[2] duquel on voit la mer en éloignement.

Flore paroît au milieu du théâtre, accompagnée de Vertumne, dieu des arbres et des fruits, et de Palæmon, dieu des eaux. Chacun de ces dieux conduit une troupe de divinités; l'un mène à sa suite des Dryades et des Sylvains; et l'autre des Dieux des fleuves[3] et des Naïades. Flore chante ce récit pour inviter Vénus à descendre en terre :

Ce n'est plus[4] le temps de la guerre;
Le plus puissant des rois
Interrompt ses exploits

---

1. TRAGI-COMÉDIE ET BALLET. (Livret de 1671, et 1734; ici et au feuillet de titre.)
2. Il y a bien, dans tous nos textes : « à travers, » et non « au travers ».
3. Des Dieux, des Fleuves. (1671, 73, 75 A, 84 A, 94 B; ponctuation évidemment fautive.)
4. PROLOGUE.
(Le théâtre représente, sur le devant, un lieu champêtre, et la mer dans le fond.)
SCÈNE PREMIÈRE.
FLORE, VERTUMNE, PALÉMON, NYMPHES DE FLORE, DRYADES, SYLVAINS, FLEUVES, NAYADES.
(On voit des nuages suspendus en l'air qui, en descendant, roulent, s'ouvrent, s'étendent, et, répandus dans toute la largeur du théâtre, laissent voir VÉNUS *et l'*AMOUR *accompagnés de six* AMOURS, *et à leurs côtés* ÉGIALE *et* PHAÈNE)
FLORE.
Ce n'est plus. (1734.)

Pour donner la paix à la terre¹.
Descendez, mère des Amours,
Venez nous donner de beaux jours².

Vertumne et Palæmon, avec les divinités qui les accompagnent, joignent leurs voix à celle de Flore, et chantent ces paroles :

CHOEUR des divinités³ de la terre et des eaux, composé de Flore, Nymphes, Palæmon, Vertumne, Sylvains, Faunes, Dryades et Naïades.

Nous goûtons⁴ une paix profonde;
Les plus doux jeux sont ici-bas;
On doit ce repos plein d'appas
Au plus grand roi du monde.
Descendez, mère des Amours,
Venez nous donner de beaux jours.

Il se fait ensuite une entrée de ballet, composée de deux Dryades, quatre Sylvains, deux Fleuves, et deux Naïades, après laquelle Vertumne et Palæmon chantent ce dialogue⁵ :

VERTUMNE.

Rendez-vous, beautés cruelles,
Soupirez à votre tour.

PALÆMON.

Voici la reine des belles,
Qui vient inspirer l'amour.

VERTUMNE.

Un bel objet toujours sévère
Ne se fait jamais bien aimer.

PALÆMON.

C'est la beauté qui commence de plaire;
Mais la douceur achève de charmer.

---

1. Allusion à la paix d'Aix-la-Chapelle, qui mit fin, moins de trois ans auparavant (le 2 mai 1668), à la guerre, avec l'Espagne, dite de la *Dévolution*.
2. Ne serait-ce pas ce récit ouvrant le grand concert du Prologue que Mme de Sévigné trouva si admirable, quand elle l'entendit chanter dans le monde par Mlle de Raymond, et qu'elle-même apprit et chanta au temps de sa nouveauté? Voyez le tome II des *Lettres*, p. 66 et 123.
3. CHOEUR *de toutes les divinités*, etc. (1673, 74, 82.)
4. Venez nous donner de beaux jours.
    CHOEUR *des divinités de la terre et des eaux.*
    Nous goûtons. (1734.)
5. PREMIÈRE ENTRÉE DE BALLET.
(*Les Dryades, les Sylvains, les Dieux des fleuves et les Nayades se réunissent et dansent à l'honneur de Vénus.* (*Ibidem.*)

Ils répètent ensemble ces derniers vers[1] :
C'est la beauté qui commence de plaire ;
Mais la douceur achève de charmer.

VERTUMNE.

Souffrons tous qu'Amour nous blesse ;
Languissons, puisqu'il le faut.

PALÆMON.

Que sert un cœur sans tendresse ? 25
Est-il un plus grand défaut ?

VERTUMNE.

Un bel objet toujours sévère
Ne se fait jamais bien aimer.

PALÆMON.

C'est la beauté qui commence de plaire,
Mais la douceur achève de charmer[2]. 30

FLORE *répond au dialogue de Vertumne et de Palæmon par ce menuet ;
et les autres Divinités y mêlent leurs danses*[3] :

Est-on sage
Dans le bel âge,
Est-on sage
De n'aimer pas ?
Que sans cesse 35
L'on se presse
De goûter les plaisirs ici-bas :
La sagesse
De la jeunesse,
C'est de savoir jouir de ses appas. 40

L'Amour charme
Ceux qu'il désarme,
L'Amour charme :

1. TOUS DEUX ENSEMBLE. (1734.)
2. Ces deux vers sont, ici comme plus haut, répétés dans l'édition de 1734 et précédés, comme plus haut aussi, de l'indication : TOUS DEUX ENSEMBLE.
3. L'édition de 1734 se borne ici à l'intitulé : FLORE, et fait suivre le vers 40 de cet en-tête : II. ENTRÉE DE BALLET.
(*Les Divinités de la terre et des eaux mêlent leurs danses au chant de Flore.*

FLORE.

L'Amour charme.

Cédons-lui tous.
  Notre peine
  Seroit vaine
De vouloir résister à sès coups :
  Quelque chaîne
  Qu'un amant prenne,
La liberté n'a rien qui soit si doux.

Vénus descend du ciel dans une grande machine, avec l'Amour son fils, et deux petites Grâces, nommées Églale et Phaène ; et les Divinités de la terre et des eaux recommencent de joindre toutes leurs voix, et continuent par leurs danses de lui témoigner la joie qu'elles ressentent à son abord.

CHOEUR de toutes les Divinités de la terre et des eaux.

Nous goûtons[1] une paix profonde ;
Les plus doux jeux sont ici-bas ;
On doit ce repos plein d'appas
  Au plus grand roi du monde.
Descendez, mère des Amours,
Venez nous donner de beaux jours.[2]

VÉNUS, dans sa machine.

Cessez, cessez pour moi tous vos chants d'allégresse :
De si rares honneurs ne m'appartiennent pas,
Et l'hommage qu'ici votre bonté m'adresse
Doit être réservé pour de plus doux appas.
  C'est une trop vieille méthode
  De me venir faire sa cour ;
  Toutes les choses ont leur tour,
  Et Vénus n'est plus à la mode.

---

1. . . . . qui soit si doux.
CHOEUR *des Divinités de la terre et des eaux.*
Nous goûtons. (1734.)

2.   III. ENTRÉE DE BALLET.
(*Les Dryades, les Sylvains, les Dieux des fleuves et les Nayades, voyant approcher Vénus, continuent d'exprimer, par leurs danses, la joie que leur inspire sa présence.*) (*Ibidem.*)
— Quinault, comme on l'a vu dans l'avertissement (*du Libraire au lecteur, ci-dessus, p.* 268), ayant été chargé de faire les paroles destinées à être chantées, cette première partie du prologue est de lui probablement. Le reste, qui est récité, est de la main de Molière. (*Note d'Auger.*)

Il est d'autres attraits naissants 65
 Où l'on va porter ses encens[1] ;
Psyché, Psyché la belle, aujourd'hui tient ma place ;
Déjà tout l'univers s'empresse à l'adorer,
 Et c'est trop que, dans ma disgrâce,
Je trouve encor quelqu'un qui me daigne honorer. 70
On ne balance point entre nos deux mérites ;
A quitter mon parti tout s'est licencié[2],
Et du nombreux amas de Grâces favorites,
Dont je traînois partout les soins et l'amitié,
Il ne m'en est resté que deux des plus petites, 75
 Qui m'accompagnent par pitié.
 Souffrez que ces demeures sombres
Prêtent leur solitude aux troubles de mon cœur,
 Et me laissez parmi leurs ombres
 Cacher ma honte et ma douleur. 80

Flore et les autres Déités se retirent, et Vénus avec sa suite sort de sa machine.[3]

ÆGIALE.

Nous ne savons, Déesse, comment faire,
Dans ce chagrin qu'on voit vous accabler :
 Notre respect veut se taire,
 Notre zèle veut parler.

VÉNUS.

Parlez, mais si vos soins aspirent à me plaire, 85
Laissez tous vos conseils pour une autre saison,

---

1. Ses hommages, son culte. Corneille aussi a employé ce pluriel dans le même sens aux vers 794, 1599 et 1625 (ce sont trois exemples à ajouter à ceux qui ont été réunis en grand nombre dans le *Lexique* de sa langue) ; on le trouvera trois fois dans *les Femmes savantes* (acte I, scènes I et III, et acte III, scène III).

2. On a vu ce verbe, avec cette même construction, au vers 1784 d'*Amphitryon*. Il est souvent aussi pris, au dix-septième siècle, dans le sens absolu de s'abandonner à la licence, se donner carrière : voyez le *Dictionnaire de Littré*.

3. SCÈNE II.
VÉNUS, *descendant* (*descendue*, 1773) *sur la terre*, L'AMOUR, ÉGIALE,
 PHAÈNE, AMOURS. (1734.)

Et ne parlez de ma colère
Que pour dire que j'ai raison.
C'étoit là, c'étoit là la plus sensible offense
Que ma divinité pût jamais recevoir ; 90
Mais j'en aurai la vengeance,
Si les Dieux ont du pouvoir.

PHAÈNE.

Vous avez plus que nous de clartés, de sagesse,
Pour juger ce qui peut être¹ digne de vous :
Mais pour moi, j'aurois cru qu'une grande déesse 95
Devroit moins se mettre en courroux.

VÉNUS.

Et c'est là la raison de ce courroux extrême :
Plus mon rang a d'éclat, plus l'affront est sanglant ;
Et si je n'étois pas dans ce degré suprême,
Le dépit de mon cœur seroit moins violent. 100
Moi, la fille du dieu qui lance le tonnerre,
Mère du dieu qui fait aimer,
Moi, les plus doux souhaits du ciel et de la terre,
Et qui ne suis venue au jour que pour charmer,
Moi, qui par tout ce qui respire 105
Ai vu de tant de vœux encenser mes autels,
Et qui de la beauté, par des droits immortels,
Ai tenu de tout temps le souverain empire,
Moi, dont les yeux ont mis deux grandes déités
Au point de me céder le prix de la plus belle, 110
Je me vois ma victoire et mes droits disputés
Par une chétive mortelle !
Le ridicule excès d'un fol entêtement
Va jusqu'à m'opposer une petite fille !
Sur ses traits et les miens j'essuierai constamment 115
Un téméraire jugement !

1. Pour juger qui peut être. (1673, 74 ; faute évidente.) — L'édition de
1673 saute aussi une syllabe, *là,* au vers 97.

Et du haut des cieux où je brille,
J'entendrai prononcer aux mortels prévenus :
« Elle est plus belle que Vénus! »

ÆGIALE.

Voilà comme l'on fait, c'est le style des hommes : 120
Ils sont impertinents dans leurs comparaisons.

PHAÈNE.

Ils ne sauroient louer, dans le siècle où nous sommes,
Qu'ils n'outragent les plus grands noms.

VÉNUS.

Ah! que de ces trois mots la rigueur insolente
Venge bien Junon et Pallas, 125
Et console leurs cœurs de la gloire éclatante
Que la fameuse pomme acquit à mes appas[1]!
Je les vois s'applaudir de mon inquiétude,
Affecter à toute heure un ris malicieux,
Et, d'un fixe regard, chercher avec étude 130
Ma confusion dans mes yeux.

---

1. Ces discours de Vénus dans le Prologue sont à rapprocher de celui qu'Apulée a mis dans la bouche de la déesse, au début aussi de son précieux épisode des *Métamorphoses* (livres IV-VI), qui est pour nous la plus ancienne, la vraie source de l'histoire de Psyché et de l'Amour. *En rerum naturæ prisca parens, en elementorum origo initialis, en orbis totius alma Venus, quæ cum mortali puella partiario majestatis honore tractor! Et nomen meum cælo conditum terrenis sordibus profanatur! Nimirum communi numinis piamento vicariæ venerationis incertum sustinebo, et imaginem meam circumferet puella moritura! Frustra me pastor ille, cujus justitiam fidemque magnus comprobavit Jupiter, ob eximiam speciem tantis prætulit deabus.* « Qui, moi! moi! Vénus, l'âme première de la nature, l'origine.... de tous les éléments, moi qui féconde l'univers entier, moi partager avec une jeune fille, avec une mortelle les honneurs dus à mon rang suprême? Faut-il que je sois ainsi traitée! Faut-il que, consacré dans le Ciel, mon nom soit profané et souillé sur la terre! Ainsi donc les hommages qu'on rend à ma divinité, une autre les partagera! Je verrai les hommes incertains si c'est celle-là ou si c'est Vénus qu'ils doivent adorer! Et qui me représentera parmi les hommes? Une créature destinée à la mort! Ce sera inutilement que le fameux berger dont le puissant Jupiter confirma l'équitable et juste sentence m'aura préférée, à cause de l'excellence de mes charmes, à deux grandes déesses. » (*Traduction de M. Victor Bétolaud.*)

Leur triomphante joie, au fort d'un tel outrage,
Semble me venir dire, insultant mon courroux :
« Vante, vante, Vénus, les traits de ton visage;
Au jugement d'un seul tu l'emportas sur nous ;   135
　　　Mais, par le jugement de tous,
Une simple mortelle a sur toi l'avantage. »
Ah! ce coup-là m'achève, il me perce le cœur,
Je n'en puis plus souffrir les rigueurs sans égales ;
Et c'est trop de surcroît à ma vive douleur,   140
　　　Que le plaisir de mes rivales.

Mon fils, si j'eus jamais sur toi quelque crédit,
　　　Et si jamais je te fus chère,
Si tu portes un cœur à sentir le dépit
　　　Qui trouble le cœur d'une mère   145
　　　Qui si tendrement te chérit,
Emploie, emploie ici l'effort de ta puissance
　　　A soutenir mes intérêts,
　　　Et fais à Psyché par tes traits
　　　Sentir les traits de ma vengeance.   150
　　　Pour rendre son cœur malheureux,
Prends celui de tes traits le plus propre à me plaire,
　　　Le plus empoisonné de ceux
　　　Que tu lances dans ta colère.
Du plus bas, du plus vil, du plus affreux mortel   155
Fais que jusqu'à la rage elle soit enflammée,
Et qu'elle ait à souffrir le supplice cruel
　　　D'aimer, et n'être point aimée.

　　　　　　　L'AMOUR [1].
Dans le monde on n'entend que plaintes de l'Amour ;

---

1. Comme nous l'apprend le Livret (ci-après, p. 366), le rôle de l'Amour sous sa forme habituelle de Cupidon enfant, fut joué, dans le Prologue, par le jeune la Thorillière, âgé en janvier 1671 de onze ans et quelques mois. C'est l'Amour transformé, tel qu'il se montre à la scène 1 de l'acte III (voyez particulièrement les vers 960-966), que représenta Baron.

On m'impute partout mille fautes commises ; 160
Et vous ne croiriez point le mal et les sottises
  Que l'on dit de moi chaque jour.
  Si pour servir votre colère....
     VÉNUS.
Va, ne résiste point aux souhaits de ta mère ;
  N'applique tes raisonnements 165
  Qu'à chercher les plus prompts moments
De faire un sacrifice à ma gloire outragée.
Pars, pour toute réponse à mes empressements,
Et ne me revois point que je ne sois vengée.

    L'Amour s'envole, et Vénus se retire avec les Grâces.

La scène est changée en une grande ville, où l'on découvre, des deux côtés, des palais et des maisons de différents ordres d'architecture[1].

---

1.   *L'Amour s'envole.*
  Fin du Prologue. (1734.)

… PSYCHÉ.

ACTE I.[1]

SCÈNE PREMIÈRE.

AGLAURE, CIDIPPE.

AGLAURE.

Il est des maux, ma sœur, que le silence aigrit ;   170
Laissons, laissons parler mon chagrin et le vôtre,
  Et de nos cœurs l'un à l'autre[2]
  Exhalons le cuisant dépit :
  Nous nous voyons sœurs d'infortune[3],
Et la vôtre et la mienne ont un si grand rapport,   175
Que nous pouvons mêler toutes les deux en une,
  Et dans notre juste transport,
  Murmurer à plainte commune[4]
  Des cruautés de notre sort.
  Quelle fatalité secrète,   180
  Ma sœur, soumet tout l'univers

---

1. *Le théâtre représente le palais du Roi.* (1734.)
2. Peut-être faut-il entendre : « Et de nos cœurs (s'adressant, parlant) l'un à l'autre. » Mais le tour serait-il bien correct ? Il se pourrait qu'il y eût là un de ces emplois du neutre dont il est parlé au *Lexique de Corneille*, tome I, p. LXVI, à l'article AUTRE, et dont nous avons des exemples aux vers 556 et 1418 du *Dépit amoureux* : voyez au tome I, p. 438 et note 2, et p. 494, et encore ci-après la variante au vers 482 de *Psyché*.
3. On dit *compagnes d'infortune*; on dit aussi *sœurs de lait* : l'analogie conduit sans peine de ces expressions à celle de *sœurs d'infortune*. Molière en a beaucoup de semblables. Il dit dans *l'Étourdi* (vers 1124) *amis d'épée*, comme on dirait *amis de collège, amis de table*. (*Note d'Auger.*)
4. Auger relève encore la nouveauté de cette locution et la rapproche du tour : *à frais communs*.

ACTE I, SCÈNE I.

  Aux attraits de notre cadette,
  Et, de tant de princes divers
  Qu'en ces lieux la fortune jette,
  N'en présente aucun à nos fers? 185
Quoi? voir de toutes parts pour lui rendre les armes
   Les cœurs se précipiter,
   Et passer devant nos charmes
   Sans s'y vouloir arrêter?
  Quel sort ont nos yeux en partage, 190
  Et qu'est-ce qu'ils ont fait aux Dieux,
  De ne jouir[1] d'aucun hommage
Parmi tous ces tributs de soupirs glorieux
   Dont le superbe avantage
   Fait triompher d'autres yeux? 195
Est-il pour nous, ma sœur, de plus rude disgrâce
Que de voir tous les cœurs mépriser nos appas,
Et l'heureuse Psyché jouir avec audace
D'une foule d'amants attachés à ses pas?

    CIDIPPE.

  Ah! ma sœur, c'est une aventure 200
  A faire perdre la raison,
  Et tous les maux de la nature
  Ne sont rien en comparaison.

    AGLAURE.

Pour moi, j'en suis souvent jusqu'à verser des larmes;
Tout plaisir, tout repos, par là m'est arraché; 205
Contre un pareil malheur ma constance est sans armes;
Toujours à ce chagrin mon esprit attaché
Me tient devant les yeux la honte de nos charmes,
   Et le triomphe de Psyché.
La nuit, il m'en repasse[2] une idée éternelle 210

---

1. Pour ne jouir, pour qu'ils ne jouissent....
2. Il m'en passe et repasse devant l'esprit, il m'en revient à l'esprit une idée...; ou, pour emprunter un passage d'*Amphitryon* (vers 1463 et 1464)

Qui sur toute chose prévaut ;
Rien ne me peut chasser cette image cruelle ;
Et dès qu'un doux sommeil me vient délivrer d'elle,
    Dans mon esprit aussitôt
    Quelque songe la rappelle,   215
    Qui me réveille en sursaut.

CIDIPPE.

Ma sœur, voilà mon martyre ;
Dans vos discours je me voi,
Et vous venez là de dire
Tout ce qui se passe en moi.   220

AGLAURE.

Mais encor, raisonnons un peu sur cette affaire.
Quels charmes si puissants en elle sont épars,
Et par où, dites-moi, du grand secret de plaire
L'honneur est-il acquis à ses moindres regards ?
    Que voit-on dans sa personne,   225
    Pour inspirer tant d'ardeurs ?
    Quel droit de beauté lui donne
    L'empire de tous les cœurs ?
Elle a quelques attraits, quelque éclat de jeunesse,
On en tombe d'accord, je n'en disconviens pas ;   230
Mais lui cède-t-on fort pour quelque peu d'aînesse[1],
    Et se voit-on sans appas ?
Est-on d'une figure à faire qu'on se raille ?
N'a-t-on point quelques traits et quelques agréments,
Quelque teint, quelques yeux, quelque air et quelque taille
A pouvoir dans nos fers jeter quelques amants ?
    Ma sœur, faites-moi la grâce
    De me parler franchement :
Suis-je faite d'un air, à votre jugement,

---

où se retrouve le même verbe dans un autre tour : *ma jalousie me promène sur ce triomphe, mon esprit y repasse* sans cesse.

1. Pour être quelque peu son aînée.

Que mon mérite au sien doive céder la place, 240
  Et dans quelque ajustement
  Trouvez-vous qu'elle m'efface?

CIDIPPE.

Qui, vous, ma sœur? Nullement.
  Hier à la chasse, près d'elle,
  Je vous regardai longtemps, 245
  Et, sans vous donner d'encens,
  Vous me parûtes plus belle.
Mais moi, dites, ma sœur, sans me vouloir flatter,
Sont-ce des visions que je me mets en tête,
Quand je me crois taillée à pouvoir mériter 250
  La gloire de quelque conquête?

AGLAURE.

Vous, ma sœur, vous avez, sans nul déguisement,
Tout ce qui peut causer une amoureuse flamme;
Vos moindres actions brillent d'un agrément
  Dont je me sens toucher l'âme; 255
  Et je serois votre amant,
  Si j'étois autre que femme.

CIDIPPE.

D'où vient donc qu'on la voit l'emporter sur nous deux,
Qu'à ses premiers regards les cœurs rendent les armes,
Et que d'aucun tribut de soupirs et de vœux 260
  On ne fait honneur à nos charmes?

AGLAURE.

  Toutes les dames d'une voix
  Trouvent ses attraits peu de chose,
Et du nombre d'amants qu'elle tient sous ses lois,
  Ma sœur, j'ai découvert la cause. 265

CIDIPPE.

Pour moi, je la devine, et l'on doit présumer
Qu'il faut que là-dessous soit caché du mystère :
  Ce secret de tout enflammer

N'est point de la nature un effet ordinaire ;
L'art de la Thessalie¹ entre dans cette affaire, 270
Et quelque main a su sans doute lui former
    Un charme pour se faire aimer.

AGLAURE.

Sur un plus fort appui ma croyance se fonde,
Et le charme qu'elle a pour attirer les cœurs,
C'est un air en tout temps désarmé de rigueurs, 275
Des regards caressants que la bouche seconde,
    Un souris chargé de douceurs
    Qui tend les bras à tout le monde²,
    Et ne vous promet que faveurs.
Notre gloire n'est plus aujourd'hui conservée, 280
Et l'on n'est plus au temps de ces nobles fiertés
Qui, par un digne essai d'illustres cruautés,
Vouloient voir d'un amant la constance éprouvée.
De tout ce noble orgueil qui nous seyoit si bien,
On est bien descendu dans le siècle où nous sommes, 285
Et l'on en est réduite à n'espérer plus rien,

---

1. La magie : voyez, aux vers 1476-1478 d'*Amphitryon*, tome VI, p. 440, note 1.

2. *Tendre les bras à...*, pour dire *offrir accueil, attirer*, est un exemple hardi d'une de ces locutions toutes faites qu'on emploie, en gros, pour ainsi dire, dans une acception figurée, sans plus songer au sens propre des mots qui les composent*a*. Si la hardiesse ici va jusqu'à l'étrangeté, c'est qu'évidemment Molière a eu dessein de rappeler, dans tout ce couplet d'Aglaure, non pas seulement les sentiments, mais le langage aussi des anciennes Précieuses : voyez la note suivante d'Auger (p. 285).

a Comme était *donner les mains à...*, pour *consentir* (voyez tomes II, p. 98, fin de la note 1, et V, p. 549, note 2) ; *donner la main à...*, pour *seconder* (ci-dessus, p. 130) ; *baiser les mains à...*, pour *rendre grâce à..., remercier, refuser* (voyez plus haut, p. 121, à la scène VI de l'acte III du *Bourgeois gentilhomme*). On ne peut néanmoins douter que parfois, dans l'emploi de ces locutions mêmes, l'incohérence des termes rapprochés était cherchée et rendue fort sensible pour produire un effet plaisant, témoin la phrase de Sganarelle relevée tome VI, p. 98, note 5, et ces vers de Bensserade adressés, dans le *Ballet des Muses*, à Mlle de la Vallière (au tome II des *Contemporains de Molière*, p. 594) :

    Je baise ici les mains à vos beaux yeux
    Et ne veux point d'un joug comme le vôtre.

A moins que l'on se jette à la tête des hommes¹.
CIDIPPE.
Oui, voilà le secret de l'affaire, et je voi
    Que vous le prenez mieux que moi.
C'est pour nous attacher à trop de bienséance, 290
Qu'aucun amant, ma sœur, à nous ne veut venir,
    Et nous voulons trop soutenir
L'honneur de notre sexe et de notre naissance.
Les hommes maintenant aiment ce qui leur rit;
L'espoir, plus que l'amour, est ce qui les attire, 295
    Et c'est par là que Psyché nous ravit
    Tous les amants qu'on voit sous son empire.
Suivons, suivons l'exemple, ajustons-nous au temps,
Abaissons-nous, ma sœur, à faire des avances,
Et ne ménageons plus de tristes bienséances 300
Qui nous ôtent les fruits du plus beau² de nos ans.
AGLAURE.
J'approuve la pensée, et nous avons matière
    D'en faire l'épreuve première
Aux deux princes qui sont les derniers arrivés.
Ils sont charmants, ma sœur, et leur personne entière 305
    Me.... Les avez-vous observés?
CIDIPPE.
Ah! ma sœur, ils sont faits tous deux d'une manière,
Que mon âme.... Ce sont deux princes achevés.
AGLAURE.
Je trouve qu'on pourroit rechercher leur tendresse,
    Sans se faire déshonneur. 310

---

1. Il est aisé de voir que la fin de ce couplet contient une allusion fine aux mœurs du temps. Dans les doléances d'Aglaure, Molière nous fait entendre distinctement les regrets de la vieille cour sur cette antique pruderie des précieuses et des femmes formées sur le modèle des héroïnes de Mlle de Scudery, ainsi que ses plaintes contre la galanterie plus vive et moins réservée dont Louis XIV et ses maîtresses avaient donné l'exemple. (*Note d'Auger.*)

2. Du plus beau, au sens neutre, de la plus belle partie.

CIDIPPE.

Je trouve que sans honte une belle princesse
Leur pourroit donner son cœur.

SCÈNE II.

CLÉOMÈNE, AGÉNOR, AGLAURE, CIDIPPE[1].

AGLAURE.
Les voici tous deux, et j'admire
Leur air et leur ajustement.
CIDIPPE.
Ils ne démentent nullement 315
Tout ce que nous venons de dire.
AGLAURE.
D'où vient, Princes, d'où vient que vous fuyez ainsi ?
Prenez-vous l'épouvante en nous voyant paroître ?
CLÉOMÈNE.
On nous faisoit croire qu'ici
La princesse Psyché, Madame, pourroit être. 320
AGLAURE.
Tous ces lieux n'ont-ils rien d'agréable pour vous,
Si vous ne les voyez ornés de sa présence ?
AGÉNOR.
Ces lieux peuvent avoir des charmes assez doux ;
Mais nous cherchons Psyché dans notre impatience.
CIDIPPE.
Quelque chose de bien pressant 325
Vous doit à la chercher pousser tous deux sans doute.
CLÉOMÈNE.
Le motif est assez puissant,
Puisque notre fortune enfin en dépend toute.

1. La scène II commence plus bas dans l'édition de 1734, après le vers 316 :
Tout ce que nous venons de dire.

AGLAURE.

Ce seroit trop à nous que de nous informer
Du secret que ces mots nous peuvent enfermer.   330

CLÉOMÈNE.

Nous ne prétendons point en faire de mystère ;
Aussi bien malgré nous paroîtroit-il au jour,
   Et le secret ne dure guère,
   Madame, quand c'est de l'amour [1].

CIDIPPE.

Sans aller plus avant, Princes, cela veut dire   335
   Que vous aimez Psyché tous deux.

AGÉNOR.

   Tous deux soumis à son empire,
Nous allons de concert lui découvrir nos feux.

AGLAURE.

C'est une nouveauté sans doute assez bizarre,
   Que deux rivaux si bien unis.   340

CLÉOMÈNE.

   Il est vrai que la chose est rare,
Mais non pas impossible à deux parfaits amis.

CIDIPPE.

Est-ce que dans ces lieux il n'est qu'elle de belle,
Et n'y trouvez-vous point à séparer vos vœux ?

AGLAURE.

Parmi l'éclat du sang [2], vos yeux n'ont-ils vu qu'elle   345
   A pouvoir mériter vos feux ?

CLÉOMÈNE.

Est-ce que l'on consulte [3] au moment qu'on s'enflamme ?

1. Il n'est pas besoin d'avertir que l'ellipse n'est pas « quand c'est le secret de l'amour, » mais « quand c'est de l'amour, quand c'est l'amour qui est le secret. »
2. Parmi celles que recommande l'éclat du sang royal. Cidippe vient de parler clairement de sa beauté et de celle de sa sœur Aglaure ; Aglaure y joint l'autre mérite, de l'illustre naissance, qu'elle relève à l'égal du premier dans le langage ironique des vers 393 et 394.
3. *Consulter*, délibérer, aussi bien avec soi-même, « dans sa tête, » comme dit Silvestre (*Fourberies de Scapin*, acte II, scène 1), qu'avec d'autres.

Choisit-on qui l'on veut aimer?
Et pour donner toute son âme,
Regarde-t-on quel droit on a de nous charmer? 350
AGÉNOR.
Sans qu'on ait le pouvoir d'élire[1],
On suit, dans une telle ardeur,
Quelque chose qui nous attire,
Et lorsque l'amour touche un cœur,
On n'a point de raisons à dire[2]. 355
AGLAURE.
En vérité, je plains les fâcheux embarras
Où je vois que vos cœurs se mettent :
Vous aimez un objet dont les riants appas
Mêleront des chagrins à l'espoir qu'ils vous jettent,
Et son cœur ne vous tiendra pas 360
Tout ce que ses yeux vous promettent.
CIDIPPE.
L'espoir qui vous appelle au rang de ses amants
Trouvera du mécompte aux douceurs qu'elle étale;
Et c'est pour essuyer de très-fâcheux moments,
Que les soudains retours[3] de son âme inégale. 365
AGLAURE.
Un clair discernement de ce que vous valez
Nous fait plaindre le sort où cet amour vous guide,
Et vous pouvez trouver tous deux, si vous voulez,
Avec autant d'attraits, une âme plus solide.
CIDIPPE.
Par un choix plus doux de moitié 370
Vous pouvez de l'amour sauver votre amitié[4],

---

1. *Élire*, comme synonyme de *choisir*, a été noté au *Tartuffe* (tome IV, p. 503, note 1).

2. De motifs à donner. — De raison. (1684 A, 94 B, 1730, 33, 34.)

3. C'est-à-dire les soudains retours.... sont (faits) pour, sont propres à vous faire essuyer..., ne peuvent que vous faire essuyer de fâcheux moments.

4. Sauver l'amitié qui vous unit des dangers que l'amour lui fait courir.

Et l'on voit en vous deux un mérite si rare,
Qu'un tendre avis veut bien prévenir par pitié
  Ce que votre cœur se prépare.

CLÉOMÈNE.

Cet avis généreux fait pour nous éclater 375
  Des bontés qui nous touchent l'âme ;
Mais le Ciel nous réduit à ce malheur, Madame,
  De ne pouvoir en profiter.

AGÉNOR.

Votre illustre pitié veut en vain nous distraire
D'un amour dont tous deux nous redoutons l'effet ; 380
Ce que notre amitié, Madame, n'a pas fait,
  Il n'est rien qui le puisse faire.

CIDIPPE.

Il faut que le pouvoir de Psyché.... La voici.

SCÈNE III.

PSYCHÉ, CIDIPPE, AGLAURE, CLÉOMÈNE, AGÉNOR.

CIDIPPE.

Venez jouir, ma sœur, de ce qu'on vous apprête.

AGLAURE.

Préparez vos attraits à recevoir ici 385
Le triomphe nouveau d'une illustre conquête.

CIDIPPE.

Ces princes ont tous deux si bien senti vos coups,
Qu'à vous le découvrir leur bouche se dispose.

PSYCHÉ.

Du sujet qui les tient si rêveurs parmi nous
  Je ne me croyois pas la cause, 390
  Et j'aurois cru toute autre chose

En les voyant parler à vous.
AGLAURE.
N'ayant ni beauté, ni naissance
A pouvoir mériter leur amour et leurs soins,
Ils nous favorisent au moins 395
De l'honneur de la confidence.
CLÉOMÈNE[1].
L'aveu qu'il nous faut faire à vos divins appas
Est sans doute, Madame, un aveu téméraire ;
Mais tant de cœurs près du trépas
Sont par de tels aveux forcés à vous déplaire, 400
Que vous êtes réduite à ne les punir pas
Des foudres de votre colère.
Vous voyez en nous deux amis
Qu'un doux rapport d'humeurs sut joindre dès l'enfance ;
Et ces tendres liens se sont vus affermis 405
Par cent combats d'estime et de reconnoissance.
Du Destin ennemi les assauts rigoureux,
Les mépris de la mort, et l'aspect des supplices,
Par d'illustres éclats de mutuels offices,
Ont de notre amitié signalé les beaux nœuds : 410
Mais à quelques essais qu'elle se soit trouvée[2],
Son grand triomphe est en ce jour,
Et rien ne fait tant voir sa constance éprouvée,
Que de se conserver au milieu de l'amour.
Oui, malgré tant d'appas, son illustre constance 415
Aux lois qu'elle nous fait a soumis tous nos vœux ;
Elle vient d'une douce et pleine déférence
Remettre à votre choix le succès de nos feux ;
Et, pour donner un poids à notre concurrence[3]
Qui des raisons d'État entraîne la balance 420

1. CLÉOMÈNE, à Psyché. (1734.) — 2. A quelques épreuves qu'elle ait été mise.
3. A notre recherche concurrente, à la recherche, à la poursuite où nous sommes rivaux. Il n'est pas besoin d'avertir que le *qui* du vers suivant se rapporte à *poids*.

Sur le choix de l'un de nous deux,
Cette même amitié s'offre, sans répugnance,
D'unir nos deux États au sort du plus heureux.

AGÉNOR.

Oui, de ces deux États, Madame,
Que sous votre heureux choix nous nous offrons d'unir, 425
Nous voulons faire à notre flamme
Un secours pour vous obtenir.
Ce que pour ce bonheur, près du Roi votre père,
Nous nous sacrifions tous deux
N'a rien de difficile à nos cœurs amoureux, 430
Et c'est au plus heureux faire un don nécessaire
D'un pouvoir dont le malheureux,
Madame, n'aura plus affaire.

PSYCHÉ.

Le choix que vous m'offrez, Princes, montre à mes yeux
De quoi remplir les vœux de l'âme la plus fière, 435
Et vous me le parez tous deux d'une manière
Qu'on ne peut rien offrir qui soit plus précieux.
Vos feux, votre amitié, votre vertu suprême,
Tout me relève en vous l'offre de votre foi,
Et j'y vois un mérite à s'opposer lui-même[1] 440
A ce que vous voulez de moi.
Ce n'est pas à mon cœur qu'il faut que je défère
Pour entrer sous de tels liens ;
Ma main, pour se donner, attend l'ordre d'un père,
Et mes sœurs ont des droits qui vont devant les miens.
Mais si l'on me rendoit sur mes vœux absolue,
Vous y pourriez avoir trop de part à la fois,
Et toute mon estime entre vous suspendue
Ne pourroit sur aucun laisser tomber mon choix.
A l'ardeur de votre poursuite 450

---

1. Un mérite de nature à s'opposer lui-même, tel qu'il s'oppose...; c'est le mérite, le prix même de ce que vous m'offrez qui s'oppose....

Je répondrois assez de mes vœux les plus doux ;
　　Mais c'est parmi tant de mérite
Trop que deux cœurs pour moi, trop peu qu'un cœur pour
De mes plus doux souhaits j'aurois l'âme gênée [vous[1].
　　À l'effort de votre amitié[2],　　　　　　455
Et j'y vois l'un de vous prendre une destinée
　　A me faire trop de pitié.
Oui, Princes, à tous ceux dont l'amour suit le vôtre[3]
Je vous préférerois tous deux avec ardeur ;
　　Mais je n'aurois jamais le cœur　　　　460
De pouvoir préférer l'un de vous deux à l'autre.
　　A celui que je choisirois
　　Ma tendresse feroit un trop grand sacrifice,
　　Et je m'imputerois à barbare injustice
　　　Le tort qu'à l'autre je ferois.　　　　465
Oui, tous deux vous brillez de trop de grandeur d'âme,
　　Pour en faire aucun malheureux,
Et vous devez chercher dans l'amoureuse flamme
　　Le moyen d'être heureux tous deux.
　　Si votre cœur me considère　　　　　　470
Assez pour me souffrir de disposer de vous[4],
　　J'ai deux sœurs capables de plaire,
Qui peuvent bien vous faire un destin assez doux,
Et l'amitié me rend leur personne assez chère,
　　Pour vous souhaiter leurs époux.　　　　475

　　　　　　　CLÉOMÈNE.
Un cœur dont l'amour est extrême

---

1. Vers tout composé de monosyllabes et à noter comme le 1112e, si souvent cité, de la *Phèdre* de Racine.

2. La plus douce inclination deviendrait pour mon âme un tourment, en voyant l'effort, à l'idée de l'effort imposé à votre amitié. — *Gêner* a encore beaucoup de force au vers 712, et aux vers 776 et 1700 (ces deux derniers de Corneille) : voyez tome II, p. 196, note 1.

3. Imite le vôtre, est égal au vôtre. Au vers 1166, Corneille a pris *suivre* au sens de *se conformer à*.

4. Me permettre : voyez sur cette construction, tome V, p. 532, note 3, au vers 1479 du *Misanthrope*.

ACTE I, SCÈNE III.

Peut-il bien consentir, hélas!
D'être donné par ce qu'il aime?
Sur nos deux cœurs, Madame, à vos divins appas
Nous donnons un pouvoir suprême; 480
Disposez-en pour le trépas,
Mais pour une autre[1] que vous-même
Ayez cette bonté de n'en disposer pas.

AGÉNOR.

Aux Princesses, Madame, on feroit trop d'outrage,
Et c'est pour leurs attraits un indigne partage 485
Que les restes d'une autre ardeur :
Il faut d'un premier feu la pureté fidèle,
Pour aspirer à cet honneur
Où votre bonté nous appelle,
Et chacune mérite un cœur 490
Qui n'ait soupiré que pour elle.

AGLAURE.

Il me semble, sans nul courroux,
Qu'avant que de vous en défendre,
Princes, vous deviez bien attendre
Qu'on se fût expliqué sur vous. 495
Nous croyez-vous un cœur si facile et si tendre?
Et lorsqu'on parle ici de vous donner à nous,
Savez-vous si l'on veut vous prendre[2]?

---

1. Un autre. (1682, et une partie du tirage de 1734, mais *une* dans l'édition originale, la série de 1682, le reste du tirage de 1734, et 1773.) Voyez au tome I, p. 438, note 2, et comparez ci-dessus le vers 172; ci-après une variante au vers 767, et, à la scène II du Ier acte des *Fourberies de Scapin* : « Un autre auroit paru effroyable en l'état où elle étoit. »

2. Comme le remarque Aimé-Martin, Armande a le même dépit dans la scène II du Ier acte des *Femmes savantes;* elle le marque seulement d'un ton que ne pouvait tout à fait prendre une princesse de tragi-comédie :

Eh! qui vous dit, Monsieur, que l'on ait cette envie,
Et que de vous enfin si fort on se soucie?
Je vous trouve plaisant de vous le figurer,
Et bien impertinent de me le déclarer.

M. Moland rappelle encore le dernier couplet d'Arsinoé dans *le Misanthrope*.

CIDIPPE.

Je pense que l'on a d'assez hauts sentiments
Pour refuser un cœur qu'il faut qu'on sollicite,
Et qu'on ne veut devoir qu'à son propre mérite
   La conquête de ses amants.

PSYCHÉ.

J'ai cru pour vous, mes sœurs, une gloire assez grande,
Si la possession d'un mérite si haut....

SCÈNE IV.

LYCAS, PSYCHÉ, AGLAURE, CIDIPPE, CLÉOMÈNE, AGÉNOR.

LYCAS[1].

Ah, Madame!

PSYCHÉ.

Qu'as-tu?

LYCAS.

Le Roi....

PSYCHÉ.

Quoi?

LYCAS.

Vous demande.

PSYCHÉ.

De ce trouble si grand que faut-il que j'attende?

LYCAS.

Vous ne le saurez que trop tôt.

PSYCHÉ.

Hélas! que pour le Roi tu me donnes à craindre!

LYCAS.

Ne craignez que pour vous, c'est vous que l'on doit plaindre.

---

1. PSYCHÉ, AGLAURE, CIDIPPE, CLÉOMÈNE, AGÉNOR, LYCAS.
LYCAS, à Psyché. (1734.)

PSYCHÉ.

C'est pour louer le Ciel et me voir hors d'effroi 510
De savoir que je n'aye à craindre que pour moi.
Mais apprends-moi, Lycas, le sujet qui te touche.

LYCAS.

Souffrez que j'obéisse à qui m'envoie ici,
Madame, et qu'on vous laisse apprendre de sa bouche
　　Ce qui peut m'affliger ainsi. 515

PSYCHÉ.

Allons savoir sur quoi l'on craint tant ma foiblesse.

SCÈNE V.

AGLAURE, CIDIPPE, LYCAS.

AGLAURE.

Si ton ordre n'est pas jusqu'à nous étendu,
Dis-nous quel grand malheur nous couvre ta tristesse.

LYCAS.

Hélas! ce grand malheur dans la cour répandu,
　　Voyez-le vous-même, Princesse, 520
Dans l'oracle qu'au Roi les Destins ont rendu.
Voici ses propres mots, que la douleur, Madame,
　　A gravés au fond de mon âme :
　　Que l'on ne pense nullement
A vouloir de Psyché conclure l'hyménée ; 525
Mais qu'au sommet d'un mont elle soit promptement
　　En pompe funèbre menée,
　　Et que de tous abandonnée,
Pour époux elle attende en ces lieux constamment[1]

---

1. *Avec constance, courageusement*, sans doute, comme à la scène I de l'acte V des *Femmes savantes* (dernier couplet d'Henriette), plutôt qu'*assidûment, tant qu'il faudra*.

Un monstre dont on a la vue empoisonnée, 530
Un serpent qui répand son venin en tous lieux,
Et trouble dans sa rage et la terre et les cieux[1].

Après un arrêt si sévère,
Je vous quitte, et vous laisse à juger entre vous
Si par de plus cruels et plus sensibles coups 535
Tous les Dieux nous pouvoient expliquer leur colère.

SCÈNE VI.

AGLAURE, CIDIPPE.

CIDIPPE.

Ma sœur, que sentez-vous à ce soudain malheur
Où nous voyons Psyché par les Destins plongée ?

AGLAURE.

Mais vous, que sentez-vous, ma sœur ?

CIDIPPE.

A ne vous point mentir, je sens que dans mon cœur 540
Je n'en suis pas trop affligée.

AGLAURE.

Moi, je sens quelque chose au mien
Qui ressemble assez à la joie.
Allons, le Destin nous envoie
Un mal que nous pouvons regarder comme un bien. 545

---

1. Cet oracle est à double sens, comme ils l'étaient presque tous. Les paroles où sont décrits les ravages du monstre et ses moyens de nuire s'appliquent fort bien à l'Amour, dont on dit métaphoriquement les mêmes choses. C'est l'Amour lui-même qui a fait rendre cet oracle ambigu, qui semble répondre aux désirs de vengeance de Vénus, et qui, dans la réalité, doit servir les vues de l'Amour sur Psyché. Cette imagination est d'Apulée. (*Note d'Auger :* voyez vers la fin du livre IV des *Métamorphoses* d'Apulée.)

FIN DU PREMIER ACTE.

PREMIER INTERMÈDE[1].

La scène est changée en des rochers affreux, et fait voir en éloignement une grotte effroyable[2].

C'est dans ce désert que Psyché doit être exposée, pour obéir à l'oracle. Une troupe de personnes affligées y viennent déplorer sa disgrâce. Une partie de cette troupe désolée témoigne sa pitié par des plaintes touchantes, et par des concerts lugubres, et l'autre exprime sa désolation par une danse pleine de toutes les marques du plus violent désespoir.

PLAINTES EN ITALIEN[3].

CHANTÉES PAR UNE FEMME DÉSOLÉE, ET DEUX HOMMES AFFLIGÉS.

FEMME DÉSOLÉE[4].

Deh ! piangete al pianto mio,
Sassi duri, antiche selve,
Lagrimate, fonti e belve,
D'un bel volto il fato rio.

---

1. Pour que les chiffres des vers de *Psyché* soient les mêmes dans le *Molière* et le *Corneille* de la Collection, nous comprenons dans le numérotage ceux des intermèdes, tout en nous demandant s'il n'eût point mieux valu ne pas chiffrer ces hors-d'œuvre, comme n'étant ni de l'un ni de l'autre de nos auteurs.

2. *Et fait voir dans l'éloignement une effroyable solitude.* (1734.)

3. Voyez plus loin, dans l'*Appendice*, p. 370 et 371, une imitation en vers français de ces Plaintes, qui fut insérée, dès 1671, dans le Livre du *Ballet des ballets*. — « Ces paroles italiennes sont, dit-on, de Lulli[a], ou du moins elles ont été fournies par lui, et il les a mises en musique, comme toutes celles qui devaient être chantées. C'est une espèce d'anachronisme, dans un sujet qui remonte aux temps fabuleux de la Grèce, que des paroles italiennes, c'est-à-dire écrites dans une langue qui n'exista que bien des siècles après. On en peut dire autant du français; mais l'emploi de cette dernière langue est une concession indispensable : l'emploi de l'autre fait une confusion et une disparate assez ridicules. » (*Note d'Auger.*) — Nous reproduisons cette critique plutôt comme curieuse que comme bien fondée. Si de l'italien en musique annexé à du français fait confusion et disparate, comment et pourquoi plus dans un sujet antique et même fabuleux, que dans un sujet moderne?

4. . . . . . *sa disgrâce.*
FEMMES *désolées*, HOMMES *affligés*, CHANTANTS ET DANSANTS.
UNE FEMME *désolée.* (1734.)

[a] *Histoire du théâtre françois* des frères Parfaict, tome XI, p. 121, fin de note *a*, et p. 127, note *a*.

PREMIER HOMME AFFLIGÉ.
Ahi dolore! 550
SECOND HOMME AFFLIGÉ.
Ahi martire!

PREMIER HOMME AFFLIGÉ.
Cruda morte,
SECOND HOMME AFFLIGÉ[1].
Empia sorte,
TOUS TROIS[2].
Che condanni a morir tanta beltà![3]
Cieli, stelle, ahi crudeltà![4] 555
SECOND HOMME AFFLIGÉ.
Com' esser può fra voi, o Numi eterni,
Chi voglia estinta una beltà[5] innocente?
Ahi! che tanto rigor, Cielo inclemente,
Vince di crudeltà gli stessi Inferni.
PREMIER HOMME AFFLIGÉ.
Nume fiero[6]! 560
SECOND HOMME AFFLIGÉ.
Dio severo!
ENSEMBLE[7].
Perchè tanto rigor
Contro innocente cor?

---

1. FEMME *désolée*, et SECOND HOMME *affligé*. (1734.)
2. LES DEUX HOMMES *affligés*. (*Ibidem.*)
3. TOUS TROIS ENSEMBLE. (*Ibidem.*)
4. Ici, comme on le verra à l'*Appendice*, p. 369, il y a dans le livret de 1671 et dans le *Ballet des ballets* une strophe de plus, chantée par la Femme désolée. Cette strophe est également dans l'édition de 1734, avec les reprises des Hommes affligés : *Ahi dolore!* etc. Elle avait été ajoutée pour servir aux broderies d'une variation arrangée sur l'air de *Deh! piangete*, variation qui a passé dans la partition de Lulli, mais que le maître laissa faire à Lambert, son beau-père, et dont peut-être d'abord il ne s'était pas soucié. C'est encore à Lambert que Fresneuse (p. 201, dans le passage rapporté ci-dessus, p. 223, note 6) impute « le petit double de la Plainte de *Psyché*,

Rispondete a miei lamenti[a],

placé pourtant à la honte de Lulli, qui ne devait pas le souffrir en cet endroit. »
5. Tous nos textes ont ainsi *beltà*. Mais cet *à* accentué peut-il s'élider? et ne faut-il pas lire *bella*?
6. *Nume fierto!* (1671, 73, 74; faute évidente.)
7. *Les deux* HOMMES *affligés*. (1734.)

[a] Fresneuse, citant de mémoire, met ici *accenti* à la place de *lamenti* que donne l'*Appendice*.

PREMIER INTERMÈDE.

Ahi ! sentenza inudita,
Dar morte a la beltà ch' altrui dà vita ! 565
FEMME DÉSOLÉE[1].
Ahi ! ch' indarno si tarda !
Non resiste a li Dei mortale affetto;
Alto impero ne sforza :
Ove commanda il Ciel, l' uom cede a forza.

Ahi dolore[2] *!* etc. 570
Come sopra[3].
Ces plaintes sont entre-coupées et finies par une entrée de ballet
de huit personnes affligées[4].

1.   ENTRÉE DE BALLET.
(*Six hommes affligés et six femmes désolées expriment, en dansant,*
leur douleur par leurs attitudes.)
UNE FEMME DÉSOLÉE. (1734.)
2.   PREMIER HOMME *affligé.*
Ahi dolore! etc. (et les mêmes reprises que plus haut.)
Fin du premier intermède. (*Ibidem.*)

3. D'après le Livret et d'après le *Ballet des ballets*, on reprenait, non pas à l'*Ahi dolore!* du 1ᵉʳ Homme affligé, mais au début même des Plaintes, et avec les mêmes paroles *Deh! piangete*, ce qui indique bien que le compositeur ne passait à la virtuose son double qu'une fois sans plus.

4. De huit personnes affligées, qui, par leurs attitudes, expriment leur douleur. (1682.)

ACTE II.

SCÈNE PREMIÈRE.

LE ROI, PSYCHÉ, AGLAURE, CIDIPPE, LYCAS, SUITE.

PSYCHÉ.

De vos larmes, Seigneur, la source m'est bien chère ;
Mais c'est trop aux bontés[1] que vous avez pour moi
Que de laisser régner les tendresses de père
  Jusque dans les yeux d'un grand roi.
Ce qu'on vous voit ici donner à la nature   575
Au rang que vous tenez, Seigneur, fait trop d'injure,
Et j'en dois refuser les touchantes faveurs :
  Laissez moins sur votre sagesse
  Prendre d'empire à vos douleurs,
Et cessez d'honorer mon destin par des pleurs   580
Qui dans le cœur d'un roi montrent de la foiblesse.

LE ROI.

Ah ! ma fille, à ces pleurs laisse mes yeux ouverts ;
Mon deuil est raisonnable, encor qu'il soit extrême ;
Et lorsque pour toujours on perd ce que je perds,
La sagesse, crois-moi, peut pleurer elle-même[2].   585

---

1. C'est un excès dans les bontés.... que de....
2. Ces quatre derniers vers (582-585) et les vers 588-591 se retrouvent, presque tout semblables, groupés sous la forme de deux quatrains, dans un sonnet qui, sur la foi d'une tradition dont la première origine n'est, ce semble, plus connue, a été inséré parmi les vieilles copies de Conrart et a été imprimé, dès 1678, à Paris, dans un recueil de pièces galantes : le son-

En vain l'orgueil du diadème
Veut qu'on soit insensible à ces cruels revers,
En vain de la raison les secours sont offerts,
Pour vouloir d'un œil sec voir mourir ce qu'on aime :
L'effort en est barbare aux yeux de l'univers, 590
Et c'est brutalité plus que vertu suprême.
 Je ne veux point dans cette adversité
 Parer mon cœur d'insensibilité,
  Et cacher l'ennui qui me touche ;
  Je renonce à la vanité 595
   De cette dureté farouche
  Que l'on appelle fermeté ;
  Et de quelque façon qu'on nomme
Cette vive douleur dont je ressens les coups,
Je veux bien l'étaler, ma fille, aux yeux de tous, 600
Et dans le cœur d'un roi montrer le cœur d'un homme.

PSYCHÉ.

Je ne mérite pas cette grande douleur :
Opposez, opposez un peu de résistance
  Aux droits qu'elle prend sur un cœur
Dont mille événements ont marqué la puissance. 605
Quoi ? faut-il que pour moi vous renonciez, Seigneur,
  A cette royale constance
Dont vous avez fait voir dans les coups du malheur
   Une fameuse expérience ?

LE ROI.

La constance est facile en mille occasions. 610

---

net est là suivi d'une lettre d'envoi au bas de laquelle est le nom de Molière. Le sonnet et la lettre, adressés à la Mothe le Vayer, l'auraient été à l'occasion de la mort de son fils, en septembre 1664 (année où, en novembre, Molière lui-même perdit son premier fils encore en bas âge). Le Vayer vivait au temps des premières représentations de *Psyché*, et ne mourut que plus d'un an après, sept mois après l'impression de la pièce, en mai 1672. Voyez, au tome IX, la note accompagnant la première en date, probablement, des *Poésies diverses*.

PSYCHÉ.

  Toutes les révolutions
Où nous peut exposer la fortune inhumaine,
La perte des grandeurs, les persécutions,
Le poison de l'envie, et les traits de la haine,
  N'ont rien que[1] ne puissent sans peine   615
  Braver les résolutions
D'une âme où la raison est un peu souveraine ;
  Mais ce qui porte des rigueurs
  A faire succomber les cœurs
  Sous le poids des douleurs amères,   620
  Ce sont, ce sont les rudes traits
  De ces fatalités sévères
  Qui nous enlèvent pour jamais
  Les personnes qui nous sont chères.
  La raison contre de tels coups   625
  N'offre point d'armes secourables ;
  Et voilà des Dieux en courroux
  Les foudres les plus redoutables
  Qui se puissent lancer sur nous.

PSYCHÉ.

Seigneur, une douceur ici vous est offerte :   630
Votre hymen a reçu plus d'un présent des Dieux,
  Et, par une faveur ouverte[2],
Ils ne vous ôtent rien, en m'ôtant à vos yeux,
Dont ils n'aient pris le soin[3] de réparer la perte.
Il vous reste de quoi consoler vos douleurs ;   635
Et cette loi du Ciel que vous nommez cruelle
  Dans les deux Princesses mes sœurs
  Laisse à l'amitié paternelle

---

1. *Qui*, par erreur, pour *que*, dans les deux premières éditions (1671 et 1673) et dans les trois étrangères.
2. Manifeste, évidente.
3. Tel est le texte des deux premières éditions et des trois étrangères, qui ne tiennent pas compte, dans la mesure, de la finale *ent* de *aient*. Celles de 1674 et de 1682 retranchent *pris* ; et l'édition de 1734, *le*, devant *soin*.

ACTE II, SCÈNE I.

Où placer toutes ses douceurs.
LE ROI.
Ah! de mes maux soulagement frivole! 640
Rien, rien ne s'offre à moi qui de toi me console ;
C'est sur mes déplaisirs que j'ai les yeux ouverts,
　　Et dans un destin si funeste
　　Je regarde ce que je perds,
　　Et ne vois point ce qui me reste. 645
PSYCHÉ.
Vous savez mieux que moi qu'aux volontés des Dieux,
　　Seigneur, il faut régler les nôtres,
Et je ne puis vous dire, en ces tristes adieux,
Que ce que beaucoup mieux vous pouvez dire aux autres.
　　Ces Dieux sont maîtres souverains 650
　　Des présents qu'ils daignent nous faire ;
　　Ils ne les laissent dans nos mains
　　Qu'autant de temps qu'il peut leur plaire :
　　Lorsqu'ils viennent les retirer,
　　On n'a nul droit de murmurer 655
Des grâces que leur main ne veut plus nous étendre[1].
Seigneur, je suis un don qu'ils ont fait à vos vœux ;
Et quand par cet arrêt ils veulent me reprendre,
Ils ne vous ôtent rien que vous ne teniez d'eux,
Et c'est sans murmurer que vous devez me rendre. 660
LE ROI.
　　Ah! cherche un meilleur fondement
Aux consolations que ton cœur me présente,
Et de la fausseté de ce raisonnement
　　Ne fais point un accablement
　　A cette douleur si cuisante 665
　　Dont je souffre ici le tourment.
Crois-tu là me donner une raison puissante

---

1. Étendre jusqu'à nous, répandre sur nous.

Pour ne me plaindre point de cet arrêt des Cieux?
    Et dans le procédé des Dieux
      Dont tu veux que je me contente, 670
      Une rigueur assassinante [1]
      Ne paroît-elle pas aux yeux ?
Vois l'état où ces Dieux me forcent à te rendre,
Et l'autre où te reçut mon cœur infortuné :
Tu connoîtras par là qu'ils me viennent reprendre 675
    Bien plus que ce qu'ils m'ont donné.
      Je reçus d'eux en toi, ma fille,
Un présent que mon cœur ne leur demandoit pas;
      J'y trouvois alors peu d'appas,
Et leur en vis sans joie accroître ma famille. 680
      Mais mon cœur, ainsi que mes yeux,
S'est fait de ce présent une douce habitude :
J'ai mis quinze ans de soins, de veilles et d'étude
        A me le rendre précieux;
    Je l'ai paré de l'aimable richesse 685
      De mille brillantes vertus ;
En lui j'ai renfermé par des soins assidus
Tous les plus beaux trésors que fournit la sagesse ;
A lui j'ai de mon âme attaché la tendresse ;
J'en ai fait de ce cœur le charme et l'allégresse, 690
La consolation de mes sens abattus,
      Le doux espoir de ma vieillesse.
      Ils m'ôtent tout cela, ces Dieux,
Et tu veux que je n'aye aucun sujet de plainte
Sur cet affreux arrêt dont je souffre l'atteinte ? 695
Ah ! leur pouvoir se joue avec trop de rigueur
      Des tendresses de notre cœur :
Pour m'ôter leur présent, leur falloit-il attendre
    Que j'en eusse fait tout mon bien ?

---

1. Voyez sur l'emploi de ce mot, tome VII, p. 54, note 4, et comparez ci-après encore, à la scène 1re du Ier acte des *Fourberies de Scapin*.

Ou plutôt, s'ils avoient dessein de le reprendre,
N'eût-il pas été mieux de ne me donner rien?

PSYCHÉ.

Seigneur, redoutez la colère
De ces Dieux contre qui vous osez éclater.

LE ROI.

Après ce coup que peuvent-ils me faire?
Ils m'ont mis en état de ne rien redouter.

PSYCHÉ.

Ah! Seigneur, je tremble des crimes
Que je vous fais commettre, et je dois me haïr[1]....

LE ROI.

Ah! qu'ils souffrent du moins mes plaintes légitimes:
Ce m'est assez d'effort que de leur obéir;
Ce doit leur être assez que mon cœur t'abandonne
Au barbare respect qu'il faut qu'on ait pour eux,
Sans prétendre gêner[2] la douleur que me donne
L'épouvantable arrêt d'un sort si rigoureux.
Mon juste désespoir ne sauroit se contraindre;
Je veux, je veux garder ma douleur à jamais,
Je veux sentir toujours la perte que je fais,
De la rigueur du Ciel je veux toujours me plaindre,
Je veux jusqu'au trépas incessamment pleurer
Ce que tout l'univers ne peut me réparer.

PSYCHÉ.

Ah! de grâce, Seigneur, épargnez ma foiblesse:
J'ai besoin de constance en l'état où je suis;
Ne fortifiez point l'excès de mes ennuis
　　Des larmes de votre tendresse;
Seuls, ils sont assez forts, et c'est trop pour mon cœur
　　De mon destin et de votre douleur.

---

1. Il n'y a qu'un point après *haïr* dans l'édition de 1734.
2. Tenir en contrainte, empêcher: comparez l'emploi qui est fait du même mot aux vers 454, 776 et 1700.

PSYCHE.

LE ROI.

Oui, je dois t'épargner mon deuil inconsolable.
Voici l'instant fatal de m'arracher de toi :
Mais comment prononcer ce mot épouvantable ?
Il le faut toutefois, le Ciel m'en fait la loi ;
  Une rigueur inévitable   730
M'oblige à te laisser en ce funeste lieu.
  Adieu : je vais.... Adieu.

Ce qui suit, jusqu'à la fin de la pièce, est de M. C.[1]*, à la réserve de la première scène du troisième acte, qui est de la même main que ce qui a précédé*[2].

SCÈNE II[3].

PSYCHÉ, AGLAURE, CIDIPPE.

PSYCHÉ.

Suivez le Roi, mes sœurs : vous essuierez ses larmes,
  Vous adoucirez ses douleurs ;
  Et vous l'accableriez d'alarmes   735
Si vous vous exposiez encore à mes malheurs.
  Conservez-lui ce qui lui reste :
Le serpent que j'attends peut vous être funeste,
  Vous envelopper dans mon sort,
Et me porter en vous une seconde mort.   740
  Le Ciel m'a seule condamnée
  A son haleine empoisonnée ;
  Rien ne sauroit me secourir,
Et je n'ai pas besoin d'exemple pour mourir.

AGLAURE.

Ne nous enviez pas ce cruel avantage   745

---

1. Est de M. de Corneille l'aîné. (1682.)
2. Voyez ci-dessus, p. 268. Cette indication n'est pas dans l'édition de 1734.
3. Nous avons averti que nous distinguions par l'impression en plus petit texte les actes et parties d'actes dont les vers sont de Corneille.

De confondre nos pleurs avec vos déplaisirs,
De mêler nos soupirs à vos derniers soupirs :
D'une tendre amitié souffrez ce dernier gage.
                PSYCHÉ.
        C'est vous perdre inutilement.
                CIDIPPE.
C'est en votre faveur espérer un miracle,   750
Ou vous accompagner jusques au monument¹.
                PSYCHÉ.
Que peut-on se promettre après un tel oracle?
                AGLAURE.
Un oracle jamais n'est sans obscurité :
On l'entend d'autant moins que mieux on croit l'entendre²,
Et peut-être, après tout, n'en devez-vous attendre   755
        Que gloire et que félicité.
Laissez-nous voir, ma sœur, par une digne issue,
Cette frayeur mortelle heureusement déçue,
        Ou mourir du moins avec vous,
Si le Ciel à nos vœux ne se montre plus doux.   760
                PSYCHÉ.
Ma sœur, écoutez mieux la voix de la nature
        Qui vous appelle auprès du Roi.
    Vous m'aimez trop, le devoir en murmure ;
    Vous en savez l'indispensable loi :
Un père vous doit être encor plus cher que moi.   765
Rendez-vous toutes deux l'appui de sa vieillesse :
Vous lui devez chacune³ un gendre et des neveux ;
Mille rois à l'envi vous gardent leur tendresse,
Mille rois à l'envi vous offriront leurs vœux.

1. Molière a aussi employé cette expression de *monument* pour « tombeau » (qui revient encore un peu plus loin, au vers 788) : voyez, tome III, p. 53, au vers 258 des *Fâcheux* et à la note 1.

2. Corneille reprenait à peu près ici deux vers (851 et 852) de sa tragédie d'*Horace*, qui est de 1640 :

    Un oracle jamais ne se laisse comprendre :
    On l'entend d'autant moins que plus on croit l'entendre.

3. *Chacun*, dans les éditions de 1697, 1710, 18, 33. — Pour des emplois du neutre analogues à celui que donne cette variante, voyez ci-dessus, au vers 172 (p. 280 et note 2), et au vers 482 (p. 293, note 1).

L'oracle me veut seule, et seule aussi je veux 770
Mourir, si je puis, sans foiblesse,
Ou ne vous avoir pas pour témoins toutes deux
De ce que, malgré moi, la nature m'en laisse.
AGLAURE.
Partager vos malheurs, c'est vous importuner?
CIDIPPE.
J'ose dire un peu plus, ma sœur, c'est vous déplaire? 775
PSYCHÉ.
Non, mais enfin c'est me gêner[1],
Et peut-être du Ciel redoubler la colère.
AGLAURE.
Vous le voulez, et nous partons.
Daigne ce même Ciel, plus juste et moins sévère,
Vous envoyer le sort que nous vous souhaitons, 780
Et que notre amitié sincère,
En dépit de l'oracle et malgré vous, espère.
PSYCHÉ.
Adieu. C'est un espoir, ma sœur, et des souhaits
Qu'aucun des Dieux ne remplira jamais.

SCÈNE III.

PSYCHÉ, seule.

Enfin, seule et toute à moi-même, 785
Je puis envisager cet affreux changement
Qui du haut d'une gloire extrême
Me précipite au monument[2].
Cette gloire étoit sans seconde,
L'éclat s'en répandoit jusqu'aux deux bouts du monde; 790
Tout ce qu'il a de rois sembloient faits pour m'aimer;
Tous leurs sujets me prenant pour déesse,
Commençoient à m'accoutumer
Aux encens qu'ils m'offroient sans cesse;

---

1. Me faire souffrir un trop cruel supplice : comparez, pour ce mot, ci-dessus, les vers 454 et 712 de Molière, et, plus loin, le vers 1700, de Corneille.
2. Voyez plus haut, au vers 751.

ACTE II, SCÈNE III.

Leurs soupirs me suivoient sans qu'il m'en coutât rien; 795
Mon âme restoit libre en captivant tant d'âmes,
    Et j'étois, parmi tant de flammes,
Reine de tous les cœurs, et maîtresse du mien.
    Ô Ciel! m'auriez-vous fait un crime
    De cette insensibilité? 800
Déployez-vous sur moi tant de sévérité,
Pour n'avoir à leurs vœux rendu que de l'estime?
    Si vous m'imposiez cette loi
Qu'il fallût faire un choix pour ne pas vous déplaire[1],
    Puisque je ne pouvois le faire, 805
    Que ne le faisiez-vous pour moi?
Que ne m'inspiriez-vous ce qu'inspire à tant d'autres
Le mérite, l'amour, et..., Mais que vois-je ici?

SCÈNE IV.

CLÉOMÈNE, AGÉNOR, PSYCHÉ.

CLÉOMÈNE.

Deux amis, deux rivaux, dont l'unique souci
Est d'exposer leurs jours pour conserver les vôtres. 810

PSYCHÉ.

Puis-je vous écouter, quand j'ai chassé deux sœurs?
Princes, contre le Ciel pensez-vous me défendre?
Vous livrer au serpent qu'ici je dois attendre,
Ce n'est qu'un désespoir qui sied mal aux grands cœurs;
    Et mourir alors que je meurs, 815
    C'est accabler une âme tendre
    Qui n'a que trop de ses douleurs.

AGÉNOR.

    Un serpent n'est pas invincible:
Cadmus, qui n'aimoit rien, défit celui de Mars.
Nous aimons, et l'Amour sait rendre tout possible 820
    Au cœur qui suit ses étendards,

---

1. Pour ne vous pas déplaire. (1682.)

A la main dont lui-même il conduit tous les dards.
PSYCHÉ.
Voulez-vous qu'il vous serve en faveur d'une ingrate
  Que tous ses traits n'ont pu toucher?
Qu'il dompte sa vengeance au moment qu'elle éclate, 825
  Et vous aide à m'en arracher?
  Quand même vous m'auriez servie,
  Quand vous m'auriez rendu la vie,
Quel fruit espérez-vous de qui ne peut aimer?
CLÉOMÈNE.
Ce n'est point par l'espoir d'un si charmant salaire 830
  Que nous nous sentons animer;
  Nous ne cherchons qu'à satisfaire
Aux devoirs d'un amour qui n'ose présumer
  Que jamais, quoi qu'il puisse faire,
  Il soit capable de vous plaire, 835
  Et digne de vous enflammer.
Vivez, belle princesse, et vivez pour un autre :
  Nous le verrons d'un œil jaloux;
  Nous en mourrons, mais d'un trépas plus doux
  Que s'il nous falloit voir le vôtre; 840
Et si nous ne mourons en vous sauvant le jour,
Quelque amour qu'à nos yeux vous préfériez au nôtre,
Nous voulons bien mourir de douleur et d'amour.
PSYCHÉ.
Vivez, Princes, vivez, et de ma destinée
Ne songez plus à rompre ou partager la loi : 845
Je crois vous l'avoir dit, le Ciel ne veut que moi,
  Le Ciel m'a seule condamnée.
Je pense ouïr déjà les mortels sifflements
  De son ministre qui s'approche;
Ma frayeur me le peint, me l'offre à tous moments; 850
Et, maîtresse qu'elle est de tous mes sentiments,
Elle me le figure au haut de cette roche.
J'en tombe de foiblesse, et mon cœur abattu
Ne soutient plus qu'à peine un reste de vertu.
Adieu, Princes, fuyez, qu'il ne vous empoisonne. 855
AGÉNOR.
Rien ne s'offre à nos yeux encor qui les étonne,

ACTE II, SCÈNE IV.

Et quand vous vous peignez un si proche trépas,
   Si la force vous abandonne,
   Nous avons des cœurs et des bras
   Que l'espoir n'abandonne pas.   860
Peut-être qu'un rival a dicté cet oracle,
Que l'or a fait parler celui qui l'a rendu :
   Ce ne seroit pas un miracle
Que pour un dieu muet un homme eût répondu,
Et dans tous les climats on n'a que trop d'exemples   865
Qu'il est ainsi qu'ailleurs des méchants dans les temples[1].

CLÉOMÈNE.

Laissez-nous opposer au lâche ravisseur,
A qui le sacrilége indignement vous livre,
Un amour qu'a le Ciel choisi pour défenseur
De la seule beauté pour qui nous voulons vivre.   870
Si nous n'osons prétendre à sa possession,
Du moins en son péril permettez-nous de suivre
L'ardeur et les devoirs de notre passion.

PSYCHÉ.

   Portez-les à d'autres moi-mêmes,
   Princes, portez-les à mes sœurs,   875
   Ces devoirs, ces ardeurs extrêmes
   Dont pour moi sont remplis vos cœurs.
   Vivez pour elles quand je meurs ;
Plaignez de mon destin les funestes rigueurs,
Sans leur donner en vous de nouvelles matières[2] :   880
   Ce sont mes volontés dernières,
   Et l'on a reçu de tout temps
Pour souveraines lois les ordres des mourants.

CLÉOMÈNE.

Princesse....

PSYCHÉ.

         Encore un coup, Princes, vivez pour elles :
Tant que vous m'aimerez, vous devez m'obéir ;   885
Ne me réduisez pas à vouloir vous haïr,

1. Comme l'a noté Auger, Corneille a emprunté ces deux derniers vers à son Œdipe (1659, acte III, scène v, avant-dernier couplet de Thésée) ; il a seulement ici préféré « dans tous les climats » à « par tous les climats ».
2. Sans ajouter encore à ces rigueurs, en vous sacrifiant.

PSYCHE.

Et vous regarder en rebelles,
A force de m'être fidèles.
Allez, laissez-moi seule expirer en ce lieu,
Où je n'ai plus de voix que pour vous dire adieu. 890
Mais je sens qu'on m'enlève, et l'air m'ouvre une route
D'où vous n'entendrez plus cette mourante voix.
Adieu, Princes, adieu pour la dernière fois :
Voyez si de mon sort vous pouvez être en doute.

Elle est enlevée en l'air par deux Zéphires[1].

AGÉNOR.

Nous la perdons de vue. Allons tous deux chercher 895
Sur le faîte de ce rocher,
Prince, les moyens de la suivre.

CLÉOMÈNE.

Allons-y chercher ceux de ne lui point survivre.

SCÈNE V.

L'AMOUR, en l'air.

Allez mourir, rivaux d'un dieu jaloux,
Dont vous méritez le courroux, 900
Pour avoir eu le cœur sensible aux mêmes charmes.
Et toi, forge, Vulcain, mille brillants attraits,
Pour orner un palais
Où l'Amour de Psyché veut essuyer les larmes,
Et lui rendre les armes[2]. 905

1. Ici, ce nom, dans tous nos textes, sauf 1718 et 1734, est écrit avec un *e* à la fin, comme celui du génie confident de l'Amour qui figure dans la liste des Acteurs. Ailleurs, au troisième intermède (p. 326 et 327), il est sans *e*, sauf dans les éditions de 1730 et de 1733. Les deux orthographes sont confirmées par leur emploi en vers : voyez vers 960, 987, 1134, 1176, 1214, etc. L'Académie, dans sa dernière édition (1878), ne distingue plus, comme elle faisait dans toutes ses précédentes, entre *Zéphyr* et *Zéphire*, et elle laisse, dans les deux sens, le choix entre les deux formes.

2. L'Amour qui tient ce langage semble ne plus être l'enfant du Prologue; c'est plutôt celui qui va se montrer à Psyché et dont Zéphire admirera le changement. Quelques attributs, qu'il déposait à l'acte suivant pour n'être point connu de son amante, pouvaient suffire à le désigner aux spectateurs. Ce-

SECOND INTERMÈDE.

La scène se change en une cour magnifique, ornée de colonnes de lapis enrichies de figures d'or, qui forment un palais pompeux et brillant, que l'Amour destine pour Psyché[1]. Six Cyclopes, avec quatre Fées, y font une entrée de ballet, où ils achèvent, en cadence, quatre gros vases d'argent que les Fées leur ont apportés. Cette entrée est entrecoupée par ce récit de Vulcain[2], qu'il fait à deux reprises :

> Dépêchez, préparez ces lieux
> Pour le plus aimable des Dieux ;
> Que chacun pour lui s'intéresse,
> N'oubliez rien des soins qu'il faut :
> Quand l'Amour presse,   910
> On n'a jamais fait assez tôt.
>
> L'Amour ne veut point qu'on diffère,
> Travaillez, hâtez-vous,
> Frappez, redoublez vos coups ;
> Que l'ardeur de lui plaire   915

pendant M. Moland est d'un autre avis, et peut-être, en effet, la manière dont Zéphire, à la fin de son premier couplet (vers 932 et suivants), va parler d'une si complète métamorphose indique-t-elle que, à la fin de ce second acte, elle n'était pas encore accomplie et marquée par la substitution d'un acteur à l'autre (voyez ci-dessus, p. 278, note 1).

1. Dans l'édition de 1734, les deux phrases de prose que précèdent les mots « pour Psyché » sont omises ici, et remplacées comme l'on va voir dans la suite, qui est ainsi disposée :

VULCAINS, CYCLOPES, FÉES.

VULCAIN.

Dépêchez, etc.

ENTRÉE DE BALLET.

(Les Cyclopes achèvent, en cadence, de grands vases d'or que des Fées leur apportent.

VULCAIN.

Servez, etc.

2. Les deux couplets du récit de Vulcain ne sont pas dans le livret de 1671, mais bien dans le *Ballet des ballets* : voyez ci-après, les *Appendices à Psyché* et à *la Comtesse d'Escarbagnas*.

Fasse vos soins les plus doux.
SECOND COUPLET.
Servez bien un dieu si charmant :
Il se plaît dans l'empressement.
Que chacun pour lui s'intéresse,
N'oubliez rien des soins qu'il faut :
Quand l'Amour presse,
On n'a jamais fait assez tôt.

L'Amour ne veut point qu'on diffère,
Travaillez, etc.[1]

II. ENTRÉE DE BALLET.
(*Les Cyclopes et les Fées placent en cadence les vases d'or qui doivent être de nouveaux ornements du palais de l'Amour.*)

Fin du second intermède. (1734.)

ACTE III.

SCÈNE PREMIÈRE.
L'AMOUR, ZÉPHIRE.

ZÉPHIRE.

Oui, je me suis galamment acquitté 925
De la commission que vous m'avez donnée,
Et du haut du rocher je l'ai, cette beauté,
Par le milieu des airs doucement amenée
    Dans ce beau palais enchanté,
    Où vous pouvez en liberté 930
    Disposer de sa destinée.
Mais vous me surprenez par ce grand changement
    Qu'en votre personne vous faites :
Cette taille, ces traits, et cet ajustement
    Cachent tout à fait qui vous êtes, 935
Et je donne aux plus fins à pouvoir en ce jour
    Vous reconnoître pour l'Amour[1].

L'AMOUR.

Aussi, ne veux-je pas qu'on puisse me connoître :
Je ne veux à Psyché découvrir que mon cœur[2],
Rien que les beaux transports de cette vive ardeur 940
    Que ses doux charmes y font naître ;
Et pour en exprimer l'amoureuse langueur,
    Et cacher ce que je puis être

---

1. Voyez ci-dessus, p. 278, note 1, et p. 312, note 2.
2. Que découvrir mon cœur. (1673, 74, 82.)

Aux yeux qui m'imposent des lois,
J'ai pris la forme que tu vois. 945
ZÉPHIRE.
En tout vous êtes un grand maître :
C'est ici que je le connois.
Sous des déguisements de diverse nature
On a vu les Dieux amoureux
Chercher à soulager cette douce blessure 950
Que reçoivent les cœurs de vos traits pleins de feux ;
Mais en bon sens vous l'emportez sur eux ;
Et voilà la bonne figure
Pour avoir un succès heureux
Près de l'aimable sexe où l'on porte ses vœux. 955
Oui, de ces formes-là l'assistance est bien forte ;
Et sans parler ni de rang, ni d'esprit,
Qui peut trouver moyen d'être fait de la sorte
Ne soupire guère à crédit.
L'AMOUR.
J'ai résolu, mon cher Zéphire, 960
De demeurer ainsi toujours,
Et l'on ne peut le trouver à redire
A l'aîné de tous les Amours.
Il est temps de sortir de cette longue enfance
Qui fatigue ma patience, 965
Il est temps désormais que je devienne grand.
ZÉPHIRE.
Fort bien, vous ne pouvez mieux faire,
Et vous entrez dans un mystère
Qui ne demande rien d'enfant.
L'AMOUR.
Ce changement sans doute irritera ma mère. 970
ZÉPHIRE.
Je prévois là-dessus quelque peu de colère.
Bien que les disputes des ans

ACTE III, SCÈNE I.

Ne doivent point régner parmi des Immortelles[1],
Votre mère Vénus est de l'humeur des belles,
    Qui n'aiment point de grands enfants[2].   975
    Mais où je la trouve outragée,
C'est dans le procédé que l'on vous voit tenir;
    Et c'est l'avoir étrangement vengée,
Que d'aimer la beauté qu'elle vouloit punir.
Cette haine où ses vœux prétendent que réponde   980
La puissance d'un fils que redoutent les Dieux....

        L'AMOUR.

Laissons cela, Zéphire, et me dis si tes yeux
Ne trouvent pas Psyché la plus belle du monde?
Est-il rien sur la terre, est-il rien dans les Cieux
    Qui puisse lui ravir le titre glorieux   985
        De beauté sans seconde?
    Mais je la vois, mon cher Zéphire,
Qui demeure surprise à l'éclat de ces lieux.

        ZÉPHIRE.

Vous pouvez vous montrer pour finir son martyre,
    Lui découvrir son destin glorieux,   990
Et vous dire entre vous tout ce que peuvent dire
    Les soupirs, la bouche et les yeux.
En confident discret je sais ce qu'il faut faire
Pour ne pas interrompre un amoureux mystère[3].

---

1. Parmi les Immortelles. (1675 A, 84 A, 94 B, 1730, 33, 34.)
2. Le germe de cette idée plaisante est dans Apulée, qui fait dire à Vénus elle-même, au livre VI : *Felix vero ego quæ in ipso ætatis meæ flore vocabor avia.* « Ne serai-je pas fort heureuse de m'entendre appeler grand'mère à la fleur de mon âge ? » (*Note d'Auger.*)
3. Cette scène, la dernière de celles que Molière a écrites [a], redescend au ton familier qui lui est propre, et au-dessus duquel Corneille s'élève naturellement. Zéphire parle à l'Amour du ton dont un valet, bel esprit et familier, parlerait à un jeune maître qui aurait pris un déguisement pour aller en bonne fortune. — La scène de Molière finit par la rime de *mystère*, et la scène sui-

[a] Et qu'il écrivit parce qu'il se proposait de la jouer lui-même : voyez ci-dessus à la *Notice*, p. 251 et 258.

SCÈNE II.

PSYCHÉ[1].

Où suis-je? et dans un lieu que je croyois barbare 995
Quelle savante main a bâti ce palais,
　　Que l'art, que la nature pare
　　De l'assemblage le plus rare
　　Que l'œil puisse admirer jamais?
　　Tout rit, tout brille, tout éclate, 1000
　Dans ces jardins, dans ces appartements,
　　Dont les pompeux ameublements
　　N'ont rien qui n'enchante et ne flatte;
Et de quelque côté que tournent mes frayeurs,
Je ne vois sous mes pas que de l'or, ou des fleurs. 1005

Le Ciel auroit-il fait cet amas de merveilles
　　Pour la demeure d'un serpent?
Et lorsque par leur vue il amuse et suspend
De mon destin jaloux les rigueurs sans pareilles,
　　Veut-il montrer qu'il s'en repent? 1010
Non, non ; c'est de sa haine, en cruautés féconde,
　　Le plus noir, le plus rude trait,
Qui, par une rigueur nouvelle et sans seconde,
　　N'étale ce choix qu'elle a fait
　　De ce qu'a de plus beau le monde, 1015
Qu'afin que je le quitte avec plus de regret.

　　Que mon espoir est ridicule[2],
　S'il croit par là soulager mes douleurs!

---

vante, qui est de Corneille, commence par celle de *barbare*. Dans le dernier couplet de l'Amour, on voit de même, à côté l'une de l'autre, deux rimes féminines différentes. Ce sont de pures inadvertances. Dans tout le reste, l'enchaînement, le mélange des rimes est régulier. Molière ne s'était pas astreint à la même exactitude dans *Amphitryon*, écrit également en vers libres, et représenté deux (*lisez :* trois) ans,.... avant *Psyché*. (*Note d'Auger.*)

1. PSYCHÉ, *seule*. (1673, 74, 82, 1734.)

2. L'espoir exprimé dans les premiers vers (1006-1010) de la strophe précédente.

ACTE III, SCÈNE II.

Tout autant de moments que ma mort se recule
    Sont autant de nouveaux malheurs :
Plus elle tarde¹, et plus de fois je meurs.

Ne me fais plus languir, viens prendre ta victime,
    Monstre qui dois me déchirer.
Veux-tu que je te cherche, et faut-il que j'anime
    Tes fureurs à me dévorer?
Si le Ciel veut ma mort, si ma vie est un crime,
De ce peu qui m'en reste ose enfin t'emparer :
    Je suis lasse de murmurer
    Contre un châtiment légitime ;
    Je suis lasse de soupirer :
    Viens, que j'achève d'expirer.

SCÈNE III.

L'AMOUR, PSYCHÉ, ZÉPHIRE².

L'AMOUR.

Le voilà ce serpent, ce monstre impitoyable,
Qu'un oracle étonnant pour vous a préparé,
Et qui n'est pas peut-être à tel point effroyable
    Que vous vous l'êtes figuré³.

PSYCHÉ.

Vous, Seigneur, vous seriez ce monstre dont l'oracle
    A menacé mes tristes jours,
Vous qui semblez plutôt un dieu qui, par miracle,
    Daigne venir lui-même à mon secours!

---

1. Puis elle tarde. (1674 ; faute évidente.)
2. Zéphire ne paraît que vers la fin de la scène, à l'appel de l'Amour.
3. Tout le monde sait que, dans le conte d'Apulée, l'Amour est invisible pour Psyché, et que c'est dans l'ombre de la nuit seulement qu'il approche d'elle. Molière n'a pas cru apparemment que ces scènes nocturnes et non éclairées pussent être agréables au théâtre. Il a mieux aimé que l'Amour et Psyché, visibles l'un pour l'autre, fussent aussi vus sans peine par le spectateur ; et au voile de la nuit dont l'Amour s'enveloppe dans le conte il a substitué le voile d'une espèce de déguisement : le Dieu, sans ailes, sans arc et sans flambeau, se montre à son amante sous la figure d'un jeune et beau mortel. (*Note d'Auger.*)

L'AMOUR.

Quel besoin de secours au milieu d'un empire 1040
  Où tout ce qui respire
N'attend que vos regards pour en prendre la loi,
Où vous n'avez à craindre autre monstre que moi?

PSYCHÉ.

Qu'un monstre tel que vous inspire peu de crainte!
  Et que s'il a quelque poison, 1045
  Une âme auroit peu de raison
  De hasarder la moindre plainte
  Contre une favorable atteinte
  Dont tout le cœur craindroit la guérison!
A peine je vous vois, que mes frayeurs cessées[1] 1050
Laissent évanouir l'image du trépas,
Et que je sens couler dans mes veines glacées
Un je ne sais quel feu que je ne connois pas.
J'ai senti de l'estime et de la complaisance,
  De l'amitié, de la reconnoissance; 1055
De la compassion les chagrins innocents
  M'en ont fait sentir la puissance;
Mais je n'ai point encor senti ce que je sens.
Je ne sais ce que c'est, mais je sais qu'il me charme[2],
  Que je n'en conçois point d'alarme; 1060
Plus j'ai les yeux sur vous, plus je m'en sens charmer :
Tout ce que j'ai senti n'agissoit point de même,
  Et je dirois que je vous aime,
Seigneur, si je savois ce que c'est que d'aimer.
Ne les détournez point, ces yeux qui m'empoisonnent,
Ces yeux tendres, ces yeux perçants, mais amoureux,
Qui semblent partager le trouble qu'ils me donnent.
  Hélas! plus ils sont dangereux,
 Plus je me plais à m'attacher sur eux.
Par quel ordre du Ciel, que je ne puis comprendre, 1070
  Vous dis-je plus que je ne doi,
Moi de qui la pudeur devroit du moins attendre
Que vous m'expliquassiez le trouble où je vous voi?

---

1. Voyez, dans le *Dictionnaire de Littré*, la *Remarque* 1 à CESSER, et CESSÉ, *participe passé*.
2. Que cela me charme.

Vous soupirez, Seigneur, ainsi que je soupire ;
Vos sens comme les miens paroissent interdits ; 1075
C'est à moi de m'en taire, à vous de me le dire,
  Et cependant c'est moi qui vous le dis.

L'AMOUR.

Vous avez eu, Psyché, l'âme toujours si dure,
  Qu'il ne faut pas vous étonner
  Si, pour en réparer l'injure, 1080
L'Amour, en ce moment, se paye avec usure
  De ceux qu'elle a dû lui donner[1].
Ce moment est venu qu'il faut que votre bouche
Exhale des soupirs si longtemps retenus,
Et qu'en vous arrachant à cette humeur farouche, 1085
Un amas de transports aussi doux qu'inconnus
Aussi sensiblement tout à la fois vous touche,
Qu'ils ont dû vous toucher durant tant de beaux jours
Dont cette âme insensible a profané le cours.

PSYCHÉ.

  N'aimer point, c'est donc un grand crime[2] ! 1090

L'AMOUR.

  En souffrez-vous un rude châtiment ?

PSYCHÉ.

  C'est punir assez doucement.

L'AMOUR.

  C'est lui choisir sa peine légitime,
Et se faire justice en ce glorieux jour
D'un manquement d'amour par un excès d'amour. 1095

PSYCHÉ.

  Que n'ai-je été plus tôt punie !
  J'y mets le bonheur de ma vie ;
Je devrois en rougir, ou le dire plus bas,
  Mais le supplice a trop d'appas ;
Permettez que tout haut je le die et redie : 1100

---

1. Tel est bien le texte de toutes nos éditions. Le sens est : « L'Amour, en ce *moment*, se paye de tous les *moments* que votre âme devait, qu'elle aurait dû lui donner. » Un peu plus loin, au vers 1088, *ont dû* a la même valeur temporelle qu'ici *a dû*.

2. Les éditions de 1674, 82, 1734 remplacent le point d'exclamation du texte original par un point d'interrogation.

Je le dirois cent fois, et n'en rougirois pas.
Ce n'est point moi qui parle, et de votre présence
L'empire surprenant, l'aimable violence,
Dès que je veux parler, s'empare de ma voix.
C'est en vain qu'en secret ma pudeur s'en offense, 1105
Que le sexe et la bienséance
Osent me faire d'autres lois;
Vos yeux de ma réponse eux-mêmes font le choix,
Et ma bouche asservie à leur toute-puissance
Ne me consulte plus sur ce que je me dois. 1110

L'AMOUR.

Croyez, belle Psyché, croyez ce qu'ils vous disent,
Ces yeux qui ne sont point jaloux[1];
Qu'à l'envi les vôtres m'instruisent
De tout ce qui se passe en vous.
Croyez-en ce cœur qui soupire, 1115
Et qui, tant que le vôtre y voudra repartir,
Vous dira bien plus, d'un soupir,
Que cent regards ne peuvent dire :
C'est le langage le plus doux,
C'est le plus fort, c'est le plus sûr de tous. 1120

PSYCHÉ.

L'intelligence en étoit due
A nos cœurs, pour les rendre également contents :
J'ai soupiré, vous m'avez entendue ;
Vous soupirez, je vous entends.
Mais ne me laissez plus en doute, 1125
Seigneur, et dites-moi si par la même route,
Après moi, le Zéphire ici vous a rendu,
Pour me dire ce que j'écoute.
Quand j'y suis arrivée, étiez-vous attendu?

---

1. *Jaloux :* que Psyché pourrait appeler tels si, lui enviant son bonheur en quelque sorte, ils refusaient de l'instruire ? Ses yeux ne sont point jaloux, ils ne lui dérobent, ils ne lui cachent rien. Mais *jaloux* peut avoir un autre sens, plus simple peut-être ; le membre de phrase « qui ne sont point jaloux », peut, au lieu de se rattacher, comme il semble, à ce qui précède, être lié logiquement à ce qui suit, et peut-être la pensée est-elle : « et, au reste, ces yeux ne sont point jaloux de la puissance des vôtres, ils veulent laisser aux vôtres leur liberté : que les vôtres m'instruisent.... »

Et quand vous lui parlez, êtes-vous entendu? 1130
L'AMOUR.
J'ai dans ce doux climat un souverain empire,
　　Comme vous l'avez sur mon cœur;
L'Amour m'est favorable, et c'est en sa faveur
Qu'à mes ordres Æole a soumis le Zéphire.
C'est l'Amour qui, pour voir mes feux récompensés, 1135
　　Lui-même a dicté cet oracle
　　Par qui vos beaux jours menacés
D'une foule d'amants se sont débarrassés,
Et qui m'a délivré de l'éternel obstacle
　　De tant de soupirs empressés, 1140
Qui ne méritoient pas de vous être adressés.
Ne me demandez point quelle est cette province,
　　Ni le nom de son prince :
　　Vous le saurez quand il en sera temps.
Je veux vous acquérir, mais c'est par mes services[1], 1145
Par des soins assidus, et par des vœux constants,
　　Par les amoureux sacrifices
　　　De tout ce que je suis,
　　　De tout ce que je puis,
Sans que l'éclat du rang pour moi vous sollicite, 1150
Sans que de mon pouvoir je me fasse un mérite;
Et, bien que souverain dans cet heureux séjour,
Je ne vous veux, Psyché, devoir qu'à mon amour.
Venez en admirer avec moi les merveilles,
Princesse, et préparez vos yeux et vos oreilles 1155
　　A ce qu'il a d'enchantements.
　　Vous y verrez des bois et des prairies
　　　Contester sur leurs agréments
　　　Avec l'or et les pierreries;
Vous n'entendrez que des concerts charmants; 1160
De cent beautés vous y serez servie,
Qui vous adoreront sans vous porter envie,
　　Et brigueront à tous moments
　　D'une âme soumise et ravie
　　L'honneur de vos commandements. 1165

---

1. Sur ce mot, voyez tome VII, p. 435, note 1.

PSYCHÉ.
Mes volontés suivent les vôtres :
Je n'en saurois plus avoir d'autres ;
Mais votre oracle enfin vient de me séparer
De deux sœurs et du Roi mon père,
Que mon trépas imaginaire 1170
Réduit tous trois à me pleurer.
Pour dissiper l'erreur dont leur âme accablée
De mortels déplaisirs se voit pour moi comblée,
Souffrez que mes sœurs soient témoins
Et de ma gloire et de vos soins ; 1175
Prêtez-leur comme à moi les ailes du Zéphire,
Qui leur puissent de votre empire
Ainsi qu'à moi faciliter l'accès ;
Faites-leur voir en quels lieux je respire,
Faites-leur de ma perte admirer le succès[1]. 1180

L'AMOUR.
Vous ne me donnez pas, Psyché, toute votre âme :
Ce tendre souvenir d'un père et de deux sœurs
Me vole une part des douceurs
Que je veux toutes pour ma flamme.
N'ayez d'yeux que pour moi, qui n'en ai que pour vous,
Ne songez qu'à m'aimer, ne songez qu'à me plaire,
Et quand de tels soucis osent vous en distraire....

PSYCHÉ.
Des tendresses du sang peut-on être jaloux ?

L'AMOUR.
Je le suis, ma Psyché, de toute la nature :
Les rayons du soleil vous baisent trop souvent ; 1190
Vos cheveux souffrent trop les caresses du vent :
Dès qu'il les flatte, j'en murmure ;
L'air même que vous respirez
Avec trop de plaisir passe par votre bouche ;
Votre habit de trop près vous touche ; 1195
Et sitôt que vous soupirez,
Je ne sais quoi qui m'effarouche

---

1. *Le succès de ma perte*, l'issue qu'a eue, comment a tourné ce qui devait causer ma perte, être ma perte : nous avons déjà mainte fois, pour le texte de Molière, relevé ce sens du mot *succès*.

ACTE III, SCÈNE III.

Craint parmi vos soupirs des soupirs égarés[1].
Mais vous voulez vos sœurs. Allez, partez, Zéphire :
    Psyché le veut, je ne l'en puis dédire. 1200
            Le Zéphire s'envole.
Quand[2] vous leur ferez voir ce bienheureux séjour,
    De ses trésors faites-leur cent largesses,
    Prodiguez-leur caresses sur caresses,
Et du sang, s'il se peut, épuisez les tendresses,
    Pour vous rendre toute à l'amour. 1205
Je n'y mêlerai point d'importune présence ;
Mais ne leur faites pas de si longs entretiens :
Vous ne sauriez pour eux avoir de complaisance
    Que vous ne dérobiez aux miens.

            PSYCHÉ.

    Votre amour me fait une grâce 1210
    Dont je n'abuserai jamais.

            L'AMOUR.

Allons voir cependant ces jardins, ce palais,
Où vous ne verrez rien que votre éclat n'efface.
Et vous, petits Amours, et vous, jeunes Zéphyrs,
Qui pour âmes n'avez que de tendres soupirs, 1215
Montrez tous à l'envi ce qu'à voir ma princesse
    Vous avez senti d'allégresse.

---

1. Aimé-Martin cite ici un passage de la tragédie de *Pyrame et Thisbé* de Théophile (1617, acte IV, scène 1), dont Corneille paraît s'être souvenu :

  Mais laisse à tant d'amour un peu de jalousie.
  . . . .
  Mais je me sens jaloux de tout ce qui te touche :
  De l'air qui si souvent entre et sort par ta bouche ;
  Je crois qu'à ton sujet le soleil fait le jour
  Avecque des flambeaux et d'envie et d'amour ;
  Les fleurs que sous tes pas tous les chemins produisent,
  Dans l'honneur qu'elles ont de te plaire, me nuisent....

2.   *Zéphyre s'envole.*
            SCÈNE IV.
        L'AMOUR, PSYCHÉ.
            L'AMOUR.
        Quand. (1734.)

        FIN DU TROISIÈME ACTE.

TROISIÈME INTERMÈDE.

Il se fait une entrée de ballet de quatre Amours et quatre Zéphyrs[1], interrompue deux fois par un dialogue chanté par un Amour et un Zéphyr.

LE ZÉPHYR[2].

Aimable jeunesse,
Suivez la tendresse,
Joignez aux beaux jours   1220
La douceur des amours.
C'est pour vous surprendre
Qu'on vous fait entendre
Qu'il faut éviter leurs soupirs,
Et craindre leurs desirs :   1225
Laissez-vous apprendre
Quels sont leurs plaisirs.
Ils chantent ensemble[3] :
Chacun est obligé d'aimer
A son tour;
Et plus on a de quoi charmer,   1230
Plus on doit à l'Amour.

LE ZÉPHYR, seul.

Un cœur jeune et tendre
Est fait pour se rendre[4],
Il n'a point à prendre
De fâcheux détour.   1235

---

1. Et de quatre Zéphyrs. (1674, 82.)
2.   III. INTERMÈDE.
           L'AMOUR, PSYCHÉ.
Un ZÉPHYR, *chantant*, deux AMOURS, *chantants*, Troupe d'AMOURS
et de ZÉPHYRS *dansants*.
           ENTRÉE DE BALLET.
(*Les Amours et les Zéphyrs, pour obéir à l'Amour, marquent, par leurs
danses, la joie qu'ils ont de voir Psyché.*)
           UN ZÉPHYR. (1734.)
3.   LES DEUX AMOURS ENSEMBLE.
           PREMIER AMOUR. (*Ibidem.*)
4. A ce vers et deux vers plus loin, il s'est glissé dans le texte de 1734 deux variantes impossibles, l'une et l'autre, pour les rimes : « Est obligé de se rendre » et « détours ».

LES DEUX, ensemble[1].
Chacun est obligé d'aimer
    A son tour;
Et plus on a de quoi charmer,
    Plus on doit à l'Amour.
        L'AMOUR, seul[2].
    Pourquoi se défendre ?   1240
    Que sert-il d'attendre ?
    Quand on perd un jour,
    On le perd sans retour.
        LES DEUX, ensemble[3].
Chacun est obligé d'aimer
    A son tour;   1245
Et plus on a de quoi charmer,
    Plus on doit à l'Amour.

        SECOND COUPLET.

        LE ZÉPHYR[4].
    L'Amour a des charmes;
    Rendons-lui les armes :
    Ses soins et ses pleurs   1250
    Ne sont pas sans douceurs.
    Un cœur, pour le suivre,
    A cent maux se livre;
Il faut, pour goûter ses appas,
    Languir jusqu'au trépas;   1255
    Mais ce n'est pas vivre
    Que de n'aimer pas.
        Ils chantent ensemble[5] :
S'il faut des soins et des travaux,
        En aimant,
On est payé de mille maux   1260
    Par un heureux moment.
        LE ZÉPHYR, seul[6].
    On craint, on espère,

---

1. LES DEUX AMOURS ENSEMBLE. (1734.)
2. SECOND AMOUR. (*Ibidem.*)
3. LES DEUX AMOURS ENSEMBLE. (*Ibidem.*)
4.   II. ENTRÉE DE BALLET.
(*Les deux troupes d'Amours et de Zéphyrs recommencent leurs danses.*)
        LE ZÉPHYR. (*Ibidem.*)
5. LES DEUX AMOURS ENSEMBLE. (*Ibidem.*)
6. PREMIER AMOUR. (*Ibidem.*)

Il faut du mystère,
Mais on n'obtient guère
De bien sans tourment. 1265
LES DEUX, ensemble[1].
S'il faut des soins et des travaux,
En aimant,
On est payé de mille maux
Par un heureux moment.
L'AMOUR, seul[2].
Que peut-on mieux faire 1270
Qu'aimer et que plaire?
C'est un soin charmant
Que l'emploi d'un amant.
LES DEUX, ensemble[3].
S'il faut des soins et des travaux,
En aimant, 1275
On est payé de mille maux
Par un heureux moment.

Le théâtre devient un autre palais magnifique, coupé dans le fond par un vestibule, au travers duquel on voit un jardin superbe et charmant, décoré de plusieurs vases d'orangers, et d'arbres chargés de toutes sortes de fruits[4].

1. LES DEUX AMOURS ENSEMBLE. (1734.)
2. SECOND AMOUR. (*Ibidem.*)
3. LES DEUX AMOURS ENSEMBLE. (*Ibidem.*)
4.   Par un heureux moment.
       FIN DU TROISIÈME INTERMÈDE. (*Ibidem.*)
Cette édition porte, comme l'on va voir, la description du décor en tête de l'acte IV.

ACTE IV.[1]

SCÈNE PREMIÈRE.

AGLAURE, CIDIPPE.

AGLAURE.

Je n'en puis plus, ma sœur : j'ai vu trop de merveilles ;
L'avenir aura peine à les bien concevoir ;
Le soleil qui voit tout et qui nous fait tout voir   1280
    N'en a vu jamais[2] de pareilles.
        Elles me chagrinent l'esprit ;
Et ce brillant palais, ce pompeux équipage
        Font un odieux étalage,
Qui m'accable de honte autant que de dépit.   1285
    Que la Fortune indignement nous traite,
        Et que sa largesse indiscrète
Prodigue aveuglément, épuise, unit d'efforts,
        Pour faire de tant de trésors
        Le partage d'une cadette !   1290
            CIDIPPE.
        J'entre dans tous vos sentiments,
J'ai les mêmes chagrins, et dans ces lieux charmants
        Tout ce qui vous déplaît me blesse ;
Tout ce que vous prenez pour un mortel affront

---

1. *Le Théâtre représente un jardin superbe et charmant. On y voit des berceaux de verdure soutenus par des termes d'or, décorés par des vases d'orangers, et par des arbres chargés de toutes sortes de fruits. Le milieu du Théâtre est rempli des fleurs les plus belles et les plus rares. On découvre dans l'enfoncement plusieurs dômes de rocailles, ornés de coquillages, de fontaines et de statues ; et toute cette vue se termine par un magnifique palais.* (1734.)
2. N'en a jamais vu. (1697. 1710, 18, 33.)

Comme vous m'accable, et me laisse 1295
L'amertume dans l'âme, et la rougeur au front.

AGLAURE.

Non, ma sœur, il n'est point de reines
Qui dans leur propre État parlent en souveraines,
Comme Psyché parle en ces lieux.
On l'y voit obéie avec exactitude, 1300
Et de ses volontés une amoureuse étude
Les cherche jusque dans ses yeux.
Mille beautés s'empressent autour d'elle,
Et semblent dire à nos regards jaloux :
« Quels que soient nos attraits, elle est encor plus belle;
Et nous qui la servons le sommes plus que vous. »
Elle prononce, on exécute;
Aucun ne s'en défend, aucun ne s'en rebute;
Flore, qui s'attache à ses pas,
Répand à pleines mains autour de sa personne 1310
Ce qu'elle a de plus doux appas;
Zéphire vole aux ordres qu'elle donne;
Et son amante et lui, s'en laissant trop charmer,
Quittent pour la servir les soins de s'entr'aimer.

CIDIPPE.

Elle a des dieux à son service, 1315
Elle aura bientôt des autels;
Et nous ne commandons qu'à de chétifs mortels,
De qui l'audace et le caprice,
Contre nous à toute heure en secret révoltés,
Opposent[1] à nos volontés 1320
Ou le murmure, ou l'artifice.

AGLAURE.

C'étoit peu que dans notre cour
Tant de cœurs à l'envi nous l'eussent préférée;
Ce n'étoit pas assez que de nuit et de jour
D'une foule d'amants elle y fût adorée : 1325
Quand nous nous consolions de la voir au tombeau
Par l'ordre imprévu d'un oracle,
Elle a voulu de son destin nouveau

---

1. Oppose. (1674; faute évidente.)

Faire en notre présence éclater le miracle,
 Et choisi nos yeux pour témoins   1330
De ce qu'au fond du cœur nous souhaitions le moins.

CIDIPPE.

 Ce qui le plus me désespère,
C'est cet amant parfait et si digne de plaire,
 Qui se captive[1] sous ses lois.
Quand nous pourrions choisir entre tous les monarques,
 En est-il un de tant de rois
 Qui porte de si nobles marques ?
 Se voir du bien par delà ses souhaits
N'est souvent qu'un bonheur qui fait des misérables :
Il n'est ni train pompeux, ni superbes palais   1340
Qui n'ouvrent quelque porte à des maux incurables ;
Mais avoir un amant d'un mérite achevé,
 Et s'en voir chèrement aimée,
 C'est un bonheur si haut, si relevé,
Que sa grandeur ne peut être exprimée.   1345

AGLAURE.

N'en parlons plus, ma sœur, nous en mourrions d'ennui ;
 Songeons plutôt à la vengeance,
Et trouvons le moyen de rompre entre elle et lui
 Cette adorable intelligence.
La voici. J'ai des coups tous[2] prêts à lui porter,   1350
 Qu'elle aura peine d'éviter.

SCÈNE II.

PSYCHÉ, AGLAURE, CIDIPPE.

PSYCHÉ.

Je viens vous dire adieu : mon amant vous renvoie,
 Et ne sauroit plus endurer

---

1. Voyez, sur ce verbe réfléchi, le *Dictionnaire de Littré*.
2. Nous avons vu plus d'une fois, par exemple au tome VII, p. 131 et 241, que Molière, suivant l'usage du temps, fait aussi cet accord. — Tout prêts. (1675 A, 84 A, 94 B, 97, 1710, 18, 30, 33, 34.) Voyez plus loin au vers 1800.

Que vous lui retranchiez un moment de la joie
Qu'il prend de se voir seul à me considérer. 1355
Dans un simple regard, dans la moindre parole,
    Son amour trouve des douceurs,
    Qu'en faveur du sang je lui vole,
    Quand je les partage à des sœurs.

AGLAURE.

    La jalousie est assez fine, 1360
    Et ces délicats sentiments
    Méritent bien qu'on s'imagine
Que celui qui pour vous a ces empressements
    Passe le commun des amants.
Je vous en parle ainsi faute de le connoître. 1365
Vous ignorez son nom, et ceux dont il tient l'être :
    Nos esprits en sont alarmés.
Je le tiens un grand prince, et d'un pouvoir suprême
    Bien au delà du diadème ;
Ses trésors sous vos pas confusément semés 1370
Ont de quoi faire honte à l'abondance même ;
    Vous l'aimez autant qu'il vous aime ;
    Il vous charme, et vous le charmez :
Votre félicité, ma sœur, seroit extrême,
    Si vous saviez qui vous aimez. 1375

PSYCHÉ.

    Que m'importe ? j'en suis aimée ;
    Plus il me voit, plus je lui plais ;
Il n'est point de plaisirs dont l'âme soit charmée
    Qui ne préviennent mes souhaits ;
Et je vois mal de quoi la vôtre est alarmée, 1380
    Quand tout me sert dans ce palais.

AGLAURE.

    Qu'importe qu'ici tout vous serve,
Si toujours cet amant vous cache ce qu'il est ?
Nous ne nous alarmons que pour votre intérêt.
En vain tout vous y rit, en vain tout vous y plaît : 1385
Le véritable amour ne fait point de réserve ;
    Et qui s'obstine à se cacher
Sent quelque chose en soi qu'on lui peut reprocher.
    Si cet amant devient volage,

Car souvent en amour le change est assez doux, 1390
　　Et j'ose le dire entre nous,
Pour grand que soit l'éclat dont brille ce visage,
Il en peut être ailleurs d'aussi belles que vous :
Si, dis-je, un autre objet sous d'autres lois l'engage,
　　Si dans l'état où je vous voi, 1395
　　Seule en ses mains et sans défense,
　　Il va jusqu'à la violence,
　　Sur qui vous vengera le Roi,
Ou de ce changement, ou de cette insolence?

PSYCHÉ.

　　Ma sœur, vous me faites trembler. 1400
Juste Ciel! pourrois-je être assez infortunée....

CIDIPPE.

Que sait-on si déjà les nœuds de l'hyménée....

PSYCHÉ.

N'achevez pas, ce seroit m'accabler.

AGLAURE.

　　Je n'ai plus qu'un mot à vous dire.
Ce prince qui vous aime, et qui commande aux vents,
Qui nous donne pour char les ailes du Zéphire,
Et de nouveaux plaisirs vous comble à tous moments,
Quand il rompt à vos yeux l'ordre de la nature,
Peut-être à tant d'amour mêle un peu d'imposture;
Peut-être ce palais n'est qu'un enchantement, 1410
Et ces lambris dorés, ces amas de richesses
　　Dont il achète vos tendresses,
Dès qu'il sera lassé de souffrir vos caresses,
　　Disparoîtront en un moment.
Vous savez comme nous ce que peuvent les charmes[1].

PSYCHÉ.

Que je sens à mon tour de cruelles alarmes!

AGLAURE.

Notre amitié ne veut que votre bien.

---

1. Les soupçons que les deux sœurs inspirent à Psyché sont ici d'une autre nature que dans Apulée et dans la Fontaine. Cette différence tient à celle de la catastrophe. Dans le conte, l'Amour ne veut pas être vu de Psyché, ce qui donne à la fois les moyens de lui persuader qu'il est un monstre effroyable, et de la déterminer à le tuer. Dans la tragi-comédie, l'Amour n'est pas invi-

PSYCHÉ.

Adieu, mes sœurs, finissons l'entretien :
J'aime et je crains qu'on ne s'impatiente.
 Partez, et demain, si je puis,   1420
  Vous me verrez ou plus contente,
Ou dans l'accablement des plus mortels ennuis.

AGLAURE.

Nous allons dire au Roi quelle nouvelle gloire,
Quel excès de bonheur le Ciel répand sur vous.

CIDIPPE.

Nous allons lui conter d'un changement si doux   1425
 La surprenante et merveilleuse histoire.

PSYCHÉ.

Ne l'inquiétez point, ma sœur, de vos soupçons,
Et quand vous lui peindrez un si charmant empire....

AGLAURE.

Nous savons toutes deux ce qu'il faut taire, ou dire,
Et n'avons pas besoin sur ce point de leçons.   1430

Le Zéphire enlève les deux sœurs de Psyché dans un nuage qui descend jusqu'à terre, et dans lequel il les emporte avec rapidité[1].

SCÈNE III.

L'AMOUR, PSYCHÉ.

L'AMOUR.

Enfin vous êtes seule, et je puis vous redire,
Sans avoir pour témoins vos importunes sœurs,
Ce que des yeux si beaux ont pris sur moi d'empire,
  Et quel excès ont les douceurs
  Qu'une sincère ardeur inspire,   1435

sible, mais seulement inconnu : pour engager Psyché à lui arracher son secret, il n'y avait d'autre moyen que de lui faire concevoir des doutes sur la sincérité de ses sentiments et sur la réalité des prodiges dont il entoure son amante. (*Note d'Auger.*)

1. *Un nuage descend, qui enveloppe les deux sœurs de Psyché; Zéphyre les enlève dans les airs.* (1734.)

ACTE IV, SCÈNE III.

Sitôt qu'elle assemble deux cœurs.
Je puis vous expliquer de mon âme ravie
　　Les amoureux empressements,
　Et vous jurer qu'à vous seule asservie
Elle n'a pour objet de ses ravissements　　　　1440
Que de voir cette ardeur, de même ardeur suivie,
　　Ne concevoir plus d'autre envie
　Que de régler mes vœux sur vos desirs,
Et de ce qui vous plaît faire tous mes plaisirs.
　　　Mais d'où vient qu'un triste nuage　　　1445
　　Semble offusquer l'éclat de ces beaux yeux?
　Vous manque-t-il quelque chose en ces lieux?
Des vœux qu'on vous y rend dédaignez-vous l'hommage?

PSYCHÉ.

Non, Seigneur.

L'AMOUR.

　　　　Qu'est-ce donc, et d'où vient mon malheur?
J'entends moins de soupirs d'amour que de douleur,
Je vois de votre teint les roses amorties
　　Marquer un déplaisir secret;
　　Vos sœurs à peine sont parties
　　Que vous soupirez de regret!
Ah! Psyché, de deux cœurs quand l'ardeur est la même,
　　Ont-ils des soupirs différents?
Et quand on aime bien et qu'on voit ce qu'on aime,
　　Peut-on songer à des parents?

PSYCHÉ.

Ce n'est point là ce qui m'afflige.

L'AMOUR.

　　Est-ce l'absence d'un rival,　　　　　　1460
Et d'un rival aimé, qui fait qu'on me néglige?

PSYCHÉ.

Dans un cœur tout à vous que vous pénétrez mal!
Je vous aime, Seigneur, et mon amour s'irrite
De l'indigne soupçon que vous avez formé :
Vous ne connoissez pas quel est votre mérite,　　1465
　　Si vous craignez de n'être pas aimé.
Je vous aime, et depuis que j'ai vu la lumière,
　　Je me suis montrée assez fière,

Pour dédaigner les vœux de plus d'un roi ;
Et, s'il vous faut ouvrir mon âme toute entière, 1470
Je n'ai trouvé que vous qui fût digne de moi ¹.
  Cependant j'ai quelque tristesse,
  Qu'en vain je voudrois vous cacher;
Un noir chagrin se mêle à toute ma tendresse,
  Dont je ne la puis détacher. 1475
  Ne m'en demandez point la cause :
Peut-être, la sachant, voudrez-vous m'en punir,
Et si j'ose aspirer encore à quelque chose,
Je suis sûre du moins de ne point l'obtenir.

L'AMOUR.

Et ne craignez-vous point qu'à mon tour je m'irrite
Que vous connoissiez mal quel est votre mérite,
  Ou feigniez de ne pas savoir
  Quel est sur moi votre absolu pouvoir ?
Ah ! si vous en doutez, soyez désabusée,
Parlez.

PSYCHÉ.

  J'aurai l'affront de me voir refusée. 1485

L'AMOUR.

Prenez en ma faveur de meilleurs sentiments ;
  L'expérience en est aisée :
Parlez, tout se tient prêt à vos commandements.
  Si, pour m'en croire, il vous faut des serments,
J'en jure vos beaux yeux, ces maîtres de mon âme, 1490
  Ces divins auteurs de ma flamme ;
Et si ce n'est assez d'en jurer vos beaux yeux,
J'en jure par le Styx, comme jurent les Dieux.

PSYCHÉ.

J'ose craindre un peu moins après cette assurance.
Seigneur, je vois ici la pompe et l'abondance ; 1495
  Je vous adore, et vous m'aimez :
Mon cœur en est ravi, mes sens en sont charmés ;
  Mais parmi ce bonheur suprême,
  J'ai le malheur de ne savoir qui j'aime.
  Dissipez cet aveuglement, 1500
Et faites-moi connoître un si parfait amant.

1. Molière a aussi cette construction : voyez tome VI, p. 58, note 6.

ACTE IV, SCÈNE III.

L'AMOUR.
Psyché, que venez-vous de dire?
PSYCHÉ.
Que c'est le bonheur où j'aspire,
Et si vous ne me l'accordez....
L'AMOUR.
Je l'ai juré, je n'en suis plus le maître ;
Mais vous ne savez pas ce que vous demandez.
Laissez-moi mon secret. Si je me fais connoître,
Je vous perds, et vous me perdez.
Le seul remède est de vous en dédire.
PSYCHÉ.
C'est là sur vous mon souverain empire ?
L'AMOUR.
Vous pouvez tout, et je suis tout à vous ;
Mais si nos feux vous semblent doux,
Ne mettez point d'obstacle à leur charmante suite,
Ne me forcez point à la fuite :
C'est le moindre malheur qui nous puisse arriver
D'un souhait qui vous a séduite.
PSYCHÉ.
Seigneur, vous voulez m'éprouver,
Mais je sais ce que j'en dois croire.
De grâce, apprenez-moi tout l'excès de ma gloire,
Et ne me cachez plus pour quel illustre choix
J'ai rejeté les vœux de tant de rois.
L'AMOUR.
Le voulez-vous ?
PSYCHÉ.
Souffrez que je vous en conjure.
L'AMOUR.
Si vous saviez, Psyché, la cruelle aventure
Que par là vous vous attirez....
PSYCHÉ.
Seigneur, vous me désespérez.
L'AMOUR.
Pensez-y bien, je puis encor me taire.
PSYCHÉ.
Faites-vous des serments pour n'y point satisfaire ?

L'AMOUR.

Hé bien, je suis le Dieu le plus puissant des Dieux,
Absolu sur la terre, absolu dans les Cieux;
Dans les eaux, dans les airs mon pouvoir est suprême;
  En un mot, je suis l'Amour même,
 Qui de mes propres traits m'étois blessé pour vous;
Et sans la violence, hélas! que vous me faites
Et qui vient de changer mon amour en courroux,
  Vous m'alliez avoir pour époux.   1535
  Vos volontés sont satisfaites,
  Vous avez su qui vous aimiez,
 Vous connoissez l'amant que vous charmiez :
  Psyché, voyez où vous en êtes.
 Vous me forcez vous-même à vous quitter,   1540
 Vous me forcez vous-même à vous ôter
  Tout l'effet de votre victoire :
Peut-être vos beaux yeux ne me reverront plus;
Ce palais, ces jardins, avec moi disparus,
Vont faire évanouir votre naissante gloire;   1545
  Vous n'avez pas voulu m'en croire[1],
  Et pour tout fruit de ce doute éclairci,
  Le Destin, sous qui le Ciel tremble,
Plus fort que mon amour, que tous les Dieux ensemble,
Vous va montrer sa haine, et me chasse d'ici[2].   1550

L'Amour disparoît; et, dans l'instant qu'il s'envole, le superbe jardin s'évanouit. Psyché demeure seule au milieu d'une vaste campagne, et sur le bord sauvage d'un grand fleuve, où elle se veut précipiter. Le Dieu du fleuve paroît assis sur un amas de joncs et de roseaux, et appuyé sur une grande urne, d'où sort une grosse source d'eau.

1. Me croire. (1697, 1710, 18, 33.)
2. Dans le conte d'Apulée, Psyché, par le conseil de ses sœurs, s'arme d'une lampe pour voir, pendant la nuit, son invisible époux, et d'un poignard pour l'égorger; une goutte d'huile, échappée de la lampe et tombée sur l'épaule de l'Amour, réveille le Dieu, qui s'envole, après avoir accablé de reproches sa trop curieuse amante. Molière, pour les raisons que j'ai dites plus haut (p. 319, note 3, et p. 333, note 1), n'ayant pas cru devoir amener la catastrophe par les mêmes moyens, les a ingénieusement remplacés, ce me semble, par le serment terrible que l'Amour fait à Psyché de lui accorder ce qu'elle va demander, et qu'il est obligé de tenir en se faisant connaître pour ce qu'il est. (*Note d'Auger.*)

SCÈNE IV.

PSYCHÉ [1].

Cruel destin! funeste inquiétude!
 Fatale curiosité!
Qu'avez-vous fait, affreuse solitude,
 De toute ma félicité?
J'aimois un Dieu, j'en étois adorée,   1555
Mon bonheur redoubloit de moment en moment,
 Et je me vois seule, éplorée,
Au milieu d'un désert, où, pour accablement,
 Et confuse, et désespérée,
Je sens croître l'amour, quand j'ai perdu l'amant.   1560
 Le souvenir m'en charme et m'empoisonne;
Sa douceur tyrannise un cœur infortuné
Qu'aux plus cuisants chagrins ma flamme a condamné.
 Ô Ciel! quand l'Amour m'abandonne,
Pourquoi me laisse-t-il l'amour qu'il m'a donné?   1565
Source de tous les biens inépuisable et pure,
  Maître des hommes et des Dieux,
 Cher auteur des maux que j'endure
Êtes-vous pour jamais disparu de mes yeux[2]?
  Je vous en ai banni moi-même;   1570
Dans un excès d'amour, dans un bonheur extrême,
D'un indigne soupçon mon cœur s'est alarmé:
Cœur ingrat, tu n'avois qu'un feu mal allumé;

---

1. . . . . *et me chasse d'ici.*
   (*L'Amour s'envole et le jardin s'évanouit.*)
     SCÈNE IV.
(*Le Théâtre représente un désert et les bords sauvages d'un fleuve.*)
PSYCHÉ, LE DIEU DU FLEUVE, *assis sur un amas de roseaux et appuyé sur une urne.*
    PSYCHÉ. (1734.)
— Dans nos anciennes éditions, le DIEU DU FLEUVE n'est nommé ni en tête de cette scène, bien qu'il y parle, ni en tête de la suivante.

2. L'édition de 1674, au lieu d'*yeux*, a la faute d'impression *veux*, qui est devenu *vœux* dans le texte de 1682. Cette faute a été corrigée dans les éditions suivantes.

Et l'on ne peut vouloir, du moment que l'on aime,
Que ce que veut l'objet aimé. 1575
Mourons, c'est le parti qui seul me reste à suivre,
Après la perte que je fais.
Pour qui, grands Dieux, voudrois-je vivre,
Et pour qui former des souhaits?
Fleuve, de qui les eaux baignent ces tristes sables, 1580
Ensevelis mon crime dans tes flots,
Et pour finir des maux si déplorables,
Laisse-moi dans ton lit assurer mon repos.

LE DIEU DU FLEUVE.

Ton trépas souilleroit mes ondes;
Psyché, le Ciel te le défend, 1585
Et peut-être qu'après des douleurs si profondes,
Un autre sort t'attend.
Fuis plutôt de Vénus l'implacable colère :
Je la vois qui te cherche et qui te veut punir.
L'amour du fils a fait la haine de la mère. 1590
Fuis, je saurai la retenir.

PSYCHÉ.

J'attends ses fureurs vengeresses.
Qu'auront-elles pour moi qui ne me soit trop doux?
Qui cherche le trépas, ne craint Dieux, ni Déesses,
Et peut braver tout leur courroux. 1595

SCÈNE V.

VÉNUS, PSYCHÉ[1].

VÉNUS.

Orgueilleuse Psyché, vous m'osez donc attendre,
Après m'avoir sur terre enlevé mes honneurs,
Après que vos traits suborneurs
Ont reçu les encens qu'aux miens seuls on doit rendre?
J'ai vu mes temples désertés, 1600
J'ai vu tous les mortels séduits par vos beautés
Idolâtrer en vous la beauté souveraine,

---

1. VÉNUS, PSYCHÉ, LE DIEU DU FLEUVE. (1734.)

ACTE IV, SCÈNE V.

Vous offrir des respects jusqu'alors inconnus,
    Et ne se mettre pas en peine
    S'il étoit une autre Vénus ; 1605
    Et je vous vois encor l'audace
De n'en pas redouter les justes châtiments,
    Et de me regarder en face,
Comme si c'étoit peu que mes ressentiments.

PSYCHÉ.

Si de quelques mortels on m'a vue adorée, 1610
Est-ce un crime pour moi d'avoir eu des appas,
    Dont leur âme inconsidérée
Laissoit charmer des yeux qui ne vous voyoient pas?
    Je suis ce que le Ciel m'a faite,
Je n'ai que les beautés qu'il m'a voulu prêter : 1615
Si les vœux qu'on m'offroit vous ont mal satisfaite,
Pour forcer tous les cœurs à vous les reporter,
    Vous n'aviez qu'à vous présenter,
Qu'à ne leur cacher plus cette beauté parfaite,
    Qui pour les rendre à leur devoir, 1620
Pour se faire adorer n'a qu'à se faire voir.

VÉNUS.

    Il falloit vous en mieux défendre.
Ces respects, ces encens se devoient refuser[1] ;
    Et pour les mieux désabuser,
Il falloit à leurs yeux vous-même me les rendre. 1625
    Vous avez aimé cette erreur,
Pour qui vous ne deviez avoir que de l'horreur ;
Vous avez bien fait plus : votre humeur arrogante
    Sur le mépris de mille rois
    Jusques aux Cieux a porté de son choix 1630
    L'ambition extravagante.

PSYCHÉ.

J'aurois porté mon choix, Déesse, jusqu'aux Cieux?

VÉNUS.

    Votre insolence est sans seconde :
    Dédaigner tous les rois du monde,
    N'est-ce pas aspirer aux Dieux? 1635

---

1. Se doivent refuser. (1674, 82, 1734.)

PSYCHÉ.

Si l'Amour pour eux tous m'avoit endurci l'âme,
Et me réservoit toute à lui,
En puis-je être coupable, et faut-il qu'aujourd'hui,
Pour prix d'une si belle flamme,
Vous vouliez m'accabler d'un éternel ennui ? 1640

VÉNUS.

Psyché, vous deviez mieux connoître
Qui vous étiez, et quel étoit ce dieu.

PSYCHÉ.

Et m'en a-t-il donné ni le temps, ni le lieu[1],
Lui qui de tout mon cœur d'abord s'est rendu maître?

VÉNUS.

Tout votre cœur s'en est laissé charmer, 1645
Et vous l'avez aimé dès qu'il vous a dit : « J'aime. »

PSYCHÉ.

Pouvois-je n'aimer pas le Dieu qui fait aimer,
Et qui me parloit pour lui-même?
C'est votre fils, vous savez son pouvoir,
Vous en connoissez le mérite. 1650

VÉNUS.

Oui, c'est mon fils, mais un fils qui m'irrite,
Un fils qui me rend mal ce qu'il me sait devoir,
Un fils qui fait qu'on m'abandonne,
Et qui pour mieux flatter ses indignes amours,
Depuis que vous l'aimez, ne blesse plus personne 1655
Qui vienne à mes autels implorer mon secours.
Vous m'en avez fait un rebelle :
On m'en verra vengée, et hautement, sur vous,
Et je vous apprendrai s'il faut qu'une mortelle
Souffre qu'un Dieu soupire à ses genoux. 1660
Suivez-moi, vous verrez, par votre expérience,
A quelle folle confiance
Vous portoit cette ambition ;
Venez, et préparez autant de patience
Qu'on vous voit de présomption. 1665

1. Auger relève cet emploi de *ni* dans une phrase interrogative exprimant, au fond, une négation.

FIN DU QUATRIÈME ACTE.

QUATRIÈME INTERMÈDE.

La scène représente les Enfers. On y voit une mer toute de feu, dont les flots sont dans une perpétuelle agitation. Cette mer effroyable est bornée par des ruines enflammées; et au milieu de ses flots agités, au travers d'une gueule affreuse, paraît le palais infernal de Pluton. Huit Furies en sortent, et forment une entrée de ballet, où elles se réjouissent de la rage qu'elles ont allumée dans l'âme de la plus douce des Divinités. Un Lutin mêle quantité de sauts périlleux à leurs danses, cependant que Psyché, qui a passé aux Enfers par le commandement de Vénus, repasse dans la barque de Charon, avec la boîte qu'elle a reçue de Proserpine pour cette déesse [1].

1. . . . . . *le palais infernal de Pluton.*

PREMIÈRE ENTRÉE DE BALLET.
(*Des Furies se réjouissent d'avoir allumé la rage dans l'âme de la plus douce des Divinités.*)

II. ENTRÉE DE BALLET.
(*Des Lutins faisant des sauts périlleux se mêlent avec les Furies et essayent d'épouvanter Psyché; mais les charmes de sa beauté obligent les Furies et les Lutins à se retirer.*)

Fin du quatrième intermède. (1734.)

ACTE V.[1]

SCÈNE PREMIÈRE.

PSYCHÉ.

Effroyables replis des ondes infernales,
Noirs palais où Mégère et ses sœurs font leur cour,
  Éternels ennemis du jour,
Parmi vos Ixions, et parmi vos Tantales,
Parmi tant de tourments, qui n'ont point d'intervalles,
  Est-il dans votre affreux séjour
  Quelques peines qui soient égales
Aux travaux où Vénus condamne mon amour ?
  Elle n'en peut être assouvie,
Et depuis qu'à ses lois je me trouve asservie,   1675
Depuis qu'elle me livre à ses ressentiments,
  Il m'a fallu dans ces cruels moments
  Plus d'une âme et plus d'une vie,
  Pour remplir ses commandements[2].
  Je souffrirois tout avec joie,   1680
Si, parmi les rigueurs que sa haine déploie,
Mes yeux pouvoient revoir, ne fût-ce qu'un moment,
  Ce cher, cet adorable amant :
Je n'ose le nommer; ma bouche criminelle
  D'avoir trop exigé de lui,   1685
S'en est rendue indigne, et, dans ce dur ennui,
  La souffrance la plus mortelle
Dont m'accable à toute heure un renaissant trépas,

---

1. *Psyché passe dans une barque, et paroît avec la boîte qu'elle a été demander à Proserpine de la part de Vénus.* (1734.)

2. « Il faut supposer, dit Auger, que, dans l'intervalle du quatrième acte au cinquième, il s'est écoulé un temps considérable. »

ACTE V, SCÈNE I.

Est celle de ne le voir pas.
    Si son courroux duroit encore,   1690
Jamais aucun malheur n'approcheroit du mien;
Mais s'il avoit pitié d'une âme qui l'adore,
Quoi qu'il fallût souffrir, je ne souffrirois rien.
Oui, Destins, s'il calmoit cette juste colère,
    Tous mes malheurs seroient finis :   1695
Pour me rendre insensible aux fureurs de la mère,
    Il ne faut qu'un regard du fils [1].
Je n'en veux plus douter, il partage ma peine,
Il voit ce que je souffre, et souffre comme moi ;
    Tout ce que j'endure le gêne [2] ;   1700
Lui-même il s'en impose une amoureuse loi :
En dépit de Vénus, en dépit de mon crime,
C'est lui qui me soutient, c'est lui qui me ranime
Au milieu des périls où l'on me fait courir ;
Il garde la tendresse où son feu le convie,   1705
Et prend soin de me rendre une nouvelle vie,
    Chaque fois qu'il me faut mourir.
    Mais que me veulent ces deux ombres
Qu'à travers le faux jour de ces demeures sombres
    J'entrevois s'avancer vers moi?   1710

SCÈNE II.

PSYCHÉ, CLÉOMÈNE, AGÉNOR.

PSYCHÉ.

Cléomène, Agénor, est-ce vous que je vois ?
    Qui vous a ravi la lumière ?
CLÉOMÈNE.
La plus juste douleur qui d'un beau désespoir
    Nous eût pu fournir la matière,
Cette pompe funèbre, où du sort le plus noir   1715

---

1. D'un fils. (1671, 73 ; faute évidente.)
2. Voyez ci-dessus, au vers 454 (p. 292 et note 2).

Vous attendiez la rigueur la plus fière[1],
L'injustice la plus entière.
AGÉNOR.
Sur ce même rocher où le Ciel en courroux
　　Vous promettoit, au lieu d'époux,
Un serpent dont soudain vous seriez dévorée,
　　Nous tenions la main préparée
A repousser sa rage, ou mourir avec vous.
Vous le savez, Princesse; et lorsqu'à notre vue,
Par le milieu des airs vous êtes disparue,
Du haut de ce rocher, pour suivre vos beautés,
Ou plutôt pour goûter cette amoureuse joie
D'offrir pour vous au monstre une première proie,
D'amour et de douleur l'un et l'autre emportés,
　　Nous nous sommes précipités.
CLÉOMÈNE.
Heureusement déçus au sens de votre oracle,
Nous en avons ici reconnu le miracle,
Et su que le serpent prêt à vous dévorer
　　Étoit le Dieu qui fait qu'on aime,
Et qui, tout Dieu qu'il est, vous adorant lui-même,
　　Ne pouvoit endurer
Qu'un mortel comme nous osât vous adorer.
AGÉNOR.
　　Pour prix de vous avoir suivie,
Nous jouissons ici d'un trépas assez doux :
　　Qu'avions-nous affaire de vie,
　　Si nous ne pouvions être à vous?
　　Nous revoyons ici vos charmes
Qu'aucun des deux là-haut n'auroit revus jamais,
Heureux si nous voyons la moindre de vos larmes
Honorer des malheurs que vous nous avez faits.
PSYCHÉ.
　　Puis-je avoir des larmes de reste
Après qu'on a porté les miens au dernier point?
Unissons nos soupirs dans un sort si funeste :

---

1. La plus cruelle : c'est un exemple à joindre à ceux que nous avons cités, tome I, p. 140, note 4, et tome IV, p. 423, note 2.

Les soupirs ne s'épuisent point.
Mais vous soupireriez, Princes, pour une ingrate;
Vous n'avez point voulu survivre à mes malheurs; 1750
　　Et quelque douleur qui m'abatte,
　　Ce n'est point pour vous que je meurs.

CLÉOMÈNE.

L'avons-nous mérité, nous dont toute la flamme
N'a fait que vous lasser du récit de nos maux?

PSYCHÉ.

Vous pouviez mériter, Princes, toute mon âme, 1755
　　Si vous n'eussiez été rivaux.
　　Ces qualités incomparables
Qui de l'un et de l'autre accompagnoient les vœux,
　　Vous rendoient tous deux trop aimables,
　　Pour mépriser aucun des deux. 1760

AGÉNOR.

Vous avez pu sans être injuste ni cruelle
Nous refuser un cœur réservé pour un Dieu.
Mais revoyez Vénus : le Destin nous rappelle,
　　Et nous force à vous dire adieu.

PSYCHÉ.

Ne vous donne-t-il point le loisir de me dire 1765
　　Quel est ici votre séjour?

CLÉOMÈNE.

Dans des bois toujours verts, où d'amour on respire,
　　Aussitôt qu'on est mort d'amour.
D'amour on y revit, d'amour on y soupire,
Sous les plus douces lois de son heureux empire, 1770
Et l'éternelle nuit n'ose en chasser le jour,
　　Que lui-même il attire
　　Sur nos fantômes, qu'il inspire,
Et dont aux Enfers même il se fait une cour.

AGÉNOR.

Vos envieuses sœurs, après nous descendues, 1775
　　Pour vous perdre se sont perdues;
　　Et l'une et l'autre tour à tour,
Pour le prix d'un conseil qui leur coûte la vie,
A côté d'Ixion, à côté de Tityc,
Souffre tantôt la roue, et tantôt le vautour. 1780

L'Amour, par les Zéphyrs, s'est fait prompte justice
De leur envenimée et jalouse malice :
Ces ministres ailés de son juste courroux,
Sous couleur de les rendre encore auprès de vous,
Ont plongé l'une et l'autre au fond d'un précipice, 1785
Où le spectacle affreux de leurs corps déchirés
N'étale que le moindre et le premier supplice
  De ces conseils dont l'artifice
  Fait les maux dont vous soupirez.
    PSYCHÉ.
Que je les plains!
    CLÉOMÈNE.
      Vous êtes seule à plaindre. 1790
Mais nous demeurons trop à vous entretenir :
Adieu, puissions-nous vivre en votre souvenir!
Puissiez-vous, et bientôt, n'avoir plus rien à craindre!
Puisse, et bientôt, l'Amour vous enlever aux Cieux,
  Vous y mettre à côté des Dieux, 1795
Et, rallumant un feu qui ne se puisse éteindre,
Affranchir à jamais l'éclat de vos beaux yeux
  D'augmenter le jour en ces lieux!

SCÈNE III.

PSYCHÉ[1].

Pauvres amants! Leur amour dure encore;
Tous morts[2] qu'ils sont, l'un et l'autre m'adore,
Moi dont la dureté reçut si mal leurs vœux :
Tu n'en fais pas ainsi, toi qui seul m'as ravie,
Amant, que j'aime encor cent fois plus que ma vie,
  Et qui brises de si beaux nœuds.
Ne me fuis plus, et souffre que j'espère 1805
Que tu pourras un jour rabaisser l'œil sur moi,

---

1. PSYCHÉ, *seule.* (1734.)
2. Tout morts. (1675 A, 84 A, 94 B, 97, 1710, 18, 30, 33, 34.) Voyez ci-dessus, au vers 1350, p. 331 et note 2.

ACTE V, SCÈNE III.

Qu'à force de souffrir j'aurai de quoi te plaire,
    De quoi me rengager ta foi.
Mais ce que j'ai souffert m'a trop défigurée,
        Pour rappeler un tel espoir ; 1810
    L'œil abattu, triste, désespérée,
        Languissante, et décolorée,
        De quoi puis-je me prévaloir,
Si, par quelque miracle impossible à prévoir,
Ma beauté qui t'a plu ne se voit réparée ? 1815
    Je porte ici de quoi la réparer :
        Ce trésor de beauté divine,
Qu'en mes mains pour Vénus a remis Proserpine,
Enferme des appas dont je puis m'emparer,
    Et l'éclat en doit être extrême, 1820
    Puisque Vénus, la beauté même,
    Les demande pour se parer.
En dérober un peu seroit-ce un si grand crime ?
Pour plaire aux yeux d'un Dieu qui s'est fait mon amant,
Pour regagner son cœur, et finir mon tourment, 1825
    Tout n'est-il pas trop légitime ?
Ouvrons. Quelles vapeurs m'offusquent le cerveau,
Et que vois-je sortir de cette boîte ouverte ?
Amour, si ta pitié ne s'oppose à ma perte,
Pour ne revivre plus je descends au tombeau. 1830

Elle s'évanouit, et l'Amour descend auprès d'elle en volant[1].

SCÈNE IV.

L'AMOUR, PSYCHÉ, évanouie.

L'AMOUR.

Votre péril, Psyché, dissipe ma colère ;
Ou plutôt de mes feux l'ardeur n'a point cessé,
Et, bien qu'au dernier point vous m'ayez su déplaire,
    Je ne me suis intéressé

---

1. *Psyché s'évanouit.* (1734.)

Que contre celle de ma mère. 1835
J'ai vu tous vos travaux, j'ai suivi vos malheurs,
Mes soupirs ont partout accompagné vos pleurs.
Tournez les yeux vers moi : je suis encor le même.
Quoi ? je dis et redis tout haut que je vous aime,
Et vous ne dites point, Psyché, que vous m'aimez ! 1840
Est-ce que pour jamais vos beaux yeux sont fermés,
Qu'à jamais la clarté leur vient d'être ravie ?
Ô Mort, devois-tu prendre un dard si criminel,
Et, sans aucun respect pour mon être éternel,
    Attenter à ma propre vie ? 1845
    Combien de fois, ingrate Déité,
      Ai-je grossi ton noir empire,
    Par les mépris et par la cruauté
    D'une orgueilleuse ou farouche beauté ?
    Combien même, s'il le faut dire, 1850
    T'ai-je immolé de fidèles amants,
      A force de ravissements ?
    Va, je ne blesserai plus d'âmes,
    Je ne percerai plus de cœurs
Qu'avec des dards trempés aux divines liqueurs 1855
Qui nourrissent du Ciel les immortelles flammes,
Et n'en lancerai plus que pour faire, à tes yeux,
    Autant d'amants, autant de Dieux.
    Et vous, impitoyable mère,
    Qui la forcez à m'arracher 1860
    Tout ce que j'avois de plus cher,
Craignez à votre tour l'effet de ma colère.
    Vous me voulez faire la loi,
Vous qu'on voit si souvent la recevoir de moi !
Vous qui portez un cœur sensible comme un autre, 1865
Vous enviez au mien les délices du vôtre !
Mais dans ce même cœur j'enfoncerai des coups
Qui ne seront suivis que de chagrins jaloux ;
Je vous accablerai de honteuses surprises,
Et choisirai partout à vos vœux les plus doux 1870
    Des Adonis et des Anchises
    Qui n'auront que haine pour vous.

SCÈNE V.

VÉNUS, L'AMOUR, PSYCHÉ, évanouie.

VÉNUS.

La menace est respectueuse,
Et d'un enfant qui fait le révolté
La colère présomptueuse.... 1875

L'AMOUR.

Je ne suis plus enfant, et je l'ai trop été,
Et ma colère est juste autant qu'impétueuse.

VÉNUS.

L'impétuosité s'en devroit retenir,
Et vous pourriez vous souvenir
Que vous me devez la naissance. 1880

L'AMOUR.

Et vous pourriez n'oublier pas
Que vous avez un cœur et des appas
Qui relèvent de ma puissance,
Que mon arc de la vôtre est l'unique soutien,
Que sans mes traits elle n'est rien, 1885
Et que si les cœurs les plus braves
En triomphe par vous se sont laissé traîner[1],
Vous n'avez jamais fait d'esclaves
Que ceux qu'il m'a plu d'enchaîner.
Ne me vantez donc plus ces droits de la naissance[2] 1890
Qui tyrannisent mes desirs;
Et si vous ne voulez perdre mille soupirs,
Songez, en me voyant, à la reconnoissance,
Vous qui tenez de ma puissance
Et votre gloire et vos plaisirs. 1895

VÉNUS.

Comment l'avez-vous défendue,

---

1. Tous nos textes ont cet accord irrégulier : « se sont laissés traîner. »
2. Ces droits que vous pensez tenir de ma naissance : Molière a employé la même expression au vers 1281 du *Tartuffe* (tome IV, p. 486).

Cette gloire dont vous parlez?
Comment me l'avez-vous rendue?
Et quand vous avez vu mes autels désolés,
 Mes temples violés,   1900
 Mes honneurs ravalés,
Si vous avez pris part à tant d'ignominie,
 Comment en a-t-on vu punie
 Psyché, qui me les a volés?
Je vous ai commandé de la rendre charmée   1905
 Du plus vil de tous les mortels,
Qui ne daignât répondre à son âme enflammée
 Que par des rebuts éternels,
 Par les mépris les plus cruels :
 Et vous-même l'avez aimée!   1910
Vous avez contre moi séduit des immortels;
C'est pour vous qu'à mes yeux les Zéphyrs l'ont cachée,
 Qu'Apollon même suborné,
 Par un oracle adroitement tourné,
 Me l'avoit si bien arrachée,   1915
 Que si sa curiosité
 Par une aveugle défiance
 Ne l'eût rendue à ma vengeance,
Elle échappoit à mon cœur irrité.
 Voyez l'état où votre amour l'a mise,   1920
 Votre Psyché : son âme va partir;
Voyez, et si la vôtre en est encore éprise,
 Recevez son dernier soupir.
Menacez, bravez-moi, cependant qu'elle expire :
 Tant d'insolence vous sied bien,   1925
Et je dois endurer quoi qu'il vous plaise dire¹,
 Moi qui sans vos traits ne puis rien.

L'AMOUR.

Vous ne pouvez que trop, Déesse impitoyable :
Le Destin l'abandonne à tout votre courroux;
 Mais soyez moins inexorable   1930
Aux prières, aux pleurs d'un fils à vos genoux.
 Ce doit vous être un spectacle assez doux

---

1. Endurer tout ce qu'il pourra vous plaire de me dire.

ACTE V, SCÈNE V.

De voir d'un œil Psyché mourante,
Et de l'autre ce fils, d'une voix suppliante
Ne vouloir plus tenir son bonheur que de vous. 1935
Rendez-moi ma Psyché, rendez-lui tous ses charmes,
  Rendez-la, Déesse, à mes larmes,
Rendez à mon amour, rendez à ma douleur
Le charme de mes yeux, et le choix de mon cœur.

VÉNUS.

Quelque amour que Psyché vous donne, 1940
De ses malheurs par moi n'attendez pas la fin :
  Si le Destin me l'abandonne,
  Je l'abandonne à son destin.
Ne m'importunez plus, et, dans cette infortune,
Laissez-la sans Vénus triompher, ou périr. 1945

L'AMOUR.

  Hélas ! si je vous importune,
Je ne le ferois pas si je pouvois mourir.

VÉNUS.

Cette douleur n'est pas commune,
Qui force un immortel à souhaiter la mort.

L'AMOUR.

Voyez par son excès si mon amour est fort. 1950
  Ne lui ferez-vous grâce aucune ?

VÉNUS.

Je vous l'avoue, il me touche le cœur,
Votre amour ; il désarme, il fléchit ma rigueur :
Votre Psyché reverra la lumière.

L'AMOUR.

Que je vous vais partout faire donner d'encens ! 1955

VÉNUS.

Oui, vous la reverrez dans sa beauté première ;
  Mais de vos vœux reconnoissants
  Je veux la déférence entière,
Je veux qu'un vrai respect laisse à mon amitié
  Vous choisir une autre moitié. 1960

L'AMOUR.

  Et moi, je ne veux plus de grâce :
  Je reprends toute mon audace,
  Je veux Psyché, je veux sa foi,

Je veux qu'elle revive et revive pour moi,
Et tiens indifférent que votre haine lasse 1965
En faveur d'une autre se passe [1].
Jupiter qui paroît va juger entre nous
De mes emportements et de votre courroux.

Après quelques éclairs et roulements de tonnerre, Jupiter paroît en l'air sur son aigle [2].

SCÈNE DERNIÈRE.

JUPITER, VÉNUS, L'AMOUR, PSYCHE [3].

L'AMOUR.

Vous à qui seul tout est possible,
Père des Dieux, souverain des mortels, 1970
Fléchissez la rigueur d'une mère inflexible,
Qui sans moi n'auroit point d'autels.
J'ai pleuré, j'ai prié, je soupire, menace,
Et perds menaces et soupirs :
Elle ne veut pas voir que de mes déplaisirs 1975
Dépend du monde entier l'heureuse ou triste face,
Et que si Psyché perd le jour,
Si Psyché n'est à moi, je ne suis plus l'Amour.
Oui, je romprai mon arc, je briserai mes flèches,
J'éteindrai jusqu'à mon flambeau, 1980
Je laisserai languir la Nature au tombeau ;
Ou, si je daigne aux cœurs faire encor quelques brèches,
Avec ces pointes d'or qui me font obéir,
Je vous blesserai tous là-haut pour des mortelles,
Et ne décocherai sur elles 1985
Que des traits émoussés qui forcent à haïr,
Et qui ne font que des rebelles,

---

1. Que votre haine épuisée tombe, si ce n'est qu'en faveur d'une autre, si vous n'avez d'autre motif que de favoriser celle que vous me destinez.

2. *Après quelques éclairs et des roulements de tonnerre, Jupiter paroît en l'air sur son aigle et descend sur terre.* (1734.)

3. PSYCHÉ, *évanouie.* (*Ibidem.*)

ACTE V, SCÈNE DERNIÈRE.

Des ingrates, et des cruelles [1].
Par quelle tyrannique loi
Tiendrai-je à vous servir mes armes toujours prêtes, 1990
Et vous ferai-je à tous conquêtes sur conquêtes,
Si vous me défendez d'en faire une pour moi?

JUPITER [2].

Ma fille, sois-lui moins sévère.
Tu tiens de sa Psyché le destin en tes mains;
La Parque au moindre mot va suivre ta colère : 1995
Parle, et laisse-toi vaincre aux tendresses de mère,
Ou [3] redoute un courroux que moi-même je crains.
Veux-tu donner le monde en proie
A la haine, au désordre, à la confusion?
Et d'un dieu d'union, 2000
D'un dieu de douceurs et de joie,
Faire un dieu d'amertume et de division?
Considère ce que nous sommes,
Et si les passions doivent nous dominer :
Plus la vengeance a de quoi plaire aux hommes, 2005
Plus il sied bien aux Dieux de pardonner.

VÉNUS.

Je pardonne à ce fils rebelle.
Mais voulez-vous qu'il me soit reproché
Qu'une misérable mortelle,
L'objet de mon courroux, l'orgueilleuse Psyché, 2010
Sous ombre qu'elle est un peu belle,
Par un hymen dont je rougis,
Souille mon alliance, et le lit de mon fils?

JUPITER.

Hé bien! je la fais immortelle,

---

1. « Ces flèches, dit Auger, les unes d'or, les autres de plomb, dont l'effet est tout contraire, sont une heureuse fiction d'Ovide (*voyez au livre Ier des Métamorphoses, les vers 468 et suivants*). Cupidon, pour se venger d'Apollon, frappe Daphné d'une des flèches qui inspirent l'aversion, et lance au Dieu une de celles qui inspirent l'amour.... Voltaire a employé la même idée dans ces vers si connus de *Nanine* (*acte I, scène I*) :

Je vous l'ai dit, l'Amour a deux carquois.... »

2. JUPITER, *à Vénus*. (1734.)
3. *On*, pour *Ou*, dans les éditions de 1674, 82, 97; faute évidente

Afin d'y rendre tout égal. 2015

VÉNUS.

Je n'ai plus de mépris ni de haine pour elle,
Et l'admets à l'honneur de ce nœud conjugal.
Psyché, reprenez la lumière,
Pour ne la reperdre jamais :
Jupiter a fait votre paix, 2020
Et je quitte cette humeur fière
Qui s'opposoit à vos souhaits.

PSYCHÉ.

C'est donc vous, ô grande Déesse,
Qui redonnez la vie à ce cœur innocent!

VÉNUS.

Jupiter vous fait grâce, et ma colère cesse. 2025
Vivez, Vénus l'ordonne; aimez, elle y consent.

PSYCHÉ, à l'Amour.

Je vous revois enfin, cher objet de ma flamme!

L'AMOUR, à Psyché.

Je vous possède enfin, délices de mon âme!

JUPITER.

Venez, amants, venez aux Cieux
Achever un si grand et si digne hyménée; 2030
Viens-y, belle Psyché, changer de destinée,
Viens prendre place au rang des Dieux.[1]

Deux grandes machines descendent aux deux côtés de Jupiter, cependant qu'il dit ces derniers vers. Vénus avec sa suite monte dans l'une, l'Amour avec Psyché dans l'autre, et tous ensemble remontent au ciel.

Les Divinités, qui avoient été partagées entre Vénus et son fils, se réunissent en les voyant d'accord; et toutes ensemble, par des concerts, des chants, et des danses, célèbrent la fête des noces de l'Amour.

1. Le cinquième intermède est ainsi coupé et disposé dans l'édition de 1734 :

V. INTERMÈDE.

(*Le Théâtre représente le Ciel. Le palais de Jupiter descend, et laisse voir dans l'éloignement, par trois suites de perspective (de perspectives, 1773), les autres palais des Dieux du Ciel les plus puissants. Un nuage sort du Théâtre, sur lequel l'Amour et Psyché se placent et sont enlevés par un second nuage, qui vient en descendant se joindre au premier. Jupiter et Vénus se croisent en l'air, dans leurs machines, et se rangent près de l'Amour et de Psyché.*

Les Divinités qui avoient été partagées entre Vénus et son fils se réunissent

ACTE V, SCÈNE DERNIÈRE.

Apollon paroît le premier, et, comme Dieu de l'harmonie, commence à chanter, pour inviter les autres Dieux à se réjouir.

RÉCIT D'APOLLON.

Unissons-nous, troupe immortelle :
Le Dieu d'amour devient heureux amant,
Et Vénus a repris sa douceur naturelle 2035

en les voyant d'accord ; et toutes ensemble, par des concerts, des chants et des danses, célèbrent la fête des noces de l'Amour et de Psyché.)

JUPITER, VÉNUS, L'AMOUR, PSYCHÉ, CHOEUR DES DIVINITÉS CÉLESTES, APOLLON, LES MUSES, LES ARTS *travestis en bergers.*
BACCHUS, SILÈNE, SATYRES, ÉGIPANS, MÉNADES. — MOME, POLICHINELLES, MATASSINS. — MARS, TROUPE DE GUERRIERS.

APOLLON.
Unissons-nous, etc.

CHOEUR DES DIVINITÉS CÉLESTES.
Célébrons, etc.

BACCHUS.
Si quelquefois, etc.

MOME.
Je cherche, etc.

MARS.
Mes plus fiers ennemis, etc. (comme à l'*Appendice*, p. 378).

CHOEUR DES DIVINITÉS CÉLESTES.
Chantons, etc.

PREMIÈRE ENTRÉE DE BALLET.
SUITE D'APOLLON.
(*Danse des Arts travestis en bergers.*)

APOLLON.
Le Dieu, etc.
Ce seroit, etc.

DEUX MUSES.
Gardez-vous, etc.
On ne peut, etc.

II. ENTRÉE DE BALLET.
SUITE DE BACCHUS.
(*Danse des Ménades et des Égipans.*)

BACCHUS.
Admirons, etc.

SILÈNE, *monté sur un âne.*
Bacchus veut qu'on boive à longs traits, etc. (comme à l'*Appendice*, p. 380 et 381).
Ce dieu, etc.

SILÈNE ET DEUX SATYRES *ensemble.*
Voulez-vous, etc.

PREMIER SATYRE.
Les grandeurs sont sujettes

En faveur d'un fils si charmant;
Il va goûter en paix, après un long tourment,
Une félicité qui doit être éternelle.

TOUTES LES DIVINITÉS chantent ensemble ce couplet à la gloire de l'Amour.

Célébrons ce grand jour;
Célébrons tous une fête si belle; 2040
Que nos chants en tous lieux en portent la nouvelle,
Qu'ils fassent retentir le céleste séjour :
Chantons, répétons, tour à tour,

A mille peines secrètes.

SECOND SATYRE.

L'Amour, etc.

TOUS TROIS ENSEMBLE.

Voulez-vous, etc.

PREMIER SATYRE.

C'est là, etc.

SECOND SATYRE.

C'est dans le vin, etc.

TOUS TROIS ENSEMBLE.

Voulez-vous, etc.

III. ENTRÉE DE BALLET.

(*Deux autres Satyres enlèvent Silène de dessus son âne, qui leur sert à voltiger et à former des jeux agréables et surprenants.*)

IV. ENTRÉE DE BALLET.
SUITE DE MOME.

(*Danse de Polichinelles et de Matassins.*)

MOME.

Folâtrons, etc.
Plaisantons, etc.

V. ENTRÉE DE BALLET.
SUITE DE MARS.

MARS.

Laissons, etc.

(*Quatre guerriers portant des masses et des boucliers, quatre autres armés de piques, et quatre autres avec des drapeaux, font en dansant une manière d'exercice.*)

VI. ET DERNIÈRE ENTRÉE DE BALLET.

(*Les quatre troupes différentes de la suite d'Apollon, de Bacchus, de Mome et de Mars s'unissent et se mêlent ensemble.*)

CHOEUR DES DIVINITÉS CÉLESTES.
Chantons les plaisirs charmants
Des heureux amants.
Répondez-nous, trompettes, etc.

FIN DU CINQUIÈME INTERMÈDE.

ACTE V, SCÈNE DERNIÈRE.

Qu'il n'est point d'âme si cruelle
Qui tôt ou tard ne se rende à l'Amour. 2045
APOLLON continue :

Le Dieu qui nous engage
A lui faire la cour
Défend qu'on soit trop sage :
Les plaisirs ont leur tour ;
C'est leur plus doux usage 2050
Que de finir les soins du jour.
La nuit est le partage
Des jeux et de l'amour.

Ce seroit grand dommage
Qu'en ce charmant séjour 2055
On eût un cœur sauvage :
Les plaisirs ont leur tour ;
C'est leur plus doux usage
Que de finir les soins du jour.
La nuit est le partage 2060
Des jeux et de l'amour.

Deux Muses, qui ont toujours évité de s'engager sous les lois de l'Amour, conseillent aux belles qui n'ont point encore aimé de s'en défendre avec soin, à leur exemple.

CHANSON DES MUSES.

Gardez-vous, beautés sévères :
Les amours font trop d'affaires ;
Craignez toujours de vous laisser charmer.
Quand il faut que l'on soupire, 2065
Tout le mal n'est pas de s'enflammer :
Le martyre
De le dire
Coûte plus cent fois que d'aimer.

SECOND COUPLET DES MUSES.

On ne peut aimer sans peines, 2070
Il est peu de douces chaînes,
A tout moment on se sent alarmer :
Quand il faut que l'on soupire,
Tout le mal n'est pas de s'enflammer ;
Le martyre 2075
De le dire

Coûte plus cent fois que d'aimer.

Bacchus fait entendre qu'il n'est pas si dangereux que l'Amour.

RÉCIT DE BACCHUS.

Si quelquefois,
Suivant nos douces lois,
La raison se perd et s'oublie, 2080
Ce que le vin nous cause de folie
Commence et finit en un jour;
Mais quand un cœur est enivré d'amour,
Souvent c'est pour toute la vie.

ENTRÉE DE BALLET,

COMPOSÉE DE DEUX MÉNADES ET DE DEUX ÆGIPANS QUI SUIVENT BACCHUS [1].

Mome déclare qu'il n'a point de plus doux emploi que de médire, et que ce n'est qu'à l'Amour seul qu'il n'ose se jouer.

RÉCIT DE MOME.

Je cherche à médire 2085
Sur la terre et dans les Cieux;
Je soumets à ma satire
Les plus grands des Dieux.
Il n'est dans l'univers que l'Amour qui m'étonne;
Il est le seul que j'épargne aujourd'hui: 2090
Il n'appartient qu'à lui
De n'épargner personne.

ENTRÉE DE BALLET,

COMPOSÉE DE QUATRE POLICHINELLES [2] ET DE DEUX MATASSINS [3] QUI SUIVENT MOME, ET VIENNENT JOINDRE LEUR PLAISANTERIE ET LEUR BADINAGE AUX DIVERTISSEMENTS DE CETTE GRANDE FÊTE.

Bacchus et Mome, qui les conduisent, chantent au milieu d'eux chacun une

---

1. Dans les éditions de 1671, 73, 74, et dans les trois étrangères, ce titre : « ENTRÉE DE BALLET, composée de deux Ménades.... qui suivent Bacchus », est placé plus bas, après le vers 2092 et immédiatement avant l'autre titre : « ENTRÉE DE BALLET, composée de quatre Polichinelles », etc. Nous nous conformons à l'ordre suivi dans l'édition de 1682.

2. Voyez au premier intermède du *Malade imaginaire*.

3. Voyez à la scène xi de l'acte I de *Monsieur de Pourceaugnac*, tome VII, p. 283, note 3.

ACTE V, SCÈNE DERNIÈRE.

chanson, Bacchus à la louange du vin, et Mome une chanson enjouée sur le sujet et les avantages de la raillerie.

RÉCIT DE BACCHUS.

Admirons le jus de la treille :
Qu'il est puissant! qu'il a d'attraits!
Il sert aux douceurs de la paix,   2095
Et dans la guerre il fait merveille ;
  Mais surtout pour les amours
  Le vin est d'un grand secours.

RÉCIT DE MOME.

Folâtrons, divertissons-nous,
Raillons, nous ne saurions mieux faire :   2100
  La raillerie est nécessaire
  Dans les jeux les plus doux.
Sans la douceur[1] que l'on goûte à médire,
On trouve peu de plaisirs sans ennui :
  Rien n'est si plaisant que de rire,   2105
  Quand on rit aux dépens d'autrui.
Plaisantons, ne pardonnons rien,
Rions, rien n'est plus à la mode :
  On court péril d'être incommode
  En disant trop de bien.   2110
Sans la douceur que l'on goûte à médire,
On trouve peu de plaisirs sans ennui :
  Rien n'est si plaisant que de rire,
  Quand on rit aux dépens d'autrui.

Mars arrive au milieu du théâtre, suivi de sa troupe guerrière, qu'il excite à profiter de leur loisir en prenant part aux divertissements.

RÉCIT DE MARS.

Laissons en paix toute la terre,   2115
Cherchons de doux amusements ;
Parmi les jeux les plus charmants
Mêlons l'image de la guerre.

ENTRÉE DE BALLET.

Suivants de Mars, qui font, en dansant avec des enseignes[2], une manière d'exercice.

---

1. *Sans la douleur.* (1671, 75 A, 84 A, 94 B ; faute évidente, et qui, dans ces quatre textes, n'est pas reproduite au vers 2111.)
2. Avec des drapeaux et des enseignes. (1682.)

DERNIÈRE ENTRÉE DE BALLET.

Les troupes différentes de la suite d'Apollon, de Bacchus, de Mome et de Mars, après avoir achevé leurs entrées particulières, s'unissent ensemble, et forment la dernière entrée, qui renferme toutes les autres.

Un chœur de toutes les voix et de tous les instruments, qui sont au nombre de quarante, se joint à la danse générale, et termine la fête des noces de l'Amour et de Psyché.

DERNIER CHŒUR.

Chantons les plaisirs charmants
Des heureux amants ; 2120
Que tout le Ciel s'empresse
A leur faire sa cour ;
Célébrons ce beau jour
Par mille doux chants d'allégresse,
Célébrons ce beau jour 2125
Par mille doux chants pleins d'amour.

Dans le grand salon du palais des Tuileries, où *Psyché* a été représentée devant Leurs Majestés, il y avoit des timbales, des trompettes et des tambours mêlés dans ces derniers concerts, et ce dernier couplet se chantoit ainsi :

Chantons les plaisirs charmants
Des heureux amants.
Répondez-nous, trompettes,
Timbales et tambours : 2130
Accordez-vous toujours
Avec le doux son des musettes,
Accordez-vous toujours
Avec le doux chant des amours.

FIN DE PSYCHÉ.

APPENDICE A *PSYCHÉ*[1].

Nous donnons en appendice le Livret de *Psyché*, imprimé à Paris en l'année 1671[2], afin qu'on puisse comparer la mise en scène de la pièce, telle qu'elle fut jouée aux Tuileries, avec la mise en scène du Palais-Royal, et aussi à cause de quelques vers, tant italiens que français, ajoutés, dans le Livret, au premier intermède et au dernier. Plusieurs des parties dont se compose le *Ballet des ballets*, imprimé aussi en 1671, sont empruntées à *Psyché;* nous n'aurons à noter dans cet autre texte qu'un petit nombre de différences, celles qui se trouvent aux endroits où il ressemble assez au texte du Livret, reproduit ici, pour qu'il y ait lieu à les comparer en détail et à relever ce qui peut s'appeler des *variantes*. Nous extrairons en outre du *Ballet des ballets* une traduction ou plutôt une imitation en vers français, qui y est placée en regard des plaintes en vers italiens du premier intermède : voyez ci-après, p. 370 et 371.

PSYCHÉ,

TRAGI-COMÉDIE ET BALLET,

DANSÉ DEVANT SA MAJESTÉ

au mois de janvier 1671.

DESCRIPTION DE LA SALLE.

Le lieu destiné pour la représentation, et pour les spectateurs de cet assemblage de tant de magnifiques divertissements, est une

---

1. Nous reproduisons cet appendice tel qu'il a été composé pour l'édition in-4° de l'Imprimerie nationale (1878), dont le texte a été constitué par le directeur de la Collection des Grands écrivains de la France.
2. C'est de ce livret que l'éditeur de 1734 a tiré la liste qu'il a placée à la fin de la pièce, « des personnes qui ont récité, dansé et chanté dans *Psyché*, tragi-comédie et ballet. »

salle faite exprès pour les plus grandes fêtes et qui seule peut passer pour un très-superbe spectacle. Sa longueur est de quarante toises; elle est partagée en deux parties : l'une est pour le théâtre et l'autre pour l'assemblée. Cette dernière partie est celle que l'on voit la première; elle a des beautés qui amusent agréablement les regards jusques au moment où la scène doit s'ouvrir. La face du théâtre, ainsi que les deux retours, est un grand ordre corinthien, qui comprend toute la hauteur de l'édifice. On entre dans le parterre par deux portes différentes, à droit et à gauche. Ces entrées ont, des deux côtés, des colonnes sur des piédestaux, et des pilastres quarrés élevés à la hauteur du théâtre. On monte ensuite sur un haut-d'ais (*sic*)[1], réservé pour les places des personnes royales et de ce qu'il y a de plus considérable à la cour. Cet espace est bordé d'une balustrade par devant, et de degrés en amphithéâtre tout à l'entour; des colonnes posées sur le haut de ces degrés soutiennent des galeries, sous lesquelles, entre les colonnes, on a placé des balcons, qui sont ornés, ainsi que le plafond, et tout ce qui paroît dans la salle, de ce que l'architecture, la sculpture, la peinture et la dorure ont de plus beau, de plus riche, et de plus éclatant.

PROLOGUE.

Trente lustres qui éclairent la salle de l'assemblée se haussent, pour laisser la vue du spectacle libre dans le moment que la toile qui ferme le théâtre se lève. La scène représente, sur le devant, des lieux champêtres. Un peu plus loin[2] paroît un port de mer fortifié de plusieurs tours; dans l'enfoncement on voit un grand nombre de vaisseaux d'un côté, et de l'autre une ville d'une très-vaste étendue.

Flore est au milieu du théâtre, suivie de ses Nymphes, et accompagnée, à droit et à gauche, de Vertumne, dieu des arbres et des fruits, et de Palæmon, dieu des eaux. Chacun de ces dieux conduit une troupe de divinités; l'un mène à sa suite des Dryades et des Sylvains, et l'autre des Dieux des fleuves et des Naïades[3].

---

1. « Haut d'aix, » dans le texte du Livret. — Un haut dais, dit M. Littré, était « une estrade où le roi et la reine étaient assis dans les assemblées publiques, soit qu'il y eût un dais, soit qu'il n'y en eût pas. »

2. En marge du Livret : « Le théâtre est un port de mer. »

3. L'un mène à sa suite des Dieux marins, et l'autre des Sylvains. (Le *Ballet des ballets*.)

Une grande machine descend du ciel¹ au milieu de deux autres² plus petites. Elles sont toutes trois³ enveloppées d'abord dans des nuages, qui, en descendant, roulent, s'ouvrent, s'étendent, et occupent enfin toute la largeur du théâtre. On découvre une des Grâces dans chacune des petites machines, et la plus grande est occupée par Vénus et par son fils, environnés de six Amours. Aussitôt que Flore⁴ aperçoit Vénus, elle la presse de venir achever, par ses charmes, les douceurs que la paix a commencé de faire goûter sur la terre, et, par un récit qu'elle chante, elle témoigne l'impatience qu'elle a de profiter du retour de la plus aimable des Déesses, et qui préside⁵ à la plus belle des saisons.

FLORE : Mlle Hilaire.

NYMPHES DE FLORE QUI CHANTENT : Mlle Desfronteaux, MM. Gingan cadet, Langeais⁶, Gillet, Oudot, et Jannot.

VERTUMNE : M. de la Grille.

PALÆMON : M. Gaye.

SUITE DE VERTUMNE ET DE PALÆMON.

SYLVAINS : MM. le Gros, Hédouin, Beaumont, Fernon l'aîné, Fernon le cadet, Rebel, Serignan, et le Maire.

FLEUVES : MM. Bony, Estival, Dom, Gingan l'aîné, Morel, Deschamps, Bernard, Rossignol, Bomaviel, et Miracle.

NAÏADES : Les sieurs Thierry, la Montagne, Mathieu, Perchot, Pierrot, et Renier.

DANSEURS.

QUATRE DRYADES : MM. de Lorge, Bonnard, Chauveau, et Favre.

QUATRE SYLVAINS : MM. Chicanneau, la Pierre, Favier, et Magny.

1. En marge du Livret : « Machines de Vénus, de l'Amour et des Grâces. »
2. De quatre autres. (Le *Ballet des ballets*.)
3. Toutes cinq. (*Ibidem*.)
4. Des nuages qui descendent sur le théâtre. On découvre Vénus dans celle du milieu, au-devant d'une gloire de nuage, avec six petits Amours dans celles qui sont des deux côtés, et six autres qui s'envolent en même temps que les machines disparoissent. Après cela, le ciel se ferme, et le théâtre se change en un agréable bocage, pour le commencement de la comédie. Aussitôt que Flore, etc. (*Ibidem*.)
5. De la plus aimable des déesses, qui préside. (*Ibidem*.)
6. Dans le *Ballet des ballets*, et de même dans des livrets de pièces antérieures, ce nom est écrit « LANGEZ ». — Ne sachant pas la véritable orthographe des noms d'acteurs, nous les reproduisons avec les différences qu'offrent nos divers textes dans la manière de les écrire.

Quatre Fleuves : MM. Beauchamp, Mayeu, Desbrosses, et Saint-André cadet.

Quatre Naïades : MM. Lestang, Arnal, Favier cadet, et Foignard cadet.

Vénus : Mlle de Brie.

L'Amour : La Thorillière le fils.

Six Amours : Thorillon, Baraillon, Pierre Lionnois, Maugé, Dauphin, et du Chesne.

Deux Grâces : Mlles la Thorillière, et de Croisy.

RÉCIT DE FLORE,
chanté par Mlle Hilaire.

Ce n'est plus le temps de la guerre, etc.

Les Nymphes de Flore, Vertumne et Palæmon, avec les Divinités qui les accompagnent, joignent leurs voix à celle de Flore pour presser Vénus de descendre sur la terre.

CHOEUR
DES DIVINITÉS DE LA TERRE ET DES EAUX.

Nous goûtons une paix profonde, etc.

Vertumne et Palæmon font, en chantant, une manière de dialogue pour exciter les plus insensibles à cesser de l'être à la vue de Vénus et de l'Amour. Les Dryades, les Sylvains, les Dieux des fleuves, et les Naïades expriment[1] en même temps par leurs danses la joie que leur inspire la présence de ces deux charmantes Divinités.

DIALOGUE
DE VERTUMNE ET DE PALÆMON,
chanté par MM. de la Grille et Gaye.

VERTUMNE.
Rendez-vous, beautés cruelles, etc.

Flore répond au dialogue de Vertumne et de Palæmon par un menuet qu'elle chante : elle fait entendre que l'on ne doit pas perdre le temps des plaisirs, et que c'est une folie à la jeunesse d'être sans amour. Les divinités qui suivent Vertumne et Palæmon mêlent leurs danses au chant de Flore, et chacun fait connoître son empressement à contribuer à la réjouissance générale.

MENUET DE FLORE,
chanté par Mlle Hilaire.

Est-on sage,

---

1. Les Sylvains et les Divinités marines expriment. (Le *Ballet des ballets*.)

Dans le bel âge,
Est-on sage, etc.

Les Divinités de la terre et des eaux, voyant approcher Vénus, recommencent de joindre toutes leurs voix, et continuent par leurs danses de lui témoigner le plaisir qu'elles ressentent à son abord, et la douce espérance dont son retour les flatte.

CHOEUR
DE TOUTES LES DIVINITÉS DE LA TERRE ET DES EAUX.
Nous goûtons une paix profonde, etc.

Vénus[1] descend avec son fils et les Grâces. Elle ne peut dissimuler la confusion qu'elle a des honneurs que l'on rend à la beauté de Psyché, au mépris de la sienne. Elle oblige les Divinités qui se réjouissent de son retour sur la terre, de la laisser seule avec l'Amour. Elle lui exagère son dépit, et l'ayant conjuré de la venger, elle se va cacher aux yeux de tout le monde, en attendant le succès de sa vengeance. L'Amour part du bord du théâtre, et, après avoir fait un tour en l'air en volant, il se va perdre dans les nues.

NOMS DES ACTEURS :

L'Amour.	Baron.
Psyché.	Mlle Molière.
Deux soeurs de Psyché.	Mlles Marotte et Boval.
Le Père de Psyché.	La Thorillière.
Son capitaine des gardes.	Chasteau-Neuf.
Les deux amants de Psyché.	Hubert et la Grange.
Vénus.	Mlle de Brie.
Deux Grâces.	Les petites la Thorillière et du Croisy.
Deux petits Amours.	Thorillon et Barillonet.
Un Fleuve.	De Brie.
Jupiter.	Du Croisy.
Zéphire[2].	Molière.

Deux Suivants et deux Pages.

1. Au lieu de ce paragraphe, il y a simplement dans le *Ballet des ballets:* « Puis Vénus descend du ciel sur le théâtre. »
2. Ici, dans le Livret, « Zéphir. »

ARGUMENT DU PREMIER ACTE.

La scène est changée en une grande allée de cyprès, où l'on découvre, des deux côtés, des tombeaux superbes des anciens rois de la famille de Psyché. Cette décoration[1] est coupée, dans le fond, par un magnifique arc de triomphe, au travers duquel on voit un éloignement de la même allée qui s'étend jusqu'à perte de vue.

SCÈNE PREMIÈRE.

Les deux sœurs de Psyché expriment la jalousie qu'elles ont contre leur cadette.

SCÈNE SECONDE.

Elles veulent se rendre agréables à Cléomène et à Agénor, deux jeunes princes amis; mais elles les découvrent l'un et l'autre amoureux de Psyché.

SCÈNE TROISIÈME.

Les deux princes déclarent leur amour à Psyché.

SCÈNE QUATRIÈME.

Lycas, avec douleur, vient chercher Psyché, de la part du Roi son père.

SCÈNE CINQUIÈME.

Les deux sœurs apprennent de Lycas la réponse funeste que l'oracle a rendue au Roi sur la destinée de Psyché.

PREMIER INTERMÈDE.

La[2] scène change en des rochers affreux et fait voir en éloignement une effroyable solitude. C'est dans ce désert que Psyché doit être exposée pour obéir à l'oracle. Une troupe de personnes affligées y viennent déplorer sa disgrâce. Une partie de cette troupe désolée témoigne sa pitié par des plaintes touchantes et par des concerts lugubres, et l'autre exprime sa désolation par toutes les marques du plus violent désespoir.

FEMME DÉSOLÉE, qui plaint le malheur de Psyché : Mlle Hilaire.

HOMMES AFFLIGÉS, qui plaignent sa disgrâce : MM. Morel, et Langeais.

---

1. En marge du Livret : « Le théâtre est une allée de cyprès. »
2. En marge : « Le théâtre est une solitude. »

Dix flûtes : Les sieurs Philebert, Descouteaux, Piesche le fils, Nicolas, Louis, Martin et Colin Hotterre, Fossart, Duclos, et Boutet.

PLAINTES EN ITALIEN
chantées par Mlle Hilaire, MM. Morel, et Langeais.

Mlle HILAIRE.
Deh ! piangete al pianto mio [1],
. . . .

Cieli, stelle, ahi crudeltà !
Mlle HILAIRE.
Rispondete a miei lamenti,
Antri cavi, ascose rupi,
Deh! ridite, fondi cupi,
Del mio duolo i mesti accenti [2].

— *Ahi dolore*, etc.

M. MOREL.
Com' esser può fra voi, o Numi eterni,
. . . .
. . . .
Dar morte a la beltà ch' altrui dà vita.

ENTRÉE D'HOMMES AFFLIGÉS ET DE FEMMES DÉSOLÉES.

HOMMES : MM. Dolivet, le Chantre, Saint-André l'aîné, et Saint-André le cadet, la Montagne, et Foignard l'aîné.

FEMMES : MM. Bonard, Joubert, Dolivet le fils, Isaac, Vaignard l'aîné, et Girard.

CONTINUATION DES PLAINTES.
Ahi ! ch' indarno si tarda!
. . . .

---

1. Dans ce qui est omis et remplacé par des points, ici, et plus loin, après le vers « *Com' esser può*, » etc., ce Livret de 1671 n'offre de particulier que le remplacement des mots : « PREMIER HOMME AFFLIGÉ, » qui se lisent dans l'édition originale de la pièce (ci-dessus, p. 298), par le nom de « M. LANGEAIS; » et de : « SECOND HOMME AFFLIGÉ, » par celui de « M. MOREL. »

2. Cette strophe n'est pas dans les éditions de la pièce entière; on a vu plus haut (p. 298, note 4) que le texte n'en avait pas servi à Lulli, qu'il l'avait seulement laissé employer par Lambert et intercaler avec un double de son air dans la Partition (voyez p. 48 et 49 de celle qui a été imprimée en 1720).

Ove commanda il Ciel, l'uom cede a forza.

Deh! piangete, etc. (Come sopra[1].)

Le *Ballet des ballets* a, de plus que le livret de *Psyché*, les vers français suivants, placés en regard des vers italiens :

IMITATION EN VERS FRANÇOIS DES PLAINTES EN ITALIEN chantées[2] par Mlle Hilaire, MM. Morel et Langez (ou, d'après ce livret de *Psyché*, Laugeais) :

Mlle HILAIRE.

Mêlez vos pleurs avec mes larmes,
Durs rochers, froides eaux, et vous, tigres affreux.
Pleurez le destin rigoureux
D'un objet dont le crime est d'avoir trop de charmes.

M. LANGEZ.

Ô Dieux, quelle douleur!

M. MOREL.

Ah! quel malheur!

M. LANGEZ.

Rigueur mortelle!

M. MOREL.

Fatalité cruelle!

TOUS TROIS.

Faut-il, hélas!
Qu'un sort barbare
Puisse condamner au trépas
Une beauté si rare!
Cieux! Astres pleins de dureté,
Ah! quelle cruauté!

Mlle HILAIRE.

Répondez à ma plainte, Échos de ces bocages :
Qu'un bruit lugubre éclate au fond de ces forêts ;
Que les antres profonds, les cavernes sauvages,
Répètent les accents de mes tristes regrets.

---

1. Ce renvoi prouve bien que dans l'intention de Lulli, en reprenant toute la scène par la plainte qui l'ouvre, on devait chanter celle-ci la troisième fois comme la première, avec les mêmes paroles, avec la même musique : voyez encore, p. 298, note 4. Dans la partition imprimée, le renvoi est fait à l'*Ahi dolore — ahi crudeltà!* et l'on terminait sans doute par la reprise de cette plainte à trois.

2. C'est, comme on le voit, aux Plaintes originales que ce mot *chantées* se rapporte : l'imitation qui suit ne pouvait guère être substituée au texte italien mis en musique par Lulli et qui se lit dans sa partition imprimée, en 1720, d'après les représentations de l'Opéra.

M. LANGEZ.
Ô Dieux, quelle douleur! etc.
M. MOREL.
Quel de vous, ô grands Dieux! avec tant de furie,
Veut détruire tant de beauté?
Impitoyable Ciel, par cette barbarie,
Voulez-vous surmonter l'Enfer en cruauté?
M. LANGEZ.
Dieu plein de haine!
M. MOREL.
Divinité trop inhumaine!
ENSEMBLE.
Pourquoi ce courroux si puissant
Contre un cœur innocent?
Ô rigueur inouïe!
Trancher de si beaux jours,
Lorsqu'ils donnent la vie
A tant d'amours!
Mlle HILAIRE.
Que c'est un vain secours, contre un mal sans remède,
Que d'inutiles pleurs et des cris superflus!
Quand le Ciel a donné des ordres absolus,
Il faut que l'effort humain cède.

Mêlez vos pleurs, etc. (*Comme ci-dessus.*)

ARGUMENT DU DEUXIÈME ACTE.

SCÈNE PREMIÈRE.

Le père de Psyché fait éclater sa douleur et lui dit le dernier adieu.

SCÈNE SECONDE.

Les deux sœurs prennent aussi congé de Psyché.

SCÈNE TROISIÈME.

Les deux princes viennent trouver Psyché pour s'opposer ou s'exposer à tous les périls qui la pourront menacer. Elle est enfin[1] enlevée par le Zéphire, qui la fait emporter sur un amas de nuages par un tourbillon de vent. Les deux princes, qui la perdent de vue, s'abandonnent au désespoir.

1. En marge : « Enlèvement de Psyché. »

SECOND INTERMÈDE.

Le théâtre[1] se change en une cour magnifique, coupée, dans le fond, par un grand vestibule, qui est soutenu par des colonnes extrêmement enrichies. On voit au travers de ce vestibule un palais pompeux et brillant, que l'Amour a destiné pour Psyché.

Des Cyclopes travaillent en diligence, pour achever de grands vases d'or, que des Fées leur apportent, et qui doivent être de nouveaux ornements du palais de l'Amour[2].

ENTRÉE DES CYCLOPES ET DES FÉES.

HUIT CYCLOPES : MM. Beauchamp, Chicanneau, Mayeu, la Pierre, Favier, Desbrosses, Joubert, et Saint-André cadet.

HUIT FÉES : MM. Noblet, Magny, de Lorge, Lestang, la Montagne, Foignard l'aîné, et Foignard le cadet, et Vaignard l'aîné.

ARGUMENT DU TROISIÈME ACTE.

SCÈNE PREMIÈRE.

Le Zéphire, confident de l'Amour, lui rend compte de la commission qu'il a eue d'enlever Psyché.

SCÈNE SECONDE.

Psyché témoigne son étonnement à la vue de ce superbe palais, qui s'accorde si mal avec ce qu'elle attend.

SCÈNE TROISIÈME.

L'Amour, sans se faire connoître, lui découvre sa passion, que Psyché reçoit favorablement. Elle lui demande à voir ses sœurs;

---

1. En marge : « Le théâtre est un palais. »
2. Les vers de ce second intermède : « *Dépêchez, préparez ces lieux,* » etc. (voyez ci-dessus, p. 313 et 314), ne sont pas dans ce livret de 1671 ; mais ils se trouvent dans le *Ballet des ballets*.

l'Amour lui promet de les faire venir, et on donne l'ordre au Zéphire, qui traverse en l'air tout le théâtre, et s'envole dans les nuages par un mouvement rapide.

TROISIÈME INTERMÈDE.

De petits Zéphyrs sont invités à se mêler dans les doux jeux des Amours par des chansons qu'un Zéphyr et deux petits Amours chantent; et tous ensemble s'efforcent, par leurs chants et par leurs danses, de contribuer aux divertissements que l'Amour veut donner à Psyché.

ZÉPHYR QUI CHANTE : Jannot.

DEUX AMOURS CHANTANTS : Renier, et Pierrot.

HUIT ZÉPHYRS DANSANTS : MM. Bouteville, Des-Airs, Artus, Vaignard cadet, Germain, Pécourt, du Mirail, et Lestang le jeune.

HUIT AMOURS DANSANTS : Le Chevalier Pol, MM. Bouillaut, Thibaut, la Montagne, Dolivet fils, Daluseau, Vitrou, et la Thorillière.

CHANSON DU ZÉPHYR.
Aimable jeunesse, etc.

DIALOGUE DES DEUX AMOURS.
Ils chantent ensemble.
Chacun est obligé d'aimer, etc.
UN AMOUR *chante seul.*
Un cœur jeune et tendre, etc.
LES DEUX AMOURS *chantent ensemble.*
Chacun est obligé d'aimer, etc.
LE SECOND AMOUR *chante seul.*
Pourquoi se défendre, etc.
LES DEUX AMOURS *ensemble.*
Chacun est obligé d'aimer, etc.

SECOND COUPLET DE LA CHANSON DU ZÉPHYR.
L'Amour a des charmes, etc.

SECOND COUPLET DU DIALOGUE DES DEUX AMOURS.
S'il faut des soins et des travaux, etc.
UN AMOUR *seul.*
On craint, on espère, etc.

LES DEUX AMOURS *ensemble*.
S'il faut des soins et des travaux, etc.
LE SECOND AMOUR *seul*.
Que peut-on mieux faire, etc.
LES DEUX AMOURS *ensemble*.
S'il faut des soins et des travaux, etc.

ARGUMENT DU QUATRIÈME ACTE.

Le théâtre[1] devient un jardin superbe et charmant. On y voit des berceaux de verdure soutenus par des Termes d'or, et décorés de vases d'orangers, et d'arbres de toutes sortes de fruits. Le milieu du théâtre est rempli des fleurs les plus belles et les plus rares, environnées de haies de buis. On découvre dans l'enfoncement plusieurs dômes de rocailles ornés de coquillages, de fontaines et de statues; et toute cette agréable vue se termine par un magnifique palais.

SCÈNE PREMIÈRE.

Les deux sœurs de Psyché s'étonnent à la vue de toutes les merveilles qu'elles rencontrent, et la félicité de Psyché redouble leur jalousie contre elle.

SCÈNE SECONDE.

Elles profitent de la bonne foi de Psyché; et, lorsqu'elles s'en doivent séparer, le Zéphire les enlève[2] par un nuage en globe qui descend du ciel et qui s'allonge jusqu'à terre. Ce nuage enveloppe les deux sœurs; et, s'étant étendu sur toute la largeur du théâtre, il les emporte avec rapidité.

SCÈNE TROISIÈME.

Psyché, malgré la résistance de l'Amour, veut savoir ce qu'il est; l'Amour, lié par un serment, est contraint de se découvrir, et part en colère pour retourner au Ciel. Dans l'instant qu'il s'envole, le superbe jardin s'évanouit, et Psyché se trouve seule au milieu d'une vaste campagne[3], et sur le bord sauvage d'une grande rivière.

1. En marge : « Le théâtre est un jardin. »
2. En marge : « Enlèvement des deux sœurs. »
3. En marge : « Le théâtre est une campagne. »

SCÈNE QUATRIÈME.

Psyché, au désespoir du départ de son amant, accuse sa curiosité, et se veut précipiter dans le fleuve.

SCÈNE CINQUIÈME.

Le Dieu du fleuve paroît, assis sur un amas de joncs et de roseaux, et appuyé sur une grande urne d'où sort une grosse source d'eau. Il retient Psyché, et l'avertit que Vénus la cherche.

SCÈNE SIXIÈME.

Vénus fait des reproches à Psyché, qui essaye de s'excuser. La Déesse irritée lui ordonne de la suivre pour éprouver sa constance.

QUATRIÈME INTERMÈDE.

La scène représente les Enfers[1]. On y voit une mer, toute de feu, dont les flots sont dans une perpétuelle agitation. Cette mer effroyable est bornée par des ruines enflammées, et au milieu de ses flots agités, au travers d'une gueule affreuse, paroît le palais infernal de Pluton. Des Furies se réjouissent de la rage qu'elles ont allumée dans l'âme de la plus douce des Divinités. Des Lutins se mêlent avec les Furies; ils essayent, par des figures étonnantes, d'épouvanter Psyché, qui est descendue aux Enfers; mais les charmes de sa beauté obligent les Furies et les Lutins de se retirer.

ENTRÉE DES FURIES ET DES LUTINS.

Douze Furies : MM. Beauchamp, Hidieu, Chicanneau, Mayeu, Desbrosses, Magny, Foignard l'aîné, et Foignard le cadet, Joubert, Lestang, Favier l'aîné, et Saint-André le cadet.

Quatre Lutins faisant des sauts périlleux : Cobus, Maurice, Poulet, et Petit-Jean.

---

1. En marge : « Le théâtre est un Enfer. »

ARGUMENT DU CINQUIÈME ACTE.

SCÈNE PREMIÈRE.

Psyché passe dans une barque; et, après plusieurs travaux, paroît avec la boîte qu'elle a été prendre dans les Enfers par l'ordre de Vénus.

SCÈNE SECONDE.

Elle trouve les ombres des deux princes ses amants, que le désespoir avoit fait mourir.

SCÈNE TROISIÈME.

Psyché, sans songer au malheur que lui avoit produit sa première curiosité, veut essayer sur elle la vertu de ce qu'elle porte dans la boîte; et, en l'ouvrant, elle tombe évanouie.

SCÈNE QUATRIÈME.

L'Amour descend en volant [1], et vient promptement au secours de Psyché; il la croit morte, et s'abandonne au désespoir.

SCÈNE CINQUIÈME.

Vénus paroît en l'air sur son char [2], et la mère et le fils s'emportent l'un contre l'autre.

SCÈNE SIXIÈME.

Jupiter [3] s'avance pour arrêter leurs emportements. Lorsque Vénus l'aperçoit, elle se retire vers l'un des côtés du théâtre. Jupiter met enfin d'accord Vénus et son fils, et commande à l'Amour d'enlever Psyché au Ciel pour y célébrer leurs noces.

DERNIER INTERMÈDE.

Le théâtre se change et représente le Ciel [4]. Le grand palais de

---

1. En marge : « Descente de l'Amour. »
2. En marge : « Chœur (lisez : *Char*) de Vénus. »
3. En marge : « Machine de Jupiter. »
4. En marge : « Le théâtre est tout ciel » (*sic*).

Jupiter descend et laisse voir dans l'éloignement, par trois suites de perspective, les autres palais des Dieux du Ciel les plus puissants. Un nuage sort du théâtre, sur lequel l'Amour et Psyché se placent, et sont enlevés par un second nuage, qui vient, en descendant, se joindre au premier. Une troupe de petits Amours vient dans cinq machines, dont les mouvements sont tous différents, pour témoigner leur joie au Dieu des amours. Et, dans le même temps, Jupiter et Vénus se croisent en l'air, et se rangent près de l'Amour et de Psyché.

Les Divinités des Cieux, qui avoient été partagées entre Vénus et son fils, se réunissent en les voyant d'accord; elles paroissent, au nombre de trois cents, sur des nuages, dont tout le théâtre est rempli, et toutes ensemble, par des concerts, des chants, et des danses, célèbrent les fêtes des noces de l'Amour.

Apollon conduit les Muses et les Arts ; Bacchus est accompagné de Silène, des Ægipans et des Ménades; Mome, dieu de la raillerie, mène après lui une troupe enjouée de Polichinelles et de Matassins ; et Mars paroît à la tête d'une troupe de guerriers, suivis de timbales, de tambours, et de trompettes.

Apollon, dieu de l'harmonie, commence le premier à chanter, pour inviter les Dieux à se réjouir.

RÉCIT D'APOLLON,
chanté par M. Langeais.

Unissons-nous, troupe immortelle :
. . . .
Une félicité qui doit être éternelle.

Toutes les Divinités célestes chantent ensemble à la gloire de l'Amour.

CHOEUR DES DIVINITÉS CÉLESTES.

Célébrons ce grand jour;
. . . .
Qui tôt ou tard ne se rende à l'Amour[1].

Bacchus fait entendre qu'il n'est pas si dangereux que l'Amour.

RÉCIT DE BACCHUS,
chanté par M. Gaye.

Si quelquefois,
. . . .
Souvent c'est pour toute la vie.

---

1. A la suite de ce chœur se trouvent, dans l'édition originale de *Psyché*, et, par conséquent, dans notre texte (ci-dessus, p. 359 et 360), un chant

Mome déclare qu'il n'a point de plus doux emploi que de médire, et que ce n'est qu'à l'Amour seul qu'il n'ose se jouer.

RÉCIT DE MOME,
chanté par M. Morel.

Je cherche à médire
. . . .
Les plus grands des Dieux [1].
. . . .
De n'épargner personne.

Mars avoue que, malgré toute sa valeur, il n'a pu s'empêcher de céder à l'Amour.

RÉCIT DE MARS,
chanté par M. Estival.

Mes plus fiers ennemis, vaincus ou pleins d'effroi,
Ont vu toujours ma valeur triomphante.
L'Amour est le seul qui se vante
D'avoir pu triompher de moi [2].

Tous les Dieux du ciel unissent leurs voix, et engagent les timbales et les trompettes à répondre à leurs chants et à se mêler avec leurs plus doux concerts.

CHOEUR DES DIEUX [3], *où se mêlent les trompettes et les timbales.*

Chantons les plaisirs charmants
Des heureux amants.
Répondez-nous, trompettes,
Timbales et tambours :
Accordez-vous toujours
Avec le doux son des musettes ;
Accordez-vous toujours
Avec le doux chant des amours.

d'Apollon et une chanson des Muses, en deux couplets, qui, dans ce livret de 1671, sont placés plus loin (p. 379 et 380), et omis dans le *Ballet des ballets*. Il y a diverses autres transpositions dans la suite du Livret.

1. Ce qui suit, jusqu'à : « Les Ménades et les Ægipans », etc. (p. 380), est omis dans le *Ballet des ballets*.

2. Ce *Récit de Mars* n'est que dans ce livret de 1671 ; il ne se trouve pas dans l'édition originale, ni dans les suivantes, de la pièce entière, sauf 1734. Ce qui vient après y est dans un tout autre ordre qu'au Livret.

3. CHOEUR DES CIEUX. (*Ballet des ballets.*)

LIVRET DES INTERMÈDES.

ENTRÉE DE LA SUITE D'APOLLON.

SUITE D'APOLLON.

LES NEUF MUSES : Mlle Hilaire, Mlle Desfronteaux, Mlles Piesches sœurs, MM. Gillet, Oudot, Henry Hilaire, Descouteaux, et Piesche cadet.

CONCERTANTS : MM. Chaudron père, Piesche l'aîné, Marchand, Laquaisse cadet, Clerambaut, le Doux, Pesan, Gervais, Camille, Henry Verdier, Bernard, Mercier, Chevallier, Desnoyers, Edme Verdier, et Saint-Père.

Les Arts, travestis en bergers galants pour paroître avec plus d'agrément dans cette fête, commencent les premiers à danser. Apollon vient joindre une chanson à leurs danses et les sollicite d'oublier les soins qu'ils ont accoutumé de prendre le jour, pour profiter des divertissements de cette nuit bienheureuse.

ARTS TRAVESTIS EN BERGERS GALANTS.

BERGERS GALANTS : MM. Beauchamp, Chicanneau, la Pierre, Favier l'aîné, Magny, Noblet, Desbrosses, Lestang, Foignard l'aîné, et Foignard le cadet.

CHANSON D'APOLLON,
chantée par M. Langeais.

Le dieu qui nous engage
. . . .
Des jeux et de l'amour.

SECOND COUPLET.

Ce seroit grand dommage
. . . .
Des jeux et de l'amour.

Au milieu de l'entrée de la suite d'Apollon, deux des Muses, qui ont toujours évité de s'engager sous les lois de l'Amour, conseillent aux belles qui n'ont point encore aimé de s'en défendre avec soin à leur exemple.

CHANSON DES MUSES,
chantée par Mlle Hilaire, et par Mlle Desfronteaux.

Gardez-vous, beautés sévères,
. . . .
Coûte plus cent fois que d'aimer.

SECOND COUPLET DES MUSES.
On ne peut aimer sans peines,
. . . .
Coûte plus cent fois que d'aimer.

ENTRÉE DE LA SUITE DE BACCHUS.

SUITE DE BACCHUS.

CONCERTANTS : MM. de la Grille, le Gros, Gingan l'aîné, Bernard, Rossignol, la Forêt, Miracle cadet, Renier, et Jannot.

VIOLONS : MM. du Manoir père et fils, Balus père et fils, Chaudron fils, le Peintre, Lique, le Roux, le Gros, Varin, Joubért, Rafié, Des-Matins, Léger, l'Espine, et le Roux cadet.

BASSONS : Les sieurs Colin Hotterre, et Philidor [1].

HAUTBOIS : Les sieurs Duclos, du Chot, et Philidor cadet.

Les Ménades et les Ægipans viennent danser à leur tour. Bacchus s'avance au milieu d'eux et chante une chanson à la louange du vin.

SIX MÉNADES : MM. Isaac, Paysan, Joubert, Dolivet fils, Breteau, et Des-Forges.

SIX ÆGIPANS : MM. Dolivet, Hidieu, le Chantre, Royer, Saint-André l'aîné, et Saint-André le cadet.

CHANSON DE BACCHUS,
chantée par M. Gaye.

Admirons le jus de la treille :
. . . .
Le vin est d'un grand secours [2].

Silène, nourricier de Bacchus, paroît, monté sur son âne. Il chante une chanson qui fait connoître les avantages que l'on trouve à suivre les lois du Dieu du vin.

CHANSON DE SILÈNE,
chantée par M. Blondel.

Bacchus veut qu'on boive à longs traits;
On ne se plaint jamais

---

1. Nous croyons, comme nous l'avons déjà dit, qu'il s'agit de l'auteur de la collection à laquelle nous devons maint utile renseignement. Il peut être très-naturellement nommé ici avec son frère cadet : voyez ci-dessus, p. 236, note 3.

2. Ce qui suit, jusqu'à l'*Entrée de la suite de Mome* (p. 381), n'est pas dans les éditions de la pièce entière, sauf 1734.

Sous son heureux empire :
Tout le jour on n'y fait que rire,
Et la nuit on y dort en paix.
SECOND COUPLET.
Ce dieu rend nos vœux satisfaits;
Que sa cour a d'attraits!
Chantons-y bien sa gloire :
Tout le jour on n'y fait que boire,
Et la nuit on y dort en paix.

Deux Satyres se joignent à Silène, et tous trois chantent ensemble un trio à la louange de Bacchus et des douceurs de son empire.

TRIO DE SILÈNE ET DE DEUX SATYRES.

MM. Blondel, de la Grille, et Bernard.

Voulez-vous des douceurs parfaites?
Ne les cherchez qu'au fond des pots.
UN SATYRE.
Les grandeurs sont sujettes
A cent peines secrètes.
SECOND SATYRE.
L'amour fait perdre le repos.
TOUS ensemble.
Voulez-vous des douceurs parfaites?
Ne les cherchez qu'au fond des pots.
UN SATYRE.
C'est là que sont les ris, les jeux, les chansonnettes.
SECOND SATYRE.
C'est dans le vin qu'on trouve les bons mots.
TOUS ensemble.
Voulez-vous des douceurs parfaites?
Ne les cherchez qu'au fond des pots.

Deux autres Satyres enlèvent Silène de dessus son âne, qui leur sert à voltiger, et à former des jeux agréables et surprenants.

DEUX SATYRES VOLTIGEURS : MM. de Meniglaise,
et de Vieux-Amant.

ENTRÉE DE LA SUITE DE MOME.

SUITE DE MOME.

CONCERTANTS : MM. Dom, Beaumont, Fernon l'aîné, Fernon cadet, Gingan cadet, Deschamp, Horat, la Montagne, et Pierrot.

VIOLONS : Les sieurs Marchand, Laquaisse, Huguenet, Magny, Brouard, Fossard, Huguenet cadet, Destouches, Guenin,

Roullé, Charpentier, Ardelet, la Fontaine, Charlot,
et Martinot père et fils.

BASSONS : Les sieurs Nicolas et Martin Hotterre.

HAUTBOIS : Les sieurs Piesche père, Plumet, et Louis Hotterre.

Une troupe de Polichinelles et de Matassins vient joindre leurs plaisanteries et leurs badinages aux divertissements de cette grande fête. Mome, qui les conduit, chante au milieu d'eux une chanson enjouée sur le sujet des avantages et des plaisirs de la raillerie.

SIX MATASSINS DANSANTS : MM. de Lorge, Bonard, Arnal,
Favier cadet, Goyer, et Bureau.

SIX POLICHINELLES : MM. Manceau, Girard, la Valée, Favre,
le Febvre, et la Montagne.

CHANSON DE MOME,
chantée par M. Morel.

Folâtrons, divertissons-nous,
. . . .
Quand on rit aux dépens d'autrui.

Plaisantons, ne pardonnons rien,
. . . .
Quand on rit aux dépens d'autrui.

ENTRÉE DE LA SUITE DE MARS.

SUITE DE MARS.

CONCERTANTS: MM. Bony, Hédouin, Serignan, la Griffonnière,
le Maire, Desuelois, David, Beaumaviel, Miracle, Perchot,
Thierry, et Mathieu.

VIOLONS : MM. Masvel, Thaumin, Chicanneau, Bonnefons,
la Place, Regnaut, Passe, du Bois, du Vivier, Nivelon,
le Jeune, Du-Fresne, Allais, du Mont, le Bret,
d'Auche, Converset, et Rousselet fils.

BASSON : Rousset.

FLÛTES : Philebert, Boutet, et Paisible.

M. Rebel, conducteur.

Daicre, timbalier.

Ferier, sacq de bout [1].

---

1. Sans doute l'espèce de trombone appelé *saquebute* (*saqueboute* aussi, comme on l'a vu, au tome VII, p. 283, note 3, dans une citation de Rabelais, où

Trompettes: Duclos, Denis, la Rivière, l'Orange, la Pleine, Pellissier, Petre, Roussillon, et Rodolfe.

Mars vient au milieu du théâtre, suivi de sa troupe guerrière, qu'il excite à profiter de leur loisir en prenant part aux divertissements [1].

CHANSON DE MARS,
chantée par M. d'Estival.

Laissons en paix toute la terre,
. . . .
Mêlons l'image de la guerre.

Quatre hommes portant des masses et des boucliers, quatre autres armés de demi-piques, et quatre autres avec des enseignes, font en dansant une manière d'exercice.

Quatre Enseignes : MM. Beauchamp, Mayeu, la Pierre, et Favier.

Quatre Piquiers : MM. Noblet, Chicanneau, Magny, et Lestang.

Quatre Porte-masses et -rondaches : MM. Camet, la Haye, le Duc, et du Buisson.

DERNIÈRE ENTRÉE.

Les quatre troupes différentes de la suite d'Apollon, de Bacchus, de Mome, et de Mars, après avoir achevé leurs entrées particulières, s'unissent ensemble, et forment la dernière entrée, qui renferme toutes les autres. Un chœur de toutes les voix et de tous les instruments se joint à la danse générale, et termine la fête des noces de l'Amour et de Psyché [2].

CHOEUR.

Chantons les plaisirs charmants
Des heureux amants.
Répondez-nous, trompettes,
Timbales et tambours :

encore *sambute* : serait-ce une altération du nom antique de *sambuque*, harpe et machine de guerre, ou le même mot que *haquebute*, arquebuse, en allemand *Hakenbüchse*, et certains de ces instruments auraient-ils eu quelque ressemblance de forme avec l'arme?).

1. Au divertissement. (*Ballet des ballets*.)

2. Dans le *Ballet des ballets* sont omis les derniers mots : « des noces de l'Amour et de Psyché. »

> Accordez-vous toujours
> Avec le doux son des musettes ;
> Accordez-vous toujours
> Avec le doux chant des amours[1].

1. Sur ce chœur, qui est déjà plus haut, p. 378, et fut chanté aux Tuileries, comme variante du chœur final, voyez à la fin de la pièce, p. 362.

LES

FOURBERIES DE SCAPIN

COMÉDIE

REPRÉSENTÉE LA PREMIÈRE FOIS A PARIS

SUR LE THÉÂTRE DE LA SALLE DU PALAIS-ROYAL

LE 24° MAI 1671

PAR LA TROUPE DU ROI [1]

---

[1]. Les éditeurs des OEuvres de Molière, y compris les plus anciens, ont longtemps placé les Fourberies de Scapin avant Psyché. C'était ne pas tenir compte de la représentation de cette seconde pièce aux Tuileries, pour le Roi, qui eut lieu le 17 janvier 1671, mais seulement de la représentation sur le théâtre du Palais-Royal, postérieure de deux mois exactement (24 juillet) à la première de Scapin au même lieu. Voyez plus haut, p. 245, les dates marquées au titre de Psyché.

NOTICE.

Depuis *l'Avare*, joué en 1668, et que suivirent quatre pièces destinées au théâtre de la cour, *les Fourberies de Scapin* furent le premier ouvrage que Molière composa pour celui de la ville. *L'Avare*, et, quelques mois avant cette comédie, l'*Amphitryon*, écrit de même pour être représenté d'abord au Palais-Royal, étaient imités de Plaute; *Scapin* l'est de Térence[1]. Il semble donc qu'en ce temps-là, dès que Molière était libre et n'avait point à accommoder ses pièces aux divertissements du Roi, il était porté par son goût à prendre pour modèles tantôt l'un, tantôt l'autre des deux grands comiques latins, ces maîtres si dignes d'un génie tel que le sien. C'était une excellente source pour en tirer « ses doctes peintures[2], » suivant l'expression de Boileau.

Mais Boileau craignait toujours, non sans quelque excès de scrupule, qu'on ne troublât la pureté de cette source. Il lui semblait que prendre à Térence une de ses œuvres, et avoir la hardiesse d'en altérer le ton et le mouvement, c'était manquer de respect à un maître; et il en voulait à Molière, qui, ayant emprunté *Scapin* au *Phormion*, avait, à son sentiment, *fait grimacer ses figures*[3]. Très-agréable grimace en vérité! Elle ne charmait cependant pas l'aristarque, qui ne laisse pas douteuse son impression qu'un chef-d'œuvre du comique latin avait été très-malheureusement changé en une farce.

Ce nom de farce, donné quelquefois aux *Fourberies de Scapin*[4], s'appliquera toujours difficilement à une pièce de

---

1. Avec quelques souvenirs de Plaute : voyez ci-après, vers la fin de la scène vi de l'acte II, p. 473 et note 1.

2. *L'Art poétique*, chant III, vers 395. — 3. *Ibidem*, vers 396.

4. Par Voltaire, par exemple : voyez son *Sommaire*, ci-après, p. 406.

Molière, à moins qu'on ne le réserve pour ces canevas, pour ces petites bouffonneries qu'il fit jouer en province. Devenu bientôt un maître en son art, un de ces maîtres qui ne sont pas *captifs en leur étroit génie*, il sut mieux que tous les critiques et que tous les législateurs du Parnasse quelle était légitimement l'étendue de cet art. Il s'y mouvait librement, en tout sens, tantôt s'élevant jusqu'aux sommets, tantôt en redescendant pour se livrer à l'inspiration de la franche gaieté. Quelque forme d'ailleurs qu'il voulût donner à ses comédies, plus sérieuse ou plus propre à provoquer le rire, la marque du grand ouvrier y était.

N'accusons ni, avec Boileau, le peuple, ni, avec d'autres, la cour, des infidélités de Molière à la haute comédie. Toutes les fois qu'il abaissait ainsi la hauteur de son brodequin, ce n'était point uniquement par complaisance, soit pour les *régales* de Chambord, soit pour l'amusement d'un moins noble public. Sans faire de pénible sacrifice au goût de personne, il aimait à laisser, de temps en temps, courir à bride abattue sa verve plaisante, qui était un des dons naturels de son génie, en même temps si profond.

Ce fut peu de jours avant de commencer, pour les représentations du Palais-Royal, les répétitions de *Psyché*, qu'il donna au public de ce Théâtre *les Fourberies de Scapin*. La tragédie-ballet, dont il se préparait à faire enfin jouir la ville, pouvait, par la beauté du spectacle, y exciter la curiosité. N'était-il pas à craindre que ce ne fût une curiosité un peu froide? L'élément comique tient peu de place parmi les beautés presque toutes lyriques de *Psyché*; et l'on a cru, nous ne savons si c'est avec raison, que Molière, dans l'intérêt de sa troupe, jalouse de toucher de grosses parts, avait jugé prudent de donner en même temps quelque chose de plus divertissant. Le nouvel ouvrage, qui satisfaisait si bien à cette condition, fut représenté pour la première fois, au témoignage du *Registre de la Grange*[1], le dimanche 24 mai 1671. Robinet en parle dans sa *Lettre en vers à Monsieur* du 30 de ce même mois. Il constate que ce *Scapin* était alors l'objet de tous les entretiens, et prend plaisir à noter, par malheur assez lour-

---

1. Voyez ci-après, p. 399.

dement, quelques-uns des traits les plus piquants, à son gré, du maître fourbe :

>A Paris, ...
>On ne parle que d'un Scapin,
>Qui surpasse défunt l'Espiègle [1]
>(Sur qui tout bon enfant se règle)
>Par ses ruses et petits tours,
>Qui ne sont pas de tous les jours ;
>Qui vend une montre à son maître
>Qu'à sa maîtresse il doit remettre,
>Et lui jure que des filous
>L'ont prise, en le rouant de coups ;
>Qui des loups-garous lui suppose,
>Dans un dessein qu'il se propose
>De lui faire, tout à son gré,
>Rompre le cou sur son degré... ;
>. . . . .
>Qui boit certain bon vin qu'il a,
>Puis accuse de ce fait-là
>La pauvre et malheureuse ancelle [2],
>Que, pour lui, le maître querelle ;
>Qui sait deux pères attraper
>Et par des contes bleus duper,
>Si [3] qu'il en escroque la bourse,
>Qui de leurs fils est la ressource.

Dans ces *Fourberies de Scapin*, dont Robinet, comme tout le monde, s'amusa tant, il y avait beaucoup de Térence, du plus agréable, du plus élégant ; tout cependant ne reproduisait pas ce modèle principalement suivi. Le *Phormion*, qui avait tenté Molière, comme sujet de libre imitation, est une comédie sagement plaisante, écrite dans la langue très-fine et pleine d'ur-

---

1. C'est le héros de l'*Histoire joyeuse et récréative* de TILL ULESPIEGLE, traduite en français d'un livre écrit (en bas allemand) au quinzième siècle. La première impression de *Till Eulenspiegel* (en haut allemand) est de 1519. De nombreuses impressions et, vers le milieu du dix-septième siècle, les gravures de Lagniet l'avaient popularisé chez nous.
2. Vieux mot tiré du latin *ancilla* : voyez le *Dictionnaire de M. Godefroy*, tome I, p. 282.
3. Si bien (que...).

banité du demi-Ménandre latin. L'intrigue y est habilement conduite; les caractères sont marqués des traits les plus justes, et souvent mis en relief par des mots d'un excellent comique, dont Molière a fait son profit. Mais il fallait, sur notre théâtre, une gaieté plus animée, plus entraînante.

Il était, en outre, nécessaire de donner une couleur moderne à cette peinture des mœurs romaines ou athéniennes. Si les passions sont, au fond, restées les mêmes, le masque était à changer. Les jeunes amoureux des temps antiques ne diffèrent guère des nôtres; mais le personnage du parasite, de ce complaisant Phormion, principal artisan des ruses dans la comédie que Térence avait imitée du grec Apollodore, nous aurait paru archaïque : il était à supprimer. Les esclaves devaient être remplacés par des valets; les uns et les autres n'ont pas tout à fait la même physionomie. A part ces transformations, ces rajeunissements indispensables, une des remarques dont on est frappé, quand on compare les deux pièces, c'est que Molière, dans la sienne, a pris, suivant sa coutume, beaucoup moins souci de la manière dont il nouait et dénouait l'action, cherchant surtout un prétexte aux scènes les plus réjouissantes.

Dans tout ce qu'il a emprunté à Térence, il a su, nous ne pouvons trop le répéter, nous rendre le charme et la grâce de son style, avec plus de perfection même en maint endroit; et parce que, en même temps, il a mêlé à des agréments plus sobres un sel moins délicat peut-être, mais plus piquant, qui les relève, des imaginations de plus haut goût, a-t-il profané son modèle? Ou devons-nous seulement dire qu'il l'a ragaillardi? Boileau s'est plaint de la profanation. Il faisait honte à Molière d'avoir allié Tabarin à Térence[1]. Une telle alliance eût été certainement un gros péché. En accuser Molière, c'est donner à croire qu'il a mis dans sa pièce quelques-unes des incongruités du Pont-Neuf. Où les a-t-on vues?

Ce qui a fait penser à Tabarin, c'est la scène du sac. On en trouve l'idée, sous une forme très-grossière, dans les *Farces Tabariniques*. Il y a d'abord la première où Francisquine, femme du vieux débauché Lucas, cache celui-ci dans un grand sac, parce qu'il a peur d'être enlevé par les sergents. Elle ouvre

---

1. *L'Art poétique*, chant III, vers 398.

ensuite la porte à Fristelin, qui lui apporte un billet doux, une déclaration d'amour de son maître. Feignant d'entendre quelque bruit, elle engage Fristelin à entrer dans le sac où Lucas est déjà enfermé. Tabarin, valet de Piphagne, vient alors consulter Francisquine, sa voisine, sur un achat de viandes. Elle a son affaire, deux pourceaux dans le sac. Tabarin et Piphagne, au lieu de ce qu'ils croient avoir acheté, trouvent Lucas et Fristelin. Tous se battent[1]. Dans la seconde farce, Tabarin a fait entrer dans un sac le capitaine Rodomont, à qui il a fait espérer de l'introduire ainsi près d'Isabelle. Lucas survient. Le capitaine lui fait un conte qui tente son avarice, et qui le décide à prendre la place de l'empaqueté. Alors Tabarin et Isabelle arrivent pour bâtonner dans son sac le capitaine. Quand ils ont bien étrillé leur homme, ils reconnaissent que c'est Lucas[2].

La plaisanterie n'était probablement pas neuve ; Molière avait pu la rencontrer ailleurs que chez Tabarin, quoiqu'il connût, à n'en pas douter, les farces de ce bouffon. Beaucoup de semblables facéties populaires étaient depuis longtemps répandues, sans qu'il soit facile de remonter à leur origine, et se retrouveraient sans doute, soit sur les théâtres des différentes nations, soit chez de vieux conteurs. Voici, par exemple, dans *les Facétieuses nuits* de Straparole, la mésaventure de Simplice Rossi[3] qui ne ressemble pas beaucoup moins à celle de Géronte que les scènes de Tabarin. Simplice a voulu séduire la femme du paysan Guirot. Cette femme, qui a nom Giliole, conspire avec son mari contre le galant ; elle lui donne rendez-vous dans son logis, où il y a douze sacs de blé. Guirot survient. Giliole, feignant la surprise et la frayeur, cache Simplice

1. Voyez l'*Histoire du théâtre françois* des frères Parfaict, tome IV, p. 324-326. On peut comparer *les OEuvres de Tabarin*, dans la *Bibliothèque gauloise* (Paris, 1858, p. 259 à 263).
2. *Les OEuvres de Tabarin*, p. 264-270. Cailhava (*de l'Art de la comédie*, tome II, p. 335) donne une analyse un peu différente de cette farce de Tabarin. On croira sans peine que celui-ci introduisait souvent des variantes dans son canevas.
3. Voyez la *Seconde nuit*, fable v, dans *les Facétieuses nuits de Straparole*, traduites par Jean Louveau et Pierre de Larivey, tome Ier, p. 150-152 (Paris, P. Jannet, 1857). — Ces traductions sont du seizième siècle.

dans un sac vide, qui, à dessein, a été laissé à côté des autres. Guirot, trouvant un sac de trop, le prend, le traîne dehors, et, armé d'un bâton noueux, administre une correction à l'amoureux, qui, après le départ du mari, sort, bien frotté, du sac. Pourquoi ne serait-ce pas Straparole, plutôt que Tabarin, que Molière aurait allié à Térence? Il se pourrait encore que les scènes du sac eussent été pillées par Tabarin dans quelques-unes des pièces représentées à l'Hôtel de Bourgogne, auxquelles on dit[1] qu'il faisait des emprunts. Il en devait faire aussi au théâtre italien; et n'est-ce pas pour cela qu'on le nommait quelquefois *Tabarini*, et qu'on lui a attribué, à tort, il est vrai, une origine italienne? Si l'on supposait aux farces Tabariniques de telles sources, rien ne dirait que Molière n'y a pas directement puisé. Il est vrai que, eût-il été chercher la scène des coups de bâton reçus par Géronte dans les farces des bouffons italiens ou dans celles que jouaient à l'Hôtel de Bourgogne les Turlupin, les Guillot-Gorju, les Gros-Guillaume, ce ne serait guère pour cette scène une plus noble extraction. Contentons-nous donc de dire que ce devait être là une de ces traditions joyeuses tombées, sous des formes variées, dans le domaine public; et n'attachons pas beaucoup d'importance à savoir si Molière l'a recueillie dans les parades du Pont-Neuf, ou autre part. L'idée divertissante, qu'on en laisse ou qu'on en conteste l'invention à Tabarin, ne ferait tache dans une comédie tirée de Térence, que si elle y avait gardé sa bassesse et sa platitude originaires, et si l'auteur des *Fourberies de Scapin* ne l'avait pas ingénieusement transformée par des détails d'une gaieté très-acceptable. Il est plus sage de se demander si, depuis qu'elle a été habilement maniée, une plaisanterie n'est pas devenue bonne, que de s'inquiéter de son acte de naissance.

Née d'abord où elle a pu, celle du sac était depuis longtemps connue sur le théâtre de Molière. Le *Registre de la Grange*[2] nous apprend qu'il y avait été joué, en 1661, 1663 et 1664, une petite pièce dont le titre est *Gorgibus dans le sac*. On a conjecturé que Molière en était lui-même l'auteur. Ce

---

1. *Histoire du théâtre françois*, tome IV, p. 323.
2. Voyez notre tome Ier, p. 8.

n'est point certain, mais possible : il y a d'autres exemples de farces esquissées par lui pour la province, et dont il s'est souvenu dans ses comédies. *Gorgibus* (et c'est la farce à laquelle Voltaire paraît avoir fait allusion[1]) aurait donc été une première ébauche de quelques scènes des *Fourberies de Scapin*. On a signalé une autre esquisse où la ressemblance serait beaucoup plus frappante. C'est une comédie intitulée *Joguenet ou les Vieillards dupés*. M. P. Lacroix l'a fait connaître dans la *Revue des Provinces* du 15 janvier 1865. Il raconte là l'histoire de la découverte du manuscrit, où il a cru avoir sous les yeux l'écriture de Molière lui-même, et auquel il donne une date qui flotterait entre 1640 et 1655. Nous parlions d'une ébauche ; ce serait, en vérité, quelque chose de plus : avec des variantes, quelques scènes que nous ne connaissions pas et un dénouement entièrement différent, on y retrouve, en très-grande partie, le texte des *Fourberies de Scapin*. Voilà qui est bien suspect. Molière, au temps où il aurait écrit *Joguenet*, ne pouvait être déjà l'écrivain qu'il a été plus tard, et que, dans *Scapin*, il faut se garder de méconnaître. *Joguenet* doit être une contrefaçon (ancienne, nous le voulons bien) de notre pièce ; et ce qui confirmerait cette supposition, c'est que « dans la scène du sac, nous dit M. Lacroix, le nom de Scapin apparaît une fois, au lieu de celui de Joguenet, au milieu des descriptions des jeux de scènes que ce personnage exécutait : » distraction du contrefacteur, par laquelle il s'est trahi. Nous avons vu qu'on avait joué, à peu près avec le même sans façon, le *Dom Juan* en province, du vivant de Molière, en y introduisant des changements[2]. S'il y a eu une ancienne esquisse de quelques traits des *Fourberies de Scapin*, nous n'admettrions que *Gorgibus*.

Là personne ne put être scandalisé du sac ; car celui qui s'y enveloppait, avec un de ses personnages, ou, comme Boileau voulait dire, qui y enveloppait son génie comique, n'était pas encore « l'auteur du *Misanthrope*. »

Dominé par l'imposante autorité de Boileau, Auger n'a fait que paraphraser les fameux vers de *l'Art poétique* sur le « sac

---

1. Voyez ci-après, p. 406, le *Sommaire* de Voltaire.
2. Voyez la *Notice* sur *Dom Juan*, tome V, p. 51-53.

ridicule, » dans ce passage de sa *Notice* sur notre pièce[1] :
« L'auteur du *Misanthrope* est descendu trop au-dessous de
lui-même et a, pour ainsi dire, donné lieu de le *méconnaître*,
lorsqu'il a transporté sur le théâtre, illustré par tant de chefs-
d'œuvre comiques sortis de ses mains, une bouffonnerie grossière, qui avait déjà traîné sur les plus ignobles tréteaux. »
Toujours ce reproche, qui ne nous touche guère, et n'est
peut-être pas même fondé en fait, d'une plaisanterie empruntée
aux tréteaux ! Ignobles, grossiers, ils l'étaient assurément ;
mais la scène de Molière, et cela seul importe ici, ne l'est pas :
elle n'est que très-amusante et dans le ton de toutes les autres
scènes où Scapin joue des tours pendables aux deux pères.
Ni là, ni dans les coups de bâton du fagotier Sganarelle, ni
dans la poursuite de Pourceaugnac par les apothicaires, *le
Misanthrope*, qu'on introduit comme un trouble-fête, n'a rien
à voir. Il n'est pas juste que le souvenir de ses beautés
nobles et graves vienne faire la leçon à notre grand comique,
au milieu des libres accès de son humeur joyeuse. Nous ne
nous sentons pas embarrassé de penser, en cette occasion,
comme Pradon, qui nous paraît avoir eu raison (une fois n'est
pas coutume) contre Boileau, lorsque celui-ci méconnaissait
Molière dans une scène dont il sera toujours plus facile de
s'indigner que de ne pas beaucoup rire. « M. de Molière, dit
Pradon dans ses *Nouvelles remarques sur tous les ouvrages du
sieur D**** (*Despréaux*)[2], n'étoit pas là si défiguré qu'on ne
le pût encore reconnoître facilement. J'avoue qu'il n'a pas
prétendu faire dans *Scapin* une satire fine comme dans *le
Misanthrope*. *Scapin* est une plaisanterie qui a cependant son sel
et ses agréments, comme *le Mariage forcé* ou *les Médecins*. »
Ce jugement de Pradon est approuvé dans le *Mercure* de
mai 1736, qui ajoute[3] : « Plaute n'auroit pas rejeté le jeu
même du sac, ni la scène de la galère..., et se seroit reconnu
dans la vivacité qui anime l'intrigue. »

L'auteur de *l'Art poétique* a mainte fois payé au génie de
Molière un assez noble tribut d'hommages, particulièrement

---

1. *Œuvres de Molière*, tome VIII, p. 466. .
2. 1 volume in-12 (la Haye, chez Jean Strik, 1685), p. 36.
3. Voyez aux pages 989 et 990.

dans son *Épître* VII, avec une admirable éloquence, pour que l'on ne se fasse pas scrupule de penser et de dire franchement qu'il a été un jour injuste pour lui dans un moment de mauvaise humeur.

Nous ne savons si ce fut dans l'intention de défier et de taquiner Boileau que ce sac plus ou moins tabarinique, dont nous avons surabondamment parlé, a, dans une pièce de notre temps[1], reparu sur la scène française et, fortune inattendue, y est devenu tragique. Ainsi ensanglanté, Tabarin aurait-il osé le réclamer? Quand il l'a ouvert, sur ses tréteaux, à ses personnages de la parade, il ne se doutait pas qu'un Molière et un Victor Hugo *s'y envelopperaient.*

Si l'on a trouvé mauvais que Molière ait fait rire un peu plus fort que ne se l'était permis le comique latin, on ne lui a pas contesté le droit de rajeunir le *Phormion* par une couleur plus moderne. Pour ne pas s'éloigner, plus qu'il n'était nécessaire, de son modèle, soit dans les incidents de la pièce, soit dans le caractère des personnages, il était naturel qu'il se tournât du côté de l'Italie. C'était toujours là (souvenons-nous de *l'Étourdi*, du *Sicilien*) qu'il allait chercher ces femmes que l'on tire, à prix d'argent, des mains de ceux qui les tiennent captives, et ces valets, maîtres en fourberies, postérité, facile à reconnaître, des Dave et des Géta. Par la tradition continuée à travers les âges, comme par la persistance de quelques-uns des caractères de la race, les Italiens conservaient dans leurs comédies bien des souvenirs des comédies latines. Ils ont ainsi rapproché de nous ces peintures antiques, que Molière voulait imiter, sans perdre de vue son temps. Il devait donc être porté à s'inspirer sinon de tel ou tel de leurs ouvrages, du moins de la couleur générale de leur théâtre. Son Mascarille était déjà d'origine italienne; Scapin en est également, et, cette fois, sans que l'origine soit déguisée par le nom. En effet Scapin est un des *zanni;* comme Beltrame, il venait de Milan. Nous ne le trouvons dans la troupe italienne de Paris qu'en 1716, au temps où elle était dirigée par Riccoboni[2]. Mais il y avait déjà près d'un siècle que Beltrame, dans son *Inavvertito*[3], imprimé

---

1. *Le Roi s'amuse.* — 2. Le Scapin était alors Giovanni Bissoni.
3. Voyez notre tome Ier, p. 241-378.

en 1629, avait donné le nom de *Scappino* au personnage dont Molière a fait Mascarille. Ainsi le Mascarille de *l'Étourdi*, c'est déjà Scapin. Dans *les Fourberies de Scapin*, dont la scène est à Naples, comme celle de *l'Étourdi* est à Messine, il y a plus d'un nom encore de la comédie italienne : Zerbinette, Nérine.

Faut-il penser que la pièce de 1671 doive à l'Italie quelque chose de plus que des noms et le lieu de la scène ; et qu'à l'imitation de Térence, restée d'ailleurs prédominante, l'imitation de quelque auteur italien se soit mêlée? Nous en doutons beaucoup.

M. Louis Moland a fait remarquer[1] que la fameuse scène de la Galère[2] (ce ne serait jamais qu'une scène épisodique empruntée à l'Italie) se trouvait, au moins en germe, dans un canevas de Flaminio Scala[3], intitulé *il Capitano*. On y tire de Pantalon l'argent dont son fils a besoin, en lui faisant accroire que ce fils a été pris par des bandits, qui, pour lui rendre la liberté, exigent une rançon de cent écus. Il se peut que la ressemblance des deux scènes ait été plus grande qu'elle ne paraît, parce que le canevas doit avoir été, comme le dit M. Moland, développé plaisamment par les *Gelosi* qui le jouaient. Ce développement toutefois, nous n'en avons pas connaissance ; et s'il n'est pas impossible que, sur le théâtre où sa troupe et la troupe italienne jouaient alternativement, Molière ait vu représenter le *Capitano*, un peu changé par les libres broderies des improvisateurs, qui, dans la scène dont il s'agit, auraient remplacé les brigands de terre ferme par des pirates turcs, ce n'est toutefois qu'une supposition. Il faudrait faire, en même temps, celle-ci, que la scène, ainsi développée, aurait été copiée par Cyrano de Bergerac, dans son *Pédant joué*[4], où elle se trouve avec quelques-unes de ses meilleures plaisanteries, particulièrement avec le mot si comique qui est dans toutes les mémoires : « Qu'allait-il faire dans cette galère? ». Au lieu de

1. *Molière et la Comédie italienne* (Paris, 1867), p. 347.
2. Acte II, scène VII.
3. Flaminio Scala, dit *Flavio*, fit imprimer, en 1611, son théâtre, « qui n'est pas dialogué, mais seulement exposé en simples canevas » (*Histoire du théâtre italien*, par Louis Riccoboni, tome Ier, p. 39).
4. Acte II, scène IV.

la conjecture, fort douteuse, qu'une même pièce italienne aurait fourni l'aventure de la galère turque à Cyrano et à Molière, il est plus simple de croire, avec le *Menagiana*[1], que celui-ci l'a directement tirée du *Pédant joué*, et, pendant qu'il y était, le récit que Zerbinette fait à Géronte[2]. En effet l'indiscrétion de la jeune rieuse est très-semblable à celle de Génevote, dans une scène entre elle et le pédant Granger[3]. Il y a pourtant cette différence que Génevote régale le bonhomme de sa propre histoire avec pleine conscience de sa malice, par conséquent d'une façon beaucoup moins plaisante. Il est à peine besoin de dire que la scène de la galère aussi est tout autrement parfaite chez Molière.

Ces emprunts, qu'il a fait valoir à si gros intérêts, n'en sont pas moins un honneur pour Cyrano. Cet ancien condisciple de Molière mêlait à ses extravagances burlesques quelques idées heureuses dont notre grand comique a fait son profit dans plusieurs de ses pièces. Grimarest rapporte qu'à ce propos Molière disait[4] : « Il m'est permis de reprendre mon bien où je le trouve. » Mon bien ! Ce qui n'appartient vraiment qu'à moi, parce que seul je sais le mettre dans un beau jour et, le tirant de mains inhabiles qui le laisseraient perdre, le faire vivre et briller dans des œuvres durables. Quel droit ont sur ce bien les obscurs devanciers qui, sans attendre que l'on vienne lui donner tout son prix, s'en sont emparés à notre préjudice?

Leurs écrits sont des vols qu'ils nous ont fait d'avance.
. . . .
Ils nous ont dérobés[5].

C'est ainsi qu'a été généralement entendue la revendication que l'on prête à Molière. Quelques-uns cependant l'ont voulu prendre à la lettre. Ils ont pensé que Cyrano, après avoir composé des pièces avec Molière, lorsqu'ils étaient jeunes tous deux, s'était, dans la suite, approprié des scènes de son colla-

1. Tome II, p. 25 et 26 (addition de la Monnoye).
2. *Les Fourberies de Scapin*, acte III, scène III.
3. *Le Pédant joué*, acte III, scène II.
4. *La Vie de M. de Molière*, p. 13 et 14.
5. *La Métromanie*, acte III, scène VII.

borateur¹, et que celui-ci, en les reprenant, a exercé le même droit que les paons de la fable, quand ils arrachent au geai leurs propres plumes, dont il s'est paré. C'est frapper la petite richesse de Cyrano d'une confiscation que la gloire de Molière ne demande point, et dont il faudrait pouvoir établir mieux la justice.

L'imitation avouée de la comédie de Térence étant principalement ce que s'est proposé Molière dans ses *Fourberies de Scapin*, il n'est pas étonnant qu'on ait à y noter peu d'emprunts à d'autres sources, après ceux qu'il a faits, de main de maître et de riche, à la farce du *Pédant joué*. En voici néanmoins quelques-uns, mais que, vu leur peu d'importance, il serait plus facilement permis d'omettre que celui de la galère turque. Le plaisant dialogue en vers de Lélie et d'Ergaste, qui ouvre la comédie de Rotrou intitulée *la Sœur*, a été simplement mis en prose dans le dialogue d'Octave et de Sylvestre, par lequel débute également notre pièce. On trouve aussi dans la scène II de l'acte I de *Scapin* un passage où Sylvestre a dérobé quelques paroles à l'Ergaste de Rotrou². Molière ne pouvait croire que *la Sœur*, pour échapper à l'oubli, eût autant besoin que le *Pédant joué* de l'honneur qu'il lui a fait; mais le larcin était léger; et d'ailleurs une imitation bien placée lui paraissait toujours légitime.

On a reconnu encore une ressemblance assez marquée entre le début de la scène de la galère, lorsque Scapin feint de ne pas voir Géronte et se désole de ne pouvoir le rencontrer, et une scène de *la Emilia* de Luigi Groto, où le valet Chrisoforo joue le même jeu avec le vieux Polidoro³. Ce n'est qu'un détail, presque insignifiant; et quand même, avec celui-là, Molière

---

1. Voyez à la page 116 de la *Revue des Provinces*, de janvier 1865, déjà citée.

2. *La Sœur*, acte I, scène IV (la dernière de l'acte, marquée III, par faute, dans l'édition originale).

3. *La Emilia*, acte I, scène V. — Quelque chose d'à peu près semblable se trouve dans une comédie de Pierre de Larivey, *la Constance*, imitée, presque traduite de l'italien de Girolamo Razzi, acte IV, scène II. On peut douter si c'est Luigi Groto que Molière a imité. Ginguené, *Histoire littéraire d'Italie*, tome VI, p. 188, analyse une scène où il y a le même jeu, dans *la Cassaria* de l'Arioste (acte IV, scène II).

NOTICE. 399

en devrait quelques autres aux comiques italiens, sa pièce ne ferait sérieusement souvenir d'eux que par la substitution, dont nous avons parlé, de personnages reproduisant les types de leur théâtre aux personnages de la comédie latine.

S'il était aussi certain qu'on l'a dit que Molière, lorsqu'il a écrit *Scapin*, ait surtout voulu assurer de belles recettes à sa troupe en attirant le public par une pièce mieux faite pour lui plaire que des chefs-d'œuvre au-dessus de la portée du grand nombre, il faudrait croire que le calcul ne s'est pas trouvé très-juste ni le but suffisamment atteint. Les représentations de *Scapin* n'ont pas été nombreuses du vivant de l'auteur. Après celle du 24 mai 1671, qui fut la première, il y en eut trois dans le même mois, quatorze dans les deux mois suivants, à savoir douze en juin et deux en juillet, en tout dix-huit.

Voici les dates et les chiffres des recettes, d'après le *Registre de la Grange* :

[1] Dimanche 24 [mai 1671],	*Sicilien* et *Scapin*, 1re fois.	545^{tt}	10^s
Mardi 26me	Idem et *Scapin*.........	440	
Vendredi 29me	*Scapin*	596	10
Dimanche 31 mai	*Scapin*	756	
Mardi 2 juin	*Scapin*	456	15
Vendredi 5me	*Scapin*	297	15
Dimanche 7	*Scapin*	612	5
Mardi 9me	*Scapin*	445	10
Vendredi 12	*Scapin*	462	5
Dimanche 14	*Scapin*	737	15
Mardi 16me	*Scapin*	344	5
Vendredi 19me	*Scapin*	330	10
Dimanche 21	*Scapin*	370	
Mardi 23	*Scapin* et *Médecins*.......	143	15
Vendredi 26 juin	*Scapin*	185	10
Dimanche 28me	*Scapin*	305	
Vendredi 17me [juillet]	*Scapin*	255	5
Dimanche 19	*Scapin*	235	5

Après cette dernière date, *les Fourberies de Scapin* ne re-

---

1. En marge : *Pièce nouvelle de M. de Molière.* — Les deux premières représentations et celle du 23 juin sont les seules pour lesquelles le *Registre* fasse connaître l'autre pièce complétant le spectacle.

parurent plus sur la scène au temps de Molière : non qu'elles eussent cessé de plaire; mais elles avaient dû laisser la place libre à *Psyché*, qui fut jouée plus longtemps et fit entrer beaucoup plus d'argent dans la caisse du théâtre. On peut comparer aussi aux représentations, si tôt abandonnées, de *Scapin* les représentations plus nombreuses du *Bourgeois gentilhomme*, qui fut repris plusieurs fois en 1671 et 1672, lorsque Molière laissait dormir l'autre chef-d'œuvre de gaieté : soit qu'il ait eu une préférence, facile à expliquer, pour une pièce qui lui appartenait plus entièrement, et offrait, au lieu de types étrangers et vieillis ou de pure convention, une peinture vivante d'un caractère du temps; soit que les spectateurs fussent particulièrement divertis par le spectacle de la cérémonie turque, ou qu'ils réglassent volontiers leur jugement sur celui de la cour. Celle-ci avait recommandé *le Bourgeois gentilhomme* par son suffrage, tandis que *Scapin* ne fut, à notre connaissance, joué devant elle, sous Louis XIV, qu'après la mort de l'auteur, une fois de 1680 à 1700, deux fois de 1700 à 1715[1]. Dans ces mêmes années, la pièce était en faveur à la ville, où elle fut jouée (de 1673 à 1715) cent quatre-vingt-dix-sept fois[2]. Elle a toujours eu, depuis, la même popularité.

Nous avons plus haut cité la *Lettre en vers* de Robinet, en date du 30 mai 1671, jusqu'à l'endroit seulement où finit le sommaire des espiègleries du rusé valet. La suite mérite d'être transcrite ; elle nous fait connaître la distribution de trois des rôles de la pièce :

> .... Cet étrange Scapin-là,
> Est Molière en propre personne,
> Qui, dans une pièce qu'il donne
> Depuis dimanche seulement,
> Fait ce rôle admirablement ;
> Tout ainsi que la Torrillière,
> Un furieux porte-rapière,
> Et la grande actrice Beauval,

---

1. Voyez le tableau des *Représentations à la cour*, à la page 557 de notre tome Ier.
2. *Ibidem*, *Représentations à la ville*, p. 548.

Un autre rôle jovial,
Qui vous feroit pâmer de rire.

Au témoignage donc de Robinet, la Thorillière représentait Silvestre, déguisé en matamore, et Mlle Beauval, la rieuse Zerbinette. C'était le rôle de Scapin qu'avec une verve admirable jouait Molière, qui, par conséquent, ne s'était pas chargé de celui de Géronte, et n'a jamais été enveloppé dans le sac par Scapin, comme le voudrait, non Boileau, mais une correction du célèbre vers de l'*Art poétique*[1], à tort proposée par ceux qui ont refusé d'en admettre le sens hardiment figuré. Boileau, dans son dédain pour le *sac ridicule*, ne s'est pas inquiété du personnage qui y entre; celui qu'il y a vu disparaître, ce n'est point le comédien Molière, c'est l'*auteur du Misanthrope*, tombant là des hauteurs de son génie.

Nous ne connaissons pas sur les rôles de la pièce d'autre renseignement certain que celui dont Robinet est le garant. Aimé-Martin a cru devoir compléter la liste des acteurs. Il a donné le rôle d'*Hyacinthe* à Mlle Molière, qui aurait pu, ce nous semble, y trouver pour elle trop peu de développement; le rôle de *Nérine* à Mlle de Brie, qui, plus vraisemblablement, s'était chargée, comme elle le fit plus tard, de celui d'*Hyacinthe*; à Hubert le rôle d'*Argante*, à du Croisy celui de *Géronte*; à la Grange celui de *Léandre*, qui était bien dans son emploi. Voici la distribution, moins intéressante par sa date, mais moins conjecturale, du *Répertoire des comédies françoises qui se peuvent jouer* [à la cour] *en* 1685 :

DAMOISELLES.

ZERBINETTE.	*Dupin.*
HYACINTHE.	*de Brie.*
NÉRINE	*la Grange.*

HOMMES.

ARGANTE.	*la Grange.*
GÉRONTE.	*du Croisy.*
OCTAVE	*Dauvilliers.*
LÉANDRE.	*Hubert.*

1. Chant III, vers 399. Le changement de *s'enveloppe* en *l'enveloppe* n'est que dans des éditions relativement récentes. Brossette, sans le recevoir dans son texte, semblait le conseiller.

SCAPIN. . . . . *Rosimont.*
SILVESTRE . . . . *Guerin.*
CARLE. . . . . *Brecourt.*

La veuve de Molière, la *damoiselle* Guérin, n'est pas nommée : ce qui pourrait confirmer les doutes sur ce qui la concerne dans la distribution qu'on trouve chez Aimé-Martin.

Le *Mercure de France* de mai 1736[1], à l'occasion d'une reprise de notre comédie[2], qui n'avait pas été représentée depuis neuf ans[3], a voulu rappeler par quels comédiens, dignes d'un souvenir, avait été précédemment joué le rôle de Scapin ; il en est un dont il parle inexactement : « Molière, dit-il, avoit fait ce rôle pour Brécourt, excellent comédien de sa troupe, auquel Raisin succéda ; et nous avons vu jouer ce caractère, pendant longtemps, avec toutes les grâces, la légèreté et la finesse possibles au sieur de la Thorillière, dernier mort. » Celui qui créa ce rôle, ce fut, nous l'avons vu, Molière lui-même ; et jamais il n'avait pu songer à le confier à Brécourt, qui avait quitté sa troupe à Pâques, 1664, pour entrer dans celle de l'Hôtel de Bourgogne. Si ce transfuge a fait plus tard le personnage de Scapin, ce ne saurait être qu'à partir de l'année 1682, au commencement de laquelle il fut admis dans la troupe du Roi, formée, en 1680, par la réunion des comédiens de l'Hôtel Guénegaud à ceux de l'Hôtel de Bourgogne. Un règlement fait par le duc d'Aumont, le 12 juin 1682, décida que « les rôles des pièces de Molière, grandes et petites, où Rosimont joue le personnage que jouoit feu Molière, seront triples entre lui, Raisin et Brécourt, comme ils étoient doubles entre Rosimont et Raisin[4]. » Si l'on tenait à s'expliquer l'erreur que nous signalons dans le *Mercure*, on pourrait supposer que Brécourt avait laissé plus de souvenirs dans ce rôle que Rosimont et que Raisin, ses chefs d'emploi. Quoi qu'il en soit, nous avons vu que, pour les représentations qui devaient être données à la cour en 1685[5], Rosimont était désigné pour ce

1. Pages 989-991.
2. Elle avait été jouée les 11, 13 et 15 mai 1736.
3. Depuis le 23 avril 1727.
4. *La Comédie française....* par M. Jules Bonnassies, p. 60 et 61, à la note.
5. Brécourt mourut au mois de mars de cette année.

rôle et Brécourt pour celui de Carle, qui n'a à dire que quelques mots dans la scène IV de l'acte II et au dénouement.

Pierre de la Thorillière, dont parle le *Mercure*, était fils du premier la Thorillière, qui avait créé le rôle de Silvestre. Il avait succédé à Jean-Baptiste Raisin dans une grande partie de son emploi et était très-bon comédien, surtout dans les rôles de valets.

A la reprise de 1736, l'acteur qui faisait le personnage de Scapin était Armand (*François-Armand-Huguet*); par la nature de son talent il était là sur son terrain.

Mais ce que le *Mercure* de 1736 nous apprend de plus intéressant, c'est que les comédiens Dangeville et Dubreuil, qui représentaient alors Géronte et Argante, jouèrent sous le masque; et il ajoute dans une note[1] : « C'est la seule pièce restée au théâtre où l'usage du masque se soit conservé. » Cela ne donnerait-il pas à penser qu'en 1671 aussi les deux vieillards portaient le masque, et ne devrait-il pas empêcher de croire Gui Patin mal informé, lorsqu'il a parlé de l'emploi du masque dans *l'Amour médecin*[2]? Ce retour à un vieil usage, dont, en France même, la tradition avait été autrefois suivie par les comédiens (un vers de *la Suite du Menteur*[3] le prouve), et qui a paru à beaucoup de personnes peu vraisemblable dans *l'Amour médecin*, semblerait assez naturel dans *les Fourberies de Scapin*, où il aurait été un souvenir de la comédie italienne, en même temps que de la comédie latine. Tout cependant n'est pas facile à expliquer. C'est aux deux pères

1. A la page 991.
2. Voyez la *Notice* sur cette pièce, au tome V, p. 267 et 268. — Rappelons que Villiers, dans *la Vengeance des marquis*, scène VII, a parlé du masque de Mascarille sous lequel Molière « contrefaisoit d'abord les marquis. » M. Victor Fournel a exprimé des doutes à ce sujet (*les Contemporains de Molière*, tome Ier, p. 327, à la note 4). M. Despois, aux pages 90 et 91 de notre tome Ier, pense, comme lui, qu'on aurait peine à admettre le Mascarille des *Précieuses ridicules* ayant paru sous le masque; mais que s'il s'agissait du *Mascarille* de *l'Étourdi* joué en province, il n'y aurait pas les mêmes raisons d'incrédulité.
3. Le vers 291, acte I, scène III. Voyez, au tome IV des *OEuvres de Corneille*, la *Notice* du *Menteur*, p. 127.

seulement que l'on donne le masque[1]. Il convenait au moins aussi bien à Scapin, le personnage de la pièce en qui se trouve surtout le type italien. Mais le *Mercure* ne le lui fait pas porter, au temps dont il parle. S'il le portait, au temps de Molière, comment les comédiens de 1736, voulant apparemment rester fidèles à la tradition de 1671, s'en sont-ils écartés dans ce qu'elle avait de plus remarquable? Le fait est que nous ne nous figurons pas Molière se privant, par l'immobilité des traits, des effets qu'il devait produire par le jeu de sa physionomie dans un rôle qui en réclamait la vivacité la plus expressive. Mieux vaudrait encore admettre le caprice assez étonnant qui aurait réservé à deux rôles cet emploi du masque.

Les meilleures traditions du rôle de Scapin ont été continuées, à la fin du siècle dernier et dans les premières années de celui-ci, par Dugazon; plus près du temps présent, par le très-vif Monrose, avec son rare entrain, par Samson, qui n'y mettait pas moins d'art, mais moins de verve, et par l'excellent acteur, François Regnier, qui a toujours brillé singulièrement dans ce rôle, depuis la première occasion qui lui a été donnée d'y paraître, à la représentation du 22 décembre 1831. A cette même représentation, Baptiste cadet jouait le rôle de Géronte avec la supériorité que depuis bien des années il était habitué à y montrer. Nous aimons peu à louer ici, à juger ceux qui sont aujourd'hui les habiles interprètes des comédies de Molière; pouvons-nous cependant, lorsque nous parlons des comédiens qui ont été le plus amusants dans le personnage de Scapin, omettre le nom de Coquelin?

Mme Bellecourt, la plus célèbre rieuse de toutes les soubrettes de la Comédie-Française, avait été une Zerbinette incomparable par son étourdissante gaieté comme par la vérité de son jeu. Après elle, non pas immédiatement, mais plus tard, on trouva que Mlle Demerson l'égalait presque dans ce même

---

1. Nous ne savons trop si le chevalier de Mouhy (*Tablettes dramatiques*, p. 105) n'a pas voulu parler de tous les acteurs de notre comédie : « L'usage ancien des masques, dit-il, s'est encore conservé dans cette pièce. » Veut-il dire qu'il en était ainsi du temps même où il écrivait ses *Tablettes*, publiées en 1752? Ou n'a-t-il fait qu'interpréter à sa manière le *Mercure* de 1736?

rôle, où l'on s'était habitué à faire maladroitement des coupures, et qu'elle rétablit dans son entier[1].

La première édition des *Fourberies de Scapin* porte la date de 1671; c'est un in-12 de 2 feuillets liminaires, 123 pages, et 2 feuillets pour l'extrait du Privilége. Voici le titre :

LES
FOURBERIES
DE
SCAPIN.
COMEDIE.
Par I. B. P. Moliere.
Et fe vend pour l'Autheur,
A. PARIS,
Chez Pierre le Monnier, au Palais,
vis-à-vis la Porte de l'Eglife de la S. Chapelle,
à l'Image S. Loüis, et au Feu Divin.
M. DC. LXXI.
AVEC PRIVILEGE DV ROY.

Le Privilége est daté du 31 décembre 1670; l'Achevé d'imprimer est du 18 août 1671.

La scène VI de l'acte II a été insérée par Champmeslé dans sa comédie des *Fragments de Molière* (1682), dont nous avons déjà eu l'occasion de parler dans la *Notice* de *Dom Juan;* elle y forme la scène III de l'acte II. Nous en relèverons les variantes.

Parmi les versions séparées des *Fourberies de Scapin* nous en citerons une en latin (1778), imitation incomplète, destinée à des représentations de collége; trois en italien (1723, 1752, 1860), et une (*s. l. n. d.*) en dialecte génois; une en portugais (1780?); une en roumain (1836); deux en anglais (1677, 1714), la première par Otway, la seconde par Ozell; deux en néerlandais (1671, 1696); deux en danois (1787, 1841); une en suédois (1741); deux en russe (1803, 1871); une en polonais (1772); deux en grec moderne (1847, 1863); une en magyar (1793).

1. *L'Opinion du parterre*, année 1812, p. 147 et 148.

SOMMAIRE

DES *FOURBERIES DE SCAPIN*, PAR VOLTAIRE.

Les Fourberies de Scapin sont une de ces farces que Molière avait préparées en province. Il n'avait pas fait scrupule d'y insérer deux scènes entières du *Pédant joué*, mauvaise pièce de Cyrano de Bergerac. On prétend que quand on lui reprochait ce plagiarisme[1], il répondait : « Ces deux scènes sont assez bonnes; cela m'appartenait de droit : il est permis de reprendre son bien partout où on le trouve ».

Si Molière avait donné la farce des *Fourberies de Scapin* pour une vraie comédie, Despréaux aurait eu raison de dire dans son *Art poétique*[2] :

> C'est par là que Molière illustrant ses écrits,
> Peut-être de son art eût remporté le prix,
> Si, moins ami du peuple en ses doctes peintures,
> Il n'eût point fait souvent grimacer ses figures,
> Quitté pour le bouffon l'agréable et le fin,
> Et sans honte à Térence allié Tabarin.
> Dans ce sac ridicule où Scapin s'enveloppe[3],
> Je ne reconnais plus l'auteur du *Misanthrope*.

On pourrait répondre à ce grand critique que Molière n'a point allié Térence avec Tabarin dans ses vraies comédies, où il surpasse Térence; que s'il a déféré au goût du peuple, c'est dans ses farces, dont le seul titre annonce du bas comique, et que ce bas comique était nécessaire pour soutenir sa troupe[4].

Molière ne pensait pas que *les Fourberies de Scapin* et *le Mariage forcé* valussent *l'Avare*, *le Tartuffe*, *le Misanthrope*, *les Femmes savantes*[5], ou fussent même du même genre. De plus comment Despréaux peut-il dire que « Molière peut-être de son art eût remporté le prix » ? Qui aura donc ce prix, si Molière ne l'a pas ?

---

1. Tel est bien le texte de 1739 et de 1764. — 2. Chant III, vers 393-400.
3. Voltaire, comme l'on voit, n'adopte pas la correction dont il est parlé plus haut, p. 401.
4. Son théâtre. (*Édition de 1739.*)
5. Cette mention des *Femmes savantes*, qui n'est pas dans l'édition de 1739, se lit dans celle de 1764.

ACTEURS.

ARGANTE[1], père d'Octave et de Zerbinette.
GÉRONTE, père de Léandre et de Hyacinte.
OCTAVE, fils d'Argante, et amant de Hyacinte.
LÉANDRE, fils de Géronte, et amant de Zerbinette.
ZERBINETTE, crue Égyptienne, et reconnue fille d'Argante, et amante de Léandre[2].
HYACINTE, fille de Géronte, et amante d'Octave.
SCAPIN, valet de Léandre, et fourbe[3].

1. Comme le fait remarquer M. Fritsche, ce nom, dans *la Jérusalem délivrée* du Tasse, est celui d'un farouche guerrier circassien : voyez la stance LIX du chant II. Molière se souvenait-il de l'avoir lu précisément là? En le donnant à cette espèce de compère de Géronte, il ne semble pas y avoir attaché de signification bien particulière ; il ne l'a employé qu'ici et dans la seconde des lettres apportées par Ariste à la dernière scène des *Femmes savantes*.
2. Et reconnue fille d'Argante, amante de Léandre. (1734.)
3. SCAPIN, valet de Léandre. (*Ibidem.*) — Sur le caractère de ce zanni, voyez ci-dessus la *Notice*, p. 395. — « Callot, dans ses *Petits danseurs*, dit M. Maurice Sand (tome II, p. 227), représente le *Scappino* italien de son temps, vêtu d'habits amples comme *Fritellino*, le masque et la barbe, le manteau, le grand chapeau à plumes et le sabre de bois. C'est encore ainsi que Donis de Milan, directeur de troupe, jouait les rôles de valet en 1630[a]. Mais passant

[a] Les *zanni* dépenaillés de Callot, dans la danse ou la gesticulation violente où il les a si admirablement saisis, agitent autour d'eux d'étranges pans d'étoffe ; mais quand ils cessaient ce jeu effréné, ils pouvaient les dénouer assez largement pour en faire une sorte de sac n'accusant presque plus aucune forme de leur corps. A voir l'ample habit de *Scappino*, l'idée pourrait venir, à qui voudrait subtiliser, qu'à la rigueur il ne serait pas impossible que ce fût là l'enveloppe ridicule dont Boileau, plus ou moins métaphoriquement, accusait Scapin, et le poëte qui en forçait le rôle, de s'être affublés à la honte de leur art. Mais jamais, suivant toute apparence, le costume de Molière n'a même vaguement rappelé ces premiers types italiens et pu suggérer une pareille comparaison avec eux ; c'est bien certainement à l'accessoire des tréteaux tabariniques, au vrai sac employé par Scapin pour la plus fameuse sans doute de ses fourberies que Boileau entendait faire allusion.

ACTEURS.

SILVESTRE, valet d'Octave[1].
NÉRINE[2], nourrice de Hyacinte.
CARLE, fourbe[3].
Deux porteurs.

La scène est à Naples[4].

sur la scène française, avec Molière et Regnard, son costume se mélange avec celui des Beltrame, des Turlupin et des Jodelet. Il quitte le masque, prend des vêtements rayés vert et blanc, ses couleurs traditionnelles.... Le *Scappino*.... (planche 40) qui parut sur le théâtre italien de Paris en 1716 reprit le costume de *Brighella* un peu modernisé, et continua les rôles créés par l'ancien Briguelle et par Mezzetin. » Les couleurs indiquées (p. 371) pour cette planche datée de 1716 sont : « Toque, veste, culotte blanches à brandebourgs bleus. Manteau bleu à brandebourgs blancs. Bas blancs. Souliers de peau blanche à rosettes bleues. » Autant qu'on en peut juger par la pauvre gravure mise au-devant de la pièce dans l'édition de 1682, Molière, sans prendre le masque, ne portait pas un costume très-différent de celui que montrent la planche de M. Maurice Sand et celle de l'*Histoire du théâtre italien* de Riccoboni, reproduite dans le *Molière et la Comédie italienne* de M. Moland (p. 157); il avait de plus que le Scapin moderne italien une fraise au cou, et ce qu'il rappelait, ce semble, le mieux par l'habit, comme il le rappelait tout à fait par le caractère du rôle, c'était la figure du Mascarille de l'*Étourdi*, telle, croyons-nous, qu'elle a été représentée, mais jeune encore et élégante (en face du ridicule marquis des *Précieuses*) dans le joli frontispice qui orne le tome Ier du recueil de 1666.

1. Il y a dans les éditions de 1671, 74, 82, et dans les trois étrangères, cette interversion fautive : « Scapin, valet d'Octave, etc. — Silvestre, valet de Léandre. »

2. Voyez sur ce nom aux Acteurs de *Monsieur de Pourceaugnac*, tome VII, p. 233, note 4.

3. Carle, ami de Scapin. (1734.)

4. Naples est aussi le théâtre de l'activité du *Scappino* de l'*Inavvertito* (voyez tome I, p. 244).

LES
FOURBERIES DE SCAPIN.
COMÉDIE.

ACTE I.

SCÈNE PREMIÈRE.
OCTAVE, SILVESTRE.

OCTAVE.

Ah! fâcheuses nouvelles pour un cœur amoureux! Dures extrémités où je me vois réduit! Tu viens, Silvestre, d'apprendre au port que mon père revient?

SILVESTRE.

Oui.

OCTAVE.

Qu'il arrive ce matin même?

SILVESTRE.

Ce matin même.

OCTAVE.

Et qu'il revient dans la résolution de me marier?

SILVESTRE.

Oui.

OCTAVE.

Avec une fille du seigneur Géronte?

SILVESTRE.

Du seigneur Géronte.

OCTAVE.

Et que cette fille est mandée de Tarente ici pour cela?

SILVESTRE.

Oui.

OCTAVE.

Et tu tiens ces nouvelles de mon oncle?

SILVESTRE.

De votre oncle.

OCTAVE.

A qui mon père les a mandées par une lettre?

SILVESTRE.

Par une lettre.

OCTAVE.

Et cet oncle, dis-tu, sait toutes nos affaires.

SILVESTRE.

Toutes nos affaires.

OCTAVE.

Ah! parle, si tu veux, et ne te fais point, de la sorte, arracher les mots de la bouche.

SILVESTRE.

Qu'ai-je à parler davantage? vous n'oubliez aucune circonstance, et vous dites les choses tout justement comme elles sont[1].

OCTAVE.

Conseille-moi, du moins, et me dis ce que je dois faire dans ces cruelles conjonctures.

SILVESTRE.

Ma foi! je m'y trouve autant embarrassé que vous, et j'aurois bon besoin que l'on me conseillât moi-même.

---

1. C'était la seconde fois que Molière imitait le très-heureux début du dialogue d'exposition par lequel s'ouvre *la Sœur* de Rotrou : voyez la première scène de l'acte II de *Mélicerte*, tome VI, p. 171, et la citation faite en note.

ACTE I, SCÈNE 1.

OCTAVE.

Je suis assassiné[1] par ce maudit retour.

SILVESTRE.

Je ne le suis pas moins.

OCTAVE.

Lorsque mon père apprendra les choses, je vais voir fondre sur moi un orage soudain d'impétueuses réprimandes.

SILVESTRE.

Les réprimandes ne sont rien; et plût au Ciel que j'en fusse quitte à ce prix! mais j'ai bien la mine, pour moi, de payer plus cher vos folies, et je vois se former de loin un nuage de coups de bâton qui crèvera sur mes épaules[2].

OCTAVE.

Ô Ciel! par où sortir de l'embarras où je me trouve?

SILVESTRE.

C'est à quoi vous deviez songer, avant que de vous y jeter.

OCTAVE.

Ah! tu me fais mourir par tes leçons hors de saison.

SILVESTRE.

Vous me faites bien plus mourir par vos actions étourdies.

OCTAVE.

Que dois-je faire? Quelle résolution prendre? A quel remède recourir?

---

1. Accablé : voyez, tome VII, p. 54 et note 4; et ci-dessus, p. 304, le vers 671 de *Psyché*.

2. Le Sganarelle du *Médecin volant* emploie la même image; les deux phrases ont été rapprochées tome I, p. 71. Comparez encore plus loin (scène II de l'acte III, p. 493) l'*ondée* que Scapin s'apprête à faire pleuvoir, et (tome VI, p. 375) l'*orage* dont Mercure menace Sosie au vers 342 d'*Amphitryon*.

SCÈNE II.

SCAPIN, OCTAVE, SILVESTRE[1].

SCAPIN.

Qu'est-ce, Seigneur Octave, qu'avez-vous? Qu'y a-t-il? Quel désordre est-ce là? Je vous vois tout troublé.

OCTAVE.

Ah! mon pauvre Scapin, je suis perdu, je suis désespéré, je suis le plus infortuné de tous les hommes.

SCAPIN.

Comment?

OCTAVE.

N'as-tu rien appris de ce qui me regarde?

SCAPIN.

Non.

OCTAVE.

Mon père arrive avec le seigneur Géronte, et ils me veulent marier.

SCAPIN.

Hé bien! qu'y a-t-il là de si funeste?

OCTAVE.

Hélas! tu ne sais pas la cause de mon inquiétude.

SCAPIN.

Non; mais il ne tiendra qu'à vous que je ne la sache[2]

---

1. OCTAVE, SCAPIN, SILVESTRE. (1734.)
2. Que je la sache. (1674, 82, 1734.) Corneille, dans ce même tour, a employé le *ne* au vers 259 de *Nicomède* :

Il ne tiendra qu'au Roi qu'aux effets je ne passe;

voyez la seconde des Remarques de Littré à TENIR.

bientôt ; et je suis homme consolatif¹, homme à m'intéresser aux affaires des jeunes gens.

OCTAVE.

Ah! Scapin, si tu pouvois trouver quelque invention, forger quelque machine², pour me tirer de la peine où je suis, je croirois t'être redevable de plus que de la vie.

SCAPIN.

À vous dire la vérité, il y a peu de choses qui me soient impossibles, quand je m'en veux mêler. J'ai sans doute reçu du Ciel un génie assez beau pour toutes les fabriques³ de ces gentillesses d'esprit, de ces galanteries⁴ ingénieuses à qui le vulgaire ignorant donne le nom de fourberies ; et je puis dire, sans vanité, qu'on n'a guère vu d'homme qui fût plus habile ouvrier de ressorts et d'intrigues⁵, qui ait acquis plus de gloire que moi dans ce noble métier : mais, ma foi! le mérite est trop maltraité aujourd'hui, et j'ai renoncé à toutes choses depuis certain chagrin d'une affaire qui m'arriva.

---

1. Synonyme plaisant d'*apte à consoler, à trouver des consolations;* le son même a quelque chose de comique. Le mot était alors assez usité ; mais on le rapportait d'ordinaire à des noms de chose : voyez le *Dictionnaire de Littré* et le *Lexique de Génin.*

2. *Machine*, ruse ou expédient, machination. La Fontaine emploie le même mot, au sens propre, avec le même verbe, dans la fable II du livre X, vers 16.

3. *Fabriques*, fabrications, inventions.

4. Prouesses, traits d'élégante bravoure, jolis ou aimables tours, beaux coups. La Flèche, à la fin de la 1ʳᵉ scène de l'acte II de *l'Avare* (tome VII, p. 98), donne au mot le même sens ironique : « Parmi mes confrères que je vois se mêler de beaucoup de petits commerces, je sais tirer adroitement mon épingle du jeu, et me démêler prudemment de toutes les galanteries qui sentent tant soit peu l'échelle. » Comparez un peu plus loin (p. 419) le mot *galant*, auquel est aussi attachée une idée de hardiesse à la fois et d'élégance et d'esprit.

5. *Ouvriers de ressorts et d'intrigues* « rappelle, dit Auger, l'expression de l'Écriture : « Ouvriers d'iniquité » (Iᵉʳ livre des *Machabées*, chapitre III, verset 6 ; comparez même livre, chapitre IX, verset 23, et *saint Mathieu*, chapitre VII, verset 23). Patru, cité par Littré, a dit dans son second Plaidoyer (p. 19 de l'édition de 1681) : « Un homme peut-il concevoir ces choses, sans concevoir en même temps une juste indignation contre l'ouvrière d'un mensonge si monstrueux ? »

OCTAVE.

Comment? quelle affaire, Scapin?

SCAPIN.

Une aventure où je me brouillai avec la justice.

OCTAVE.

La justice!

SCAPIN.

Oui, nous eûmes un petit démêlé ensemble.

SILVESTRE.

Toi et la justice?

SCAPIN.

Oui. Elle en usa fort mal avec moi, et je me dépitai de telle sorte contre l'ingratitude du siècle, que je résolus de ne plus rien faire. Baste[1]. Ne laissez pas de me conter votre aventure.

OCTAVE[2].

Tu sais, Scapin, qu'il y a deux mois que le seigneur Géronte, et mon père, s'embarquèrent ensemble pour un voyage qui regarde certain commerce où leurs intérêts sont mêlés.

SCAPIN.

Je sais cela.

OCTAVE.

Et que Léandre et moi nous fûmes laissés par nos pères, moi sous la conduite de Silvestre, et Léandre sous ta direction.

SCAPIN.

Oui : je me suis fort bien acquitté de ma charge.

---

1. Suffit : voyez ci-dessus, p. 109, note 2.
2. On a vu à la *Notice* (p. 387, p. 389 et 390) que le *Phormion* de Térence a en partie servi de modèle pour *les Fourberies de Scapin;* Molière y a trouvé toute l'histoire, antérieure à l'action, des deux pères et des deux couples amoureux. Au récit passionné que va faire Octave et dont la brusquerie de Silvestre abrégera à peine la fin, répond, dans la comédie latine, le long récit de l'esclave Géta, gouverneur des jeunes gens, à son camarade Dave (scène II de l'acte Ier, vers 65 à 136).

OCTAVE.

Quelque temps après, Léandre fit rencontre d'une jeune Égyptienne[1] dont il devint amoureux.

SCAPIN.

Je sais cela encore.

OCTAVE.

Comme nous sommes grands amis, il me fit aussitôt confidence de son amour, et me mena voir cette fille, que je trouvai belle à la vérité, mais non pas tant qu'il vouloit que je la trouvasse. Il ne m'entretenoit que d'elle chaque jour; m'exagéroit à tous moments sa beauté et sa grâce; me louoit son esprit, et me parloit avec transport des charmes de son entretien, dont il me rapportoit jusqu'aux moindres paroles, qu'il s'efforçoit toujours de me faire trouver les plus spirituelles du monde. Il me querelloit quelquefois de n'être pas assez sensible aux choses qu'il me venoit dire, et me blâmoit sans cesse de l'indifférence où j'étois pour les feux de l'amour.

SCAPIN.

Je ne vois pas encore où ceci veut aller.

OCTAVE.

Un jour que je l'accompagnois pour aller chez les gens qui gardent l'objet de ses vœux, nous entendîmes, dans une petite maison d'une rue écartée, quelques plaintes mêlées de beaucoup de sanglots. Nous demandons ce que c'est. Une femme nous dit, en soupirant, que nous pouvions voir là quelque chose de pitoyable

1. Comme on en a été averti par le programme du *Mariage forcé* (comparez, tome IV, p. 76 et 78) et comme cela a été rappelé dans le tome VI, p. 143, note 3, Molière appelle *Égyptiens* les Gipsies, les Tziganes, les bohémiens vagabonds et diseurs de bonne aventure. « La Destinée, dit Zerbinette (acte III, scène III, p. 500), a voulu que je me trouvasse parmi une bande de ces personnes qu'on appelle Égyptiens, et qui, rôdant de province en province, se mêlent de dire la bonne fortune, et quelquefois de beaucoup d'autres choses. »

en des personnes étrangères, et qu'à moins que d'être insensibles, nous en serions touchés.

SCAPIN.

Où est-ce que cela nous mène?

OCTAVE.

La curiosité me fit presser Léandre de voir ce que c'étoit. Nous entrons dans une salle, où nous voyons une vieille femme mourante, assistée d'une servante qui faisoit des regrets[1], et d'une jeune fille toute fondante[2] en larmes, la plus belle et la plus touchante qu'on puisse jamais voir.

SCAPIN.

Ah, ah!

OCTAVE.

Un autre[3] auroit paru effroyable en l'état où elle étoit; car elle n'avoit pour habillement qu'une méchante petite jupe avec des brassières de nuit qui étoient de simple futaine; et sa coiffure étoit une cornette jaune, retroussée au haut de sa tête, qui laissoit tomber en désordre ses cheveux sur ses épaules; et cependant, faite comme cela, elle brilloit de mille attraits, et ce n'étoit qu'agréments et que charmes que toute sa personne.

SCAPIN.

Je sens venir les choses.

1. La servante, touchée de compassion, ne va pas cependant jusqu'aux plaintes, aux lamentations, aux larmes. Génin a réuni, dans son *Lexique* (p. 175 et 176), avec cette locution quelques autres analogues : *faire des cris* (*Amphitryon*, vers 366), *faire plainte* (*ibidem*, vers 925), *faire des discours* (*ibidem*, vers 881 et vers 1045 de *l'Étourdi*). Rapprochez aussi, comme emploi de *faire*, ci-après, p. 506, *faire une vengeance*.

2. Archaïsme d'accord du participe présent, quoique suivi d'un régime. On peut comparer à ce féminin, avec semblable élision, le vers 1329 de l'*Andromaque* de Racine :

Pleurante après son char vous voulez qu'on me voie,

en remarquant seulement que, le régime dépendant plutôt de *voie* que de *pleurante*, ce mot est là plus adjectif verbal que participe présent.

3. Une autre. (1674, 82, 1734.) Voyez ci-dessus, la note 1 de la page 293.

ACTE I, SCÈNE II.

OCTAVE.

Si tu l'avois vue, Scapin, en l'état que je dis, tu l'aurois trouvée admirable.

SCAPIN.

Oh! je n'en doute point; et, sans l'avoir vue, je vois bien qu'elle étoit tout à fait charmante.

OCTAVE.

Ses larmes n'étoient point de ces larmes désagréables qui défigurent un visage; elle avoit à pleurer une grâce touchante, et sa douleur étoit la plus belle du monde.

SCAPIN.

Je vois tout cela.

OCTAVE.

Elle faisoit fondre chacun en larmes, en se jetant amoureusement sur le corps de cette mourante, qu'elle appeloit sa chère mère; et il n'y avoit personne qui n'eût l'âme percée de voir un si bon naturel.

SCAPIN.

En effet, cela est touchant; et je vois bien que ce bon naturel-là vous la fit aimer.

OCTAVE.

Ah! Scapin, un barbare l'auroit aimée.

SCAPIN.

Assurément : le moyen de s'en empêcher?

OCTAVE.

Après quelques paroles, dont je tâchai d'adoucir la douleur de cette charmante affligée, nous sortîmes de là; et demandant à Léandre ce qu'il lui sembloit de cette personne, il me répondit froidement qu'il la trouvoit assez jolie[1]. Je fus piqué de la froideur avec laquelle

---

1. Souvenir des vers 109 et 110 de Térence :

Ille, qui illam amabat fidicinam, tantummodo :
« *Satis,* inquit, *scita'st.* »

il m'en parloit, et je ne voulus point lui découvrir l'effet que ses beautés avoient fait sur mon âme.

SILVESTRE[1].

Si vous n'abrégez ce récit, nous en voilà pour jusqu'à demain. Laissez-le-moi finir en deux mots[2]. Son cœur[3] prend feu dès ce moment. Il ne sauroit plus vivre, qu'il n'aille consoler son aimable affligée. Ses fréquentes visites sont rejetées de la servante, devenue la gouvernante par le trépas de la mère : voilà mon homme au désespoir. Il presse, supplie, conjure : point d'affaire. On lui dit que la fille, quoique sans bien, et sans appui, est de famille honnête ; et qu'à moins que de l'épouser, on ne peut souffrir ses poursuites. Voilà son amour augmenté par les difficultés. Il consulte[4] dans sa tête, agite, raisonne, balance, prend sa résolution : le voilà marié avec elle depuis trois jours.

SCAPIN.

J'entends.

SILVESTRE.

Maintenant mets avec cela le retour imprévu du père, qu'on n'attendoit que dans deux mois ; la découverte que l'oncle a faite du secret de notre mariage, et l'autre mariage qu'on veut faire de lui[5] avec la fille que le Seigneur Géronte a eue d'une seconde femme qu'on dit qu'il a épousée à Tarente.

1. SILVESTRE, à Octave. (1734.)
2. Même vivacité de dialogue, dans *la Sœur* de Rotrou (acte I, scène IV, marquée III, par faute, dans l'original)[a] :

ERGASTE, *à son maître Lélie.*
Si de ce long récit vous n'abrégez le cours,
Le jour achèvera plus tôt que ce discours.
Laissez-le-moi finir avec une parole.

3. *A Scapin.* Son cœur. (1734.)
4. Il délibère : comme ci-dessus, au vers 347 de *Psyché*.
5. *De lui*, de son maître, d'Octave, auquel seul on peut songer et qu'un geste doit naturellement indiquer.

[a] Voyez ci-dessus, à la *Notice*, p. 398.

OCTAVE.

Et par-dessus tout cela mets encore l'indigence où se trouve cette aimable personne, et l'impuissance où je me vois d'avoir de quoi la secourir.

SCAPIN.

Est-ce là tout? Vous voilà bien embarrassés tous deux pour une bagatelle. C'est bien là de quoi se tant alarmer. N'as-tu point de honte, toi[1], de demeurer court à si peu de chose? Que diable? te voilà grand et gros comme père et mère, et tu ne saurois trouver dans ta tête, forger dans ton esprit quelque ruse galante[2], quelque honnête petit stratagème, pour ajuster vos affaires? Fi! peste soit du butor! Je voudrois bien que l'on m'eût donné autrefois nos vieillards à duper; je les aurois joués tous deux par-dessous la jambe; et je n'étois pas plus grand que cela[3], que je me signalois déjà par cent tours d'adresse jolis.

SILVESTRE.

J'avoue que le Ciel ne m'a pas donné tes talents, et que je n'ai pas l'esprit, comme toi, de me brouiller avec la justice.

OCTAVE.

Voici mon aimable Hyacinte.

1. L'apostrophe s'adresse si évidemment au valet, que, contre son habitude aux endroits même les plus clairs, l'édition de 1734 s'est dispensée (nous le remarquons comme simple curiosité) d'intercaler : *A Silvestre.*

2. Jolie, fine, spirituelle et hardie tout ensemble : voyez ci-dessus, p. 413, note 4.

3. Même expression, s'expliquant par un même geste, qu'au vers 258 de *l'École des femmes* (tome III, p. 181) et que ci-dessus (p. 168) à la scène III de l'acte IV du *Bourgeois gentilhomme.*

SCÈNE III.

HYACINTE, OCTAVE, SCAPIN, SILVESTRE.

HYACINTE.

Ah! Octave, est-il vrai ce que Silvestre vient de dire[1] à Nérine? que votre père est de retour, et qu'il veut vous marier?

OCTAVE.

Oui, belle Hyacinte, et ces nouvelles m'ont donné une atteinte cruelle. Mais que vois-je? vous pleurez! Pourquoi ces larmes? Me soupçonnez-vous, dites-moi, de quelque infidélité, et n'êtes-vous pas assurée de l'amour que j'ai pour vous?

HYACINTE.

Oui, Octave, je suis sûre que vous m'aimez; mais je ne le suis pas que vous m'aimiez toujours.

OCTAVE.

Eh! peut-on vous aimer qu'on ne vous aime toute sa vie?

HYACINTE.

J'ai ouï dire, Octave, que votre sexe aime moins longtemps que le nôtre, et que les ardeurs que les hommes font voir sont des feux qui s'éteignent aussi facilement qu'ils naissent.

OCTAVE.

Ah! ma chère Hyacinte, mon cœur n'est donc pas fait comme celui des autres hommes, et je sens bien pour moi que je vous aimerai jusqu'au tombeau.

---

1. Ce que Silvestre vient de dire est-il vrai? On a déjà vu cette inversion, dans une phrase non interrogative, au vers 395 des *Fâcheux* (tome III, p. 65) :

.... S'il est vrai ce que j'en ose croire,
Monsieur à mes raisons donnera la victoire.

HYACINTE.

Je veux croire que vous sentez ce que vous dites, et je ne doute point que vos paroles ne soient sincères; mais je crains un pouvoir qui combattra dans votre cœur les tendres sentiments que vous pouvez avoir pour moi. Vous dépendez d'un père, qui veut vous marier à une autre personne; et je suis sûre que je mourrai, si ce malheur m'arrive.

OCTAVE.

Non, belle Hyacinte, il n'y a point de père qui puisse me contraindre à vous manquer de foi, et je me résoudrai à quitter mon pays, et le jour même[1], s'il est besoin, plutôt qu'à vous quitter. J'ai déjà pris, sans l'avoir vue, une aversion effroyable pour celle que l'on me destine; et, sans être cruel, je souhaiterois que la mer l'écartât d'ici pour jamais. Ne pleurez donc point, je vous prie, mon aimable Hyacinte, car vos larmes me tuent, et je ne les puis voir sans me sentir percer le cœur[2].

HYACINTE.

Puisque vous le voulez, je veux bien essuyer mes pleurs, et j'attendrai d'un œil constant ce qu'il plaira au Ciel de résoudre de moi.

OCTAVE.

Le Ciel nous sera favorable.

HYACINTE.

Il ne sauroit m'être contraire, si vous m'êtes fidèle.

OCTAVE.

Je le serai assurément.

HYACINTE.

Je serai donc heureuse.

---

1. Et la vie même.
2. Sans me percer le cœur. (1674, 82.)

SCAPIN[1].

Elle n'est pas[2] tant sotte, ma foi! et je la trouve assez passable.

OCTAVE[3].

Voici un homme qui pourroit bien, s'il le vouloit, nous être, dans tous nos besoins, d'un secours merveilleux.

SCAPIN.

J'ai fait de grands serments de ne me mêler plus du monde; mais, si vous m'en priez bien fort tous deux, peut-être....

OCTAVE.

Ah! s'il ne tient qu'à te prier bien fort pour obtenir ton aide, je te conjure de tout mon cœur de prendre la conduite de notre barque.

SCAPIN.

Et vous, ne me dites-vous rien[4]?

HYACINTE.

Je vous conjure, à son exemple, par tout ce qui vous est le plus cher au monde, de vouloir servir notre amour.

SCAPIN.

Il faut se laisser vaincre, et avoir de l'humanité. Allez, je veux m'employer pour vous.

OCTAVE.

Crois que....

SCAPIN.

Chut! Allez-vous-en[5], vous, et soyez en repos. Et

---

1. SCAPIN, *à part.* (1734.)
2. Elle n'est point. (1674, 82, 1734.)
3. OCTAVE, *montrant Scapin.* (1734.)
4. SCAPIN, *à Hyacinte.* Et vous, ne dites-vous rien? (*Ibidem.*)
5. Chut! (*Parlant à Hyacinte.*) Allez-vous-en. (1682.) — (*A Octave.*) Chut! (*A Hyacinte.*) Allez-vous-en. (1734.)

vous¹, préparez-vous à soutenir avec fermeté l'abord de votre père.

OCTAVE.

Je t'avoue que cet abord me fait trembler par avance, et j'ai une timidité naturelle que je ne saurois vaincre.

SCAPIN.

Il faut pourtant paroître ferme au premier choc, de peur que, sur votre foiblesse, il ne prenne le pied de vous mener² comme un enfant. Là, tâchez de vous composer par étude³. Un peu de hardiesse, et songez à répondre résolûment sur tout ce qu'il pourra⁴ vous dire.

OCTAVE.

Je ferai du mieux que je pourrai.

SCAPIN.

Çà, essayons un peu, pour vous accoutumer. Répétons un peu votre rôle, et voyons si vous ferez bien. Allons. La mine résolue, la tête haute, les regards assurés.

OCTAVE.

Comme cela?

1. *Parlant à Octave.* Et vous. (1730, 33.) —
SCÈNE IV.
OCTAVE, SCAPIN, SILVESTRE.
SCAPIN, *à Octave.*
Et vous. (1734.)
2. *De peur que, se fondant sur votre faiblesse, il ne s'habitue de plus en plus à l'idée de pouvoir vous mener....* Prendre pied, prendre du pied, c'est s'établir sur une base solide. Malherbe, dans un passage quelque peu paraphrasé de l'*épître* LXXXII de Sénèque (tome II, p. 636), a donné à la locution un sens très-approchant de s'enraciner : « Il n'est rien plus aisé que de dire qu'il faut mépriser la mort, ni rien plus malaisé que de le faire.... Les impressions que nous en avons de longue main ont trop pris de pied, » sont trop profondes. Prendre quelque part le pied de faire quelque chose doit équivaloir à y prendre, y trouver le point d'appui nécessaire; mais cette expression figurée ne paraît pas avoir été d'un usage fréquent.
3. *De vous composer par étude,* de composer par avance et avec soin tout votre air, toute votre attitude, toute votre contenance. Auger ne doutait pas que cette phrase ne dût être réunie à la suivante : « Tâchez de vous composer par étude un peu de hardiesse. » Il n'a cependant pas osé faire la correction, et il n'en était pas besoin.
4. Sur ce qu'il pourra. (1734.)

424 LES FOURBERIES DE SCAPIN.

SCAPIN.

Encore un peu davantage.

OCTAVE.

Ainsi?

SCAPIN.

Bon[1]. Imaginez-vous que je suis votre père qui arrive, et répondez-moi fermement, comme si c'étoit à lui-même. « Comment, pendard, vaurien, infâme, fils indigne d'un père comme moi, oses-tu bien paroître devant mes yeux, après tes bons déportements[2], après le lâche tour que tu m'as joué pendant mon absence? Est-ce là le fruit de mes soins, maraud? est-ce là le fruit de mes soins? le respect qui m'est dû? le respect que tu me conserves? » Allons donc. « Tu as l'insolence, fripon, de t'engager sans le consentement de ton père, de contracter un mariage clandestin? Réponds-moi, coquin, réponds-moi. Voyons un peu tes belles

---

1.

ANTIPHO.
Obsecro,
Quid si adsimulo! Satin'est?
GETA.
Garris.
ANTIPHO.
Voltum contemplamini, hem!
Satin' est sic?
GETA.
Non.
ANTIPHO.
Quid si sic?
GETA.
Propemodum.
ANTIPHO.
Quid si sic?
GETA.
Sat est.
Hem, istuc serva; et verbum verbo, par pari ut respondeas,
Ne te iratus suis sævidicis protelet.

(Térence, *Phormion*, acte I, scène IV, vers 209-213.)

2. A cet endroit, *déportements*, avec l'adjectif *bons*, a encore le sens indifférent, mauvais ici par ironie seulement, d'*actions*, de *conduite*, où il est pris au vers 903 du *Misanthrope* (tome V, p. 502). Nous avons plus bas (acte II, scène 1) le mot avec *mauvais*.

raisons.¹ » Oh! que diable! vous demeurez interdit!

OCTAVE.

C'est que je m'imagine que c'est mon père que j'entends.

SCAPIN.

Eh! oui. C'est par cette raison qu'il ne faut pas être comme un innocent.

OCTAVE.

Je m'en vais prendre plus de résolution, et je répondrai fermement.

SCAPIN.

Assurément?

OCTAVE.

Assurément.

SILVESTRE.

Voilà votre père qui vient.

OCTAVE.

Ô Ciel! je suis perdu.²

SCAPIN.

Holà³! Octave, demeurez. Octave! Le voilà enfui⁴. Quelle pauvre espèce d'homme! Ne laissons pas d'attendre le vieillard.

SILVESTRE.

Que lui dirai-je?

---

1. Rien, dans les anciennes éditions, ne marque le discours intercalé, qui, en effet, se distingue bien par le sens.
2. *Il s'enfuit.* (1682, 94 B.)
3.   SCÈNE V.
       SCAPIN, SILVESTRE.
          SCAPIN.
Holà! (1734.)
4. A remarquer ce participe passé, au sens neutre, d'un verbe qui, dans le reste de sa conjugaison, ne s'emploie que réfléchi. — La fin de la scène IV de l'acte Iᵉʳ du *Phormion* (vers 199-218) contient toute l'idée de la partie de cette scène qui suit la sortie d'Hyacinthe; en particulier, l'excellent trait de la fuite d'Octave, après ses assurances de fermeté, s'y trouve; mais Molière n'y a pas peu ajouté en imaginant la prosopopée si vive de la semonce paternelle, mise en action par Scapin, et que, dans la scène suivante, en présence du père lui-même, le fourbe rappellera à Silvestre avec la plus comique impudence. On a vu à la *Notice* de *Dom Juan* (tome V, p. 23) qu'une scène de Cicognini offre un exemple, bien dramatiquement plaisant aussi, d'une semblable épreuve assez mal soutenue par celui qu'elle doit aguerrir.

SCAPIN.

Laisse-moi dire, moi, et ne fais que me suivre.

SCÈNE IV.

ARGANTE, SCAPIN, SILVESTRE.

ARGANTE[1].

A-t-on jamais ouï parler d'une action pareille à celle-là ?

SCAPIN[2].

Il a déjà appris l'affaire[3], et elle lui tient si fort en tête, que tout seul il en parle haut.

ARGANTE[4].

Voilà une témérité bien grande !

SCAPIN[5].

Écoutons-le un peu.

ARGANTE.

Je voudrois bien savoir ce qu'ils me pourront dire sur ce beau mariage.

SCAPIN[6].

Nous y avons songé[7].

1.   SCÈNE VI.
   ARGANTE, SCAPIN, *et* SILVESTRE *dans le fond du théâtre.*
         ARGANTE, *se croyant seul.* (1734.)
2. SCAPIN, *à Silvestre.* (*Ibidem.*)
3. Par l'oncle, personnage qui ne paraît point, mais dont il a été question au début de la scène 1 et à la fin du récit de Silvestre (p. 410 et p. 418).
4. ARGANTE, *se croyant seul.* (1734.) La même indication est répétée dans l'édition de 1734, à chaque reprise d'Argante, jusqu'au moment où il aperçoit Silvestre.
5. SCAPIN, *à Silvestre.* (1734.)
6. SCAPIN, *à part.* (*Ibidem.*) La même indication est répétée dans l'édition de 1734, jusqu'à ce que Scapin s'adresse à Argante : « Monsieur, je suis ravi. »
7.   DEMIPHO.
   .... *Quid mihi dicent? aut quam causam reperient?*
   Demiror.
              GETA.
   Atqui reperi jam : aliud cura.
   (Térence, *Phormion,* acte II, scène 1, vers 234 et 235.)

ACTE I, SCÈNE IV.

ARGANTE.

Tâcheront-ils de me nier la chose?

SCAPIN.

Non, nous n'y pensons pas.

ARGANTE.

Ou s'ils entreprendront de l'excuser?

SCAPIN.

Celui-là [1] se pourra faire.

ARGANTE.

Prétendront-ils m'amuser par des contes en l'air?

SCAPIN.

Peut-être.

ARGANTE.

Tous leurs discours seront inutiles.

SCAPIN.

Nous allons voir.

ARGANTE.

Ils ne m'en donneront point à garder.

SCAPIN.

Ne jurons de rien.

ARGANTE.

Je saurai mettre mon pendard de fils en lieu de sûreté.

SCAPIN.

Nous y pourvoirons [2].

ARGANTE.

Et pour le coquin de Silvestre, je le rouerai de coups.

---

1. Au sens neutre, cela, cette dernière chose. *Celui-là*, neutralement comme ici, et même le féminin *celle-là*, avec ellipse d'un substantif non exprimé, mais facile à suppléer, s'emploient ainsi absolument, dans le langage familier. Voyez les exemples donnés par le *Dictionnaire de Littré*, à la fin de l'article concernant ces pronoms composés.

2. Tout le début en apartés de la 1re scène de l'acte II de *Térence* (vers 231-238) doit être rapproché de cette première partie de la scène de Molière. Le dialogue qui va s'engager entre Scapin et Argante n'est pas sans quelque ressemblance avec la suite de la scène latine : Phédria, l'un des amoureux, assisté de l'esclave Géta, y prend auprès de son oncle Démiphon la défense du fils de celui-ci, d'Antiphon, l'autre amoureux ; il s'agit également de faire accepter par le père le prétendu mariage forcé que le fils a contracté.

SILVESTRE[1].

J'étois bien étonné s'il m'oublioit[2].

ARGANTE[3].

Ah, ah! vous voilà donc, sage gouverneur de famille, beau directeur de jeunes gens[4].

SCAPIN.

Monsieur, je suis ravi de vous voir de retour.

ARGANTE.

Bonjour, Scapin. Vous avez[5] suivi mes ordres vraiment d'une belle manière, et mon fils s'est comporté fort sagement pendant mon absence.

SCAPIN.

Vous vous portez bien, à ce que je vois?

ARGANTE.

Assez bien. (A Silvestre.) Tu ne dis mot, coquin, tu ne dis mot.

SCAPIN.

Votre voyage a-t-il été bon?

ARGANTE.

Mon Dieu! fort bon. Laisse-moi un peu quereller en repos.

SCAPIN.

Vous voulez quereller?

---

1. SILVESTRE, *à Scapin.* (1734.)
2.
                DEMIPHO.

. . . . *O Geta*
Monitor!
                GETA.
Vix tandem.
(Térence, *Phormion*, vers 233 et 234.)

3. ARGANTE, *apercevant Silvestre.* (1734.)
4.
                DEMIPHO.

. . . . *Ho!*
Bone custos, salve, columen vero familiæ,
Cui commendavi filium hinc abiens meum.
(Térence, *Phormion*, acte II, scène I, vers 286-288.)

5. Bonjour, Scapin. (*A Silvestre.*) Vous avez. (1682, 1734.)

ARGANTE.

Oui, je veux quereller.

SCAPIN.

Et qui, Monsieur?

ARGANTE[1].

Ce maraud-là.

SCAPIN.

Pourquoi?

ARGANTE.

Tu n'as pas ouï parler de ce qui s'est passé dans mon absence?

SCAPIN.

J'ai bien ouï parler de quelque petite chose.

ARGANTE.

Comment quelque petite chose! Une action de cette nature?

SCAPIN.

Vous avez quelque raison.

ARGANTE.

Une hardiesse pareille à celle-là?

SCAPIN.

Cela est vrai.

ARGANTE.

Un fils qui se marie sans le consentement de son père?

SCAPIN.

Oui, il y a quelque chose à dire à cela. Mais je serois d'avis que vous ne fissiez point de bruit.

ARGANTE.

Je ne suis pas de cet avis, moi, et je veux faire du bruit tout mon soûl[2]. Quoi? tu ne trouves pas que j'aye tous les sujets du monde d'être en colère?

---

1. ARGANTE, *montrant Silvestre*. (1734.)
2. Dans l'édition originale et dans celle de 1682, *soû* ici et ci-après, p. 471. Voyez une autre orthographe ci-dessus, p. 101, note 1.

SCAPIN.

Si fait. J'y ai d'abord été, moi, lorsque j'ai su la chose, et je me suis intéressé pour vous, jusqu'à quereller votre fils. Demandez-lui un peu quelles belles réprimandes je lui ai faites, et comme je l'ai chapitré sur le peu de respect qu'il gardoit à un père dont il devoit[1] baiser les pas? On ne peut pas lui mieux parler, quand ce seroit vous-même. Mais quoi? je me suis rendu à la raison, et j'ai considéré que, dans le fond, il n'a pas tant de tort qu'on pourroit croire.

ARGANTE.

Que me viens-tu conter? Il n'a pas tant de tort de s'aller marier de but en blanc avec une inconnue?

SCAPIN.

Que voulez-vous? il y a été poussé par sa destinée.

ARGANTE.

Ah, ah! voici une raison la plus belle du monde. On n'a plus qu'à commettre tous les crimes imaginables, tromper, voler, assassiner, et dire pour excuse qu'on y a été poussé par sa destinée.

SCAPIN.

Mon Dieu! vous prenez mes paroles trop en philosophe. Je veux dire qu'il s'est trouvé fatalement engagé dans cette affaire.

ARGANTE.

Et pourquoi s'y engageoit-il?

SCAPIN.

Voulez-vous qu'il soit aussi sage que vous? Les jeunes gens sont jeunes, et n'ont pas toute la prudence[2] qu'il leur faudroit pour ne rien faire que de raisonnable: témoin notre Léandre, qui, malgré toutes mes leçons, malgré toutes mes remontrances, est allé faire de son côté pis encore que votre fils. Je voudrois bien savoir si

---

1. Dont il devroit. (1682.) — 2. Et n'ont pas toujours la prudence. (1734.)

vous-même n'avez pas été jeune, et n'avez pas, dans votre temps, fait des fredaines comme les autres. J'ai ouï dire, moi, que vous avez été autrefois un compagnon[1] parmi les femmes, que vous faisiez de votre drôle[2] avec les plus galantes de ce temps-là, et que vous n'en approchiez point que vous ne poussassiez à bout.

ARGANTE.

Cela est vrai, j'en demeure d'accord; mais je m'en suis toujours tenu à la galanterie, et je n'ai point été jusqu'à faire ce qu'il a fait.

SCAPIN.

Que vouliez-vous qu'il fît? Il voit une jeune personne qui lui veut du bien (car il tient cela de vous[3], d'être aimé de toutes les femmes). Il la trouve charmante. Il lui rend des visites, lui conte des douceurs, soupire galamment, fait le passionné. Elle se rend à sa poursuite. Il pousse sa fortune. Le voilà surpris avec elle par ses parents, qui, la force[4] à la main, le contraignent de l'épouser.

SILVESTRE[5].

L'habile fourbe que voilà!

SCAPIN.

Eussiez-vous voulu qu'il se fût laissé tuer? Il vaut mieux encore être marié qu'être mort.

ARGANTE.

On ne m'a pas dit que l'affaire se soit ainsi passée.

1. Un bon compagnon. (1674, 82, 1734.) — Au lieu de la leçon originale, Littré, 6°, cite cette correction où *bon* est inutilement ajouté au mot *compagnon*, qui, absolument et sans adjectif, a le sens que lui donne la variante.
2. L'expression s'est déjà présentée et a été expliquée à la scène II de l'acte II de *la Princesse d'Élide* (tome IV, p. 169 et note 2). Il semble qu'on en peut rapprocher ce *de* construit avec le verbe réfléchi par Mme de Sévigné (tome V, 1678, p. 474) : « Je voudrois..... que cela se fît de galant homme, » galamment, comme sait s'y prendre un galant homme, comme de galant homme à galant homme.
3. Car il tient de vous. (1674, 82, 1734.) — 4. SILVESTRE, *à part*. (1734.)
5. La figure est claire, une arme, un moyen quelconque de contraindre.

SCAPIN[1].

Demandez-lui[2] plutôt : il ne vous dira pas le contraire.

ARGANTE[3].

C'est par force qu'il a été marié?

SILVESTRE.

Oui, Monsieur.

SCAPIN.

Voudrois-je vous mentir?

ARGANTE.

Il devoit donc aller tout aussitôt protester de violence chez un notaire.

SCAPIN.

C'est ce qu'il n'a pas voulu faire.

ARGANTE.

Cela m'auroit donné plus de facilité à rompre ce mariage.

SCAPIN.

Rompre ce mariage!

ARGANTE.

Oui.

SCAPIN.

Vous ne le romprez point.

ARGANTE.

Je ne le romprai point?

SCAPIN.

Non.

ARGANTE.

Quoi? je n'aurai pas pour moi les droits de père, et la raison de la violence[4] qu'on a faite à mon fils?

---

1. SCAPIN, *montrant Silvestre.* (1734.)
2. Demandez-le-lui, comme ci-dessus, p. 95, au *Bourgeois gentilhomme*, « donnez-moi », pour donnez-le-moi : omission du pronom fréquente alors dans le langage ordinaire : voyez le *Lexique de la langue de Mme de Sévigné*, tome I, p. XLIX-LI. Au reste, aujourd'hui même, dans ces sortes de tours avec *donner, demander*, cette ellipse est encore du bon usage.
3. ARGANTE, *à Silvestre.* (1734.)
4. N'était *pour moi*, on pourrait croire qu'Argante veut dire : « Je n'ob-

SCAPIN.

C'est une chose dont il ne demeurera pas d'accord.

ARGANTE.

Il n'en demeurera pas d'accord?

SCAPIN.

Non.

ARGANTE.

Mon fils?

SCAPIN.

Votre fils. Voulez-vous qu'il confesse qu'il ait été capable de crainte, et que ce soit par force qu'on lui ait fait faire[1] les choses? Il n'a garde d'aller avouer cela. Ce seroit se faire tort, et se montrer indigne d'un père comme vous.

ARGANTE.

Je me moque de cela.

SCAPIN.

Il faut, pour son honneur, et pour le vôtre, qu'il dise dans le monde que c'est de bon gré qu'il l'a épousée.

ARGANTE.

Et je veux, moi, pour mon honneur et pour le sien, qu'il dise le contraire.

SCAPIN.

Non, je suis sûr qu'il ne le fera pas.

ARGANTE.

Je l'y forcerai bien.

---

tiendrai pas le redressement, la réparation de la violence...[a]? » Mais, pût-il rester le moindre doute, l'emploi très-net que Scapin fait plus loin (p. 457) de ces mêmes mots : « la raison de la violence », prouve surabondamment qu'il faut entendre ainsi la phrase : « Je n'aurai pas à alléguer, à faire valoir en ma faveur, la raison, le motif puissant tiré de la violence...? »

1. « Il faudrait, à l'indicatif, a dit Auger : *qu'il a été, que c'est,* et *qu'on lui a fait faire.* » C'est là une pure subtilité grammaticale : affaiblir ainsi l'affirmation par le mode, quand on fait parler autrui, est fort correct et du meilleur usage.

[a] Sur la locution *avoir raison* ou *la raison de quelque chose*, en avoir satisfaction, voyez le *Lexique de la langue de Corneille*, tome II, p. 266.

434   LES FOURBERIES DE SCAPIN.

SCAPIN.

Il ne le fera pas, vous dis-je¹.

ARGANTE.

Il le fera, ou je le déshériterai.

SCAPIN.

Vous?

ARGANTE.

Moi.

SCAPIN.

Bon.

ARGANTE.

Comment, bon?

SCAPIN.

Vous ne le déshériterez point.

ARGANTE.

Je ne le déshériterai point?

SCAPIN.

Non.

ARGANTE.

Non?

SCAPIN.

Non.

ARGANTE.

Hoy²! Voici qui est plaisant : je ne déshériterai pas mon fils.

---

1. Ce qui suit jusqu'à, exclusivement : *Finissons ce discours* (p. 436), est omis dans l'édition de 1682 (et sa série : 1697-1733), sans doute parce que cette partie du dialogue est reproduite presque mot pour mot dans *le Malade imaginaire*, acte I, scène v. — « Dorine du *Tartuffe* (acte II, scène II) et Toinette du *Malade imaginaire* (acte I, scène v) soutiennent de même, l'une à Orgon, l'autre à Argan, qu'ils n'effectueront pas le mariage projeté par eux pour leur fille. Entre *le Malade imaginaire* et *les Fourberies de Scapin*, c'est plus qu'une imitation, une ressemblance : c'est une répétition. Tout le passage,... jusqu'à cette boutade d'Argante : « Je ne suis point bon, et je suis méchant quand je veux, » se trouve mot pour mot dans *le Malade imaginaire*, avec cette seule différence qu'Argan parle de *mettre sa fille dans un couvent*, et qu'Argante parle de *déshériter son fils*.... Les éditeurs de 1682 ont jugé à propos de retrancher des *Fourberies de Scapin* tout ce passage, qui existe pourtant dans l'édition originale de 1671. Est-ce Molière qui l'a transporté lui-même dans *le Malade imaginaire*? Sont-ce les comédiens après sa mort? On ne sait.... » (*Note d'Auger.*)

2. Ouais! (1734.) — Il se rencontre dans nos vieux textes bon nombre

ACTE I, SCÈNE IV.

SCAPIN.

Non, vous dis-je.

ARGANTE.

Qui m'en empêchera?

SCAPIN.

Vous-même.

ARGANTE.

Moi?

SCAPIN.

Oui. Vous n'aurez pas ce cœur-là.

ARGANTE.

Je l'aurai.

SCAPIN.

Vous vous moquez.

ARGANTE.

Je ne me moque point.

SCAPIN.

La tendresse paternelle fera son office.

ARGANTE.

Elle ne fera rien.

SCAPIN.

Oui, oui.

ARGANTE.

Je vous dis que cela sera.

SCAPIN.

Bagatelles.

ARGANTE.

Il ne faut point dire bagatelles.

SCAPIN.

Mon Dieu! je vous connois, vous êtes bon naturellement.

ARGANTE.

Je ne suis point bon, et je suis méchant quand je

---

d'interjections que les dictionnaires ont eu le tort de ne pas donner. Celle-ci manque dans *Littré*, pour ne parler que de lui.

veux. Finissons ce discours qui m'échauffe la bile.[1] Va-t'en, pendard, va-t'en me chercher mon fripon, tandis que j'irai rejoindre le Seigneur Géronte, pour lui conter ma disgrâce.

SCAPIN.

Monsieur, si je vous puis être utile en quelque chose, vous n'avez qu'à me commander.

ARGANTE.

Je vous remercie.[2] Ah! pourquoi faut-il qu'il soit fils unique! et que n'ai-je à cette heure la fille que le Ciel m'a ôtée, pour la faire mon héritière!

SCÈNE V[3].

SCAPIN, SILVESTRE.

SILVESTRE.

J'avoue que tu es un grand homme, et voilà l'affaire en bon train; mais l'argent, d'autre part, nous presse[4] pour notre subsistance, et nous avons, de tous côtés, des gens qui aboient après nous.

SCAPIN.

Laisse-moi faire, la machine est trouvée. Je cherche seulement dans ma tête un homme qui nous soit affidé, pour jouer un personnage dont j'ai besoin. Attends. Tiens-toi un peu. Enfonce ton bonnet en méchant garçon. Campe-toi sur un pied. Mets la main au côté. Fais les yeux furibonds. Marche un peu en roi de théâtre[5].

---

1. *A Silvestre.* (1734.) — 2. *A part.* (*Ibidem.*)
3. SCÈNE VII. (*Ibidem.*)
4. Activement sans doute : le besoin d'argent nous presse. Ou peut-on supposer le verbe neutre et le régime indirect : l'affaire de l'argent nous est pressante, urgente, il nous faut au plus vite de l'argent?
5. Encore, si je ne me trompe, un petit trait de satire contre les comé-

Voilà qui est bien. Suis-moi. J'ai des secrets pour déguiser ton visage et ta voix.

SILVESTRE.

Je te conjure au moins de ne m'aller point brouiller avec la justice.

SCAPIN.

Va, va : nous partagerons les périls en frères ; et trois ans de galère de plus ou de moins ne sont pas pour arrêter un noble cœur.

---

diens de l'Hôtel de Bourgogne : du moins c'est à peu près de la même manière que Molière les peint dans *l'Impromptu de Versailles*. (*Note d'Auger.*) Voyez à la scène I de cette pièce, tome III, p. 396-399.

FIN DU PREMIER ACTE.

ACTE II.

SCÈNE PREMIÈRE.
GÉRONTE, ARGANTE.

GÉRONTE.

Oui, sans doute, par le temps qu'il fait, nous aurons ici nos gens aujourd'hui; et un matelot qui vient de Tarente m'a assuré qu'il avoit vu mon homme qui étoit près de s'embarquer. Mais l'arrivée de ma fille trouvera les choses mal disposées à ce que nous nous proposions; et ce que vous venez de m'apprendre de votre fils rompt étrangement les mesures que nous avions prises ensemble.

ARGANTE.

Ne vous mettez pas en peine : je vous réponds de renverser tout cet obstacle, et j'y vais travailler de ce pas.

GÉRONTE.

Ma foi! Seigneur Argante, voulez-vous que je vous dise? l'éducation des enfants est une chose à quoi il faut s'attacher fortement.

ARGANTE.

Sans doute. A quel propos cela?

GÉRONTE.

A propos de ce que les mauvais déportements des jeunes gens viennent le plus souvent de la mauvaise éducation que leurs pères leur donnent.

ACTE II, SCÈNE I.

ARGANTE.

Cela arrive parfois. Mais que voulez-vous dire par là?

GÉRONTE.

Ce que je veux dire par là?

ARGANTE.

Oui.

GÉRONTE.

Que si vous aviez, en brave père, bien moriginé[1] votre fils, il ne vous auroit pas joué le tour qu'il vous a fait.

ARGANTE.

Fort bien. De sorte donc que vous avez bien mieux moriginé le vôtre?

GÉRONTE.

Sans doute, et je serois bien fâché qu'il m'eût rien fait approchant de cela.

ARGANTE.

Et si ce fils que vous avez, en brave père, si bien moriginé, avoit fait pis encore que le mien? eh?

GÉRONTE.

Comment?

ARGANTE.

Comment?

GÉRONTE.

Qu'est-ce que cela veut dire?

ARGANTE.

Cela veut dire, Seigneur Géronte, qu'il ne faut pas être si prompt à condamner la conduite des autres; et que ceux qui veulent gloser, doivent bien regarder chez eux s'il n'y a rien qui cloche.

GÉRONTE.

Je n'entends point cette énigme.

1. L'édition originale a ici *morigené*, mais quatre, puis dix lignes plus bas, *moriginé*. Les textes de 1674, 82, 94 B, 1734 ont, aux trois endroits, *morigené*. Seule, de la série de 1682, l'édition de 1718 porte à ces trois endroits *moriginé*; c'est aussi la leçon de 1675 A, 84 A; voyez la même forme, tome VII, p. 458, à l'acte V, scène 1 des *Amants magnifiques*.

ARGANTE.

On vous l'expliquera.

GÉRONTE.

Est-ce que vous auriez ouï dire quelque chose de mon fils?

ARGANTE.

Cela se peut faire.

GÉRONTE.

Et quoi encore[1]?

ARGANTE.

Votre Scapin, dans mon dépit[2], ne m'a dit la chose qu'en gros; et vous pourrez de lui, ou de quelque autre, être instruit du détail. Pour moi, je vais vite consulter un avocat, et aviser des biais[3] que j'ai à prendre[4]. Jusqu'au revoir.

SCÈNE II.

LÉANDRE, GÉRONTE.

GÉRONTE[5].

Que pourroit-ce être que cette affaire-ci? Pis encore que le sien! Pour moi, je ne vois pas ce que l'on peut faire de pis; et je trouve que se marier sans le consen-

---

1. Mais encore, mais de grâce, quoi?
2. Dans le dépit où il me voyait, me voyant si chagrin pour mon compte.
3. Et délibérer avec lui au sujet des biais, voir quel biais prendre. Avec *de*, le verbe a le même sens qu'avec *à*, ou du moins un sens bien voisin: voyez *Littré*, 4°.
4.
. . . . Pour résoudre avec vos maîtres
Des biais qu'on doit prendre à terminer vos vœux.
(*L'Étourdi*, acte IV, scène I, vers 1292 et 1293.)
Il faut voir maintenant quel biais je prendrai.
(*Ibidem*, acte IV, scène VI, vers 1642.)
5. SCÈNE II.
GÉRONTE, *seul*. (1734.)

ACTE II, SCÈNE II. 441

tement de son père est une action qui passe tout ce qu'on peut s'imaginer. Ah[1] ! vous voilà.

LÉANDRE, en courant à lui pour l'embrasser[2].

Ah! mon père, que j'ai de joie de vous voir de retour!

GÉRONTE, refusant de l'embrasser[3].

Doucement. Parlons un peu d'affaire.

LÉANDRE.

Souffrez que je vous embrasse, et que....

GÉRONTE, le repoussant encore.

Doucement, vous dis-je.

LÉANDRE.

Quoi? vous me refusez, mon père, de vous exprimer mon transport par mes embrassements!

GÉRONTE.

Oui : nous avons quelque chose à démêler ensemble.

LÉANDRE.

Et quoi?

GÉRONTE.

Tenez-vous, que je vous voye en face.

LÉANDRE.

Comment?

GÉRONTE.

Regardez-moi entre deux yeux.

LÉANDRE.

Hé bien?

GÉRONTE.

Qu'est-ce donc qu'il s'est passé ici[4]?

SCÈNE III.
GÉRONTE, LÉANDRE.
GÉRONTE.

1. Ah! (1734.)
2. LÉANDRE, courant à Géronte pour l'embrasser. (Ibidem.)
3. GÉRONTE, refusant d'embrasser Léandre. (Ibidem.)
4. Qu'est-ce donc qui s'est passé ici? (1674, 82, 1734.)

LÉANDRE.

Ce qui s'est passé?

GÉRONTE.

Oui. Qu'avez-vous fait dans mon absence [1]?

LÉANDRE.

Que voulez-vous, mon père, que j'aye fait?

GÉRONTE.

Ce n'est pas moi qui veux que vous ayez fait, mais qui demande ce que c'est que vous avez fait.

LÉANDRE.

Moi, je n'ai fait aucune chose dont vous ayez lieu de vous plaindre.

GÉRONTE.

Aucune chose?

LÉANDRE.

Non.

GÉRONTE.

Vous êtes bien résolu.

LÉANDRE.

C'est que je suis sûr de mon innocence.

GÉRONTE.

Scapin pourtant a dit de vos nouvelles.

LÉANDRE.

Scapin!

GÉRONTE.

Ah, ah! ce mot vous fait rougir.

LÉANDRE.

Il vous a dit quelque chose de moi?

GÉRONTE.

Ce lieu n'est pas tout à fait propre à vuider cette af-

---

1. Pendant mon absence? (1674, 82, 1773.) Molière employait indifféremment les deux prépositions : voyez plus haut, à quelques lignes d'intervalle, dans la scène IV du Ier acte (p. 428 et 429), « pendant mon absence » et « dans mon absence ».

ACTE II, SCÈNE II.

faire, et nous allons l'examiner ailleurs. Qu'on se rende au logis. J'y vais revenir tout à l'heure. Ah! traître, s'il faut que tu me déshonores, je te renonce pour mon fils, et tu peux bien pour jamais te résoudre à fuir de ma présence.

SCÈNE III.

OCTAVE, SCAPIN, LÉANDRE.

LÉANDRE[1].

Me trahir de cette manière! Un coquin qui doit, par cent raisons, être le premier à cacher les choses que je lui confie, est le premier à les aller découvrir à mon père. Ah! je jure le Ciel[2] que cette trahison ne demeurera pas impunie.

OCTAVE.

Mon cher Scapin[3], que ne dois-je point à tes soins! Que tu es un homme admirable! et que le Ciel m'est favorable de t'envoyer à mon secours!

LÉANDRE.

Ah, ah! vous voilà. Je suis ravi de vous trouver, Monsieur le coquin.

SCAPIN.

Monsieur, votre serviteur. C'est trop d'honneur que vous me faites.

1.
SCÈNE IV.
LÉANDRE, seul. (1734.)
2. Nous avons ce même emploi de *jurer*, activement, pour « prendre à témoin par serment, » dans la scène IV du IIIe acte de *Dom Juan* (tome V, p. 155). Littré, 1°, en cite divers exemples, tous des seizième et dix-septième siècles.
3.
SCÈNE V.
OCTAVE, LÉANDRE, SCAPIN.
OCTAVE.
Mon cher Scapin. (1734.)

LÉANDRE, en mettant[1] l'épée à la main.

Vous faites le méchant plaisant. Ah! je vous apprendrai....

SCAPIN, se mettant à genoux.

Monsieur.

OCTAVE, se mettant entre-deux pour empêcher Léandre de le frapper[2].

Ah! Léandre.

LÉANDRE.

Non, Octave, ne me retenez point, je vous prie.

SCAPIN[3].

Eh! Monsieur.

OCTAVE, le retenant[4].

De grâce.

LÉANDRE, voulant frapper Scapin.

Laissez-moi contenter mon ressentiment.

OCTAVE.

Au nom de l'amitié, Léandre, ne le maltraitez point[5].

SCAPIN.

Monsieur, que vous ai-je fait?

LÉANDRE, voulant le frapper[6].

Ce que tu m'as fait, traître?

OCTAVE, le retenant[7].

Eh! doucement.

LÉANDRE.

Non, Octave, je veux qu'il me confesse lui-même tout à l'heure la perfidie qu'il m'a faite. Oui, coquin, je sais le trait que tu m'as joué, on vient de me l'apprendre; et tu ne croyois pas peut-être que l'on me

---

1. LÉANDRE, *mettant, etc.* (1734.)
2. *De frapper Scapin.* (*Ibidem.*)
3. SCAPIN, *à Léandre.* (*Ibidem.*)
4. OCTAVE, *retenant Léandre.* (*Ibidem.*)
5. Ne le maltraite point. (1734, mais non 1773.)
6. LÉANDRE, *voulant frapper Scapin.* (1734.)
7. OCTAVE, *retenant encore Léandre.* (*Ibidem.*)

dût révéler ce secret; mais je veux en avoir la confession de ta propre bouche, ou je vais te passer cette épée au travers du corps.

SCAPIN.

Ah! Monsieur, auriez-vous bien ce cœur-là?

LÉANDRE.

Parle donc.

SCAPIN.

Je vous ai fait quelque chose, Monsieur?

LÉANDRE.

Oui, coquin, et ta conscience ne te dit que trop ce que c'est.

SCAPIN.

Je vous assure que je l'ignore.

LÉANDRE, s'avançant pour le frapper[1].

Tu l'ignores!

OCTAVE, le retenant[2].

Léandre.

SCAPIN.

Hé bien! Monsieur, puisque vous le voulez, je vous confesse que j'ai bu avec mes amis ce petit quartaut de vin d'Espagne dont on vous fit présent il y a quelques jours; et que c'est moi qui fis une fente au tonneau, et répandis de l'eau autour, pour faire croire que le vin s'étoit échappé.

LÉANDRE.

C'est toi, pendard, qui m'as bu mon vin d'Espagne, et qui as été cause que j'ai tant querellé la servante, croyant que c'étoit elle qui m'avoit fait le tour?

SCAPIN.

Oui, Monsieur : je vous en demande pardon.

---

1. *Pour frapper Scapin.* (1734.)
2. OCTAVE, *retenant Léandre.* (*Ibidem.*)

LÉANDRE.

Je suis bien aise d'apprendre cela; mais ce n'est pas l'affaire dont il est question maintenant.

SCAPIN.

Ce n'est pas cela, Monsieur?

LÉANDRE.

Non : c'est une autre affaire qui[1] me touche bien plus, et je veux que tu me la dises.

SCAPIN.

Monsieur, je ne me souviens pas d'avoir fait autre chose.

LÉANDRE, le voulant frapper[2].

Tu ne veux pas parler?

SCAPIN.

Eh!

OCTAVE, le retenant[3].

Tout doux.

SCAPIN.

Oui, Monsieur, il est vrai qu'il y a trois semaines que vous m'envoyâtes porter, le soir, une petite montre à la jeune Égyptienne que vous aimez. Je revins au logis mes habits tout couverts de boue, et le visage plein de sang, et vous dis que j'avois trouvé des voleurs qui m'avoient bien battu, et m'avoient dérobé la montre. C'étoit moi, Monsieur, qui l'avois retenue.

LÉANDRE.

C'est toi qui as retenu ma montre?

SCAPIN.

Oui, Monsieur, afin de voir quelle heure il est.

LÉANDRE.

Ah, ah! j'apprends ici de jolies choses, et j'ai un ser-

---

1. Une autre affaire encore qui. (1734.)
2. LÉANDRE, *voulant frapper Scapin.* (*Ibidem.*)
3. OCTAVE, *retenant Léandre.* (*Ibidem.*)

viteur fort fidèle vraiment. Mais ce n'est pas encore cela[1]
que je demande.

SCAPIN.

Ce n'est pas cela?

LÉANDRE.

Non, infâme : c'est autre chose encore que je veux
que tu me confesses.

SCAPIN[2].

Peste!

LÉANDRE.

Parle vite, j'ai hâte.

SCAPIN.

Monsieur, voilà tout ce que j'ai fait.

LÉANDRE, voulant frapper Scapin.

Voilà tout?

OCTAVE, se mettant au-devant[3].

Eh!

SCAPIN.

Hé bien! oui, Monsieur : vous vous souvenez de ce
loup-garou, il y a six mois, qui vous donna tant de coups
de bâton la nuit, et vous pensa faire rompre le cou dans
une cave où vous tombâtes en fuyant.

LÉANDRE.

Hé bien?

SCAPIN.

C'étoit moi, Monsieur, qui faisois le loup-garou.

LÉANDRE.

C'étoit toi, traître, qui faisois le loup-garou?

SCAPIN.

Oui, Monsieur, seulement pour vous faire peur, et

---

1. Cela encore. (1734.)
2. SCAPIN, à part. (Ibidem.)
3. OCTAVE, se mettant au-devant de Léandre. (Ibidem.)

vous ôter l'envie de nous faire courir, toutes les nuits, comme vous aviez de coutume[1].

LÉANDRE.

Je saurai me souvenir, en temps et lieu, de tout ce que je viens d'apprendre. Mais je veux venir au fait, et que tu me confesses ce que tu as dit à mon père.

SCAPIN.

A votre père?

LÉANDRE.

Oui, fripon, à mon père.

SCAPIN.

Je ne l'ai pas seulement vu depuis son retour.

LÉANDRE.

Tu ne l'as pas vu?

SCAPIN.

Non, Monsieur.

LÉANDRE.

Assurément?

SCAPIN.

Assurément. C'est une chose que je vais vous faire dire par lui-même.

LÉANDRE.

C'est de sa bouche que je le tiens pourtant[2].

SCAPIN.

Avec votre permission, il n'a pas dit la vérité[3].

---

1. On a déjà rencontré ce tour à la fin de la scène xi du *Sicilien:* voyez tome VI, p. 265, et note 2.

2. Que je tiens pourtant.... (1734.) — Il y a sans doute dans cette variante intention de corriger, à cause de *le*, au lieu de *la*; mais rien de plus correct que ce pronom neutre après *chose*.

3. « La confession si comique de Scapin, dit Cailhava dans ses *Études sur Molière* (1802, p. 273), est imitée de *Pantalon père de famille*, canevas italien. Un fils de Pantalon vole un étui d'or sur la toilette de sa belle-mère : l'on accuse Arlequin, on le menace de le faire pendre, s'il n'avoue son larcin ; il se met à genoux, et déclare une infinité de vols dont on ne l'avoit pas soupçonné. » Cailhava n'ajoute à ce rapprochement aucune indication sur le temps où le canevas de cette scène a été tracé ou recueilli, ni sur le temps où il a été développé par les comédiens, soit dans leur langue, soit dans la

SCÈNE IV.

CARLE, SCAPIN, LÉANDRE, OCTAVE[1].

CARLE.

Monsieur, je vous apporte une nouvelle qui est fâcheuse pour votre amour.

LÉANDRE.

Comment?

CARLE.

Vos Égyptiens sont sur le point de vous enlever Zerbinette, et elle-même, les larmes aux yeux, m'a chargé de venir promptement vous dire que si, dans deux heures, vous ne songez à leur porter l'argent qu'ils vous ont demandé pour elle, vous l'allez perdre pour jamais.

LÉANDRE.

Dans deux heures?

CARLE.

Dans deux heures.

---

nôtre[a]. On ne peut se fier à une assertion aussi absolument dénuée de preuves; il n'y avait nulle difficulté à trouver place dans les vieux cadres italiens pour un bon trait nouveau, et Palaprat, très-bien informé, a constaté que le théâtre italien qu'il avait vu fermer en 1697, « de son vivant fut toujours le singe et le copiste de ce qui avoit réussi sur la scène françoise[b]. » Voyez le chapitre de M. Moland, auquel il est renvoyé ci-dessous, note a; la *Notice* de *Sganarelle*, tome II, p. 145 et 146; et la *Notice* de *l'Avare*, tome VII, p. 29 et 30.

1. SCÈNE VI.
LÉANDRE, OCTAVE, CARLE, SCAPIN. (1734.)

a A partir des dernières années de Molière, les Italiens se mirent à intercaler des morceaux ou des scènes en français dans leurs pièces, à jouer même des pièces entièrement écrites dans notre langue : voyez le *Molière et la Comédie italienne*, de M. Moland, p. 293 et suivantes ; *le Théâtre français sous Louis XIV*, de M. Despois, p. 63 et suivantes ; et, dans *la Revue libérale* de mai 1683, p. 267 et 268, un article de M. Pougin sur *la Comédie italienne*.
b Voyez, au tome Ier des *OEuvres de Palaprat* (1712), la préface intitulée *Discours sur* le Ballet extravagant (une de ses pièces), p. 58.

SCÈNE VII.
LÉANDRE, OCTAVE, SCAPIN.
LÉANDRE.

Ah![1] mon pauvre Scapin, j'implore ton secours.

SCAPIN, *passant devant lui avec un air fier*[2].

« Ah! mon pauvre Scapin. » Je suis « mon pauvre Scapin » à cette heure qu'on a besoin de moi.

LÉANDRE.

Va, je te pardonne tout ce que tu viens de me dire, et pis encore, si tu me l'as fait.

SCAPIN.

Non, non, ne me pardonnez rien. Passez-moi votre épée au travers du corps. Je serai ravi que vous me tuiez.

LÉANDRE.

Non. Je te conjure plutôt de me donner la vie, en servant mon amour.

SCAPIN.

Point, point : vous ferez mieux de me tuer.

LÉANDRE.

Tu m'es trop précieux; et je te prie de vouloir employer pour moi ce génie admirable, qui vient à bout de toute chose.

SCAPIN.

Non : tuez-moi, vous dis-je.

LÉANDRE.

Ah! de grâce, ne songe plus à tout cela, et pense à me donner le secours que je te demande.

OCTAVE.

Scapin, il faut faire quelque chose pour lui.

SCAPIN.

Le moyen, après une avanie de la sorte?

---

1. Ah! (1734.)
2. SCAPIN, *se levant, et passant fièrement devant Léandre.* (*Ibidem.*)

LÉANDRE.

Je te conjure d'oublier mon emportement, et de me prêter ton adresse.

OCTAVE.

Je joins mes prières aux siennes.

SCAPIN.

J'ai cette insulte-là sur le cœur.

OCTAVE.

Il faut quitter ton ressentiment.

LÉANDRE.

Voudrois-tu m'abandonner, Scapin, dans la cruelle extrémité où se voit mon amour?

SCAPIN.

Me venir faire, à l'improviste, un affront comme celui-là !

LÉANDRE.

J'ai tort, je le confesse.

SCAPIN.

Me traiter de coquin, de fripon, de pendard, d'infâme!

LÉANDRE.

J'en ai tous les regrets du monde.

SCAPIN.

Me vouloir passer son épée au travers du corps!

LÉANDRE.

Je t'en demande pardon de tout mon cœur; et s'il ne tient qu'à me jeter à tes genoux, tu m'y vois, Scapin, pour te conjurer encore une fois de ne me point abandonner.

OCTAVE.

Ah! ma foi! Scapin, il se faut rendre à cela.

SCAPIN.

Levez-vous. Une autre fois, ne soyez point[1] si prompt.

1. Ne soyez pas. (1734.)

LÉANDRE.

Me promets-tu de travailler pour moi?

SCAPIN.

On y songera.

LÉANDRE.

Mais tu sais que le temps presse.

SCAPIN.

Ne vous mettez pas[1] en peine. Combien est-ce qu'il vous faut?

LÉANDRE.

Cinq cents écus.

SCAPIN.

Et à vous?

OCTAVE.

Deux cents pistoles.

SCAPIN.

Je veux tirer cet argent de vos pères[2]. Pour[3] ce qui est du vôtre, la machine est déjà toute trouvée;[4] et quant au vôtre, bien qu'avare au dernier degré, il y faudra moins de façons[5] encore, car vous savez que, pour l'esprit, il n'en a pas, grâces à Dieu[6]! grande provision, et je le livre[7] pour une espèce d'homme à qui l'on fera

---

1. Ne vous mettez point. (1734, mais non 1773.)
2. GETA.
   Quantum opus est tibi argenti? eloquere.
   PHAEDRIA.
   Solæ triginta minæ.
   . . . .
   GETA.
   Age, age, inventas reddam.
   (Térence, *Phormion*, acte III, scène III, vers 556 et 558.)
3. *A Octave.* Pour. (1734.)
4. *A Léandre.* (*Ibidem.*)
5. De façon. (1675 A, 82, 84 A, 94 B, 1734.)
6. Grâce à Dieu! (1734.)
7. Encore un terme, comme celui de Sbrigani (tome VII, p. 243 et note 3), qui semble pris de la langue des trafiquants : c'est une marchandise que je vous donne en la garantissant pour..., que vous pouvez prendre de ma main comme....

toujours croire tout ce que l'on voudra. Cela ne vous offense point : il ne tombe entre lui et vous aucun soupçon de ressemblance; et vous savez assez l'opinion de tout le monde, qui veut qu'il ne soit votre père que pour la forme.

LÉANDRE.

Tout beau, Scapin.

SCAPIN.

Bon, bon, on fait bien scrupule de cela : vous moquez-vous? Mais j'aperçois venir le père d'Octave. Commençons par lui, puisqu'il se présente. Allez-vous-en tous deux.[1] Et vous, avertissez votre Silvestre de venir vite jouer son rôle.

SCÈNE V[2].

ARGANTE, SCAPIN.

SCAPIN[3].

Le voilà qui rumine.

ARGANTE[4].

Avoir si peu de conduite et de considération[5]! s'aller jeter dans un engagement comme celui-là! Ah, ah, jeunesse impertinente[6]!

---

1. *A Octave.* (1734.)
2. SCÈNE VIII. (*Ibidem.*)
3. SCAPIN, *à part.* (*Ibidem.*)
4. ARGANTE, *se croyant seul.* (*Ibidem.*)
5. De réflexion, de circonspection.
6. Malavisée, inconsidérée. « Ô fils impertinent, as-tu envie de me ruiner? » dit aussi Harpagon, dans *l'Avare* (tome VII, p. 154). Un peu plus loin (p. 455), « ce mariage impertinent, » c'est ce mariage venant si mal à propos à la traverse, ce sot, cet absurde mariage. On a vu le mot ci-dessus, au *Bourgeois gentilhomme* (p. 131), où l'on peut l'entendre au sens de *malséant, choquant :* « Vois-tu rien de plus impertinent que des femmes qui rient à tout propos? »

SCAPIN.

Monsieur, votre serviteur.

ARGANTE.

Bonjour, Scapin.

SCAPIN.

Vous rêvez à l'affaire de votre fils.

ARGANTE.

Je t'avoue que cela me donne un furieux chagrin.

SCAPIN.

Monsieur, la vie est mêlée de traverses. Il est bon de s'y tenir sans cesse préparé; et j'ai ouï dire, il y a longtemps, une parole d'un ancien que j'ai toujours retenue.

ARGANTE.

Quoi?

SCAPIN.

Que pour peu qu'un père de famille ait été absent de chez lui, il doit promener son esprit sur tous les fâcheux accidents[1] que son retour peut rencontrer : se figurer sa maison brûlée, son argent dérobé, sa femme morte, son fils estropié, sa fille subornée ; et ce qu'il trouve qu'il ne lui est point arrivé[2], l'imputer à bonne fortune[3]. Pour moi, j'ai pratiqué toujours cette leçon dans ma petite philosophie ; et je ne suis jamais revenu au logis, que je ne me sois tenu prêt à la colère de mes maîtres, aux réprimandes, aux injures, aux coups de pied au cul,

---

1. Forcer son esprit à *repasser*, comme dit Amphitryon (au vers 1464, tome VI, p. 439), sur tous les.... accidents. Au vers 1463, il se sert du même verbe qu'ici : « Ma jalousie.... me *promène* sur ma disgrâce, » avec changement de rapports : la volonté met ici l'esprit en mouvement ; là c'est elle et l'esprit qui cèdent à une obsession.

2. Ce qu'il trouve qui ne lui est point arrivé. (1682, 1734.) — Le second *qu'il* de l'édition originale et de la suivante pourrait être une faute. Pour cet archaïsme, alors assez commun (et qu'on rencontrera ci-après, p. 489), de *que*, régime d'un premier verbe, suivi de *qui*, sujet d'un second, voyez les Lexiques de la collection, celui *de la Rochefoucauld*, par exemple, à Qui, 4°, p. 351.

3. La « parole » est en effet « d'un ancien », comme vient de dire Scapin, qui, à tout hasard, fait le savant ; elle est de Térence ; chez lui, c'est le vieux

aux bastonnades, aux étrivières; et ce qui a manqué à m'arriver¹, j'en ai rendu grâce² à mon bon destin³.

ARGANTE⁴.

Voilà qui est bien. Mais ce mariage impertinent qui

Démiphon qui, arrivé aussi en *ruminant* sur la scène, fait d'abord pour lui-même ces réflexions, que l'esclave Géta, se tenant à l'écart avec un troisième interlocuteur, habille ensuite à sa manière.

DEMIPHO.

Itane tandem uxorem duxit Antipho injussu meo?...
. . . . *O facinus audax!* . . .
Ita sum irritatus, animum ut nequeam ad cogitandum instituere.
Quamobrem omnes, quum secundæ res sunt maxume, tum maxume
Meditari secum oportet quo pacto adversam ærumnam ferant,
Pericla, damna, exsilia; peregre rediens semper cogitet
Aut fili peccatum, aut uxoris mortem, aut morbum filiæ;
Communia esse hæc, fieri posse : ut ne quid animo sit novum.
Quidquid præter spem eveniat, omne id deputare esse in lucro.

(*Phormion*, acte II, scène I ᵃ, vers 231, 233, 240-246.)

1. Comparez plus loin : « si tu manques à être racheté, » si tu n'es pas, ne peux pas être racheté.

2. Grâces. (1697, 1710, 18, 30, 33, 34.)

3.

GETA.

. . . *Incredibile est quantum herum anteo sapientia.*
Meditata mihi sunt omnia mea incommoda : herus si redierit,
Molendum usque in pistrino; vapulandum; habendum compedes;
Opus ruri faciundum; horum nihil quidquam accidet animo novum.
Quidquid præter spem eveniet, omne id deputabo esse in lucro.

(*Phormion*, acte II, scène I, vers 247-251.)

4. Pour la suite de cette scène, Molière a trouvé dans la scène III de l'acte IV du *Phormion* (vers 608 et suivants) un plan et de bien jolis détails de dialogue à imiter. La situation là est semblable. Touché du désespoir amoureux de Phédria, cousin et ami dévoué de son jeune maître Antiphon, l'esclave Géta s'est fait fort de soutirer à Démiphon, son vieux maître, père d'Antiphon, une grosse somme d'argent; il trouve le vieillard et son frère Chrémès consultant ensemble sur les moyens de faire rompre le mariage contracté, à leur grand chagrin, par Antiphon; le fourbe se présente en négociateur heureux de cette rupture; il raconte qu'il a obtenu du parasite Phormion, auteur de la comédie judiciaire dont le sot mariage a été le dénouement, qu'il s'emploierait lui-même à le défaire et recueillerait la femme répudiée; seulement Phormion aussi est engagé de parole avec une femme un peu mieux dotée, et c'est l'équivalent de la dot à laquelle il renoncera pour épouser la plus pauvre, ce sont les quelque quarante mines nécessaires à l'acquittement de ses dettes et à un établissement raisonnable de son petit ménage qu'il demande en retour du service rendu. Géta, dans le rôle duquel aucun trait ne révèle une profondeur de malice comparable à celle dont

ᵃ Il a été indiqué plus haut (p. 427, note 2) que cette même scène de Térence correspondait en partie à la scène IV de l'acte I de Molière.

trouble celui que nous voulons faire est une chose que je ne puis souffrir, et je viens de consulter des avocats pour le faire casser.

SCAPIN.

Ma foi! Monsieur, si vous m'en croyez, vous tâcherez, par quelque autre voie, d'accommoder l'affaire. Vous savez ce que c'est que les procès en ce pays-ci, et vous allez vous enfoncer dans d'étranges épines [1].

ARGANTE.

Tu as raison, je le vois bien. Mais quelle autre voie?

SCAPIN.

Je pense que j'en ai trouvé une. La compassion que m'a donnée tantôt votre chagrin m'a obligé à chercher dans ma tête quelque moyen pour vous tirer d'inquiétude; car je ne saurois voir d'honnêtes pères chagrinés par leurs enfants que cela ne m'émeuve; et, de tout temps, je me suis senti pour votre personne une inclination particulière.

ARGANTE.

Je te suis obligé.

SCAPIN.

J'ai donc été trouver le frère de cette fille qui a été épousée. C'est un de ces braves [2] de profession, de ces

---

Scapin donne tant de preuves, Géta qui n'a pas non plus, il s'en faut, le don d'une parole aussi prompte et mordante, montre beaucoup d'adresse et d'esprit à proposer et à faire accepter, une à une, les conditions pécuniaires mises par le parasite à son concours; il réussit à jouer les deux vieillards. Il est vrai que le second n'est qu'une ombre d'adversaire : gagné du premier mot, concédant tout, payant la plus grosse part, avançant encore le reste, il aide plutôt à abuser l'autre dupe. Géta n'a pas recours d'ailleurs au principal moyen que fait deux fois valoir Scapin avec un si comique acharnement. Dans la grande colère du valet contre la scélératesse et l'avidité des gens de justice, Molière est tout à fait original.

1. *S'enfoncer dans des épines*, comme qui dirait *s'enfoncer dans des halliers, dans un bois fourré, plein d'arbustes épineux*. Figurément, c'est s'engager dans une affaire pleine de difficultés et de désagréments. (*Note d'Auger.*)

2. Avec l'addition des mots « de profession, » *brave* est bien ici synonyme, comme si communément l'italien ironique *bravo*, de spadassin, coupe-

gens qui sont tous coups d'épée[1], qui ne parlent que d'échiner, et ne font non plus de conscience de tuer un homme que d'avaler un verre de vin. Je l'ai mis sur ce mariage, lui ai fait voir quelle facilité offroit la raison de la violence[2] pour le faire casser, vos prérogatives du nom de père, et l'appui que vous donneroit[3] auprès de la justice et votre droit, et votre argent, et vos amis. Enfin je l'ai tant tourné de tous les côtés, qu'il a prêté l'oreille aux propositions que je lui ai faites d'ajuster l'affaire pour quelque somme ; et il donnera son consentement à rompre le mariage, pourvu que vous lui donniez de l'argent.

ARGANTE.

Et qu'a-t-il demandé ?

SCAPIN.

Oh ! d'abord, des choses par-dessus les maisons.

ARGANTE.

Et quoi[4] ?

SCAPIN.

Des choses extravagantes.

ARGANTE.

Mais encore ?

---

jarret. « Brave, dit Furetière (1690), se prend aussi en mauvaise part et se dit d'un bretteur, d'un assassin, d'un homme qu'on emploie à toutes sortes de méchantes actions ; » et l'Académie (1694) : « On s'en sert aussi dans un sens odieux. *Il a toujours des braves à sa suite pour exécuter ses violences.* »

1. C'est-à-dire qui sont entièrement, qui ne sont que coups d'épée. L'édition de 1734 change *tous* en *tout* ; mais c'est l'occasion de rappeler qu'au sens adverbial, l'accord était alors ordinaire, même parfois avec amphibologie ; nous l'avons vu mainte fois chez Molière, et ci-dessus dans un vers de Corneille (1800 de *Psyché*, p. 348) :

Tous morts qu'ils sont.

2. Le motif tiré de la violence faite à votre jeune fils : voyez plus haut, p. 432, et note 4.

3. *Donneroient.* (1734.) Mais le verbe, dans les éditions de 1671, 74, 82, et dans les trois étrangères, est bien ainsi au singulier, ne s'accordant qu'avec le premier des sujets qui suivent.

4. Hé, quoi ? (1734.)

458   LES FOURBERIES DE SCAPIN.

SCAPIN.

Il ne parloit pas moins que de[1] cinq ou six cents pistoles.

ARGANTE.

Cinq ou six cents fièvres quartaines qui le puissent serrer[2]! Se moque-t-il des gens?

SCAPIN.

C'est ce que je lui ai dit[3]. J'ai rejeté bien loin de pareilles propositions, et je lui ai bien fait entendre que vous n'étiez point une dupe, pour vous demander des cinq ou six cents pistoles. Enfin, après plusieurs discours, voici où s'est réduit le résultat de notre conférence[4]. « Nous voilà au temps, m'a-t-il dit, que je dois partir pour l'armée. Je suis après à[5] m'équiper, et le besoin que j'ai de quelque argent me fait consentir, malgré moi, à

---

1. Il ne parloit pas de moins que de...; ou, comme on dirait plutôt et plus logiquement aujourd'hui : de moins que cinq ou six, etc.

2. Voyez ci-dessus, p. 92, la fin de la scène IV de l'acte II du *Bourgeois gentilhomme*; et, au tome I (acte IV, scène VI, de *l'Étourdi*), la note 1 de la page 214.

3.
      CHREMES.
         Perge eloqui.
     GETA.
A primo homo insanibat.
      DEMIPHO.
      Cedo, quid postulat?
     GETA.
Quid? Nimium quantum libuit.
      CHREMES.
       Dic.
     GETA.
        Si quis daret
Talentum magnum.
      DEMIPHO.
      Immo malum, hercle! ut nil pudet!
     GETA.
Quod dixi adeo ei.
     (Térence, *Phormion*, acte IV, scène III, vers 640-644.)

4.
     GETA.
Ad pauca ut redeam, ac mittam illius ineptias,
Hæc denique ejus fuit postrema oratio.
        (*Ibidem*, vers 647 et 648.)

5. Je suis occupé à..., en train de.... « Il (*Buchanan*) étoit après à écrire de l'éducation des enfants. » (Montaigne, livre I, chapitre XXV, tome I, p. 233.) Où

ce qu'on me propose. Il me faut un cheval de service, et je n'en saurois avoir un qui soit tant soit peu raisonnable[1] à moins de soixante pistoles. »

ARGANTE.

Hé bien! pour soixante pistoles, je les donne.

SCAPIN.

« Il faudra le harnois et les pistolets; et cela ira bien à vingt pistoles encore. »

ARGANTE.

Vingt pistoles, et soixante, ce seroit quatre-vingts.

SCAPIN.

Justement.

ARGANTE.

C'est beaucoup; mais soit, je consens à cela.

SCAPIN.

« Il me faut aussi un cheval pour monter mon valet[2], qui coûtera bien trente pistoles. »

ARGANTE.

Comment, diantre! Qu'il se promène[3]! il n'aura rien du tout.

SCAPIN.

Monsieur.

ARGANTE.

Non, c'est un impertinent.

SCAPIN.

Voulez-vous que son valet aille à pied?

---

trouvera plusieurs exemples de cette locution dans le *Lexique de la langue de Malherbe* (il semble néanmoins y avoir préféré *être après de*....); Racine l'a employée dans l'une de ses dernières lettres (1698, tome VII, p. 236-237) : « Pendant qu'on étoit après à me saigner. »

1. A peu près passable.
2. Il lui faut aussi un cheval pour monter son valet. (1674, 82, 94 B, 1734.)
3. Qu'il aille se promener. Même locution au vers 1193 du *Dépit amoureux* (tome I, p. 481) :

Va, va, je fais état de lui comme de toi ;
Dis-lui qu'il se promène.

ARGANTE.

Qu'il aille comme il lui plaira, et le maître aussi.

SCAPIN.

Mon Dieu! Monsieur, ne vous arrêtez point à peu de chose. N'allez point plaider, je vous prie, et donnez tout pour vous sauver des mains de la justice.

ARGANTE.

Hé bien! soit, je me résous à donner encore ces trente pistoles.

SCAPIN.

« Il me faut encore, a-t-il dit, un mulet pour porter.... »

ARGANTE.

Oh! qu'il aille au diable avec son mulet! C'en est trop, et nous irons devant les juges.

SCAPIN.

De grâce, Monsieur....

ARGANTE.

Non, je n'en ferai rien.

SCAPIN.

Monsieur, un petit mulet.

ARGANTE.

Je ne lui donnerois pas seulement un âne.

SCAPIN.

Considérez....

ARGANTE.

Non! j'aime mieux plaider.

SCAPIN[1].

Eh! Monsieur, de quoi parlez-vous là, et à quoi vous

---

1. Voyez, sur le passage qui suit, l'intéressant commentaire qu'en a fait M. Eugène Paringault; il l'appuie de nombreuses citations empruntées à nos anciens jurisconsultes, tirées d'ouvrages dont la plupart ont pu être feuilletés par Molière (p. 12 à 21 de *la Langue du droit dans le théâtre de Molière*). Nous avons surtout mis à profit ces pages pour l'explication de bon nombre des termes spéciaux dont Scapin fait un si divertissant étalage. — « A peine, dit M. Paringault (p. 12 et 13), quatre ans sont-ils écoulés depuis

résolvez-vous ? Jetez les yeux sur les détours de la justice [1] ; voyez combien d'appels et de degrés de juridiction [2], combien de procédures embarrassantes, combien d'animaux ravissants [3] par les griffes desquels il vous faudra passer, sergents, procureurs, avocats, greffiers, substituts, rapporteurs, juges, et leurs clercs. Il n'y a pas un de tous ces gens-là qui, pour la moindre chose, ne soit capable de donner un soufflet [4] au meilleur droit du monde [5]. Un sergent baillera de faux exploits, sur quoi vous serez condamné sans que vous le sachiez. Votre procureur s'entendra avec votre partie, et vous

la mise à exécution de l'ordonnance (*l'Ordonnance civile de 1667 préparée par Pussort*), quand Molière fait représenter *les Fourberies de Scapin*, et les griffes du monstre,

.... vainement par Pussort accourcies,
Se rallongent déjà toujours d'encre noircies [a].

Qu'on juge de ce rallongement par ce que rapporte Scapin.... Ce tableau révèle la situation faite alors aux plaideurs et.... un ensemble de corruptions retracé avec vivacité dans la forme, mais.... vrai au fond. » — L'énumération des mêmes abus, quelque chose du mouvement même des deux tirades de Scapin se trouve dans une pièce en vers, intitulée *l'Adieu du plaideur à son argent*, que M. Édouard Fournier a réimprimée au tome II de ses *Variétés historiques et littéraires* (p. 197-210 : l'original en est sans lieu ni date, mais il en a été vu une édition de 1624).

1. « En première ligne venait la plaie des degrés de juridiction, si nombreux qu'ils éternisaient les procès. On lit dans Chenu [b] : « Tant de degrés de
« jurisdiction et de juges d'appel rendent les procès immortels et les provi-
« gnent en sorte qu'un plaideur a passé en misère tout son âge et consommé
« tout son bien auparavant qu'il puisse obtenir jugement en dernier ressort,
« tellement qu'il lui seroit plus expédient de tout quitter que de plaider. »
(M. Paringault, p. 13 et 14.)

2. Au sujet de cette orthographe, alors commune, voyez les *Lexiques* de la collection ; entre autres, celui *de la Rochefoucauld*, p. XIII et note 1.

3. Voyez le même *Lexique*, p. XIV.

4. Il y a un exemple analogue de cette énergique métaphore dans l'*Excuse à Ariste*, de Corneille (vers 11 et 12, tome X, p. 75), publiée pour la première fois au commencement de 1637 :

.... Qu'une froide pointe à la fin d'un couplet
En dépit de Phébus donne à l'art un soufflet.

5. « Les cadeaux jouaient alors leur rôle dans l'administration de la jus-

a. Boileau, *le Lutrin*, chant V (1683), vers 57 et 58.
b. Au *Livre des offices de France*, édition de 1620, p. 1182.

vendra à beaux deniers comptants. Votre avocat, gagné de même, ne se trouvera point lorsqu'on plaidera votre

tice, et.... Molière se rencontre avec Racine, qui en avait parlé avant lui. On connaît le passage où Dandin dit à Léandre, son fils [a] :

> . . . . Compare, prix pour prix,
> Les étrennes d'un juge à celles d'un marquis.

Charondas n'est pas moins sévère que Molière dans ce passage [b] : « Nous « voyons la France.... être aujourd'hui très-mal renommée pour les corrup- « tions qui aveuglent les juges et les magistrats : tellement qu'il semble que les « diverses lois et ordonnances qu'on y publie pour l'administration de la jus- « tice et institution de nouveaux officiers ne sont que nouveaux appâts pour « nourrir et affriander (que je parle ainsi) les procès, qui est le malheur fatal « de la France. » L'institution de nouveaux offices, créés moyennant finance,... a été une des causes de la dégradation de la magistrature du temps.... Il y en avait une autre.... dans l'institution des épices (*voyez plus loin*).... Comme si ce n'était pas assez des dîmes prélevées sur les procès par les juges, il y avait encore à graisser le marteau chez eux [c] et à jeter quelque pâture à leurs clercs ou secrétaires. Voici ce que nous marque sur cet usage un jurisconsulte du temps [d] : « En plusieurs maisons de Messieurs les grands magistrats de « France, l'entrée est vénale, et faut avec argent acheter de Monsieur le clerc, « secrétaire ou autre serviteur, la permission de monter en la chambre de « Monsieur et de parler à lui [e]. » — Comme les juges, et plus qu'eux encore, les procureurs étaient suspects de corruption [f].... Pussort déclare en en parlant (*à une des conférences tenues pour la préparation de l'importante Ordonnance de* 1667) [g] : « Qu'il pouvoit y avoir des procureurs gens de bien, mais qu'uni- « versellement on pouvoit dire qu'ils étoient la cause de tous les désordres de « la justice. » Il dit ailleurs [h] : « Qu'il falloit bien que leurs droits fussent grands,

[a] *Les Plaideurs*, 1668, acte I, scène IV, vers 93 et 94.

[b] Voyez (p. 1 de l'édition de 1637) l'*Avant-propos* des *Réponses et décisions du droit françois*, par Charondas le Caron, jurisconsulte parisien.

[c] On se rappelle le monologue du Petit-Jean des *Plaideurs* (vers 9 à 20).

[d] Charondas le Caron, au livre I, chapitre XXIV (p. 165 de l'édition de 1637) de ses *Pandectes ou Digestes du droit françois*.

[e] Pussort, dans les conférences de 1667 (p. 49 du *Procès-verbal* indiqué à la note g), parlant des abus facilités par certain règlement, dit : « Qu'il faudroit passer par les mains des clercs des rapporteurs ; que ce sont ces gens-là qui causent les plus grands dérèglements de la justice ; qu'ils exigent des parties de plus grands droits que ceux qui appartiennent à leurs maîtres. »

[f] M. Paringault rapporte ici sur les procureurs et avocats un passage amusant de *la Vraie histoire comique de Francion* (p. 113 et 114 de l'édition de M. Colombey) et plusieurs autres de la scène bien connue des deux procureurs, M[e] Brigandeau et M[e] Sangsue, dans *le Mercure galant* (ou *la Comédie sans titre*) de Boursault (1683, acte V, scène VII).

[g] Voyez le *Procès-verbal* de ces conférences, p. 372 de l'édition de 1776 ; elles avaient, sans aucun doute, beaucoup occupé les esprits dans le monde judiciaire et même dans tout le public, et il n'est pas probable que le secret des discussions eût été bien scrupuleusement gardé.

[h] *Ibidem*, p. 376.

ACTE II, SCÈNE V.   463

cause, ou dira des raisons qui ne feront que battre la campagne, et n'iront point au fait. Le greffier délivrera par contumace¹ des sentences et arrêts contre vous. Le clerc du rapporteur soustraira des pièces, ou le rapporteur même ne dira pas ce qu'il a vu. Et quand, par les plus grandes précautions du monde, vous aurez paré

« et l'avantage qu'ils trouvent dans leur profession devoit être fort considérable, « puisqu'ils y devenoient fort accommodés en peu de temps. » — Après les procureurs venaient leurs clercs, dont le stage.... devait durer dix ans.... Pendant ce long temps de cléricature, *ils*.... ne pouvaient (*d'après les règlements*) recevoir de leurs procureurs aucune autre rétribution que celle des assistances qui se donnaient ordinairement aux maîtres clercs sur les dépens.... A côté de ces droits licites, il y avait pour le clerc des gratifications qui l'étaient moins ; on avait d'ailleurs pour lui des égards, et Chicanneau n'oublie pas plus le clerc que le procureur [a].... — Dans les greffes du temps,... les habitudes de rapacité paraissaient être les mêmes que chez les procureurs. Le Fabuliste n'est pas seul à nous dire du greffe que

C'est proprement la caverne au Lion [b].

Vers le même temps, en effet, Pussort ne soulevait aucune opposition en émettant.... (*l'avis que certains dépôts ne devaient pas être faits entre les mains du greffier et en le motivant sur ce*) « qu'il n'y avoit rien de plus difficile que de tirer de l'argent des greffes [c]. » — Au bas de l'échelle judiciaire se trouvaient les sergents.... Les officiers s'appelaient *sergents* dans les justices subalternes et *huissiers* dans les cours supérieures.... C'est.... l'Ordonnance de 1667 qui exigea impérativement, pour la première fois, que *les sergents* sussent écrire. » (M. Paringault, p. 14-19.) Anciennement, dit Loyseau [d], cité par M. Paringault (p. 19, note 2), les sergents « faisoient verbalement devant le juge le rapport et relation de leurs *exploits*, ainsi appelés pour cette cause, et non pas *actes*, parce qu'ils consistent en fait et non en écriture. » Le nom d'*exploit* resta à l'acte écrit.

1. On a déjà vu (à la scène x de l'acte II de *Pourceaugnac*, tome VII, p. 314 et note 1) qu'on ne distinguait pas alors comme aujourd'hui la *contumace* et le *défaut*. « On se servait.... quelquefois, dit M. Paringault (p. 26 et 27), du terme de *contumace* en matière civile pour signifier *défaut*. Les frais qui avaient été faits pour faire payer un défaut faute de comparoir ou de défendre étaient appelés *frais de contumace*. »

[a] A la scène vi de l'acte I des *Plaideurs*, vers 170.
[b] Voyez, dans la Fontaine, la fin du conte v du livre II.
[c] Page 266 du *Procès-verbal*. Ailleurs, ajoute M. Paringault, il parle « de grandes exactions qui se commettoient dans les greffes » (p. 383 du *Procès-verbal*).
[d] Au 1ᵉʳ livre du *Droit des offices*, chapitre IV, nº 36 de la seconde édition (1613).

tout cela¹, vous serez ébahi que² vos juges auront été sollicités³ contre vous, ou par des gens dévots, ou par des femmes qu'ils aimeront. Eh! Monsieur, si vous le pouvez, sauvez-vous de cet enfer-là. C'est être damné dès ce monde que d'avoir à plaider; et la seule pensée d'un procès seroit capable de me faire fuir jusqu'aux Indes.

ARGANTE.

A combien est-ce qu'il fait monter le mulet?

SCAPIN.

Monsieur, pour le mulet, pour son cheval et celui de son homme, pour le harnois et les pistolets, et pour payer quelque petite chose qu'il doit à son hôtesse, il demande en tout deux cents pistoles.

ARGANTE.

Deux cents pistoles?

SCAPIN.

Oui.

---

1. Détourné, évité tout cela. Nous avons déjà plus haut rencontré plusieurs fois ce verbe en ce sens :

.... Songeons à parer ce fâcheux mariage.

(*Tartuffe*, acte II, scène IV, vers 793, tome IV, p. 454.)

« J'ai fait sagement de parer la déclaration d'un desir que je ne suis pas résolu de contenter. » (*L'Amour médecin*, acte V, scène I, tome V, p. 313.) Voyez le *Lexique de la langue de Corneille*.

2. Même tour, emprunté à Rabelais, qu'aux vers 121 et 122 de *l'École des femmes* (tome III, p. 167 et note 1) :

Vous serez ébahi, quand vous serez au bout,
Que vous ne m'aurez rien persuadé du tout.

3. Voyez, dans notre tome V, p. 454, la note 2, au vers 188 du *Misanthrope*. « Les sollicitations étaient si bien de mise, dit M. Paringault (p. 20), qu'il y avait alors en titre des *solliciteurs de procès*, sorte d'agents d'affaires se targuant volontiers d'un crédit qu'ils n'avaient pas et de connaissances pratiques qui leur manquaient également. Molière complète ailleurs ce qu'il dit des sollicitations. » Après avoir cité le vers 186 et les vers 489-492 du *Misanthrope*, M. Paringault rappelle que, « dans *la Comtesse d'Escarbagnas* (scène V, au début),... un magistrat.... annonce lui-même qu'il est tout prêt à faire état d'une sollicitation au-devant de laquelle il va. »

ACTE II, SCÈNE V.

ARGANTE, *se promenant en colère le long du théâtre*[1].

Allons, allons, nous plaiderons[2].

SCAPIN.

Faites réflexion....

ARGANTE.

Je plaiderai.

SCAPIN.

Ne vous allez point jeter....

ARGANTE.

Je veux plaider.

SCAPIN.

Mais, pour plaider, il vous faudra de l'argent : il vous en faudra pour l'exploit[3]; il vous en faudra pour le contrôle[4]; il vous en faudra pour la procuration, pour la présentation[5], conseils[6], productions, et journées du procureur; il vous en faudra pour les consultations et plaidoiries des avocats, pour le droit de retirer le sac[7], et

---

1. ARGANTE, *se promenant en colère.* (1734.)
2. DEMIPHO.
   Sexcentas proinde scribito jam mihi dicas.
   Nil do.
   (Térence, *Phormion*, acte IV, scène III, vers 667 et 668.)
3. L'exploit introductif, ouvrant l'instance.
4. Pour l'enregistrement : voyez M. Paringault, p. 35, note 1.
5. « *Présentation*, en termes de Pratique, s'est dit de L'acte par lequel un procureur déclaroit se présenter pour telle partie. *Il y avait un greffe où se faisaient les présentations....* On dit aujourd'hui *constitution d'avoué*. » (*Dictionnaire de l'Académie*, 1878.)
6. Le premier président de Lamoignon explique à la conférence de 1667 (p. 375 du *Procès-verbal*) : « Que le droit de conseil étoit de 12 sols parisis, c'est-à-dire de 15 sols, qui se prenoient par le procureur du défendeur à cause des défenses qu'il faut fournir sur chaque demande; et ainsi autant de demandes, autant de droits de conseil de la part du défendeur. Que le droit de consultation étoit de 48 sols parisis, c'est-à-dire un écu, et se passe pour chaque demande que l'on forme, comme le droit de conseil pour les défenses. Que ces droits sont pour les procureurs, et n'ont rien de commun avec ce que l'on donne aux avocats, qui seront toujours payés des consultations qu'ils feront. »
7. Le dossier, les pièces ou les liasses de pièces renfermées alors, non dans des chemises ou cartons, mais dans des sacs. « Cette espèce de métonymie, dit Auger, existe dans plusieurs phrases de palais et dans plusieurs proverbes, tels que *retirer le sac, communiquer le sac, juger sur l'étiquette du sac*, c'est

pour les grosses[1] d'écritures; il vous en faudra pour le rapport des substituts; pour les épices[2] de conclusion; pour l'enregistrement du greffier, façon d'appointement, sentences et arrêts[3], contrôles, signatures, et expéditions de leurs clercs[4], sans parler de tous les présents qu'il vous faudra faire[5]. Donnez cet argent-là à cet homme-ci, vous voilà hors d'affaire.

la meilleure pièce de son sac, etc. » Voyez sur ces sacs de procès le chapitre XLII du tiers livre de Rabelais (édition de M. Marty-Laveaux, tome II, p. 199-201); les plus jolis passages en ont été cités, tome II, p. 151 des *OEuvres de Racine*, au vers 72 des *Plaideurs*.

1. Les copies.

2. « Le mot d'*épices*, dit M. Paringault (p. 15), vient de ce qu'autrefois celui qui gagnait son procès donnait au juge du sucre, des dragées et des confitures, par pure gratification. » Plus tard converties en argent, devenues « présent de nécessité..., de véritables frais du procès, on les fait tomber sur celui qui a perdu son procès, et..., pour mieux en assurer le payement, on exige que celui qui a gagné les avance.... Les épices étaient le droit payé aux juges pour avoir vu et jugé les procès par écrit; pour les procès qui se jugeaient à l'audience, ils n'avaient rien. » Il ne leur revenait rien non plus pour les arrêts sur requête (rendus sans qu'il y ait eu contradiction). « L'ordonnance de ne pas prendre des épices pour les arrêts sur requête, dit Lamoignon aux conférences de 1667 (p. 46), n'avoit point été observée; mais.... le Parlement ayant depuis peu fait un règlement pour le même sujet, il étoit invariablement gardé. » De là sans doute le vers satirique des *Plaideurs* (1668, acte I, scène VII) : *Notre ami Drolichon....*

  Obtient pour quelque argent un arrêt sur requête.

3. Pour la façon, la rédaction ou copie de l'appointement de l'affaire, puis des sentences et arrêts successivement rendus par le juge de première et de dernière instance. — L'appointement était la décision préparatoire ordonnant que le jugement ne serait rendu qu'après le rapport de l'un des juges, qui résumait soit une instruction écrite, soit l'examen des pièces remises par les parties.

4. Des clercs, commis, secrétaires de « tous ces gens-là ».

5. « Il n'y a rien d'omis dans ce tableau des actes de la procédure.... Nous ferons remarquer seulement que.... la présentation.... avait été abrogée par l'ordonnance de 1667; mais.... les frais de représentation furent rétablis par un édit.... d'avril 1695. — On pourrait s'étonner de ne pas voir figurer les droits de timbre dans la.... récapitulation des frais de justice...; mais.... le papier et le parchemin timbrés n'existaient pas encore : ce n'est qu'en 1673 qu'ils furent établis en France. » (M. Paringault, p. 21.) — Dans *le Roman bourgeois* de Furetière (1666, tome II, p. 81 et 82 de l'édition de M. Pierre Jannet), un plaideur fait à cette manière de détailler les dépens, pour en grossir le compte, l'application d'un bon trait des farces italiennes. « Il m'a fait

ACTE II, SCÈNE V.   467

ARGANTE.

Comment, deux cents pistoles?

SCAPIN.

Oui : vous y gagnerez. J'ai fait un petit calcul en moi-même de tous les frais de la justice; et j'ai trouvé qu'en donnant deux cents pistoles à votre homme, vous en aurez de reste[1] pour le moins cent cinquante, sans compter les soins, les pas, et les chagrins que vous épargnerez. Quand il n'y auroit à essuyer que les sottises que disent devant tout le monde de méchants plaisants d'avocats, j'aimerois mieux donner trois cents pistoles que de plaider.

ARGANTE.

Je me moque de cela, et je défie les avocats de rien dire de moi.

SCAPIN.

Vous ferez ce qu'il vous plaira ; mais si j'étois que de vous[2], je fuirois les procès.

ARGANTE.

Je ne donnerai point[3] deux cents pistoles.

SCAPIN.

Voici l'homme dont il s'agit.

---

voir que pour un même acte il y avoit cinq ou six articles séparés, par exemple pour le conseil, pour le mémoire, pour l'assignation, pour la copie, pour la présentation, pour la journée, pour le parisis, pour le quart en sus, etc.; et il m'a dit ensuite qu'il s'imaginoit être à la comédie italienne et voir Scaramouche hôtelier compter à son hôte pour le chapon, pour celui qui l'a lardé, pour celui qui l'a châtré, pour le bois, pour le feu, pour la broche, etc. »

1. Il vous en restera dans votre poche, vous en sauverez.

2. On a déjà vu cette locution, comme ici, avec *que* (tome V, p. 304) à la 1re scène de *l'Amour médecin*, et, sans *que*, « si j'étois de mon fils », au vers 35 du *Tartuffe* (tome IV, p. 401).

3. Je ne donnerai pas. (1734.)

SCÈNE VI.

SILVESTRE, ARGANTE, SCAPIN[1].

SILVESTRE[2].

Scapin, fais-moi[3] connoître un peu cet Argante, qui est père d'Octave.

SCAPIN.

Pourquoi, Monsieur?

SILVESTRE.

Je viens d'apprendre qu'il veut me mettre en procès[4], et faire rompre par justice le mariage de ma sœur.

SCAPIN.

Je ne sais pas s'il a cette pensée; mais il ne veut point consentir aux deux cents pistoles que vous voulez, et il dit que c'est trop.

SILVESTRE.

Par la mort! par la tête! par la ventre[5]! si je le

---

1.   SCÈNE IX.
  ARGANTE, SCAPIN, SILVESTRE, *déguisé en spadassin*. (1734.)
2. SILVESTRE, *déguisé en spadassin*. (1682, 94 B.)
3. Scapin, faites-moi. (1674, 82, 1734.)
4. On dit *être en procès;* on peut donc dire *mettre en procès* comme on dit *mettre en cause.* (*Note d'Auger.*)
5. *Bleu*, altération volontaire, comme on sait, du mot *Dieu*[a], s'est sans doute joint surtout d'abord à des noms féminins, comme *mort, tête* et *vertu;* par une fausse analogie avec les exclamations : *par la morbleu, par la vertubleu*, on a dit ensuite *par la corbleu* (vers 10 de *Sganarelle*), *par la sang-bleu* (vers 773 du *Misanthrope*, tome V, p. 494 ; *par la sambleu*, à l'*Impromptu*, tome III, p. 421 et 422); finalement, ces jurons adoucis ont été abrégés en *par la mort, par la tête, par la sang, par la ventre*. Plus anciennement, ou par exception, on disait d'une façon plus naturelle *par le corbleu, par le ventrebleu* : voyez le *Dictionnaire de Littré* à CORBLEU, VENTREBLEU; on a vu dans une variante de l'édition de 1682 (à la première des deux pages que nous venons de citer de l'*Impromptu de Versailles*) *par le sang-bleu!*

[a] Comparez, au tome V, p. 101, fin de la note 4.

trouve, je le veux échiner¹, dussé-je être roué tout vif.

(Argante, pour n'être point vu, se tient, en tremblant, couvert de Scapin².)

SCAPIN.

Monsieur, ce père d'Octave a du cœur, et peut-être ne vous craindra-t-il point³.

SILVESTRE.

Lui? lui? Par la sang! par la tête! s'il étoit là, je lui donnerois tout à l'heure⁴ de l'épée⁵ dans le ventre.⁶ Qui est cet homme-là?

SCAPIN.

Ce n'est pas lui, Monsieur, ce n'est pas lui⁷.

SILVESTRE.

N'est-ce point quelqu'un de ses amis?

SCAPIN.

Non, Monsieur, au contraire, c'est⁸ son ennemi capital.

SILVESTRE.

Son ennemi capital?

SCAPIN.

Oui.

1. Échigner. (*Les Fragments de Molière*ᵃ.) — *Échiner* est déjà plus haut, p. 457. — Le jeu de scène qui suit n'est pas dans *les Fragments*.
2. *En tremblant, derrière Scapin.* (1734.)
3. Hé, Monsieur, c'est un honnête homme; peut-être ne vous craindra-t-il point. (*Les Fragments de Molière*.)
4. Dans l'édition originale il y a la faute : *toute à l'heure* ; et, à la phrase suivante, un double *cet* : l'un finit une ligne, l'autre commence la suivante.
5. Je lui donnerois de l'épée. (*Les Fragments de Molière*.)
6. *Apercevant Argante.* (1734.)
7. Ha! Monsieur, ce n'est pas lui. (*Les Fragments de Molière*.) — « Au théâtre, on fait dire tout de suite après à Argante : « Non, Monsieur, ce « n'est pas moi. » Cette naïveté est risible et naturelle; elle peut échapper à un vieillard troublé par la frayeur. Mais est-il nécessaire de prêter des plaisanteries à Molière? est-il permis de le faire? » (*Note d'Auger*, 1824.) Les comédiens répétaient un trait de *Monsieur de Pourceaugnac* : voyez acte III, scène IV, tome VII, p. 327.
8. De ses amis? — Au contraire, c'est. (*Les Fragments de Molière*.)

ᵃ Sur ces *Fragments*, dont Champmeslé, en les cousant tant bien que mal, a fait une comédie, voyez la *Notice de Dom Juan* (tome V, p. 53 et 54, et p. 72).

SILVESTRE.

Ah, parbleu! j'en suis ravi.[1] Vous êtes ennemi, Monsieur, de ce faquin d'Argante, eh?

SCAPIN.

Oui, oui, je vous en réponds.

SILVESTRE lui prend rudement la main[2].

Touchez là, touchez. Je vous donne ma parole, et vous jure sur mon honneur, par l'épée que je porte, par tous les serments que je saurois faire[3], qu'avant la fin du jour je vous déferai de ce maraud fieffé, de ce faquin d'Argante. Reposez-vous sur moi.

SCAPIN.

Monsieur, les violences en ce pays-ci ne sont guère souffertes[4].

SILVESTRE.

Je me moque de tout, et je n'ai rien à perdre.

SCAPIN.

Il se tiendra sur ses gardes assurément; et il a des parents, des amis, et des domestiques, dont il se fera un secours contre votre ressentiment[5].

SILVESTRE.

C'est ce que je demande, morbleu! c'est ce que je demande. (Il met l'épée à la main, et pousse de tous les côtés, comme s'il y avoit plusieurs personnes devant lui[6].) Ah, tête! ah,

---

1. *A Argante.* (1734.)
2. Ce jeu de scène n'est pas dans *les Fragments.* — SILVESTRE, *secouant rudement la main d'Argante.* (1734.)
3. Que je sais faire. (*Les Fragments de Molière.*)
4. Monsieur, ces sortes de choses ne sont guère souffertes, et il y a bonne justice en cas.... (*Ibidem.*)
5. A perdre. — Monsieur, ce n'est pas un homme sans amis, et il pourroit trouver quelque appui contre votre ressentiment. (*Ibidem.*)
6. Dans *les Fragments de Molière*, où un Juge remplace Argante: *Il met l'épée à la main, et pousse des bottes de tous côtés, et devant les yeux du Juge;* ce jeu de scène, ainsi modifié, est placé quelques lignes plus bas, avant les mots: « Allons, morbleu! » — L'édition de 1734 n'a ici que les mots: *Mettant l'épée à la main,* et met la suite plus loin: voyez la note 4 ci-contre.

ventre! Que ne le trouvé-je à cette heure avec tout son secours! Que ne paroît-il à mes yeux[1] au milieu de trente personnes! Que ne les vois-je[2] fondre sur moi les armes à la main![3] Comment, marauds, vous avez la hardiesse de vous attaquer à moi? Allons, morbleu! tue, point de quartier.[4] Donnons. Ferme. Poussons. Bon pied[5], bon œil. Ah! coquins, ah! canaille[6], vous en voulez par là; je vous en ferai tâter votre soûl. Soutenez, marauds, soutenez. Allons. A cette botte. A cette autre. A celle-ci. A celle-là.[7] Comment, vous reculez? Pied ferme, morbleu! pied ferme.

SCAPIN.
Eh, eh, eh! Monsieur, nous n'en sommes pas[8].

SILVESTRE.
Voilà qui vous apprendra à vous oser jouer à moi[9].

1. Que ne paroît-il ici à mes yeux...? (*Les Fragments de Molière.*)
2. Que ne le vois-je...? (*Ibidem.*)
3. *Se mettant en garde.* (1734.)
4. *Poussant de tous les côtés, comme s'il avoit plusieurs personnes à combattre.* (*Ibidem.*)
5. Dans l'édition originale, *bié*, faute évidente.
6. Donnons ferme; poussons; bon pied, bon œil. Ah! canaille. (*Les Fragments de Molière.*)
7. *Se tournant du côté d'Argante et de Scapin.* (1734.)
8. Pied ferme. — Nous n'en sommes pas. (*Les Fragments de Molière.*)
9. « Le comédien Rosimond, dans *la Dupe amoureuse*, comédie (en un acte) jouée en 1670[a], un an avant *les Fourberies de Scapin*, a employé, dit Auger, ... le même moyen que Molière dans cette scène. Une suivante rusée, qui veut délivrer sa maîtresse d'un vieillard ridicule qui l'obsède, dit au valet Carrille (*scène* VIII) :

> Dis-moi, pourrois-tu bien faire le fier-à-bras?
> Ne parler que de sang, de fer et de trépas?
> CARRILLE.
> Te moques-tu de moi? La chose est si facile!
> Combien en voyons-nous d'exemples à la ville?
> S'il ne faut que jurer un ventre, un têtebleu,
> Laisse faire Carrille et tu verras beau jeu;
> Et si pour mettre mieux à bout ton entreprise,

[a] Sur le théâtre royal du Marais, et imprimée au commencement de 1671 : l'Achevé est du 9 février.

SCAPIN.

Hé bien[1], vous voyez combien de personnes tuées pour deux cents pistoles[2]. Oh sus[3]! je vous souhaite une bonne fortune[4].

ARGANTE, tout tremblant.

Scapin.

SCAPIN.

Plaît-il?

ARGANTE.

Je me résous à donner les deux cents pistoles.

SCAPIN.

J'en suis ravi, pour l'amour de vous.

ARGANTE.

Allons le trouver, je les ai sur moi.

SCAPIN.

Vous n'avez qu'à me les donner. Il ne faut pas pour votre honneur que vous paroissiez là, après avoir passé ici pour autre que ce que vous êtes ; et de plus, je craindrois qu'en vous faisant connoître, il n'allât s'aviser de vous demander davantage.

ARGANTE.

Oui; mais j'aurois été bien aise de voir comme je donne mon argent.

> Tu crois qu'un ton gascon soit encore de mise,
> Je puis facilement....
>
> MARINE.
> Cela ne nuira point. »
>
> Carrille, à la scène x, revient « habillé en Capitan, » et jure, en son gascon, « par la sang diavle » et « par la sangvleu ».

1. SCÈNE X.
ARGANTE, SCAPIN.
SCAPIN.
Hé bien. (1734.)

2. Voilà bien du sang répandu pour une bagatelle. (*Les Fragments de Molière.*)

3. Or sus. (1734.)

4. Je vous souhaite bonne chance. *Une bonne fortune* a été employé, à la scène II de l'acte V du *Bourgeois gentilhomme* (ci-dessus, p. 197), dans le sens d'*une heureuse destinée* : « Il est digne d'une bonne fortune, » il mérite d'être heureux.

ACTE II, SCÈNE VI.

SCAPIN.

Est-ce que vous vous défiez de moi?

ARGANTE.

Non pas; mais....

SCAPIN.

Parbleu, Monsieur, je suis un fourbe, ou je suis honnête homme : c'est l'un des deux. Est-ce que je voudrois vous tromper, et que dans tout ceci j'ai d'autre intérêt que le vôtre, et celui de mon maître, à qui vous voulez vous allier? Si je vous suis suspect, je ne me mêle plus de rien, et vous n'avez qu'à chercher, dès cette heure, qui accommodera vos affaires.

ARGANTE.

Tiens donc.

SCAPIN.

Non, Monsieur, ne me confiez point votre argent. Je serai bien aise que vous vous serviez de quelque autre.

ARGANTE.

Mon Dieu! tiens.

SCAPIN.

Non, vous dis-je, ne vous fiez point à moi. Que sait-on si je ne veux point vous attraper votre argent?

ARGANTE.

Tiens, te dis-je, ne me fais point contester davantage[1]. Mais songe à bien prendre tes sûretés avec lui.

SCAPIN.

Laissez-moi faire, il n'a pas affaire à un sot.

ARGANTE.

Je vais t'attendre chez moi.

---

1. Ainsi que le remarque Aimé-Martin, les fausses hésitations de Scapin rappellent celles d'un esclave de Plaute dans la même situation :

NICOBULUS.
Cape hoc tibi aurum, Chrysale; i, fer filio.
. . . .
CHRYSALUS.
Non equidem adcipiam; proin tu quæras qui ferat :

SCAPIN.

Je ne manquerai pas d'y aller.¹ Et un². Je n'ai qu'à chercher l'autre. Ah, ma foi! le voici. Il semble que le Ciel, l'un après l'autre, les amène dans mes filets.

Nolo ego mihi credi.
    NICOBULUS.
   Cape vero : odiose facis.
    CHRYSALUS.
Non equidem capiam.
    NICOBULUS.
   At quæso.
    CHRYSALUS.
    Dico ut res se habet.
    NICOBULUS.
Morare.
    CHRYSALUS.
 Nolo, inquam, aurum concredi mihi.
Vel da aliquem qui me servet.
    NICOBULUS.
    Ohe, odiose facis.
    CHRYSALUS.
Cedo, si necesse 'st.

(*Les Bacchis*, acte IV, scène IX, vers 1011-1018.)

« NICOBULE. Prends cet or, Chrysale, et tu le porteras à mon fils.... CHRYSALE. Je ne prendrai rien ; cherchez un autre commissionnaire. Je ne veux pas qu'on me confie rien. NICOBULE. Prends donc, tu es insupportable. CHRYSALE. Non, vous dis-je, je n'en veux point. NICOBULE. Je t'en prie. CHRYSALE. Je vous dis ce qui en est. NICOBULE. Tu nous fais perdre bien du temps. CHRYSALE. Je ne veux pas, vous dis-je, me charger de cet or. Ou bien envoyez avec moi quelqu'un qui me surveille. NICOBULE. Ah! à la fin, tu m'impatientes. CHRYSALE. Donnez donc, puisqu'il le faut. (*Traduction de Sommer.*)

1. *Seul.* (1734.)

2. *Et un*, c'est ainsi qu'il faut dire ; mais on dit plus communément *et d'un*, pour l'euphonie. Molière a déjà dit dans *l'Étourdi* (vers 441 et 442) :

. . . . Et trois :
Quand nous serons à dix, nous ferons une croix.

(*Note d'Auger.*) L'euphonie n'y est pour rien ; voyez, dans Littré (à DE, 12° fin), l'exemple : *et de deux*, où il n'y a point d'hiatus à éviter. C'est une autre ellipse. Scapin, s'il achevait l'expression de sa pensée, dirait probablement : « et un (neutralement) de fait, ou un (au masculin) de pris, qui est pris ; » l'ellipse avec *de* prête à des explications plus diverses, diverses selon l'occurrence.

SCÈNE VII[1].

GÉRONTE, SCAPIN.

SCAPIN[2].

Ô Ciel! ô disgrâce imprévue! ô misérable père! Pauvre Géronte, que feras-tu?

GÉRONTE[3].

Que dit-il là de moi, avec ce visage affligé?

SCAPIN.

N'y a-t-il personne qui puisse me dire où est le Seigneur Géronte?

GÉRONTE.

Qu'y a-t-il, Scapin?

SCAPIN[4].

Où pourrai-je le rencontrer, pour lui dire cette infortune?

GÉRONTE[5].

Qu'est-ce que c'est donc?

SCAPIN.

En vain je cours de tous côtés pour le pouvoir trouver.

GÉRONTE.

Me voici.

SCAPIN.

Il faut qu'il soit caché en quelque endroit qu'on ne puisse point deviner.

---

1. SCÈNE XI. (1734.)
2. SCAPIN, *faisant semblant de ne pas voir Géronte.* (1682, 1734.)
3. GÉRONTE, *à part.* (1734.)
4. SCAPIN, *courant sur le théâtre, sans vouloir entendre ni voir Géronte.* (*Ibidem.*)
5. GÉRONTE, *courant après Scapin.* (*Ibidem.*)

476   LES FOURBERIES DE SCAPIN.

GÉRONTE [1].

Holà! es-tu aveugle, que tu ne me vois pas[2]?

SCAPIN.

Ah! Monsieur, il n'y a pas moyen de vous rencontrer [3].

GÉRONTE.

Il y a une heure que je suis devant toi. Qu'est-ce que c'est donc qu'il y a?

SCAPIN.

Monsieur....

GÉRONTE.

Quoi?

SCAPIN.

Monsieur, votre fils....

GÉRONTE.

Hé bien! mon fils....

SCAPIN.

Est tombé dans une disgrâce la plus étrange du monde.

GÉRONTE.

Et quelle?

SCAPIN.

Je l'ai trouvé tantôt tout triste, de je ne sais quoi que vous lui avez dit, où vous m'avez mêlé assez mal

---

1. GÉRONTE, *arrêtant Scapin.* (1734.)
2. Pour ne me pas voir : comparez ci-dessus, p. 119 et note 1.
3. Lisette, dans *l'Amour médecin* (scène VI de l'acte I), et Sbrigani, dans *Pourceaugnac* (scène VI de l'acte III), entrent de même en scène, feignant de ne pas voir celui qu'ils cherchent, et se répandant en exclamations bruyantes sur sa prétendue infortune. Toinette, du *Malade imaginaire*, agit à peu près de même, lorsqu'elle annonce la mort supposée d'Argan à sa femme et à sa fille successivement, afin de mettre à l'épreuve leur sensibilité (*acte III, scènes XII et XIII*). Ainsi Molière a employé quatre fois au moins le même jeu de scène. (*Note d'Auger.*) On a vu à la *Notice*, ci-dessus, p. 393 et note 3, que les exemples n'en manquaient pas dans le théâtre italien. L'Épidique de Plaute, qui a bien quelques traits de ressemblance avec Scapin, joue le même empressement en voyant venir le vieux maître qu'il se propose de duper, dans la scène II de l'acte II, vers 178-185.

à propos; et, cherchant à divertir¹ cette tristesse, nous nous sommes allés promener sur le port. Là, entre autres plusieurs choses, nous avons arrêté nos yeux sur une galère turque assez bien équipée. Un jeune Turc de bonne mine nous a invités d'y entrer, et nous a présenté la main. Nous y avons passé; il nous a fait mille civilités, nous a donné la collation, où nous avons mangé des fruits les plus excellents qui se puissent voir, et bu du vin que nous avons trouvé le meilleur du monde.

GÉRONTE.

Qu'y a-t-il de si affligeant à tout cela²?

SCAPIN.

Attendez, Monsieur, nous y voici. Pendant que nous mangions, il a fait mettre la galère en mer, et, se voyant éloigné du port, il m'a fait mettre dans un esquif, et m'envoie vous dire que si vous ne lui envoyez par moi tout à l'heure cinq cents écus, il va vous emmener votre fils en Alger³.

GÉRONTE.

Comment, diantre! cinq cents écus?

SCAPIN.

Oui, Monsieur; et de plus, il ne m'a donné pour cela que deux heures.

1. Détourner, dissiper : voyez au vers 303 des *Fâcheux*, tome III, p. 57 et note 4.
2. En tout cela. (1674, 82, 1734.)
3. A Alger. (1734.) — Mais voyez la remarque de M. Marty-Laveaux, au tome I, p. 354 du *Lexique de la langue de Corneille*. L'usage de la préposition *en*, dit-il d'après Ménage, « fut longtemps général devant les noms de ville commençant par une voyelle. »

Je serai marié, si l'on veut, en Alger.
(Corneille, *le Menteur*, vers 1712.)

J'écrivis en Argos pour hâter ce voyage.
(Racine, vers 94 d'*Iphigénie*.)

« Irène se transporte à grands frais en Épidaure. » (La Bruyère, *de l'Homme*, n° 35, 1694, tome II, p. 23.) — « Les Provençaux, dit M. Adolphe Espagne (dans la brochure souvent citée au tome VII, à *Pourceaugnac*, p. 14), éri-

GÉRONTE.

Ah le pendard de Turc, m'assassiner de la façon[1] !

SCAPIN.

C'est à vous, Monsieur, d'aviser promptement aux moyens de sauver des fers un fils que vous aimez avec tant de tendresse.

GÉRONTE.

Que diable alloit-il faire dans cette galère?

SCAPIN.

Il ne songeoit pas à ce qui est arrivé.

GÉRONTE.

Va-t'en, Scapin, va-t'en vite dire à ce Turc que je vais envoyer la justice après lui.

SCAPIN.

La justice en pleine mer! Vous moquez-vous des gens?

GÉRONTE.

Que diable alloit-il faire dans cette galère?

SCAPIN.

Une méchante destinée conduit quelquefois les personnes.

GÉRONTE.

Il faut, Scapin, il faut que tu fasses ici l'action d'un serviteur fidèle.

SCAPIN.

Quoi, Monsieur?

GÉRONTE.

Que tu ailles dire à ce Turc qu'il me renvoye mon fils, et que tu te mets[2] à sa place jusqu'à ce que j'aye amassé la somme qu'il demande.

---

tent.... ces hiatus de deux *a* terminal et initial de mots consécutifs. Ils disent *en Avignoun, en Alès, en Ate*, pour à Avignon, à Alais, à Agde. »

1. De cette façon-là, comme au vers 204 du *Misanthrope* et nombre d'autres fois.

2. Et que tu te mettes. (1734.)

SCAPIN.

Eh! Monsieur, songez-vous à ce que vous dites? et vous figurez-vous que ce Turc ait si peu de sens, que d'aller recevoir un misérable comme moi à la place de votre fils?

GÉRONTE.

Que diable alloit-il faire dans cette galère?

SCAPIN.

Il ne devinoit pas ce malheur. Songez, Monsieur, qu'il ne m'a donné que deux heures.

GÉRONTE.

Tu dis qu'il demande....

SCAPIN.

Cinq cents écus.

GÉRONTE.

Cinq cents écus! N'a-t-il point de conscience?

SCAPIN.

Vraiment oui, de la conscience à un Turc.

GÉRONTE.

Sait-il bien ce que c'est que cinq cents écus?

SCAPIN.

Oui, Monsieur, il sait que c'est mille cinq cents livres.

GÉRONTE.

Croit-il, le traître, que mille cinq cents livres se trouvent dans le pas d'un cheval[1]?

SCAPIN.

Ce sont des gens qui n'entendent point de raison.

GÉRONTE.

Mais que diable alloit-il faire à cette galère[2]?

SCAPIN.

Il est vrai; mais quoi? on ne prévoyoit pas les choses. De grâce, Monsieur, dépêchez.

---

1. C'est-à-dire facilement, partout. Notre exemple est le seul que cite Littré de cette locution proverbiale.
2. Dans cette galère? (1734.)

GÉRONTE.

Tiens, voilà la clef de mon armoire.

SCAPIN.

Bon.

GÉRONTE.

Tu l'ouvriras.

SCAPIN.

Fort bien.

GÉRONTE.

Tu trouveras une grosse clef du côté gauche, qui est celle de mon grenier.

SCAPIN.

Oui.

GÉRONTE.

Tu iras prendre toutes les hardes qui sont dans cette grande manne, et tu les vendras aux fripiers, pour aller racheter mon fils.

SCAPIN, en lui rendant la clef.

Eh! Monsieur, rêvez-vous? Je n'aurois pas cent francs de tout ce que vous dites; et de plus, vous savez le peu de temps qu'on m'a donné.

GÉRONTE.

Mais que diable alloit-il faire à cette galère[1]?

SCAPIN.

Oh! que de paroles perdues! Laissez là cette galère, et songez que le temps presse, et que vous courez risque de perdre votre fils. Hélas! mon pauvre maître, peut-être que je ne te verrai de ma vie, et qu'à l'heure que je parle, on t'emmène esclave en Alger. Mais le Ciel me sera témoin que j'ai fait pour toi tout ce que j'ai pu; et que si tu manques à être racheté[2], il n'en faut accuser que le peu d'amitié d'un père.

1. Dans cette galère? (1734.)
2. Voyez ci-dessus, p. 455 et note 1.

GÉRONTE.

Attends, Scapin, je m'en vais querir cette somme.

SCAPIN.

Dépêchez donc vite, Monsieur, je tremble que l'heure ne sonne.

GÉRONTE.

N'est-ce pas quatre cents écus que tu dis?

SCAPIN.

Non : cinq cents écus.

GÉRONTE.

Cinq cents écus?

SCAPIN.

Oui.

GÉRONTE.

Que diable alloit-il faire à cette galère[1]?

SCAPIN.

Vous avez raison, mais hâtez-vous.

GÉRONTE.

N'y avoit-il point d'autre promenade?

SCAPIN.

Cela est vrai. Mais faites promptement.

GÉRONTE.

Ah, maudite galère!

SCAPIN[2].

Cette galère lui tient au cœur.

GÉRONTE.

Tiens, Scapin, je ne me souvenois pas que je viens justement de recevoir cette somme en or, et je ne croyois pas qu'elle dût m'être si tôt ravie. (Il lui présente sa bourse, qu'il ne laisse pourtant pas aller; et, dans ses transports, il fait aller son bras de côté et d'autre, et Scapin le sien pour avoir la bourse[3].) Tiens. Va-t'en racheter mon fils.

1. Dans cette galère? (1734.)
2. SCAPIN, à part. (Ibidem.)
3. Tirant sa bourse de sa poche, et la présentant à Scapin. (Ibidem.)

SCAPIN[1].

Oui, Monsieur.

GÉRONTE[2].

Mais dis à ce Turc que c'est un scélérat.

SCAPIN[3].

Oui.

GÉRONTE[4].

Un infâme.

SCAPIN[5].

Oui.

GÉRONTE[6].

Un homme sans foi, un voleur.

SCAPIN.

Laissez-moi faire.

GÉRONTE[7].

Qu'il me tire cinq cents écus contre toute sorte de droit.

SCAPIN.

Oui.

GÉRONTE[8].

Que je ne les lui donne ni à la mort, ni à la vie[9].

SCAPIN.

Fort bien.

1. SCAPIN, *tendant la main.* (1734.)
2. GÉRONTE, *retenant la (sa, 1773) bourse qu'il fait semblant de vouloir donner à Scapin.* (*Ibidem.*)
3. SCAPIN, *tendant encore la main.* (*Ibidem.*)
4. GÉRONTE, *recommençant la même action.* (*Ibidem.*)
5. SCAPIN, *tendant toujours la main.* (*Ibidem.*)
6. GÉRONTE, *de même.* (*Ibidem.*)
7. GÉRONTE, *de même.* (*Ibidem.*)
8. GÉRONTE, *de même.* (*Ibidem.*)
9. Que je ne les lui donne pas et ne les lui donnerai jamais, quoi qu'il arrive; qu'il m'en devra compte dans ce monde-ci et dans l'autre. Littré cite de ce plaisant contraire d'*à la vie à la mort* un autre exemple, de Marivaux : « Vous voyez bien ces vingt sols-là, Marianne : je ne vous les pardonnerai jamais, ni à la vie, ni à la mort. » (*La Vie de Marianne ou les Aventures de Mme la comtesse de* ***, 1731, II^{de} partie, p. 90.)

ACTE II, SCÈNE VII.   483

GÉRONTE[1].

Et que si jamais je l'attrape, je saurai me venger de lui.

SCAPIN.

Oui.

GÉRONTE *remet la bourse dans sa poche, et s'en va*[2].

Va, va vite requérir mon fils.

SCAPIN, *allant après lui*[3].

Holà! Monsieur.

GÉRONTE.

Quoi?

SCAPIN.

Où est donc cet argent?

GÉRONTE.

Ne te l'ai-je pas donné?

SCAPIN.

Non vraiment, vous l'avez remis dans votre poche.

GÉRONTE.

Ah! c'est la douleur qui me trouble l'esprit.

SCAPIN.

Je le vois bien.

GÉRONTE.

Que diable alloit-il faire dans cette galère? Ah, maudite galère! traître de Turc à tous les diables[4]!

SCAPIN[5].

Il ne peut digérer les cinq cents écus que je lui arra-

---

1. GÉRONTE, *de même.* (1734.)
2. GÉRONTE, *remettant sa bourse dans sa poche, et s'en allant.* (*Ibidem.*)
3. SCAPIN, *courant après Géronte.* (*Ibidem.*)
4. Un canevas de Flaminio Scala qui aurait pu fournir l'idée principale de cette scène a été indiqué ci-dessus, p. 396 de la *Notice.* Mais c'est, on l'a également vu à la *Notice*, p. 396-397, une scène célèbre du *Pédant joué* de Cyrano Bergerac que Molière a eu tout à fait l'intention de refaire dans la sienne; l'original d'une copie si supérieure nous semble assez intéressant pour en devoir être à peu près tout entier rapproché, et nous le donnons à l'*Appendice*, p. 519 et suivantes.
5. SCAPIN, *seul.* (1734.)

che ; mais il n'est pas quitte envers moi, et je veux qu'il me paye en une autre monnoie l'imposture qu'il m'a faite auprès de son fils.

SCÈNE VIII[1].

OCTAVE, LÉANDRE, SCAPIN.

OCTAVE.

Hé bien! Scapin, as-tu réussi pour moi dans ton entreprise?

LÉANDRE.

As-tu fait quelque chose pour tirer mon amour de la peine où il est?

SCAPIN[2].

Voilà deux cents pistoles que j'ai tirées de votre père.

OCTAVE.

Ah! que tu me donnes de joie!

SCAPIN[3].

Pour vous, je n'ai pu faire rien.

LÉANDRE veut s'en aller[4].

Il faut donc que j'aille mourir; et je n'ai que faire de vivre, si Zerbinette m'est ôtée.

SCAPIN.

Holà, holà! tout doucement. Comme diantre[5] vous allez vite!

LÉANDRE se retourne[6].

Que veux-tu que je devienne?

1. SCÈNE XII. (1734.) — 2. SCAPIN, à Octave. (Ibidem.)
3. SCAPIN, à Léandre. (Ibidem.) — 4. LÉANDRE, voulant s'en aller. (Ibidem.)
5. Molière a mis le mot dans la bouche de la Flèche et dans celle de Frosine, à la scène III de l'acte I et à la scène I de l'acte IV de l'Avare (tome VII, p. 63 et p. 158).
6. LÉANDRE, se tournant. (1734.) — Se retournant. (1773.)

ACTE II, SCÈNE VIII.

SCAPIN.

Allez, j'ai votre affaire ici.

LÉANDRE revient[1].

Ah! tu me redonnes la vie.

SCAPIN.

Mais à condition que vous me permettrez à moi une petite vengeance contre votre père, pour le tour qu'il m'a fait.

LÉANDRE.

Tout ce que tu voudras.

SCAPIN.

Vous me le promettez[2] devant témoin.

LÉANDRE.

Oui.

SCAPIN.

Tenez, voilà cinq cents écus.

LÉANDRE.

Allons en[3] promptement acheter celle que j'adore[4].

---

1. Cette indication n'est pas dans l'édition de 1734.
2. On pourrait, après ce qui précède, s'attendre à *permettez*. Mais *promettez*, qui du reste se comprend bien, est le texte de toutes les éditions. « Vous me promettez de me laisser faire ; » ce qu'a dit Scapin implique : « vous me promettez de ne pas me punir, de ne me rien faire.
3. *En*, avec les cinq cents écus. C'est à tort, croyons-nous, que les éditions s'accordent à joindre cet adverbe pronominal à *allons*, dont il est entièrement indépendant.
4. Il ne s'agit point précisément de l'achat d'une esclave. Zerbinette est seulement entre les mains d'Égyptiens, de Bohémiens, et comme une des leurs (voyez son récit, plus loin, p. 500). Léandre ne l'en délivre, ne la rachète pas moins (comme il le dit à la scène xi de l'acte III, p. 513) d'une sorte de captivité. Voyez d'ailleurs sur l'existence probable de l'esclavage, ou la présence d'esclaves en Sicile et au pays de Naples, au commencement encore du dix-septième siècle, la *Notice* du *Sicilien*, tome VI, p. 218 et suivantes.

FIN DU SECOND ACTE.

ACTE III.

SCÈNE PREMIÈRE.

ZERBINETTE, HYACINTE, SCAPIN, SILVESTRE.

SILVESTRE.
Oui, vos amants ont arrêté entre eux que vous fussiez ensemble; et nous nous acquittons de l'ordre qu'ils nous ont donné.

HYACINTE [1].
Un tel ordre n'a rien qui ne me soit [2] fort agréable. Je reçois avec joie une compagne de la sorte; et il ne tiendra pas à moi que l'amitié qui est entre les personnes que nous aimons, ne se répande entre nous deux.

ZERBINETTE.
J'accepte la proposition, et ne suis point personne à reculer, lorsqu'on m'attaque d'amitié [3].

SCAPIN.
Et lorsque c'est d'amour qu'on vous attaque?

ZERBINETTE.
Pour l'amour, c'est une autre chose : on y court un peu plus de risque, et je n'y suis pas si hardie.

---

1. HYACINTE, à Zerbinette. (1734.)
2. Qui ne soit. (*Ibidem.*)
3. Qu'on me fait des avances d'amitié, et, dans la réplique de Scapin, d'amour.

SCAPIN.

Vous l'êtes, que je crois, contre¹ mon maître maintenant; et ce qu'il vient de faire pour vous, doit vous donner du cœur pour répondre comme il faut à sa passion.

ZERBINETTE.

Je ne m'y fie encore que de la bonne sorte; et ce n'est pas assez pour m'assurer² entièrement, que ce qu'il vient de faire. J'ai l'humeur enjouée, et sans cesse je ris; mais tout en riant, je suis sérieuse sur de certains chapitres; et ton maître s'abusera, s'il croit qu'il lui suffise de m'avoir achetée pour me voir toute à lui. Il doit lui en coûter autre chose que de l'argent; et pour répondre à son amour de la manière qu'il souhaite, il me faut un don de sa foi qui soit assaisonné de certaines cérémonies qu'on trouve nécessaires.

SCAPIN.

C'est là aussi comme il l'entend. Il ne prétend à vous qu'en tout bien et en tout honneur; et je n'aurois pas été homme à me mêler de cette affaire, s'il avoit une autre pensée.

ZERBINETTE.

C'est ce que je veux croire, puisque vous me le dites; mais, du côté du père, j'y prévois des empêchements.

SCAPIN.

Nous trouverons moyen d'accommoder les choses.

HYACINTE³.

La ressemblance de nos destins doit contribuer encore à faire naître notre amitié; et nous nous voyons toutes

---

1. *Contre* continue bien la métaphore d'*attaquer*, d'où suit *se défendre*.
2. Me donner assurance, confiance. Nous avons vu *s'assurer* avec le sens de prendre confiance, aux vers 103 du *Dépit amoureux* et 655 de *Dom Garcie de Navarre* (devenu, avec quelque changement, mais non de cette expression, le vers 1460 du *Tartuffe*.)
3. HYACINTE, *à Zerbinette*. (1734.)

deux dans les mêmes alarmes, toutes deux exposées à la même infortune.

ZERBINETTE.

Vous avez cet avantage, au moins, que vous savez de qui vous êtes née ; et que l'appui de vos parents, que vous pouvez faire connoître, est capable d'ajuster tout, peut assurer votre bonheur, et faire donner un consentement au mariage qu'on trouve fait. Mais pour moi, je ne rencontre aucun secours dans ce que je puis être, et l'on me voit dans un état qui n'adoucira pas les volontés d'un père qui ne regarde que le bien[1].

HYACINTE.

Mais aussi avez-vous cet avantage, que l'on ne tente point par un autre parti celui que vous aimez.

ZERBINETTE.

Le changement du cœur d'un amant n'est pas ce qu'on peut[2] le plus craindre. On se peut naturellement croire assez de mérite pour garder sa conquête ; et ce que je vois de plus redoutable dans ces sortes d'affaires, c'est la puissance paternelle, auprès de qui tout le mérite ne sert de rien.

HYACINTE.

Hélas! pourquoi faut-il que de justes inclinations se trouvent traversées? La douce chose que d'aimer, lorsque l'on ne voit point d'obstacle à ces aimables chaînes dont deux cœurs se lient ensemble !

SCAPIN.

Vous vous moquez : la tranquillité en amour est un calme désagréable ; un bonheur tout uni nous devient ennuyeux ; il faut du haut et du bas dans la vie[3] ; et les

---

1. L'argent, la fortune. — 2. Ce que l'on peut. (1734.)

3. Mme de Sévigné réunissait *haut et bas* comme une sorte de nom composé invariable : « Il eut de grands haut et bas dans sa vie, » c'est-à-dire plusieurs fois du haut et du bas dans sa vie, de grandes vicissitudes. (Lettre autographe de 1690, tome IX, p. 528.)

difficultés qui se mêlent aux choses réveillent les ardeurs, augmentent les plaisirs.

ZERBINETTE.

Mon Dieu, Scapin, fais-nous un peu ce récit, qu'on m'a dit qui¹ est si plaisant, du stratagème dont tu t'es avisé pour tirer de l'argent de ton vieillard avare. Tu sais qu'on ne perd point sa peine lorsqu'on me fait un conte, et que je le paye assez bien par la joie qu'on m'y voit prendre.

SCAPIN.

Voilà Silvestre qui s'en acquittera aussi bien que moi. J'ai dans la tête certaine petite vengeance, dont je vais goûter le plaisir.

SILVESTRE.

Pourquoi, de gaieté de cœur, veux-tu chercher à t'attirer de méchantes affaires?

SCAPIN.

Je me plais à tenter des entreprises hasardeuses.

SILVESTRE.

Je te l'ai déjà dit, tu quitterois le dessein que tu as, si tu m'en voulois croire.

SCAPIN.

Oui, mais c'est moi que j'en croirai.

SILVESTRE.

A quoi diable te vas-tu amuser?

SCAPIN.

De quoi diable te mets-tu en peine?

SILVESTRE.

C'est que je vois que, sans nécessité, tu vas courir risque de t'attirer une venue de coups de bâton².

---

1. Voyez un autre exemple de cette sorte de pléonasme, de *que* régime avec un *qui* sujet, dans une variante de l'acte II, scène v, ci-dessus, p. 454, note 2.

2. Cette expression, dont le *Dictionnaire de Littré* ne cite pas d'autre exemple, nous paraît pouvoir s'expliquer par son sens propre et ordinaire

SCAPIN.

Hé bien ! c'est aux dépens de mon dos, et non pas du tien.

SILVESTRE.

Il est vrai que tu es maître de tes épaules, et tu en disposeras comme il te plaira.

SCAPIN.

Ces sortes de périls ne m'ont jamais arrêté, et je hais ces cœurs pusillanimes qui, pour trop prévoir les suites des choses, n'osent rien entreprendre.

ZERBINETTE[1].

Nous aurons besoin de tes soins.

SCAPIN.

Allez : je vous irai bientôt rejoindre. Il ne sera pas dit qu'impunément on m'ait mis en état de me trahir moi-même, et de découvrir des secrets qu'il étoit bon qu'on ne sût pas.

SCÈNE II.

GÉRONTE, SCAPIN[2].

GÉRONTE.

Hé bien, Scapin, comment va l'affaire de mon fils ?

---

d'*arrivée*, donc ici *chute, succession,* volée de coups de bâton s'abattant sur le dos. Il nous semble moins naturel d'entendre, comme Génin, le mot *venue* au sens de *produit* (qu'il a dans Nicot), *poussé, moisson, récolte,* surtout à cause d'*attirer* auquel il est associé. Voici au reste son explication : « *Venue,* dans la phrase de Molière, est au sens de *récolte, bonne récolte,* parce que le grain de l'année est bien venu. Nicot, au mot Venir (*fin*), donne pour exemples (*de ce sens*) : « Grande venue de brebis et abondante, *bonus proventus.* » *Venue* pour *bonne venue, ample venue,* comme *heur,* succès, fortune, pour *bon heur, bon succès, bonne fortune.* »

1. ZERBINETTE, à *Scapin.* (1734.)
2. Sur l'origine douteuse de cette scène du Sac, et sur les jugements qui en ont été portés, voyez ci-dessus, la *Notice*, p. 390-395.

ACTE III, SCÈNE II. 491

SCAPIN.

Votre fils, Monsieur, est en lieu de sûreté; mais vous courrez[1] maintenant, vous, le péril le plus grand du monde, et je voudrois pour beaucoup que vous fussiez dans votre logis.

GÉRONTE.

Comment donc?

SCAPIN.

A l'heure que je parle, on vous cherche de toutes parts pour vous tuer.

GÉRONTE.

Moi?

SCAPIN.

Oui.

GÉRONTE.

Et qui?

SCAPIN.

Le frère de cette personne qu'Octave a épousée. Il croit que le dessein que vous avez de mettre votre fille à la place que tient sa sœur est ce qui pousse le plus fort à faire rompre leur mariage; et, dans cette pensée, il a résolu hautement de décharger son désespoir sur vous et vous ôter[2] la vie pour venger son honneur. Tous ses amis, gens d'épée comme lui, vous cherchent de tous les côtés, et demandent de vos nouvelles. J'ai vu même deçà et delà des soldats de sa compagnie qui interrogent ceux qu'ils trouvent, et occupent par pelotons toutes les avenues de votre maison. De sorte que vous ne sauriez aller chez vous, vous ne sauriez faire un pas ni à droit[3], ni à gauche, que vous ne tombiez dans leurs mains.

1. Vous courez. (1674, 82, 1734.) — Il est bien possible que la leçon *courrez* de l'édition originale et des trois étrangères ne soit qu'une faute d'impression de la première, reproduite par les trois autres, ou qu'une faute d'orthographe (le présent écrit par deux *r*).
2. Et de vous ôter. (1734.)
3. Sur la forme *droit*, qui revient plus loin (p. 498) dans cette scène, voyez tome III, p. 415, note 2.

GÉRONTE.

Que ferai-je, mon pauvre Scapin?

SCAPIN.

Je ne sais pas, Monsieur, et voici une étrange affaire. Je tremble pour vous depuis les pieds jusqu'à la tête, et.... Attendez. (Il se retourne, et fait semblant d'aller voir au bout du théâtre s'il n'y a personne[1].)

GÉRONTE, en tremblant.

Eh?

SCAPIN, en revenant[2].

Non, non, non, ce n'est rien.

GÉRONTE.

Ne saurois-tu trouver quelque moyen pour me tirer de peine?

SCAPIN.

J'en imagine bien un; mais je courrois[3] risque, moi, de me faire assommer.

GÉRONTE.

Eh! Scapin, montre-toi serviteur zélé : ne m'abandonne pas, je te prie.

SCAPIN.

Je le veux bien. J'ai une tendresse pour vous qui ne sauroit souffrir que je vous laisse sans secours.

GÉRONTE.

Tu en seras récompensé, je t'assure; et je te promets cet habit-ci, quand je l'aurai un peu usé.

SCAPIN.

Attendez. Voici une affaire[4] que je me suis trouvée[5]

---

1. *Scapin fait (faisant,* 1773) *semblant d'aller voir au fond du théâtre s'il,* etc. (1734.)
2. SCAPIN, *revenant. (Ibidem.)*
3. *Courerois,* dans les éditions de 1671, 74, 75 A, 82, 84 A, 1730, 33.
4. Au sens, très-familier, d' « objet ». De non moindre familiarité est le « quelque chose » du couplet suivant de Scapin.
5. Que je me suis trouvé avoir, trouvée sous la main. La correction qu'on s'est permise dans l'édition de 1734 : « que j'ai trouvée », change un peu le sens.

ACTE III, SCÈNE II.

fort à propos pour vous sauver. Il faut que vous vous mettiez dans ce sac et que....

GÉRONTE, croyant voir quelqu'un.

Ah!

SCAPIN.

Non, non, non, non, ce n'est personne. Il faut, dis-je, que vous vous mettiez là dedans, et que vous gardiez[1] de remuer en aucune façon. Je vous chargerai sur mon dos, comme un paquet de quelque chose[2], et je vous porterai ainsi au travers de vos ennemis, jusque dans votre maison, où quand nous serons une fois, nous pourrons nous barricader, et envoyer querir main-forte contre la violence.

GÉRONTE.

L'invention est bonne.

SCAPIN.

La meilleure du monde. Vous allez voir. (A part.) Tu me payeras l'imposture.

GÉRONTE.

Eh?

SCAPIN.

Je dis que vos ennemis seront bien attrapés. Mettez-vous bien jusqu'au fond, et surtout prenez garde de ne vous point montrer[3], et de ne branler pas, quelque chose qui puisse arriver.

---

1. Garder, dit l'Académie en 1694, « signifie encore neutralement prendre garde qu'une chose n'arrive. *Gardez de tomber. Gardez bien de faire cela.* » Comparez, au tome VII (p. 239 et note 3), le début de *Monsieur de Pourceaugnac;* et, au tome III (p. 252 et 253), les vers 1347 et 1360 de *l'École des femmes.* Dans ses éditions 3 et 4, l'Académie omet *garder*, au sens neutre; puis, dans ses trois dernières, à tort, croyons-nous, elle ne le donne pas, en ce sens, avec *de*, mais seulement avec *que* et *ne*.

2. De n'importe quoi.

3. Ayez soin de ne vous point montrer. Le vrai sens de *prendre garde*, sans négation à la suite, est *éviter, craindre (de...)* : voyez le *Dictionnaire de Littré* à GARDE, fin de 5°.

GÉRONTE.

Laisse-moi faire. Je saurai me tenir...[1].

SCAPIN.

Cachez-vous : voici un spadassin qui vous cherche. (En contrefaisant sa voix.) « Quoi? jé n'aurai pas l'abantage dé tuer cé Geronte, et quelqu'un par charité né m'enseignera pas où il est? » (A Géronte avec sa voix ordinaire.) Ne branlez pas. (Reprenant son ton contrefait.) « Cadédis[2], jé lé trouberai, sé cachât-il au centre dé la terre. » (A Géronte avec son ton naturel.) Ne vous montrez pas. (Tout le langage gascon est supposé de celui qu'il contrefait, et le reste de lui[3].) « Oh, l'homme au sac! » Monsieur. « Jé té vaille un louis, et m'enseigne[4] où put être Geronte. » Vous cherchez le Seigneur Géronte? « Oui, mordi! jé lé cherche. » Et pour quelle affaire, Monsieur? « Pour quelle affaire ? » Oui. « Jé beux, cadédis, lé faire mourir sous les coups de vaton[5]. » Oh! Monsieur, les coups de bâton ne se donnent point à des gens comme lui, et ce n'est pas un homme à être traité de la sorte. « Qui, cé fat dé Geronte, cé maraut, cé velître ? » Le Seigneur Géronte, Monsieur, n'est ni fat, ni maraud, ni belître, et vous devriez, s'il vous plaît, parler d'autre façon. « Comment, tu mé traites, à moi[6], avec cette hautur? » Je défends, comme je dois, un homme d'honneur qu'on offense. « Est-ce que tu es des amis dé cé Geronte? » Oui, Monsieur, j'en suis.

---

1. Il n'y a qu'un point après ce verbe dans l'édition de 1734.
2. M. Adelphe Espagne (p. 18) traduit par « tête (cap) de Dieu » ce juron provençal, qu'on a déjà vu au *Ballet des nations* (ci-dessus, p. 213), et, comme ici, dans la bouche d'un Gascon.
3. Cette indication a été supprimée comme inutile dans l'édition de 1734, qui met en italique ce que nous marquons par des guillemets. Il n'y en a point dans les éditions anciennes, et elles mettent en italique, sans parenthèses, les indications qui sont ici en petit texte et entre parenthèses.
4. Je te baille (je te donne).... et enseigne-moi.
5. Dé vâton. (1734.)
6. Parlant à moi.

« Ah! cadédis, tu es de ses amis¹, à la vonne hure. » (Il donne plusieurs² coups de bâton sur le sac.) « Tiens. Boilà cé que jé té vaille pour lui. » Ah, ah, ah! ah, Monsieur³! Ah, ah, Monsieur! tout beau. Ah, doucement, ah, ah, ah⁴! « Va, porte-lui cela de ma part⁵. Adiusias⁶. » Ah! diable soit le Gascon⁷! Ah! (En se plaignant et remuant le dos, comme s'il avoit reçu les coups de bâton⁸.)

GÉRONTE, mettant la tête hors du sac.

Ah! Scapin, je n'en puis plus.

SCAPIN.

Ah! Monsieur, je suis tout moulu, et les épaules me font un mal épouvantable.

GÉRONTE.

Comment? c'est sur les miennes qu'il a frappé.

SCAPIN.

Nenni, Monsieur, c'étoit sur mon dos qu'il frappoit.

GÉRONTE.

Que veux-tu dire? J'ai bien senti les coups, et les sens bien encore.

SCAPIN.

Non, vous dis-je, ce n'est que le bout du bâton qui a été jusque sur vos épaules.

GÉRONTE.

Tu devois donc te retirer un peu plus loin, pour m'épargner....

1. Dé ses amis. (1734.)
2. *Donnant plusieurs*, etc. (*Ibidem*.)
3. .... pour lui. » (*Criant comme s'il recevoit les coups de bâton*.) Ah, ah, ah, ah, ah, Monsieur! (*Ibidem*.)
4. Ah! doucement, ah, ah, ah, ah! (*Ibidem*.)
5. Céla dé ma part. (*Ibidem*.)
6. Sous cette forme le mot est sans doute gascon; il est écrit *adieusias* (mais peut-être par faute) dans la brochure de M. Espagne (p. 13), qui le cite comme provençal.
7. Tour elliptique, qu'on s'explique aisément par la fréquence d'emploi de *diable* interjection, et équivalent à « au diable soit le Gascon! »
8. Ce jeu de scène n'est pas dans l'édition de 1734.

SCAPIN lui remet la tête dans le sac[1].

Prenez garde. En voici un autre qui a la mine d'un étranger. (Cet endroit est de même celui[2] du Gascon, pour le changement de langage, et le jeu de théâtre.) « Parti[3]! moi courir comme une Basque, et moi ne pouvre point troufair de tout le jour sti tiable de Gironte? » Cachez-vous bien. « Dites-moi un peu fous, Monsir l'homme, s'il ve plaist, fous savoir point où l'est sti Gironte que moi cherchair[4]? » Non, Monsieur, je ne sais point où est Géronte. « Dites-moi-le vous frenchemente[5], moi li fouloir pas grande chose à lui. L'est seulemente pour li donnair[6] un petite régale sur le dos d'un douzaine de coups de bastonne, et de trois ou quatre petites coups d'épée au trafers de son poitrine. » Je vous assure, Monsieur, que je ne sais pas où il est. « Il me semble que j'y foi remuair quelque chose dans sti sac. » Pardonnez-moi, Monsieur. « Li est assurémente[7] quelque histoire là tetans. » Point du tout, Monsieur. « Moi l'avoir[8] enfie de tonner ain coup d'épée dans ste sac[9]. » Ah! Monsieur, gardez-

---

1. SCAPIN, *faisant remettre Géronte dans le sac.* (1734.)

2. Tel est le texte des éditions de 1671, 74, 75 A, 82, 84 A : *de même celui*, au sens de « comme celui, de même que celui, semblable à celui. » C'est une vieille construction, dont Littré donne trois exemples du seizième siècle : « Si j'avois la force de mêmes le courage, par la mort bieu! je vous les plumerois comme un canard. » (Rabelais, *Gargantua*, chapitre XLII, tome I, p. 155.) « Encore.... qu'il en vît les autres nobles.... passionnés de même lui. » (Amyot, *Vie de Coriolan*, chapitre VII.) « La plupart de ceux qui me hantent parlent de même les *Essais;* mais je ne sai s'ils pensent de même. » (Montaigne, livre I, chapitre XXV, tome I, p. 231.) — *De même que celui*, dans les éditions de 1694 B, 97, 1710, 18. — Toute cette indication entre parenthèses est omise, comme la précédente, du langage gascon (voyez p. 494 et note 3), dans l'édition de 1734.

3. Pour *pardi*, comme dans le baragouin des deux Suisses de *Monsieur de Pourceaugnac* (tome VII, p. 326 et 327).

4. Cherchir. (1734.) — 5. Fous franchemente. (*Ibidem.*)

6. Pour li donnir. (*Ibidem.*) — Pour li donner. (1773).

7. Assurément. (1674, 82, 1734.)

8. Moi l'afoir. (1734.)

9. Dans sti sac. (*Ibidem.*)

ACTE III, SCÈNE II.

vous-en bien. « Montre-le-moi un peu fous ce que c'estre là. » Tout beau, Monsieur. « Quement? tout beau? » Vous n'avez que faire de vouloir voir ce que je porte. « Et moi, je le fouloir foir, moi. » Vous ne le verrez point. « Ahi[1] que de badinemente! » Ce sont hardes qui m'appartiennent. « Montre-moi fous, te dis-je. » Je n'en ferai rien. « Toi ne faire rien[2]? » Non. « Moi pailler[3] de ste bastonne dessus les épaules de toi. » Je me moque de cela. « Ah! toi faire le trole. » Ahi, ahi, ahi; ah, Monsieur[4], ah, ah, ah, ah. « Jusqu'au refoir : l'estre là un petit leçon pour li apprendre à toi à parlair insolentemente. » Ah! peste soit du baragouineux[5]! Ah!

GÉRONTE, sortant sa tête du sac[6].

Ah! je suis roué[7].

SCAPIN.

Ah! je suis mort.

GÉRONTE.

Pourquoi diantre faut-il qu'ils frappent sur mon dos?

SCAPIN, lui remettant sa tête[8] dans le sac.

Prenez garde, voici une demi-douzaine de soldats tout ensemble. (Il contrefait plusieurs personnes ensemble[9].) « Allons, tâchons à trouver ce Géronte, cherchons partout. N'épargnons point nos pas. Courons toute la ville. N'oublions aucun lieu. Visitons tout. Furetons de tous les côtés. Par où irons-nous? Tournons par là. Non, par

---

1. Ah. (1734.)
2. Toi n'en faire rien? (*Ibidem.*) — 3. Bailler, donner.
4. Donnant des coups de bâton sur le sac, et criant comme s'il les recevoit. Ah, ah, ah, ah, Monsieur. (1734.)
5. *Baragouineux*, comme au *Bourgeois gentilhomme* (p. 117), dans une réplique de Mme Jourdain, *enjôleux*.
6. Sa tête hors du sac. (1734.)
7. Ah! suis roué. (1674; faute évidente.)
8. La tête. (1733, 34.)
9. Contrefaisant la voix de plusieurs personnes. (1734.)

ici. A gauche. A droit¹. Nenni. Si fait. »² Cachez-vous bien. « Ah! camarades, voici son valet. Allons, coquin, il faut que tu nous enseignes où est ton maître. » Eh! Messieurs, ne me maltraitez point. « Allons, dis-nous où il est. Parle. Hâte-toi. Expédions. Dépêche vite. Tôt. » Eh! Messieurs, doucement. (Géronte met doucement la tête hors du sac, et aperçoit la fourberie de Scapin.) « Si tu ne nous fais trouver ton maître tout à l'heure, nous allons faire pleuvoir sur toi une ondée de coups de bâton³. » J'aime mieux souffrir toute chose que de vous découvrir mon maître. « Nous allons t'assommer. » Faites tout ce qu'il vous plaira. « Tu as envie d'être battu. » Je ne trahirai point mon maître. « Ah! tu en veux tâter⁴? Voilà.... » Oh!

(Comme il est prêt de frapper, Géronte sort du sac, et Scapin s'enfuit.)

GÉRONTE⁵.

Ah, infâme! ah, traître! ah, scélérat! C'est ainsi que tu m'assassines.

---

1. L'édition de 1734 corrige ici en *A droite*, bien que plus haut, p. 491, elle ait gardé *à droit*.
2. *A Géronte, avec sa voix ordinaire.* (1734.)
3.   Si jusqu'à l'approcher tu pousses ton audace,
    Je fais sur toi pleuvoir un orage de coups.
(Vers 341 et 342 d'*Amphitryon* : voyez tome VI, p. 375, note 2.)
Voyez en outre ci-dessus, p. 411, note 2.
4. D'être battu. Ah! tu en veux tâter? (1674, 82, 1734.)
5. GÉRONTE, *seul.* (1734.)

SCÈNE III.

ZERBINETTE, GÉRONTE[1].

ZERBINETTE[2].

Ah, ah, je veux prendre un peu l'air.

GÉRONTE[3].

Tu me le payeras, je te jure.

ZERBINETTE[4].

Ah, ah, ah, ah, la plaisante histoire! et la bonne dupe que ce vieillard!

GÉRONTE.

Il n'y a rien de plaisant à cela; et vous n'avez que faire d'en rire.

ZERBINETTE.

Quoi? Que voulez-vous dire, Monsieur?

GÉRONTE.

Je veux dire que vous ne devez pas vous moquer de moi.

ZERBINETTE.

De vous?

GÉRONTE.

Oui.

ZERBINETTE.

Comment? qui songe à se moquer de vous?

---

1. Il semble qu'ici encore Molière ait tenu à perpétuer le souvenir de l'un des excellents cadres de scène que contient *le Pédant joué* de Cyrano Bergerac, son ami[a] : voyez la *Notice*, p. 397. Nous donnons à l'*Appendice* (p. 524-526), comme suite naturelle d'une première citation, la partie de la scène de Cyrano qui se rapporte à celle-ci, retranchant néanmoins du récit de l'histoire trois grandes pages qui n'y tiennent nullement, et où, dans l'accumulation des plus lourdes et froides bouffonneries, Molière n'a rien trouvé à prendre.
2. ZERBINETTE, *riant sans voir Géronte.* (1734.)
3. GÉRONTE, *à part, sans voir Zerbinette.* (*Ibidem.*)
4. ZERBINETTE, *sans voir Géronte.* (*Ibidem.*)

[a] « Molière aimoit Cyrano, qui étoit plus âgé que lui. » (*Manuscrit de Brossette, rapportant ses entretiens avec Boileau*, f° 31 v°.)

GÉRONTE.
Pourquoi venez-vous ici me rire au nez?
ZERBINETTE.
Cela ne vous regarde point, et je ris toute seule d'un conte qu'on vient de me faire, le plus plaisant qu'on puisse entendre. Je ne sais pas si c'est parce que je suis intéressée dans la chose; mais je n'ai jamais trouvé rien de si drôle qu'un tour qui vient d'être joué par un fils à son père, pour en attraper de l'argent.
GÉRONTE.
Par un fils à son père, pour en attraper de l'argent?
ZERBINETTE.
Oui. Pour peu que vous me pressiez, vous me trouverez assez disposée à vous dire l'affaire, et j'ai une démangeaison naturelle à faire part des contes que je sais.
GÉRONTE.
Je vous prie de me dire cette histoire.
ZERBINETTE.
Je le veux bien. Je ne risquerai pas grand'chose à vous la dire, et c'est une aventure qui n'est pas pour être longtemps secrète. La destinée a voulu que je me trouvasse parmi une bande de ces personnes qu'on appelle Égyptiens, et qui, rôdant de province en province, se mêlent de dire la bonne fortune, et quelquefois de beaucoup d'autres choses. En arrivant dans cette ville, un jeune homme me vit, et conçut pour moi de l'amour. Dès ce moment, il s'attache à mes pas, et le voilà d'abord comme tous les jeunes gens, qui croient qu'il n'y a qu'à parler, et qu'au moindre mot qu'ils nous disent, leurs affaires sont faites; mais il trouva une fierté qui lui fit un peu corriger ses premières pensées. Il fit connoître sa passion aux gens qui me tenoient, et il les trouva disposés à me laisser à lui moyennant

quelque somme. Mais le mal de l'affaire étoit que mon amant se trouvoit dans l'état où l'on voit très-souvent la plupart des fils de famille, c'est-à-dire qu'il étoit un peu dénué d'argent ; et il a[1] un père qui, quoique riche, est un avaricieux fieffé, le plus vilain homme du monde. Attendez. Ne me saurois-je souvenir de son nom ? Haye[2] ! Aidez-moi un peu. Ne pouvez-vous me nommer quelqu'un de cette ville qui soit connu pour être avare au dernier point ?

GÉRONTE.

Non.

ZERBINETTE.

Il y a à son nom du ron.... ronte[3]. Or.... Oronte[4]. Non. Gé.... Géronte ; oui, Géronte, justement ; voilà mon vilain, je l'ai trouvé, c'est ce ladre-là que je dis. Pour venir à notre conte, nos gens ont voulu aujourd'hui partir de cette ville ; et mon amant m'alloit perdre faute d'argent, si, pour en tirer de son père, il n'avoit trouvé du secours dans l'industrie d'un serviteur qu'il a. Pour le nom du serviteur, je le sais à merveille : il s'appelle Scapin ; c'est un homme incomparable, et il mérite toutes les louanges qu'on peut donner.

GÉRONTE[5].

Ah ! coquin que tu es !

ZERBINETTE.

Voici le stratagème dont il s'est servi pour attraper sa dupe. Ah, ah, ah, ah. Je ne saurois m'en souvenir, que je ne rie de tout mon cœur. Ah, ah, ah. Il est allé trouver ce chien d'avare, ah, ah ah ; et lui a dit[6] qu'en

---

1. D'argent ; il a. (1734.)
2. Ah ! (*Ibidem.*) — Voyez ci-dessus, p. 434, note 2.
3. Du rond.... ronte. (1697, 1710, 18.)
4. O.... Oronte. (1773.)
5. GÉRONTE, *à part.* (1734.)
6. Et il lui a dit. (*Ibidem.*)

se promenant sur le port avec son fils, hi, hi, ils avoient vu une galère turque où on les avoit invités d'entrer; qu'un jeune Turc leur y avoit donné la collation, ah; que, tandis qu'ils mangeoient, on avoit mis la galère en mer; et que le Turc l'avoit renvoyé, lui seul, à terre dans un esquif, avec ordre de dire au père de son maître qu'il emmenoit son fils en Alger, s'il ne lui envoyoit tout à l'heure cinq cents écus. Ah, ah, ah. Voilà mon ladre, mon vilain dans de furieuses angoisses; et la tendresse qu'il a pour son fils fait un combat étrange avec son avarice. Cinq cents écus qu'on lui demande sont justement cinq cents coups de poignard[1] qu'on lui donne. Ah, ah, ah. Il ne peut se résoudre à tirer cette somme de ses entrailles; et la peine qu'il souffre lui fait trouver cent moyens ridicules pour ravoir son fils. Ah, ah, ah. Il veut envoyer la justice en mer après la galère du Turc. Ah, ah, ah. Il sollicite son valet de s'aller offrir à tenir la place de son fils, jusqu'à ce qu'il ait amassé l'argent qu'il n'a pas envie de donner. Ah, ah, ah. Il abandonne, pour faire les cinq cents écus, quatre ou cinq vieux habits qui n'en valent pas trente. Ah, ah, ah. Le valet lui fait comprendre, à tous coups, l'impertinence[2] de ses propositions, et chaque réflexion est douloureusement accompagnée d'un : « Mais que diable alloit-il faire à cette galère[3]? Ah! maudite galère! Traître de Turc! » Enfin, après plusieurs détours, après avoir longtemps gémi et soupiré.... Mais il me semble que vous ne riez point de mon conte. Qu'en dites-vous?

GÉRONTE.

Je dis que le jeune homme est un pendard, un insolent, qui sera puni par son père du tour qu'il lui a fait;

---

1. De poignards. (Une partie du tirage de 1734, mais non 1773.)
2. L'absurde et ridicule défaut d'à propos et l'impossibilité.
3. Dans cette galère. (1734.)

que l'Égyptienne est une malavisée, une impertinente, de dire des injures à un homme d'honneur, qui saura lui-apprendre à venir ici débaucher les enfants de famille; et que le valet est un scélérat, qui sera par Géronte envoyé au gibet avant qu'il soit demain.

SCÈNE IV.

SILVESTRE, ZERBINETTE[1].

SILVESTRE.

Où est-ce donc que vous vous échappez[2]? Savez-vous bien que vous venez de parler là au père de votre amant?

ZERBINETTE.

Je viens de m'en douter, et je me suis adressée[3] à lui-même sans y penser, pour lui conter son histoire.

SILVESTRE.

Comment, son histoire?

ZERBINETTE.

Oui, j'étois toute remplie du conte, et je brûlois de le

---

1. ZERBINETTE, SILVESTRE. (1734.)
2. C'est-à-dire, où est-ce que vous vous aventurez? comment avez-vous pu (malgré nos recommandations) vous échapper ainsi du logis? que faites-vous là étourdiment? Il ne sait pas encore qu'elle a conté l'histoire, mais s'étonne de la voir parler au père de son amant. Peut-être aussi, et plus probablement, ayant observé l'entretien, et, aux éclats de rire de l'une, à l'accès de fureur de l'autre, n'en augurant rien de bon, reproche-t-il à Zerbinette de n'avoir pu se tenir de babiller et rire si étrangement, et veut-il dire : Où vous laissez-vous aller? à quelle fantaisie avez-vous donné carrière? à quelle folle gaieté vous abandonnez-vous? Corneille emploie de même *s'échapper*, avec ce sens de *s'emporter* (à...), *se jeter*, *se lancer* (dans...), au vers 474 de *Sertorius* (tome VI, p. 383, des *OEuvres*) :

   Que direz-vous, Madame,
   Du dessein téméraire où s'échappe mon âme?

Voyez le *Dictionnaire de Littré* à l'article ÉCHAPPER, 15°.

3. *Adressé*, sans accord, dans l'édition originale, dans celle de 1674, et dans les trois étrangères.

redire. Mais qu'importe? Tant pis pour lui. Je ne vois pas que les choses pour nous en puissent être ni pis ni mieux.

SILVESTRE.

Vous aviez grande envie de babiller; et c'est avoir bien de la langue[1] que de ne pouvoir se taire de ses propres affaires.

ZERBINETTE.

N'auroit-il pas appris cela de quelque autre?

SCÈNE V.

ARGANTE, SILVESTRE[2].

ARGANTE[3].

Holà! Silvestre.

SILVESTRE[4].

Rentrez dans la maison. Voilà mon maître qui m'appelle.

ARGANTE.

Vous[5] vous êtes donc accordés, coquin; vous vous êtes accordés, Scapin, vous, et mon fils, pour me fourber, et vous croyez que je l'endure?

SILVESTRE.

Ma foi! Monsieur, si Scapin vous fourbe, je m'en lave

---

1. « Je suis bien aise de savoir que vous avez de la langue, et cela m'apprendra à ne vous plus rien dire. » (Lubin, dans la scène v de l'acte II de *George Dandin*, tome VI, p. 544.)
2. ARGANTE, ZERBINETTE, SILVESTRE. (1734.)
3. ARGANTE, *derrière le théâtre*. (1773.)
4. SILVESTRE, *à Zerbinette*. (1734.)
5.   SCÈNE VI.
           ARGANTE, SILVESTRE.
                ARGANTE.
Vous. (*Ibidem.*

les mains, et vous assure que je n'y trempe en aucune façon.

ARGANTE.

Nous verrons cette affaire, pendard, nous verrons cette affaire, et je ne prétends pas qu'on me fasse[1] passer la plume par le bec[2].

SCÈNE VI[3].

GÉRONTE, ARGANTE, SILVESTRE.

GÉRONTE.

Ah! Seigneur Argante, vous me voyez accablé de disgrâce.

1. Et je n'entends pas qu'on me fasse... : voyez, sur cette construction, tome VII, p. 259, note 2.
2. Je n'entends pas qu'on me prenne pour un oison qui se laisse faire, qui se laisse attraper et brider. « Votre enfant me paroît bien jeune, bien neuf.... pour soutenir un aussi grand fardeau... : un régiment de douze compagnies à dix-huit ans. Sera-t-il doux? on lui passera la plume par le bec. » (Charles de Sévigné, dans une lettre de sa mère à sa sœur, 1690, tome IX, p. 425 et 426.) Adrien de Montluc, dans sa *Comédie des proverbes* (1633, acte II, scène III), dit dans le même sens probablement, et dans les mêmes termes que Charles de Sévigné : « Je lui ai bien passé la plume par le bec. » — « On appelle un *oison bridé* celui à qui on a passé une plume à travers des ouvertures qui sont à la partie supérieure de son bec, pour *l'empêcher de passer des haies et d'entrer dans les jardins....* C'est de là qu'est venu le proverbe de *passer la plume par le bec.* » Telle est l'explication de Furetière (1690), et Littré l'a adoptée. Parfois cependant n'a-t-on pas plutôt fait allusion à la voracité de quelques oiseaux aquatiques, que l'on voit faire passer par leur bec tout ce qu'on s'amuse à leur présenter ou leur jeter, une plume, une paille? N'est-ce pas ainsi que l'entendait Brantôme, dans cette phrase, citée par Littré : « Et cette paille en passa par le bec dudit marquis, qu'il ne fut fait là général, et l'autre si »? (*Les Vies des grands capitaines étrangers. Ferdinand de Gonzague*, tome I, p. 247 de l'édition de M. L. Lalanne; voyez p. 84 du même tome, et au tome V, p. 214, de cette édition de Brantôme, l'expression de *passer la paille par le bec à quelqu'un, lui passer cette paille par le bec,* avec le sens de *frustrer d'une espérance, jouer, duper.*)
3. SCÈNE VII. (1734.)

ARGANTE.

Vous me voyez aussi dans un accablement horrible.

GÉRONTE.

Le pendard de Scapin, par une fourberie, m'a attrapé cinq cents écus.

ARGANTE.

Le même pendard de Scapin, par une fourberie aussi, m'a attrapé deux cents pistoles.

GÉRONTE.

Il ne s'est pas contenté de m'attraper cinq cents écus : il m'a traité d'une manière que j'ai honte de dire. Mais il me la payera[1].

ARGANTE.

Je veux qu'il me fasse raison de la pièce qu'il m'a jouée.

GÉRONTE.

Et je prétends faire de lui une vengeance exemplaire[2].

SILVESTRE[3].

Plaise au Ciel que dans tout ceci je n'aye point ma part!

GÉRONTE.

Mais ce n'est pas encore tout, Seigneur Argante, et un malheur nous est toujours l'avant-coureur d'un autre. Je me réjouissois aujourd'hui de l'espérance d'avoir ma fille, dont je faisois toute ma consolation; et je viens d'apprendre de mon homme qu'elle est partie il y a long-

---

1. Aujourd'hui, dans cette menace, on dit, avec *payer*, soit *la*, soit, peut-être plus fréquemment, *le*; dans *il me le payera*, *le* est un pronom neutre, qui peut bien être remplacé par *la*, avec ellipse de *chose*, mot d'un sens souvent aussi vague que ce pronom *le* employé seul, sans nom. Au vers 1042 de *l'Étourdi* Molière a déjà dit de même :

Fût-ce mon propre frère, il me la payeroit.

2. Voyez plus haut, p. 416, note 1.
3. SILVESTRE, *à part*. (1734.)

temps de Tarente, et qu'on y croit qu'elle a péri dans le vaisseau où elle s'embarqua.

ARGANTE.

Mais pourquoi, s'il vous plaît, la tenir à Tarente, et ne vous être pas donné la joie de l'avoir avec vous?

GÉRONTE.

J'ai eu mes raisons pour cela; et des intérêts de famille m'ont obligé jusques ici[1] à tenir fort secret ce second mariage. Mais que vois-je?

SCÈNE VII.

NÉRINE, ARGANTE, GÉRONTE, SILVESTRE[2].

GÉRONTE.

Ah! te voilà, Nourrice[3].

NÉRINE, se jetant à ses genoux[4].

Ah! Seigneur Pandolphe, que....

GÉRONTE.

Appelle-moi Géronte, et ne te sers plus de ce nom. Les raisons ont cessé qui m'avoient obligé à le prendre parmi vous à Tarente.

NÉRINE.

Las! que ce changement de nom nous a causé de troubles et d'inquiétudes dans les soins que nous avons pris de vous venir chercher ici!

GÉRONTE.

Où est ma fille, et sa mère?

1. Jusqu'ici. (1734.)
2. SCÈNE VIII. ARGANTE, GÉRONTE, NÉRINE, SILVESTRE. (*Ibidem.*)
3. Ah! te voilà, Nérine. (*Ibidem.*)
4. *Se jetant aux genoux de Géronte.* (*Ibidem.*)

NÉRINE.

Votre fille, Monsieur, n'est pas loin d'ici. Mais avant que de vous la faire voir, il faut que je vous demande pardon de l'avoir mariée, dans l'abandonnement où, faute de vous rencontrer, je me suis trouvée avec elle.

GÉRONTE.

Ma fille mariée!

NÉRINE.

Oui, Monsieur.

GÉRONTE.

Et avec qui?

NÉRINE.

Avec un jeune homme nommé Octave, fils d'un certain Seigneur Argante.

GÉRONTE.

Ô Ciel!

ARGANTE.

Quelle rencontre!

GÉRONTE.

Mène-nous, mène-nous promptement où elle est.

NÉRINE.

Vous n'avez qu'à entrer dans ce logis.

GÉRONTE.

Passe devant. Suivez-moi, suivez-moi, Seigneur Argante.

SILVESTRE[1].

Voilà une aventure qui est tout à fait surprenante[2]!

---

1. SILVESTRE, *seul.* (1734.)
2. Cette scène répond à la scène 1 de l'acte V (vers 734-764) du *Phormion* de Térence, où le même incident d'une nourrice et d'une fille retrouvées amène, mais ne précipite pas tout à fait aussi vite la fin de la comédie.

SCÈNE VIII[1].

SCAPIN, SILVESTRE.

SCAPIN.

Hé bien! Silvestre, que font nos gens?

SILVESTRE.

J'ai deux avis à te donner. L'un, que l'affaire d'Octave est accommodée. Notre Hyacinte s'est trouvée la fille du Seigneur Géronte; et le hasard a fait ce que la prudence des pères avoit délibéré[2]. L'autre avis, c'est que les deux vieillards font contre toi des menaces épouvantables, et surtout le Seigneur Géronte.

SCAPIN.

Cela n'est rien. Les menaces ne m'ont jamais fait mal; et ce sont des nuées qui passent bien loin sur nos têtes.

SILVESTRE.

Prends garde à toi : les fils se pourroient bien raccommoder avec les pères, et toi demeurer dans la nasse.

SCAPIN.

Laisse-moi faire, je trouverai moyen d'apaiser leur courroux, et....

SILVESTRE.

Retire-toi, les voilà qui sortent.

---

1. SCÈNE IX. (1734.)

2. *Délibérer*, activement, avec régime direct et exprimant l'effet de l'action, au même sens où Malherbe emploie ce verbe par le tour passif (*Poésie* XVIII, vers 53 et 54, tome I, p. 71) :

> *Il* rendra les desseins qu'ils feront pour lui nuire
> Aussitôt confondus comme délibérés.

« Ce que la prudence des pères avait arrangé, décidé, résolu en délibérant. » On dit, dans une acception analogue, *délibérer de....* pour *se déterminer, se décider à....*

SCÈNE IX.

GÉRONTE, ARGANTE, SILVESTRE, NÉRINE, HYACINTE[1].

GÉRONTE.

Allons, ma fille, venez chez moi. Ma joie auroit été parfaite, si j'y avois pu voir votre mère avec vous.

ARGANTE.

Voici Octave, tout à propos.

SCÈNE X.

OCTAVE, ARGANTE, GÉRONTE, HYACINTE, NÉRINE, ZERBINETTE, SILVESTRE[2].

ARGANTE.

Venez, mon fils, venez vous réjouir avec nous de l'heureuse aventure de votre mariage. Le Ciel....

OCTAVE, sans voir Hyacinte[3].

Non, mon père, toutes vos propositions de mariage ne serviront de rien. Je dois lever le masque avec vous, et l'on vous a dit mon engagement.

ARGANTE.

Oui; mais tu ne sais pas....

---

1. SCÈNE X.
GÉRONTE, ARGANTE, HYACINTE, ZERBINETTE, NÉRINE, SILVESTRE. (1734.)

2. SCÈNE XI.
ARGANTE, GÉRONTE, OCTAVE, HYACINTE, ZERBINETTE, NÉRINE, SILVESTRE. (*Ibidem.*)

3. Cette indication n'est pas dans l'édition de 1734.

ACTE III, SCÈNE X.

OCTAVE.

Je sais tout ce qu'il faut savoir.

ARGANTE.

Je veux te dire que la fille du Seigneur Géronte....

OCTAVE.

La fille du Seigneur Géronte ne me sera jamais de rien.

GÉRONTE.

C'est elle....

OCTAVE [1].

Non, Monsieur; je vous demande pardon, mes résolutions sont prises.

SILVESTRE [2].

Écoutez....

OCTAVE.

Non : tais-toi, je n'écoute rien.

ARGANTE [3].

Ta femme....

OCTAVE.

Non, vous dis-je, mon père, je mourrai plutôt que de quitter mon aimable Hyacinte. (Traversant le théâtre pour aller à elle [4].) Oui, vous avez beau faire, la voilà celle à qui ma foi est engagée; je l'aimerai toute ma vie et je ne veux point d'autre femme.

ARGANTE.

Hé bien! c'est elle qu'on te donne. Quel diable d'étourdi, qui suit toujours sa pointe!

HYACINTE [5].

Oui, Octave, voilà mon père que j'ai trouvé, et nous nous voyons hors de peine.

1. OCTAVE, *à Géronte*. (1734.)
2. SILVESTRE, *à Octave.* (*Ibidem.*)
3. ARGANTE, *à Octave.* (*Ibidem.*)
4. *Pour se mettre à côté d'Hyacinte.* (*Ibidem.*)
5. HYACINTE, *montrant Géronte.* (*Ibidem.*)

GÉRONTE.

Allons chez moi : nous serons mieux qu'ici pour nous entretenir.

HYACINTE[1].

Ah ! mon père, je vous demande par grâce que je ne sois point séparée de l'aimable personne que vous voyez : elle a un mérite qui vous fera concevoir de l'estime pour elle, quand il sera connu de vous.

GÉRONTE.

Tu veux que je tienne chez moi une personne qui est aimée de ton frère, et qui m'a dit tantôt au nez mille sottises de moi-même?

ZERBINETTE.

Monsieur, je vous prie de m'excuser. Je n'aurois pas parlé de la sorte, si j'avois su que c'étoit vous, et je ne vous connoissois que de réputation.

GÉRONTE.

Comment, que de réputation?

HYACINTE.

Mon père, la passion que mon frère a pour elle n'a rien de criminel, et je réponds de sa vertu.

GÉRONTE.

Voilà qui est fort bien. Ne voudroit-on point que je mariasse mon fils avec elle? Une fille inconnue, qui fait le métier de coureuse.

---

1. HYACINTE, *montrant Zerbinette.* (1734.)

SCÈNE XI.

LÉANDRE, OCTAVE, HYACINTE, ZERBINETTE, ARGANTE, GÉRONTE, SILVESTRE, NÉRINE[1].

LÉANDRE.

Mon père, ne vous plaignez point que j'aime une inconnue, sans naissance et sans bien. Ceux de qui je l'ai rachetée viennent de me découvrir qu'elle est de cette ville, et d'honnête famille; que ce sont eux qui l'y ont dérobée à l'âge de quatre ans; et voici un bracelet, qu'ils m'ont donné, qui pourra nous aider à trouver ses parents.

ARGANTE.

Hélas! à voir ce bracelet, c'est ma fille, que je perdis à l'âge que vous dites.

GÉRONTE.

Votre fille?

ARGANTE.

Oui, ce l'est, et j'y vois tous les traits qui m'en peuvent rendre assuré[2].

HYACINTE.

Ô Ciel! que d'aventures extraordinaires[3]!

---

1. SCÈNE XII.
ARGANTE, GÉRONTE, LÉANDRE, OCTAVE, HYACINTE, ZERBINETTE, NÉRINE, SILVESTRE. (1734.)

2. Assuré. Ma chère fille.... (1682.) — Ma chère fille! (1734.)

3. Cette seconde reconnaissance, qui va décider du sort de l'autre couple amoureux, n'est point dans le *Phormion* de Térence; elle rend ici facile le mariage qu'au dénoûment d'une comédie semblent exiger nos mœurs modernes; mais la Zerbinette antique pouvait rester sans famille, les spectateurs se contentant fort bien pour elle et son amant d'une union moins sérieuse et moins durable.

SCÈNE XII.

CARLE, LÉANDRE, OCTAVE, GÉRONTE, ARGANTE, HYACINTE, ZERBINETTE, SILVESTRE, NÉRINE[1].

CARLE.
Ah! Messieurs, il vient d'arriver un accident étrange.
GÉRONTE.
Quoi?
CARLE.
Le pauvre Scapin....
GÉRONTE.
C'est un coquin que je veux faire pendre.
CARLE.
Hélas! Monsieur, vous ne serez pas en peine de cela. En passant contre un bâtiment, il lui est tombé sur la tête un marteau de tailleur de pierre, qui lui a brisé l'os et découvert toute la cervelle. Il se meurt, et il a prié qu'on l'apportât ici pour vous pouvoir parler avant que de mourir.
ARGANTE.
Où est-il?
CARLE.
Le voilà.

1. SCÈNE XIII.
ARGANTE, GÉRONTE, LÉANDRE, OCTAVE, HYACINTE, ZERBINETTE, NÉRINE, SILVESTRE, CARLE. (1734.)

SCÈNE DERNIÈRE.

SCAPIN, CARLE, GÉRONTE, ARGANTE, ETC.[1].

SCAPIN, *apporté par deux hommes, et la tête entourée de linges, comme s'il avoit été bien blessé*[2].

Ahi, ahi[3]. Messieurs, vous me voyez.... ahi, vous me voyez dans un étrange état. Ahi. Je n'ai pas voulu mourir sans venir demander pardon à toutes les personnes que je puis avoir offensées. Ahi. Oui, Messieurs, avant que de rendre le dernier soupir, je vous conjure de tout mon cœur de vouloir me pardonner tous ce que je puis[4] vous avoir fait, et principalement le Seigneur Argante, et le Seigneur Géronte. Ahi.

ARGANTE.

Pour moi, je te pardonne; va, meurs en repos.

SCAPIN[5].

C'est vous, Monsieur, que j'ai le plus offensé, par les coups de bâton que....[6].

GÉRONTE.

Ne parle point davantage, je te pardonne aussi.

SCAPIN.

Ç'a été une témérité bien grande à moi, que les coups de bâton que je....

GÉRONTE.

Laissons cela.

---

1. ARGANTE, GÉRONTE, LÉANDRE, OCTAVE, HYACINTE, ZERBINETTE, NÉRINE, SCAPIN, SILVESTRE, CARLE. (1734.)
2. *Comme s'il avoit été blessé.* (1682, 1734.)
3. Ah, ah! (1734.) L'édition de 1734 a, ici et partout dans cette scène, *ah!* pour *ahi.*
4. Tout ce que je puis. (1674, 82, 94 B, 1734.)
5. SCAPIN, *à Géronte.* (1734.)
6. Par les coups de bâton,.... (1773.)

SCAPIN.

J'ai, en mourant, une douleur inconcevable des coups de bâton que....

GÉRONTE.

Mon Dieu ! tais-toi.

SCAPIN.

Les malheureux coups de bâton que je vous....

GÉRONTE.

Tais-toi, te dis-je, j'oublie tout.

SCAPIN.

Hélas! quelle bonté ! Mais est-ce de bon cœur, Monsieur, que vous me pardonnez ces coups de bâton que [1]....

GÉRONTE.

Eh! oui. Ne parlons plus de rien; je te pardonne tout, voilà qui est fait.

SCAPIN.

Ah! Monsieur, je me sens tout soulagé depuis cette parole.

GÉRONTE.

Oui ; mais je te pardonne à la charge que tu mourras.

SCAPIN.

Comment, Monsieur ?

GÉRONTE.

Je me dédis de ma parole, si tu réchappes.

SCAPIN.

Ahi, ahi. Voilà mes foiblesses qui me reprennent.

ARGANTE.

Seigneur Géronte, en faveur de notre joie, il faut lui pardonner sans condition.

---

1. Auger rappelle ici qu'à la scène VI (p. 506) Géronte vient de s'écrier, ne voulant pas qu'on en sût davantage : « Il m'a traité d'une manière que j'ai honte de dire. » Ces mots indiquent bien de quel air il a pu recevoir les excuses que Scapin a renouvelées cinq fois, avec une cruauté dont ne donne pas du tout l'idée, quoi qu'en dise Auger, la juste et gaie revanche prise par Sganarelle à l'acte II, scène II du *Médecin malgré lui* (tome VI, p. 75).

ACTE III, SCÈNE DERNIÈRE.

GÉRONTE.

Soit.

ARGANTE.

Allons souper ensemble, pour mieux goûter notre plaisir.

SCAPIN[1].

Et moi, qu'on me porte au bout de la table, en attendant que je meure.

1. A ce moment, au théâtre et suivant la tradition sans doute, Scapin se met vivement en pied avant de se faire triomphalement emporter.

FIN DES FOURBERIES DE SCAPIN.

APPENDICE
AUX
FOURBERIES DE SCAPIN.

EXTRAITS DU *PÉDANT JOUÉ* DE CYRANO BERGERAC[1].

La scène est à Paris, au collège de Beauvais[2].

ACTE II.
SCÈNE IV.

(Imitée par Molière dans la scène VII de l'acte II
des *Fourberies de Scapin*, ci-dessus, p. 475-483.)

CORBINELI (*valet du jeune Granger, fourbe*), GRANGER (*Pédant, principal du collège de Beauvais*), PAQUIER (*Pierre Paquier, Cuistre du Pédant, faisant le plaisant*).

CORBINELI.

.... Hélas! tout est perdu, votre fils est mort.

---

1. On ne cite pas du *Pédant joué* d'édition antérieure à celle de 1654; nous reproduisons le texte de la réimpression du 17 avril 1671. Une allusion expliquée ci-après, p. 521, note 1, semble devoir faire reporter à l'année 1645 la composition de la pièce. On peut voir sur l'auteur, Savinien de Cyrano Bergerac (1619-1655), qui fut condisciple de Molière, et sur sa comédie, l'*Épître* et la *Préface* mises, par son ami d'enfance le Bret, en tête de l'*Histoire comique des État et empire de la Lune* (1665); le *Dictionnaire* de Jal; le *Ménagiana* (avec les additions de la Monnoye), tome II, p. 22-26, et III, p. 240-242; l'*Histoire du théâtre françois* des frères Parfaict, tome VII, p. 389-394, et tome VIII, p. 1-27; la *Notice* de M. Victor Fournel, au tome III, p. 379-381 des *Contemporains de Molière*. Voyez en particulier, sur ces extraits, le commentaire de M. Fournel, même tome III, p. 391-394, p. 395-397, et ci-dessus la *Notice*, p. 396-398.

2. Le collège de Beauvais, ainsi nommé de son fondateur, Jean de Dormans, évêque de Beauvais, qui l'établit en 1370, était situé dans la rue Saint-Jean-de-Beauvais, qui, du collège et d'une chapelle voisine de saint Jean l'Évangéliste, prit le nom de Saint-Jean-de-Beauvais.

GRANGER.

Mon fils est mort! es-tu hors de sens?

CORBINELI.

Non, je parle sérieusement : votre fils, à la vérité, n'est pas mort, mais il est entre les mains des Turcs.

GRANGER.

Entre les mains des Turcs? Soutiens-moi, je suis mort.

CORBINELI.

A peine étions-nous entrés en bateau pour passer de la Porte de Nesle au Quai de l'École[1]....

GRANGER.

Et qu'allois-tu faire à l'École, baudet?

CORBINELI.

Mon maître s'étant souvenu du commandement que vous lui avez fait d'acheter quelque bagatelle qui fût rare à Venise et de peu de valeur à Paris, pour en régaler son oncle, s'étoit imaginé qu'une douzaine de cotrets n'étant pas chers, et ne s'en trouvant point par toute l'Europe de mignons comme en cette ville, il devoit en porter là : c'est pourquoi nous passions vers l'École pour en acheter; mais, à peine avons-nous éloigné la côte, que nous avons été pris par une galère turque.

GRANGER.

Hé! de par le cornet retors de Triton Dieu marin! qui jamais ouït parler que la mer fût à Saint-Cloud? qu'il y eût là des galères, des pirates ni des écueils?

CORBINELI.

C'est en cela que la chose est plus merveilleuse. Et quoique l'on ne les aye point vus en France que cela[2], que sait-on s'ils ne sont point venus de Constantinople jusques ici entre deux eaux?

PAQUIER.

En effet, Monsieur, les Topinambours[3], qui demeurent quatre ou cinq cents lieues au delà du monde, vinrent bien autrefois à

1. Aujourd'hui « quai du Louvre »; ainsi appelé de l'ancienne école de Saint-Germain-l'Auxerrois; en face, sur la rive gauche de la Seine, était la porte de Nesle attenante à l'hôtel de Nevers (plus tard de Guénegaud).

2. « Que là », dans le texte suivi ou corrigé par M. Fournel. Nous croyons que le nôtre, qui est aussi celui de 1654, peut s'expliquer : Quoiqu'on ne les ait pas vus plus que cela, vus seulement cette fois, en cette occasion.

3. Cinquante naturels du Brésil, de cette race des Topinambous ou Tupinambas (*Topinambour*, forme plus populaire, est resté le nom d'un tubercule comestible), s'étaient montrés dans toutes sortes d'exercices et de danses aux fêtes données à Rouen, en 1550, à Henri II et à Catherine de Médicis : voyez *une Fête brésilienne célébrée à Rouen en 1550.... de M. Ferdinand Denis (1850). Ils avaient pu venir jusqu'à Paris. Montaigne, à la fin

Paris; et l'autre jour encore les Polonois enlevèrent bien la princesse Marie en plein jour à l'hôtel de Nevers¹, sans que personne osât branler.

CORBINELI.

Mais ils ne se sont pas contentés de ceci : ils ont voulu poignarder votre fils....

PAQUIER.

Quoi? sans confession?

CORBINELI.

.... s'il ne se rachetoit par de l'argent.

GRANGER.

Ah! les misérables : c'étoit pour incuter² la peur dans cette jeune poitrine.

PAQUIER.

En effet, les Turcs n'ont garde de toucher l'argent des chrétiens, à cause qu'il a une croix.

CORBINELI.

Mon maître ne m'a jamais pu dire autre chose, sinon : « Va-t'en trouver mon père et lui dis.... » Ses larmes aussitôt, suffoquant sa parole, m'ont bien mieux expliqué qu'il n'eût su faire les tendresses qu'il a pour vous.

GRANGER.

Que diable aller faire aussi dans la galère d'un Turc? D'un Turc! Perge³.

CORBINELI.

Ces écumeurs impitoyables ne me vouloient pas accorder la liberté de vous venir trouver, si je ne me fusse jeté aux genoux du plus apparent d'entre eux. « Hé! Monsieur le Turc, lui ai-je dit, permettez-moi d'aller avertir son père, qui vous envoyera tout à l'heure sa rançon. »

GRANGER.

Tu ne devois pas parler de rançon : ils se seront moqués de toi.

---

du chapitre xxx du livre I des *Essais*, parle de trois autres Brésiliens sauvages qu'il vit aussi à Rouen du temps de Charles IX.

1. Allusion au mariage par procuration, célébré au Palais-Royal, le 5 novembre 1645, de Louise-Marie de Gonzague, fille aînée du duc de Nevers Gonzague, sœur de la Palatine, avec le roi de Pologne Vladislas VII; une ambassade polonaise la mena en pompe de l'hôtel de Nevers au palais : voyez la note de M. Fournel (p. 392), et un intéressant passage de sa *Notice* sur Raymond Poisson (tome Iᵉʳ des *Contemporains de Molière*, p. 411 et 412).

2. *Incutere*, faire pénétrer de force, jeter. Cela, cette menace, était bien fait pour jeter la peur.... *Incuter* et plus bas *obtundre* ne sont point là comme vieux mots de la langue : le Pédant parle latin en français.

3. « Poursuis. »

CORBINELI.

Au contraire, à ce mot il a un peu rasséréné sa face. « Va, m'a-t-il dit; mais si tu n'es ici de retour dans un moment, j'irai prendre ton maître dans son collége, et vous étranglerai tous trois aux antennes de notre navire. » J'avois si peur d'entendre encore quelque chose de plus fâcheux, ou que le diable ne me vînt emporter, étant en la compagnie de ces excommuniés, que je me suis promptement jeté dans un esquif, pour vous avertir des funestes particularités de cette rencontre.

GRANGER.

Que diable aller faire dans la galère d'un Turc?

PAQUIER.

Qui n'a peut-être pas été à confesse depuis dix ans.

GRANGER.

Mais penses-tu qu'il soit bien résolu d'aller à Venise?

CORBINELI.

Il ne respire autre chose.

GRANGER.

Le mal n'est donc pas sans remède. Paquier, donne-moi le réceptacle des instruments de l'immortalité, *scriptorium scilicet*[1].

CORBINELI.

Qu'en desirez-vous faire?

GRANGER.

Écrire une lettre à ces Turcs.

CORBINELI.

Touchant quoi?

GRANGER.

Qu'ils me renvoyent mon fils, parce que j'en ai affaire; qu'au reste ils doivent excuser la jeunesse, qui est sujette à beaucoup de fautes; et que, s'il lui arrive une autre fois de se laisser prendre, je leur promets, foi de docteur! de ne leur en plus obtondre[2] la faculté auditive.

CORBINELI.

Ils se moqueront, par ma foi! de vous.

GRANGER.

Va-t'en donc leur dire de ma part que je suis tout prêt de leur répondre par-devant notaire que le premier des leurs qui me tombera entre les mains, je le leur renvoyerai pour rien. (Ha! que diable, que diable aller faire en cette galère?) Ou dis-leur qu'autrement je vais m'en plaindre à la justice. Sitôt qu'ils l'auront remis en liberté, ne vous amusez ni l'un ni l'autre, car j'ai affaire de vous.

1. « J'entends mon écritoire. »
2. *Obtundere*, « rompre ».

AUX FOURBERIES DE SCAPIN.

CORBINELI.

Tout cela s'appelle dormir les yeux ouverts.

GRANGER.

Mon Dieu, faut-il être ruiné à l'âge où je suis? Va-t'en avec Paquier, prends le reste du teston[1] que je lui donnai pour la dépense il n'y a que huit jours. (Aller sans dessein dans une galère!) Prends tout le reliquat de cette pièce. (Ha! malheureuse géniture, tu me coûtes plus d'or que tu n'es pesant.) Paye la rançon, et ce qui restera, employe-le en œuvres pies. (Dans la galère d'un Turc!) Bien, va-t'en. (Mais misérable, dis-moi, que diable allois-tu faire dans cette galère?) Va prendre dans mes armoires ce pourpoint découpé[2] que quitta feu mon père l'année du grand hiver.

CORBINELI.

A quoi bon ces fariboles? Vous n'y êtes pas : il faut tout au moins cent pistoles pour sa rançon.

GRANGER.

Cent pistoles! Ha! mon fils, ne tient-il qu'à ma vie pour conserver la tienne[3]? Mais cent pistoles! Corbineli, va-t'en lui dire qu'il se laisse pendre sans dire mot : cependant qu'il ne s'afflige point, car je les en ferai bien repentir.

CORBINELI.

Mlle Genevote n'étoit pas trop sotte, qui refusoit tantôt de vous épouser, sur ce que l'on l'assuroit que vous étiez d'humeur, quand elle seroit esclave en Turquie, de l'y laisser.

GRANGER.

Je les ferai mentir. S'en aller dans la galère d'un Turc! Hé quoi faire, de par tous les diables, dans cette galère? Ô! galère, galère, tu mets bien ma bourse aux galères.

SCÈNE V.

PAQUIER, CORBINELI.

PAQUIER.

Voilà ce que c'est que d'aller aux galères. Qui diable le pressoit? Peut-être que, s'il eût eu la patience d'attendre encore huit jours,

---

1. *Teston* (l's se prononçait, d'après l'Académie, en 1694), monnaie d'argent qui ne se frappait plus et qui valait de six à quinze sols : voyez notre tome Ier, p. 181, note 3.
2. Tailladé à la vieille mode.
3. Dis-le-moi, et je suis prêt à donner la mienne. Mais....

le Roi l'y eût envoyé en si bonne compagnie, que les Turcs ne l'eussent pas pris.

CORBINELI.

Notre *Domine*[1] ne songe pas que ces Turcs me dévoreront.

PAQUIER.

Vous êtes à l'abri de ce côté-là, car les Mahométans ne mangent point de porc.

SCÈNE VI.

GRANGER, CORBINELI, PAQUIER.

Tiens, va-t'en, emporte tout mon bien.

Granger revient lui donner une bourse, et s'en retourne en même temps.

ACTE III.

SCÈNE II.

(Imitée dans la scène III de l'acte III des *Fourberies de Scapin*, ci-dessus, p. 499-503.)

GRANGER, PAQUIER, GENEVOTE[2].

GRANGER.

Mademoiselle, soyez-vous venue autant à la bonne heure que la grâce aux pendus quand ils sont sur l'échelle.

GENEVOTE.

Est-ce l'Amour qui vous a rendu criminel? Vraiment la faute est trop illustre pour ne vous la pas pardonner. Toute la pénitence que je vous en ordonne, c'est de rire avec moi d'un petit conte que je suis venue ici pour vous faire. Ce conte toutefois se peut appeler une histoire, car rien ne fut jamais plus véritable. Elle

---

1. Notre seigneur et maître, celui à qui nous disons : *Domine.*
2. Genevote est la maîtresse de Charlot Granger, fils du Pédant ; Charlot l'épouse à la fin de la pièce, malgré son père, qui est son rival auprès d'elle.

vient d'arriver, il n'y a pas deux heures, au plus facétieux[1] personnage de Paris, et vous ne sauriez croire à quel point elle est plaisante. Quoi, vous n'en riez pas?

GRANGER.

Mademoiselle, je crois qu'elle est divertissante au delà de ce qui le fut jamais. Mais....

GENEVOTE.

Mais vous n'en riez pas.

GRANGER.

Ha, a, a, a, a.

GENEVOTE.

Il faut, avant que d'entrer en matière, vous anatomiser ce squelette d'homme et de vêtement....[2] Figurez-vous.... Hé bien, Monsieur, ne voilà pas un joli Ganymède? et c'est pourtant le héros de mon histoire. Cet honnête homme régente une classe dans l'Université. C'est bien le plus faquin, le plus chiche, le plus avare, le plus sordide, le plus mesquin.... Mais riez donc!

GRANGER.

Ha, a, a, a, a.

GENEVOTE.

Ce vieux rat de collége a un fils qui, je pense, est le recéleur des perfections que la nature a volées au père. Ce chiche penard[3], ce radoteur....

GRANGER.

Ah! malheureux, je suis trahi : c'est sans doute ma propre histoire qu'elle me conte. Mademoiselle, passez ces épithètes : il ne faut pas croire tous les mauvais rapports; outre que la vieillesse doit être respectée.

GENEVOTE.

Quoi, le connoissez-vous?

GRANGER.

Non, en aucune façon.

GENEVOTE.

Ô bien, écoutez donc. Ce vieux bouc veut envoyer son fils en je ne sais quelle ville, pour s'ôter un rival; et afin de venir à bout de son entreprise, il lui veut faire accroire qu'il est fou. Il le fait lier, et lui fait ainsi promettre tout ce qu'il veut; mais le fils n'est pas longtemps créancier de cette fourbe[4]. Comment? vous

---

1. M. Fournel donne ici au mot, avec raison, ce semble, le sens de *burlesque*.
2. Nous faisons ici les coupures annoncées ci-dessus, p. 499, note 1.
3. *Penard*, vieillard usé : voyez au vers 61 de *l'Étourdi*, tome I, p. 109.
4. S'empresse de la lui faire payer en même monnaie, ou plutôt, comme dit Scapin (ci-dessus, p. 484), « en une autre monnoie, » plus qu'équivalente.

ne riez point de ce vieux bossu, de ce maussadas[1] à triple étage?

GRANGER.

Baste, baste, faites grâce à ce pauvre vieillard.

GENEVOTE.

Or écoutez le plus plaisant. Ce goutteux, ce loup-garou[2], ce moine-bourru...[3].

GRANGER.

Passez outre, cela ne fait rien à l'histoire.

GENEVOTE.

.... commanda à son fils d'acheter quelque bagatelle, pour faire un présent à son oncle le Vénitien; et son fils, un quart d'heure après, lui manda qu'il venoit d'être pris prisonnier par des pirates turcs, à l'embouchure du golfe des Bons-Hommes[4]; et ce qui n'est pas mal plaisant, c'est que le bon homme aussitôt envoya la rançon. Mais il n'a que faire de craindre pour sa pécune : elle ne courra point de risque sur la mer de Levant.

GRANGER.

Traître Corbineli, tu m'as vendu, mais je te ferai donner la salle[5].

1. *Maussadas*, c'est *maussade*, sans doute avec une terminaison gasconne plus sonore. Comparez *goujat*, et voyez la note étymologique du *Dictionnaire de Littré* à ce dernier mot.

2. Cet être insociable : voyez tome IV, p. 27, note 3.

3. Cet être bizarre et méchant : voyez tome V, fin de la note 2 de la page 139.

4. « La fondation du couvent des Minimes de Chaillot, sur l'emplacement d'un manoir cédé par Anne de Bretagne, amena, sous Henri II, la création du quai des *Bons-Hommes*, situé alors hors de la ville. — A l'extrémité du quai de Billy se trouvait autrefois le *couvent des Bons-Hommes* ou des Minimes.... Une partie des bâtiments existe encore. » (Théophile Lavallée, *Histoire de Paris*, 1857, in-12, 2ᵉ série, p. 41 et p. 48.)

5. « Le fouet dans la salle destinée à cette correction classique, » explique M. Fournel (p. 397). « *Donner la salle* se disait quand on fouettait un écolier en public pour quelque faute. » (*Dictionnaire de Littré*.)

LA
COMTESSE D'ESCARBAGNAS

COMÉDIE

REPRÉSENTÉE POUR LE ROI À SAINT-GERMAIN EN LAYE

LE 2º DÉCEMBRE 1671[1]

ET DONNÉE AU PUBLIC SUR LE THÉÂTRE DE LA SALLE DU PALAIS-ROYAL

POUR LA PREMIÈRE FOIS LE 8ᵉ JUILLET 1672

PAR LA TROUPE DU ROI

---

1. Le titre de l'édition de 1682 porte : « au mois de février 1672 ; » c'est la date d'une reprise de la pièce à la cour, comme il est dit ci-après, dans la *Notice*, p. 531 et 536.

NOTICE.

La Comtesse d'Escarbagnas est un léger crayon de comédie. A ne regarder que ce qui manque à sa juste forme de fable comique, cette petite pièce, à peine construite, serait le moindre des ouvrages de Molière. C'est sans doute parce qu'il n'y voyait lui-même qu'un simple impromptu qu'il ne l'a pas fait imprimer. Elle n'a été publiée qu'en 1682, dans le second et dernier volume de ses *OEuvres posthumes*. Pour consommer, disait Voltaire, ce qu'il appelait plaisamment une « œuvre du démon, » c'est-à-dire une vraie comédie,

> . . . . Il faut une action,
> De l'intérêt, du comique, une fable,
> Des mœurs du temps un portrait véritable[1].

Par la nécessité même de la commande acceptée, la fable, l'action manquent à *la Comtesse d'Escarbagnas*; ce qui n'y manque pas, c'est le comique, c'est le portrait des mœurs, lequel y est souvent excellent et digne du pinceau de Molière, quoiqu'il l'ait pu seulement indiquer par quelques vives couleurs, jetées à la hâte sur la très-petite toile.

Le Roi avait demandé un court dialogue comique, qui servît de prétexte à un ballet, ou plutôt à plusieurs anciens ballets aussi bien assemblés qu'il se pourrait. Cette sorte d'introduction aux chants et aux danses devait leur laisser la grande place. Chargé d'une tâche si modeste, à laquelle ce n'était pas pour la première fois qu'il devait plier son génie, Molière, on n'en peut douter, l'expédia au courant de la plume[2]; mais,

---

1. *Le Pauvre Diable*, vers 205-207.
2. Il dut commencer à s'en occuper vers la fin d'octobre 1671. A la date du 24 de ce mois, l'agent brandebourgeois Beck joignit

pour montrer que c'était lui qui était là, il ne lui fallait ni beaucoup de temps, ni un champ très-étendu. Il tenait en réserve bien des idées, bien des tableaux comiques, et, comme il l'a dit dans l'*Impromptu de Versailles*[1], « vingt caractères de gens où il n'a point touché, » où il aurait touché dans de belles comédies, toutes prêtes à naître encore, s'il n'avait pas manqué de loisir et s'il avait vécu quelques années de plus. De ce fonds inépuisable il eut bientôt fait de tirer, dans une occasion si médiocre, plusieurs figures originales, qu'il a esquissées dans sa *Comtesse d'Escarbagnas* par un petit nombre de touches rapides, et toutefois si frappantes, que le croquis laisse entrevoir la grande peinture qu'il pouvait aisément devenir.

Le sujet avait été habilement choisi pour une pièce destinée à la cour. Celle-ci y voyait bafouées les femmes de hobereaux, qui, ayant toujours été tenues loin de sa politesse élégante, croyaient pouvoir la singer; et le noble auditoire de Saint-Germain y trouvait à rire des grands airs des comtesses de province, du pédantisme des robins et de la grossièreté des financiers.

On a pensé que Molière avait développé, comme il paraît avoir fait d'autres fois, une petite pièce ébauchée par lui en province. Il a mis la scène à Angoulême. Benjamin Fillon soupçonnait qu'il avait en effet trouvé là le modèle de la ridicule comtesse, et que celle-ci était une Sarah de Pérusse, fille du comte d'Escars et femme du comte de Baignac, à laquelle Molière a donné un nom formé de l'assemblage des deux noms[2]. Ceux de Tibaudier et de Harpin lui paraissaient avoir la même origine angoumoise. Cette remarque, qui semble quelque peu

---

à son rapport une sorte d'annexe en français (*Beilage*), recueil de petites nouvelles et faits divers sans doute, où il est dit : « Molière travaille par ordre du Roi à faire une nouvelle comédie, qui se puisse ajuster avec ce grand ballet. » Voyez les intéressants extraits des correspondances ou journaux manuscrits de trois agents diplomatiques allemands publiés par M. le docteur W. Mangold, dans le *Molière-Museum*, année 1883; celui-ci est à la page 174.

1. Scène IV, tome III, p. 415.
2. *Recherches sur le séjour de Molière dans l'Ouest de la France, en 1648* (Fontenay-le-Comte, 1871), p. 13.

hasardée, a fait présumer un séjour, très-possible d'ailleurs, de Molière à Angoulême; et l'on s'est demandé si ce ne serait pas pendant ce séjour que la première idée de notre comédie aurait été conçue, peut-être même mise en œuvre dans une farce. Ce sont là de simples conjectures. Nous reconnaissons que la dernière, à laquelle les autres ont conduit, peut tirer quelque vraisemblance du rôle de M. Bobinet, qui rappelle, tout en étant moins de pure convention[1], les vieux types de pédants, empruntés autrefois par Molière à la comédie italienne; quelque vraisemblance aussi d'une plaisanterie grossière qu'on regrette de rencontrer dans cette même scène du Précepteur, et qui étonnerait moins dans une des premières bouffonneries de notre auteur. Mais quand on admettrait une ancienne farce de Molière qu'il lui aurait été commode de retrouver dans ses souvenirs, pour lui fournir un sujet, il importerait peu, tant une *Comtesse d'Escarbagnas*, composée, jouée peut-être, à Angoulême, a dû se transformer pour devenir la pièce de 1671. Ici, en effet, plusieurs des caractères, si peu développées que soient les scènes dans lesquelles ils se dessinent, ont pris une vigueur qui dénonce une autre main que celle d'un auteur novice en son art.

Les éditeurs de 1682 se sont trompés en donnant à la première représentation de *la Comtesse d'Escarbagnas*, dans les fêtes de Saint-Germain, la date de février 1672. C'est celle d'une reprise de la pièce à la cour[2]. La vraie date est le 2 décembre 1671.

---

1. L'auteur de la *Vie de Molière* qui a été placée en tête du tome Ier de ses *OEuvres* publiées en 1725, à Amsterdam, dit (p. 96) : « On m'a assuré que le caractère de Bobinet est un trait de vengeance contre un bon ecclésiastique nommé Gobinet, célèbre par des écrits de piété, qui se déchaînoit contre la Comédie et les Spectacles. » Il s'agit du docteur Charles Gobinet, principal du collége du Plessis-Sorbonne, mort en 1690. Il est auteur de l'*Instruction de la jeunesse en la piété chrétienne* (1655). Nous ne connaissons de lui que cet écrit, où ne se trouve aucune attaque contre la Comédie. En avait-il, avant 1671, publié d'autres, qui auraient provoqué la malice de Molière? Il y a eu souvent bien des erreurs dans ces imputations de personnalités.

2. Voyez ci-après, p. 536.

Philippe d'Orléans, frère du Roi, venait d'épouser[1] la seconde MADAME, la princesse palatine. Les nouveaux époux arrivèrent à Saint-Germain le 1er décembre 1671, sur les quatre heures du soir[2]. « Le lendemain, dit Mademoiselle de Montpensier dans ses *Mémoires*[3], on fut voir Madame.... Le soir, il y eut un ballet que l'on avoit fait de plusieurs entrées, qui étoit assurément plus beau que quoi qu'elle eût pu jamais voir en Allemagne. J'y demeurai ; on peut croire le plaisir que j'y eus : il n'y avoit pas une entrée que je ne me souvinsse des anciens ballets que j'avois vus, où étoit M. de Lauzun. » De ce témoin forcé, qui ne parle de son plaisir que par ironie, les malheurs de son cher Puyguilhem la préoccupant uniquement à cette heure, il n'y avait pas plus de détails à attendre. Elle se souvenait seulement que ce spectacle était assez beau pour éblouir une Allemande, et en avait retenu la date. Elle est d'accord[4] sur cette date avec la *Gazette*[5] qui, après quelques

1. A Châlons, le 21 novembre 1671.
2. *Gazette* du 5 décembre 1671, p. 1167.
3. Tome IV, p. 311 (édition Chéruel).
4. Dans l'édition, du moins, des *Mémoires* qui vient d'être citée, et qui a été donnée d'après le manuscrit autographe. On sait combien diffère le texte des éditions précédentes. Dans la collection Michaud, qui reproduit l'édition d'Amsterdam (1735), la date paraîtrait moins exactement fixée (troisième série, tome IV, p. 470, colonne 2), s'il n'était clair qu'il ne faut pas prendre à la lettre le premier membre de phrase : « *Le jour que Madame arriva*, il y eut un ballet composé de plusieurs entrées qu'on avoit prises des anciens ballets.* »
5. *Gazette* du 5 décembre 1671, p. 1168. — Les dates de l'arrivée de *Madame*, le mardi 1er décembre 1671, et de la première représentation du ballet, le mercredi 2, sont exactement données dans le rapport de Beck (voyez ci-dessus, p. 529, note 2) daté du 5 décembre. Nous en traduisons quelques lignes : « Le soir (du 2), le Roi fit danser, pour divertir Madame, un beau ballet, qui est trouvé d'autant plus agréable, qu'on y a réuni tout ce qu'il y avoit de mieux dans les ballets donnés depuis plusieurs années. On joua aussi une *comédie contre les Hollandois*, et ce divertissement dura de cinq heures à minuit (p. 175 des extraits). » M. le docteur Mangold n'a pas oublié de noter la manière bizarre dont Beck désigne *la Comtesse d'Escarbagnas*, ayant fait attention surtout au

détails sur l'emploi de la journée de Madame, à Saint-Germain, le 2 décembre, ajoute : « Le soir, on donna à cette princesse le divertissement d'un ballet que le Roi avoit fait préparer pour la régaler à son arrivée. » Ce ballet composé, comme il a déjà été dit, de tout ce qui avait paru de plus beau dans les divertissements royaux des dernières années, fut appelé le *Ballet des ballets*. C'était le soin d'enchaîner ces divers fragments que le Roi avait confié à l'habileté de Molière. Celui-ci imagina quelques scènes, dont les personnages étaient des gens réunis pour avoir le spectacle d'une pièce galante à intermèdes. Il n'y eut donc de nouveau dans le *Ballet des ballets* que la comédie jugée nécessaire pour servir de lien, de soudure, et une pastorale qui y était jointe, et dont aussi Molière était l'auteur.

Dans le *Livre* du *Ballet des ballets* publié en 1671 par Robert Ballard nous ne trouvons l'analyse ni de *la Comtesse d'Escarbagnas*, qu'heureusement nous possédons, ni de la *Pastorale*, dont la perte est regrettable; car des vers de Molière, fût-il probable qu'ils n'étaient pas entre ses meilleurs, ne sauraient jamais sans dommage être perdus. De cette bergerie, dont on peut se faire quelque idée par la *Pastorale comique* de 1667, on ne connaît aujourd'hui rien de plus par le *Livre* que les noms des personnages et des acteurs.

Comment le tout était-il disposé ? Le *Livre* donne le plan général, avec quelques détails incomplets, qui ne fournissent pas sur tous les points des éclaircissements suffisants. Il nous apprend que la comédie était divisée en sept actes. Il n'est pas besoin de dire que *la Comtesse d'Escarbagnas*, telle que nous l'avons, et si l'on ne savait pas qu'une pièce y était intercalée, n'aurait pu admettre cette division. Elle est aujourd'hui en un acte, et c'est tout ce que comportent ses neuf scènes. Évidemment le rédacteur du *Livre* voulait que sous le nom de *comédie* fussent comprises et les scènes auxquelles, pour nous, ce nom

passage de la première scène, où le Vicomte se plaint d'une « fatigante lecture de toutes les sottises de la Gazette de Hollande; » et il dit fort bien que cette préoccupation singulière montre ce qui avait particulièrement intéressé l'homme politique, auteur du Rapport. Supposons, à sa place, quelque Vadius : il aurait pu ne voir dans la petite pièce qu'une comédie contre Jean Despautère.

convient particulièrement, et la *Pastorale* qu'elles encadraient. Tous les éditeurs de Molière l'ont entendu ainsi. La supposition qui a paru plausible, et que nous adoptons sans peine, est que le premier acte, précédé du Prologue, finissait avec la scène vii de *la Comtesse d'Escarbagnas*, après l'ouverture des violons, annonçant le commencement du divertissement représenté chez la Comtesse. On jouait alors, pour celle-ci et pour tous les invités, la *Pastorale*, que l'on doit croire avoir eu cinq actes, et qui amenait les intermèdes. Le cinquième acte, qui se trouvait le sixième de toute la *comédie*, était suivi des chants italiens et espagnols. C'est à ce moment que le Receveur des tailles venait tout interrompre. Ainsi commençait un nouvel acte, le septième, qui était composé des scènes viii et ix de la comédie proprement dite, et du « reste du spectacle, » comme dit le Vicomte, c'est-à-dire du dernier intermède de *Psyché*.

L'ordre et la distribution des actes et des intermèdes sont marqués par le *Livre*, que l'on trouvera ci-après, à la suite de *la Comtesse d'Escarbagnas*[1].

La troupe de Molière, appelée à Saint-Germain pour les fêtes qui devaient être données à MADAME, y arriva le vendredi 27 novembre 1671, et n'en partit que le lundi 7 décembre[2]. Elle représenta quatre fois alors le *Ballet des ballets*: la première fois le 2, comme nous l'a appris la *Gazette* du 5 décembre[3]. Celle du 12 décembre[4] parle des trois représentations suivantes. On lui écrivait de Saint-Germain, en date du 11 : « Les divertissements de la cour ont été continués

---

1. Nous avons abrégé ce *Livre* ou Livret, que nous donnons en appendice, en renvoyant, pour les morceaux pris dans de précédentes pièces de Molière, aux endroits d'où ils ont été tirés.

2. *Registre de la Grange.*

3. Voyez plus haut, p. 532, note 5. — Beck (ci-dessus, note 2 de la page 529) dit, à la date du 12 décembre (p. 175 : nous le traduisons), que « le ballet fut dansé le dimanche précédent (6 *décembre*), pour la quatrième fois, en l'honneur de *Madame*; et, comme on ne le dansera plus avant Noël, il est venu, pour le voir, tant de monde à Saint-Germain, qu'on pouvait à peine se remuer, si grande était la presse. »

4. Page 1191.

par le ballet, qui a été encore dansé trois fois. » Ce n'était pas assez pour la cour, qui, ayant pris goût au brillant divertissement, ne tarda pas à le reprendre.

Les galantes magnificences, offertes à la nouvelle duchesse d'Orléans, n'avaient pas été interrompues. On nous permettra quelques mots sur celle qui était l'objet de ces attentions royales. Mme de Sévigné, après avoir dit dans une lettre à sa fille, du 13 janvier 1672[1] : « Il y a tous les soirs des bals, des comédies et des mascarades à Saint-Germain, » ajoutait ceci, qui semblerait hyperbolique : « Le Roi a une application à divertir Madame qu'il n'a jamais eue pour l'autre. » Mademoiselle de Montpensier ne parle pas autrement, lorsqu'elle raconte[2] quelle impression la Palatine avait faite sur le Roi, à la première entrevue qui eut lieu à Villers-Cotterets : « Il en revint si charmé, que c'étoit la femme qui avoit le plus d'esprit, d'agrément, qui dansoit bien, enfin que feu Madame n'étoit rien auprès ; tout ce qui étoit avec lui étoit de même. » Ces citations, quoique se rapportant au temps des divertissements de Saint-Germain, seraient étrangères à notre sujet, si quelques-uns n'avaient conçu l'étrange pensée que Molière avait eu peut-être la malicieuse, il faudrait dire l'indécente intention de se moquer d'une ridicule princesse, en lui montrant, pour sa bienvenue, une ridicule comtesse[3]. L'agrément que le Roi et toute la cour trouvèrent à la jeune femme aurait dû suffire pour avertir d'une invraisemblance, contre laquelle proteste d'ailleurs tout ce que l'on sait du bon goût de Molière et de son respect pour les personnes royales. Lorsque MADAME vint en France, à l'âge de dix-neuf ans, il ne faut pas se la représenter prêtant à rire par les singularités et la rudesse qu'elle montra plus tard, ni penser au portrait tracé par Saint-Simon : « la figure et le rustre d'un suisse[4], » ou à celui qu'elle-même, vieillissante, a fait de sa laideur, de sa grosseur monstrueuse : « je suis aussi carrée qu'un cube[5]. » Ce qu'elle eut ainsi d'inélé-

1. *Lettre* 237, tome II, p. 465. — 2. *Mémoires*, tome IV, p. 310.
3. Voyez le *Grand dictionnaire universel du XIXe siècle*, de Pierre Larousse, à l'article COMTESSE D'ESCARBAGNAS.
4. *Mémoires*, édition in-12, tome XIX, p. 86.
5. *Correspondance* traduite par M. G. Brunet, tome I, p. 33 (année 1698).

gant, de grotesque, si l'on veut, non-seulement ne doit pas être antidaté, mais n'a jamais permis de lui trouver aucune ressemblance avec cette comtesse d'Escarbagnas dont le grotesque est d'un tout autre caractère, et à laquelle rien ne dit que notre auteur ait fait donner par l'interprète du rôle la disgracieuse tournure, à laquelle on semble avoir songé, d'une sorte de Pourceaugnac féminin.

Au surplus, Molière, quand il écrivit sa pièce, n'avait pas encore vu la princesse à qui l'on voudrait qu'il eût prêté, par allusion, quelques-unes des étranges façons d'une sotte provinciale. Ce n'est pas elle qui se serait mis en tête une pareille vision d'allusion insolente. Aimant passionnément la comédie, elle a toujours eu une grande admiration pour le rare génie auquel elle avait dû son premier amusement dans notre pays.

Après les mascarades et les comédies de janvier 1672, où Molière n'avait pas eu part, le Roi le fit revenir à Saint-Germain avec ses comédiens. Ils y arrivèrent, au témoignage de la Grange, le mardi 9 février; le retour de la Troupe à Paris eut lieu le vendredi 26. Le *Registre* constate qu'elle donna le ballet et *la Comtesse d'Escarbagnas*; et la *Gazette* en fait connaître, en ce temps, trois représentations: une le 10 février[1], une le 14, une le 17[2]; Robinet parle aussi de ces représentations dans sa *Lettre en vers* du 20 février 1672:

> Depuis quinze jours on redanse
> En la royale résidence
> Ce ballet, fait non sans grands frais,
> Nommé le *Ballet des ballets*,
> . . . .
> Une pompeuse rapsodie.
> . . . .
> Au reste, Molière l'unique,
> Molière, lequel fait la nique
> Par son comique à tous auteurs,
> Y joue, avec tous les acteurs
> Qui composent sa compagnie,
> Une pièce de son génie,
> Qui, pleine de gais agréments,

---

1. *Gazette* du 13 février 1672, p. 167.
2. *Gazette* du 20 février 1672, p. 191.

Fait des susdits pompeux fragments
Toute la liaison et l'âme,
Je vous assure, en belle gamme.

Il ne faut pas entendre que Molière eût un rôle dans *la Comtesse d'Escarbagnas*. Cette pièce n'en avait aucun qui pût lui convenir. Loin qu'elle demandât le concours de toute sa troupe, ni lui-même, ni Mlle Molière, ni Baron n'y paraissaient.

Voici, d'après le *Livre*, les *noms des acteurs de la comédie* :

LE VICOMTE...............	le sieur de la Grange.
LA COMTESSE	Mlle Marotte.
LA SUIVANTE..............	Mlle Bonneau.
LE PETIT COMTE...........	le sieur Gaudon.
LE PRÉCEPTEUR DU PETIT COMTE.	le sieur de Beauval.
LE LAQUAIS................	Finet.
LA MARQUISE [*Julie*]........	Mlle de Beauval.
LE CONSEILLER.............	le sieur Hubert.
LE RECEVEUR DES TAILLES.....	le sieur du Croisy.
LE LAQUAIS DU CONSEILLER...	Boulonnois.

A l'exemple de l'auteur du Livret, Robinet, lorsqu'il parlait de l'ouvrage de Molière, de la *pièce de son génie*, ne distinguait pas de la comédie proprement dite la *Pastorale*, où Molière faisait le rôle d'un *premier Pâtre* et celui d'un *Turc*, Mlle Molière deux rôles aussi : *la Bergère en homme, la Bergère en femme;* où Mlle de Brie était *la Nymphe*, Baron *l'Amant berger*, la Thorillière *le second Pâtre*. Si, à la suite des vers de la *Lettre* du 20 février, qui viennent d'être cités, nous lisons ceux-ci :

Mais j'ai mal dit, mes chers lecteurs,
Disant qu'avec tous les acteurs
Qui composent sa compagnie,
Il jouoit à sa comédie,

nous ne pouvons nous tromper sur le sens de la correction : Robinet nous explique qu'il s'agit seulement de l'abandon momentané, qu'une triste circonstance avait imposé à Molière, de son double rôle dans la *Pastorale*. Madeleine Béjard était morte le 17 février 1672[1], le jour même de la dernière des

---

1. M. Livet, dans les notes des *Intrigues de Molière et celles de sa*

représentations à la cour de la comédie de Molière. Celui-ci, rappelé près de sa belle-mère mourante, était retourné à Paris avant ses camarades.

Bret a prétendu que le rôle de Mme d'Escarbagnas était un de ceux que Molière avait faits exprès pour Hubert, « excellent pour ces sortes de travestissements[1] ». Il lui a semblé qu'il y avait là une petite excuse (elle serait très-insuffisante) de l'indécence de la Comtesse, lorsque, se récriant sur le latin de Despautère, c'est elle qui *fait l'ordure*, comme la Climène de *la Critique de l'École des femmes*[2].

Quelques interprètes du rôle de Mme d'Escarbagnas, croyant aussi que Molière l'avait confié à un homme, en ont conclu qu'il fallait le jouer en charge, pour suivre la tradition établie par lui-même. Il est certain cependant qu'il l'avait fait jouer à Saint-Germain par une jeune femme, par celle à qui l'on donnait le nom de Marotte[3] ; et l'on a vu que, dans la première distribution, c'était le rôle du Conseiller Tibaudier qui avait été rempli par Hubert.

Il n'est sans doute pas impossible que celui-ci ait plus tard fait le personnage de la Comtesse, soit dès le temps où la pièce commença d'être représentée à la ville (ce qui seul marquerait, jusqu'à un certain point, ce que l'auteur permettait que l'on mît de caricature dans l'interprétation du rôle), soit dans les années qui suivirent la mort de Molière, c'est-à-dire depuis 1673 jusqu'à Pâques 1685, époque où André Hubert prit sa retraite. Nous n'avons cependant trouvé aucune preuve de ce petit fait, et il ne suffit pas d'alléguer une tradition, qui ne paraît pas remonter très-haut.

femme, ou la Fameuse comédienne, p. 150, dit le 30 novembre 1672. Il s'est trompé, ce qui lui arrive très-rarement. Le *Registre de la Grange* annonce ainsi la mort de la belle-mère de Molière : « Le 17 février de la présente année, Mlle Béjard est morte, pendant que la troupe était à Saint-Germain, pour le ballet du Roi, où on joua *la Comtesse d'Escarbagnas*. »

1. OEuvres de Molière (1773), tome VI, p. 426.
2. Scène III, tome III, p. 325.
3. Marie Ragueneau de l'Estang, qui épousa le comédien Varlet de la Grange le 25 avril 1672 : voyez ci-dessus, à la *Notice* de *Psyché*, p. 260.

NOTICE.

Le 8 juillet 1672, *la Comtesse d'Escarbagnas* fut jouée, comme *pièce nouvelle*, au Palais-Royal, avec *le Mariage forcé*[1]. On ne peut pas douter que la petite comédie de 1664, accompagnée de son ballet, n'eût été choisie pour tenir lieu des divertissements trop coûteux du théâtre de la cour, et ne fût devenue la pièce dont les personnages de *la Comtesse d'Escarbagnas* étaient censés être spectateurs. Il faut remarquer que, dans les treize représentations qui suivirent jusqu'au dimanche 7 août inclusivement, *le Mariage forcé* fut constamment inséparable de notre comédie. La musique du ballet n'était plus celle de Lulli : « *Le Mariage forcé*, dit le *Registre de la Grange*, qui a été joué avec *la Comtesse d'Escarbagnas*, a été accompagné d'ornements dont M. Charpentier a fait la musique et M. de Beauchamps les ballets, M. Baraillon les habits; et M. de Villiers avoit emploi dans la musique des intermèdes. »

Après le 7 août 1672, *la Comtesse d'Escarbagnas* ne fut reprise qu'au mois d'octobre suivant, et n'eut plus que quatre représentations, du vivant de Molière, où l'on en compte, en tout, dix-huit à la ville. Les quatre dernières, il faut le remarquer, ne furent pas accompagnées, comme les précédentes, du *Mariage forcé*[2] :

Vendredi 7 [octobre] 1672, *Escarbagnas* et *Médecins*.
Dimanche 9, *idem* et *idem*[3].
Vendredi 4 novembre, *Escarbagnas* et *le Fin lourdaud*.
Dimanche 6, *idem*.

Les Médecins, autrement dit *l'Amour médecin*, étant une comédie-ballet, s'adaptaient aussi bien que *le Mariage forcé* à *la Comtesse d'Escarbagnas*, et permettaient également d'y introduire des intermèdes de chants et de danses. On ne sait plus ce qu'était *le Fin lourdaud;* mais il est à présumer qu'il se prêtait à des divertissements[4].

---

1. *Registre de la Grange*. — 2. *Ibidem*.
3. Il fut fait grand tapage ce soir-là dans la salle du Palais-Royal, vers la fin sans doute de la représentation de *l'Amour médecin;* le gros bout d'une pipe à fumer fut même jeté sur le théâtre, Molière étant en scène. Voyez les *Documents inédits sur.... Molière....* publiés par M. Émile Campardon en 1671, p. 31-47.
4. Nous avons parlé du *Fin lourdaud* au tome VII, p. 6 et 7, où

LA COMTESSE D'ESCARBAGNAS.

Le 28 février 1673, onze jours après la mort de Molière, *la Comtesse d'Escarbagnas* fut représentée avec *les Fâcheux*. C'était encore une de ces pièces qui avaient leur ballet, et, comme on disait, leurs *agréments*. Mais lorsque nous voyons, en cette même année 1673, un spectacle composé de *la Comtesse d'Escarbagnas* et de *l'Avare* (26 septembre), puis *l'École des maris* remplaçant *l'Avare* à côté de notre pièce (9 et 31 octobre), nous trouverions bien difficile de croire que ces comédies fussent données comme le divertissement préparé par le Vicomte. On conjecturerait plutôt qu'alors ce divertissement était indiqué simplement par un peu de musique, qui en simulait le prélude.

Quoique la ville n'eût jamais pu avoir qu'une réduction du brillant spectacle donné à la cour dans l'hiver de 1671-1672, on voit que *la Comtesse d'Escarbagnas* y fut, dans les premiers temps, jouée assez souvent; ajoutons que le succès de cette pièce se prolongea fort au delà des années dont nous avons jusqu'ici parlé. C'est qu'elle a de quoi plaire et à ceux qui ne demandent qu'à être amusés et aux fins connaisseurs. Boileau en reconnaissait le prix; nous l'apprenons de Brossette, dont nous ne voyons aucune raison de récuser sur ce point le souvenir : « M. Despréaux, dit-il[1], estime beaucoup la plupart des petites pièces de Molière, surtout sa *Critique de l'École des femmes*. Il m'a cité aussi *la Comtesse d'Escarbagnas*. » Les deux « petites pièces » nommées par Brossette ne sont pas de celles où l'on n'a souvent voulu voir que des farces, et qui chagrinaient Boileau : ce sont, l'une et l'autre, de légers croquis auxquels il ne manque que des développements et plus d'action, pour être de vraies comédies. Aussi bien que *la Critique de l'École des femmes*, *la Comtesse d'Escarbagnas* doit être ainsi jugée et classée. La Harpe rend justice à

---

il a été dit qu'on avait pu être tenté d'attribuer cette petite pièce à Molière, mais qu'il n'y avait pas d'apparence que cette attribution fût fondée. Il y a peut-être à tenir compte cependant de cette circonstance que voici *le Fin lourdaud* encadré, à ce qu'il semble, dans *la Comtesse d'Escarbagnas*, honneur qui jusque-là n'avait été fait qu'à une petite pièce œuvre de Molière.

1. *Mémoires de Brossette sur Boileau Despréaux*, dans la *Correspondance entre Boileau et Brossette*, publiée par M. A. Laverdet, p. 517.

la vérité de la peinture dans le caractère de la Comtesse, principal personnage de la pièce : « Ne représente-t-elle pas au naturel, dit-il, cette manie provinciale de contrefaire gauchement le ton et les manières de la capitale et de la cour[1]? » Ce travers, dont Molière avait été frappé au temps des pérégrinations de sa troupe, il l'avait déjà raillé chez les deux « pecques provinciales » de ses *Précieuses ridicules;* mais là son principal objet était l'affectation du bel esprit et l'imitation du jargon de quelques ruelles fameuses. La Comtesse prend aussi pour une fidèle copie du bon ton ce qui n'en est que la caricature; mais elle est un tout autre type d'extravagante : entêtée de la qualité, un court voyage qu'elle a fait à Paris, achevant sa sottise, lui a laissé la confiance d'avoir rapporté dans sa province les belles manières du grand monde. Ce que la Harpe aurait dû ajouter, c'est qu'à côté de cette folle, dont la physionomie est marquée de traits aussi caractéristiques que plaisants, il y a des figures accessoires, plus nouvelles encore dans l'œuvre de Molière, et qui jusque-là manquaient à sa galerie d'immortels portraits : nous entendons surtout celles qui y font, pour la première fois, entrer la robe et la finance, le Conseiller Tibaudier et Harpin, le Receveur des tailles. Auger, dans sa judicieuse et fine *Notice*, vante avec raison la force comique de ces deux caractères : « L'un, dit-il[2], robin pédant, galant et fade, mêle, dans ses billets doux, les expressions du Digeste à celles de *l'Astrée; il sent* l'énorme distance qui sépare un homme de robe de la veuve d'un homme d'épée.... L'autre, M. Harpin, brusque, bourru, dur, ainsi qu'il convient à un homme de finance, n'a pas pour la naissance le même respect que son doucereux rival, et, comme s'il était de notre siècle, pense que l'or se met au niveau de tout, si même il ne s'élève au-dessus. » Il fallait, dans une pièce si courte, se contenter de quelques coups de crayon : ils ont suffi pour donner une vérité vivante au personnage de Harpin, et pour faire ressortir, en traits frappants, le ridicule d'une classe qui avait échappé jusque-là à la raillerie de Molière. Chamfort avait oublié notre comédie, lorsqu'il a écrit : « C'est une chose remarquable que Molière, qui n'épargnait

1. *Lycée*, tome V (an VII), p. 453. — 2. Tome IX, p. 59.

rien, n'a pas lancé un seul trait contre les gens de finance. On dit que Molière et les auteurs comiques du temps eurent là-dessus des ordres de Colbert[1]. » Au reproche d'oubli cependant Chamfort, s'il n'a parlé du véto de Colbert que d'après de bonnes autorités, qu'il eût bien fait de citer, aurait pu répondre qu'il n'y a pas, dans *la Comtesse d'Escarbagnas*, cette attaque à fond contre les financiers devant laquelle n'a pas reculé le Sage. *Turcaret* est une satire beaucoup plus sanglante et d'une plus terrible portée, l'auteur ne s'y étant pas seulement proposé de rendre les traitants ridicules, mais de faire justice d'eux comme d'un fléau public. On a toujours reconnu néanmoins que la grande comédie de 1709 doit beaucoup à la simple esquisse de 1671, fort dépassée par *Turcaret* en âpreté satirique, non en vérité comique. Le Sage, en écrivant sa pièce, a si bien eu sous les yeux *la Comtesse d'Escarbagnas*, qu'il y a même pris quelques traits du Conseiller pour les prêter à son financier. Les vers galants de celui-ci, son billet doux à Philis[2] ont le même agrément poétique et les mêmes licences de prosodie que les *versets* de M. Tibaudier[3]. Autre emprunt très-visible, si petit qu'il soit : lorsque le marquis de la comédie de le Sage raconte que Mme Turcaret l'a reçu dans son hôtel : « Hôtel garni apparemment ? — Oui, hôtel garni[4]. » C'est un souvenir de ces hôtels que Julie, dans la pièce de Molière, félicite la Comtesse d'avoir pu fréquenter à Paris : « Cet hôtel de Mouhy, Madame, cet hôtel de Lyon, cet hôtel de Hollande[5]. » Ces imitations incontestables, mais prises à côté de ce qui a surtout frappé le Sage, ne sont à citer que comme des preuves de la parenté des deux comédies. La ressemblance entre elles qui offre un véritable intérêt est celle du caractère donné par l'un et par l'autre auteur à leur financier. Le Receveur des tailles d'Angoulême est assurément l'ancêtre du gros partisan livré aux vengeances du théâtre dans les premières années du siècle suivant. Même in-

---

1. *OEuvres complètes de Chamfort*, publiées par Auguis (1824), tome II, p. 45.
2. *Turcaret*, acte I, scène IV.
3. *La Comtesse d'Escarbagnas*, scène V.
4. *Turcaret*, acte IV, scène II.
5. *La Comtesse d'Escarbagnas*, scène II.

solence de la roture opulente et mal élevée, chez ces enrichis qui font la cour aux comtesses et aux baronnes; même brutalité de rustres dans leurs scènes de jalousie. Tous deux font tapage, tempêtent, jurent, quand, chez leur Danaé titrée, ils ne croient pas trouver assez de fidélité, ni en avoir pour leur argent. Le Sage avait reconnu dans la rapide indication de la figure de M. Harpin l'idée d'une grande comédie. Pour montrer qu'elle y était, il lui a suffi d'élargir le cadre et de faire passer le personnage du financier du second plan sur le premier. La pièce de *Turcaret* cependant n'est sans doute pas tout ce qu'elle aurait été si Molière lui-même avait développé le germe qu'en se jouant il avait laissé tomber. Mais aurait-il pu le développer tout à fait dans le même sens que l'a fait le Sage? Remarquons que les temps n'étaient pas les mêmes : l'auteur de *la Comtesse d'Escarbagnas* eût-il eu le loisir d'achever son œuvre, il n'y avait pas alors les mêmes raisons qu'il y eut un quart de siècle plus tard pour changer une légère raillerie en violente satire.

Quelles que soient les différences des deux pièces, celle de le Sage n'en est pas moins un bel hommage rendu au maître par un de ses meilleurs disciples. *Turcaret* et *la Comtesse d'Escarbagnas*, outre les incontestables ressemblances entre le portrait du Traitant et du Receveur des tailles, ont encore celle-ci, que, suivant la juste remarque qui a été faite[1], ce ne sont pas des comédies de caractère, mais des comédies de mœurs. Il est difficile de trouver un genre de comédie dont Molière n'ait pas laissé le modèle à ceux de ses successeurs qui peuvent paraître les plus novateurs.

Devons-nous compter Voltaire parmi les auteurs comiques, nombreux sans nul doute[2], qui sont redevables à *la Comtesse*

1. *Alain René le Sage*, par M. F. Brunetière, dans la *Revue des Deux Mondes* du 15 mai 1883, p. 394.
2. S'il faut parler des étrangers, *le Moliériste*, du 1er août 1881, p. 141, en cite un, Miller, qui, « dans sa comédie *The Man of taste*, jouée en 1735, a emprunté à *la Comtesse d'Escarbagnas* la troisième et la sixième scène. » Précédemment, *le Moliériste* (1er août 1880, p. 146 et 147) avait dit: « *The Man of taste*.... est, en partie, une imitation des *Précieuses ridicules* et de *l'École des maris*, avec deux caractères pris des *Femmes savantes*, et quelques petits discours

d'Escarbagnas? Le Sage s'en était inspiré, beaucoup moins pour y faire des emprunts de détail, que pour tirer d'un de ses rôles, secondaire en apparence, mais plus original que tous les autres, le sujet même d'une de nos plus célèbres comédies. Voltaire, dans son *Enfant prodigue*, joué en 1736, a puisé à la même source plutôt quelques souvenirs qu'une large inspiration, et n'a pris qu'à la surface du petit tableau de Molière les quelques traits qu'il lui a fournis. Il est évident que sa pièce, où ce qui manque n'est pas l'esprit, mais, comme dans toutes ses prétendues comédies, le véritable esprit comique, n'a fait venir d'Angoulême la baronne de Croupillac que pour la rattacher à la famille de notre Comtesse; cependant, si elle est aussi ridicule, elle l'est d'une tout autre façon. Pour qu'elle ressemble à la figure, si bien tracée, d'une extravagante provinciale, il ne suffit pas qu'elle fasse avec Lise les mêmes cérémonies pour s'asseoir que Mme d'Escarbagnas avec Julie[1] : « Ah! Madame. — Eh! Madame[2]. » La « face de palais » du président Fierenfat a été dessinée, mais non sans exagération de caricature, d'après la silhouette, bien plus fine, du Conseiller Tibaudier. Voltaire, nous ne saurions le regretter, a laissé à Molière son financier, le personnage cependant le plus tentant à imiter de tous ceux de notre comédie.

On a peine à s'expliquer que ce rôle de M. Harpin, le plus fortement comique de tous ceux de la petite pièce, ait été assez méconnu par des comédiens pour être supprimé dans quelques représentations de *la Comtesse d'Escarbagnas*. Le fait est attesté par Cailhava[3], au temps duquel on avait imaginé cet absurde retranchement. Auger signale[4] une autre faute des acteurs : faute moins impardonnable, sur laquelle pourtant il a bien fait d'appeler leur attention. Le reproche qu'ils lui

---

de *la Comtesse d'Escarbagnas.* » L'auteur de *l'Homme de goût*, James Miller, a donné, avec la collaboration de Henry Baker, une traduction du théâtre de Molière.

1. *La Comtesse d'Escarbagnas*, scène II.
2. *L'Enfant prodigue*, acte II, scène III.
3. *Études sur Molière*, p. 311, et *de l'Art de la Comédie*, tome II, p. 369, à la note.
4. *OEuvres de Molière*, tome IX, p. 60 et 61.

paraissaient mériter était celui d'outrer, par des charges bouffonnes, tous les caractères de la pièce. Il explique, excuse même un peu, ce parti pris d'exagération par la nécessité où l'on croyait être, de donner, par une plus grande gaieté, du relief à une peinture de mœurs, dont la ressemblance, parfaite à son heure, a cessé d'être aussi reconnaissable. Mais cela ne pourrait-il se dire de tous les tableaux de Molière, qui, restés, dans leurs traits principaux, vrais d'une vérité immortelle, ont cependant la couleur de leur époque? Est-ce une raison pour prétendre les raviver en les dénaturant? et est-il vraiment à craindre qu'on ne les trouve aujourd'hui trop pâles, si la finesse en est sagement conservée? Il est d'autant plus inutile de forcer les intentions de Molière quand on joue *la Comtesse d'Escarbagnas*, qu'il est loin d'y avoir négligé le grossissement nécessaire à l'optique du théâtre.

Il était si habitué à répandre, avec une sorte d'insouciance, les étincelles de son esprit sur ses moindres œuvres, qu'en écrivant *la Comtesse d'Escarbagnas*, il a pu la juger trop modestement, et la croire aussi éphémère que la fête royale pour laquelle il l'improvisait; mais elle a eu la vie durable. Elle fut jouée à la ville deux cent cinquante-quatre fois sous Louis XIV, deux cent soixante et onze fois sous Louis XV. On en compte trente-six représentations de 1774 à 1789, dix-neuf au temps de la Révolution[1]. De nos jours les reprises en ont été rares, par la seule raison peut-être qu'elle se passe difficilement de l'adjonction d'un spectacle dispendieux, sans lequel elle est trop visiblement réduite à l'état de fragment. De 1830 à 1848, on ne l'a donnée qu'une fois, le 17 janvier 1836, avec une comédie de Scribe, *Bertrand et Raton*, que l'on n'intercala certainement pas alors, comme divertissement, dans une pièce du dix-septième siècle. Comme, à cette date de 1836, on se contenta de cette unique représentation, il faut qu'elle ait eu peu de succès. On dit même que, ce jour-là, Molière fut sifflé[2], ce qui aurait été beaucoup moins fâcheux pour lui que pour les spec-

---

1. Voyez le *Tableau des représentations de Molière*, aux pages 548 et 549 de notre tome Ier.

2. *De la Comédie française depuis 1830*, par M. Eugène Laugier, p. 73.

tateurs, eussent-ils même pris prétexte de l'erreur de goût d'un licencieux passage.

En 1864, la Comédie-Française fit reparaître notre pièce dans une représentation plus attrayante que celle de 1836, et qui la replaçait dans le vrai jour où elle avait été faite pour se montrer. On y inséra, à la place marquée pour le spectacle donné chez la Comtesse, des fragments de *Mélicerte*[1]. Les scènes de cette *Comédie pastorale* étaient bien choisies pour nous transporter, autant qu'il se pouvait, dans le temps où *la Comtesse d'Escarbagnas* avait été jouée à Saint-Germain avec ses *agréments*. Il était intéressant de rendre ensemble à la scène deux ouvrages un peu oubliés, où Molière, bien que son talent d'auteur comique et de poëte n'y fût pas assez libre, n'avait pu s'empêcher d'en laisser percer des traits, ici dans des peintures de caractères pleines de vérité, là dans beaucoup de vers très-agréables. Ce curieux spectacle eut trois représentations, le 27 et le 29 juin et le 3 juillet.

La Comtesse d'Escarbagnas fut imprimée pour la première fois dans le second volume des *OEuvres posthumes*, qui forme le tome VIII de l'édition de 1682. Une liste des rôles de la comédie avait déjà paru dans le *Ballet des ballets* de 1671. Voyez l'avertissement qui est en tête de l'*Appendice*, ci-après, p. 600.

Nous ne trouvons mentionnées de cette comédie qu'une version séparée, en suédois, de 1788; une en hongrois, de 1881.

---

1. Voyez, au tome VI, la *Notice* de *Mélicerte*, p. 147.

SOMMAIRE

DE

LA COMTESSE D'ESCARBAGNAS,

PAR VOLTAIRE.

C'est une farce [1], mais toute de caractères, qui est une peinture naïve, peut-être en quelques endroits trop simple, des ridicules de la province, ridicules dont on s'est beaucoup corrigé à mesure que le goût de la société et la politesse aisée qui règne en France se sont répandus de proche en proche.

1. Dans l'intitulé de l'article, la pièce est appelée par Voltaire « petite comédie ».

ACTEURS[1].

LA COMTESSE D'ESCARBAGNAS.
LE COMTE, son fils[2].
LE VICOMTE, amant de Julie.
JULIE, amante du Vicomte.
MONSIEUR TIBAUDIER, conseiller[3], amant de la Comtesse.
MONSIEUR HARPIN[4], receveur des tailles[5], autre amant de la Comtesse.

1. Sur la distribution des rôles, voyez à la *Notice* ci-dessus, p. 537 et 538. Voici ce que de Beauchamps, dans ses *Recherches sur les théâtres de France* (IIIe partie, *Particularités de la vie de quelques comédiens françois*, p. 175), dit du plus jeune des acteurs : « Le petit Gaudon fit le petit Comte dans la troupe de Molière en 1671, dans *la Comtesse d'Escarbagnas*. Je ne sache pas qu'il ait joué d'autre rôle depuis, ni qu'il ait monté sur le théâtre que dans cette occasion. » — La gravure de 1682 est intéressante. Elle montre réunis tous les personnages principaux, excepté Monsieur Harpin. Le petit Comte, une miniature de gentilhomme, en grand habit avec perruque et épée, récite, la tête haute, son Despautère, en face de Monsieur Bobinet, qui l'écoute un doigt levé; le précepteur de campagne est de mine assez rustre et négligée, il a les cheveux courts, les bouquets de barbe du temps, et porte une espèce de soutane à rabat uni. Monsieur Tibaudier, en robe, penche la tête d'un air doux. Le Vicomte et Julie sont tels que naturellement on se les représente. Ce qui doit être remarqué, c'est que la Comtesse, qui était certainement ridicule de langage, d'accent et de manières, ne semble pas l'être de sa personne; elle est encore assez jeune, et l'artiste ne l'a point dessinée en charge.
2. LE COMTE, fils de la Comtesse d'Escarbagnas. (1734.)
3. Conseiller au présidial d'Angoulême, comme l'avait été Thomas de Girac, un ami de Balzac, dont parle le *Dictionnaire géographique d'Expilly* (tome I, 1762, article ANGOULÊME, p. 191). Les présidiaux répondaient à nos principaux tribunaux d'arrondissement.
4. Castil-Blaze a fait remarquer l'analogie qu'il y a entre ce nom et celui d'Harpagon (voyez notre tome VII, p. 51, note 1).
5. Receveur des tailles de l'élection d'Angoulême, l'une des cinq

ACTEURS.

MONSIEUR BOBINET, précepteur de Monsieur le Comte.
ANDRÉE, suivante de la Comtesse.
JEANNOT, laquais[1] de Monsieur Tibaudier.
CRIQUET[2], laquais de la Comtesse.

La scène est à Angoulême.

de la généralité de Limoges, et d'assez grande importance, puisque, d'après d'Expilly (p. 189), elle était composée de 269 paroisses, « dont la taxe pour la taille *était* de quatre cent mille livres. »

1. *Valet*, au lieu de *laquais*, dans l'édition de 1734, ici et à la ligne suivante.

2. Le mot de *criquet*, par allusion à une espèce de sauterelle ainsi appelée, s'est dit et se dit encore, d'après l'Académie (1878), de méchants petits chevaux et de petits hommes maigres. Il est bien possible que Molière, en distribuant les rôles, ait donné à la Comtesse le ridicule d'avoir appliqué à quelque gros jeune paysan[a] ce nom expressif, qu'aurait pu recevoir par plaisanterie un fin petit laquais vif et léger.

[a] Voyez ci-après, p. 560, note 4, une citation d'Aimé-Martin.

LA COMTESSE D'ESCARBAGNAS.

COMÉDIE.

ACTE PREMIER[1].

SCÈNE PREMIÈRE.

JULIE, LE VICOMTE.

LE VICOMTE.
Hé quoi? Madame, vous êtes déjà ici?
JULIE.
Oui, vous en devriez rougir, Cléante[2], et il n'est guère honnête à un amant de venir le dernier au rendez-vous.
LE VICOMTE.
Je serois ici il y a une heure, s'il n'y avoit point de

---

1. Dans l'édition de 1682, première de cette pièce et faite sans doute d'après un manuscrit de Molière, et de même dans les impressions de 1697, 1710, 18, dans les éditions étrangères de 1684 A, 1694 B, et encore dans une partie du tirage de 1734[a], ces mots : ACTE PREMIER, précèdent ceux de SCÈNE PREMIÈRE, bien que la petite comédie soit en un seul acte. C'est que *la Comtesse d'Escarbagnas* formait le premier (peut-être le premier et le septième) des sept actes dont, à la cour, se composa le très-grand *Ballet des ballets* : voyez ci-après l'*Appendice*, p. 600-602; ci-dessus la *Notice*, p. 533 et 534; et ci-après, p. 590, note 2.
2. Rougir de honte, Cléante. (1734.)

[a] Dans l'édition de 1734, *la Comtesse d'Escarbagnas* est placée à la suite des *Femmes savantes*.

fâcheux au monde, et j'ai été arrêté, en chemin, par un vieux importun de qualité, qui m'a demandé tout exprès des nouvelles de la cour, pour trouver moyen de m'en dire des plus extravagantes qu'on puisse débiter [1]; et c'est là, comme vous savez, le fléau des petites villes, que ces grands nouvellistes qui cherchent partout où répandre les contes qu'ils ramassent. Celui-ci m'a montré d'abord deux feuilles de papier, pleines jusques aux bords d'un grand fatras de balivernes, qui viennent, m'a-t-il dit, de l'endroit le plus sûr du monde. Ensuite, comme d'une chose fort curieuse, il m'a fait, avec grand mystère, une fatigante lecture de toutes les sottises de la Gazette de Hollande [2], et de là

---

1. Comme le remarque Auger, ce trait rappelle et résume en quelque sorte le joli et vif début d'un portrait de Théophraste; la Bruyère, dix-sept ans plus tard, l'a ainsi traduit (tome I, p. 50) parmi les *Caractères de Théophraste*, au paragraphe intitulé *du Débit des nouvelles* : « Un nouvelliste..., lorsqu'il rencontre l'un de ses amis, compose son visage, et lui souriant : « D'où venez-vous ainsi? » lui dit-il; « que nous direz-vous de « bon? n'y a-t-il rien de nouveau?... Quoi donc? n'y a-t-il aucune nou- « velle? cependant il y a des choses étonnantes à raconter. » Et sans lui donner le loisir de lui répondre : « Que dites-vous donc? » poursuit-il; « n'a- « vez-vous rien entendu par la ville? Je vois bien que vous ne savez rien, « et que je vais vous régaler de grandes nouveautés. »

2. La guerre de Hollande, commencée de fait par nos alliés, par la flotte anglaise, le 23 mars 1672, officiellement déclarée par Louis XIV le 6 avril, était à la date du 2 décembre 1671, où se récita ce passage, depuis longtemps résolue dans les conseils du Roi; les préparatifs de toute espèce, les rassemblements et premiers mouvements des troupes étaient commencés, connus de toute l'Europe, et le journal étranger publiait une bonne partie de ce qu'il en pouvait apprendre. On voit, par la correspondance de Mme de Sévigné [a], que ce qu'on appelait communément la Gazette de Hollande était la *Gazette d'Amsterdam*; elle était beaucoup lue, et du Roi lui-même. Le recueil paraît en être devenu des plus rares. Nous avons parcouru, dans un des volumes conservés à la Bibliothèque nationale, un certain nombre de numéros voisins de la date de notre comédie [b], afin de pouvoir donner quelque idée des renseignements qu'ils répandaient et qui étaient le plus

[a] Particulièrement tomes III, p. 218; IV, p. 322 et 323, 511; V, p. 95.
[b] Les numéros hebdomadaires (du jeudi) publiés entre le 5 novembre et le 3 décembre, qui peut-être auraient eu pour nous le plus d'intérêt et qu'on peut supposer avoir été saisis et supprimés, manquent au volume.

s'est jeté, à corps perdu, dans le raisonnement du Mi-

propres à alimenter les entretiens et discussions des nouvellistes. Au 10 septembre 1671, on lit un article fort aigre et méprisant contre Robinet, qui avait attaqué la *Gazette* le 22 août précédent. Au 24 septembre, il est question des armements du Roi, des cent trente mille hommes dont il disposera au printemps, « tant des troupes qu'il a déjà sur pied que de celles qu'il fait lever dans les pays étrangers. » Au 22 octobre, « On parle d'une ligue étroite qui se négocie.... entre l'Empereur, la Suède et plusieurs princes de l'Empire.... *L'Empereur* fera tout son possible pour faire rétablir le duc de Lorraine dans ses États. » Au 29 octobre, on lit : « Comme nos voisins arment puissamment, cet État (*des Provinces-Unies*) est dans le dessein d'en faire de même et de lever, pour le printemps prochain, six mille chevaux et vingt mille fantassins. » Au 3 décembre, « On écrit de Wesel et autres places.... qu'il y arrive tous les jours des troupes que nos souverains (*les états*) y font marcher ; et de Francfort, qu'il y a plusieurs princes d'Allemagne, et entre autres Son Altesse Électorale de Bavière, qui prennent ombrage de l'alliance que S. A. É. Monsieur le Prince Palatin a faite avec la couronne de France par le mariage de la princesse sa fille avec M. le duc d'Orléans [a]. » Au 10 décembre, après le récit de l'arrestation de Lauzun, et la mention du grand ballet offert à Madame, à Saint-Germain, « On dit que le Roi veut mettre trois corps d'armée en campagne au printemps prochain.... S. M. a déjà tenu des conseils extraordinaires pour pourvoir aux étapes et à leur entretien. » Nous n'avons rencontré là aucune des injures adressées au Roi que mentionnent la plupart des commentateurs ; Molière ne parlait, on le voit, que de sottises, ou, suivant la variante relevée ci-après (p. 554, note 2), de méchantes plaisanteries. « Le ton général de ces feuilles..., dit M. Hatin, qui a fait de toutes ces publications périodiques de Hollande une étude très-attentive [b], est calme, monotone. Ce sont de simples chroniques, qui s'adressent moins à la passion du public qu'à sa curiosité. Les faits y sont simplement enregistrés, sans presque jamais de réflexions ; mais on comprend qu'ils pouvaient, dans leur vérité même, y être présentés d'une façon qui ne plût pas toujours en France. Je ne prétends pas dire d'ailleurs que la vérité y fût toujours respectée. » Il est bien certain qu'on affecta alors de se plaindre du journaliste étranger. Le marquis de la Fare le dit [c], et Voltaire le confirme en ces termes [d] : « Les ministres du Roi alléguaient, pour toute raison, que le Gazetier de Hollande avait été trop insolent, et qu'on disait que van Beuning avait fait frapper une médaille injurieuse à Louis XIV. » On confondait sans doute aussi parfois sous ce nom devenu générique, ce semble, du *Gazetier de Hollande*, toutes sortes de publicistes ou pamphlé-

[a] Voyez la fin du chapitre xiv du *Siècle de Louis XIV*, tome XIX des *OEuvres* de Voltaire, p. 458.
[b] Voyez son intéressant ouvrage intitulé *les Gazettes de Hollande et la presse clandestine aux dix-septième et dix-huitième siècles* (1865) : l'endroit cité est p. 79.
[c] Dans ses *Mémoires* (Collection Michaud, 3ᵉ série, tome VIII), p. 265.
[d] Au chapitre x du *Siècle de Louis XIV*, tome XIX des *OEuvres*, p. 385.

nistère ¹, d'où j'ai cru qu'il ne sortiroit point². A l'en-

taires : il n'en manquait point dans les sept Provinces. Le marquis de Sourches, après avoir mentionné, en mars 1685 ᵃ, le bruit que « le fameux Gazetier de Hollande » avait été surpris dans le Royaume et mis à la Bastille, ajoute, dans une note rectificative, que « ce n'étoit pas le grand gazetier qui avoit fait toutes les gazettes pendant la guerre, mais un moine renié qui, s'étant sauvé de France, s'étoit mis à écrire certaines petites gazettes que l'on appeloit des *lardons*, lesquelles étoient assez plaisantes, mais remplies de beaucoup d'insolences ᵇ. » — On a vu à la *Notice*, p. 532, note 5, jusqu'à quel point cette tirade avait excité l'attention de l'agent brandebourgeois Beck, soit qu'il l'eût lui-même entendue à Saint-Germain, soit qu'elle lui eût seulement été rapportée avec plus ou moins d'exagération.

1. Dans une suite de raisonnements sur le ministère, sur les desseins ou les actes du ministère.

2. Dans l'édition cartonnée de 1682 (voyez notre tome V, p. 70), que nos autres textes ont suivie, tandis que nous donnons, selon notre coutume, la leçon de l'impression non cartonnée, ce passage est ainsi modifié :

« .... une fatigante lecture de toutes les méchantes plaisanteries de la Gazette de Hollande, dont il épouse les intérêts. Il tient que la France est battue en ruine par la plume de cet écrivain, et qu'il ne faut que ce bel esprit pour défaire toutes nos troupes ; et de là s'est jeté à corps perdu dans le raisonnement du Ministère, dont il remarque tous les défauts, et d'où j'ai cru qu'il ne sortiroit point. »

Il se pourrait bien qu'ici le carton nous donnât, contre l'ordinaire, la première rédaction de l'auteur. On ne peut douter qu'au moment où allait être engagée la guerre de Hollande, l'idée n'en ait trouvé des censeurs convaincus, révoltés par l'injustice, ou prévoyant les difficultés ; Molière s'assura probablement qu'il ne déplairait point en les raillant sur le théâtre de Saint-Germain ; mais lui-même, s'il projeta l'impression de sa pièce, ou ses amis qui la préparèrent, purent bien craindre de constater, avec cette publicité s'étendant jusqu'au dehors, l'existence d'une opposition aux desseins du Roi : de là sans doute les coupures relevées sur l'exemplaire de premier état. En 1682 cependant, quatre ans après la glorieuse paix de Nimègue, il n'y avait plus, ce semble, qu'à laisser honnir ceux qui avaient été tentés de prendre le mot du chroniqueur d'Amsterdam, et il serait très-naturel que ces passages supprimés d'abord eussent été rétablis par un carton approuvé du lecteur officiel. Si à la cour, en décembre 1671, on avait pu rire de ces prédictions de *France battue en ruine* et de *toutes nos troupes*

ᵃ Tome I, p. 193, des *Mémoires du marquis de Sourches sous le règne de Louis XIV*, publiés par le comte de Cosnac (Hachette, 1882).

ᵇ Il s'agissait sans doute de ce malheureux Chauvigny, dit la Bretonnière, que Foucault, en 1698, tira d'une cage de bois où il avait été enfermé au Mont Saint-Michel, et qui mourut dans l'abbaye après vingt ans de détention : voyez les *Mémoires* de Nicolas-Joseph Foucault, publiés et annotés par M. F. Baudry dans la *Collection de documents inédits sur l'Histoire de France* (1862), p. 327.

SCÈNE I.   555

tendre parler, il sait les secrets du Cabinet[1] mieux que ceux qui les font. La politique de l'État lui laisse voir tous ses desseins, et elle ne fait pas un pas dont il ne pénètre les intentions. Il nous apprend les ressorts cachés de tout ce qui se fait, nous découvre les vues de la prudence de nos voisins, et remue, à sa fantaisie, toutes les affaires de l'Europe. Ses intelligences même s'étendent jusques en Afrique, et en Asie, et il est informé de tout ce qui s'agite dans le Conseil d'en haut[2] du Prête-Jean[3] et du Grand Mogol.

défaites, on était assurément partout chez nous disposé à s'en moquer de meilleur cœur encore, onze ans plus tard, au souvenir des faits de guerre récents et de la grandeur acquise.

1. Du cabinet, du conseil du Prince. *Cabinet*, même tout seul, veut dire, d'après l'Académie (1694), « les secrets, les mystères les plus cachés de la cour. *Il entend mieux le Cabinet qu'homme qui soit à la Cour. L'intrigue du Cabinet.* » Selon le Dictionnaire de 1878, le mot s'entend plus particulièrement du conseil où se traitent les affaires extérieures.

2. « *Conseil d'en haut*, où se traitent ordinairement les affaires d'État, et quelquefois les affaires extraordinaires des particuliers. » (*Dictionnaire de l'Académie*, 1694.)

3. Toutes nos anciennes éditions, y compris celle de 1734, ont bien la forme, assez ordinaire alors, de : « Prête-Jean », et non de « Prêtre-Jean »; cette dernière leçon est celle de 1694 B et de 1773. — « *Prêtre-Jean*, personnage imaginaire que les Occidentaux, dans le douzième siècle, supposèrent être chrétien et régner dans la haute Asie. Au quinzième siècle, on le transporta dans l'Abyssinie, qui en effet est chrétienne. » (*Dictionnaire de Littré.*) M. Fritsche dit : « Il a été démontré dans *le Prêtre-Jean* (Presbyter Joannes) *selon la légende et l'histoire*, par Oppert (Berlin, 1864), que celui que les écrivains latins du moyen âge ont primitivement désigné par ce nom de *Presbyter Johannes* n'est autre que le *Korkhan Yeliutasche*, le souverain de la Chine noire. De *Korkhan*, mal compris, on fit *Jorchan*, puis *Juchanan*, qui est la forme syriaque de *Johannes*. Oppert explique d'une façon moins satisfaisante l'origine du titre de *Prêtre* (*Presbyter*). Mais peu importe ici (*pour ce texte de Molière*), où nous n'avons à nous occuper que de la forme *Prête-Jean*. Or celle-ci n'est évidemment qu'une francisation du portugais *Preto João*, c'est-à-dire « Jean noir », signification qui indique clairement que le nom dérive de celui du souverain des Chinois noirs. » L'article de Furetière (1690) fera connaître l'idée que se faisaient généralement ses contemporains de l'un ou de l'autre personnage légendaire. On appelle *Prêtre Jean*, dit-il, « l'empereur des Abyssins, parce qu'autrefois les princes de ce pays étoient effectivement prêtres, et que le mot de *Jean* en leur langue veut dire *roi*. Ce sont les

JULIE.

Vous parez votre excuse du mieux que vous pouvez, afin de la rendre agréable, et faire qu'elle soit plus aisément reçue.

LE VICOMTE.

C'est là, belle Julie, la véritable cause de mon retardement; et si je voulois y donner une excuse galante[1], je n'aurois qu'à vous dire que le rendez-vous que vous voulez prendre peut autoriser la paresse dont vous me querellez; que m'engager à faire l'amant de la maîtresse du logis, c'est me mettre en état de craindre de me trouver ici le premier; que cette feinte où je me force n'étant que pour vous plaire, j'ai lieu de ne vouloir en souffrir la contrainte que devant les yeux qui s'en divertissent; que j'évite le tête-à-tête avec cette comtesse ridicule dont vous m'embarrassez; et, en un mot, que

---

François qui les premiers les ont fait connoître en Europe sous ce nom, à cause qu'ils ont les premiers trafiqué avec leurs sujets. On l'appelle autrement le *Grand Negus*. Son empire étoit autrefois de grande étendue.... » C'est probablement à celui-ci que songe le Vicomte, puisqu'il vient de mentionner l'Afrique avant l'Asie, où règne le Grand Mogol. C'est également l'Abyssin dont parle Montaigne (employant la forme *Prette-ian*) au chapitre XLVIII du livre I, tome I, p. 443). « Il y a, continue Furetière, un *Prêtre Jean* d'Asie, dont parle Marco Paolo Vénitien en ses voyages. Il commande.... entre la Chine et les royaumes de Sifan et de Thibet. (*Rabelais, au chapitre* XXXIV *de son livre* II, *tome* I, *p.* 382, *fait de Presthan*[a], *ainsi a-t-il laissé imprimer, un roi de l'Inde.*) C'est un royaume dont les Chinois font grand état.... Quelques-uns ont dit qu'il étoit ainsi nommé d'un prêtre nestorien dont parle Albéricus vers l'an 1145. Voyez du Cange sur Joinville (*il s'agit, aux chapitres* XCIII *et* XCIV *de Joinville, du Prêtre Jean vaincu et détrôné par Gengis-Khan: voyez l'édition de M. Natalis de Wailly, librairie Hachette*, 1881, *p.* 199, *note* 2). D'autres disent que c'est à cause que pour symbole de sa religion il a une main qui porte une croix. » Voyez aussi l'*Essai sur les mœurs et l'esprit des nations* de Voltaire, tome XVI des Œuvres, p. 219 et 220.

1. Une excuse plus adroitement, plus spirituellement aimable.

[a] Le nom est écrit ainsi dans ce qu'on appelle la « révision définitive fixée par Rabelais. » Dans les premières éditions : *Prestre Iehan*. Voyez la note de M. Marty-Laveaux sur ce passage, dans son tome IV, p. 217.

ne venant ici que pour vous, j'ai toutes les raisons du monde d'attendre que vous y soyez.

JULIE.

Nous savons bien que vous ne manquerez jamais d'esprit pour donner de belles couleurs aux fautes que vous pourrez faire[1]. Cependant, si vous étiez venu une demi-heure plus tôt, nous aurions profité de tous ces moments; car j'ai trouvé, en arrivant, que la Comtesse étoit sortie, et je ne doute point qu'elle ne soit allée par la ville se faire honneur de la comédie[2] que vous me donnez sous son nom.

LE VICOMTE.

Mais tout de bon, Madame, quand voulez-vous mettre fin à cette contrainte, et me faire moins acheter le bonheur de vous voir?

JULIE.

Quand nos parents pourront être d'accord, ce que je n'ose espérer. Vous savez, comme moi, que les démêlés de nos deux familles ne nous permettent point de nous voir autre part, et que mes frères, non plus que votre père, ne sont pas assez raisonnables pour souffrir notre attachement.

LE VICOMTE.

Mais pourquoi ne pas mieux jouir du rendez-vous que leur inimitié nous laisse, et me contraindre à perdre en une sotte feinte les moments que j'ai près de vous?

JULIE.

Pour mieux cacher notre amour; et puis, à vous dire la vérité, cette feinte dont vous parlez m'est une comé-

---

1. Que vous pouvez faire. (1730, 34.)
2. Ce mot de comédie reviendra plus d'une fois pour désigner la *Pastorale*, et, avec ce cadre, les nombreux divertissements de musique et de danse dont le Vicomte se propose d'offrir le spectacle à Julie : voyez aux scènes iv (p. 576), v (p. 583), vii (p. 589), viii (p. 590 et note 2), et comparez les derniers mots de cette scène i et de la dernière scène.

die fort agréable, et je ne sais si celle que vous nous donnez aujourd'hui me divertira davantage. Notre comtesse d'Escarbagnas, avec son perpétuel entêtement de qualité, est un aussi bon personnage qu'on en puisse mettre sur le théâtre. Le petit voyage qu'elle a fait à Paris l'a ramenée[1] dans Angoulême plus achevée[2] qu'elle n'étoit. L'approche de l'air de la cour a donné à son ridicule de nouveaux agréments, et sa sottise tous les jours ne fait que croître et embellir.

LE VICOMTE.

Oui ; mais vous ne considérez pas que le jeu qui vous divertit tient mon cœur au supplice, et qu'on n'est point capable de se jouer[3] longtemps, lorsqu'on a dans l'esprit une passion aussi sérieuse que celle que je sens pour vous. Il est cruel, belle Julie, que cet amusement dérobe à mon amour un temps qu'il voudroit employer à vous expliquer son ardeur ; et, cette nuit, j'ai fait là-dessus quelques vers, que je ne puis m'empêcher de vous réciter, sans que vous me le demandiez, tant la démangeaison de dire ses ouvrages est un vice attaché à la qualité de poëte.

C'est trop longtemps, Iris, me mettre à la torture :

Iris, comme vous le voyez, est mis là pour Julie.

C'est trop longtemps, Iris, me mettre à la torture,
Et si je suis vos lois, je les blâme tout bas
De me forcer à taire un tourment que j'endure,
Pour déclarer un mal que je ne ressens pas.

Faut-il que vos beaux yeux, à qui je rends les armes,

---

1. La ramène. (1734.)
2. Plus parfaite en son genre, plus ridicule achevée.
3. De badiner, de s'amuser, de prendre plaisir à la feinte, de jouer gaiement son rôle.

SCÈNE I.

Veuillent[1] *se divertir de mes tristes soupirs?*
Et n'est-ce pas assez de souffrir pour vos charmes,
Sans me faire souffrir encor pour vos plaisirs?

C'en est trop à la fois que ce double martyre;
Et ce qu'il me faut taire, et ce qu'il me faut dire
Exerce sur mon cœur pareille cruauté.

L'amour le met en feu, la contrainte le tue;
Et si par la pitié vous n'êtes combattue,
Je meurs et de la feinte, et de la vérité[2].

JULIE.

Je vois que vous vous faites là bien plus maltraité que vous n'êtes; mais c'est une licence que prennent Messieurs les poëtes de mentir de gaieté de cœur, et de donner à leurs maîtresses des cruautés qu'elles n'ont pas, pour s'accommoder aux pensées qui leur peuvent venir. Cependant je serai bien aise que vous me donniez ces vers par écrit.

LE VICOMTE.

C'est assez de vous les avoir dits, et je dois en demeurer là : il est permis d'être parfois assez fou pour faire des vers, mais non pour vouloir qu'ils soient vus.

JULIE.

C'est en vain que vous vous retranchez sur une fausse modestie; on sait dans le monde que vous avez de l'esprit, et je ne vois pas la raison qui vous oblige à cacher les vôtres.

1. *Veuille.* (1682; faute évidente, corrigée dans nos autres éditions.)
2. C'est là un sonnet à l'italienne rempli.... de *concetti;* mais le tour en est facile et agréable. Il vaut infiniment mieux que celui d'Oronte : aussi Cléante (*le Vicomte*) est-il un homme d'esprit, qui ne se pique point d'être poëte, ne s'abuse pas sur le mérite de ses vers, et ne les dit qu'à sa maîtresse, pour qui ils ont été faits, en se moquant même de son empressement à les lui réciter. Oronte avait montré comment le bel esprit dans un courtisan peut être ridicule; Cléante fait voir comment il peut ne l'être pas. (*Note d'Auger.*)

LE VICOMTE.

Mon Dieu! Madame, marchons là-dessus[1], s'il vous plaît, avec beaucoup de retenue; il est dangereux dans le monde de se mêler d'avoir de l'esprit. Il y a là dedans un certain ridicule qu'il est facile d'attraper, et nous avons de nos amis qui me font craindre leur exemple.

JULIE.

Mon Dieu! Cléante, vous avez beau dire, je vois, avec tout cela, que vous mourez d'envie de me les donner, et je vous embarrasserois si je faisois semblant de ne m'en pas soucier.

LE VICOMTE.

Moi, Madame? vous vous moquez, et je ne suis pas si poëte que vous pourriez bien croire[2], pour.... Mais voici votre Madame la comtesse d'Escarbagnas; je sors par l'autre porte pour ne la point trouver[3], et vais disposer tout mon monde au divertissement que je vous ai promis.

SCÈNE II.

LA COMTESSE, JULIE[4].

LA COMTESSE.

Ah, mon Dieu! Madame, vous voilà toute seule? Quelle pitié est-ce là! toute seule? Il me semble que mes gens m'avoient dit que le Vicomte étoit ici?

---

1. Ne nous hasardons sur ce terrain (qu'avec...).
2. Que vous pourriez croire. (1734.)
3. Pour ne la point trouver sur mon chemin, ne la point rencontrer.
4. LA COMTESSE, JULIE, ANDRÉE ET CRIQUET *dans le fond du théâtre.* (1734.) Mais Criquet, que sa maîtresse va tout à l'heure envoyer à l'antichambre, a dû la suivre assez avant, puis rester planté derrière elle, ou peut-être continuer d'aller et venir avec elle tenant encore le bout de sa traîne. « On se souvient, dit Aimé-Martin, d'avoir vu Préville jouer le rôle de

SCÈNE II.

JULIE.

Il est vrai qu'il y est venu; mais c'est assez pour lui de savoir que vous n'y étiez pas pour l'obliger à sortir.

LA COMTESSE.

Comment, il vous a vue?

JULIE.

Oui.

LA COMTESSE.

Et il ne vous a rien dit?

JULIE.

Non, Madame; et il a voulu témoigner par là qu'il est tout entier à vos charmes.

LA COMTESSE.

Vraiment je le veux quereller de cette action; quelque amour que l'on ait pour moi, j'aime que ceux qui m'aiment rendent ce qu'ils doivent au sexe; et je ne suis point de l'humeur de ces femmes injustes qui s'applaudissent des incivilités que leurs amants font aux autres belles.

JULIE.

Il ne faut point, Madame, que vous soyez surprise de son procédé. L'amour que vous lui donnez éclate dans

---

Criquet, le chapeau sur la tête, la corne de devant en l'air comme un paysan; il portait la queue de la robe de sa maîtresse (*ce ne pouvait guère être qu'ici, à l'entrée de la Comtesse*), et il y prenait des cerises, dont il jetait les noyaux dans les coulisses. Cette charge était indigne de la scène française.... » — Hommes et femmes du bel air se faisaient accompagner d'un petit laquais, et la mode en dura longtemps. On voit le Destin du *Roman comique*, se promenant à Saint-Cloud, faire porter au sien son épée et son manteau (chapitre XVIII de la Ire partie, tome I, p. 193 de l'édition de M. Fournel, qui, dans une note, a constaté l'usage). On se souvient des cris que M. de Pourceaugnac, déguisé en femme de qualité, fait contre le petit laquais qu'il se suppose (acte III, scène II, tome VII, p. 321). Les dames choisissaient sans doute pour ces enfants d'élégants costumes, auxquels ne devait guère ressembler celui de Criquet; il paraît que vers la fin du siècle elles les habillaient en petits dragons, puisque c'était de ce nom qu'elles les appelaient: voyez dans *la Femme d'intrigues* de Dancourt, 1692, la scène VI de l'acte IV.

toutes ses actions, et l'empêche d'avoir des yeux que pour vous[1].

LA COMTESSE.

Je crois être en état de pouvoir faire naître une passion assez forte, et je me trouve pour cela assez de beauté, de jeunesse, et de qualité, Dieu merci; mais cela n'empêche pas qu'avec ce que j'inspire, on ne puisse garder de l'honnêteté et de la complaisance pour les autres.[2] Que faites-vous donc là, laquais? Est-ce qu'il n'y a pas une antichambre où se tenir, pour venir quand on vous appelle? Cela est étrange, qu'on ne puisse avoir en province un laquais qui sache son monde. A qui est-ce donc que je parle? voulez-vous vous en aller là dehors, petit fripon? Filles[3], approchez.

ANDRÉE.

Que vous plaît-il, Madame?

LA COMTESSE.

Ôtez-moi mes coiffes. Doucement donc, maladroite[4], comme vous me saboulez[5] la tête avec vos mains pesantes!

ANDRÉE.

Je fais, Madame, le plus doucement que je puis.

LA COMTESSE.

Oui; mais le plus doucement que vous pouvez est

1. Si ce n'est pour vous, pour d'autres que pour vous : voyez ci-dessus, à la scène XII de l'acte III du *Bourgeois gentilhomme*, p. 144 et note 2.
2. *Apercevant Criquet.* (1734.)
3.   SCÈNE III.
   LA COMTESSE, JULIE, ANDRÉE.
       LA COMTESSE, à *Andrée.*
Fille. (*Ibidem.*)
4. Dans la 1re édition (1682), on a imprimé ici : « mal-à droite (dans les deux étrangères, *mal à droite*), » mais plus loin, p. 570, dans la même 1re : « mal-adroite », qui est, aux deux endroits, le texte de 1697, 1710, 18.
5. Dans l'humeur, la comtesse provinciale revient invinciblement aux mots bourgeois ou du terroir. Celui-ci est noté *bas*, en 1694, par l'Académie et expliqué ainsi : « Tourmenter, tirailler, renverser, houspiller une personne de côté et d'autre plusieurs fois. *Comme vous le saboulez!* »

SCÈNE II. 563

fort rudement pour ma tête, et vous me l'avez déboîtée. Tenez encore ce manchon, ne laissez point traîner tout cela, et portez-le dans ma garde-robe. Hé bien, où va-t-elle, ou va-t-elle? que veut-elle faire, cet oison bridé[1]?

ANDRÉE.

Je veux, Madame, comme vous m'avez dit, porter cela aux garde-robes[2].

LA COMTESSE.

Ah, mon Dieu! l'impertinente. Je vous demande pardon, Madame. Je vous ai dit[3] ma garde-robe, grosse bête, c'est-à-dire où sont mes habits.

ANDRÉE.

Est-ce, Madame, qu'à la cour une armoire s'appelle une garde-robe?

LA COMTESSE.

Oui, butorde, on appelle ainsi le lieu où l'on met les habits.

ANDRÉE.

Je m'en ressouviendrai, Madame, aussi bien que de votre grenier qu'il faut appeler garde-meuble.

LA COMTESSE.

Quelle peine[4] il faut prendre pour instruire ces animaux-là!

---

1. On a vu ci-dessus, p. 505, note 2, ce que Furetière entendait proprement par *oison bridé*.
2. Nous n'avons pas vu d'autre exemple de *garde-robe* employé au pluriel de cette façon. Littré en cite un de Montaigne (livre I, chapitre III, tome I, p. 25), pour « chaise percée », mais au singulier. Le mot pourrait bien avoir eu au dix-septième siècle le sens qu'avait dès lors et a encore *selle*, et l'on comprend combien la Comtesse est choquée de l'acception à laquelle se prête ce pluriel de la réponse d'Andrée.
3. (*A Julie.*) Je vous demande pardon, Madame. (*A Andrée.*) Je vous ai dit. (1734.)
4. SCÈNE IV.
LA COMTESSE, JULIE.
LA COMTESSE.
Quelle peine. (*Ibidem.*)

JULIE.

Je les trouve bien heureux, Madame, d'être sous votre discipline.

LA COMTESSE.

C'est une fille de ma mère nourrice, que j'ai mise à la chambre¹, et elle est toute neuve encore.

JULIE.

Cela est d'une belle âme, Madame, et il est glorieux de faire ainsi des créatures.

LA COMTESSE.

Allons, des siéges. Holà! laquais, laquais, laquais. En vérité, voilà qui est violent, de ne pouvoir pas avoir un laquais, pour donner des siéges. Filles, laquais, laquais, filles, quelqu'un. Je pense que tous mes gens sont morts, et que nous serons contraintes de nous donner des siéges nous-mêmes.

ANDRÉE.

Que voulez-vous², Madame ?

LA COMTESSE.

Il se faut bien égosiller avec vous autres.

ANDRÉE.

J'enfermois votre manchon et vos coiffes dans votre armoi..., dis-je³, dans votre garde-robe.

LA COMTESSE.

Appelez-moi ce petit fripon de laquais.

---

1. Dont j'ai fait une fille de chambre.

2.
SCÈNE V.
LA COMTESSE, JULIE, ANDRÉE.
ANDRÉE.
Que voulez-vous. (1734.)

3. Andrée, dans la hâte qu'elle a de se reprendre, commence plaisamment par *dis-je*, qui d'ordinaire appuie sur la correction faite. Si le mot d'*armoire*, au lieu d'être interrompu, ce qui prouve qu'elle s'aperçoit de sa méprise, était achevé, *dis-je* aurait pu indiquer, d'une façon plaisante aussi, que, tout en employant le mot qu'il ne faut pas dire, elle ne doutait pas, quant à elle, qu'elle n'employât le bon.

ANDRÉE.

Holà! Criquet.

LA COMTESSE.

Laissez là votre Criquet, bouvière, et appelez laquais.

ANDRÉE.

Laquais donc, et non pas Criquet, venez parler à Madame. Je pense qu'il est sourd : Criq.... laquais, laquais.

CRIQUET.

Plaît-il[1]?

LA COMTESSE.

Où étiez-vous donc, petit coquin?

CRIQUET.

Dans la rue, Madame.

LA COMTESSE.

Et pourquoi dans la rue?

CRIQUET.

Vous m'avez dit d'aller là dehors.

LA COMTESSE.

Vous êtes un petit impertinent, mon ami, et vous devez savoir que là dehors, en termes de personnes de qualité, veut dire l'antichambre. Andrée, ayez soin tantôt de faire donner le fouet à ce petit fripon-là, par mon écuyer : c'est un petit incorrigible.

ANDRÉE.

Qu'est-ce que c'est, Madame, que votre écuyer? Est-ce maître Charles[2] que vous appelez comme cela?

---

1. SCÈNE VI.
LA COMTESSE, JULIE, ANDRÉE, CRIQUET.
CRIQUET.
Plaît-il? (1734.)

2. Il y avait, chez les princes, les grands seigneurs, des écuyers de cuisine (voyez l'Académie 1694, et les *Mémoires de Saint-Simon*, tome IV, note 1 de la page 327, édition de la Collection). Mais ce maître Charles [a] doit être plu-

[a] Ce simple prénom après *maître* indiquait une très-humble condition, de maître valet tout au plus ou d'artisan. « Aux artisans, dit Furetière

566 LA COMTESSE D'ESCARBAGNAS.

LA COMTESSE.

Taisez-vous, sotte que vous êtes : vous ne sauriez ouvrir la bouche que vous ne disiez une impertinence. Des siéges. Et vous[1], allumez deux bougies dans mes flambeaux d'argent[2] : il se fait déjà tard. Qu'est-ce que c'est donc que vous me regardez toute effarée ?

ANDRÉE.

Madame....

LA COMTESSE.

Hé bien, Madame ? Qu'y a-t-il ?

ANDRÉE.

C'est que....

tôt quelque cocher ou quelque factotum comme maître Jacques. Au reste, Andrée n'a sans doute aucune idée de ce que pouvait bien être l'écuyer que sa maîtresse fait semblant d'avoir à son service. La Comtesse veut parler d'un écuyer de main : c'est, nous apprend Furetière (1690), « celui qui chez les princesses et grandes dames, non-seulement commande leur écurie, mais encore celui qui leur donne la main pour leur aider à marcher. L'écuyer de la Reine, de Madame, etc., et on les appelle écuyers ou chevaliers d'honneur. Ce mot s'est étendu à tous ceux qui donnent la main aux dames, soit qu'ils soient leurs domestiques, soit qu'ils soient leurs galants, soit qu'ils le fassent par pure civilité ou rencontre. » Avoir un écuyer était bien plus relevé que d'avoir un petit laquais, ou supposait de bien plus ridicules prétentions. Il ne fallait pas, pour être tentée d'en faire montre, être dame de si haut parage ; c'est ce que fait voir ce bout de dialogue de Dancourt dans le Chevalier à la mode (1687), acte IV, scène IV : « M. SERREFORT (parlant d'une simple marquise). Ce sont ici les dernières paroles qu'elle nous a fait porter par son écuyer. MADAME PATIN. Par son écuyer, Monsieur, par son écuyer ! Oh vraiment il faut attendre à faire cet accommodement que j'aye un écuyer comme elle ; et quand nous agirons d'écuyer à écuyer, il ne faudra peut-être pas tant de cérémonie. SERREFORT. Comment donc, Madame, un écuyer ? êtes-vous femme à écuyer, s'il vous plaît ? et ne songez-vous pas... ? MADAME PATIN. Tenez, Monsieur, point de contestation, je vous prie.... Pour peu que vous m'obstiniez, vous me ferez prendre des pages. »

1. (A Criquet.) Des siéges. (A Andrée.) Et vous. (1734.)

2. Cette affectation d'exprimer la qualité des choses qu'on possède ou dont on se sert appartient à la vanité bourgeoise : chez les grands, le bon goût veut tout le contraire. Mme d'Escarbagnas ordonne qu'on allume des bougies ; on dit chez le Roi : allumez les chandelles. (Note d'Auger, 1825.)

(1690), on donne la qualité de maître jointe à leur nom propre seulement (leur prénom), sans y mettre leur surnom (leur nom de famille), comme on fait aux avocats.... Maître Jean le savetier. »

SCÈNE II.

LA COMTESSE.

Quoi ?

ANDRÉE.

C'est que je n'ai point de bougie.

LA COMTESSE.

Comment, vous n'en avez point?

ANDRÉE.

Non, Madame, si ce n'est des bougies de suif.

LA COMTESSE.

La bouvière ! Et où est donc la cire que je fis acheter ces jours passés ?

ANDRÉE.

Je n'en ai point vu depuis que je suis céans.

LA COMTESSE.

Ôtez-vous de là, insolente ; je vous renvoyerai chez vos parents. Apportez-moi un verre d'eau.

Madame[1]. (Faisant des cérémonies pour s'asseoir.)

JULIE.

Madame.

LA COMTESSE.

Ah! Madame.

JULIE.

Ah! Madame.

LA COMTESSE.

Mon Dieu! Madame.

JULIE.

Mon Dieu! Madame.

LA COMTESSE.

Oh! Madame.

JULIE.

Oh! Madame.

LA COMTESSE.

Eh! Madame.

---

1. SCÈNE VII. LA COMTESSE et JULIE, *faisant des cérémonies pour s'asseoir.*
LA COMTESSE.
Madame. (1734.)

JULIE.

Eh! Madame.

LA COMTESSE.

Hé! allons donc, Madame.

JULIE.

Hé! allons donc, Madame.

LA COMTESSE.

Je suis chez moi, Madame, nous sommes demeurées[1] d'accord de cela. Me prenez-vous pour une provinciale, Madame?

JULIE.

Dieu m'en garde, Madame!

LA COMTESSE.

Allez[2], impertinente, je bois avec une soucoupe. Je vous dis que vous m'alliez querir une soucoupe pour boire.

ANDRÉE.

Criquet, qu'est-ce que c'est qu'une soucoupe?

CRIQUET.

Une soucoupe?

ANDRÉE.

Oui.

CRIQUET.

Je ne sais.

LA COMTESSE.

Vous ne vous grouillez pas[3]?

---

1. Demeurés. (1682, 84 A, 94 B, 97, 1710, 18.)
2.   SCÈNE VIII..
LA COMTESSE, JULIE, ANDRÉE, *apportant un verre d'eau*, CRIQUET.
     LA COMTESSE, *à Andrée*.
Allez. (1734.)
3.   LA COMTESSE, *à Andrée*.
Vous ne grouillez pas? (1730, 34.) — Le mot était assurément de meilleur usage que *sabouler*, puisque Molière l'a mis dans la bouche de Célimène (au vers 616 du *Misanthrope* : voyez tome V, p. 483 et note 2). Mais il est à remarquer que Mme Jourdain, qui représente la ville, la rue Saint-Denis, l'emploie, comme Célimène, qui représente la cour, neutralement, sans

SCÈNE II.

ANDRÉE.

Nous ne savons tous deux, Madame, ce que c'est qu'une soucoupe.

LA COMTESSE.

Apprenez que c'est une assiette[1] sur laquelle on met le verre. Vive Paris[2] pour être bien servie! on vous entend là au moindre coup d'œil. Hé bien[3]! vous ai-je dit comme cela, tête de bœuf? C'est dessous qu'il faut mettre l'assiette.

ANDRÉE.

Cela est bien aisé. (Andrée casse le verre[4].)

LA COMTESSE.

Hé bien! ne voilà pas l'étourdie[5]? En vérité vous me payerez mon verre.

pronom réfléchi (voyez ci-dessus, p. 120) ; la correction même de l'éditeur de 1734 semble prouver que la forme réfléchie était un provincialisme.

1. Mais ce n'était pas une assiette ordinaire, comme on pourrait le conclure de ce que dit la Comtesse, qui peut-être bien n'avait pas même de soucoupe dans son pauvre buffet de faïence. Jalouse d'imiter en tout la haute et élégante société parisienne, elle veut, quand elle ne la peut singer par les choses, le faire au moins par les mots. Une *soucoupe*, dit l'Académie (1694), est « une espèce d'assiette ayant un pied, sur laquelle on sert aux personnes de qualité le vase pour boire. *Soucoupe de vermeil doré. Il se fait servir avec la soucoupe.* » Furetière (1690) la décrit comme une sorte de plateau, mais toujours à l'usage des seules gens de qualité : « Petit bassin ou vaisseau plat, sur lequel on sert à boire proprement aux personnes de qualité, et où on met les verres et des carafes de plusieurs sortes de vin ou de liqueurs. *On a servi de la limonade, du sorbet, de l'eau de cerise sur une même soucoupe. Une soucoupe d'argent, de vermeil, de cristal.* »

2.   SCÈNE IX.
   LA COMTESSE, JULIE.
   LA COMTESSE.
Vive Paris. (1734.)

3.   SCÈNE X.
LA COMTESSE, JULIE, ANDRÉE, *apportant un verre d'eau avec une assiette dessus*, CRIQUET.
   LA COMTESSE.
Hé bien! (*Ibidem.*)

4. *Andrée casse le verre, en le posant sur l'assiette.* (*Ibidem.*)

5. Molière supprimait volontiers dans ce tour *il* après *voilà* : comparez, par exemple, à *l'Avare* (acte I, scène III, tome VII, p. 65) : « Ne voilà pas

ANDRÉE.

Hé bien! oui, Madame, je le payerai.

LA COMTESSE.

Mais voyez cette maladroite, cette bouvière, cette butorde, cette....

ANDRÉE, s'en allant.

Dame, Madame, si je le paye, je ne veux point être querellée.

LA COMTESSE.

Ôtez-vous de devant mes yeux. En vérité[1], Madame, c'est une chose étrange que les petites villes ; on n'y sait point du tout son monde ; et je viens de faire deux ou trois visites, où ils ont pensé me désespérer par le peu de respect qu'ils rendent à ma qualité.

JULIE.

Où auroient-ils appris à vivre ? ils n'ont point fait de voyage à Paris.

LA COMTESSE.

Ils ne laisseroient pas de l'apprendre, s'ils vouloient écouter les personnes ; mais le mal que j'y trouve, c'est qu'ils veulent en savoir autant que moi, qui ai été deux mois à Paris, et vu toute la cour.

JULIE.

Les sottes gens que voilà!

LA COMTESSE.

Ils sont insupportables avec les impertinentes égalités dont ils traitent les gens. Car enfin il faut qu'il y ait de la subordination dans les choses ; et ce qui me met

---

de mes mouchards...? » Cyrano Bergerac a dit de même (ci-dessus, p. 525, *Appendice* aux *Fourberies de Scapin*) : « Ne voilà pas un joli Ganymède ? »

1. SCÈNE XI.
LA COMTESSE, JULIE.
LA COMTESSE.

En vérité. (1734.)

hors de moi, c'est qu'un gentilhomme de ville[1] de deux jours, ou de deux cents ans, aura l'effronterie de dire qu'il est aussi bien gentilhomme que feu Monsieur mon mari[2], qui demeuroit à la campagne, qui avoit meute de chiens courants, et qui prenoit la qualité de comte dans tous les contrats qu'il passoit.

JULIE.

On sait bien mieux vivre à Paris, dans ces hôtels dont la mémoire doit être si chère. Cet hôtel de Mouhy, Madame, cet hôtel de Lyon, cet hôtel de Hollande[3] ! les agréables demeures que voilà !

LA COMTESSE.

Il est vrai qu'il y a bien de la différence de ces lieux-

1. Sans doute qui ne doit ce nom de gentilhomme qu'à quelque fonction municipale. « Angoulême..., dit, dans *la France sous Louis XIV* (1667, p. 149), P. du Val, géographe de Sa Majesté, est la capitale du pays...; le roi François Ier l'érigea en pairie et duché en faveur de Louise de Savoie, sa mère ; son évêque est archichapelain du Roi...; ses échevins sont anoblis par leur charge, aussi bien que leurs descendants. »

2. Du passage suivant du *Nouveau traité*, très-autorisé, *de la civilité qui se pratique en France parmi les honnêtes gens*, par Antoine de Courtin (8e édition, 1695, p. 33), on peut conclure *a fortiori*, ce semble, que ce cérémonieux *Monsieur* de la coquette douairière était tout à fait insolite dans le monde auquel elle se flattait d'appartenir. « On passe.... pour ridicule si, en parlant ou écrivant de son père ou de sa mère, on dit *Monsieur mon père, Madame ma mère*, etc. Cela n'appartient qu'aux princes ; il faut dire simplement *mon père, ma mère*. »

3. Tous hôtels garnis, et de médiocre renom, à en juger par le cas que semble faire de ceux d'entre eux qu'il mentionne *le Livre commode contenant les adresses de la ville de Paris pour l'année bissextile* 1692 : il est vrai que quelques-uns, depuis vingt ans, avaient pu déchoir. A l'article *Hôtels garnis et tables d'auberges*, l'indicateur (tome Ier, p. 316-320 de l'édition de M. Édouard Fournier), après avoir dit qu' « il y a des appartements magnifiquement garnis pour les grands seigneurs à l'Hôtel de la reine Marguerite, rue de Seine, et à l'Hôtel de Bouillon, quai des Théatins, » cite « plusieurs autres hôtels meublés en différents quartiers, par exemple.... l'Hôtel de Hollande et le grand Hôtel de Luyne, rue du Colombier. » Puis, énumérant les hôtels où l'on mange à quarante, à trente, à vingt et à quinze sols par repas, c'est dans la dernière et plus modeste catégorie qu'il met l'Hôtel de Mouy, rue Dauphine. Nous n'avons pas vu dans ces listes le nom de l'Hôtel de Lyon.

là à tout ceci. On y voit venir du beau monde, qui ne marchande point à vous rendre tous les respects qu'on sauroit souhaiter[1]. On ne s'en lève pas[2], si l'on veut, de dessus son siége; et lorsque l'on veut voir la revue, ou le grand ballet de *Psyché*, on est servie à point nommé[3].

JULIE.

Je pense, Madame, que, durant votre séjour à Paris, vous avez fait bien des conquêtes de qualité.

LA COMTESSE.

Vous pouvez bien croire, Madame, que tout ce qui s'appelle les galants de la cour n'a pas manqué de venir à ma porte, et de m'en conter; et je garde dans ma cassette de leurs billets, qui peuvent faire voir quelles propositions j'ai refusées; il n'est pas nécessaire de vous dire leurs noms : on sait ce qu'on veut dire par les galants de la cour.

JULIE.

Je m'étonne, Madame, que de tous ces grands noms, que je devine, vous ayez pu redescendre à un Monsieur Tibaudier, le conseiller, et à un Monsieur Harpin, le receveur des tailles. La chute est grande, je vous l'avoue. Car pour Monsieur votre vicomte, quoique vicomte de province, c'est toujours un vicomte, et il

---

1. Ces respects dont la Comtesse a gardé un souvenir si agréable étaient sans doute ceux de petites gens de province, heureux de rencontrer là si noble compagnie, ceux aussi de quelques obséquieux marchands de Paris envoyant par écrit ou venant en personne faire leurs offres.

2. On ne se lève pas pour cela.

3. « Probablement, dit Philarète Chasles, en ouvrant la fenêtre pour regarder les troupes passer et en achetant le livret du ballet de *Psyché*. » N'était-ce pas plutôt en prenant de la main de l'hôte, après y avoir mis le prix, un billet assurant accès à quelque fenêtre, ou entrée au spectacle du Palais-Royal? — C'est le 24 juillet 1671 que la tragédie-ballet de *Psyché*, œuvre de Corneille et Molière pour les scènes récitées et le plan, de Quinault et Lulli pour les scènes d'opéra, avait été donnée au public, un an environ avant que fût jouée sur le même théâtre *la Comtesse d'Escarbagnas*.

peut faire un voyage à Paris, s'il n'en a point fait ; mais un conseiller, et un receveur, sont des amants un peu bien minces, pour une grande comtesse comme vous.

LA COMTESSE.

Ce sont gens qu'on ménage dans les provinces pour le besoin qu'on en peut avoir ; ils servent au moins à remplir les vuides de la galanterie, à faire nombre de soupirants ; et il est bon[1], Madame, de ne pas laisser un amant seul maître du terrain, de peur que, faute de rivaux, son amour ne s'endorme sur trop de confiance.

JULIE.

Je vous avoue, Madame, qu'il y a merveilleusement à profiter de tout ce que vous dites ; c'est une école que votre conversation, et j'y viens tous les jours attraper[2] quelque chose[3].

SCÈNE III.

CRIQUET, LA COMTESSE, JULIE, ANDRÉE, JEANNOT[4].

CRIQUET.

Voilà Jeannot de Monsieur le Conseiller qui vous demande, Madame.

---

1. De soupirants. Il est bon. (1730, 34.)
2. Apprendre. (1734.)
3. Cette Élise (de *la Critique de l'École des femmes*), dont j'ai déjà fait remarquer la ressemblance (*par son caractère de railleuse spirituelle*) avec Julie, dit de même, en se moquant, à la prude et précieuse Climène (*scène III, tome III, p.* 328) : « Je vous étudie des yeux et des oreilles ; et je suis si remplie de vous, que je tâche d'être votre singe et de vous contrefaire en tout. » (*Note d'Auger.*)
4. SCÈNE XII.
LA COMTESSE, JULIE, ANDRÉE, CRIQUET.
CRIQUET, *à la Comtesse*. (1734.)

LA COMTESSE.

Hé bien! petit coquin, voilà encore de vos âneries[1] : un laquais qui sauroit vivre, auroit été parler tout bas à la demoiselle suivante, qui seroit venue dire doucement à l'oreille de sa maîtresse : « Madame, voilà le laquais de Monsieur un tel qui demande à vous dire un mot; » à quoi la maîtresse auroit répondu : « Faites-le entrer. »

CRIQUET.

Entrez, Jeannot[2].

LA COMTESSE.

Autre lourderie.[3] Qu'y a-t-il, laquais? Que portes-tu là?

JEANNOT.

C'est Monsieur le Conseiller, Madame, qui vous souhaite le bon jour, et, auparavant que de venir, vous envoie des poires de son jardin, avec ce petit mot d'écrit.

LA COMTESSE.

C'est du bon-chrétien, qui est fort beau. Andrée, faites porter cela à l'office. Tiens[4], mon enfant, voilà pour boire.

JEANNOT.

Oh non! Madame.

LA COMTESSE.

Tiens, te dis-je.

---

1. Voilà encore une de vos âneries. (1734.)
2.   SCÈNE XIII.
  LA COMTESSE, JULIE, ANDRÉE, CRIQUET, JEANNOT.
                       CRIQUET.
Entrez, Jeannot. (*Ibidem.*) — Cet *Entrez, Jeannot* est sans doute crié de loin par Criquet, resté tout près de la Comtesse.
3. *A Jeannot.* (1734.)
4.   SCÈNE XIV.
       LA COMTESSE, JULIE, CRIQUET, JEANNOT.
       LA COMTESSE, *donnant de l'argent à Jeannot.*
Tiens. (*Ibidem.*)

SCÈNE III.

JEANNOT.

Mon maître m'a défendu, Madame, de rien prendre de vous.

LA COMTESSE.

Cela ne fait rien.

JEANNOT.

Pardonnez-moi, Madame.

CRIQUET.

Hé! prenez, Jeannot; si vous n'en voulez pas, vous me le baillerez.

LA COMTESSE.

Dis à ton maître que je le remercie.

CRIQUET[1].

Donne-moi donc cela.

JEANNOT.

Oui, quelque sot.

CRIQUET.

C'est moi qui te l'ai fait prendre.

JEANNOT.

Je l'aurois bien pris sans toi[2].

LA COMTESSE.

Ce qui me plaît de ce Monsieur Tibaudier, c'est qu'il sait vivre avec les personnes de ma qualité, et qu'il est fort respectueux.

---

1. CRIQUET, à *Jeannot qui s'en va*. (1734.)
2. Dans *le Menteur* (acte *IV*, scène *VI*, tome *IV*, du Corneille, p. 210), Cliton, qui a conseillé de même à Sabine d'accepter l'argent qu'on lui offrait, ne demande, pour prix de son bon avis, que la moitié de la somme. (*Note d'Auger.*)

SCÈNE IV.

LE VICOMTE, LA COMTESSE, JULIE, CRIQUET, ANDRÉE [1].

LE VICOMTE.

Madame, je viens vous avertir que la comédie sera bientôt prête, et que, dans un quart d'heure, nous pouvons passer dans la salle.

LA COMTESSE.

Je ne veux point de cohue, au moins. [2] Que l'on dise à mon Suisse [3] qu'il ne laisse entrer personne.

LE VICOMTE.

En ce cas, Madame, je vous déclare que je renonce à la comédie, et je n'y saurois prendre de plaisir lorsque la compagnie n'est pas nombreuse. Croyez-moi, si vous voulez vous bien divertir, qu'on dise à vos gens de laisser entrer toute la ville.

LA COMTESSE.

Laquais, un siége. [4] Vous voilà venu à propos pour recevoir un petit sacrifice que je veux bien vous faire. Tenez, c'est un billet de Monsieur Tibaudier, qui m'envoie des poires. Je vous donne la liberté de le lire tout haut, je ne l'ai point encore vu.

---

1. SCÈNE XV. LE VICOMTE, LA COMTESSE, JULIE, CRIQUET. (1734.)

2. *A Criquet. (Ibidem.)*

3. Un Suisse aussi fictif que l'écuyer, et ne payant pas même de mine et de livrée.

4. *Au Vicomte, après qu'il s'est assis.* (1734.)

SCÈNE IV.

LE VICOMTE[1].

Voici un billet du beau style, Madame, et qui mérite d'être bien écouté[2]. (Il lit.)

Madame, je n'aurois pas pu vous faire le présent que je vous envoie, si je ne recueillois pas plus de fruit de mon jardin, que j'en recueille de mon amour.

LA COMTESSE.

Cela vous marque clairement qu'il ne se passe rien entre nous.

LE VICOMTE continue.

Les poires ne sont pas encore bien mûres, mais elles en cadrent[3] *mieux avec la dureté de votre âme, qui, par ses continuels dédains, ne me promet pas poires molles*[4]. *Trouvez bon, Madame, que sans m'engager dans une énumération de vos perfections et charmes, qui me jetteroit dans un progrès à l'infini*[5], *je conclue ce mot, en vous faisant considérer que je suis d'un aussi franc chrétien que les poires*[6] *que je vous envoie, puisque je rends le bien pour le mal, c'est-à-dire, Madame, pour m'expliquer plus intelligiblement, puisque je vous présente*

---

1. LE VICOMTE, *après avoir lu tout bas le billet.* (1734.)
2. D'être écouté. (1773.) — L'indication qui suit : *Il lit*, n'est pas dans l'édition de 1734, non plus que, à la reprise, le mot *continue.*
3. Dans tous les anciens textes, *quadrent.*
4. Ne me promet pas de grandes douceurs. « Il ne lui promet pas poires molles, » est un proverbe noté comme vulgaire par Antoine Oudin (*Curiosités françoises*, 1640, p. 436) et expliqué par *il le menace grandement.*
5. Une énumération.... qui deviendrait infinie, me mènerait infiniment loin. Est-ce une de ces locutions dont la Comtesse pense qu'elles ne sont pas de l'Académie? C'est, dit Littré, « un terme de philosophie. *Progrès à l'infini*, opinion de ceux qui considèrent les causes comme formant une série indéfinie, sans arriver à une cause dernière et suprême. »
6. Que je suis d'un esprit aussi foncièrement, aussi vraiment chrétien que ces poires sont de la vraie nature des bons-chrétiens francs, c'est-à-dire produits, avec toutes leurs qualités, par un arbre non greffé. Un arbre franc de pied, ou simplement arbre franc, est, dit Littré, un « arbre qui, sans avoir besoin d'être greffé, produit une bonne espèce de fruit : *Un prunier franc.* On le dit quelquefois des fruits mêmes. *Noisettes franches. Pêche franche.* »

des poires de bon-chrétien pour[1] *des poires d'angoisse*[2], *que vos cruautés me font avaler tous les jours.*

TIBAUDIER, *votre esclave indigne.*

Voilà, Madame, un billet à garder.

LA COMTESSE.

Il y a peut-être quelque mot qui n'est pas de l'Académie[3]; mais j'y remarque un certain respect qui me plaît beaucoup.

JULIE.

Vous avez raison, Madame, et Monsieur le Vicomte dût-il s'en offenser, j'aimerois un homme qui m'écriroit comme cela.

1. En échange de....
2. Encore une façon de parler que la Comtesse peut ne pas connaître, juger, par suite, peu académique et que pourtant, quelques années plus tard (1694 : voyez la note suivante), l'Académie mettra dans son *Dictionnaire* et expliquera ainsi : « On appelle *poire d'angoisse* une sorte de poire fort âpre. Et on dit figurément *faire avaler des poires d'angoisse* pour dire Donner quelque chagrin, quelque mortification sensible. *Il lui a bien fait avaler des poires d'angoisse*. — On appelle aussi figurément *poire d'angoisse* (*mais ce n'est évidemment point à celles de cette espèce que M. Tibaudier veut faire allusion*) certain instrument de fer fait en forme de poire et à ressort, que des voleurs mettent par force dans la bouche des personnes pour les empêcher de crier. » Beaufort, lors de son évasion, employa un de ces engins avec l'exempt qui le gardait (voyez les *Mémoires inédits de Louis-Henri..., de Brienne*, seconde édition de F. Barrière, 1828, tome I, p. 322 et 323). — L'espèce de poire dite « de bon-chrétien » ne figure, elle, que nous sachions, dans aucune locution proverbiale. Son emploi métaphorique, par contraste, est du cru de l'auteur du billet, et le plaisant est ce contraste qu'il en fait, comme du mot *fruit* au début, avec le vrai fruit, les vraies poires qu'il offre en présent.
3. L'Académie ne publia la première édition de son *Dictionnaire* qu'en 1694, mais on sait que c'est principalement pour travailler à un tel ouvrage qu'elle avait été instituée en 1635; et dès 1637 elle s'était occupée du plan à suivre (voyez en tête de l'édition de 1835, la *Préface* de M. Villemain, p. XII et suivantes).

SCÈNE V.

MONSIEUR TIBAUDIER, LE VICOMTE,
LA COMTESSE, JULIE, ANDRÉE, CRIQUET[1].

LA COMTESSE.

Approchez, Monsieur Tibaudier, ne craignez point d'entrer. Votre billet a été bien reçu, aussi bien que vos poires, et voilà Madame qui parle pour vous contre votre rival.

MONSIEUR TIBAUDIER.

Je lui suis bien obligé, Madame, et si elle a jamais quelque procès en notre siége, elle verra que je n'oublierai pas l'honneur qu'elle me fait de se rendre auprès de vos beautés l'avocat de ma flamme[2].

JULIE.

Vous n'avez pas besoin d'avocat, Monsieur, et votre cause est juste.

MONSIEUR TIBAUDIER.

Ce néanmoins[3], Madame, bon droit a besoin d'aide[4],

---

1. SCÈNE XVI.
MONSIEUR TIBAUDIER, LE VICOMTE, LA COMTESSE, JULIE, CRIQUET.
(1734.)

2. « M. Tibaudier, remarque Auger,... fait souvenir de Dandin, des *Plaideurs* (1668), disant à Isabelle (acte III, scène IV, vers 845) :

Dis-nous : à qui veux-tu faire perdre la cause ? »

3. L'Intimé, qui s'efforce de parler la langue naturelle de M. Tibaudier, a aussi placé cette antique locution dans un bel endroit de son plaidoyer (au vers 737 des *Plaideurs*) :

. . . . Mais quelque défiance
Que nous doive donner la susdite éloquence
Et le susdit crédit, ce néanmoins, Messieurs,
L'ancre de vos bontés nous rassure.

4. « On dit proverbialement *Bon droit a besoin d'aide*, pour dire que quelque bonne que soit une affaire, il ne faut pas laisser que de la solliciter. » (*Dictionnaire de l'Académie*, 1694.)

et j'ai sujet d'appréhender de me voir supplanté par un tel rival, et que Madame ne soit circonvenue par la qualité de vicomte.

LE VICOMTE.

J'espérois quelque chose, Monsieur Tibaudier, avant votre billet; mais il me fait craindre pour mon amour.

MONSIEUR TIBAUDIER.

Voici encore, Madame, deux petits versets, ou couplets, que j'ai composés à votre honneur et gloire.

LE VICOMTE.

Ah! je ne pensois pas que Monsieur Tibaudier fût poëte, et voilà pour m'achever que ces deux petits versets-là.

LA COMTESSE.

Il veut dire deux strophes[1]. Laquais, donnez un siége à Monsieur Tibaudier. Un pliant[2], petit animal. Mon-

1. « La Comtesse, dit Auger, corrige la bévue de M. Tibaudier par une autre. On ne sait trop quel nom donner aux madrigaux de Monsieur le Conseiller. » En effet, *verset*, que Montaigne a encore employé comme un diminutif de *vers* [a], ne se disait plus, ce semble, que des moindres divisions de l'Écriture. Les deux pièces étant tout à fait indépendantes, il ne peut être même ironiquement question ni de couplets de chanson, ni de strophes, ni même de stances irrégulières. M. Tibaudier ne s'est évidemment pas plus inquiété du nom à donner à son sixain et à son dixain que des petits détails de la facture. Mais c'est sans aucun doute sous le titre de madrigal ou d'épigramme galante qu'il avait lu dans quelque recueil les poésies qui, après l'avoir plus particulièrement charmé, lui ont servi de modèles pour ses deux essais lyriques.

2. (*A Criquet.*) Laquais, etc. (*Bas, à Criquet, qui apporte une chaise.*) Un pliant. (1734.) « Un meuble de chambre, dit Furetière (1690, au mot FAUTEUIL), doit consister en fauteuils, chaises et siéges pliants. On présente le fauteuil aux personnes de qualité comme le siége le plus honorable. » De moins en moins honorables, après le fauteuil qui avait bras et dossier, était la chaise sans bras, le pliant et le tabouret sans bras ni dossier. Ce n'était pas à la cour seulement ou entre gens habitués à son cérémonial que l'ordre hiérarchique des siéges était établi; les bourgeois constitués en charge ou prétendant à une supériorité quelconque le faisaient observer avec un soin tout aussi jaloux. Dorine, raillant

[a] Livre II, au commencement du chapitre I, à propos d'une sentence, en un vers ïambique, de Publius Syrus.

SCÈNE V.

sieur Tibaudier, mettez-vous là, et nous lisez vos strophes.

MONSIEUR TIBAUDIER.

Une personne de qualité
Ravit mon âme;
Elle a de la beauté,
J'ai de la flamme;
Mais je la blâme
D'avoir de la fierté.

LE VICOMTE.

Je suis perdu après cela.

LA COMTESSE.

Le premier vers est beau : *Une personne de qualité.*

JULIE.

Je crois qu'il est un peu trop long[1], mais on peut prendre une licence pour dire une belle pensée.

LA COMTESSE[2].

Voyons l'autre strophe.

MONSIEUR TIBAUDIER.

Je ne sais pas si vous doutez de mon parfait amour;

Mariane sur sa future résidence en province, ne lui permet d'espérer qu'un *siége pliant*[a] en présence de Madame la baillive ou de Madame l'élue (au vers 663 de *Tartuffe*, tome IV, p. 442). Une substitution de siéges tout inverse, mais non moins amusante pour des spectateurs bien au courant de toutes ces distinctions d'étiquette, avait lieu à la scène III de l'acte IV de *Dom Juan*, quand le noble débiteur, dans l'espoir d'étourdir son créancier, déroge jusqu'à le forcer d'accepter, de plain-pied avec lui, les honneurs du fauteuil.

1. Et surtout le paraît, en tête d'une strophe où les autres vers qui ont même rime ont aussi même mesure[b]. Il y a charge, avec intention bien marquée; car rien n'était plus simple, si Molière n'eût tenu à cette plaisanterie, que de retrancher au moins une syllabe en mettant *dame* au lieu de *personne*. Plus bas il vient deux vers de quatorze syllabes dont Julie, quoiqu'ils soient bien rhythmés, aurait pu témoigner aussi son étonnement.

2. LA COMTESSE, *à M. Tibaudier*. (1734.)

[a] Cet emploi, fait par la Comtesse, de *pliant* sans le mot *siége* est à ajouter à celui que donne la note sur le vers que nous allons citer de *Tartuffe*.
[b] Nos anciens traités de versification (soit dit accessoirement, car Julie certes ne le sait et n'y pense guère) disaient, en général, inusités les vers de neuf syllabes. Nous ferons remarquer, en passant, qu'ils ne l'étaient pour-

Mais je sais bien que mon cœur, à toute heure,
Veut quitter sa chagrine demeure,
Pour aller par respect faire au vôtre sa cour :
Après cela pourtant, sûre de ma tendresse,
Et de ma foi, dont unique est l'espèce,
Vous devriez à votre tour,
Vous contentant d'être comtesse,
Vous dépouiller, en ma faveur, d'une peau de tigresse,
Qui couvre vos appas la nuit comme le jour.

LE VICOMTE.

Me voilà supplanté, moi, par Monsieur Tibaudier.

LA COMTESSE.

Ne pensez pas vous moquer : pour des vers faits dans la province, ces vers-là sont fort beaux.

LE VICOMTE.

Comment, Madame, me moquer? Quoique son rival, je trouve ces vers[1] admirables, et ne les appelle pas seulement deux strophes, comme vous, mais deux épigrammes, aussi bonnes que toutes celles de Martial[2].

LA COMTESSE.

Quoi? Martial fait-il des vers? Je pensois qu'il ne fît[3] que des gants[4]?

---

1. Ses vers. (1734.)
2. Ce qui rend plus naturelle cette comparaison, qui va amener la risible méprise de la comtesse provinciale et l'énorme ânerie du Conseiller, c'est qu'une traduction très-récente, et qu'on dut croire lisible et même élégante, avait en quelque sorte remis en circulation dans le grand public le nom du célèbre épigrammatiste latin : c'est en 1671 que l'abbé de Marolles avait rimé la version, donnée par lui, seize ans auparavant, en prose, des épigrammes de Martial.
3. Voyez tome VI, p. 268, note 3, divers renvois se rapportant à cet emploi du subjonctif après les verbes du sens de *croire*, *s'imaginer*.
4. Le Martial que la Comtesse ne sait pas distinguer du poëte contemporain de Titus et de Domitien était un grand parfumeur et gantier, ayant depuis longtemps la vogue à Paris. Son illustration est attestée par Loret, qui le décore du titre de valet de chambre de Monsieur, et par le grand nombre d'autres mentions qu'on rencontre de lui ; nous nous contenterons

tant pas absolument, témoin quatre fort bons vers (67, 71, 72, 75) de l'*Idylle sur la paix* de Racine (tome IV des Œuvres, p. 88).

MONSIEUR TIBAUDIER.

Ce n'est pas ce Martial-là, Madame; c'est un auteur qui vivoit il y a trente ou quarante ans.

LE VICOMTE.

Monsieur Tibaudier a lu les auteurs, comme vous le voyez. Mais allons voir, Madame, si ma musique et ma comédie, avec mes entrées de ballet, pourront combattre dans votre esprit les progrès des deux strophes et du billet que nous venons de voir.

LA COMTESSE.

Il faut que mon fils le Comte soit de la partie; car il est arrivé ce matin de mon château avec son précepteur, que je vois là dedans.

SCÈNE VI.

MONSIEUR BOBINET, MONSIEUR TIBAUDIER, LA COMTESSE, LE VICOMTE, JULIE, ANDRÉE, CRIQUET[1].

LA COMTESSE.

Holà! Monsieur Bobinet, Monsieur Bobinet, approchez-vous du monde.

---

d'en rapporter une, empruntée à *la Promenade de Saint-Cloud* de Gueret et qu'on peut probablement dater de 1669 (à la suite des *Mémoires de Bruys*, publiés en 1751, tome II, p. 198) : « Donnons-nous de garde de ressembler à ces fanfarons[a] qui ne voudroient pas d'une paire de gants si elle ne venoit de chez Martial. » Voyez *la Muse historique* de Loret, au 9 novembre 1652; dans les *OEuvres de Chapelle et Bachaumont*, édition de M. Tenant de Latour, leur *Voyage* (écrit en 1655, publié en 1663), p. 80; les *Mémoires de la vie du comte de Gramont* par Hamilton, chapitre VII, p. 130 de l'édition de M. Henri Motheau.

1. SCÈNE XVII.
LA COMTESSE, JULIE, LE VICOMTE, MONSIEUR TIBAUDIER, MONSIEUR BOBINET, CRIQUET. (1734.)

[a] Ces fanfarons de la mode, ces exagérateurs, ces raffinés.

MONSIEUR BOBINET.

Je donne le bon vêpres[1] à toute l'honorable compagnie. Que desire Madame la comtesse d'Escarbagnas de son très-humble serviteur Bobinet?

LA COMTESSE.

A quelle heure, Monsieur Bobinet, êtes-vous parti d'Escarbagnas, avec mon fils le Comte?

MONSIEUR BOBINET.

A huit heures trois quarts, Madame, comme votre commandement me l'avoit ordonné.

LA COMTESSE.

Comment se portent mes deux autres fils, le Marquis, et le Commandeur?

MONSIEUR BOBINET.

Ils sont, Dieu grâce[2], Madame, en parfaite santé.

LA COMTESSE.

Où est le Comte?

MONSIEUR BOBINET.

Dans votre belle chambre à alcôve, Madame.

1. L'Académie, en 1694, donne encore ces exemples du mot (sans le signe du pluriel) : *Sur le vêpre. Je vous donne, je vous souhaite le bon vêpre.* « Il est vieux, » remarque-t-elle. « Ces expressions surannées, dit Auger, renforcent comiquement la couleur pédantesque du rôle de M. Bobinet. » Mais M. Bobinet n'est pas précisément pédant, il ne cherche pas trop à faire montre de son petit savoir. Il est plutôt naïf, rustique et borné, et parle la vieille langue du curé de village qui l'a instruit. Auger, le prenant à partie sur sa réplique suivante, lui reproche pléonasme ou battologie. C'est que la tête et la langue du pauvre homme s'embarrassent un peu. Il se retirait timidement, et se présente gauchement, fort troublé de se voir appelé, à l'improviste, au milieu du plus grand monde d'Angoulême. Auger l'accuse ensuite de bassesse. Molière le montre seulement timide, sans contenance, sans aucun usage, incapable de porter un jugement sur sa riche et noble protectrice; elle doit être, en effet, comme le dit Auger, fort satisfaite de son ton de déférence, d'humilité même; mais il ne veut être, ce semble, et ne croit être que respectueux.

2. Arrangement de mots à la latine, *Deo gratias*, avec l'inversion que nous avons conservée dans « Dieu merci. » *Dieu*, cas indirect, se trouve placé de même, comme cas indirect représentant le génitif, dans un ancien proverbe que donne encore l'Académie (1878) : « Cela lui vient de Dieu grâce, » de la grâce de Dieu.

SCÈNE VI.

LA COMTESSE.

Que fait-il, Monsieur Bobinet?

MONSIEUR BOBINET.

Il compose un thème, Madame, que je viens de lui dicter, sur une épître de Cicéron[1].

LA COMTESSE.

Faites-le venir, Monsieur Bobinet.

MONSIEUR BOBINET.

Soit fait, Madame, ainsi que vous le commandez.

LE VICOMTE[2].

Ce Monsieur Bobinet, Madame, a la mine fort sage, et je crois qu'il a de l'esprit.

SCÈNE VII.

LA COMTESSE, LE VICOMTE, JULIE, LE COMTE, MONSIEUR BOBINET, MONSIEUR TIBAUDIER, ANDRÉE, CRIQUET[3].

MONSIEUR BOBINET.

Allons, Monsieur le Comte, faites voir que vous profitez des bons documents[4] qu'on vous donne. La révérence à toute l'honnête assemblée.

---

1. M. Bobinet a peut-être préparé un thème d'imitation, un texte français que le Comte peut sans trop de peine mettre en latin à l'aide des expressions fournies ou suggérées par la lettre de Cicéron. Au reste *thème*, signifiant simplement sujet de devoir, pouvait marquer aussi bien alors, donc ici dans la phrase de Robinet, une traduction du latin en français que du français en latin; il peut vouloir dire qu'il lui a donné un devoir à faire sur une épître de Cicéron, qu'il lui a dicté le latin de l'épître.

2. SCÈNE XVIII.
LA COMTESSE, JULIE, LE VICOMTE, MONSIEUR TIBAUDIER.
LE VICOMTE, *à la Comtesse*. (1734.)

3. SCÈNE XIX.
LA COMTESSE, JULIE, LE VICOMTE, LE COMTE, MONSIEUR BOBINET, MONSIEUR TIBAUDIER. (*Ibidem.*)

4. Des bons enseignements, des bonnes instructions et leçons. L'Aca-

LA COMTESSE[1].

Comte, saluez Madame. Faites la révérence à Monsieur le Vicomte. Saluez Monsieur le Conseiller.

MONSIEUR TIBAUDIER.

Je suis ravi, Madame, que vous me concédiez la grâce d'embrasser Monsieur le Comte votre fils. On ne peut pas aimer le tronc qu'on n'aime aussi les branches.

LA COMTESSE.

Mon Dieu! Monsieur Tibaudier, de quelle comparaison vous servez-vous là?

JULIE.

En vérité, Madame, Monsieur le Comte a tout à fait bon air.

LE VICOMTE.

Voilà un jeune gentilhomme qui vient bien dans le monde[2].

JULIE.

Qui diroit que Madame eût un si grand enfant?

LA COMTESSE.

Hélas! quand je le fis, j'étois si jeune, que je me jouois encore avec une poupée.

JULIE.

C'est Monsieur votre frère, et non pas Monsieur votre fils.

---

démie, en 1694, semble encore admettre cet ancien sens; mais elle ajoute: « Ce mot vieillit. » Hamilton l'a employé, comme M. Bobinet, dans un *Rondeau* familier (non marotique cependant) qui est au commencement du chapitre IV des *Mémoires de la vie du comte de Gramont*:

> Mettez-vous bien dans la mémoire
> Et retenez ces documents,
> Vous qui vous piquez de la gloire
> De réussir en faits galants.

1. LA COMTESSE, *montrant Julie.* (1734.)
2. Qui est le bienvenu dans le monde? Ou qui se présente, qui entre avantageusement dans le monde? Ou bien encore, et plutôt peut-être, qui profite, qui réussit, qui se forme bien, qui, peu à peu, fait bonne figure dans le monde?

SCÈNE VII.

LA COMTESSE.

Monsieur Bobinet, ayez bien soin au moins de son éducation.

MONSIEUR BOBINET.

Madame, je n'oublierai aucune chose pour cultiver cette jeune plante, dont vos bontés m'ont fait l'honneur de me confier la conduite, et je tâcherai de lui inculquer les semences de la vertu.

LA COMTESSE.

Monsieur Bobinet, faites-lui un peu dire quelque petite galanterie[1] de ce que vous lui apprenez.

MONSIEUR BOBINET.

Allons, Monsieur le Comte, récitez votre leçon d'hier au matin.

LE COMTE.

Omne viro soli quod convenit esto virile.
Omne viri...[2].

LA COMTESSE.

Fi! Monsieur Bobinet, quelles sottises est-ce que vous lui apprenez là?

MONSIEUR BOBINET.

C'est du latin, Madame, et la première règle de Jean Despautère.

---

1. Quelque gentille, quelque agréable petite chose.
2. *Omne vir....* (1734.) — *Omne vi....* (1694 B, 1773.) — Le petit Comte se met en devoir de réciter les deux vers que Despautère a mis en tête du livre I (concernant le genre des noms) de la première partie de ses *Commentarii grammatici* (édition de 1537, p. 25 [a]; le second, ici inachevé, est:

Omne viri specie pictum vir dicitur esse,

et le tout peut se traduire ainsi : « Que tout nom qui ne peut convenir

[a] Nous avons déjà vu trois mentions de ces *Commentaires grammaticaux*: dans *la Jalousie du Barbouillé*, scène VI; le *Dépit amoureux*, acte II, scène VI; le *Médecin malgré lui*, acte II, scène IV: voyez au tome Ier, p. 33 et note 5; p. 448 et note 1; et au tome VI, p. 86 et note 3. C'était un fort gros livre dont les enfants étudiaient, en plusieurs années, les différentes parties : *Rudiments* (premières notions), puis, sans autre titre collectif que Ire *partie*, les neuf parties du discours, puis *Syntaxe, Versification, Accentuation*, etc.

588   LA COMTESSE D'ESCARBAGNAS.

LA COMTESSE.

Mon Dieu! ce Jean Despautère-là est un insolent, et je vous prie de lui enseigner du latin plus honnête que celui-là.

MONSIEUR BOBINET.

Si vous voulez, Madame, qu'il achève, la glose[1] expliquera ce que cela veut dire.

LA COMTESSE.

Non, non, cela s'explique assez[2].

qu'à un homme soit masculin. Tout ce qu'on se représente comme un homme est (*grammaticalement*) dit être tel. » Après les deux vers mnémoniques, vient ce que M. Bobinet va appeler la glose, c'est-à-dire une explication des règles, donnée en prose et appuyée d'exemples : *Omne nomen soli viro datum est masculini generis : ut Johannes*, etc.

1. L'explication que mon élève ajoutera à sa citation.
2. La Comtesse a-t-elle ouï discuter quelque part un projet de réforme semblable à celui dont Philaminte s'ouvre à Trissotin, dans la scène II de l'acte III des *Femmes savantes* (vers 908-917)? Ce qui est sûr, c'est qu'elle a cru reconnaître dans ce latin quelques-unes

. . . . De ces syllabes sales
Qui dans les plus beaux mots produisent des scandales.

On ne peut douter du genre de gaieté que Molière a voulu provoquer ici chez un certain nombre de spectateurs. Une application toute rabelaisienne du premier vers et de sa règle avait été faite dans *le Moyen de parvenir* de Béroalde de Verville[a] (p. 94, de l'édition de P. L. Jacob, bibliophile). Mais c'est une historiette que Molière avait sans doute entendu conter comme Tallemant des Réaux qui a probablement suggéré ce passage, et jusqu'à la plus évidente des grossières équivoques, on ne peut dire de mots, mais équivoques de sons[b] qu'il contient, que du moins on est obligé d'y chercher. L'amourette que Villarseaux lia avec Ninon, dit des Réaux (tome VI, p. 10 et 11), « donna bien du chagrin à sa femme. Boisrobert dit qu'un jour qu'il était allé à Villarseaux (car Villarseaux est son hôte à Paris), le précepteur de ses enfants voulut faire voir à Boisrobert comme ils étaient bien instruits : il demanda à l'un d'eux : ..., *Quem virum habuit Semiramis?* — *Ninum*. Mme de Villarseaux se mit en colère contre le pédagogue. « Vraiment, lui dit-elle, vous vous passeriez bien « de leur apprendre des ordures ; » et que c'étoit la mépriser que de prononcer ce nom-là chez elle. »

[a] Publié, d'après Quérard, vers 1610.
[b] De sons, de syllabes relevées davantage alors par une accentuation plus exacte que celle qui est généralement, en France, devenue la nôtre.
[c] Domaine dont ce Villarseaux portait le nom.

SCÈNE VII.

CRIQUET.

Les comédiens[1] envoient dire qu'ils sont tout prêts[2].

LA COMTESSE.

Allons nous placer.[3] Monsieur Tibaudier, prenez Madame.[4]

LE VICOMTE.

Il est nécessaire de dire que cette comédie n'a été faite que pour lier ensemble les différents morceaux de musique, et de danse, dont on a voulu composer ce divertissement[5], et que....

LA COMTESSE.

Mon Dieu! voyons l'affaire : on a assez d'esprit pour comprendre les choses.

LE VICOMTE.

Qu'on commence le plus tôt qu'on pourra, et qu'on empêche, s'il se peut, qu'aucun fâcheux ne vienne troubler notre divertissement.

Après que les violons ont quelque peu joué, et que toute la compagnie est assise.

SCÈNE XX.

LA COMTESSE, JULIE, LE VICOMTE, MONSIEUR TIBAUDIER, LE COMTE, MONSIEUR BOBINET, CRIQUET.

CRIQUET.

1. Les comédiens. (1734.)
2. Il y a bien ici *tout*, et non pas *tous*, *prêts* dans le texte de 1682 et sa série, sauf 1710, 18 et 33, qui ont *tous* (voyez ci-dessus, p. 457 et note 1).
3. *Montrant Julie.* (1734.)
4. *Criquet range tous les sièges sur un des côtés du théâtre; la Comtesse, Julie et le Vicomte s'asseyent; M. Tibaudier s'assied aux pieds de la Comtesse.* (*Ibidem.*)
5. Voyez l'avertissement qui est en tête de l'*Appendice*, ci-après, p. 599.

SCÈNE VIII.

LA COMTESSE, LE COMTE, LE VICOMTE, JULIE, MONSIEUR HARPIN, MONSIEUR TIBAUDIER, aux pieds de la Comtesse, MONSIEUR BOBINET, ANDRÉE [1].

MONSIEUR HARPIN.

Parbleu! la chose est belle, et je me réjouis de voir ce que je vois.

LA COMTESSE.

Holà! Monsieur le Receveur, que voulez-vous donc dire avec l'action que vous faites? vient-on interrompre comme cela une comédie?

MONSIEUR HARPIN.

Morbleu! Madame, je suis ravi de cette aventure, et ceci me fait voir ce que je dois croire de vous, et l'assurance qu'il y a au don de votre cœur et aux serments que vous m'avez faits de sa fidélité.

LA COMTESSE.

Mais vraiment, on ne vient point ainsi se jeter au travers d'une comédie, et troubler un acteur qui parle [2].

---

1. *Les violons commencent une ouverture.*
SCÈNE XXI.
LA COMTESSE, JULIE, LE VICOMTE, LE COMTE, MONSIEUR HARPIN, MONSIEUR TIBAUDIER, MONSIEUR BOBINET, CRIQUET. (1734.)
2. Sur la disposition des différentes parties qui composaient le *Ballet des ballets* à la cour, et en particulier sur la place à donner à cette avant-dernière scène de la comédie proprement dite, voyez la supposition très-plausible adoptée dans la *Notice* ci-dessus, p. 533 et 534. Il en faut peut-être faire une autre encore, car quelques objections pourraient se présenter à l'esprit. Ne faire arriver le Receveur des tailles qu'après une aussi longue interruption de la petite comédie, qu'après l'exécution entière de la *Pastorale* et de ses intermèdes, n'était-ce pas relâcher beaucoup trop le fil qui relie ces scènes légères? Des yeux et des oreilles distraits, peu-

SCÈNE VIII.

MONSIEUR HARPIN.

Eh têtebleu! la véritable comédie qui se fait ici, c'est celle que vous jouez; et si je vous trouble, c'est de quoi je me soucie peu.

LA COMTESSE.

En vérité, vous ne savez ce que vous dites.

MONSIEUR HARPIN.

Si fait morbleu! je le sais bien; je le sais bien, morbleu! et...[1].

dont des heures, par l'éclatante musique et toutes les magnificences de cinq actes d'opéra, les plus variés qu'on eût encore vus sur ce théâtre royal, pouvaient-ils revenir avec intérêt à la simplicité, au petit murmure d'une scène parlée? Pauvre spectacle, pour succéder à l'autre, que celui de l'irruption et des fureurs de M. Harpin. Et à quoi bon laisser là, sur le théâtre, assistant presque jusqu'au bout à l'interminable ballet, ce groupe ridicule de la Comtesse et du Conseiller assis à ses pieds? On pourra donc se trouver disposé à admettre que M. Harpin paraissait plus tôt, au moment où les violons achevaient de jouer ou même seulement commençaient de jouer l'ouverture; car aux premières mesures quelques-uns des personnages de la *Pastorale* pouvaient se grouper sur la scène et l'un d'eux déjà s'avancer, prêt à parler, à exposer le sujet. M. Harpin se montrant, ce prélude s'arrêtait; la petite comédie s'achevait sans avoir été coupée en deux; puis la *Pastorale* était reprise, ou plutôt commencée, et, cette fois, pour être continuée d'une suite jusqu'à la fin des brillants divertissements de musique et de danse qu'elle encadrait. Il y a, il est vrai, une difficulté aussi à cet arrangement; il n'est possible de le supposer qu'en attribuant six actes à la *Pastorale;* une telle division est certes extraordinaire, bien qu'il s'agit très-extraordinairement de faire entrer dans la *comédie* commandée par le Roi « *tout* ce que le théâtre peut avoir de plus beau..., *tous* les plus beaux endroits des divertissements.... représentés devant *S. M.* depuis plusieurs années » (voyez ci-après, p. 599, l'Avertissement du *Livre*). Nous ne savons toutefois si, des sept actes qu'avait l'ensemble, en donner deux à *la Comtesse d'Escarbagnas* ne paraîtra pas encore moins naturel que d'en donner six à la *Pastorale* [a].

1. *M. Bobinet, épouvanté, emporte le Comte, et s'enfuit; il est suivi par*

[a] Nous ne tirerons pas argument de ce qu'il n'y a qu'une grande division, de PREMIER ACTE, indiquée dans l'édition première faite d'après la copie de Molière (voyez ci-dessus, p. 551) : si la division de SECOND ou plutôt de SEPTIÈME ACTE se trouvait également dans le manuscrit (nous n'avons pas la preuve absolue du contraire), elle devait, placée au milieu du texte, être plus facilement aperçue et plus sûrement supprimée à l'impression que l'autre; toutes deux étaient devenues inutiles quand il s'agit de représenter ou de faire lire la petite comédie en dehors du *Ballet des ballets*.

LA COMTESSE.

Eh fi! Monsieur, que cela est vilain de jurer de la sorte!

MONSIEUR HARPIN.

Eh ventrebleu! s'il y a ici quelque chose de vilain, ce ne sont point mes jurements, ce sont vos actions, et il vaudroit bien mieux que vous jurassiez, vous, la tête, la mort et la sang[1], que de faire ce que vous faites avec Monsieur le Vicomte.

LE VICOMTE.

Je ne sais pas, Monsieur le Receveur, de quoi vous vous plaignez, et si...[2].

MONSIEUR HARPIN[3].

Pour vous, Monsieur, je n'ai rien à vous dire : vous faites bien de pousser votre pointe, cela est naturel, je ne le trouve point étrange, et je vous demande pardon si j'interromps votre comédie ; mais vous ne devez point trouver étrange aussi que je me plaigne de son procédé, et nous avons raison tous deux de faire ce que nous faisons.

LE VICOMTE.

Je n'ai rien à dire à cela, et ne sais point[4] les sujets de plaintes[5] que vous pouvez avoir contre Madame la comtesse d'Escarbagnas.

Criquet. (1734.) Le petit Comte ne peut en effet assister à cette scène, et l'édition de 1734 a dû constater une tradition certaine.

1. Et le sang. (1730, 33, 34.) Voyez ci-dessus, p. 468, note 5.
2. Ces mots du Vicomte : « et si.... », dits d'un certain ton et avec un certain maintien, ont promptement averti M. Harpin qu'il s'était un peu trop avancé en faisant entrer le nom d'un gentilhomme, d'un homme d'épée dans les reproches qu'il adressait à son infidèle comtesse. Aussi fait-il prudemment retraite, en déclarant au Vicomte qu'il n'a rien à lui dire. M. Tibaudier, dont il a moins à se plaindre, mais dont il craint moins, n'aura pas tout à l'heure si bon marché de lui. (*Note d'Auger.*)
3. M. HARPIN, *au Vicomte*. (1734.)
4. Et je ne sais point. (1730, 33, 34.)
5. Les sujets de plainte. (1734.)

SCÈNE VIII.

LA COMTESSE.

Quand on a des chagrins jaloux, on n'en use point de la sorte, et l'on vient doucement se plaindre à la personne que l'on aime.

MONSIEUR HARPIN.

Moi, me plaindre doucement?

LA COMTESSE.

Oui. L'on ne vient point crier de dessus un théâtre ce qui se doit dire en particulier.

MONSIEUR HARPIN.

J'y viens moi, morbleu! tout exprès, c'est le lieu qu'il me faut, et je souhaiterois que ce fût un théâtre public, pour vous dire avec plus d'éclat toutes vos vérités.

LA COMTESSE.

Faut-il faire un si grand vacarme pour une comédie que Monsieur le Vicomte me donne? Vous voyez que Monsieur Tibaudier, qui m'aime, en use plus respectueusement que vous.

MONSIEUR HARPIN.

Monsieur Tibaudier en use comme il lui plaît, je ne sais pas de quelle façon Monsieur Tibaudier a été avec vous, mais Monsieur Tibaudier n'est pas un exemple pour moi, et je ne suis point d'humeur à payer les violons pour faire danser les autres.

LA COMTESSE.

Mais vraiment, Monsieur le Receveur, vous ne songez pas à ce que vous dites : on ne traite point de la sorte les femmes de qualité, et ceux qui vous entendent croiroient qu'il y a quelque chose d'étrange entre vous et moi.

MONSIEUR HARPIN.

Hé ventrebleu! Madame, quittons la faribole.

LA COMTESSE.

Que voulez-vous donc dire, avec votre « quittons la faribole »?

MONSIEUR HARPIN.

Je veux dire que je ne trouve point étrange que vous vous rendiez au mérite de Monsieur le Vicomte : vous n'êtes pas la première femme qui joue dans le monde de ces sortes de caractères, et qui ait auprès d'elle un Monsieur le Receveur, dont on lui voit trahir et la passion et la bourse[1], pour le premier venu qui lui donnera dans la vue; mais ne trouvez point étrange aussi que je ne sois point la dupe d'une infidélité si ordinaire aux coquettes du temps, et que je vienne vous assurer devant bonne compagnie que je romps commerce avec vous, et que Monsieur le Receveur ne sera plus pour vous Monsieur le Donneur.

LA COMTESSE.

Cela est merveilleux, comme les amants emportés deviennent à la mode, on ne voit autre chose de tous côtés. La, la[2], Monsieur le Receveur, quittez votre colère, et venez prendre place pour voir la comédie.

MONSIEUR HARPIN.

Moi, morbleu! prendre place! cherchez[3] vos benêts à vos pieds. Je vous laisse, Madame la Comtesse, à Monsieur le Vicomte, et ce sera à lui que j'envoyerai tantôt vos lettres. Voilà ma scène faite, voilà mon rôle joué. Serviteur à la compagnie.

MONSIEUR TIBAUDIER.

Monsieur le Receveur, nous nous verrons autre part qu'ici; et je vous ferai voir que je suis au poil et à la plume[4].

1. *Trahir la passion* est une expression tout ordinaire; mais cette autre expression qu'elle amène et prépare, *trahir la bourse*, est d'une énergie et d'une concision bien remarquables.... (*Note d'Auger.*)
2. Sur la manière d'écrire ces syllabes auxquelles un ton d'apaisement donne leur valeur, voyez tome VI, p. 363 et note 2, p. 530. Dans toutes les anciennes éditions elles sont ici marquées d'un accent grave.
3. *Montrant M. Tibaudier.* (1734.)
4. Que dans l'occasion je suis homme à me servir aussi bien d'une épée

SCÈNE VIII.

MONSIEUR HARPIN[1].

Tu as raison, Monsieur Tibaudier[2].

LA COMTESSE.

Pour moi, je suis confuse de cette insolence.

LE VICOMTE.

Les jaloux, Madame, sont comme ceux qui perdent leur procès[3] : ils ont permission de tout dire. Prêtons silence à la comédie.

SCÈNE DERNIÈRE.

LA COMTESSE, LE VICOMTE, LE COMTE, JULIE, MONSIEUR TIBAUDIER, MONSIEUR BOBINET[4], ANDRÉE, JEANNOT, CRIQUET.

JEANNOT[5].

Voilà un billet, Monsieur, qu'on nous a dit de vous donner vite.

que d'une plume. « On dit qu'*un chien est au poil et à la plume*, pour dire qu'il arrête toute sorte de gibier, comme lièvres, perdrix, etc. Et on dit figurément qu'*un homme est au poil et à la plume*, pour dire qu'il a du talent, du génie pour les armes et pour les lettres. »(*Dictionnaire de l'Académie*, 1694.)

1. M. HARPIN, *en sortant*. (1734.)

2. Ce tutoiement est un trait qui achève de peindre l'humeur emportée de M. Harpin et son mépris pour le paisible M. Tibaudier.... On ne peut guère douter que cette scène, où éclate la brutale colère d'un homme de finances qui se voit trahi par sa maîtresse, n'ait inspiré à le Sage l'idée de la fameuse scène (*la IIIe du II^d acte*) où Turcaret fait tapage chez son infidèle baronne, et lui casse pour trois cents pistoles de glaces et de porcelaines. (*Note d'Auger.*) Voyez la *Notice*, p. 542 et 543.

3. Leurs procès. (1730.)

4. On a vu (ci-dessus, p. 591, note 1) que, selon la tradition sans doute, M. Bobinet s'enfuit avec le petit Comte, au moment où la scène que vient faire M. Harpin menace de devenir tout à fait scandaleuse. Il est peu vraisemblable, malgré cette liste des personnages de la dernière scène, qu'il revînt avec l'enfant.

5. LA COMTESSE, LE VICOMTE, JULIE, MONSIEUR TIBAUDIER, JEANNOT. JEANNOT, *au Vicomte*. (1734.)

LE VICOMTE lit¹.

En cas que vous ayez quelque mesure à prendre, je vous envoie promptement un avis. La querelle de vos parents et de ceux de Julie vient d'être accommodée, et les conditions de cet accord, c'est le mariage de vous et d'elle. Bonsoir. ²

Ma foi! Madame, voilà notre comédie achevée aussi.³

JULIE.

Ah! Cléante, quel bonheur! Notre amour eût-il osé espérer un si heureux succès?

LA COMTESSE.

Comment donc? qu'est-ce que cela veut dire?

LE VICOMTE.

Cela veut dire, Madame, que j'épouse Julie; et, si vous m'en croyez, pour rendre la comédie complète de tout point, vous épouserez Monsieur Tibaudier, et donnerez Mademoiselle Andrée à son laquais, dont il fera son valet de chambre.

LA COMTESSE.

Quoi? jouer de la sorte une personne de ma qualité?

LE VICOMTE.

C'est sans vous offenser, Madame, et les comédies veulent de ces sortes de choses.

LA COMTESSE.

Oui, Monsieur Tibaudier, je vous épouse pour faire enrager tout le monde.

MONSIEUR TIBAUDIER.

Ce m'est bien de l'honneur, Madame.

---

1. *Lisant.* (1734.)
2. *A Julie. (Ibidem.)*
3. *Le Vicomte, la Comtesse, Julie et M. Tibaudier se lèvent. (Ibidem.)*

SCÈNE DERNIÈRE.

LE VICOMTE[1].

Souffrez, Madame, qu'en enrageant, nous puissions voir ici le reste du spectacle.

1. LE VICOMTE, *à la Comtesse*. (1734.)

FIN DE LA COMTESSE D'ESCARBAGNAS.

APPENDICE

A *LA COMTESSE D'ESCARBAGNAS.*

On lit en tête du « *Ballet des ballets*, dansé devant Sa Majesté en son château de Saint-Germain en Laye, au mois de décembre 1671 » :

« Le Roi, qui ne veut que des choses extraordinaires dans tout
« ce qu'il entreprend, s'est proposé de donner un divertissement
« à Madame, à son arrivée à la cour, qui fût composé de tout ce
« que le théâtre peut avoir de plus beau ; et pour répondre à cette
« idée, Sa Majesté a choisi tous les plus beaux endroits des diver-
« tissements qui se sont représentés devant Elle depuis plusieurs
« années, et ordonné à Molière de faire une comédie qui enchaî-
« nât tous ces beaux morceaux de musique et de danse, afin que
« ce pompeux et magnifique assemblage de tant de choses diffé-
« rentes puisse fournir le plus beau spectacle qui se soit encore
« vu pour la salle et le théâtre de Saint-Germain en Laye. »

Le rédacteur du Livre distribué aux spectateurs réunissait sans aucun doute[1] sous le nom de Comédie et toutes les scènes de *la Comtesse d'Escarbagnas*, de la petite comédie proprement dite (qu'il ne désigne point par son titre, mais que la liste des acteurs donnée à la page suivante fait aisément reconnaître), et toutes les scènes de la *Pastorale* (dont il ne nous reste que la liste des personnages et des acteurs, qu'on trouvera aussi à l'autre page). Sur la manière dont pouvaient être formés les sept actes de cette grande comédie qui servait de cadre aux nombreux divertissements de musique et de danse, voyez, ci-dessus, la *Notice*, p. 533 et 534, et à la scène VIII, p. 590, note 2.

Nous nous contenterons de reproduire, dans cet *Appendice*, d'après le livret du *Ballet des ballets*, la liste des rôles de la comédie, les noms des comédiens qui les jouaient, et de marquer l'ordre de

---

[1]. Comme aussi l'a fait Robinet : voyez à la *Notice*, p. 536 et 537.

APPENDICE

tout l'ensemble du Ballet, en indiquant par les titres, empruntés audit livret, quel intermède suivait chacun des actes[1]. Le livret donne le texte de ces intermèdes; on le trouvera dans les pièces précédentes d'où ils sont tirés et auxquelles nous nous bornons à renvoyer.

NOMS DES ACTEURS DE LA COMÉDIE.

Le Vicomte............	Le sieur DE LA GRANGE.
La Comtesse...........	Mlle Marotte.
La Suivante...........	Bonneau.
Le petit Comte........	Le sieur Gaudon.
Le Précepteur du petit Comte...............	Le sieur de Beauval.
Le Laquais............	Finet.
La Marquise...........	Mlle de Beauval.
Le Conseiller.........	Le sieur Hubert.
Le Receveur des tailles..	Le sieur du Croisy.
Le Laquais du Conseiller.	Boulonnois.

Dans le livret, cette liste est suivie de celle-ci :

POUR LA PASTORALE.

La Nymphe	Mlle de Brie.
La Bergère en homme....	Mlle Molière.
La Bergère en femme....	Mlle Molière.
L'Amant berger.........	Le sieur Baron.
Premier Pâtre	Le sieur Molière.
Second Pâtre	Le sieur de la Thorillière.
Le Turc...............	Le sieur Molière.

PROLOGUE[2].

A la suite du dernier vers chanté, emprunté à *Psyché*, qui termine le prologue en musique, on lit dans le Livre :

1. C'est également du livret du *Ballet des ballets* que l'éditeur de 1734 a tiré les « Noms de ceux qui représentoient dans *la Comtesse d'Escarbagnas,* » et « l'ordre et la distribution des actes et des intermèdes de ce divertissement. »

2. Le Prologue se composait du premier intermède des *Amants magnifi-*

A LA COMTESSE D'ESCARBAGNAS.

« Vénus descend du ciel sur le théâtre avec les six Amours, où
« elle fait un petit Prologue, qui jette les fondements de toute la
« comédie et des divertissements qui vont venir.

« Après ce prologue de Vénus, les violons jouent une ouverture[1]
« en attendant le premier acte de la comédie. »

PREMIER ACTE DE LA COMÉDIE.
LA PLAINTE[2].

DEUXIÈME ACTE DE LA COMÉDIE.
LES MAGICIENS[3].

TROISIÈME ACTE DE LA COMÉDIE.
LE COMBAT DE L'AMOUR ET DE BACCHUS[4].

QUATRIÈME ACTE DE LA COMÉDIE.
LES BOHÉMIENS[5].

CINQUIÈME ACTE DE LA COMÉDIE.
LA CÉRÉMONIE TURQUE[6].

SIXIÈME ACTE DE LA COMÉDIE.
LES ITALIENS[7].
LES ESPAGNOLS[8].

---

ques (tome VII, p. 381), et des chants et danses du Prologue de *Psyché* (ci-dessus, p. 271).

1. Une ouverture spécialement composée pour *la Comtesse d'Escarbagnas* sans doute : voyez à la fin de cet *Appendice*.
2. Premier intermède de *Psyché* (ci-dessus, p. 297).
3. Cérémonie magique de la *Pastorale comique*, représentée dans la troisième Entrée du *Ballet des Muses* (tome VI, p. 191).
4. Troisième intermède de *George Dandin* (tome VI, p. 607).
5. Entrée d'une Égyptienne, suivie de douze Égyptiens, tirée de la *Pastorale comique* (troisième Entrée du *Ballet des Muses*, tome VI, p. 201). — Entrée de Vulcain, des Cyclopes et des Fées, second intermède de *Psyché* (ci-dessus, p. 313).
6. Cérémonie turque du *Bourgeois gentilhomme* (ci-dessus, p. 178).
7. Entrée d'Italiens, tirée du *Ballet des Nations*, représenté à la suite du *Bourgeois gentilhomme* (ci-dessus, p. 223).
8. Entrée d'Espagnols, tirée du même *Ballet des Nations* (ci-dessus, p. 220).

APPENDICE A LA COMTESSE D'ESCARBAGNAS.

SEPTIÈME ET DERNIER ACTE DE LA COMÉDIE[1].

Quand *la Comtesse d'Escarbagnas* fut jouée sur le théâtre du Palais-Royal, au mois de juillet 1672, elle fut accompagnée d'une reprise du *Mariage forcé*[2]. Dans un des cahiers contenant les partitions manuscrites de Charpentier que conserve la Bibliothèque nationale, il se trouve, à la suite d'un morceau intitulé *Ouverture de la Comtesse d'Escarbagnas*[3], et d'un autre intitulé *les Maris*, plusieurs airs de chant, dont les paroles semblent bien être celles d'intermèdes nouveaux, composés pour cette reprise du *Mariage forcé*. Ces paroles, ces petites pièces de vers sont-elles ou ne sont-elles pas de Molière? Les a-t-il écrites lui-même, à la hâte? On ne peut rien affirmer à ce sujet. M. Moland les a insérées, moins les paroles d'un trio bouffe, au tome VII de son édition, p. 376-378; il les avait toutes fait connaître, dès 1864, dans *la Correspondance littéraire* du 25 août (p. 294-296).

1. Ce septième et dernier acte est suivi, dans le livret, de l'Entrée d'Apollon, de Bacchus, de Mome et de Mars, dernier intermède de *Psyché* (ci-dessus, p. 357).

2. Voyez ci-dessus la *Notice*, p. 539, et tome IV, p. 87 et 88.

3. Une ouverture substituée par Charpentier à celle que Lulli avait dû écrire pour précéder à la cour, après le grand Prologue, la petite comédie de *la Comtesse d'Escarbagnas* (voyez ci-dessus, p. 601); celle-ci formait sans doute le premier des sept actes dont se composait le grand cadre des concerts et ballets de Saint-Germain. La composition de Charpentier servait, suivant toute apparence, d'ouverture générale (et sans autre prologue) à *la Comtesse d'Escarbagnas* et au *Mariage forcé* qui, au Palais-Royal, y était joint comme divertissement : il semble par la disposition même de la partition manuscrite que le nom donné, du moins par Charpentier, à tous les morceaux de cette suite (y compris l'Ouverture, nous en avons compté dix) était LA COMTESSE D'ESCARBAGNAS; car entre le septième (une Gavotte) et le huitième (un Trio chanté), on lit ces mots : « Ordre des pièces de *la Comtesse d'Escarbagnas* »; sans rien de plus, la fin de la page étant restée en blanc.

TABLE DES MATIÈRES

CONTENUES DANS LE HUITIÈME VOLUME.

LE BOURGEOIS GENTILHOMME, comédie-ballet......	1
Notice...	3
Sommaire de Voltaire............................	38
Le Bourgeois gentilhomme........................	45
Appendice au *Bourgeois gentilhomme*.	
Livre des intermèdes.......................	230
Note sur les intermèdes.....................	237
Deux morceaux de la musique de Lulli.........	242
PSYCHÉ, tragédie-ballet............................	245
Notice...	247
Sommaire de Voltaire............................	266
Psyché...	271
Appendice à *Psyché*.............................	363
LES FOURBERIES DE SCAPIN, comédie.............	385
Notice...	387
Sommaire de Voltaire............................	406
Les Fourberies de Scapin........................	409
Appendice aux *Fourberies de Scapin*.............	519
LA COMTESSE D'ESCARBAGNAS, comédie...........	527
Notice...	529
Sommaire de Voltaire............................	547
La Comtesse d'Escarbagnas......................	551
Appendice à *la Comtesse d'Escarbagnas*.........	599

FIN DE LA TABLE DES MATIÈRES.

PARIS. — TYPOGRAPHIE A. LAHURE
Rue de Fleurus, 9

www.ingramcontent.com/pod-product-compliance
Lightning Source LLC
Chambersburg PA
CBHW060410230426
43663CB00008B/1441